Friedrich Kittler

Werkausgabe

Herausgegeben von

Moritz Hiller und Martin Stingelin

in Zusammenarbeit mit dem
Deutschen Literaturarchiv Marbach

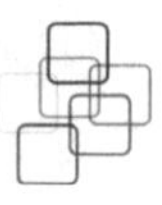
gefördert durch die
Hubert Burda Stiftung

Merve Verlag

Friedrich Kittler

Werkausgabe

–

I. Zu Lebzeiten Veröffentlichtes

B. Aufsätze, Artikel, Rezensionen und Miszellen

4. 1981–1983

Herausgegeben von
Luisa Drews und Eva Horn

Inhalt

Vorwort der Hauptherausgeber

Die *Werkausgabe* präsentiert erstmals alle zu Lebzeiten veröffentlichten Texte Friedrich Kittlers sowie ausgewählte Werke aus dem Nachlass als wissenschaftlich gesicherte, kommentierte und dokumentarisch angereicherte Textgrundlage.

Kittlers *Werke* werden chronologisch nach dem Datum ihrer Entstehung ediert. Die chronologische Anordnung, die dem Beginn der Schreibzeit folgt, legt den absoluten Ort eines jeden Textes innerhalb der Ausgabe fest, nicht aber – im Fall unterschiedlicher Reifegrade, Erweiterungen, Übersetzungen –, welche Fassung oder Variante ediert wird. Allgemein gilt: Vorrang hat, was gedruckt wurde. Dabei genießt der von Kittler für den Erstdruck vorbereitete und freigegebene Stand die höchste, aber nicht unumstößliche Autorität.

Vorliegender Band I.B.4 stellt den vierten Band der Abteilung I.B – zu Lebzeiten veröffentlichte *Aufsätze, Artikel, Rezensionen, Miszellen* – dar. Er umfasst Texte, deren Schreibbeginn in die Zeit von 1981 bis 1983 fällt.

Zu dieser Edition

Dieser Band präsentiert die Texte in der chronologischen Abfolge ihrer Entstehung, und zwar nach dem Beginn der jeweiligen Schreibzeit. Verbindliche Grundlage für diese Anordnung ist Kittlers *Werkliste*: Ein vierseitiges Typoskript aus dem Marbacher Nachlass (Kasten 113, Mappe 2), das selbst nicht datiert ist, notiert Schreibzeiten und Publikationsdaten für Bücher, Aufsätze, Artikel, Rezensionen, Miszellen, Vorträge und Übersetzungen, die zwischen 1969 und 1989 entstanden sind, zum Teil auf den Tag genau. Auf der Basis der *Werkliste* lässt sich so eine exakte Abfolge von Kittlers Textproduktion auf der Schreibmaschine rekonstruieren.

Der Band ist modular aufgebaut: Jedem Text Kittlers folgt ein Apparat mit *Editorischem Kommentar* und *Bericht*, *Stellenkommentar* und *Dokumentarischem Nachwort*.

Die *Editorischen Kommentare* geben einen Überblick über die Quellenlage: Sie verzeichnen die bibliographischen Angaben aller veröffentlichten Fassungen und Übersetzungen sowie den genauen

Standort und die Gestalt der im Deutschen Literaturarchiv Marbach überlieferten Texte. Sie verweisen ebenfalls auf Handexemplare in der dortigen Gelehrtenbibliothek. Hier sind auch Ordnungsnummer und Daten der *Werkliste* angegeben.

Die *Editorischen Berichte* geben an, welche Druckfassung ediert wurde, und begründen, warum dabei in bestimmten Fällen nicht der Erstdruck berücksichtigt wurde. Ferner erläutern sie, ob wir Eingriffe in Form von ausgewiesenen oder stillschweigenden Korrekturen vorgenommen haben.

Wurde ein Nachdruck zur Edition ausgewählt, werden Abweichungen vom Erstdruck sämtlich in den *Stellenkommentaren* angeführt. Weitere Varianten zwischen verschiedenen Fassungen sind nur dann dokumentiert, wenn sich daraus ein signifikanter Mehrwert ergibt. Korrekturen und sachliche Anmerkungen aus Kittlers Handexemplaren sind hier ausgewiesen. Dabei wurden Anmerkungen persönlicher Art nicht aufgenommen. Von uns vorgenommene oder unterlassene Korrekturen – vor allem von Zitaten – sind vollständig ausgewiesen.

Die Stellenkommentare bieten zudem ausgewähltes unveröffentlichtes Material aus dem Nachlass. Zum einen sind das von Kittler selbst als »Brouillons« bezeichnete Denknotizen, Textentwürfe und Exzerpte, zum anderen einschlägige Auszüge aus Lehrunterlagen und Korrespondenzen. Außerdem werden gegebenenfalls Quellen und – so sparsam wie möglich – auch Sachverhalte nachgereicht, auf die Kittler nur anspielt.

Die *Dokumentarischen Nachworte* rekonstruieren Textanlass und -genese, aber auch Vortrags- und Publikationsgeschichte. Für sie wurde vor allem die im Deutschen Literaturarchiv überlieferte Korrespondenz ausgewertet. Darüber hinaus werden Zusammenhänge zwischen Kittlers Textproduktion und seinen Lehrveranstaltungen ausgewiesen.

In den historischen Zeichenbestand der Druckvorlagen wurde so wenig wie möglich eingegriffen. Insbesondere die Zitierweise wurde *nicht* vereinheitlicht. Auch dort, wo Kittler Formatvorgaben folgen musste, bleiben seine Nachweise auf das Nötigste reduziert. Fehlende Nachweise reichen wir im Stellenkommentar nach. Bibliographische Angaben, die Kittler auslässt, vervollständigt die *Bibliographie* am Ende dieses Bandes. Dort sind alle Quellen aufgeführt, die in den hier versammelten Texten Kittlers zitiert werden. Quellen, auf die wir im Apparat oder Nachwort verweisen, sind dort jedoch nicht aufgeführt.

Vereinheitlicht wurden Textgestalt, Satzzeichen und Typographie: Anführungszeichen sind durch Chevrons angezeigt, der Halbgeviertstrich wird als Gedankenstrich und für Intervalle eingesetzt, eckige Klammern zeigen Kittlers Auslassungen oder Hinzufügungen im Text an. Sperrschrift und Unterstreichungen wurden durch Kursivierungen ersetzt. Anmerkungen erscheinen grundsätzlich in Fußnoten auf der jeweiligen Seite des Haupttextes.

Die Edition hat es sich zur Aufgabe gemacht, den für den einschlägigen Zeitraum ungewöhnlich reichhaltigen Nachlass im Deutschen Literaturarchiv Marbach aufzuschließen. Wo immer in den Apparaten von Kästen und Mappen die Rede ist, beziehen sich diese Angaben auf den Handschriften-Bestand unter der Signatur *A:Kittler, Friedrich A.* Umfang und Textstelle eines unpaginierten Textes werden durch Angabe der Blätter (Bl.), Umfang und Textstelle innerhalb eines paginierten Textes durch die Angabe von Seiten (S.) kenntlich gemacht. Das Ende eines Verses, einer Zeile oder eines Absatzes wird durch einen senkrechten Strich (|), ein Absatz mit Leerzeile durch zwei senkrechte Striche (||) angezeigt. Unentzifferbare Textstellen in Typoskripten werden durch unterstrichene Kreuze (xxx) dargestellt; die Zahl der Kreuze entspricht der Zahl der unleserlichen Buchstaben.

Ausgehend von den jeweiligen Texten geben wir in den Apparaten Querverweise auf andere Texte und Apparate dieses Bandes (I.B.4.1–16) sowie auf andere Bände und Abteilungen innerhalb der *Werkausgabe*. Im Sinne der modularen Bandarchitektur liefert dabei aber jeder Apparat für sich genommen das einschlägige Material möglichst vollständig, weshalb es nicht ganz zu umgehen war, Informationen zu wiederholen. Nur in seltenen Fällen verweisen wir auf Erläuterungen in anderen Apparaten dieses Bandes.

Luisa Drews und Eva Horn

Vorwort des Herausgebers I.B.4.1
⟨zu Jean Starobinski, *1789. Die Embleme der Vernunft*⟩

In der Geschichtsschreibung, wie sie selber geschichtlich hergebracht ist, haben zusammenhängende und Zusammenhang stiftende Erzählungen seit je den Vorrang über Brüche, Schnitte, Ereignisse. Die Folgelasten, die der einen Helena von Herodot als 1 2
Vater der Historie aufgeladen wurden, reichen in direkter Linie bis zu den Perserkriegen. Aber keine unter den vielen Geschichten zollt Kontinuitäten mehr Achtung als die sogenannte Geistesgeschichte, der schon ihr Name vorschreibt, die heterogenen Ereignisse als Entwicklung oder Entfaltung eines Sinnes zu lesen, der von Anfang an dagewesen ist und auf seinen Historiker nur noch gewartet hat.

Deshalb ist es selber ein Ereignis, wenn auf dem ureigenen Feld der Geistesgeschichte, dort wo die ästhetischen ›Weltanschauungen‹ Namen und Rang haben, eine Synchronie zum Thema und ein Schnitt zur Methode wird. Im Titel von Starobinskis Buch steht eine einzige Jahreszahl. Und zudem eine, die, kaum daß man sie schrieb, von der Geschichtsschreibung der Haupt- und Staatsaktionen schon mit allem Glanz einer Morgenröte oder eines Untergangs umhüllt wurde, aber in der Kunstgeschichte durch ihre Abwesenheit glänzt. Ungern sieht man die großen Kontinuitäten des kunstschaffenden Geistes auf seinem Weg ins Museum vom Lärm der Straße unterbrochen.

Aber daß im Jahr 1789 ein paar schon beschlossene Baupläne in den Schubladen blieben und etliche Designer des adligen Überflusses arbeitslos wurden, ist es auch nicht, was jenes Datum zur ästhetischen Zäsur macht. Nicht nach der Logik von politischer
Aktion und kulturellem Reflex, sondern in ihrer schieren Kopräsenz 3
bezieht Starobinski Bilder und Opern, Bauten und Plastiken, Gedichte und Tragödien (also alle damals so genannten schönen
Künste) auf die politische Revolution. Auf der einen Seite Paris, die- 4
ses bilderlos gebliebene Auge des Taifuns, auf der anderen all die Speichertechniken, die, auch wenn technische Mittel der Reproduktion durchaus nicht mangelten, als Schönes und Erhabenes in die Museen gewandert sind. Gerade die schlichte Jahreszahl, kleinster gemeinsamer Nenner zwischen dem Bastillesturm und Blakes

Songs of Innocence, kann einer Historik zum Leitfaden werden, die der Grundlosigkeit der Ereignisse folgt.

Mit den *Emblemen der Vernunft* führt Starobinski eine Reihe von Untersuchungen fort, die sein Titelwort von der »Erfindung der Freiheit« auf den Begriff gebracht hat.[1] Wenn die Freiheit, statt historischen Ereignissen als ihr Ursprungssinn immer schon zugrundezuliegen, eine Erfindung im technischen Sinn des Wortes ist, gemacht von philosophischen Schriftstellern und Parkarchitekten, Lebemännern und Festarrangeuren, dann wird es zur Aufgabe des Kulturhistorikers, an dieser Erfindung ihre Durchschlagskraft zu analysieren, die ein Produkt aus Willkür und Neuheit ist. (Auch und gerade wenn die Erfindung, wie im Fall der Freiheit, noch bis zur geschichtsschreibenden Gegenwart fortwirkt.)

Die Embleme der Vernunft setzen ein bei der Jahreszahl, mit der *Die Erfindung der Freiheit* schließt. Sie haben dieselbe Innovation zum Thema, aber auf eine Weise, die zugleich Erweiterung und Konzentration ist. Anstelle der Schilderung eines neunzigjährigen Zustandes, in den die Zeichen seines jähen Endes schon eingelassen sind – eine Momentaufnahme der europäischen Intelligenz im Augenblick ihrer Machtergreifung; anstelle eines Panoramas verschwenderischer Schönheiten, denen die Zeitgeschichte nur Relief gibt – der unvermittelte Kurzschluß zwischen Kunst und Politik. Die Kunstwerke eines halben Erdteils, mit der souveränen Gelassenheit des Kenners ausgewählt, passieren Revue, aber nur, um in all seinen Facetten den historischen Augenblick zu spiegeln. Es ist beinahe, als hätten die Beutestücke aus Bonapartes kunsträuberischen Italienfeldzügen, angehäuft wie sie waren, ein erkennendes Auge getroffen.

Kopräsenz aber spielt im Zwischenraum von Licht und Blick. Darum kann Starobinski, ohne Gefahren der Tautologie zu laufen, die Methode seiner Untersuchung aus einer Metapher entwickeln, die im untersuchten Zeitraum selber geprägt wurde. Mit der Selbstdeutung der Französischen Revolution als sieghaftem Ende aller Finsternisse (oder Unübersichtlichkeiten, wie der modische Euphemismus lautet) ist Geschichte in eine Geschichte des Lichts eingeschrieben worden. Man weiß, welche Augentrübungen diese Meta-

1 Vgl. Jean Starobinski, *L'invention de la liberté, 1700–1789*, Genf 1964

pher in der politischen Historiographie verschuldet hat und wieviele Klagen zumal in Deutschland, daß die allgemeine Lichtgeschichte an ihm vorübergegangen sei. Aber noch die Trübung selber ist ein
historisches Datum – einfach weil »die Ereignisse in einer primären 6
Historisierung erzeugt werden« und »Geschichte sich bereits auf der Szene ereignet, wo sie einmal niedergeschrieben werden wird«.[2] So wirft auch jene imaginäre Geschichte des Lichts wirkliches Licht auf die Lichter, wie sie über den Historienbildern Davids, den Nuditäten Canovas und den Opernszenen Schikaneders liegen. Die politische Metapher, von der Starobinski ausgeht, ermöglicht eine Analyse ästhetischer Materialien, in der das Licht seine Hegelsche Definition bewahrheitet: es ist wahrhaft allgemeines Medium und imstande, den Diskurs eines Saint-Just und die *Farbenlehre* des geschworenen Revolutionsfeindes aufeinander durchsichtig zu machen.

Geschichte des Lichts, Geschichte des Auges – seit seinen frühen Studien, deren bezeichnender Titel das lebendige Auge ist,[3] hat Starobinski nicht aufgehört, sie zu schreiben. Vom furchtbaren Auge
Gottes, das über den Dramenfiguren Racines wacht, noch wenn sie 7
in die Unterwelt fliehen, bis hin zu Rousseaus *Bekenntnissen*, deren erträumte Transparenz seltsamerweise mit dem Widerstand eines beharrlichen Dunkels zusammenstößt oder gar verschmilzt, folgte diese Geschichte den ästhetischen Wechselfällen des Lichts. Auch daran knüpfen *Die Embleme der Vernunft* an, aber um politische Kontexte beizustellen und historische Konsequenzen zu ziehen. Starobinskis nachgerade dramatische Analyse der revolutionären Prinzipiensprache, die ihr Aufklärungslicht nur im Bündnis mit einer dunklen Materialität zum Sieg führen kann, nennt dieses Dunkel bei seinem politischen Namen: es sind die Mächte der Straße und des Aufruhrs, jenseits oder diesseits Dritter Stände. Damit kündigt jenes prekäre Bündnis schon die historische Konsequenz an, in der die Geschichte des Lichts ausläuft und endet: es ist die Erfindung des Unbewußten.

Die Embleme der Vernunft können gelesen werden als eine Archäologie jenes beispiellos modernen Wissens, das von den

---

2 Jacques Lacan, *Schriften*, Hg. Norbert Haas, Olten-Freiburg/Br. 1973 ff., Bd. I, S. 100

3 *L'Œil vivant. Essai*, Paris 1961

romantischen Lyrismen bis hin zu Freuds Methodik und darüber hinaus Versenkung ins Nichtwißbare ist. Und weil die Archäologie ihre Grabung bis zur nackten Erde vorantreibt, auf der diese Wissensgebäude ruhen, vermag sie deren Dialektik zu konstruieren. Zutage kommt ein Umschlag des revolutionären Lichts, das schon im Augenblick seiner Heraufkunft ein Dunkel buchstäblich hervorruft. Nicht erst in den halluzinatorischen Bildern Füsslis, schon im Neoklassizismus eines Carstens trifft dieses Licht auf eine Dunkelsphäre, die von Carstens bei ihrem alteuropäischen Namen Nacht angerufen wird, aber, weil sie das gerade Gegenteil einer archaisch-drohenden und von der *Zauberflöte* ja auch entmächtigten Königin der Nacht ist, eher schon die moderne Kernfamilienmutter als Korrelat allen unbewußten Wissens figuriert.[4] Vor allem aber steht Goya, mit dem das Buch schlösse, wenn der Kommentar der *Zauberflöte* nicht noch seine Summe zöge, für diesen Umschlag ein. Die Vernunft: ein monströser Wille zur Macht, ihr Licht: die Laterne eines Erschießungskommandos im Dunkeln – von diesem letzten Emblem der Vernunft her wird evident, daß Momentaufnahmen des Jahres 1789 mehr Licht auf das neunzehnte und zweideutigste Jahrhundert werfen können als alle seine Beschreibungen im Nacheinander.[5]

8 Man könnte dieselbe Geschichte auch als eine Geschichte von Ohren und Mündern schreiben. Zu erzählen wäre dann die abenteuerliche Karriere eines Machtsystems, das zum erstenmal in der europäischen Geschichte versprochen oder behauptet hat, im Namen Aller zu sprechen und zu handeln; zu erzählen wäre, wie Hybris und Depression von allem Anfang an die Antwort waren, wenn die anderen, in deren Namen da gesprochen werden sollte, anders sprachen als ihre selbsternannten Interpreten;[6] zu untersuchen endlich, ob nicht der eleganteste Ausweg aus diesem neuen Babel eben die Erfindung des Unbewußten war, die Starobinski in ihrer Optik

---

4 Vgl. dazu Gerhard Kaiser, »*Mutter Nacht – Mutter Natur. Anläßlich einer Bildkomposition von Asmus Jacob Carstens*«, in: F. A. Kittler (Hrsg.), *Austreibung des Geistes aus den Geisteswissenschaften. Programme des Poststrukturalismus*, München-Wien-Zürich 1980, S. 87–141

5 Vgl. Martin Heidegger, *Nietzsche*, Pfullingen 1961, Bd. I, S. 102

6 Vgl. dazu Norbert Haas, *Spätaufklärung. Johann Heinrich Merck zwischen Sturm und Drang und Französischer Revolution*, Kronberg/Taunus 1975

beschreibt. Das Unbewußte ist ja auch eine Rede, die grundsätzlich anders gehört werden muß oder darf, als sie läuft.

Aber das sind vertrautere Geschichten und in vertrauteren
Archiven gespeichert. Seitdem Koselleck die Interpretationsgelüs- 9
te all der bürgerlichen Geheimbünde und Intellektuellenvereine,
der Geschichtsphilosophen und Lebensreformer als eine virtuose
Hypokrisie beschrieben und Foucault Gefängnisse und Irrenhäuser 10
als modernes Machtdispositiv analysiert hat, seitdem kennt man die
Texte, die die Epochenschwelle von 1789 als einen Schwenk von
Strafen zu Überwachen ausweisen. Um dagegen von stummen und
gemalten Lippen mit nachgerade sprechakttheoretischer Genauigkeit den Eid der Horatier abzulesen, der vermutlich genau denselben 11
Schwenk beschwört, sind subtilere Mittel vonnöten: Machtfragen
müssen in Termen von Licht und Farbe gestellt werden. Eben das
tut Starobinski, wenn er unter den Emblemen der Vernunftmacht gerade die ästhetischen wählt. So aber erlangt seine These auch die
Beweiskraft, die einer *lectio difficilior* eignet. Das Zarathustrawort, 12
wonach Schönheit nicht mehr und nicht weniger als eine gnädige Selbsterniedrigung der Macht ins Sichtbare oder Hörbare ist – durch eine neue Lektüre der *Zauberflöte* wird es evident. Gerade in den heiligen Hallen, wo alles göttliche Gelöstheit sein soll und professionelle Historiker über der Musik ihre Sorgen und Fragen vergessen, deckt die *lectio difficilior* ein Geheimnis der Macht auf. Über die anderen Opernfiguren gesetzt, oszilliert Sarastro zwischen ebenso unwidersprechlicher wie unpersönlicher Vernunftautorität *und* jener neuzeitlichen List, im Interpretieren Aller persönliche Allmacht zu erlangen. So enden die *Embleme der Vernunft* mit einer nie gestellten Rätselfrage: wer ist Mozarts Zarathustra?

Vielleicht verliert die Frage an Rätselhaftem, wenn sie auf den Anfang zurückbezogen wird: auf jene Figuren despotischer und begehrlicher Macht, denen die Embleme der Vernunft wie Waffen entgegengehalten sind. Der Machtwechsel von Don Juan, Valmont oder gar de Sade hin zu Mozarts Sarastro, auch wenn ihn die Kunstformen der Zeit als Fortschritt und Aufklärung feiern, gewinnt in der Deutung Starobinskis etwas von der mythischen Ausgewogenheit aller Dinge zurück. Triebverzicht statt Begehrlichkeit, Organisation statt Überfall – alle ihre Vorzeichen hat die Macht vertauscht, absolute Größe aber bleibt absolute Größe. Das zeigen zu können, ist der methodische Ertrag einer Geschichtsschreibung, die von Zäsuren statt von Kontinuitäten ausgeht und eben darum über den Einschnitt hinweg Gewinn- und Verlustrechnungen möglich macht. Es ist vor allem aber ein Ertrag für die Erkenntnis der Kunstformen, die nur ins Parallelogramm jener Kräfte und Mächte eingetragen Lesbarkeit erlangen.

13 Mit Grund erinnert *Die Erfindung der Freiheit* einmal daran, mit welcher Leichtfertigkeit wir Kunst eine Widerspiegelung der Gesellschaft überhaupt nennen; denn einzig denen, die das Wort und die Aufträge erteilen, erteilen Werke das Wort. Embleme sind Bilder, denen über ihre Anschaulichkeit hinaus ein Diskurs eingelegt ist. Nichts hat es geändert, daß um 1800 die strenge alteuropäische Emblematik im Namen autonomer und symbolischer Kunstwerke verworfen wurde. Auch und gerade sie nennen den Diskurs, der sie befohlen hat.

Es gibt einen Imperativ der neueren Historik: die Französische Revolution, statt ihr nachzuträumen oder Aktualität einzuhauchen, einfach zu denken. Unter seinem Gebot erweist sich, was die Träume gesellschaftliche Veränderungen nennen, als reine Politik: Ersetzung eines Machtvakuums.[7] Nichts anderes besagen *Die Embleme der Vernunft*. Fortan können auch deutsche Leser aus den Bildern und Arien von 1789 erfahren, daß die Kunst der Politik mit der Politik der Kunst eins ist.

14 *Übersetzerin und Herausgeber haben den Ratschlägen Gerd Bergfleths und, in allen Fragen der Rückübersetzung, der großzügigen Hilfe Jean Starobinskis zu danken.*

7 Vgl. François Furet, *Penser la Révolution française*, Paris 1978

Apparat

zu I.B.4.1

Editorischer Kommentar und Bericht

Das »Vorwort des Herausgebers« erschien in: Jean Starobinski, *1789. Die Embleme der Vernunft* [1979], herausgegeben und mit einem Vorwort versehen von Friedrich A. Kittler, aus dem Französischen übersetzt von Gundula Göbel, Paderborn et al.: Schöningh 1981 (= *Uni-Taschenbücher* 1150), S. 7–13; zweite, durchgesehene Auflage, herausgegeben und mit einem Vorwort versehen von Friedrich A. Kittler, aus dem Französischen von Gundula Göbel, mit einem Nachwort von Hans Robert Jauß, München: Fink o. J. [1988], S. 7–12.

Im Deutschen Literaturarchiv Marbach, Bestand *A:Kittler, Friedrich A.*, ist der siebenseitige Durchschlag eines Typoskripts »Vorwort des Herausgebers« in Kasten 1, Mappe 1 vorhanden.

Kittlers Werkliste führt »Vorwort Starobinski« unter der Nummer 36 mit der Schreibzeit 20. Januar 1981 bis 16. Februar 1982, recte: 1981, und dem Publikationsdatum September 1981.

Ediert wurde das geringfügig erweiterte Vorwort der zweiten Auflage von 1988. Grundlage für diese Entscheidung sind Kittlers Präzisierungen und Erweiterungen, die das ältere Vorwort zeithistorisch aktualisieren und die ungebrochene Relevanz von Starobinskis Monographie herausstellen. Alle Änderungen gegenüber dem Erstdruck wurden im Stellenkommentar aufgeführt. Druckfehler wurden stillschweigend korrigiert.

Stellenkommentar

1 der einen Helena von Herodot] Es gibt bei Herodot zwei Geschichten über Helena: 1. Helena kommt nach Troja (Ilias). 2. Helena wird nach einem Sturm von den Ägyptern (die wissen, dass sie entführt wurde) festgesetzt und kam nie nach Troja. Vgl. Herodot, *Historien*, Griechisch-deutsch, herausgegeben von Josef Feix, Erster Band: *Bücher I–V*, Düsseldorf: Artemis und Winkler 2006 (7. Auflage), S. 291–301.

2 von Herodot als Vater der Historie] Im Erstdruck: »vom Vater der Historie«.

3 Kopräsenz] Im Erstdruck: »Koinzidenz«.

4 Auf der einen Seite Paris, […] Museen gewandert sind.] Gegenüber dem Erstdruck vollständig neuer Satz.

5 (oder Unübersichtlichkeiten, wie der modische Euphemismus lautet)] Gegenüber dem Erstdruck neuer Einschub.

6 »die Ereignisse in einer primären Historisierung […] niedergeschrieben werden wird«.] Von Kittler gekürztes Zitat. Die Originalstelle in der deutschen Übersetzung lautet: »Die Ereignisse werden in einer primären Historisierung erzeugt; anders gesagt: die Geschichte ereignet sich bereits auf der Szene, auf der man sie, ist sie erst einmal niedergeschrieben, vor seinem eigenen Inneren wie vor den Augen der Außenwelt spielt.« (Jacques Lacan, »Funktion und Feld des Sprechens und der Sprache in der Psychoanalyse« [1956], in: ders., *Schriften I*, ausgewählt und herausgegeben von Norbert Haas, aus dem Französischen übersetzt von Rodolphe Gasché, Olten und Freiburg im Breisgau: Walter 1973, S. 71–170, hier S. 100.) Vgl. auch den Wortlaut des französischen Originals: »Les événements s'engendrent dans une historisation primaire, autrement dit l'histoire se fait déjà sur la scène où on la jouera une fois écrite, au for interne comme au for extérieur.« (Jacques Lacan, »Fonction et champ de la parole et du langage en psychanalyse« [1956], in: ders., *Écrits I*, Paris: Seuil 1966, S. 111–208, hier S. 138.)

7 noch wenn sie in die Unterwelt fliehen] Gegenüber dem Erstdruck neu.

8 Geschichte von Ohren und Mündern schreiben.] Im Erstdruck noch: »Geschichte von Ohren und Mündern erzählen«.

9 Koselleck die Interpretationsgelüste all der bürgerlichen Geheimbünde und Intellektuellenvereine] Vgl. Reinhart Koselleck, *Kritik und Krise. Eine Studie zur Pathogenese der bürgerlichen Welt*, Frankfurt am Main: Suhrkamp 1973.

10 Foucault Gefängnisse und Irrenhäuser als modernes Machtdispositiv analysiert hat] Vgl. Michel Foucault, *Überwachen und Strafen. Die Geburt des Gefängnisses* [1975], aus dem Französischen übersetzt von Walter Seitter, Frankfurt am Main: Suhrkamp 1976.

11 Eid der Horatier] Bild von Jacques-Louis David, *Le serment des Horaces*, 1784 (3,3 m x 4,25 m, Öl auf Leinwand).

12 Zarathustrawort, wonach Schönheit [...] Sichtbare oder Hörbare ist] Friedrich Nietzsche, »Von den Erhabenen«, in: ders., *Werke. Kritische Gesamtausgabe*, herausgegeben von Giorgio Colli und Mazzino Montinari, Abteilung VI, Band 1: *Also sprach Zarathustra. Ein Buch für Alle und Keinen (1883–1885)*, Berlin: De Gruyter 1968, S. 146–148, hier S. 148: »Wenn die Macht gnädig wird und herabkommt in's Sichtbare: Schönheit heisse ich solches Herabkommen.«

13 Mit Grund erinnert *Die Erfindung der Freiheit* [...] erteilen Werke das Wort.] Gegenüber dem Erstdruck neuer Satz.

14 *Übersetzerin und Herausgeber haben* [...] *Starobinskis zu danken.*] Im Erstdruck noch keine Erwähnung Gerd Bergfleths: »*In allen Fragen der Rückübersetzung haben Übersetzerin und Herausgeber der großzügigen Hilfe Jean Starobinskis zu danken.*«

Dokumentarisches Nachwort

Zur Genese des Starobinski-Buchprojekts ist der Briefwechsel zwischen Kittler und Raimar Zons vom Verlag Ferdinand Schöningh aus den Jahren 1979 bis 1988 aufschlussreich. Zons nahm in einem Schreiben an Kittler aus dem Mai 1979 Bezug auf ein vorangegangenes Gespräch über eine Übersetzung von Jean Starobinskis 1979 erschienenem Buch *1789. Les emblèmes de la raison* und schlug vor, Kittler das Buch zuzuschicken, damit dieser von seinen Eindrücken berichten könne.[1] Im folgenden Monat schickte Kittler Zons ein zweiseitiges Typoskript, das die Argumentation von Starobinskis *Emblemen der Vernunft* skizziert und die Übersetzung des Buchs befürwortet.[2] Dieses Typoskript war zur Entscheidungsfindung des Schöningh-Verlags bestimmt. Kittler fasste Starobinskis These darin wie folgt zusammen:

---

1 Vgl. den Brief von Raimar Zons an Friedrich A. Kittler vom 15. Mai 1979 (Kasten 24, Mappe 2).

2 Vgl. den Brief von Friedrich A. Kittler an Raimar Zons vom 07. Juni 1979 (Kasten 24, Mappe 2).

Starobinski bezieht die Geschichte der europäischen Kunst zwischen 1780 und 1810, diese in den Fokus vieler neuerer Forschungen gerückte Epochenzäsur, auf das Ereignis der französischen Revolution, das – so die These – von den gleichzeitigen künstlerischen und kunsttheoretischen Entwicklungen nicht nicht reflektiert hat werden können. Diese Lektüre nicht von Einflüssen sondern von symbolischen Entsprechungen fördert einen Mythos des (aufklärenden, revolutionären) Lichtes zutage, das die Mächte der Nacht beseitigt, zugleich aber selber Zonen des Schattens erhellt, thematisierbar macht und so schließlich die Kunst des 19. Jahrhunderts als Kunst des Unbewußten ermöglicht. Die Kohärenz dieses Mythos verschafft den Interpretationen Starobinskis ihren Zusammenhang.[3]

Kittler nannte Starobinskis Buch »einen imponierenden Beitrag zu dem Methodenproblem, wie symbolische Sprachen und historische Ereignisse aufeinander beziehbar sind.«[4] Im Begleitbrief an Zons vom 07. Juni 1979 dagegen zeigte er Vorbehalte: »Das Buch, ich habs angedeutet, wirft mich nicht um, vielleicht weil Starobinski selber uns an seine Eleganz gewöhnt hat; aber auch das ist wohl ein Grund *für* seine Übersetzung.«[5] Im August 1979 informierte Zons Kittler, dass der Vertrag mit Starobinskis französischem Verlag Flammarion vorliege und einer Übersetzung durch Gundula Göbel nichts mehr im Wege stehe.[6]

Göbel und Kittler hatten bereits über gemeinsame Übersetzungsprojekte nachgedacht; es wurde ein Reader von Jacques Lacans Texten anvisiert, der jedoch nicht zustande kam.[7] Aus dem schriftlichen Austausch zum Starobinski-Projekt geht hervor, dass Kittler auch in die Übersetzungsarbeit involviert war.[8] In einem Brief an

3 Skizze zum Brief von Friedrich A. Kittler an Raimar Zons vom 07. Juni 1979 (Kasten 24, Mappe 2).

4 Brief von Friedrich A. Kittler an Raimar Zons vom 07. Juni 1979 (Kasten 24, Mappe 2).

5 Ebenda.

6 Vgl. den Brief von Raimar Zons an Friedrich A. Kittler vom 31. August 1979 (Kasten 24, Mappe 2).

7 Vgl. hierzu den Briefwechsel zwischen Friedrich A. Kittler und Gundula Göbel vom 25. Oktober 1977 bis 11. September 1978 (Kasten 11, Mappe 3).

8 Vgl. den Briefwechsel zwischen Friedrich A. Kittler und Gundula Göbel vom

Zons bezeichnet er das Ergebnis als »nachgerade palimpsestartige[] Übersetzung«.[9]

Zeitgleich zur Starobinski-Übersetzung, deren Erscheinen für Ende 1980 geplant war, wurde eine weitere Publikation in der Reihe ›Schöningh-Wissenschaft‹ vorbereitet: Auf der Buchmesse im Herbst 1980 sollte der von Kittler verantwortete Sammelband mit dem Titel *Austreibung des Geistes aus den Geisteswissenschaften. Programme des Poststrukturalismus* erscheinen, der unter anderem Texte von Jacques Derrida, Gerhard Kaiser, Dietmar Kamper und Samuel Weber versammelt.[10] Zwischen diesen beiden so unterschiedlichen Projekten besteht auch ein inhaltlicher Zusammenhang: Beiden ging es um eine Neubestimmung geisteswissenschaftlicher Methoden und einen Theorietransfer aus dem französischen in den deutschsprachigen Raum.

Im Unterschied zur *Austreibung des Geistes aus den Geisteswissenschaften*, die 1980 erschien, verzögerte sich die Veröffentlichung des Starobinski-Buches um ein Jahr. Im Februar 1981, nach Abfassung des Vorworts und vor der Einrichtung für den Druck, schrieb Kittler an Zons, dass ihm »Tiefes zur Kunst von 1789 [...] ersichtlich nicht eingefallen« sei, weil er sich »im Garten der Bilder [...] immer als Bock« vorkomme.[11] Der Band erschien im September 1981. Im Oktober schrieb Kittler über die Pressemitteilung von Zons, dass sie das »rechte Vorwort gewesen«[12] wäre. Die Schwierigkeiten beim Abfassen des Vorworts begründete Kittler dort mit der mehrfachen Arbeitsbelastung:

---

30. Juni 1979 bis 19. November 1981 (Kasten 11, Mappe 3).

9 Brief von Friedrich A. Kittler an Raimar Zons vom 17. Februar o. J. (Kasten 24, Mappe 2).

10 Friedrich A. Kittler (Hrsg.), *Austreibung des Geistes aus den Geisteswissenschaften. Programme des Poststrukturalismus*, Paderborn et al.: Schöningh 1980. Vgl. hierzu den Brief von Friedrich A. Kittler an Raimar Zons vom 23. März 1979 mitsamt Skizze sowie den Brief von Raimar Zons an Friedrich A. Kittler vom 31. August 1979 mitsamt Ankündigungstexten des Verlags (beide Kasten 24, Mappe 2).

11 Brief von Friedrich A. Kittler an Raimar Zons vom 17. Februar o. J. (Kasten 24, Mappe 2).

12 Brief von Friedrich A. Kittler an Raimar Zons vom 28. Oktober o. J. (Kasten 24, Mappe 2).

> Irgendwie ist man blind (etwa für den blinden Fleck Paris inmitten aller Bilderproduktion und (danke) Bilderleseproduktion), wenn das andere Auge beim Schreiben immer wieder einmal ins eigene Monsterbuch, ins unvollendete, schielt. Also entweder Habilitationen oder Prologe.[13]

Nachdem Zons eine lobende Besprechung des Bandes im November 1981 in der Zeitschrift des Deutschen Philologenverbandes *die höhere schule* veröffentlicht hatte,[14] erschien am 02. Februar 1982 in der *Frankfurter Allgemeinen Zeitung* eine umfangreiche Rezension von Gerd Bergfleth, die dem Buch zahlreiche Übersetzungsfehler attestierte.[15] Bergfleths Kritik ging in die Überarbeitung des Starobinski-Textes für die zweite Auflage ein.

Im September 1987 erinnerte Zons Kittler an »unseren Plan ›1789‹ für 1989«.[16] Im Zuge der geplanten Neuausgabe der *Embleme der Vernunft* schickte Zons im Januar 1988 den für das Nachwort eingeplanten Text von Hans Robert Jauß an Kittler und schrieb: »Wir sind also inzwischen fest entschlossen, den Band als Prachtausgabe rechtzeitig vor der 200. Anniversary neu – und im Fink-Verlag – herauszubringen. Das ist: zur Buchmesse 88.«[17] Im August 1988 informierte Kittler Zons darüber, dass der Band durchgesehen und, abgesehen von zwei ausstehenden Klärungen, bereit für die Drucklegung sei.[18] Bernhard Siegert habe sich, so heißt es dort, durch seine »bibliographischen Bemühungen« »fast zum Mitherausgeber« qualifiziert.[19] Für die Neuausgabe erweiterte Kittler

---

13 Ebenda.

14 Raimar Zons, »Licht und Schatten«, in: *die höhere schule* (1981), H. 11, S. 357–358. Eine Kopie der Veröffentlichung befindet sich in Kasten 56, Mappe 2, das Typoskript von Zons in Kasten 56, Mappe 3.

15 Gerd Bergfleth, »Bilder einer strahlenden Revolutionsidee. Jean Starobinski: ›1789 – Die Embleme der Vernunft‹«, in: *Frankfurter Allgemeine Zeitung* (02. Februar 1982), S. 27.

16 Brief von Raimar Zons an Friedrich A. Kittler vom 10. September 1987 (Kasten 24, Mappe 1).

17 Brief von Raimar Zons an Friedrich A. Kittler vom 12. Januar 1988 (Kasten 24, Mappe 1).

18 Brief von Friedrich A. Kittler an Raimar Zons vom 12. August 1988 (Kasten 42, Mappe 2).

19 Ebenda.

das Vorwort geringfügig. Von diesem Text ist im Marbacher Bestand kein Typoskript, sondern nur der gedruckte Text überliefert. Die Veröffentlichung erfolgte Ende September beziehungsweise Anfang Oktober 1988[20] und wurde von Karlheinz Stierle[21] in der *Süddeutschen Zeitung* positiv besprochen. Im Nachwort der *Embleme der Vernunft* hält Jauß fest, dass der »rasche Paradigmenwechsel, der in den letzten beiden Jahrzehnten die herkömmliche Literaturgeschichte und philologische Interpretation mehr als je in Frage zog und auf neue Grundlagen stellte«, Starobinskis Werk deshalb »so wenig anzuhaben« wusste, »weil es die kommenden Interessen moderner Methoden: der Archäologie des Wissens, der Ideologiekritik und Psychohistorie, der Geschichte der Lebensformen, der Begriffsgeschichte, historischen Semantik und selbst noch der Semiotik, in nuce antizipiert hat.«[22]

Für freundlich erteilte Publikationsgenehmigungen danken wir dem Deutschen Literaturarchiv Marbach, Susanne Holl und Raimar Zons. Für Informationen aus dem Briefwechsel mit Gundula Göbel, den wir nicht einsehen konnten, danken wir Susanne Holl.

---

20 Vgl. den Brief von Raimar Zons an Friedrich A. Kittler vom 24. Oktober 1988 sowie den Brief von Raimar Zons an Gundula Göbel vom 28. Oktober 1988 (beide Kasten 24, Mappe 1). Der Verlagsvertrag wurde im November 1988 unterzeichnet. Vgl. den Brief von Raimar Zons an Friedrich A. Kittler mit Herausgebervertrag vom 08. Dezember 1988 (Kasten 24, Mappe 2).

21 Karlheinz Stierle, »Der Tag und die Nacht. Zwei große Epochenbücher von Jean Starobinski«, in: *Süddeutsche Zeitung* (05. Oktober 1988), S. XIII. Ein Exemplar der Rezension mit handschriftlichem Gruß von Zons befindet sich im Marbacher Bestand (Kasten 101, Mappe 4).

22 Hans Robert Jauß, »Nachwort«, in: Jean Starobinski, *1789. Die Embleme der Vernunft* [1979], herausgegeben und mit einem Vorwort versehen von Friedrich A. Kittler, aus dem Französischen übersetzt von Gundula Göbel, mit einem Nachwort von Hans Robert Jauß, München: Fink o. J. [1988] (2. Auflage), S. 175–188, hier S. 175.

Der Gott der Ohren I.B.4.2

In Gedanken an Rochus und die Insel 1

Die Griechen hatten einen Gott, der im Akustischen hauste. Wenn 2
die Hirten träumten und die Stille des Mittags sich überschlug, dröhnte plötzlich Pan in allen Ohren.

Pan, eine Wölbung des Hörraums, war der Großen Göttin immer schon näher als all ihre verzweifelten Liebhaber, die sie nur im Sehfeld jagten. Voller Neid erzählt Aktaion selber: »Zuweilen schien es mir, als sähe ich dort oben, auf dem Felsen, den Rücken des alten Pan, der [Diana] ebenfalls auflauerte. Aus der Ferne jedoch hätte man ihn für einen Stein, für den Stamm eines alten, verkrüppelten Baums halten können. Dann war er nicht mehr zu erkennen, während seine Schalmeientöne noch weiter erklangen. Er war Melodie geworden. Er war übergegangen in die vibrierende Luft, in die sie den Wohlgeruch ihres Schweißes, den Duft ihrer Achselhöhlen und ihres Unterleibs verströmte, als sie sich entkleidete.«[1]

»Um einen Raum oder eine Landschaft« (um von Göttinnen fortan zu schweigen) »zu überschauen, muss ich meine Augen von einem Teil zum anderen wandern lassen. Wenn ich jedoch höre, sammle ich den Klang gleichzeitig aus jeder Richtung: Ich bin im Zentrum meiner klanglichen Welt, die mich umschließt [...]. Man kann im Zuhören, im Klang eintauchen. Ein ähnliches Eintauchen
ist im Sehen nicht möglich.«[2] Der große Pan, heißt es, sei tot. Aber 3
Götter der Ohren können gar nicht vergehen. Sie kehren wieder 4
unter der Maske unserer Kraftverstärker und Beschallungsanlagen. Sie kehren wieder als Rocksong.

---

1 Pierre Klossowski, *Das Bad der Diana*. Berlin 1982, S. 29. Vgl. auch Syd Barrett, *The Piper at the Gates of Dawn*. London 1967.

2 Walter J. Ong, *Oralität und Literalität. Die Technologisierung des Wortes*. Opladen 1987, S. 75.

Pink Floyd: *Brain Damage*

The lunatic is on the grass
The lunatic is on the grass
Remembering games and daisy chains and laughs
Got to keep the loonies on the path

The lunatic is in the hall
The lunatics are in my hall
The paper holds their folded faces to the floor
And every day the paper boy brings more

And if the dam breaks open many years too soon
And if there is no room upon the hill
And if your head explodes with dark forebodings too
I'll see you on the dark side of the moon

The lunatic is in my head
The lunatic is in my head
You raise the blade, you make the change
You re-arrange me till I'm sane

You lock the door
And throw away the key
There's someone in my head but it's not me

And if the cloud bursts, thunder in your ear
You shout and no one seems to hear
And if the band you're in starts playing different tunes
I'll see you on the dark side of the moon.

(Text und Musik: Roger Waters)

The Dark Side of the Moon, Harvest LP 1 C 062-05 249 –: vom Erscheinungsjahr 1973 bis 1979 acht Millionen Platten verkauft,[1]

1 Vgl. *Der Spiegel*, 51/1979, S. 176.

nach neueren Meldungen schon 45 Millionen. Bücher und ihre Auflagen werden lachhaft, wenn Ströme von Sound in Ströme von Geld münden. *Brain Damage*, der Hirnschaden, braucht keine Beschreibung mehr. Er ist angerichtet.

Und dabei hat alles so einfach angefangen. Roger Waters, Nick Mason und Richard Wright, drei Architekturstudenten der sechziger Jahre, mit Gitarren und alten Chuck Berry-Nummern durch Englands Vorstadttheater tingelnd. Ihr vergessener Name: The Architectural Abdabs. Bis eines Frühlingstages im Jahr 1965 ein Leadgitarrist und Sänger zu ihnen stößt, der Pink Floyd – den Namen und den Klang – erfindet. Übersteuerte Verstärker, das Mischpult als fünftes Instrument, durch den Raum kreisende Töne und was bei Kombination von Niederfrequenztechnik und Optoelektronik alles machbar ist – mit Augen wie schwarzen Löchern
erschließt Syd Barrett dem Rock'n'Roll *Astronomy Domine*, die 5
Herrschaft Astronomie.

Der Stern über dem Londoner Untergrund hat knapp zwei Jahre gestrahlt. Man kennt Andy Warhols Wort, dass wir im Zeitalter der elektronischen Medien alle berühmt werden – jeder für fünfzehn Minuten. Bei Barretts letzten Auftritten, wenn sie nicht überhaupt ausfallen, hängt die Griffhand herum, während die rechte ohne Ende ein und dieselbe Leersaite anschlägt:[1] Monotonie, wie in der chinesischen Foltertechnik, als Anfang und Ende von Musik. Dann verschwindet der Mann, der Pink Floyd erfunden hat, von allen Bühnen, irgendwo im diagnostischen Niemandsland zwischen LSD-Psychose und Schizophrenie. Die Pink Floyd finden einen Ersatzgitarristen und die Formel ihres Welterfolgs.

So wahr bleibt es auch bei achtstelligen Album-Verkaufszahlen, dass die Kapitalmaschine mit ihren Geldströmen gespeist wird vom decodierten, deterritorialisierten Strom des Wahns, dessen unmittelbare Realisierung der elektrische ist.[2]

Sechs Jahre lang haben die Pink Floyd über den Ausschluss geschwiegen, der sie möglich gemacht hat. *Brain Damage* aber ist

1 David Gilmour (Pink Floyds Ersatzgitarrist), zitiert in: Jean-Marie Leduc, *Pink Floyd*. Paris 1973, S. 54.

2 Vgl. Gilles Deleuze und Félix Guattari, *Anti-Ödipus. Kapitalismus und Schizophrenie I*. Frankfurt/M. 1974, S. 485 und S. 309.

der Song über Außen und Innen, Ausschluss und Einschluss und ihre Aufhebung. Am Anfang stimmt noch alles. Dort, im Haus, ein Besitzer, den Schlüssel in der Hand und von Zeitungen auf dem laufenden Schwachsinn gehalten. Hier, auf dem Rasen, dem schönen Rasen südenglischer Landsitze und Bennscher Träume vermutlich,[1] der oder die Verrückten. So zumindest will es ein Gesetz, das territorialisiert, ein Gesetz, das Irren vorschreibt, auf gebahnten Pfaden und vor allem draußen zu bleiben. Es ist das Gesetz von Architekten,[2] und den Damm, der es materialisiert, wird der einstige Architekturstudent Waters 1980/81 als gigantische Mauer quer durch Earl's Court und Westfalenhalle bauen lassen.

Aber im Akustischen laufen die Dinge nicht so einfach wie im
6 Showbusiness. Schließlich sind »Ohren im Feld des Unbewussten die einzige Öffnung, die unmöglich zu schließen ist«.[3] Vom Rasen über den Flur bis in den Kopf – der unaufhaltsame Fortschritt des Wahnsinns geht über Ohren, die sich nicht wehren können. Am Ende vom Lied, mag es *Brain Damage* oder *The Wall* heißen, ist der Damm gebrochen, der Kopf explodiert und nur noch Schreien ohne Empfang. Kein Wort, keine Mauer, kein Damm zwischen Außen und Innen hält dem Sound stand, weil Sound das Unaufschreibbare an der Musik und unmittelbar ihre Technik ist.

7 Es gibt, von Foucault, eine *Geschichte des Wahnsinns im Zeit-*
8 *alter der Vernunft*. Es gibt, von Bataille, eine *Geschichte des Auges*.
Roger Waters aber, dem Texter von *Brain Damage*, danken wir die
9 Kurzgeschichte von Ohr und Wahnsinn im Zeitalter der Medien.

Als Edison, der Vielfacherfinder, nach einer Idee von Charles Cros das erste Grammophon baute, war die Wiedergabe ein Schatten der Aufnahme. Auch dazwischengeschaltete Schalltrichter konnten mechanisch aufgezeichnete und mechanisch reproduzierte Schwingungen schwerlich lauter als im Original machen. Nicht bloß, weil Edison fast taub war, musste er am denkwürdigen 6. Dezember

---

1 Vgl. Gottfried Benn, *Roman des Phänotyp* (1949). In: Benn, *Gesammelte Werke*. Hg. Dieter Wellershoff, Wiesbaden 1959–61, Bd. II, S. 174 u. ö.

2 Über Architekten vgl. Wolfgang Scherer, *BA$\frac{B}{B}$ELOGIK. Sound und die Auslöschung der buchstäblichen Ordnung*. Basel 1983.

3 Jacques Lacan, *Le séminaire, livre XI: Les quatre concepts fondamentaux de la psychanalyse*. Paris 1973, S. 219. Vgl. aber schon August Ferdinand Bernhardi, *Sprachlehre*. 2. überarbeitete Aufl. Berlin 1801–03, Bd. I, S. 24.

1877 in seinen Phonographen hinein schreien.[1] Und nur in den Zukunftsromanphantasien zeitgenössischer Symbolisten schloss der Zauberer von Menlo Park seine Phonographen an Lautsprecher, viele Lautsprecher an, um mit solcher Raumklangtechnik den Reigen seiner Kinder draußen auf dem Rasen ins Arbeitszimmer hineinzuholen.[2] Faktisch nämlich lag den grammophonvernarrten Bürgern und Kaisern der Jahrhundertwende an Stimmen mehr als am Ritornell, das Stimmen und Identitäten zum Tanzen bringt. Als Wildenbruch, dem wilhelminischen Staatsdichter, 1897 vor allen anderen akustische Unsterblichkeit gewährt wurde, sprach er (nach längeren Ausführungen darüber, dass Stimmen im Unterschied zu Gesichtern untrüglich und d. h. für Psychologen erstklassige Quellen seien) in den Schalltrichter die schönen Schlussverse:

> Vernehmt denn aus dem Klang von diesem Spruch
> Die Seele von Ernst von Wildenbruch.[3]

Vom Klang zum Spruch, vom Spruch zur Seele: so krampfhaft war
Wildenbruch bemüht, Reelles (seine gespeicherte, aber sterbliche 10
Stimme) auf Symbolisches (den artikulierten Diskurs von Lyrik) und
Symbolisches auf Imaginäres (eine schöpferische Dichterseele) zu
reduzieren. Gottlob sind die Techniker den genau umgekehrten Weg
gegangen. Zeit und Grundlagenforschung haben dazu geführt, dass
aller Seelenhauch in Sound und Phonstärke untergegangen ist.

Denn nur solange die Schallplatte mechanisch geschnitten und mechanisch abgespielt wurde, herrschten auf ihr Menschenstimmen – bei einer armseligen Frequenzbandbreite von 200 bis knapp 2000 Hertz kein Wunder. Aber nachdem ein Weltkrieg, der erste, mit seinem Innovationsschub das Verstärkerprinzip durchgesetzt hatte, konnte auch Edisons mechanische Apparatur elektrifiziert werden. Frequenzspektrum und Klangdynamik von

1 Vgl. die Einzelheiten bei Walter Bruch, *Von der Tonwalze zur Bildplatte. 100 Jahre Ton- und Bildspeicherung*. Funkschau, Sonderheft 1979, o. S.

2 Vgl. Philippe Auguste Mathias, Comte de Villiers de l'Isle-Adam, *L'Ève future* (1886). Paris 1977, S. 29.

3 Wildenbruchs Diktum, in seine *Gesammelten Werke* sinnigerweise nicht aufgenommen, findet sich als Phonographentranskript bei Bruch, *Von der Tonwalze zur Bildplatte*.

Orchestern fanden sich erstmals auf Plattenrillen und Lautsprecherspulen. Eine Nachtigall, elektrisch konserviert und verstärkt, hielt 1926 in Respighis *Pini di Roma* der gesamten Philharmonie Toscaninis stand.[1]

Um den Klangzauber zu perfektionieren, musste nur noch ein anderer Weltkrieg ausbrechen. Sein Innovationsschub gab den Ingenieuren Deutschlands die Tonbandmaschine und den Ingenieuren Britanniens eine HiFi-Schallplatte ein, die auch subtilste Klangfarbenunterschiede zwischen deutschen und britischen U-Boot-Motoren hörbar machte – natürlich zunächst nur für die Ohren angehender Royal Air Force-Offiziere.[2] Mit der Kriegsbeute Tonband beschenkt, konnte Amerikas verschlafene Schallplattenindustrie (sie hatte zwischen 1942 und 1945 sehr andere Aufgaben wahrgenommen) einen neuen Standard setzen: Bandaufnahmen, und erst sie machen akustische Manipulationen im Zwischenraum von Plattenproduktion und -wiedergabe möglich.

Aber auch die britische Industrie begriff alsbald, dass ihre kriegsentscheidenden Fortschritte bei der U-Boot-Ortung zu friedlicher Nutzung einluden. 1957 stellten die Electrical and Mechanical Industries (EMI), die nicht von ungefähr auch Pink Floyd unter Vertrag haben, die erste Stereoplatte vor.[3] Die zwei Ohren, über die Menschen nun einmal verfügen, sind seitdem keine Naturlaune mehr, sondern eine Geldquelle: Sie dürfen einzelne Stimmen und/oder Instrumente zwischen zwei Wohnzimmerlautsprechern orten. Und wenn die Ohren für einmal bei der Ortung versagen, dann nur, weil der leitende Toningenieur noch raffinierter war. Als John Culshaw 1959 Soltis wunderbar übersteuertes *Rheingold* produzierte, fand jeder Gott und jede Göttin einen hörbaren Ort auf
11 der Stereoklangfläche. Die Stimme des großen Technikers Alberich aber, wie er seinem Bruder unsichtbar und drastisch die Vorzüge von Tarnkappen vorführt, kam aus allen möglichen Ecken zugleich.[4]

---

1 Vgl. Robert Gelatt, *The Fabulous Phonograph, From Edison to Stereo* (1965). 3. Aufl. New York 1977, S. 234.

2 Vgl. Gelatt, *The Fabulous Phonograph*, S. 282.

3 Vgl. Steve Chapple und Reebee Garofalo, *Wem gehört die Rock Musik? Geschichte und Politik der Musikindustrie.* Reinbek 1980, S. 66.

4 »Thus in Scene Three, Alberich puts on the Tarnhelm, disappears, and then thrashes the unfortunate Mime. Most stage productions make Alberich sing

Und was bei Culshaw ein Spezialeffekt blieb, machte Syd Barrett zur Regel. Der Überlieferung zufolge soll er bei Plattenaufnahmen die vielen Eingangsregler seines Mischpults so wild hin und her gedreht haben, als wären die zwei Stereokanäle selber ein Instrument …

Man weiß, seit jenen Gründertagen ging es weiter wie eine Explosion. Die sogenannte Reproduktion ist in Produktion von Klängen umgeschlagen und der Treueschwur High Fidelity den wirklichen Machbarkeiten gegenüber zur Beschwichtigungsformel verkommen. Nur kommerzielle und keine technischen Gründe sind heute im Spiel, wenn der Standard von Radio und Platte weiterhin auf Klangflächen beschränkt bleibt und nicht reale oder gar absolute Klangräume simuliert. Denn wo Geld und Wahnsinn sind, fallen alle Einschränkungen. Den Beweis hat kein anderer als Barrett erbracht.
Er war es, der mit seinem Azimuth Coordinator den Pink Floyd einen 12
technischen Vorsprung über alle anderen Gruppen verschaffte. Wie der Name schon sagt, ist der Azimuth Coordinator eine Beschallungsanlage, die es möglich macht, beliebige Ereignisse, Tracks und Schichten innerhalb der Klangmasse in beliebige und nach allen drei Raumdimensionen variable Positionen zum Hörerohr zu bringen. *Brain Damage* singt seinen Ruhm.

Dreimal setzt der Song ein, und dreimal macht die Klangreproduzierbarkeit einen historischen Schritt nach vorn.

The lunatic is on the grass … Kinderspiele und Lachen, also genau das, was der Edison des Zukunftsromans abhören wollte, kommen von draußen ins Haus, durch Mauern gedämpft und durch die Entfernung um ihre Raumkoordinaten gebracht. Ganz entsprechend simuliert eine Stelle auf *Wish You Were Here*, die im Equalizer um alle Höhen und Tiefen beschnitten und dann auf eine einzige Spur überspielt wurde, das schlichte Kofferradio.[1] Strophe eins ist also, im akustischen Zitat, die dürftige Zeit monauraler Wiedergabe.

---

through a megaphone at this point, the effect of which is often less dominating than that of Alberich in reality. Instead of this, we have tried to convey, for thirty-two bars, the terrifying, inescapable presence of Alberich: left, right, or center there is no escape for Mime.« (John Culshaw, zitiert in Gelatt, *The Fabulous Phonograph*, S. 318.)

1 Vgl. David Gilmour, *Interview mit Gary Cooper*. In: *Wish You Were Here, Songbook*, London 1975, S. 77: »When a track disappears into a thin, reedy transistor radio sound which is then joined by a plainly recorded acoustic guitar, there has obviously been a lot of thought behind the end product. How did they

The lunatic is in the hall. The lunatics are in my hall … Schritt um Schritt, Satz um Satz geht es mit monauraler Distanz oder Abstraktion zu Ende. Weil »Dasein wesentlich ent-fernend ist«, also »Seiendes in die Nähe begegnen läßt«,[1] rückt ihm auch der Verrückte immer mehr auf den Leib. Der Hausflur, schon weil er beim zweiten Mal zum eigenen wird, hat einen definierten Bezug auf die Raumkoordinaten des Lauschers und Sprechers selbst. Der Flur ist nahe genug, um rein nach Gehör ein Links und ein Rechts, nahe genug auch, um viele Verrückte zu unterscheiden. Ganz so fungiert
13 am unvergesslichen Ende von *Grantchester Meadows* die akustisch gebaute Treppe, über die Schritte von links nach rechts laufen – vom Vinyl direkt in Räume und Ohren der Hörer hinein. Strophe zwei ist also die Zeit von High Fidelity und Stereophonie.

The lunatic is in my head. The lunatic is in my head … Zu deutsch: der Hirnschaden ist angerichtet und ein Azimuth Coordinator am Werk. Wenn Klänge, durch den ganzen Hörraum steuerbare Klänge von vorn und hinten, rechts und links, oben und unten auftauchen können, geht der Raum alltäglichen Zurechtfindens in die Luft. Die Explosion der akustischen Medien schlägt um in eine Implosion, die unmittelbar und abstandslos ins Wahrnehmungszentrum selber stürzt. Der Kopf, nicht bloß als metaphorischer Sitz des sogenannten Denkens, sondern als faktische Nervenschaltstelle, wird

---

tackle that one? – ›When it sounds like it's coming out of a radio, it was done by equalization. We just made a copy of the mix and ran it through eq. to make it very middly, knocking out all the bass and most of the high top so that it sounds radio-like.‹«

1 Martin Heidegger, *Sein und Zeit. Erste Hälfte* (1927). 3. Aufl. Halle/S. 1931, S. 105. Technisch gewendet, besagt das Existenzial Ent-fernung einfach Radio: »*Im Dasein liegt eine wesentliche Tendenz auf Nähe.* Alle Arten der Steigerung der Geschwindigkeit, die wir heute mehr oder minder gezwungen mitmachen, drängen auf Überwindung der Entferntheit. Mit dem ›Rundfunk‹ z.B. vollzieht das Dasein heute eine in ihrem Daseinssinn noch nicht übersehbare Ent-fernung der ›Welt‹ auf dem Wege einer Erweiterung der alltäglichen Umwelt.« (Ebd.) Ein Jahrzehnt später hat Heidegger allerdings erkannt, dass radiophone Ent-fernung im Wesen nicht eines wie auch immer un-menschlichen Daseins, sondern der Technik liegt. »Das Riesige drängt sich in einer Form vor, die es scheinbar gerade verschwinden läßt: in der Vernichtung der großen Entfernungen durch das Flugzeug, im beliebigen, durch einen Handgriff herzustellenden Vor-stellen fremder und abgelegener Welten in ihrer Alltäglichkeit durch den Rundfunk.« (Martin Heidegger, *Holzwege*. Frankfurt/M. 1950, S. 87.) Vom Dasein zur Technik als Satzsubjekten der Entfernung – nichts anderes war Heideggers ›Kehre‹.

eins mit dem, was an Informationen ankommt und nicht bloß eine sogenannte Objektivität, sondern Sound ist. Durch's Ende von *Brain Damage* ziehen die Klänge eines Synthesizers, vermutlich um den Satz zu beweisen, dass Synthesizer die synthetischen Urteile der Philosophen längst abgelöst haben.[1] Ein Tongenerator, der Klänge in sämtlichen Parametern – Frequenz, Phasenlage, Obertongehalt und Amplitude – steuern und programmieren kann, überführt die Möglichkeitsbedingungen sogenannter Erfahrung ins physiologisch totale Simulakrum.

Also ist die Geschichte des Ohrs im Zeitalter seiner technischen Sprengbarkeit immer schon Geschichte des Wahnsinns. Hirnschaden-Musik macht alles wahr, was an dunklen Vorahnungen durch Köpfe und Irrenhäuser geisterte. Nach Auskunft eines Psychiatrielexikons wird »im Vergleich zu anderen Sinnesbereichen [...] der Gehörsinn von Halluzinationen am häufigsten betroffen.«[2] Von 14
weißem Rauschen über Zischen, Wassertropfen, Flüstern bis hin zu Reden und Schreien reicht die Skala der sogenannten Akuasmen, die der Wahnsinn wahrnimmt oder macht. Alles liest sich also, als wolle das Psychiatrielexikon eine Liste von Pink Floyd-Effekten aufstellen. Weißes Rauschen erscheint in *One of These Days*, Zischen in *Echoes*, Wassertropfen in *Alan's Psychedelic Breakfast*, Schreien in *Careful with That Axe, Eugene* und Flüstern allüberall ...

Verwunderlich bei so viel Hellhörigkeit bleibt nur, dass Psychiater es verwunderlich nennen, wenn die Akuasmen heutzutage nicht mehr einflüsternden Teufeln oder schreienden Hexen, sondern Radiosendern oder Radarantennen zugeschrieben werden.[3] Verrückte scheinen informierter als ihre Ärzte. Sie sprechen es aus, dass der Wahnsinn, statt bloß metaphorisch von Radiosendern im Hirn zu faseln, gerade umgekehrt eine Metapher von Techniken ist. Schon weil er immer auf die modernsten Prüfstände gerät, registrieren seine Antennen den jeweiligen Stand der Informationsverarbeitung in historischer Präzision.

---

1 Vgl. Deleuze und Guattari, *Tausend Plateaus. Kapitalismus und Schizophrenie*. Berlin 1992, S. 133 und S. 469.

2 Christian Müller (Hg.), *Lexikon der Psychiatrie*. Berlin-Heidelberg-New York 1973, s. v. Halluzination.

3 So etwa Eugen Bleuler, *Lehrbuch der Psychiatrie* (1916). 11. Aufl., Hg. Manfred Bleuler, Berlin-Heidelberg-New York 1969, S. 32.

Denn nur unter Bedingungen einer Kultur, die Diskurse als individuelle Sprechakte und dergleichen zu hören befiehlt, klingen Diskurse über Diskurskanalbedingungen (Rauschen und Zischen, Raumklang und Nachhall) notwendig irre. Wenn aber Sprechakte grundsätzlich mass media-acts sind, anonyme und kollektive Veranstaltungen,[1] ist dieser Irrsinn die Wahrheit und umgekehrt. Ein Pressestatement und d. h. mass media-act der EMI aus den Tagen, da man auch Pink Floyds beziehungsreichen Titel *Let's Roll Another One* verbot,[2] illustriert das aufs schönste. »Die Pink Floyd«, erfuhren damals Englands Zeitungsschreiber, »wissen überhaupt nicht, was die Leute mit psychedelischem Rock meinen, außerdem haben sie keineswegs die Absicht, halluzinatorische Effekte auf ihre Zuhörer auszuüben.«[3]

Auch wenn Barretts glorioser Azimuth Coordinator nicht ohnehin dafür gesorgt hätte, dass Pink Floyd-Hörer mit Schwindelanfällen ins Krankenhaus gefahren werden mussten – schon solche Statements sind ein unfehlbares Mittel, um Leute verrückt zu machen. Zu sagen, dass man es nicht vorhat, heißt sagen, wie leicht es wäre, weil Ohren ja unmöglich zu schließen sind. Sie lügen und spinnen also, die mass media-acts, aber zum Leidwesen wirklich nur von Philosophen und allen Ohren zur Lust. Unerfüllbar bleibt die Bitte, die der Song *If* (über denselben Synthesizerschlieren wie in *Brain Damage*) an einen unbekannten Gott oder Ingenieur richtet: And if I go insane, please, don't put your wires into my brain …

Der Hirnschaden ist unvermeidlich. Die Antennen, vor denen die Irrsinnsangst (im doppelten Wortsinn) zittert, haben die Hirne längst invadiert, auch ohne Kenntnisnahme von Psychiatern. Sie senden und senden auf allen Frequenzen von LW bis UHF. Nur die Strophen von *Brain Damage* singt Waters als Solo über einer dünnen Klangfläche, die die Unschuld akustischer Gitarren simuliert. Die Refrains sind Glocken von Sound, zahllose Tracks aufeinander, die sich dröhnend über Ohren und Hirn stülpen. Die Strophen spricht ein Ich, anfangs über den Verrückten draußen, am Ende, nachdem der

---

1 Vgl. Deleuze und Guattari, *Tausend Plateaus*, S. 114.

2 Vgl. Alain Dister, Udo Woehrle und Jacques Leblanc, *Pink Floyd*. Bergisch-Gladbach 1978, o. S.

3 Zitiert in Paul Sahner und Thomas Veszelits, *Pink Floyd. Elektronischer Rock in Vollendung*. München 1980, S. 23 f.

Azimuth Coordinator abstandslose Nähe hergestellt hat, zu ihm. Die Refrains dagegen mit ihren Wenn-Sätzen sind Antwort – ein Diskurs des Anderen, der die Strophen vom Kopf auf die Füße stellt. Ein wiedergekehrter Barrett tut, was sie ihm zugesprochen haben. You make the change, you re-arrange me till I'm sane.

Ein Heilen und Umkrempeln, das sehr einfach und konkret über Arrangement und Aufnahmetechnik läuft. Im ersten deutschen Kunstkopfhörspiel (und die Kunstkopfstereophonie ist ja nur ein Azimuth Coordinator für den Privathausgebrauch) waren alle Stimmen und Geräusche mit Stereomikrophonen aufgenommen – außer der einen, die zugleich Computer-Output und Wahnsinns-Input darstellen sollte. So elegant machte das Hörspiel seinen Titel *Destruction* wahr: Wenn unter zahllosen Stimmen, die im dreidimensionalen Hörraum zu orten sind, eine und nur eine ohne Koordinaten auftaucht, wird sie unfehlbar im implodierenden Kopf geortet. Unter Bedingungen perfekter Raumsimulation braucht es Culshaws Alberich-Listen gar nicht mehr. Gerade die harmloseste und altmodischste Aufnahmetechnik macht Helden und Hörer eines Kunstkopfhörspiels verrückt.

Nicht anders funktioniert *Brain Damage*. Der dritten Strophe über jemand in meinem Kopf, der aber nicht ich ist, wird ein Gelächter zugemischt. Ein Gelächter, das nicht nur alle Ängste vor Antennen im Hirn zum großen nietzscheanischen Ja verkehrt, sondern (weil es in listiger Ausnahme monaural aufgenommen wurde) selber die Antenne im Hirn *ist*.

In diesem Lachen sind ganz zu Anfang der Platte die ersten hörbaren Sätze untergegangen, als eine triumphale Stimme verkündete, dass sie immer verrückt gewesen ist und es auch weiß. Mit seiner Wiederkehr am Plattenende, wenn das panische Lachen im Hörerkopf implodiert, siegt Pink Floyds Irrer über seine Begleitband.

Es gibt also zwei Musiken. Die eine als Zitat (und nicht Erinnerung) von Stimme und Natur; die andere, mit Paul Celan zu 15
reden, ein Lied von jenseits der Menschen.[1] I've always been mad, I know I've been mad …

1 Zu den zwei Musiken vgl. auch *The Wall*, wo der Maximierung von Wattzahlen am Ende ein kleines Stück mit Akkordeon, Klarinette und Kindertrommeln folgt – einmal noch Merry Old England.

Und Hirnschaden besagt, dass die andere Musik triumphieren wird. Benn schrieb: »Radio ist der Natur weit überlegen, es ist umfassender, kann variiert werden«.[1] Nichts und niemand limitiert die Möglichkeiten elektronischer Medien. Jenseits aller Irrsinnsängste sind immer noch andere Musiken machbar. Schön, aber leicht antiquiert, soll Barrett gemurmelt haben, als er nach Jahren des Ausschlusses wieder einmal in die Abbey Road-Studios kam und neue Bänder seiner ehemaligen Begleitband abhörte. Aus diesem Murmeln macht das Ende von *Brain Damage* ein großes lachendes Versprechen. Dann, wenn die Pink Floyd andere Musik spielen, wird ihr Irrer wiederkehren. And if the band you're in starts playing different tunes, I'll see you on the dark side of the moon. Oder in französischer Übersetzung: »des dieux nouveaux, les mêmes, gonflent déjà l'Océan futur«.[2]

Nietzsche, der an anderer Musik nur Wagner kennen konnte, träumte einmal von »einer tieferen, mächtigeren, vielleicht böseren und geheimnissvolleren Musik [...], welche vor dem Anblick des blauen wollüstigen Meers und der mittelländischen Himmels-Helle nicht verklingt, vergilbt, verblasst, wie es alle deutsche Musik thut, einer übereuropäischen Musik, die noch vor den braunen Sonnen-Untergängen der Wüste Recht behält.«[3] Genau diese Musik ist es, die der Irre von *Brain Damage* auf die dunkle Mondseite als Treffpunkt für andere Musiken verlegt. Genau diesem Sonnen-Untergang hielt das sagenhafte italienische Konzert der Pink Floyd stand, als die vier stundenlang reglos auf der Uferlinie standen und erst in der Sekunde, da der rote Ball den Meeresrand berührte, mit Gongschlag einsetzten.

Es überrascht nicht, dass *The Dark Side of the Moon* Presse und Fans im Londoner Planetarium präsentiert werden sollte. Als die Bandmitglieder jedoch erfahren mussten, dass entgegen ihrer Bestimmungen das Playback lediglich Stereo abgespielt werden sollte, boykottierten sie das Ereignis, indem sie einfach nicht auf-

---

1 Benn, *Roman des Phänotyp*, S. 182.

2 Michel Foucault, *Les mots et les choses. Une archéologie des sciences humaines*. Paris 1966, S. 396.

3 Friedrich Nietzsche, *Jenseits von Gut und Böse* (1885), § 255, in: Nietzsche, *Werke. Kritische Gesamtausgabe*. Hgg. Giorgio Colli und Mazzino Montinari, Berlin-New York 1967–1993, Bd. VI 2, S. 208 f.

tauchten. Erst die mächtigere, vielleicht auch bösere Musik unseres Jahrhunderts hat ihre Antennen in der Domäne Astronomie. 16
Europas klassischer Tonsatz war Beherrschung des unaufhörlichen Rauschens ringsum durch eine Form und einen Binärcode (Dur/Moll, Konsonanz/Dissonanz, usw.). Romantische Musik war und blieb Decodierung solcher Oppositionspaare: ein *Lied von der Erde*, das 17
nicht zufällig beim Wort »Erde« alle Dreiklangharmonik aufsprengte wie »morschen Tand«. Die Musik unseres Jahrhunderts aber verlässt auch noch Erde oder Lebenswelt. Kosmische Strahlenquellen und neurologische Energien – Mächte also jenseits und diesseits des Menschen – sind ihre zwei Pole.[1] Der Kurzschluss dazwischen löst sie aus. Klarer nicht als auf dem Cover von *Dark Side* könnte das bezeichnet sein. Pink Floyds Designerteam mit dem genauen Namen Hipgnosis zeigt auf schwarzem Grund einen Lichtstrahl, der in die einzelnen Spektralfarben auseinandergeht, um zu einer Linie zurückzuführen, die aber ein EKG ist –: Oszillogramm der Herzschläge, mit denen *Dark Side* einsetzt und ausklingt. So holt elektronische Technik zuletzt die Ahnungen ein, die seit unvordenklichen Zeiten das irre Hirn von lunatics mit Mond und Sternen kurzschließen.

Und mondsüchtig werden sie in der Tat, die Hirnschaden-Hörer. So viele Verse gelesen, so viele Verse vergessen, Pink Floyd aber bleibt im Kopf – »Ich von heute, der mehr aus Zeitungen lernt als aus Philosophien, der dem Journalismus nähersteht als der Bibel, dem ein Schlager von Klasse mehr Jahrhundert enthält als eine Motette.«[2] Auch wenn am Ende von *Brain Damage* eine Stimme »I can't think of anything to say« murmelt, auch wenn Bücher lachhaft und Musikbeschreibungen hinterm Mond sind, gibt es also noch etwas zu schreiben, einfach weil etwas nicht aufhört, sich (ein)zuschreiben. *Brain Damage* singt ja nicht von Liebe oder sonst welchen Themen – es ist eine einzige und positive Rückkopplung zwischen Sound und Hörerohren. Klänge verkünden, was von Klängen angestellt wird. Und das überbietet alle die Wirkungen, die das alte Europa sich vom Buch der Bücher oder unsterblichen Dichtern versprach.

---

1 Zum Vorstehenden vgl. Deleuze und Guattari, *Tausend Plateaus*, S. 460–475.

2 Benn, *Probleme der Lyrik* (1951). In: Benn, *Gesammelte Werke*, Bd. I, S. 518.

Wörter der Vergängnis zu entreißen, ist das einfache Geheimnis jeder Lyrik. Als die Griechen den Hexameter erfanden, hatten sie nichts anderes im Sinn. »Das rhythmische Tiktak«[1] sollte bestimmte Reden für Menschenohren unentrinnbar machen und für Götterohren, über alle Entfernung hinweg, verstärken. (Die einen sind so vergesslich und die anderen so schwerhörig.)

Nietzsche, der diese Diskurskanalisierungstechnik wiederentdeckte, lieferte auch gleich den philologischen Beweis nach: Der griechische Rhythmus maß Silben nicht wie die Neuzeit nach ihrer Bedeutung im Wort, sondern einfach nach akustischer Länge oder Kürze. Deshalb und nur deshalb blieb antike Lyrik an einen Fuß, den buchstäblichen Fuß tanzender Körper gekoppelt. Wenn dagegen in moderneuropäischen Sprachen die Wortbedeutung über Betonung und Versrhythmus bestimmt,[2] schwindet mit dem Körpergedächtnis auch die Musik aus der Lyrik. Den Texten ist nicht mehr zu entnehmen, wie sie zu singen oder zu tanzen sind. Ob und wie sie nachträglich in die Mnemotechnik Musik gesetzt werden, bleibt Zufall.[3]

Vielleicht ist eben darum klassisch-romantische Lyrik direkter als alle anderen Dichtungsgattungen an Erlebnis und Psychologie ihres Schreibers gekoppelt worden. Im Imaginären wurde es möglich, auch leise gelesenen Versen, vor jeder Komposition, eine innere Musik einzuhauchen. Weil zwischen den Zeilen phantasmagorische Stimmen flüsterten (für Leser die der Mutter und für Leserinnen die des Autors), blieb Poesie im verliebten Gedächtnis. *Klassisches Vergißmeinnicht* hieß ein winziges Buch mit lauter Goetheversen. Und erst unter hochkapitalistischen Bedingungen, als Konsumenten bei solcher Psychologie zu gähnen anfingen und härtere Drogen vorzogen, stellte die Lyrik ihre Mnemotechnik aufs kalte Medium
18 Schrift um. Baudelaires *Fleurs du Mal* beginnen mit einer ausdrücklichen Anrede des Lesers, die die ganze Geschichte vom Gähnen bis zur Wasserpfeife auch erzählt.

---

1 Nietzsche, *Die fröhliche Wissenschaft*. In: Nietzsche, *Werke*, Bd. V 2, S. 116.

2 Vgl. dazu Friedrich Kittler, *Nietzsche (1844–1900)*. In: Hg. Horst Turk, *Klassiker der Literaturtheorie*. München 1979, S. 204 f.

3 Das zeigt am Beispiel von Schuberts Goethe-Vertonungen Thrasybulos Georgiades, *Sprache als Rhythmus*. In: *Sprache und Wirklichkeit. Essays*. München 1967, S. 224–244.

Moderne Lyrik: ein Sondervergnügen von und für Buchstabenfetischisten, während ringsum Buchstaben und Noten, diese einzigen und einzig symbolischen Tonspeicher Alteuropas, allenthalben von elektrischen abgelöst werden. E- und U-Kultur ...

Nicht umsonst war Wildenbruch bewegt, als er seine Phonographen-Verse in den Phonographen sprechen durfte. Der Lyrik, wie sie so lange und so vielen die Liebe gewesen war, schlug an jenem Tag die Totenglocke. Wozu noch Dichtung in technischer Zeit? Medien sind viel zu gut, um ihre Speicherkapazitäten auf Klang, Spruch und Seele eines Wildenbruch zu beschränken. Mnemotechnische Hilfskonstruktionen wie Autorschaft oder Individualität werden überflüssig, wenn Plattenrillen und Magnetbänder Sound, das Unaufschreibbare selber, bannen können. In der U-Kultur kehrt die uralte Kopplung zwischen Wort und Musik nach Jahrtausenden wieder, aber nicht mehr nur über die Füße von Versen und Tanzenden, sondern als Einschreibung ins Reelle.[1] Pink Floyd bleibt 19
im Kopf – eben weil den Leuten kein Gedächtnis mehr gemacht werden muss, sondern Maschinen selber das Gedächtnis *sind.* Und erst damit wird es möglich, über Wörter und Melodien hinaus auch Instrumentalfarben, Klangräume, ja sogar die abgründige Stochastik des Rauschens zu speichern.

Respighis kleine Nachtigall hat Karriere gemacht. Das irre Gelächter von *Brain Damage* und die seligen Sommertagsgeräusche von *Grantchester Meadows* werden nicht bloß besungen; sie sind zur selben Zeit auch selber hörbar. Mit all ihren Geräuschen grundiert eine Wiese bei Cambridge den Song, der sie einmal noch heraufbeschwört. Was in Büchern oder Partituren nur als vertracktes Spiel (durch Rollenlied, Perspektivenwechsel, Naturzitat) anzudeuten wäre, wird im absoluten Klangraum Ereignis. So kehren sie

---

1 Vgl. Jean Lescure, *La Radio et la littérature*. In: *Encyclopédie de la Pléiade. Histoire des littératures*, Bd. III, Hg. Raymond Queneau, Paris 1958, S. 1705 f. Nichts kann die technische Kopplung von Wort und Musik schöner (und damit auch philologischer) belegen als zwei auf *Dark Side* versteckte Zitate. Die Zeile »Look around and choose your own ground« spielt selbstredend auf Don Juans ersten Auftrag an seinen Schüler Castaneda an. Aber auch der rätselhafte Befehl »Run, rabbit, run!« ist wörtliches Don Juan-Zitat (vgl. Carlos Castaneda, *Journey to Ixtlan. The Lessons of Don Juan*. London 1973, S. 154). So wird die Schallplatte (wie schon in Lennons *Revolution 9*) zum Speicher von Geheimbotschaften.

denn wieder: die Mittagsstille, der Wiesengrund, das Lachen eines Gottes.

Und seitdem die Rockgruppen, statt auf Befehl eines Musikkonzerns nur vorfabrizierte Einzelnummern irgendwelcher Texter, Komponisten und Arrangeure nachzuspielen, selber im Studio Parameter über Parameter, Schicht auf Schicht, Wörter über Klänge legen, seit den LPs der sechziger Jahre also, ist der Soundraum auch von Ordnungshütern gesäubert. There's someone in my head, but it's not me. Nur Atavismen wie das Urheberrecht, das ja nicht umsonst aus der Goethezeit stammt, zwingen noch zur Namensnennung von Textern und Komponisten (als ob es dergleichen im Soundraum gäbe). Viel eher wären die Schaltpläne der Anlagen und (wie auf dem Cover von *Dark Side*) die Typennummern der eingesetzten Synthesizer aufzuführen. Aber so läuft einstweilen noch manches. »Die berühmte Personalisierung der Macht ist zugleich eine die Territorialisierung der Maschine verdoppelnde Territorialität. […] Man hat zuweilen den Eindruck, daß die Kapitalströme nicht ungern sich auf den Mond schießen ließen, wäre nicht der kapitalistische Staat da, der sie auf die Erde verwiese.«[1] I'll see you on the dark side of the moon.

Aber wer kann sagen, was Mond und was Erde ist. So you think you can tell Heaven from Hell, spottet ein Song auf *Wish You Were Here*. Und der letzte Satz auf *Dark Side of the Moon*, kaum mehr hörbar in die ausklingenden Herzschläge hinein geflüstert, sagt dasselbe: There's no dark side in the moon, really. As a matter of fact, it's all dark.

Auch ein Herz, das an Kontaktmikrophonen und Oszilloskopen hängt, wird still. Und wenn mit Laut und Leise, Hell und Dunkel, Himmel und Hölle alle Unterschiede schwinden, kommt ein anderer
20 Raum näher, den andere Kulturen wohl Satori nennen. Darum sollte man die Medienexplosion unserer Tage nicht so medientheoretisch wie ihre Propheten hören. Nach Marshall McLuhan wäre die Botschaft der Synthesizer einfach der Synthesizer. Aber wenn es vor lauter Dunkel gar keine dunkle Mondseite gibt, geben elektronische Medien womöglich von dunkleren Gestalten Kunde. O-Ton Waters:

1 Deleuze und Guattari, *Anti-Ödipus*, S. 332.

»[T]he medium is not the message, Marshall … is it? I mean, it's all in the lap of the fucking gods … (Pause for laughter)«.[1]

1 Roger Waters, *A Rambling Conversation with Roger Waters Concerning All This and That. Interviewed by Nick Sedgewick*. In: *Wish You Were Here. Songbook*, S. 13.

Apparat
zu I.B.4.2

Editorischer Kommentar und Bericht

Der Aufsatz »Der Gott der Ohren« erschien erstmals unter dem Titel »England 1975, Pink Floyd« in: Klaus Lindemann (Hrsg.), *europaLyrik 1775–heute. Gedichte und Interpretationen*, Paderborn et al.: Schöningh 1982 (= *Modellanalysen: Literatur* 5, herausgegeben von Werner Zimmermann), S. 467–477. Die erweiterte Fassung mit dem Titel »Der Gott der Ohren« erschien in: Dietmar Kamper und Christoph Wulf (Hrsg.), *Das Schwinden der Sinne*, Frankfurt am Main: Suhrkamp 1984, S. 140–155; nachgedruckt in: Friedrich A. Kittler, *Die Wahrheit der technischen Welt. Essays zur Genealogie der Gegenwart*, herausgegeben und mit einem Nachwort von Hans Ulrich Gumbrecht, Berlin: Suhrkamp 2013, S. 60–75; ein nochmals erweiterter Nachdruck in: Friedrich Kittler, *Draculas Vermächtnis. Technische Schriften*, Leipzig: Reclam 1993, S. 130–148; ein nochmals erweiterter und korrigierter Nachdruck in: Friedrich Kittler, *Das Nahen der Götter vorbereiten*, mit einem Vorwort von Hans Ulrich Gumbrecht, München: Fink 2012, S. 48–61.

Folgende Übersetzungen sind erschienen: ins Japanische von Katsumi Hara et al. als »耳の神様 (Mimi no kami-sama)«, in: ドラキュラの遺言：ソフトウェアなど存在しない (*Dorakyura no yuigon: Sofutōea nado sonzaishinai*), Tokyo: 産業図書 (Sangyō Tosho) 1998, S. 179–206; ins Italienische von Elisabetta Mengaldo als »Il dio delle orecchie«, in: Friedrich Kittler, *Preparare la venuta delgi die. Wagner e i media senza dimenticare i Pink Floyd*, Rom: L'orma editore 2013, S. 45–69; ins Englische von Erik Butler als »The God of the Ears«, in: Friedrich A. Kittler, *The Truth of the Technological World. Essays on the Genealogy of Presence*, with an Afterword by Hans Ulrich Gumbrecht, Stanford: Stanford University Press 2014, S. 45–56; ins Englische von Paul Feigelfeld und Anthony Moore als »The God of the Ears«, in: Stephen Sale und Laura Salisbury (Hrsg.), *Kittler Now. Current Perspectives in Kittler Studies*, Cambridge: Polity Press 2015, S. 3–21; ins Portugiesische von Markus Hediger als »O deus dos ouvidos: em mémoria de Rochus e da Ilha 12«, in: Friedrich A. Kittler, *A verdade do mundo técnico. Ensaios sobre a genealogia da atualidade*, Rio de Janeiro: Contraponto 2017, S. 79–98; ins Spanische von Ana Tamarit Amieva als »El dios de los oídos«, in: Friedrich A. Kittler, *La verdad del mundo técnico. Ensayos para una genealogía del presente*, Ciudad de México: Fondo de Cultura Economica 2018, S. 57–69.

Im Deutschen Literaturarchiv Marbach, Bestand *A:Kittler, Friedrich A.*, ist keine Fassung des Textes aus Kittlers Hand vorhanden. In der Gelehrtenbibliothek befinden sich Kittlers Handexemplar der Erstveröffentlichung (mit der Titelkorrektur im Inhaltsverzeichnis: »England 1975, Roger Waters«) und das Handexemplar der 1993 veröffentlichten *Technischen Schriften*, der Text »Der Gott der Ohren« ist dort mit einer handschriftlichen Korrektur versehen.

Kittlers Werkliste führt unter der Nummer 37 »Pink Floyd I« mit der Schreibzeit 13. bis 22. März 1981 und dem Publikationsdatum April 1982 sowie »Pink Floyd II (Gott der Ohren)« mit der Schreibzeit November 1982 und dem Publikationsdatum September 1984.

Ediert wurde die letzte Fassung von 2012. Diese Fassung basiert im Wesentlichen auf der 1984 veröffentlichten Textgestalt (also der deutlich erweiterten Fassung des Textes von 1982), ist aber – im Vergleich mit dieser und allen anderen veröffentlichten Textfassungen – von Fehlern Kittlers (etwa fehlerhaften Zuschreibungen von Gedichten an Autoren oder fehlerhaften Wiedergaben von Song-Titeln) bereinigt. Ein weiteres Argument dafür, diese Fassung hier zu edieren, war der Umstand, dass Kittler die Ergänzungen der 1993 veröffentlichten Fassung für die Letztfassung wieder rückgängig gemacht hat. Herausragende inhaltliche Abweichungen von den vorherigen Drucken wurden im Stellenkommentar ausgewiesen, weitere Veränderungen wurden im Dokumentarischen Nachwort zusammengefasst. Druckfehler wurden stillschweigend korrigiert. Die Zitate wurden nach Möglichkeit geprüft und gegebenenfalls behutsam korrigiert. Dabei wurde nicht in Kittlers Satzbau eingegriffen, dem er in der Regel die Grammatik der zitierten Stellen anpasste.

Stellenkommentar

1 In Gedanken an Rochus und die Insel] Insel 12 ist eine Adresse in Freiburg. Rochus Bassauer ist der Hamburger Freund, mit dem Kittler im Jahr 1975 die »psychedelische[] Kopfhörersit-

zung« hatte, der sich der Text verdankt. Vgl. Friedrich Kittler, »Nachweise«, in: ders., *Das Nahen der Götter vorbereiten*, mit einem Vorwort von Hans Ulrich Gumbrecht, München: Fink 2012, S. 86–87, hier S. 87.

2 Die Griechen hatten einen Gott, der im Akustischen hauste. […] Sie kehren wieder als Rocksong.] Nicht im Erstdruck enthalten; Erweiterung für den Nachdruck »Der Gott der Ohren«.

3 Der große Pan, heißt es, sei tot.] Plutarch berichtet, dass Seeleute in der Nähe der Paxos-Inseln den Schrei »Der große Pan ist tot« hörten, mit der Bitte, diese Nachricht weiterzugeben. Vgl. Plutarch, *Über Gott und Vorsehung, Dämonen und Weissagung. Religionsphilosophische Schriften*, herausgegeben von Konrat Ziegler, Zürich und Stuttgart: Artemis 1952, S. 126–127.

4 Sie kehren wieder unter der Maske unserer Kraftverstärker und Beschallungsanlagen.] Zu Verstärkung und Rückkopplung vgl. den Text »Weltatem« (I.B.4.14) im vorliegenden Band sowie das Brouillon »POP: TECHNISCHE METAMORPHOSE DER MUSIK«, 2 Seiten Typoskript mit handschriftlichen Korrekturen (Kasten 51, Mappe 1): »An die Stelle nämlich einer Musik, die aus Subjekten hervorgeht (sei's, wie in der Klassik, das Subjekt des Komponisten, sei's, wie um die Jahrhundertwende, das des Dirigenten, sei's endlich, wie heute im Pop, das des komponierenden, arrangierenden, improvisierenden und darbietenden Stars) und ihren Sinn im Rückverweis auf sie (und ihre musikalische Kompetenz) hat, tritt eine andere, die hinter der Bühne, an den Mischpulten, und wenn auf der Bühne, dann von den zur Schau gestellten Moog-Synthesizern und Verstärkern selbst gemacht wird. Deren Übermacht über den Menschen ist quantitativ und qualitativ. Sie ist ferner, nach Kantischen Einteilungen betrachtet, eine Musik, die über die Anschauungsformen Raum und Zeit gleichsam frei verfügt. Die Prinzipien der Stereo- bzw. Quadrophonie und der Rückkopplung stehen dafür ein. Der Mensch hingegen kann nur Musik eines Ortes und eines Zeitpunktes machen. Den tönenden Raum vermag er nicht zu erzeugen. Die elektrischen Nabelschnuren, die die Pop-Solisten mit der technischen Anlage verbinden, sind Lebensadern der Musik; und dies durchaus in beiderlei Richtungen. Denn nicht nur geben die Leitungen die unverstärkten Aktionen der Musi-

ker an dieVVerstärker [sic] weiter; sondern von den Verstärkern kommt den Musikern die Kraft und die Intensität ihres Spieles allererst zu (und zurück), ebenso buchstäblich wie von den elektrischen Zuleitungen das Fungieren ihrer Instrumente abhängt. Daher der Kult der phallischen Leitung.« (Ebenda, hier S. 1.)

5 *Astronomy Domine*, die Herrschaft Astronomie.] Im Erstdruck und in den Nachdrucken von 1984 und 1993 irrtümlich: »*Astronomy Domain*, die Domäne Astronomie.«

6 Schließlich sind »Ohren im Feld des Unbewußten die einzige Öffnung, die unmöglich zu schließen ist«.] Vgl. das Brouillon »SEHEN / HÖREN: Augenlid – Ohr«, 3 Seiten Typoskript (Kasten 45, Mappe 3): »Ganz anders das Ohr. Das Ohr lässt sich nicht so schliessen, wie die Lider das Auge bedecken; es lässt sich nicht katà phýsin schliessen (nur durch Artefakte wie Oropax [sic], die aber immerhin das Bedürfnis nach einem Ohr›lid‹ anzeigen in einer Zeit des wachsenden Geräuschpegels, der schwindenden Stille). Darin liegt zugleich positiv, dass das Ohr ständig wachsam ist, wie dies die Tatsache des Weckers bezeugt. Akustische Signale, wenn sie laut genug sind und der Schlaf nicht zu tief, vermögen den Schlaf aufzuheben. Hingegen könnte einem Schlafender [sic] ein ganzer Stummfilm gezeigt werden, ohne dass er aufwachte.« (Ebenda, hier S. 1.) Das Lacan-Zitat nimmt Kittler im Text »Weltatem« (I.B.4.14), S. 332 als Paraphrase auf.

7 Foucault, eine *Geschichte des Wahnsinns im Zeitalter der Vernunft*] Vgl. Michel Foucault, *Folie et déraison. Histoire de la folie à l'âge classique*, Paris: Plon 1961.

8 Bataille, eine *Geschichte des Auges*] Vgl. Georges Bataille, *L'histoire de l'œil*, Paris: Pascal Pia et René Bonnel 1928.

9 Kurzgeschichte von Ohr und Wahnsinn im Zeitalter der Medien.] Zum Verhältnis von Hören und Wahnsinn beziehungsweise Schizophrenie vgl. das Brouillon »AUGE UND OHR / SPIEGELUNG«, 1 Blatt Typoskript (Kasten 48, Mappe 3): »Die Metaphorik der Spiegelung als eines anthropologisch zentralen Phänomens ist – so noch in Lacans stade du miroir – am Auge entfaltet worden. Gleichwohl ist das Auge, einem Schizophrenen-Diktum zum Trotz, kein Spiegel. Es sieht zwar, unter vielem anderen, Spiegelbilder, ist aber als solches ganz unreflexiv auf die Welt

gerichtet: Organ einer Erfahrung von Neuem. Hingegen lässt sich das Ohr als ein Spiegel begreifen, wenn als für den Menschen relevante akustische Daten nicht sowohl die Geräusche als vielmehr die Wörter erkannt werden. Das Ohr stellt dann das rezeptive, der sprechende Mund das reflexive Moment an jenem Spiegel dar, als welcher die Sprache eines jeden ist. I Die imaginäre Erstarrung, die ihn gleichsam zur Metallizität eines Spiegels verwandelt, betrifft den Menschen wesentlich als Hörer/Sprecher und nicht als Sehenden. Auch die Imagines (meiner selbst und der primären Bezugspersonen) werden zu Imagines nur im Kontext kultureller, d.h. sprachlicher Vermittlung. I Man kann es auch anders sagen: Fürs Auge bedarf es, um reflexive optische Erfahrung zu ermöglichen, allererst der artifiziell-technischen Institution des Spiegels; das Ohr hingegen ist unmittelbar, d.h. nicht-reflexiv, reflexiv und kann mithin auf ein technisches Gerät verzichten. Es sei denn, man wolle dem Menschen lehren, wie seine vermeintlich eigene in Wahrheit die Sprache derer ist, die ihn die Sprache gelehrt haben. Dazu bedarf es der technischen Auszeichnung des vom Mund Artikulierten, so dass das Ohr die eigene Stimme vernehmen kann. (Vor der technischen Erfindung des Mikrophons und Tonbandes gab es nur den ungenauen akustischen ›Spiegel‹ von Echo-Wänden.)«

10 Reelles] Korrigiert nach dem erweiterten Nachdruck von 1993. Die erneute Ersetzung durch »Reales«, die dort bereits im Erstdruck und im Nachdruck von 1984 gestanden hatte, wurde für den letzten Druck von 2012 irrtümlicherweise durch Susanne Holl vorgenommen. Im erweiterten Nachdruck des 1986 verfassten und 1989 erstmals veröffentlichten Textes »Die Welt des Symbolischen – eine Welt der Maschine«, in: *Draculas Vermächtnis. Technische Schriften*, Leipzig: Reclam 1993, S. 58–80, ordnet Kittler seinen eigenen Wechsel der Schreibweise retrospektiv wie folgt ein: »Anstelle des Reellen ist in allen anderen Verdeutschungen Lacans bekanntlich vom Realen die Rede. Um zugleich mit der Schreibweise dieser *Technischen Schriften* das antonyme Begriffspaar reell/imaginär zu klären, tut ein Exkurs in die Geschichte jener Wissenschaft not, die es als Begriffspaar eingeführt hat: die neuzeitliche Mathematik.«

(Ebenda, hier S. 65.) Kittler leitete in der Folge die Rede vom Reellen aus Lacans Lektüren der cartesianischen Geometrie ab (ebenda, hier S. 66) und übertrug die Begriffstrias in die Mediengeschichte: »Auch die Phonographie ist zwar, wie der Film, ein analoges Medium, das vor Entwicklung der Compact Disc nicht über die Funktion Nein verfügte. Aber sie speichert kein imaginäres Kontinuum vom Spielfilmtyp, sondern ein Reelles: die Stimme in aller Stochastik ihrer Oszillationen oder Frequenzen. Unter Hinweis auf Mareys Chronographie von 1873 unterstreicht Lacan, was Philosophen ›immer vergessen‹: daß technische Tonspeicherung die Sprache als ›etwas Materielles‹ erweist. Genau darum hat erst Edisons Phonograph eine methodisch saubere Trennung zwischen Reellem und Symbolischem, Phonetik und Phonologie, also die Strukturlinguistik selber ermöglicht.« (Ebenda, hier S. 71 f.) Zu einem ähnlichen Fall vgl. im Text »Draculas Vermächtnis« (I.B.4.5), S. 95 und 129 sowie in »Romantik – Psychoanalyse – Film: eine Doppelgängergeschichte« (I.B.4.13), S. 306 und 310.

11 Die Stimme des großen Technikers Alberich aber, [...] kam aus allen möglichen Ecken zugleich.] Zur Tarnkappe vgl. den Text »Weltatem« (I.B.4.14) im vorliegenden Band sowie das Brouillon »SEHEN / HÖREN«, 11 Seiten Typoskript mit handschriftlichen Ergänzungen und Korrekturen (Kasten 45, Mappe 3): »Was sieht der Voyeur? Er sieht den Gesehenen als leiblichen, dem aber seine Leiblichkeit nicht als akzidentielles Hörbar-, sondern als (wenn anders Gesehenwerden, Voyeurtum möglich sein soll in der betreffenden Situation) unnegierbares Sichtbarsein anhaftet. Wie viel mehr Faktizität im Sichtbarsein als im Hörbarsein liegt, zeigt die Erfindung der Tarnkappe, der kein akustisches Analogon entspricht. (Überhaupt sollte man sehr intensiv sich mit denjenigen ›Erfindungen‹ befassen, die schon vor der Wissenschaft-und-Technik ersonnen wurden und nur auf eine enttäuschende Weise von der Technik realisiert worden sind: in ihnen allen spricht eine transzendierende Sehnsucht des Menschen sich aus, Omnipräsenz im fliegenden Teppich, Unverwundbarkeit bei Achilles und Siegfried, etc.). Und wie viel mehr es dem Voyeur als dem Lauscher um das Fleisch geht, zeigt die dominierende Sexualität im Voyeurtum, während man

zu allen möglichen Zwecken lauschen kann.« (Ebenda, hier S. »SEHEN / HÖREN: Voyeur und Lauscher 3«.)

12 Er war es, der mit seinem Azimuth Coordinator [...] Gruppen verschaffte.] Irrtümliche Zuschreibung an Syd Barrett, worauf Geoffrey Winthrop-Young aufmerksam macht. Der Azimuth Coordinator geht tatsächlich auf Bernard Speight, einen technischen Ingenieur der Abbey Road Studios, zurück. Vgl. Geoffrey Winthrop-Young, *Kittler and the Media*, Cambridge: Polity Press 2011, S. 54 f.

13 *Grantchester Meadows*] Song von Pink Floyds Album *Ummagumma* (1969). Vgl. auch das Brouillon »GRANTCHESTER MEADOWS«, 1 Blatt Typoskript mit handschriftlichen Ergänzungen und Korrekturen in der Mappe »Wagner WS 90/91«, in der sich auch Seminarvorbereitungen zu Wagner-Lehrveranstaltungen im Wintersemester 1978/1979 und Sommersemester 1981 sowie verschiedene »Have you ever been«-Brouillons befinden (Kasten 100, Mappe 1) (zur Aufarbeitung der Geschichte dieser Textzeugen vgl. *Werkausgabe*, Band II.B.1). Im Brouillon bezeichnet Kittler die beiden »Ebenen« als »Autoreferenz und/ oder Heteroreferenz« (ebenda).

14 Von weißem Rauschen über Zischen [...] wahrnimmt oder macht.] Vgl. das Brouillon »Pink Floyd: Dark Side of the Moon«, 1 Blatt Typoskript (Kasten 51, Mappe 1), in dem Kittler ausgehend von dem Liedtext »Breathe, breathe in the air, I Don't be afraid to care« aus dem auf der LP *The Dark Side of the Moon* veröffentlichten Song »Breathe« erwägt: »Diese Aufforderung, deren Du unbestimmt bleibt, könnte sich an die Musik selber richten, von dem gesprochen, der sie hervorbringt. Denn der Musik von Pink Floyd ist es eigentümlich zu atmen; was am Gesang an Flüstern gemahnt, gehört nicht sowohl ins erotische als vielmehr ins respiratorische Gebiet. Diese Aufforderung aber muss explizit ergehen, sobald die Musik mit der Gefahr bedroht wird, den Atem einzubüssen. Der Text sagt vom Sänger: And shorter of breath and one day closer to death (Time).« Zum Schrei im Rahmen eines »medialen Musikbegriff[s]« vgl. das Brouillon »WAGNER«, 1 Blatt Typoskript mit einer handschriftlichen Ergänzung (Kasten 100, Mappe 1): »Was das Lohengrin-Vorspiel, als ein Vorspiel nicht eines Dramas sondern unserer Musik,

auskomponiert, kann in der elektronischen Epoche schlicht geschaltet werden. Der Schrei von Pink Floyd (›Animals‹) wird gedehnt, verstärkt und ersetzt durch den im Equalizer frequenzgleich gemachten Synthesizer-Akkord.« Zur Rolle von Atem und Schrei in der Musik vgl. auch den Text »Weltatem« (I.B.4.14) im vorliegenden Band.

15 mit Paul Celan zu reden, ein Lied von jenseits der Menschen.] Anspielung auf das Gedicht »Fadensonnen« von Paul Celan:

> Fadensonnen
> über der grauschwarzen Ödnis.
> Ein baum-
> hoher Gedanke
> greift sich den Lichtton: es sind
> noch Lieder zu singen jenseits
> der Menschen.

(Paul Celan, »Fadensonnen« [1965], in: ders., *Atemwende*, Frankfurt am Main: Suhrkamp 1967, S. 22.) Im Erstdruck von 1984 irrtümlich »Ingeborg Bachmann« zugeschrieben. Die Korrektur erfolgte im Nachdruck von *Draculas Vermächtnis* (1993).

16 Domäne Astronomie.] Anspielung auf den im Erstdruck mit »Astronomy Domain« falsch wiedergegebenen Pink Floyd-Titel *Astronomy Domine.* An dieser Stelle erfolgte auch 2012 keine Korrektur.

17 *Lied von der Erde*, das nicht zufällig [...] wie »morschen Tand«.] Zitate aus dem ersten Satz von Gustav Mahlers symphonischem Liederzyklus *Lied von der Erde*: »Das Trinklied vom Jammer der Erde«. Dort heißt es: »Du aber, Mensch, wie lang lebst denn du? Nicht hundert Jahre darfst du dich ergötzen I An all dem morschen Tande dieser Erde!« (Hans Bethge [nach Lǐ-Bái], *Die chinesische Flöte*, Leipzig: Insel 1918 (9. Auflage), S. 21–22, hier S. 21.)

18 Baudelaires *Fleurs du Mal* beginnen [...] Anrede des Lesers] Die Leseradresse »Au lecteur«, die das erste Gedicht der *Fleurs du Mal* darstellt, endet mit den Versen:

C'est l'Ennui ! — l'œil chargé d'un pleur involontaire,
Il rêve d'échafauds en fumant son houka.
Tu le connais, lecteur, ce monstre délicat,
— Hypocrite lecteur, — mon semblable, — mon frère !

(Charles Baudelaire, »Au lecteur« [1855], in: ders., *Œuvres complètes*, texte établi, présenté et annoté par Y.-G. Le Dantec, édition révisée, complétée et présentée par Claude Pichois, Paris: Gallimard 1961, S. 5–6, hier S. 6.) Vgl. auch den Text »Romantik – Psychoanalyse – Film: eine Doppelgängergeschichte« (I.B.4.13), S. 300.

19 Reelle] Korrigiert nach dem erweiterten Nachdruck von 1993. Vgl. auch Komm. 10.

20 Satori] Japanisch 悟り, wörtlich übersetzt: »Verstehen«, Begriff aus dem Zen-Buddhismus, der das Erlebnis der Erleuchtung bezeichnet.

Dokumentarisches Nachwort

Textgenese, -überarbeitung und Publikationsgeschichte sind durch die Korrespondenzen Kittlers mit Klaus Lindemann, Raimar Zons und Dietmar Kamper gut dokumentiert.

Der Erstdruck »England 1975, Pink Floyd« war unter der Vorgabe entstanden, ein Gedicht der englischen Literatur aus dem Jahr 1975 vorzustellen und im Kontext der europäischen Literatur zu verorten.[1] Der Sammelband war an Deutschlehrer gerichtet, die, so das Anschreiben des Verlags, »in den meisten Fällen fachlich mit solch abstrakt formulierten Zielvorstellungen« – gemeint war die Verankerung des »Europagedanken[s]« in den Schulfächern, die die Kultur des Abendlandes behandeln – »überfordert« gewesen seien.[2] Die Beiträger des Bandes wurden gebeten, eine repräsentative Textauswahl aus dem Untersuchungszeitraum 1775 bis 1975 zu treffen, das heißt ein Gedicht auszuwählen, das in Beziehung zu dem von ihnen übernommenen Jahr stand. Stellt man die überlieferte

1 Vgl. den Brief von Klaus Lindemann und Raimar Zons an Friedrich A. Kittler vom 04. September 1980 (Kasten 24, Mappe 2).

2 Ebenda.

Korrespondenz zwischen Kittler und Lindemann sowie Kittler und Zons in Rechnung, hatte Lindemann sein Sammelbandvorhaben mutmaßlich im Frühjahr 1980 erstmals vorgestellt.[3] In einem Brief an Zons vom Februar 1981 berichtete Kittler von einer anstehenden Reise »nach Dortmund, um THE WALL zu bestaunen (und nach der Rückkehr in mythischer Schöningh-Treue aus den Inspirationen einen BRAIN-DAMAGE-Aufsatz zu machen).«[4] Die in der Werkliste angeführte Schreibzeit des »Pink Floyd I«-Textes (13. bis 22. März 1981) stimmt mit den Angaben der Korrespondenz überein.[5] Die Beiträge des Sammelbandes gingen im Sommer 1981 in den Satz, Ende September wurden die Fahnen verschickt. Im März 1982 schließlich erfolgte die Auslieferung des veröffentlichten Bandes an die Beiträger.[6]

Kamper wandte sich im August 1982 brieflich an Kittler mit der Bitte, einen Beitrag für den geplanten Sammelband *Das Schwinden der Sinne* einzureichen.[7] Er bezog sich dabei auf Kittlers Andeutungen im Text »Bleeding Hearts«,[8] einer zu Lebzeiten unveröffentlichten Rezension zu Kampers 1981 erschienenem Buch *Zur Geschichte der Einbildungskraft*.[9] Darin schrieb Kittler:

---

3 Vgl. den Brief von Raimar Zons an Friedrich A. Kittler vom 09. April 1980, in dem Zons von Lindemanns Reaktion auf Kittlers Einwände gegen die Gliederung des Bandes berichtet, sowie den Brief von Raimar Zons und Klaus Lindemann an Friedrich A. Kittler vom 04. September 1980, dem ein Exposé des Projekts angehängt ist (beide Kasten 24, Mappe 2).

4 Brief von Friedrich A. Kittler an Raimar Zons vom 17. Februar o. J. (Kasten 24, Mappe 2).

5 Vgl. auch die genannte Abgabefrist März 1981 im Brief von Raimar Zons an Friedrich A. Kittler vom 23. Januar 1981 (Kasten 24, Mappe 2).

6 Vgl. den Brief von Raimar Zons an Friedrich A. Kittler vom 26. Mai 1981, den Brief von Raimar Zons an die Beiträger des Sammelbandes vom 24. Juli 1981, den Brief von Raimar Zons an Friedrich A. Kittler vom 30. September 1981 sowie den Brief von Klaus Lindemann an die Mitarbeiter der *europaLyrik* vom März 1982 (alle Kasten 24, Mappe 2).

7 Vgl. den Brief von Dietmar Kamper an Friedrich A. Kittler vom 31. August 1982 (Kasten 26, Mappe 2).

8 Kittlers Werkliste führt diesen Text unter der Nummer 40 mit dem Zusatz »(Kamper)« und gibt als Schreibdatum Januar 1982 an. Der vollständige Titel lautet »The Bleeding Hearts and the Artists. Über Dietmar Kampers Geschichte der Einbildungskraft«. Vgl. *Werkausgabe*, Band II.B.1.

9 Dietmar Kamper, *Zur Geschichte der Einbildungskraft*, München und Wien: Hanser 1981.

Im Durchlauf der vier Etappen fortschreitender Säkularisierung schließt sich also ein Kreis. Offen bleibt nur, ob er ein Höllenkreis ist oder aber Kampers methodische Fiktion bewahrheitet, zu schreiben, ›als ob das Paradies gar nicht verloren wäre‹ (18). Doch wie auch immer, als globaler Zyklus von Heil und Unheil bleibt die Einbildungskraft, nicht umsonst ›die nicht diskursive Erkenntnisweise des Paradieses‹ genannt (7), grundsätzlich in einem theologischen Rahmen, der ja auch und gerade Begriffe wie Säkularisierung einschließt. Aufklärung über Aufklärung, wie Kamper sie unternimmt, ist keine Legitimierung der Neuzeit; sie überschreitet ihre philosophischen Ausgangspunkte notwendig auf eine ›noch immer gültige Botschaft des Heils‹ hin (118).

Es ist das Phantasma von Zerstückelung, Opfer und Wiedergeburt des einen und universalen Gottmenschen. Das Phantasma, das es Kamper erlaubt, die biologischen Prämissen von Lacans Psychoanalyse umstandslos mit mediterranen Göttermythen, aztekischen Menschenherzopfern und dem blutenden Herz der Frühromantiker zusammenzubringen. Schon weil es – historisch oder systematisch – keinen Zweifel leidet, daß ›die Richtung der menschlichen Wünsche auf Ganzheit, Einheit, Geschlossenheit‹ geht (207), wird eine solche Kontamination unter theologischem Vorzeichen möglich. Kaum anders als bei Hegel (vgl. 105), fallen Züge an den ungezählten Träumen, die nicht auf den einen Gottmenschen deuten, durchs Raster einer Analyse, die in der Tat ›Wahrnehmung der religiösen Einbildungskraft mit säkularisierter Phantasie‹ ist (13) und ihre erstaunlichsten Passagen demgemäß, in Fortschreibung von Kampers frühesten Arbeiten, über Kierkegaard und Kassner, Ziegler und Rosenstock-Huessy schreibt. Aber jene Botschaft von Ganzheit und Heil, auf die eine esoterische und zumal deutsche Tradition ohne Zweifel setzte, auch zwischen den Zeilen der Psychoanalyse zu lesen, stiftete eher Verwirrung. Lacans methodische Distinktion zwischen Imaginärem und Realem, spiegelbildlicher Ganzheit und zerstückeltem Körper legt ganz andere Bestimmungen des Wunsches nahe. Sie statuiert Partialobjekte. In einem Raum, den nicht die theologische axis mundi Kampers (vgl. 9), sondern die verrückte Topologie der Körperöffnungen strukturiert, hat das Phantasma gottmenschlicher Ganzheit keinen Platz und das bildersüchtige Auge keinen Vorrang vor dem Ohr, dessen Halluzinatorik,

> auch Musik genannt, nicht umsonst der einzige und von Kamper nur gestreifte Mythos nach Verschwinden des Gekreuzigten ist (vgl. 146). ›Sound of music in my ears‹, singt Gilmour – und trotzdem geht die Rede immer noch von einer Einbildungskraft, die schon vom Wort her nur Augenlüste kennt ...[10]

Als möglichen Titel für Kittlers Sammelbandbeitrag schlug Kamper »Der Gott des Ohres«[11] vor. Kittler ging auf diese Bitte ein, obwohl er »keine Auftragssachen« mehr schreiben wollte.[12]

> Aber mit der Improvisation KITTLER: *Der Gott des Ohres* haben Sie meine Ohren derart getroffen, meine Titelphantasien derart überboten, daß ich umschwenke. Zum Glück oder Unglück gibt es schon einen Text, dem (wenigstens am Ende) jener Titel anstünde.[13]

Die Erlaubnis für die Zweitverwertung holte Kittler bei Zons ein. Im Oktober dankte er für »die, wie auch immer bekümmerte, Lizenz« und erklärte: »Mir selber war mit meiner Bitte auch nicht wohl, aber ich hatte kaum eine andere Wahl, denn ich kann mich kaum gleichzeitig in Stanford einleben *und* neue akustische Artikel schreiben.«[14] Im Brief an Zons betonte Kittler auch die Notwendigkeit, die dem Erstdruck von »England 1975, Pink Floyd« zugrunde liegende Textfassung für den Sammelband *Das Schwinden der Sinne* umzuarbeiten, weil »das Publikum der schwindenden Sinne ein recht anderes sein wird als das Publikum europäischer Lyrik.«[15] Ein weiteres Argument für die umfassende Überarbeitung war, dass keine strenge Seitenbeschränkung wie im Erstdruck mehr bestand. Kittler wollte Kampers Auftrag daher auch dazu nutzen, »den Text

---

10 »The Bleeding Hearts and the Artists. Über Dietmar Kampers Geschichte der Einbildungskraft«, 11 Blätter Typoskript (Kasten 53, Mappe 1), hier Bl. 3 f.

11 Brief von Dietmar Kamper an Friedrich A. Kittler vom 31. August 1982 (Kasten 26, Mappe 2).

12 Brief von Friedrich A. Kittler an Dietmar Kamper vom 12. September 1982 (Kasten 26, Mappe 2).

13 Ebenda.

14 Brief von Friedrich A. Kittler an Raimar Zons vom 21. Oktober 1982 (Kasten 24, Mappe 2).

15 Ebenda.

zu überarbeiten und stehengebliebene Kürzel auszuformulieren.«[16] Nachdem auch Kamper der Textwahl zugestimmt hatte, bat Kittler im Oktober darum, den vorgeschlagenen Titel »Der Gott des Ohrs« in »Götter des Ohrs« umzuwandeln.[17] Dieser Bitte wurde nicht entsprochen. Kittlers Werkliste zufolge fand die Schreibarbeit an »Pink Floyd II (Gott der Ohren)« im November 1982 statt. Die überlieferte Korrespondenz stimmt mit diesem Ablauf überein. Im Dezember schrieb Kittler Wolfgang Scherer, dass er den Text »England 1975, Pink Floyd« »noch einmal umgeschrieben und mit kriegstechnischen Details zur Grammophonie bereichert« habe und hoffe, aus seinen Lektüren zum Ersten und Zweiten Weltkrieg ein zukünftiges Freiburger Seminar zum Thema »Literatur und Krieg« konzipieren zu können.[18] Tatsächlich hielt mit dem Proseminar »Literatur und Krieg« im Wintersemester 1983/1984 der Themenkomplex Einzug in das Repertoire der universitären Lehre Kittlers.[19]

Neben marginalen, Rechtschreibung und Grammatik betreffenden Änderungen und neuen Absätzen zeichnet sich die für *Das Schwinden der Sinne* umgearbeitete Textfassung durch umfangreiche und kleinere Zusätze aus, die Kittlers Argument nachvollziehbarer machen, und Umformulierungen, in der Regel Präzisierungen. Neu hinzugekommen sind beispielsweise die ersten Absätze zu Pan, Aktaion und Diana,[20] die Namen der Bandmitglieder[21] und ei-

---

16 Brief von Friedrich A. Kittler an Dietmar Kamper vom 12. September 1982 (Kasten 26, Mappe 2).

17 Brief von Friedrich A. Kittler an Dietmar Kamper vom 05. Oktober 1982 (Kasten 26, Mappe 2).

18 Brief von Friedrich A. Kittler an Wolfgang Scherer vom 10. Dezember 1982 (Kasten 11, Mappe 2).

19 Vgl. die Seminarvorbereitungen und weiteres Material in Kasten 98, Mappe 4. Tatsächlich verzeichnet der *Kommentar zu den Lehrveranstaltungen des Deutschen Seminars im Wintersemester 1983/84*, herausgegeben vom Lehrkörper des Deutschen Seminars an der Albert-Ludwigs-Universität Freiburg im Breisgau, keine solche Veranstaltung, stattdessen »Novellen« (S. 51). Kittlers Listen seiner Lehrveranstaltungen führen alle keine »Novellen«, sondern »Literatur und Krieg« (vgl. »Lehrveranstaltungen (Seminare)«, 2 Seiten Typoskript und 2 Blätter Computerausdruck (beide Kasten 1, Mappe 1)).

20 Friedrich A. Kittler, »Der Gott der Ohren«, in: Dietmar Kamper und Christoph Wulf (Hrsg.), *Das Schwinden der Sinne*, Frankfurt am Main: Suhrkamp 1984, S. 140–155, hier S. 140.

21 Ebenda, hier S. 141.

nige Fußnoten; detaillierter ausgeführt wurde der Absatz zu Kittlers »Grundlagenforschung«;[22] mit Beispielen belegt wurde Kittlers Behauptung, dass sich das Psychiatrielexikon wie eine Liste von Pink Floyd-Effekten lese.[23] Der Titel des Erstdrucks »England 1975, Pink Floyd« war im erweiterten Nachdruck abgewandelt worden zu »Der Gott der Ohren«. Kittlers Vorschlag gegenüber dem Suhrkamp-Verlag im November 1983, »den dunklen Titel mit einem Untertitel zu versehen, der bei den Millionen von Plattenbesitzern mehr Assoziationen wecken kann«,[24] wurde nicht umgesetzt.

Der spätere, 1993 erschienene Nachdruck des Textes in *Draculas Vermächtnis* weist, abgesehen von einer neu hinzugekommenen, umfangreichen Heidegger-Anmerkung,[25] quantitativ deutlich weniger Textveränderungen auf. Auffällig sind jedoch einige persönliche Anmerkungen des Verfassers, die bereits in einer Kopie des Textes aus dem Band *Das Schwinden der Sinne* von Kittler handschriftlich vermerkt wurden.[26] Diese Anmerkungen, etwa Liebesgeschichten der Musiker und Kittlers ersten Besuch im Ruhrgebiet betreffend, wurden im letzten, nochmals erweiterten und korrigierten Nachdruck von 2012 wieder gestrichen.

Diese Letztfassung, die unter Mitwirkung von Paul Feigelfeld und Susanne Holl entstanden ist, beseitigt in der Hauptsache Fehler (auffällig vor allem die vormals falsch erinnerten Song- und Albumtitel und die Umstände der Präsentation des Albums *The Dark Side of the Moon* im Londoner Planetarium[27]), ändert Schreibweisen (die letzte Fassung greift etwa den 1982 und 1984 genutzten Begriff des »Realen« wieder auf und löscht den Ausdruck »Reelles« der Fas-

---

22 Ebenda, hier S. 143 f.

23 Ebenda, hier S. 146.

24 Brief von Friedrich A. Kittler an Beatrix Hochstein vom 07. November 1983 (Kasten 9, Mappe 4).

25 Friedrich Kittler, »Der Gott der Ohren«, in: ders., *Draculas Vermächtnis. Technische Schriften*, Leipzig: Reclam 1993, S. 130–148, hier S. 138, Anm. 17.

26 Kittler, »Der Gott der Ohren« (Anm. 20), Kopie von Kittlers Handexemplar mit handschriftlichen Korrekturen (Kasten 1, Mappe 4).

27 Friedrich Kittler, »Der Gott der Ohren«, in: ders., *Das Nahen der Götter vorbereiten*, mit einem Vorwort von Hans Ulrich Gumbrecht, München: Fink 2012, S. 48–61, hier S. 49, 55 und 57.

sung von 1993[28]) und bringt die Albenverkaufszahlen[29] auf den aktuellen Stand. Kittler dankt Anthony Moore, dem »fünften Pink Floyd«, in der Nachbemerkung für »sachliche Klarstellungen.«[30] Zeitgleich zu dieser Textfassung, die in Kittlers Sterbetagen in den Druck gegangen ist, arbeiteten Feigelfeld und Moore an einer Übersetzung des Textes für den Band *Kittler Now. Current Perspectives in Kittler Studies*. Die sachlichen Klarstellungen Moores entstammen dieser Übersetzungsarbeit.

In der Nachbemerkung des 2012 veröffentlichten Bandes hielt Kittler auch fest: »*Der Gott der Ohren* verdankt sich einer psychedelischen Kopfhörersitzung von 1975, für die Erika und ich einem Hamburger Freund zu danken haben.«[31] Für die Textgenese von »England 1975, Pink Floyd« beziehungsweise »Der Gott der Ohren« ist von Interesse, dass Kittlers Beschäftigung mit akustischer Medientechnologie in diesen Jahren weit über die privaten Hörerfahrungen hinausging, seine theoretischen Reflexionen eine praxeologische Grundlage besaßen. Es ist belegt, dass Kittler seit Weihnachten 1972 intensiv mit dem Braun-Lectron-Baukastensystem, besonders mit elektronischen Tongeneratoren, experimentiert hat.[32] Von den späten 1970er-Jahren bis etwa 1990 verfolgte Kittler dann das Projekt, einen eigenen Musikcomputer zu bauen. Anhand der Fertigungsstempel auf den elektronischen Bauteilen (1976–1980)[33] dieses Musikcomputers und anhand von Schaltplandatierungen im Handschriftenbestand (ab August und September 1979)[34] lässt sich der Bau von VCO, Phase Shifter und VCA, also eines »Synthesizer[s] (und das heißt [eines] in allen Parametern:

---

28 Ebenda, hier S. 51 und 60. Wir haben diese Änderung rückgängig gemacht und die Korrektur sowie deren Begründung im Stellenkommentar ausgewiesen.

29 Ebenda, hier S. 50.

30 Kittler, »Nachweise«, in: ders., *Das Nahen der Götter vorbereiten* (Anm. 27), S. 86–87, hier S. 87.

31 Ebenda. Erika Kittler ist Kittlers erste Ehefrau.

32 Vgl. Sebastian Döring und Jan-Peter E.R. Sonntag, »apparatus operandi$_1$:: anatomie. Der Synthesizer des Friedrich A. Kittler«, in: Hans D. Christ, Iris Dressler und Jan-Peter E.R. Sonntag, *Rauschen*, Leipzig: Merve 2019, S. 108–125, hier S. 122.

33 Vgl. ebenda, hier S. 121.

34 In Kasten 72, Mappe 1.

Frequenz, Phasenlage und Amplitude steuerbare[n] Tongeneratoren)«,[35] gut datieren. Kittler hatte beim Abfassen der ersten Textversion die elektronischen Schaltungen mindestens prototypisch auf eigenständig hergestellten Platinen aufgebaut.

Im Deutschen Literaturarchiv Marbach befinden sich eine Kopie der Suhrkamp-Veröffentlichung,[36] ein Brouillon Kittlers mit dem Titel »Pink Floyd: Dark Side of the Moon«[37] sowie Manuskripte mit Musiknoten von Pink Floyd.[38] Darüber hinaus ist ein Brouillon »GRANTCHESTER MEADOWS«[39] überliefert, das anschlussfähig an Kittlers Überlegungen in »Der Gott der Ohren« ist. Dieses einblättrige Typoskript befindet sich in der Mappe »Wagner WS 90/91«, in der sich auch Seminarvorbereitungen zu Kittlers Lehrveranstaltungen über Wagner im Wintersemester 1978/1979 und Sommersemester 1981 befinden. Auch wenn die Schreibzeit dieses Brouillons innerhalb des Konvoluts nicht mehr rekonstruiert werden kann, ist es nicht ausgeschlossen, dass dieses in Vorbereitung eines »Have you ever been« überschriebenen Textes Ende der 1970er-Jahre entstanden ist (vgl. die Entstehungsgeschichte des Textes »Weltatem« im vorliegenden Band, I.B.4.14, und die Aufarbeitung von »Have you ever been« in Band II.B.1 der *Werkausgabe*) und aufgrund seiner inhaltlichen Nähe demzufolge auch als eine Vorarbeit des Textes »Der Gott der Ohren« betrachtet werden kann. Der Titel »Have you ever been« referiert auf einen Song von Jimi Hendrix, »Have You Ever Been (To Electric Ladyland)«, der 1968 auf dem dritten Album, *Electric Ladyland*, der Jimi Hendrix Experience erschienen ist.

---

35 Friedrich A. Kittler, »England 1975, Pink Floyd«, in: Klaus Lindemann (Hrsg.), *europaLyrik 1775–heute. Gedichte und Interpretationen* (= *Modellanalysen: Literatur* 5, herausgegeben von Werner Zimmermann), Paderborn et al.: Schöningh 1982, S. 467–477, hier S. 472. Vgl. im vorliegenden Band die leicht geänderte Stelle auf S. 31.

36 In Kasten 1, Mappe 4.

37 »Pink Floyd: Dark Side of the Moon«, 1 Blatt Typoskript (Kasten 51, Mappe 1).

38 Vgl. die Objekte in Mappe 129.

39 »GRANTCHESTER MEADOWS«, 1 Blatt Typoskript mit handschriftlichen Ergänzungen und Korrekturen (Kasten 100, Mappe 1).

Für freundlich erteilte Publikationsgenehmigungen danken wir dem Deutschen Literaturarchiv Marbach, Elena Cascio und dem Suhrkamp Verlag, Susanne Holl, Klaus Lindemann und Raimar Zons.

Bernd Krolop: *Versuch einer Theorie des phantastischen Realismus. E.T.A. Hoffmann und Franz Kafka*. Frankfurt/M., Bern: Lang 1981 (= Europäische Hochschulschriften, Reihe I, Bd. 404).

Eine Schwäche von Kritik ist die Zählebigkeit des Kritisierten noch im Gegenentwurf. Man würde einmal mehr wünschen, daß Literaturwissenschaft von schlichter Lektüre ausginge, statt (wie es üblich oder allzu üblich geworden ist) Theoriedebatten mit allem und jedem zu führen, was im allgemeinen Rang und Namen hat.

Bernd Krolop entwickelt seine Theorie des phantastischen Realismus in Absetzung von Lukács, dessen universalistische Geschichtssoziologie und Realismustheorie in der Tat kaum mehr geeignet scheinen, komplexe literarische Ereignisse wie Hoffmann oder Kafka zu beschreiben. Krolop, um »strukturelle Hegelianismen« (S. 21) zu vermeiden, setzt Jakobsons Definition von Metonymie als realistischer Formqualität gegen den Inhaltismus von Lukács und Althussers Dialektik mehrfacher gleichzeitig-ungleichzeitiger Klassenwidersprüche anstelle einer mythischen Homogenität, die bei Lukács Wirklichkeiten wie Abbildungen kennzeichnet. So weit, so gut; aber wenn es dann zur Sache kommt und Hoffmann und Kafka als Paradigmen eines phantastischen Realismus gelesen werden, verschwinden gewonnene Differenzierungen wieder im Soziologengrau. Denn weiterhin gilt für ausgemacht, daß Literatur Widerspiegelung makrosozialer Verhältnisse ist und ihr Ziel (auch wenn Hoffmann und Kafka es verfehlen) in »Gestaltungen der ökonomischen und politischen Kämpfe der Volksklassen« findet (S. 148).

Sache bei Kafka heißen die faschistischen Vernichtungsmaschinen Justiz und Staat, wie *Schloß* und *Urteil* sie prophezeien; Sache bei Hoffmann heißt der deutsche Klassenkompromiß zwischen Adel und Bürgertum, wobei »der Adel der Hauptgegner seiner Texte« ist (S. 60). Was einen derart definierten Realismus auch noch phantastisch machen soll, ist der Einbezug entweder vergangener oder künftiger Geltungsansprüche, und seien sie auch suspendiert. Während Kafka künftige Ansprüche totalitärer Staaten thematisiert – über diese Prophetengabe soll nicht gerechtet und nur bemerkt werden, daß sie schwerlich literarische Untergattungen konstituieren kann –, parodiert Hoffmann die suspendierten Geltungsansprüche christlicher Legenden und aufgeklärter Moral (S. 63–65) –: ein bekanntes Grobraster, das auch über ganz andere Schriftsteller zu legen wäre. Erloschene und d. h. phantastische Geltung haben, allein auf weiter Flur, die sprechenden Tiere und okkulten Phänomene (während die Realphantastik deutscher Dichter-Beamten von 1800, weiß Gott ein Soziologenthema, nur gestreift wird).

Krolops materiale Definition von Phantastik macht also schlagend klar, welche Relaisstationen die umstandslose Zuordnung von ›Wirklichkeit‹ und Literatur alle überspringen muß. Kafkas Affe, wenn er zum *Bericht für eine Akademie* schreitet, hat weder Kinderglauben noch Aesop, sondern Hagenbeck und die Experimentalwissenschaften im Sinn. Wahnsinn und Okkultismus bei Hoffmann – intensive Forschungen der letzten Jahre haben es gezeigt – sind nicht beschworene Vergangenheit, sondern sehr reale Felder zeitgenössischer Forschungsstrategien. Krolop verschenkt also die Gelegenheit, Vernetzungen und Komplexitäten des kulturellen Überbaus wirklich mit Althusser zu beschreiben. Also wird man weiterhin den Phantastikbegriff Todorovs, schon weil er trotz mancher Formalismen grundsätzlich mit der Interferenz von Literatur und Wissenschaft rechnet, vorziehen müssen.

Krolops Arbeit wäre von Nutzen, wenn sie ihre zahlreichen und präzisen Bemerkungen zum Thema Parodie (*Kater Murr*, *Klein Zaches*) weiter ausgebaut hätte, statt auf ziemlich schmaler Textbasis Realismus und Phantastik überhaupt bestimmen zu wollen. Phantastische Literatur – von den Problemen ihrer historischen Verortung ganz abgesehen – entgleitet auch produktions- und rezeptionsästhetisch einer Sozialwissenschaft, die ohne Zwischenschaltung von Psychologie auszukommen meint. Der sprechende Kater Murr, so wie er Hoffmannlesern erscheinen muß, ist überhaupt nicht phantas-
1 tisch; sehr wohl hingegen ein Vampir von Gräfin, auch wenn er leider »keine Erkenntnisfortschritte produziert« (S. 72), mehr noch ein
2 Doppelgänger wie Viktorin, weil er Medardus oder das Bewußtsein konterkariert. Aber die Dechiffrierung psychischer und zumal sexueller Fakten verhindert bei Krolop eine merkwürdige Wortfertigkeit, die zum psychoanalytischen Schlüsselwort Begehren – Begehren tout

court – »das christliche Begehren«, »das imaginäre Begehren« etc. hinzuerfindet. Als ob es hölzerne Eisen gäbe.

Apparat

zu I.B.4.3

Editorischer Kommentar und Bericht

Die Rezension »Soziologische Grobraster« erschien in: *Mitteilungen der E.T.A. Hoffmann-Gesellschaft* (1981), H. 27, S. 116–117.

Im Deutschen Literaturarchiv Marbach, Bestand *A:Kittler, Friedrich A.*, ist ein dreiseitiges Typoskript mit handschriftlichen Korrekturen unter dem Titel »REZENSION« in Kasten 53, Mappe 3 vorhanden.

Kittlers Werkliste führt »Soziologische Grobraster« unter der Nummer 39 mit der Schreibzeit 27. bis 28. Oktober 1981 und dem – nicht korrekt vermerkten – Publikationsdatum März 1982.

Ediert wurde der Erstdruck. Die Zitate wurden überprüft und gegebenenfalls behutsam korrigiert. Dabei wurde nicht in den Satzbau Kittlers eingegriffen, dem er in der Regel die zitierten Stellen grammatisch anpasste.

Stellenkommentar

1 Vampir von Gräfin] Anspielung auf E.T.A. Hoffmanns Erzählung »Vampirismus« [1821], in: ders., *Die Serapionsbrüder. Vierter Band*, Darmstadt: Wissenschaftliche Buchgesellschaft 1979, S. 929–941.

2 Doppelgänger wie Viktorin […] Bewußtsein konterkariert.] Anspielung auf E.T.A. Hoffmanns Roman *Die Elixiere des Teufels. Nachgelassene Papiere des Bruders Medardus eines Capuziners, herausgegeben vom Verfasser der Fantasiestücke in Callots Manier*, 2 Bände, Berlin: Duncker und Humblot 1815 und 1816.

Dokumentarisches Nachwort

Kittler war seit 1978 Mitglied der E.T.A. Hoffmann-Gesellschaft e. V.[1] Die 1938 gegründete Gesellschaft hat es sich zur Aufgabe gemacht,

---

1 Vgl. Kittlers Mitgliedskarte (Kasten 107, Mappe 5) sowie den Brief von der E.T.A. Hoffmann-Gesellschaft e. V. an Friedrich A. Kittler vom 08. Februar 1978 (Kasten 26, Mappe 1). Über das Ende von Kittlers Mitgliedschaft kann keine ge-

das künstlerische Erbe von E.T.A. Hoffmann wissenschaftlich zu pflegen, öffentlichkeitswirksam zu verbreiten und den Austausch zwischen Hoffmann-Forschenden und -Interessierten zu fördern. Wichtigstes Instrument hierfür ist heute das *E.T.A. Hoffmann-Jahrbuch*, in das 1992/1993 die *Mitteilungen der E.T.A. Hoffmann-Gesellschaft* aufgingen. Letztere waren als wissenschaftliches Periodikum mit einem Gesellschaftsteil konzipiert. Die Rezension zu Bernd Krolops Monographie *Versuch einer Theorie des phantastischen Realismus. E.T.A. Hoffmann und Franz Kafka* von 1981 war Kittlers erste Publikation in diesem Medium. Bis 1983 schrieb Kittler drei weitere Rezensionen für die *Mitteilungen* (vgl. I.B.4.8, I.B.4.10 und I.B.4.11 im vorliegenden Band).

Der Mainzer Hoffmann-Spezialist Wulf Segebrecht, mit dem Kittler seit 1977 korrespondierte, wandte sich Mitte Juli 1981 an Kittler mit der Anfrage, Krolops Buch in den *Mitteilungen* zu besprechen:

> Aufgrund eines ersten Einblicks in dieses Buch könnte ich mir vorstellen, daß Sie der Herleitung und Begründung der Theorie des fantastischen Realismus, die Krolop vornimmt, ein gewisses Interesse abgewinnen können. Jedenfalls setzt er sich mit ähnlichen Theorien auseinander, die Sie auch beschäftigen.[2]

In seiner Anfrage nahm Segebrecht auch Bezug auf Peter von Matts ebenfalls in den *Mitteilungen* veröffentlichte Besprechung von Kittlers 1977 erschienenem Aufsatz »›Das Phantom unseres Ichs‹ und die Literaturpsychologie. E. T. A. Hoffmann – Freud – Lacan«.[3]

---

naue Angabe getroffen werden. Vgl. auch den Brief von Friedrich A. Kittler an Richard Klein vom 18. Januar 1996 (Kasten 39, Mappe 1).

2 Brief von Wulf Segebrecht an Friedrich A. Kittler vom 13. Juli 1981 (Kasten 9, Mappe 3).

3 Friedrich A. Kittler, »›Das Phantom unseres Ichs‹ und die Literaturpsychologie. E. T. A. Hoffmann – Freud – Lacan«, in: ders. und Horst Turk (Hrsg.), *Urszenen. Literaturwissenschaft als Diskursanalyse und Diskurskritik*, Frankfurt am Main: Suhrkamp 1977, S. 139–166, vgl. *Werkausgabe*, Band I.B.2. Peter von Matts Besprechung ist erschienen als »Nathanael und die Kernfamilie«, in: *Mitteilungen der E.T.A. Hoffmann-Gesellschaft* (1978), H. 25, S. 77–78. Kittler hatte Segebrecht im November 1977 die Fahnen des Aufsatzes zukommen lassen und die Motivation, sich mit dieser Thematik auseinanderzusetzen, im Begleitbrief wie folgt reflektiert: »Es schien mir an der Zeit, nicht nur wie I. Aichinger Freud nach siebzig

Die Einladung Segebrechts, eine Rezension zu Krolops Buch zu verfassen, nahm Kittler im Juli 1981 an. Neben dem Umstand, dass sich auf Kittlers Schreibtisch »etwas wie eine Pause ergeben« habe, sprachen zwei weitere Gründe dafür:

> Bücher über das Phantastische interessieren mich immer. […] Wenn man einmal Hoffmann angefangen hat, verfolgt er einen immer weiter. Ich bin ins Fräulein von Scuderi geraten (eine kleine Sache, die ich Ihnen bei Gelegenheit gern zuschicken möchte) und in den Goldnen Topf (eine furchtbar umfangreiche Sache, die alles Lesen und Schreiben in der Erzählung positivistisch mit Fibeln, Schreibanweisungen, Leseunterrichtsverfahren usw. belegen will). Vielleicht geht es Ihnen ähnlich und vielleicht bekommen wir noch einmal (oder gibt es ihn schon?) den positivistisch aufgedröselten Psychiater E.T.A. Hoffmann?[4]

Der Austausch mit Segebrecht scheint ein Grund für Kittlers Mitgliedschaft in der Hoffmann-Gesellschaft gewesen zu sein.[5]

Die in Kittlers Werkliste angeführte Schreibzeit – Ende Oktober 1981 – stimmt überein mit der Übersendung der Rezension an Se-

---

Jahren gegenüber bestimmten Literaturwissenschaften rechtzugeben, sondern von heute aus auch Freuds methodische Grenzen zu bezeichnen. Dass dabei die Beziehungen zwischen Hoffmann und der zeitgenössischen Psychologie nur ganz abstrakt zur Sprache kamen, lag an Umfang und Absicht des Aufsatzes, befriedigt mich aber weniger und weniger. Man sollte eher in Ihrem Forschungsfeld einsetzen und die Theorie/Praxis (›Wissen ist Macht‹) damaliger Psychiatrie über die formal-epistemologischen Fragen stellen.« (Brief von Friedrich A. Kittler an Wulf Segebrecht vom 10. November 1977 (Kasten 9, Mappe 3).)

4 Brief von Friedrich A. Kittler an Wulf Segebrecht vom 23. Juli 1981 (Kasten 9, Mappe 3). Mit der »kleine[n] Sache« gemeint war der Aufsatz »Hoffmann: Eine Detektivgeschichte der ersten Detektivgeschichte« (laut Werkliste zwischen dem 20. März und dem 11. Mai 1980 geschrieben, veröffentlicht erstmals 1991 in der Aufsatzsammlung *Dichter · Mutter · Kind*, München: Fink 1991, S. 197–218, vgl. *Werkausgabe*, Band I.B.3); mit der »furchtbar umfangreiche[n] Sache« gemeint waren die *Aufschreibesysteme 1800/1900*, vgl. *Werkausgabe*, Band I.A.3.

5 Vgl. den Brief von Friedrich A. Kittler an Wulf Segebrecht vom 10. November 1977 (Kasten 9, Mappe 3) und auch Kittlers späteren Brief an Wulf Segebrecht vom 07. Juni 1983 (ebenda), der im Kontext einer weiteren Rezensionsanfrage (vgl. im vorliegenden Band den Text I.B.4.10) geschrieben wurde: »Komischerweise ist die Hoffmann-Gesellschaft unter so vielen Dichtervereinen der einzige, dem ich mit Vergnügen angehöre.«

gebrecht. In seinem Begleitschreiben bedauerte Kittler, kein positives Urteil abgeben zu können:

> Daß sie kein Loblied geworden ist, hat mir auch nicht behagt. Aber was soll der Hoffman-Fan [sic] machen, wenn er sehr vergebens im Goldenen Topf zum Beispiel nach einem Hauptgegner Adel sucht? Falls Sie jedoch, an der Quelle sitzend und mit besserem Überblick des augenblicklich Erscheinenden, dem Krolop-Buch relative Meriten zuerkennen konnten/können, haben Sie für freundlichere Epitheta, die noch einzufügen wären, freie Hand.[6]

Segebrecht bedankte sich Anfang Dezember für die Rezension, die keiner »[z]usätzliche[n] Epitetha bedurfte« und ergänzte: »Ihre Besprechung ist in sich ganz und gar konsequent.«[7] Im Frühjahr 1982 bedankte sich Segebrecht erneut bei Kittler für seine »Mitarbeit durch diese so lesenswerte Rezension« und sprach seine Hoffnung aus, Kittler möge in Zukunft wieder einmal auf ihn, Segebrecht, zurückkommen und »die ›Mitteilungen‹ als Publikationsorgan nutzen«.[8]

In der Chronologie der Kittler'schen Arbeiten zu Hoffmann folgt die Rezension auf den »›Sandmann‹-Aufsatz« (wie Kittler und Segebrecht in ihrer Korrespondenz »›Das Phantom unseres Ichs‹ und die Literaturpsychoanalyse. E. T. A. Hoffmann – Freud – Lacan« nennen), dem bis dato noch nicht gedruckten Vortrag »Hoffmann: Eine Detektivgeschichte der ersten Detektivgeschichte« über *Das Fräulein von Scuderi*, vor allem aber auf den 1800-Teil der Habilitationsschrift *Aufschreibesysteme 1800/1900*,[9] in der der Novelle *Der Goldne Topf* eine zentrale Rolle zukommt.[10] Entsprechend umfangreich sind die Konvolute von Hoffmann-Brouillons und weitere

---

6 Brief von Friedrich A. Kittler an Wulf Segebrecht vom 28. Oktober 1981 (Kasten 9, Mappe 3).

7 Brief von Wulf Segebrecht an Friedrich A. Kittler vom 01. Dezember 1981 (Kasten 9, Mappe 3).

8 Brief von Wulf Segebrecht an Friedrich A. Kittler vom 22. März 1982 (Kasten 9, Mappe 3).

9 Die Niederschrift des 1800-Teils datiert die Werkliste auf die Zeit vom 10. Dezember 1979 bis zum 20. Februar 1981.

10 Vgl. das Kapitel »Der goldne Topf«, in: Friedrich A. Kittler, *Aufschreibesysteme 1800·1900*, München: Fink 2003 (4. Auflage), S. 95–133.

Notizen im Nachlass, die zwar nicht direkt einschlägig für die hier edierte Rezension sind, aber ihre Grundlage bilden.[11]

Kittlers Hoffmann-Interessen sind zudem vor dem Hintergrund verschiedener, auch nach der Publikation der Rezension fortgesetzter Lehrveranstaltungen zu phantastischer Literatur und dem Verhältnis von Literatur und Psychoanalyse zu sehen, so etwa die Proseminare »Phantastische Literatur« (Wintersemester 1974/1975, Albert-Ludwigs-Universität Freiburg im Breisgau, gemeinsam mit Rolf G. Renner) und »Literatur und Wahnsinn« (Sommersemester

---

11 Vgl. »HOFFMANN«, 1 Blatt Typoskript (Kasten 49, Mappe 3), »Hoffmann: Serapion«, 1 Blatt Typoskript (Kasten 52, Mappe 3), »Hoffmann: Scudéry«, 2 Seiten Typoskript (Kasten 52, Mappe 3), »Hoffmann: Sandmann«, 2 Seiten Typoskript (Kasten 52, Mappe 3), »Hoffmann: Rat Krespel / Ungeschick«, 2 Seiten Typoskript (Kasten 52, Mappe 3), »Hoffmann: Rat Krespel / Musik träumen«, 1 Blatt Typoskript (Kasten 52, Mappe 3), »Hoffmann: Rat Krespel / Antonies Inkarnat«, 1 Blatt Typoskript (Kasten 52, Mappe 3), »Hoffmann: Elixiere des Teufels *Lachen*«, 3 Seiten Typoskript (Kasten 52, Mappe 3), »Hoffmann: Elixiere des Teufels *Inzest*«, 2 Seiten Typoskript (Kasten 52, Mappe 3), »Hoffmann: Elixiere des Teufels *Ich*«, 4 Seiten Typoskript (Kasten 52, Mappe 3), »Hoffmann: Das öde Haus«, 3 Seiten Typoskript (Kasten 52, Mappe 3), »Hoffmann: Das Majorat (In: Nachtstücke)«, 2 Seiten Typoskript (Kasten 52, Mappe 3), »Tieck: Runenberg – Hoffmann: Falun«, 1 Blatt Typoskript (Kasten 50, Mappe 4), »Hoffmann: Scuderi / Sexualität«, 4 Seiten Typoskript (Kasten 52, Mappe 3), »Hoffmann: Psychiatrie«, 1 Blatt Typoskript (Kasten 52, Mappe 3), »Hoffmann: Pivardière / Kindheit«, 2 Seiten Typoskript (Kasten 52, Mappe 3), »Hoffmann: Murr / Autorschaft«, 1 Blatt Typoskript (Kasten 104, Mappe 2), »Hoffmann: Goldener Topf / Schreiben«, 5 Seiten Typoskript (Kasten 104, Mappe 2), »Hoffmann: Elixiere / Schwert und Arzt«, 1 Blatt Typoskript (Kasten 52, Mappe 3), »Hoffmann: Elixiere / Schreiben«, 1 Blatt Typoskript (Kasten 52, Mappe 3), »Hoffmann: Elixiere / Mutter«, 1 Blatt Typoskript (Kasten 52, Mappe 3), »Hoffmann: Elixiere / Kindheit«, 1 Blatt Typoskript (Kasten 52, Mappe 3), »Hoffmann: Elixiere / Inzest und Familie«, 2 Seiten Typoskript (Kasten 52, Mappe 3), »Hoffmann: Beichte«, 1 Blatt Typoskript (Kasten 52, Mappe 3), die Lektürenotiz »HOFFMANN / Wawrzyn«, 1 Blatt Typoskript (Kasten 54, Mappe 4), »Hoffmann / Scudéri: Forschung«, 1 Blatt Typoskript (Kasten 52, Mappe 3), »AUFSCHREIBESYSTEME 1800 / Hoffmann: Papier schwarz-weiß«, 1 Blatt Typoskript (Kasten 104, Mappe 2), »AUFSCHREIBESYSTEME 1800 / Hoffmann: Bloss nachträgliche Fiktionsklammer«, 1 Blatt Typoskript (Kasten 104, Mappe 2), »AUFSCHREIBESYSTEME 1800 / Hoffmann: Linearitäts-Transgression«, 1 Blatt Typoskript (Kasten 104, Mappe 2), »AUFSCHREIBESYSTEME 1800 / Dechiffrierung (Hoffmann)«, 1 Blatt Typoskript (Kasten 104, Mappe 2), »1800 / Hoffmann: Goldner Topf Schreiben als Lust«, 1 Blatt Typoskript (Kasten 104, Mappe 2), »AUFSCHREIBESYSTEME 1800 / Hoffmann: Druckfehler«, 1 Blatt Typoskript (Kasten 104, Mappe 2), »AUFSCHREIBESYSTEME 1800 / Hoffmann: Buch-Imagination«, 1 Blatt Typoskript (Kasten 104, Mappe 3). Vgl. ferner »JUNGER SCHILLER / Hoffmann – Dienstmädchen«, 2 Seiten Typoskript (Kasten 54, Mappe 4).

1980, Universität Freiburg) sowie das Hauptseminar »19th Century Narratives and Psychoanalysis« (Winter 1981/1982, University of California, Berkeley) (vgl. hierzu ausführlicher das Dokumentarische Nachwort des Textes »Romantik – Psychoanalyse – Film: eine Doppelgängergeschichte«, I.B.4.13, S. 317–324.)

Für freundlich erteilte Publikationsgenehmigungen danken wir dem Deutschen Literaturarchiv Marbach, Susanne Holl und Wulf Segebrecht. Für Informationen aus dem Briefwechsel mit Richard Klein, den wir nicht einsehen konnten, danken wir Susanne Holl.

Flechsig / Schreber / Freud
Ein Nachrichtennetzwerk der Jahrhundertwende

In memoriam G. J. 1

Die Marginalität des Wahnsinns ist Schein. Wenn erst die Archive zugänglich werden, die da Politik und Historie, Macht und Vergangenheit auseinanderhielten, nach den üblichen 30 Jahren stellt sich regelmäßig heraus, daß alle scheinbare Randständigkeit ein Effekt von Wissenspolitik war. Zu spät, um effektiv zu sein, erkennt die Eule Minervas, daß jede Ausschließung des Wahnsinns aus einer gegebenen Kultur stattfand, um seinen Systemplatz zu verheimlichen. Was diese Kultur selber Fremdheit, Grenze, Unerträglichkeit nannte, rückt nachträglich unter ihre konstitutiven Formen.[1] Und das nicht von ungefähr. Jene konstitutiven Formen sind nach Foucault historisch spezifizierte Regeln von Sprechen und Schreiben, von Diskursverwaltung und Diskursvernetzung. Ein Regelsystem, in dem Schaltstellen üblicherweise an Irre fallen.

»Es wäre eine lohnende Sache«, schrieb Lacan vor nunmehr 30 2
Jahren, »im sozialen Raum die Örter zu ermitteln, die eine Kultur den Wahnsinnigen zugewiesen hat – speziell im Hinblick auf ihre Verwendung bei der Erfüllung sozialer Leistungen, die mit Sprache zusammenhängen. Denn es ist nicht unwahrscheinlich, daß sich hier einer der Faktoren zeigt, die diese Subjekte dem Effekt von Brüchen aussetzen, wie sie von symbolischen Diskordanzen, diesem Kennzeichen komplexer Zivilisationsstrukturen, bewirkt werden.«[2]

Was folgt, ist ein Versuch, Lacans Vermutung empirisch zu beweisen. Und zwar an einem Fall, der von Freud bis Lacan als Paradigma selber von Psychose gegolten hat, kaum je aber als symbolische Diskordanz unserer Kultur. Die *Denkwürdigkeiten eines*

---

1 Vgl. Michel Foucault: *Der Wahnsinn, das abwesende Werk.* In: *Schriften zur Literatur*, München 1974, 119.

2 Jacques Lacan: *Funktion und Feld des Sprechens und der Sprache in der Psychoanalyse.* In: *Schriften*, hg. Norbert Haas, Olten 1973 ff., Bd. I, 121. Die Übersetzung ist korrigiert und versucht, eine syntaktische Komplexität wiederzugeben, die Definitionen von Wahnsinn machen, wenn sie auch den Definierenden einschließen.

Nervenkranken von Daniel Paul Schreber, dieses berühmteste aller irren deutschen oder deutschen irren Bücher, bezeugen den Bruch einer Diskursordnung nur unter der Bedingung, nicht zum hundertstenmal psychiatrisiert und psychoanalysiert zu werden. Was der Paranoiker Schreber schrieb, was sein Psychiater Flechsig schrieb, was sein Psychoanalytiker Freud schrieb – diese ganze Masse von Papier muß Papier bleiben. Diskursverwaltung ist entweder medientechnisch exakt oder gar nicht. Das Nachrichtennetz Flechsig/Schreber/Freud besteht einfach aus verstaubten Büchern von 1882 bis 1911. Aber wovon sie schreiben, ist die Tatsache, daß verstaubte Bücher, dieses basale Machtmittel Alteuropas, um 1900 ihr Monopol einbüßen.

I

Schrebers *Denkwürdigkeiten*, im Erscheinungsjahr der *Traumdeutung* verfaßt, sind 1903 erschienen – als Privatdruck eines Irren-
3 anstaltsinsassen. Ihr »Hauptzweck« laut Vorwort: »noch bei meinen Lebzeiten irgendwelche Beobachtungen von berufener Seite an meinem Körper« »zu ermöglichen«.[3] Freud kommt also gerade noch rechtzeitig, wenn er 1910 diesen Blankoscheck zitiert und 1911, im Todesjahr Schrebers, *Psychoanalytische Bemerkungen über einen autobiographisch beschriebenen Fall von Paranoia* vorlegt. Eine Psychoanalyse kann allerdings keine wissenschaftlich berufene Beobachtung an Körpern sein. Sie deutet den Verfolgungswahn zunächst als psychischen Konflikt: als Homosexualität, die ein heilpädagogischer Schrebergartenerfinder von Vater in seinem Sohn und Richter hervorrief.

So bliebe von den *Denkwürdigkeiten* nur ein Ödipuskomplex mehr übrig, wenn, ja wenn Schreber nicht geschrieben hätte. Im Unterschied zur talking cure, der Freud die Neurotiker seiner Praxis unterzieht, ist bei Schreber »das Objekt der Analyse nicht eigentlich eine Person, sondern ein von ihr ausgehendes Buch.«[4] Und

---

3 Daniel Paul Schreber: *Denkwürdigkeiten eines Nervenkranken.* Neudruck, hg. Samuel Weber, Berlin 1973, 61.

4 Sigmund Freud: *Bruchstück einer Hysterie-Analyse.* Gesammelte Werke, chronologisch geordnet, London-Frankfurt/M. 1946–68, Bd. V, 171, Anm. 1.

das nicht bloß, weil Schreber fern von Wien, im ältesten Irrenhaus Deutschlands sitzt.[5] In Buchform kommen auch Anstaltsinsassen zu theoretischen Würden. Freud bescheinigt Schreber, daß die 516 Seiten autobiographisch beschriebener Paranoia »eine auffällige Ähnlichkeit« mit der »Theorie« selber von Paranoia aufweisen – als wären die 76 Seiten psychoanalytischer Bemerkungen schlicht überflüssig gewesen. Er muß sogar einen Psychiaterfreund bemühen, der notfalls beschwören könnte, daß der Vater der Psychoanalyse schon vor seiner Schreberlektüre eine Psychosentheorie besaß. Auf dem Spiel stehen demnach nicht bloß Ödipuskomplexe und Heilbarkeiten. Strittig zwischen Freud und Schreber sind viel ernstere Dinge: geistiges Eigentum, wissenschaftliche Priorität und das Rätsel, »ob in der Theorie mehr Wahn enthalten ist, als [Freud] möchte, oder in [Schrebers] Wahn mehr Wahrheit, als andere heute glaublich finden.«[6] 4

Und das ist kein Wunder. Psychose tangiert allemal die Wissenspolitik. Schrebers *Denkwürdigkeiten*, um berufene Beobachtungen an seinem Körper zu ermöglichen, beschreiben in neurologischer Präzision sämtliche Nervenbahnen, die den Diskurs eines bösartigen Gottes[7] über Millionen Kilometer mit den Sprachteilzentren von Schrebers Gehirn verschalten. Eben diese »Sonnenstrahlen, Nervenfasern und Samenfäden« entsprechen aber laut Freud den »Libidobesetzungen«,[8] die wiederum laut Freud Neurosen oder Psychosen spezifizieren. Wahn und Theorie sind solidarisch. Schon im *Entwurf einer Psychologie* von 1895 hat Freud die Seele als Schaltwerk beschrieben, wo Neuronen, gebundene und ungebundene, Bahnungen anlegen, Hemmungen umgehen, Vorstellungen besetzen usw. Der psychische Apparat (Freuds schöne Wortschöpfung) ist neuro-elektrischer Datenfluß und Freud, bevor seine Hysterikerinnen ihn zur talking cure zwingen, Hirnphysiologe. Deshalb besteht er bis ans Lebensende darauf, daß sein hypothetisch erschlossener Apparat trotz allem ein anatomisches Substrat hat. Nur

---

5 Vgl. Lacan: *Le séminaire, livre III: Les psychoses*, Paris 1981, 124.

6 Freud: *Psychoanalytische Bemerkungen über einen autobiographisch beschriebenen Fall von Paranoia (Dementia paranoides).* GW, Bd. VIII, 315.

7 Vgl. dazu Jens Schreiber: *Strahlenverkehr.* In: *ZETA 02. Mit Lacan*, hg. Dieter Hombach, Berlin 1982, 155.

8 Freud: *Bemerkungen*, 315.

bleibt in talking cures, wo »leider anders« als im Labor nur »ein Austausch von Worten« stattfindet,[9] dieses Substrat, dieses »Reale« prinzipiell »›unerkennbar‹«.[10]

Es ist heute sehr vergessen, daß Freud entschlossen war, »die Psychologie auf einer ähnlichen Grundlage aufzurichten wie jede andere Naturwissenschaft«.[11] Seine Theorie setzt alle Befunde einer seinerzeit revolutionären Naturwissenschaft vom Menschen voraus. Seit Broca und Exner, Charcot und Flechsig haben Skalpelle und Mikroskope das Seelenleben und speziell den Diskurs in Hirnphysiologie aufgelöst. Auch der junge Freud forschte über Lokalisierungen der einzelnen Nervenschaltkreise, deren Vernetzung auf Alltagsdeutsch Sprache heißt. Vor solchen Standards kann die
5 talking cure allein nicht bestehen. Was sie braucht, sind keine Habermasschen Kuren ihres szientifischen Selbstmißverständnisses, sondern beweiskräftige Hirne. Und dafür kommen Benutzer der Berggassencouch nicht in Betracht. Sie alle leiden ja (wie ausgerechnet ein Kunstphysiologe der Zeit erkennt) am Leiden von Normalität selber. Für Hirth ist es so elementar wie »unfassbar«, daß »der ganz gesunde Mensch und das gesunde Thier« von seinem Zentralnervensystem, dieser »grossen Fabrik«, »*absolut nichts spürt*, ja nicht einmal von der *Existenz* des Organes, worin das alles geleistet wird, Empfindung zu haben scheint.«[12]

6 Ausnahmen erleidet dieses Gesetz von der »*Nichtempfindung der Gehirnarbeit*«[13] nur in Psychosen. Wer wie Schreber (oder einige Jahre zuvor der wahnsinnige Arzt Gehrmann[14]) exhaustiv[15] beschreibt, daß und wie ein wahnsinniger Gott die Nervenleitungen seiner Sinnes- und Sprechorgane besetzt hält, ist um 1900 ein wissenschaftliches Wunder – ebenso vorhergesagt wie unverhofft. In Freuds Ohr »klingen« die *Denkwürdigkeiten eines Nervenkranken*

9 Freud: *Vorlesungen zur Einführung in die Psychoanalyse.* GW, Bd. XI, 9.

10 Freud: *Abriß der Psychoanalyse.* GW, Bd. XVII, 126 f.

11 Freud: *Abriß der Psychoanalyse.* GW, Bd. XVII, 126 f.

12 Georg Hirth: *Die Lokalisationstheorie angewandt auf psychologische Probleme. Beispiel: Warum sind wir ›zerstreut‹?* 2. Aufl. München 1895, 33.

13 Hirth: *Lokalisationstheorie*, XII.

14 Vgl. Carl Gehrmann: *Körper, Gehirn, Seele, Gott. Vier Theile in drei Bänden*, Berlin 1893. (Schon dieser Titel erlaubt Rückschlüsse auf einige tausend Seiten.)

15 Vgl. dazu Lacan: *L'étourdit.* In: Scilicet, 4 (1973), 16.

»fast wie endopsychische Wahrnehmungen der Vorgänge, deren Annahme« er selber »einem Verständnis der Paranoia zugrundegelegt« hat.[16] Und das ist, als Methode, eine notwendige Tautologie. Nur weil Schreber am eigenen Leib oder Hirn wahrnahm, was in der Psychoanalyse hypothetisches Substrat am Theorierand bleiben muß, ist diese Theorie kein Wahn. Das befürchtete Schicksal Schrebers bleibt Freud erspart. Denn einen psychischen Apparat, der wie auch immer deliranten Anstaltsinsassen endopsychische Wahrnehmungen erlaubt, kann es nach den Standards härtester Naturwissenschaften nicht nicht geben.

Stülpen Sie nur das eigene Gehirn um – und Psychoanalyse hat ihr ebenso unersetzliches wie unauffindbares Reales.

Schrebers Hirn ist das Beweisstück für Freuds Theorie. Hirn und Theorie passen zusammen wie Schloß und Schlüssel. Bleibt also nur die Frage, welcher Klempner die beiden baute und justierte. Eine Frage, der Freud inständig ausweicht. Lieber läuft er Gefahr, einen Prozeß um wissenschaftliche Priorität gegen den brillanten Juristen Schreber zu verlieren. Denn falls Schreber und Freud zur endopsychischen Wahrnehmung des Apparats Seele nicht (wie es bei Erfindungen immer heißt) unabhängig voneinander gekommen sind, falls Wahn und Theorie also »aus der gleichen Quelle« »schöpfen«,[17] ist es um den Beweiswert von Schrebers Hirn geschehen. Nach Winnicott hat die Psychoanalyse keinen Begriff von geistigem Eigentum: sie befördert ja nur Wissen aus Patientenmündern weiter. Falls aber schon diese Patienten oder Quellen in Nachrichtennetze verstrickt sind, werden die Dinge vollends geistlos. Dann hilft womöglich nur noch – nach dem Vorbild Daniel Paul Schrebers – eine Paranoia.

II

Das Hirn, das Schreber autobiographisch sezierte, ist weder vom Himmel gefallen noch ins Niemandsland. Es gehörte der Universi-

---

16 FREUD: *Bemerkungen*, 315.

17 FREUD: *Der Wahn und die Träume in W. Jensens »Gradiva«*. GW, Bd. VII, 120. So formuliert Freud das Verhältnis zwischen Psychoanalyse und Schriftstellern, die laut Theorie (wie Schreber auch) die Gesetze des Unbewußten aus endopsychischer Wahrnehmung haben.

täts-Nervenklinik Leipzig und näherhin ihrem Direktor, Prof. Dr. med. Paul Emil Flechsig. Oder »Paul Höllenfürst«, wie Flechsigs Patient Schreber (unter Ausnutzung der Vornamensgleichheit) sehr treffend unterschrieb.[18]

Denn Flechsig – so formuliert es kein geringerer als Freud – führt
Deutschlands Psychiatrie in »eine neue Epoche«.[19] Womit er Schluß
macht, ist ein Konzept von Wahnsinn, das die Dichter – und – Denker der Goethezeit mit ihren sämtlichen Irrenärzten vereinte. Mög-
7 lichkeitsbedingung für Mignon und den Harfner, für Orest und Serapion war, daß ihre Störung die Sprache bewohnte. Deshalb führte
Heinroth, Flechsigs einziger Vorgänger auf dem Leipziger Lehrstuhl,
8 Geisteskrankheit auf moralische Vergehen zurück, die er mit »psychischen Kuren« behandelte. Deshalb »gähnt« aber auch zwischen
ihm und Flechsig »eine Kluft, nicht minder tief und weit als die Kluft
zwischen der Medicin des Mittelalters« und der modernen.[20] Für
psychische Kuren und moralische Vergehen, diese verbalen bzw.
verbalisierbaren Akte, hat Flechsigs Antrittsvorlesung von 1882 nur
noch Spott übrig. Ihrer eigenen Verbalität zum Trotz ignoriert sie
Sprache, von Geist ganz zu schweigen. Flechsig, von Hause aus
Anatom, kennt auch und gerade bei Psychosen nur Reales – hirnphysiologisch umschriebene und beschriebene Lokalitäten. Wes-
9 halb er dem Wort »Geisteskrankheit« stets das Wort »sogenannt«
beifügt und, weil es keine »*selbständigen* Erkrankungen der Seele ohne solche des Körpers gibt,«[21] das korrekte Wort Nervenkrankheit bevorzugt. Weshalb auch Flechsigs Patient schon im Buchtitel *Denkwürdigkeiten eines Nervenkranken* schreibt und am Buchende, in aller Juristengenauigkeit, zwar »das Vorhandensein einer Geisteskrankheit im *Sinne einer Nervenkrankheit* nicht bestreitet«,[22] sehr wohl aber im Wortsinn aller Heinroth, Hoffbauer, Hegel.

---

18 Juni 1895, zitiert in Franz Baumeyer: *Der Fall Schreber*. In: Psyche, 9 (1955/56), 517.

19 Freud: *Charcot*. GW, Bd. I, 25.

20 Flechsig: *Die körperlichen Grundlagen der Geistesstörungen*. Vortrag gehalten beim Antritt des Lehramts an der Universität Leipzig am 4. März 1882, Leipzig 1882, 3.

21 Flechsig: *Grundlagen*, 21.

22 Schreber: *Denkwürdigkeiten*, 394. Vgl. auch 71 und 281.

Unter historischen Bedingungen, die Sprache und Geist auf Epiphänomene eines neuro-elektrischen Datenflusses reduzieren, müssen Deutschlands Universitäten umbauen. Neben die Vorlesungs- und Seminarräume treten Labors, neben die Seminarleiter die Institutsdirektoren.[23] Genau das geschieht in Leipzig, wenn König Albert von Sachsen seiner Neuerwerbung Flechsig eine Psychiatrische und Nervenklinik »mit allem modernen Beiwerk« hinstellt.[24] Das empfinden zwar letzte Überlebende des Deutschen Idealismus als »Angriff auf die Grundlagen von Staat und Religion«.[25] Aber wer ausgerechnet »vom Altar« der Universitätskirche Leipzig »herab« hirnphysiologischen Materialismus predigt, kann allemal auf den Lohn »gewiegte[r] Strategen« oder Wissenspolitiker zählen.

Es gehört zu den autobiographischen Denkwürdigkeiten Flechsigs (und nicht Schrebers), wie er einst dem König jenen selbstentworfenen »Hirnplan« zeigte, vor dem Flechsig auch auf seinem Festschriftphoto posiert. »Dem gewiegten Strategen fiel sofort die Ähnlichkeit der Gehirnbahnen mit einem Eisenbahnnetz auf, und trotz der Neuheit des Gegenstandes begriff er sofort die enorme Komplikation und die Schwierigkeit ihrer Entwirrung, zumal da ich bei der Erklärung darauf hinwies, daß die Gesamtlänge der aneinandergereihten Hirnfasern vermutlich den *Umfang* des Königreichs Sachsen erheblich übertreffe. Dies hat dem König so imponiert, daß er später an der Hoftafel mir über den Tisch herüber laut zurief: ›Wieviel Kilometer messen die Hirnbahnen?‹«[26]

Eine Strategenfrage, die unter Bedingungen moderner Schnellfeuerwaffen zentral für die Gefechtsausbildung wird.[27] Aber auch die neue Nervenklinik Leipzig tritt zu ihrer Lösung an – mit allen Mitteln und Apparaten, Dozenten und Irren. Flechsig forscht: über den Zusammenhang zwischen einzelnen Aphasien und einzelnen Hirnwindungen, über den Ortsunterschied zwischen Wahrnehmungs-

---

23 Vgl. dazu Charles E. McClelland: *State, Society, and University in Germany 1700–1914*, Cambridge 1980, 212–223.

24 Flechsig: *Meine myelogenetische Hirnlehre mit biographischer Einleitung.* Berlin 1927, 26 f.

25 Flechsig: *Hirnlehre*, 41.

26 Flechsig: *Hirnlehre*, 41.

27 Vgl. etwa Georg Hirth: *Aufgaben der Kunstphysiologie.* 2. Aufl. München 1897, 246 f.

zentren und Assoziationszentren, dem materialen Substrat von talking cures. Flechsig findet: die primäre Sehstrahlung Flechsig, die Hörstrahlung Flechsig, die temporale Großhirnrinden-Brückenbahn Flechsig.[28] Und vor allem entdeckt Flechsig das materiale Substrat von Lacans Spiegelstadium: die Tatsache, daß Kleinkindern erst nach abgeschlossener Myelogenese ihrer Sinnesnervenbahnen »die einheitliche Wahrnehmung des Körpers« ermöglicht wird.[29]

Aber leider sind Universitätsnervenkliniken auch noch für Leute da. Eingelieferte Fälle haben wenig Sinn für die Kilometerlänge ihrer Hirnfasern. Und genau da beginnen Flechsigs Probleme – relative bei Diagnosen, absolute bei Therapien. Einerseits gilt sein eiserner Grundsatz, daß »die Analyse des kranken Menschengeistes tatsächlich in erster Linie ein physisches Problem« ist und jede Art »Metaphysik« hier »einem Narkotikum« gleichen würde.[30] Andererseits weiß der gewiegte Anatom, daß solche Hirnphysik »*am Lebenden* meist nur auf dem Wege mehr oder weniger zusammengesetzter Schlüsse« möglich wird. Die »geschützte Lage des Gehirns bringt« das einfach »mit sich«.[31] Flechsigs gesamte Psychiatrie drängt also auf einen diagnostischen Königsweg, der zugleich therapeutische Sackgasse ist: »die Erhebung des Leichenbefundes«.[32]

Gesagt getan. 1884 und 1893 wird Daniel Paul Schreber, beim erstenmal als gescheiterter Reichstagskandidat, beim zweitenmal als neuernannter Senatspräsident am Oberlandesgericht Dresden, bei Flechsig eingeliefert. Sein einfacher Wunsch ist Schlaf bzw. (in Schrebers großartigem Bürokratendeutsch) das Menschenrecht auf »Nichtsdenkungsgedanken«.[33] Die erste Krankengeschichte verzeichnet denn auch Schlafmittelmißbrauch und »große Hypo-

---

28 Flechsig: *Hirnlehre*, 20 f.

29 Flechsig: *Ueber die Associationscentren des menschlichen Gehirns.* Mit anatomischen Demonstrationen. In: *Dritter Internationaler Congress für Psychologie in München vom 4. bis 7. August 1896*, München 1897, 57. Dazu vgl. man Lacans früheste Formulierung von Spiegelstadium und corps morcelé (*Schriften*, Bd. III, 49–51).

30 Flechsig: *Die Grenzen geistiger Gesundheit und Krankheit.* Rede, gehalten zur Feier des Geburtstages Sr. Majestät des Königs Albert von Sachsen am 23. April 1896, Leipzig 1896, 18.

31 Flechsig: *Grundlagen*, 9.

32 Flechsig: *Grundlagen*, 11.

33 Schreber: *Denkwürdigkeiten*, 202.

chondrie«[34] – begreiflich in einem Fall, der um die Möglichkeitsbedingung staatstragender Diskurse vergebens kandidiert hat. Die Krankengeschichten des Senatspräsidenten a. D. verzeichnen dagegen Halluzinationen und eine manifeste Paranoia. Immer wieder schreibt Schreber seine Ärzte an: »Wenn Sie mich umbringen wollen, tun Sie es gleich«.[35] Woraufhin Flechsig ihn »für sich und andere gefährlich« nennt[36] und einen Offenen Brief, den Schreber seinen *Denkwürdigkeiten* vorangestellt hat, lieber unbeantwortet läßt. Dieser Brief ist schlicht die Anfrage, ob der »Hochverehrte Herr Geh. Rat« seinen Patienten womöglich gar nicht therapiert habe, sondern »*zum Versuchsobjekte für wissenschaftliche Experimente*« gemacht.[37] Der Verfolgungswahn, im Einklang mit allen programmatischen Erklärungen Flechsigs, behauptet also, daß der Verfolgungswahn ein Effekt von Wissenspolitik ist: Ein Psychiater, der die Nerven seines Patienten experimentell verfolgt, begeht in diesem genauen Sinn »Seelenmord«.[38]

Ärztliches Vorgehen und ärztliche Diagnose fallen zusammen. Irre geraten immer auf die modernsten Prüfstände und registrieren deshalb den Stand der Datenverarbeitung in historischer Präzision. Auch wenn Flechsig seinem Patienten nicht dreimal täglich 0,3 Gramm Opium verabreicht hätte, muß eine neurologische Experimentalpsychiatrie Hypochondrien bis zum Verfolgungswahn steigern. Und auch wenn Schrebers Spezialgebiet nicht Fragen juristischer Zurechnungsfähigkeit wären, muß Sachsens zweithöchster Richter schon als solcher in der Leipziger Klinik »einem Angriff auf die Grundlagen von Staat und Religion« zum Opfer fallen. In dieser Klinik haben Zurechnungsfähigkeit und Sprachkompetenz, Moral und Geist ausgespielt. Richter herrschen mit den Urteilen, die sie sprechen, Psychiater seit Flechsig mit den Nerven, die sie sezieren. In Umkehrung aller Beamten- und Sprachaktmoral wäre ihre Devise: How to do things without words.

---

34 Flechsig (?), zitiert in Baumeyer: *Fall*, 514.

35 Zitiert in Baumeyer: *Fall*, 521.

36 Zitiert in Baumeyer: *Fall*, 516.

37 Schreber: *Denkwürdigkeiten*, 65.

38 Schreber: *Denkwürdigkeiten*, 65 u. ö. Derselbe Terminus definiert übrigens in Ellen Keys gleichzeitigem *Jahrhundert des Kindes* das Wirken der Schule auf Schüler.

Schreber ist luzide genug, um diese Machtergreifung und d. h. seine Ohnmacht zu erkennen. Der Letzte aus einem großen Beamtengeschlecht erfährt es und schreibt es, an welchem Nachteil die Schrebers neuerdings laborieren: »Die Wahl von Berufen, die, wie derjenige eines Nervenarztes, in nähere Beziehung zu Gott führen konnten«, bleibt ihnen »versagt«.[39] Also versucht sich ein Senatspräsident a. D. wenigstens als nervenärztlicher Dilettant.
11 Die *Denkwürdigkeiten* liefern Nachträge zu Kraepelins *Psychiatrie* und sind überhaupt in der Absicht geschrieben, noch zu Lebzeiten Beobachtungen an Schrebers Körper zu ermöglichen. Andernfalls und »äußerstenfalls« nämlich bliebe nur die Hoffnung, »daß dermaleinst durch *Sektion meiner Leiche* beweiskräftige Besonderheiten meines Nervensystems werden konstatiert werden können, sofern deren Feststellung am lebenden Körper, wie mir gesagt worden ist, ungewöhnlichen Schwierigkeiten unterliegen oder ganz unmöglich sein sollte.«[40]

Das ist nicht nur prophetisch (weil Schrebers Leiche 1911 tatsächlich seziert werden wird[41]). Es ist auch Klartext. Obwohl der Name des Informanten nicht fällt, kann über den Nachrichtenfluß kein Zweifel bestehen: Flechsig war es, der angesichts ungewöhnlicher Schwierigkeiten mit lebenden Hirnen (in einer Zeit ohne EEG) die Erhebung des Leichenbefundes zum psychiatrischen Königsweg erklärte. Flechsig mit seiner »hervorragenden Beredsamkeit« war
12 es, der über »Fortschritte« der Psychosenbehandlung mit Schreber »längere Unterredungen« führte.[42] Dem Adressaten solcher Privatvorlesungen bleibt also nur übrig, der eigenen Sektion zuvorzukommen. Schreber schreibt, damit Flechsig ein Nervensystem ausnahmsweise schon zu Lebzeiten untersuchen kann. Psychotiker sind das Subjekt selber von Wissenschaft und ihre Texte der präventive Seelenmord. Es gibt die *Denkwürdigkeiten* – was selbst

---

39 Schreber: *Denkwürdigkeiten*, 86. Vgl. dazu (und überhaupt) Roberto Calasso: *Die geheime Geschichte des Senatspräsidenten Dr. Daniel Paul Schreber*, Frankfurt/M. 1980, 20.

40 Schreber: *Denkwürdigkeiten*, 354 f.

41 Vgl. Baumeyer: *Fall*, 522, über dieses »sehr ausführliche Sektionsprotokoll«, das übrigens keine der von Schreber befürchteten oder erhofften Nerventransformationen fand.

42 Schreber: *Denkwürdigkeiten*, 97.

Roberto Calasso in seiner bewundernswerten Human science fiction über Flechsig/Schreber/Freud überlesen hat – an der genauen Stelle eines Mordes, einer Leiche. Das Korpus Text supplementiert einen Körper und d. h. ein Reales, das nach Freud »›unerkennbar‹« und nach Flechsig/Schreber »ganz unmöglich« ist.

Daß es die *Denkwürdigkeiten* gibt und was es in ihnen gibt – alles folgt aus dieser »Machtfrage«.[43] Schrebers sogenannte Wahnvorstellungen, statt zur Freude Freuds endopsychische Wahrnehmungen eines Unbewußten zu geben, wiederholen einfach den psychiatrischen Diskurs. Sie dilettieren in Wissenschaftssprache,[44] um nicht ins Wissenschaftsmesser zu laufen. Nichts anderes besagt die denkwürdigste und grundlegendste aller Denkwürdigkeiten, das Theorem von einem Verfolgergott.

»Das in dem vorstehenden entwickelte Bild von der Natur Gottes [...] weicht in manchen Beziehungen nicht unerheblich von den christlichen Religionsvorstellungen [...] ab. Gleichwohl scheint mir ein Vergleich zwischen beiden nur zugunsten des ersteren ausfallen zu können. Eine *Allwissenheit* und *Allgegenwart* Gottes in dem Sinne, daß Gott *beständig* in das Innere jedes einzelnen lebenden Menschen hereinsah, jede Gefühlsregung seiner Nerven wahrnahm, also in jedem gegebenen Zeitpunkte ›Herz und Nieren prüfte‹, gab es allerdings nicht. Allein dessen bedurfte es auch nicht, weil nach dem Tode die Nerven der Menschen mit allen Eindrücken, die sie während des Lebens empfangen hatten, offen vor Gottes Auge dalagen«.[45]

Ein Gottesbild, scharf wie sonst nur noch Flechsigs Festschriftphoto. Alles (auch der Angriff auf die Religion) läuft nach Maß-

---

43 Schreber: *Denkwürdigkeiten*, 114.

44 Auf diese Tatsache stößt immer wieder Lacan im Psychosen-Seminar. Zum Thema Nervensprache: »Il s'agit là d'une théorie extrêmement élaborée, dont la position ne serait pas malaisée à rencontrer, ne serait-ce qu'à titre d'étape de la discussion, dans des ouvrages scientifiques reçus.« (79) Zum Thema Halluzinationen: »Non seulement [Schreber] est en somme un bon témoin, mais il ne commet pas d'abus théologiques. Il est en plus bien informé, je dirais même qu'il est bon psychiatre classique.« (141) Der gute klassische Psychiater, dem Schreber jedes Wort nachspricht, muß also nur noch beim Namen genannt werden. Lacan – trotz seiner Einsichten, daß Flechsig im Zentrum des Wahns steht (35) und daß Wissenschaftssprache die moderne Form von Unterwerfung ist (*Schriften*, Bd. I, 123) – tat es nicht.

45 Schreber: *Denkwürdigkeiten*, 82.

gabe der Universitätskirchenrede *Gehirn und Seele*. »Gott Flechsig«[46] überwacht eben nicht mehr, wie Psychologen der Goethezeit, Gefühlsregungen von Lebenden; er wartet als guter Neurologe den Leichenbefund ab. Und das kann er tun, weil Alltagssprache, auf die Heinroth ja diagnostisch wie therapeutisch angewiesen war, durch Nervensprache abgelöst ist. Alle Daten, die der Arzt von eingelieferten Fällen braucht, stehen als lokalisierte Engramme im Hirn und sind abrufbar noch nach dem Exitus. Der Leichenbefund ermöglicht einmal mehr jene »Erkenntnisse gesetzmäßiger Abhängigkeitsverhältnisse zwischen Geistesstörungen und Hirnanomalien«,[47] die Flechsig schon 1882, zwanzig Jahre vor Schreber postuliert.[48]

Genau diese »*Nervensprache*«[49] (übrigens den *Denkwürdigkeiten* zufolge einer ihrer vielen »Ausdrücke insbesondere medizinischer Natur«, auf die Schreber »*nie von selbst gekommen sein würde*«[50]) ist in schöner Folgerichtigkeit auch der Nachrichtenkanal zwischen Neurologengott und paranoischem Opfer. Schreber leidet an Stimmen, »deren sich« – streng nach Hirth – »der gesunde Mensch in der Regel nicht bewußt wird.« »Von *außenher* und zwar unaufhörlich« »veranlaßt« Gott Schrebers »Nerven, sich in diejenigen Schwingungen zu versetzen, welche dem Gebrauch der betreffenden Worte entsprechen, die eigentlichen Sprachwerkzeuge (Lippe, Zunge, Zähne usw.) werden dabei entweder gar nicht oder nur zufällig in Bewegung gesetzt«.[51] Das ist eine denkbar genaue Definition – nicht etwa halluzinierter Stimmen, sondern jener Innervationsabläufe, auf die alle Aphasieforscher von Broca bis Flechsig den Diskurs zurückführen und Saussure auch eine Linguis-

---

46 Schreber: *Denkwürdigkeiten*, 133. Diese und viele andere Stellen machen unzweideutig klar, daß alle Attribute von Schrebers Gott zu Beginn der Internierungszeit Attribute von Schrebers erstem Psychiater waren.

47 Flechsig: *Grundlagen*, 11.

48 Daß Griesinger diese Abhängigkeit wiederum zwanzig Jahre vor Flechsig postuliert hat, hieß bekanntlich um 1850 noch nicht, sie auch anatomisch und physiologisch nachweisen zu können.

49 Schreber: *Denkwürdigkeiten*, 103 f.

50 Schreber: *Denkwürdigkeiten*, 76, Anm. 6. Ein unzweideutiger und dennoch überlesener Hinweis auf Flechsigs längere Unterredungen als Quelle von Schrebers neuem Wissen.

51 Schreber: *Denkwürdigkeiten*, 103.

tik begründen wird.[52] Schreber, als sei er selber ein Aphasieforscher von Flechsigs Größe, beschreibt Effekte der Nervensprache, wo zwar »eine natürliche Empfänglichkeit für den *Gleichklang*« von Lauten erhalten bleibt, der »*Sinn*« der gesprochenen und nachgesprochenen Wörter dagegen unverständlich wird.[53]

Die Frage ist nur, wie Flechsig es schafft, die Sprachteilzentren in Schrebers Hirn aus seiner göttlichen Ferne, von Kassiopeia oder Orion her anzusteuern. Aber wer seinem König erklärt hat, daß »die Gesamtlänge der aneinandergereihten Hirnfasern« an Umfang das Königreich Sachsen übertrifft, braucht sich nicht zu wundern, wenn die Nervensprache selber seinem Patienten ihr Betriebsgeheimnis verrät. Schrebers Nerven ist es eben gelungen, die von Flechsig so genannte »Schwierigkeit ihrer Entwirrung« zu meistern. Sie liegen nicht mehr als Knäul im Gehirn, sondern überbrücken durch Aneinanderreihung die Millionen Kilometer zwischen Gottes und Schrebers Körper, um Datenfluß in beiden Richtungen zu ermöglichen. Solche Nerven *sind* die Antwort auf König Alberts Strategenfrage und ganz wie »primäre Sehstrahlung Flechsig« oder »Hörstrahlung Flechsig« berechtigt, den Ehrentitel »Strahlen« zu tragen.[54] Während Albert das Nachrichtennetz Gehirn lediglich in Flechsigs Nachbau besichtigen konnte, darf Schrebers »geistiges Auge« zur endopsychischen Wahrnehmung schreiten und Nerven »*sehen*«, wie sie »als langgezogene Fäden von irgendwelchen, über alle Maßen entlegenen Orten am Horizonte nach meinem Kopfe herüberkommen.«[55]

Ein Gott im Besitz solcher Kabel kann schon verrückt machen. Um das zu erreichen, braucht er nur Schrebers altmodischen Be-

52 Saussures »image acoustique« entspricht schlechthin genau dem Inhalt jenes akustischen Sprachteilzentrums, das seit Wernicke hirnphysiologisch lokalisiert wurde. 13

53 Schreber: *Denkwürdigkeiten*, 235. Vgl. dazu Flechsig: *Gehirn und Seele*. Rede, gehalten am 31. October 1894 in der Universitätskirche zu Leipzig, Leipzig 1896, 43 f. (über sensorische Aphasie), sowie Lacan: *Le séminaire, livre III*, 249 (über Schreber und Wernickes Aphasie).

54 Schreber: *Denkwürdigkeiten*, 72. Daß Schrebers Strahlen *und* Flechsigs Strahlungen beide Nerven sind, erledigt Schatzmans Hypothese, das Wort habe denselben konventionell religiösen Sinn wie in den Schriften von Schreber senior. (Morton Schatzman: *Die Angst vor dem Vater. Langzeitwirkung einer Erziehungsmethode. Eine Analyse am Fall Schreber*, Reinbek 1974, 122).

55 Schreber: *Denkwürdigkeiten*, 319.

amtenglauben an geistiges Eigentum auszutreiben. Immer wenn der Patient (etwa beim Zeitungslesen oder Klavierspielen) einen eigenen Gedanken zu haben meint, wird durch Nervenmessung und Nervenspeicher festgestellt, wie dagewesen der Gedanke war. Und wenn auch das noch nicht hilft, wird Gott zum Störsender. Er speist in Schrebers Nervensystem reinen Blödsinn ein, den der angebliche Herr seiner Rede dann »als« »eigenen Gedanken lauten Ausdruck geben soll«.[56]

Der Wahnsinn ist also technologisch und Gott, sehr anders als bei den Christen, ein Gott von Nachrichtenkanälen, wie erst Marconi oder Siemens sie gebaut haben. Da »vermutlich eine ähnliche Erscheinung wie beim Telephonieren« vorliegt,[57] haben mit dem geistigen Eigentum auch Wörter und Bücher, Predigten und Bibeln ausgedient. Selbst Urteile sind nicht mehr zuständig, von Oberlandesgerichten so wenig wie von Jüngsten. Was läuft, ist das Reale des laufenden Jahrhunderts: elektrischer Datenfluß. 80 Jahre vor den Pink Floyd könnte Daniel Paul Schreber seinen unbekannten
14 Gott oder Ingenieur anrufen: »And if I go insane, please, don't put your wires into my brain.«

III

Weil Psychotiker Sozialleistungen verwalten, die mit Sprache zusammenhängen, treffen symbolische Diskordanzen, dieses Kennzeichen komplexer Zivilisationsstufen, sie am härtesten. Über die Zerreißprobe zwischen Beamtensprache und Nervensprache, Zurechnungsfähigkeiten und Leichenbefunden braucht nichts mehr gesagt zu werden. Eine Kultur, die in Snows Worten aus zwei Kulturen besteht, hat den Effekt, daß die eine der anderen notwendig Wahnsinn heißt.

Davon schweigt die Psychoanalyse. Mit keinem Wort erwähnt Freud, daß Schrebers delirante Nervensprache die Nervenforschersprache seines Arztes *ist*.[58] Wer Flechsig zum Helden neuer Psy-

56 Schreber: *Denkwürdigkeiten*, 172.

57 Schreber: *Denkwürdigkeiten*, 322, vgl. auch 161, Anm. 58 (über Lichttelegraphie).

58 Eine Einsicht von Octave Mannoni: *Schreber als Schreiber*. In: *Clefs pour l'Imaginaire ou l'Autre Scène*, Paris 1969, 91.

chiatrieepochen ausruft und seinerseits vom großen Flechsig als Aphasieforscher gelobt wird,[59] kann das nicht merken. Aber offenbar braucht die Stiftung neuer Wissenschaften erstens Seilschaften[60] und zweitens Opfer. Iatrogene Psychosen machen es ratsam, Schrebers Verfolgung durch Flechsig umzudeuten in seine verdrängte Homosexualität. Die zahllosen Seiten der *Denkwürdigkeiten*, die über und an Flechsig gehen, sind dann nur noch Metaphern der einen kurzen Textpassage,[61] die über den leiblichen Vater geht. So kommt es schon bei Freud zu jener heute unübersehbaren Schreberliteratur, die an den sicherlich rabiaten Erziehungsmethoden des Alten alle Leiden des Sohns festmacht und in flüchtig erwähnten Orthopädiegeräten, die Schreber senior erfunden hat, »den wirklichen Hintergrund« eines Gottes sieht, »der den Menschen nur als *Leiche*« kennt.[62]

So kommt es aber auch, daß Flechsigs Leichenöffnungen heute so vergessen wie allgegenwärtig sind. Urvater Schreber und die zwei Brüder Schreber und Freud, in narzißtische Rivalität um geistiges Eigentum verstrickt – das ist Freuds Ersatzbildung für Wissenspolitik. Daß alles geistige Eigentum an einer Nerventheorie, die ihrerseits die Libidotheorie vorwegnimmt, Prof. Dr. Flechsig zusteht, bleibt erfolgreich verdrängt. Lieber glaubt Freud an die endopsychische Wahrnehmung von Hirnfasern, als sie im Delirium professoraler Festschriftphotos wiederzufinden. Das unerkannte Reale am Theorierand von Psychoanalyse ist Nachrichtenfluß. Schreber und Freud – beide setzen sie einen Diskurs fort, der Diskurse selber mit Überflüssigkeit bedroht. Das macht den Wahn des einen so paradox wie die Theorie des anderen und beide von so »auffälliger Ähnlichkeit«.

Es ist das Heroische an der Psychoanalyse, daß sie am Wort festhält – zu einer Zeit, wo die Biotechniken eines Flechsig oder auch die Medientechniken eines Edison alle Macht des Wortes

59 Flechsig: *Gehirn und Seele*, 45–47.

60 Über diese Konnivenz zwischen Flechsig und Freud vgl. Calasso: *Geheime Geschichte*, 22 f.

61 Vgl. Lacan: *Le séminaire, livre III*, 320.

62 Samuel M. Weber. In: Schreber: *Denkwürdigkeiten*, 490.

aushöhlen.[63] Freud dagegen schreibt, was in talking cures zu Wort gekommen ist. Keine Wissenschaft verfährt wörtlicher als Psychoanalyse.

Es ist das Heroische an Schreber, daß er *Denkwürdigkeiten* schreibt, auch wenn ein Neurologengott ihm alles Denken auszutreiben sucht. Mögen Flechsigs Experimente oder »Wunder« sämtliche »Nerven aus dem Kopfe [Schrebers] herausziehen«,[64] ein Schriftsteller macht weiter. »Denn dem schriftlichen Gedankenausdruck gegenüber erweisen sich alle Wunder machtlos«.[65]

---

63 Das nannte Foucault bekanntlich (im Blick auf nationalsozialistische Biotechniken) »die politische Ehre der Psychoanalyse«. (*Sexualität und Wahrheit*, Bd. 1: *Der Wille zum Wissen*, Frankfurt/M. 1977, 179.)

64 Schreber: *Denkwürdigkeiten*, 191.

65 Schreber: *Denkwürdigkeiten*, 410. Daraus folgt für Schreber zwingend, daß »jedes« in seiner Eigenschaft als Schreiber und »Richter« gefällte »Urteil« »den geistig vollkommen klaren Menschen erkennen lasse«. Was sein Urteil über Flechsig angeht, ist die Behauptung hiermit verifiziert.

Apparat
zu I.B.4.4

Editorischer Kommentar und Bericht

Der Aufsatz »Flechsig / Schreber / Freud. Ein Nachrichtennetzwerk der Jahrhundertwende« erschien in: *Der Wunderblock. Zeitschrift für Psychoanalyse* (1984), H. 11/12, S. 56–68; nachgedruckt in: Friedrich A. Kittler, *Die Wahrheit der technischen Welt. Essays zur Genealogie der Gegenwart*, herausgegeben und mit einem Nachwort von Hans Ulrich Gumbrecht, Berlin: Suhrkamp 2013, S. 76–90.

Die englische Fassung mit dem Titel »Flechsig/Schreber/Freud. An Informations Network of 1910« erschien in: *Qui parle. A Graduate Student Journal of Literary Studies* 2 (1988), H. 1, S. 1–17.

Folgende Übersetzungen sind erschienen: ins Englische von Erik Butler als »Flechsig, Schreber, Freud: An Information Network at the Turn of the Century«, in: Friedrich A. Kittler, *The Truth of the Technological World. Essays on the Genealogy of Presence*, with an Afterword by Hans Ulrich Gumbrecht, Stanford: Stanford University Press 2014, S. 57–68; ins Portugiesische von Markus Hediger als »Flechsig / Schreber / Freud. Uma rede de informação na virada do século«, in: Friedrich A. Kittler, *A verdade do mundo técnico. Ensaios sobre a genealogia da atualidade*, Rio de Janeiro: Contraponto 2017, S. 99–118; ins Spanische von Ana Tamarit Amieva als »Flechsig, Schreber y Freud. Una red informativa del cambio de siglo«, in: Friedrich A. Kittler, *La verdad del mundo técnico. Ensayos para una genealogía del presente*, Ciudad de México: Fondo de Cultura Economica 2018, S. 70–82.

Im Deutschen Literaturarchiv Marbach, Bestand *A:Kittler, Friedrich A.*, sind Typoskripte des Textes in verschiedenen Fassungen vorhanden: »FLECHSIG/SCHREBER/FREUD. Ein Kabelprojekt der Jahrhundertwende«, 20 Seiten Typoskript mit handschriftlichen Ergänzungen und Korrekturen in Kasten 2, Mappe 1; »FLECHSIG/SCHREBER/FREUD. Ein Netzwerk von Diskursen«, 1 Blatt Typoskript in Kasten 51, Mappe 4; »FLECHSIG/SCHREBER/FREUD. Ein Kabelprojekt der Jahrhundertwende«, 19 Seiten Typoskript mit handschriftlichen Ergänzungen und Korrekturen; »FLECHSIG – SCHREBER – FREUD: A

Network of Discourses«, 6 Seiten Typoskript mit handschriftlichen Ergänzungen und Korrekturen und »Flechsig – Schreber – Freud: An informations network of 1910«, 14 Seiten Typoskript mit handschriftlichen Ergänzungen und Korrekturen in Kasten 55, Mappe 3.

Kittlers Werkliste führt »Flechsig/Schreber/Freud« unter der Nummer 42 mit folgenden Schreibdaten an: für die englische Fassung 10. bis 15. Januar 1982 ohne Publikationsdatum; für die deutsche Fassung 22. November bis 06. Dezember 1983 mit dem Publikationsdatum April 1984; für die Rundfunkfassung 19. bis 26. Februar 1984 mit dem Sendedatum 09. März 1984.

Ediert wurde der Erstdruck. Druckfehler wurden stillschweigend korrigiert. Doppelt vergebene Anmerkungsnummern wurden aufgelöst. Die Zitate wurden überprüft und gegebenenfalls behutsam korrigiert. Dabei wurde nicht in Kittlers Satzbau eingegriffen, dem er in der Regel die Grammatik der zitierten Stellen anpasste. Nur grobe Abweichungen von den Originalzitaten sind im Stellenkommentar vermerkt. Weil Kittler die Texte von Jacques Lacan häufig selbst aus dem Französischen übersetzt, weichen seine Lacan-Zitate oft erheblich von den publizierten deutschen Übersetzungen ab. Um eine von Kittler explizit als Korrektur bezeichnete Abweichung eines Lacan-Zitats transparent zu machen, haben wir die französische Originalstelle und den Wortlaut der 1973 veröffentlichten deutschen Übersetzung im Stellenkommentar nachgeliefert.

Stellenkommentar

1 In memoriam G. J.] G. J. war ein Großvater Kittlers mütterlicherseits. Vgl. den Brief von Friedrich A. Kittler an Norbert Haas vom 11. Februar 1984 (Kasten 11, Mappe 4), in dem er schreibt, dass er inzwischen herausgefunden habe, dass »einer meiner Großväter zwischen 1902 und 1906 in Flechsigs Anstalt (wie die Nervenklinik in den Denkwürdigkeiten und beim Volk hieß) Zwischenstation gemacht hat.«

2 »Es wäre eine lohnende Sache«, [...] bewirkt werden.«] In Lacans *Schriften I* lautet die Stelle wie folgt: »Es wäre, beiläufig gesagt, lohnend, im sozialen Raum die Orte zu ermitteln, die die Kultur diesen Subjekten speziell im Hinblick auf ihre Verwendung bei der Erfüllung sozialer Leistungen zugewiesen

hat, die mit der Sprache zusammenhängen; denn es ist nicht unwahrscheinlich, daß sich hier einer der Faktoren zeigt, die diese Subjekte durch die Brechungen als Produkt symbolischer Diskordanzen zeichnen, wie sie für komplexe Strukturen der Zivilisation charakteristisch sind.« (Jacques Lacan, »Funktion und Feld des Sprechens und der Sprache in der Psychoanalyse« [1956], in: ders., *Schriften I*, aus dem Französischen übersetzt von Rodolphe Gasché, ausgewählt und herausgegeben von Norbert Haas, Olten und Freiburg im Breisgau: Walter 1973, S. 71–170, hier S. 121.) Vgl. den Wortlaut des französischen Originals: »Notons au passage qu'il vaudrait de repérer dans l'espace social les places que la culture a assignées à ces sujets, spécialement quant à leur affectation à des services sociaux afférents au langage, car il n'est pas invraisemblable que s'y démontre un des facteurs qui désignent ces sujets aux effets de rupture produite par les discordances publiques, caractéristiques des structures complexes de la civilisation.« (Jacques Lacan, »Fonction et champ de la parole et du langage en psychanalyse« [1956], in: ders., *Écrits I*, Paris: Seuil 1966, S. 111–208, hier S. 160.)

3 Ihr »Hauptzweck« laut Vorwort [...] »zu ermöglichen«.] Von einem »Hauptzweck« ist nicht im Vorwort, sondern erst am Ende die Rede (Daniel Paul Schreber, *Denkwürdigkeiten eines Nervenkranken*, herausgegeben und eingeleitet von Samuel M. Weber, Frankfurt am Main, Berlin und Wien: Ullstein 1973, S. 354). Weiter heißt es im Vorwort: »Dieser Erwägung gegenüber müssen alle persönlichen Rücksichten schweigen.« (Ebenda, S. 61.)

4 ältesten Irrenhaus Deutschlands] Gemeint ist offenbar die Anstalt Sonnenstein bei Pirna in Sachsen, die bereits seit 1811 als Heilanstalt für als heilbar diagnostizierte Geisteskranke diente. Untergebracht war sie im Schloss Sonnenstein, das zuerst 1269 genannt ist. Vgl. Gottlieb Adolph Ernst von Nostitz und Jänckendorf, *Beschreibung der Königl. Sächsischen Heil- und Verpflegungsanstalt Sonnenstein. Mit Bemerkungen über Anstalten für Herstellung oder Verwahrung der Geisteskranken. Nebst erläuternden Beilagen und zwölf Kupfertafeln*, Zwei Theile, Dresden: Walther 1829.

5 Habermasschen Kuren ihres szientifischen Selbstmißverständnisses] In seiner Studie *Erkenntnis und Interesse* (1968) bescheinigt Habermas Freud ein Missverständnis der Psychoanalyse als Naturwissenschaft. Vgl. das Kapitel »Das szientistische Selbstmißverständnis der Metapsychologie. Zur Logik allgemeiner Interpretation«, in: Jürgen Habermas, *Erkenntnis und Interesse*, Frankfurt am Main: Suhrkamp 1968, S. 300–332.

6 dieses Gesetz von der »*Nichtempfindung der Gehirnarbeit*«] Korrigiert, der Wortlaut im Erstdruck ist: »›Gesetz von der Nichtempfindung der Gehirnarbeit‹« (Georg Hirth, *Die Localisationstheorie angewandt auf psychologische Probleme. Localisations-Psychologie. Beispiel: Warum sind wir ›zerstreut‹?*, München: Hirth's Verlag 1895 (2. Auflage), S. XII). Von einem »Gesetz« ist an keiner Stelle in Hirths Buch die Rede.

7 für Mignon und den Harfner, für Orest und Serapion] Literarische Figuren des Wahnsinns: Mignon und der Harfner aus Johann Wolfgang von Goethe, *Wilhelm Meisters Lehrjahre* (1795/96), Serapion aus E.T.A. Hoffmann, *Die Serapionsbrüder* (1819–21). Orest verfällt dem Wahnsinn nach seinem Mord an seiner Mutter Klytaimnestra.

8 »psychischen Kuren«] Kittler blieb hier den Nachweis für die »psychischen Kuren« schuldig. Der Begriff geht nach Gottfried Diener, *Goethes ›Lila‹. Heilung eines ›Wahnsinns‹ durch ›psychische Kur‹*, Frankfurt am Main: Athenäum 1971, den Kittler in »Carlos als Carlsschüler« (im vorliegenden Band I.B.4.7, S. 191), Anm. 26 zitiert, auf Goethe zurück.

9 stets das Wort »sogenannt« beifügt] Zuspitzung Kittlers.

10 Vgl. etwa Georg Hirth: *Aufgaben der Kunstphysiologie*, 2. Aufl. München 1897, S. 246 f.] Von »Gefechtsausbildung« ist bei Hirth nicht die Rede. Hirth beschäftigt sich aber mit »Irrung[en]« der visuellen Wahrnehmung und der Frage, in welchem Grad diese durch »Blickbewegungen« korrigiert und durch Anwendung von Erfahrungssätzen vermieden werden können (ebenda).

11 Kraepelins *Psychiatrie*] Die Rede ist hier von Emil Kraepelin, *Compendium der Psychiatrie. Zum Gebrauche für Studirende und Aerzte*, Leipzig: Abel 1883, das die Grundlagen für die Klassifizierung psychischer Störungen legte.

12 mit Schreber »längere Unterredungen« führte.] Bei Schreber ist nur von einer längeren Unterredung die Rede: »Es folgte eine längere Unterredung, bei welcher Prof. Flechsig, wie ich nicht anders sagen kann, eine hervorragende Beredsamkeit entwickelte […].« (Schreber, *Denkwürdigkeiten* (Komm. 3), S. 97). Die Übertreibung gehört hier zu Kittlers Argument, vgl. das Schreber-Zitat, das Kittler in Anm. 50 mit folgender Bemerkung versehen hat: »Ein unzweideutiger und dennoch überlesener Hinweis auf Flechsigs längere Unterredungen als Quelle von Schrebers neuem Wissen.«

13 Saussures »image acoustique«] Vgl. Ferdinand de Saussure, *Cours de linguistique générale*, Paris: Payot 1971 (3. Auflage), S. 28.

14 »And if I go insane, please, don't put your wires into my brain.«] Vgl. die Rede vom durch einen Azimuth Coordinator verursachten Hirnschaden im Text »Der Gott der Ohren« (I.B.4.2) im vorliegenden Band, S. 29 f.

15 Iatrogene Psychosen] Eine vom Arzt erzeugte Psychose. Im Begleitschreiben zur Redefassung an den Herausgeber Norbert Haas vom 06. Dezember 1983 (Kasten 11, Mappe 4) spricht Kittler vom »mörderischen Wort ›iatrogene Psychose‹«.

Dokumentarisches Nachwort

Von Kittlers mehrjähriger Beschäftigung mit dem Themenkomplex »Flechsig/Schreber/Freud« zeugen nicht nur die den Veröffentlichungen zugrunde liegenden Typoskripte, sondern auch seine Vortrags- und Lehrtätigkeiten.

Im Rahmen der »Interdisciplinary Conference on Schizophrenia: Language – Thought Cognitive Processing – Creativity« an der Stanford University hielt Kittler am 18. Januar 1982 einen Vortrag zu »Flechsig – Schreber – Freud and intertextuality«.[1] Die Erstfassung war demzufolge eine englischsprachige Vortragsfassung.[2] Die An-

1 Vgl. das Tagungsprogramm vom 18. Januar 1982 (Kasten 107, Mappe 6).

2 An der Tagung ebenfalls teilgenommen haben Beate Allert und Winfried Kudszus (University of California, Berkeley), mit dem Kittler bereits in der zweiten Hälfte der 1970er-Jahre im Austausch über das Verhältnis von Schizophrenie und Literatur sowie über eine Gastprofessur an der UC Berkeley gestanden hatte. Vgl. die

gaben der Werkliste zur Schreibzeit stimmen mit diesem Befund überein.

Im darauffolgenden Jahr war Kittler im Interdisziplinären Kolloquium der Fakultät für Sprach- und Literaturwissenschaft der Universität Mannheim mit einem Vortrag über »Psychose, Psychoanalyse, Psychiatrie: eine Konstellation« vertreten. Das Kolloquium fand vom 13. bis 14. Dezember 1983 unter dem Schwerpunktthema »Macht, Literatur, Sprache« statt.[3] Anders als ursprünglich geplant hatten die Organisatoren Kittlers Beitrag zusammen mit Vorträgen von Helmbrecht Breinig, Johannes Schwittala und Alfred Spröde in die Rubrik »Minorität, Alterität, Marginalität« eingeordnet. Dennoch bestand Kittler auf seinem Thema über »Verkopplungen zwischen Wissenschaftssprache und Macht«, auch wenn es »mit ›Marginalität‹ nicht allzu viel Zusammenhang hat«, wie er in einem Brief an Charles Grivel zu bedenken gab.[4] Das Datum dieses Briefes – der 22. November 1982 – stimmt überein mit dem in der Werkliste festgehaltenen Schreibbeginn der deutschen Fassung. Das Ende der Schreibzeit wiederum – der 06. Dezember[5] – stimmt überein mit dem Datum eines Briefs an Norbert Haas, dem Kittler das Redemanuskript noch vor dem Mannheimer Kolloquium beilegte und zur Publikation in der Zeitschrift *Der Wunderblock* vorschlug:

> Ich weiß sehr gut, daß die Rede einen anderen Stil als der Wunderblock–spricht [sic]. Aber nicht nur im Fall Schreber hätte ich den Wunsch, ab und zu Historisches, Archäologisches über einige Theoreme Lacans bei Euch zu lesen. Und im gegebenen Fall bin

---

Korrespondenz zwischen Friedrich A. Kittler und Winfried Kudszus vom April 1976 bis September 1981 (Kasten 39, Mappe 2).

3 Vgl. das mit handschriftlichen Notizen versehene Programm (Kasten 107, Mappe 5).

4 Brief von Friedrich A. Kittler an Charles Grivel vom 22. November 1983 (Kasten 11, Mappe 3).

5 Möglicherweise war die Arbeit an der deutschen Fassung nach dem in der Werkliste angegebenen Ende der Schreibzeit noch nicht vollständig abgeschlossen. Am 17. Dezember 1983 schickte Kittler seinen Text an Jürgen Link mit der Bitte um weitere Recherchen: »Ist Dr. Azams Hysterica Félida igendwie zu Wagner-Parsifals Ohren gekommen? Ist Charcots technisches Vorwort zurden [sic] Oeuvres complètes irgendwie greifbar?« (Brief von Friedrich A. Kittler an Jürgen Link vom 17. Dezember 1983 (Kasten 25, Mappe 3).)

> ich meiner Sache sehr sicher, bis hin zu dem mörderischen Wort ›iatrogene Psychose‹.[6]

Im Weiteren bekräftigte Kittler die Dringlichkeit der Veröffentlichung angesichts seiner Erfahrungen bei der Konferenz in Stanford: Die »amerikanischen Computer-und-Aphasieforscher«, die er dort kennengelernt habe, sprächen über Schizophrenie, »als sei Aphasieforschung 1969 in Stanford/Ca. erfunden. Schon deshalb tut die Wahrheit, pas toute, aber immerhin, not.«[7]

Die Mannheimer »Redevorlage« – das heißt die erste deutschsprachige Textfassung – war Grundlage für die Veröffentlichung im März-Heft 1984 des *Wunderblocks*.[8] Die Werkliste datiert die Erstveröffentlichung in deutscher Sprache auf April 1984. Kittlers Beitrag erschien hier neben Texten von Claude Lévi-Strauss, Lutz Mai und Hans-Joachim Metzger. Die von Mai, Christiane Schrübbers sowie Norbert und Vreni Haas herausgegebene Zeitschrift für Psychoanalyse, deren Titel einen zentralen Text Freuds zitiert, war 1978 angesichts der Befürchtung gegründet worden, »daß Analyse nicht mehr stattfindet«[9]. Sie wollte das Unbewusste »wieder[]finden« und die »Sammlung der analytischen Erfahrung von Einzelnen« ermöglichen. Dabei war sie gleichermaßen an Analytiker und Analysanden gerichtet.[10] *Der Wunderblock* erschien von 1978 bis 1996.

1984 entstand ebenfalls, auf Grundlage der deutschen Vortragsfassung von 1983, eine Version für den Rundfunk: »Dank Arnfried Astel habe ich den Mannheimer Schreber noch einmal ins Phonographisch-Radiophone umgeschrieben, was den Text viel lesbarer macht. plastischer macht [sic].«[11] Aus den drei deutschsprachigen Textfassungen, die überliefert sind, lässt sich diese Rundfunkfassung

---

6 Brief von Friedrich A. Kittler an Norbert Haas vom 06. Dezember 1983 (Kasten 11, Mappe 4).

7 Ebenda.

8 Brief von Friedrich A. Kittler an Charles Grivel vom 02. Juli 1984 (Kasten 11, Mappe 3).

9 Norbert Haas et al., »Sopraporte«, in: *Der Wunderblock. Zeitschrift für Psychoanalyse* (1978), H. 1, S. 3–5, hier S. 3.

10 Ebenda, hier S. 3 f.

11 Brief von Friedrich A. Kittler an Charles Grivel vom 02. Juli 1984 (Kasten 11, Mappe 3).

aufgrund ihrer Abweichungen (mündlicher Stil, stärkerer Erzählcharakter, Vereinfachung des Satzbaus, verstärkte Rezipientenführung durch ergänzende Erläuterungen) relativ sicher identifizieren.[12] Die Aufnahme im Studio Saarbrücken des Saarländischen Rundfunks erfolgte am 28. Februar 1984, was mit der Schreibzeit in der Werkliste (19. bis 26. Februar 1984) übereinstimmt. Die monophone Aufnahme wurde am 09. März 1984 zwischen 22:15 Uhr und 23 Uhr im Zweiten Programm des Saarländischen Rundfunks erstausgestrahlt und ist als Tonband im Archiv des SR erhalten.[13]

Im Juli 1984 bot Kittler Grivel die Rundfunkfassung für eine geplante Sammelpublikation der Mannheimer Kolloquiumsbeiträge an.[14] Ob Grivel den Ersatz für die »Redevorlage«, die »der Berliner Wunderblock inzwischen veröffentlicht hat«, in Betracht zog, bleibt offen, schon weil das Themenheft »Macht, Literatur, Sprache« in der Zeitschrift *MANA. Mannheimer Analytika* letztlich nicht realisiert wurde.[15]

Noch ungedruckt schlug Kittler die »Flechsig/Schreber/Freud«-Rede auch als präferiertes Thema unter vieren für einen Vortrag an der Universität Bologna vor.[16] Dort sprach er am 10. April 1984 im Fachbereich Germanistik dann aber zu »Rilkes Malte als Schreibtechnik« (seinem dritten Vorschlag) und am Folgetag in Parma zu »Flechsig/Schreber/Freud«.

Die 1988 publizierte amerikanische Aufsatzfassung geht auf einen Vortrag Kittlers im April 1987 in einem Kolloquium zu Paranoia und Schizophrenie an der University of California, Santa Barbara

---

12 »FLECHSIG/SCHREBER/FREUD. Ein Kabelprojekt der Jahrhundertwende«, 19 Seiten Typoskript mit handschriftlichen Korrekturen und Ergänzungen (Kasten 2, Mappe 1).

13 Friedrich Kittler, *Flechsig, Schreber, Freud. Ein Kabelprojekt der Jahrhundertwende, vernetzt von Friedrich Kittler*, Saarländischer Rundfunk 09. März 1984, 42'28 (Saarländischer Rundfunk, HA Information, Dokumentation und Archive des SWR und des SR (IDA), Archivnummer 1210578).

14 Vgl. den Brief von Charles Grivel an die Teilnehmer des interdisziplinären Kolloquiums »Macht, Literatur, Sprache« vom 10. Januar 1984 sowie den Brief von Friedrich A. Kittler an Charles Grivel vom 02. Juli 1984 (beide Kasten 11, Mappe 3).

15 Vgl. den Brief von Friedrich A. Kittler an Charles Grivel vom 11. Februar 1982 sowie Grivels Bitte um Ersatz im Rundschreiben vom 10. Januar 1984 (beide Kasten 11, Mappe 3).

16 Vgl. den Brief von Friedrich A. Kittler an Marie Luise Wandruszka vom 12. März 1984 (Kasten 23, Mappe 3).

zurück. Drei weitere Texte, die auf diesem von Laurence A. Rickels organisierten Kolloquium präsentiert wurden, waren ebenfalls Teil des *Qui parle*-Heftes zu »Paranoia/Schizophrenia«, das Peter Connor und Adam Bresnick herausgaben. Kittlers dort erschienener Text »Flechsig/Schreber/Freud. An Informations Network of 1910« war auf Grundlage der deutschen Fassung in Zusammenarbeit mit Rickels, Avital Ronell, David Levin und Bresnick entstanden; die Fußnoten hat Judith Ramme übersetzt.[17] Connor lagen Kittlers englische Textfassung und »its German original«[18] vor. *Qui parle* war 1987 als interdisziplinäre Zeitschrift für Literaturwissenschaften von Graduierten der University of California, Berkeley gegründet worden und erscheint nach wie vor mit dem Ziel, »to start critical conversations and introduce new analytic modes by bringing together diverse scholarly and artistic voices.«[19]

Die Hirnphysiologie bei Schreber, Flechsig und Freud war nachweislich Gegenstand in Kittlers Proseminar »Über technische Voraussetzungen der Literatur um 1900« (Sommersemester 1983, Albert-Ludwigs-Universität Freiburg im Breisgau).[20] Weitere Lehrveranstaltungen im Umfeld dieses Themenkomplexes waren unter anderem die Proseminare »Literatur und Wahnsinn« (Sommersemester 1980, Universität Freiburg)[21] und »Literaturwissenschaft um 1900« (Sommersemester 1984, Universität Freiburg)[22] sowie

---

17 Zum Übersetzungsprozess vgl. den Brief von Peter Connor an Friedrich A. Kittler vom 29. November 1987 (Kasten 9, Mappe 1).

18 Ebenda.

19 https://www.dukeupress.edu/qui-parle (letzter Zugriff: 27. Mai 2021).

20 Vgl. den *Kommentar zu den Lehrveranstaltungen des Deutschen Seminars im Sommersemester 1983*, herausgegeben vom Lehrkörper des Deutschen Seminars an der Albert-Ludwigs-Universität Freiburg im Breisgau, S. 45. Diese Lehrveranstaltung wird in Kittlers Unterlagen auch unter dem Titel »Über technische Voraussetzungen der Literatur um 1900, Teil 2« und »Literatur und Technik« geführt. Vgl. die Bibliographie in Kasten 132, Mappe 7 sowie zu diesem Seminar *Werkausgabe*, Abteilung II.C.

21 Vgl. die Unterlagen »SS 80. 5«, 3 Seiten Typoskript mit handschriftlichen Ergänzungen (Kasten 132, Mappe 7), hier S. »SS 80. 5.1 Schreber«, »SS 80. 6.1«, 1 Seite Typoskript (Kasten 132, Mappe 7), und, zum Verhältnis von Schreiben und Wahnsinn, »SS 80. 8«, 2 Seiten Typoskript mit handschriftlichen Ergänzungen (Kasten 132, Mappe 7), hier S. »SS 80. 8.1«.

22 Vgl. die Unterlagen in Kasten 35, Mappe 3. Kittler hat auch im Wintersemester 1987/1988 an der Ruhr-Universität Bochum ein »Literaturwissenschaft um 1900«

die Hauptseminare »19th Century Narratives and Psychoanalysis« (Winter 1982, University of California, Berkeley)[23] und »Poststrukturalismus in der Literaturwissenschaft« (Wintersemester 1984/1985, Universität Freiburg).[24] In dem Typoskript mit handschriftlichen Anmerkungen »SS 80. 8« aus dem Proseminar »Literatur und Wahnsinn« notierte Kittler zu Schreber:

> Schrebers Brüllwunder vielleicht der entschiedenste und vergebliche Versuch, dieser Schriftlichkeit den kreatürlichen Schrei entgegenzusetzen (Schreber brüllt ja, wenn ihm die rückgekoppelten und aufschreibe-systematisierten eigenen Gedanken unerträglich werden).[25]

Die Ankündigung von Kittlers Seminar »Literatur und Wahnsinn« im Kommentierten Vorlesungsverzeichnis der Universität Freiburg des Jahrs 1980 lautet:

> Verständliche und annehmbare Reden sind immer irgendwie unterschieden worden; Kultur ist nicht viel mehr als diese Unterscheidung. In einer Kultur wie der unseren, wo die definitionsgemäß verständlichen Reden literarische heißen, sind ihr Anderes die wahnsinnigen. Mittels zweier wissenschaftsgeschichtlich interessierter Epochenschnitte soll das jeweilige Verhältnis bestimmt werden. Um 1800 herrschte vermutlich ein exklusives Verhältnis zwischen dem als idée fixe definierten Wahnsinn und der Poesie, um 1900 ein Mimikry-Verhältnis zwischen dem als Gedankenflucht und *écriture automatique* definierten Wahnsinn und der Literatur.[26]

---

betiteltes Proseminar abgehalten. Vgl. hierzu die zahlreichen Notizen zu Freud in Kasten 34, Mappe 1.

23 Vgl. die Unterlagen in Kasten 35, Mappe 2.

24 Vgl. die Unterlagen in Kasten 35, Mappe 3.

25 »SS 80. 8«, 2 Seiten Typoskript mit handschriftlichen Ergänzungen (Kasten 132, Mappe 7), hier S. »SS 80. 8.1«.

26 *Kommentar zu den Lehrveranstaltungen des Deutschen Seminars im Sommersemester 1980*, herausgegeben vom Lehrkörper des Deutschen Seminars Albert-Ludwigs-Universität Freiburg i. Br., S. 40.

Im Deutschen Literaturarchiv Marbach befinden sich zahlreiche Brouillons und Typoskripte, die im Zusammenhang mit der Habilitationsschrift *Aufschreibesysteme 1800/1900*[27] entstanden sind. Kittler hat seine Beschäftigung mit dem Thema unter anderem in verschiedenen Mappen mit dem Titel »1900 Wahn«[28] und »PA«,[29] das heißt Psychoanalyse, niedergelegt. Darüber hinaus ist ein dreiseitiger Brief von Allert an Kittler aus dem März 1982 überliefert, in dem sie auf Grundlage von Darstellungen Lydia Flechsigs »über die Flechsigs«[30] berichtet.

Für freundlich erteilte Publikationsgenehmigungen danken wir dem Deutschen Literaturarchiv Marbach, Beate I. Allert, Peter Connor, Norbert Haas, Susanne Holl und Jürgen Link.

---

27 Vgl. die Unterlagen in Kasten 104, Mappe 4 und Kasten 54, Mappe 2 sowie das Teilkapitel »Flechsig, Schreber, Freud« in: Friedrich A. Kittler, *Aufschreibesysteme 1800·1900*, München: Fink 2003 (4. Auflage), S. 352–367.

28 Dort befinden sich beispielsweise verschiedene Kopien von Schriften Paul Flechsigs (Kasten 13, Mappe 3). Außerdem liegen diverse Rezensionen zu Flechsigs Arbeit in medizinischen Wochenzeitschriften aus den Jahren 1927 und 1928, eine Kopie von Gerd Busses 1989 im *Medizinhistorischen Journal* veröffentlichten Aufsatz »Schreber und Flechsig: Der Hirnanatom als Psychiater«, Kopien handschriftlicher Briefe von Flechsig aus den Jahren 1893 und 1894 und eine Photographie Flechsigs vor, die ihn vor einem Mikroskop und Proben sitzend zeigt, während im Hintergrund ein Plakat eines Gehirns sichtbar ist (alle genannten Unterlagen befinden sich in Kasten 13, Mappe 2).

29 Kittlers Mappen zur Psychoanalyse beinhalten größtenteils Kopien von Texten Lacans, aber auch hier liegt vereinzelt Material zu Freud vor (vgl. die Unterlagen in Kasten 92, Mappe 4). Weitere Brouillons, aber auch thematisch zusammenhängende Typoskripte zu Freud befinden sich an verschiedenen Stellen, vgl. die Unterlagen in Kasten 48, Mappe 4; Kasten 52, Mappe 2; Kasten 52, Mappe 4 sowie Kasten 104, Mappe 4. Zur »Literaturpsychoanalyse« beziehungsweise zur »Literaturpsychologie« vgl. das Material in Kasten 54, Mappe 1 sowie Kasten 55, Mappe 4.

30 Brief von Beate Allert an Friedrich A. Kittler vom 01. März 1982 (Kasten 13, Mappe 3). Auf der letzten Seite findet sich auch ein Stammbaum der Familie Flechsig.

Draculas Vermächtnis I.B.4.5

> Something is going out; I can feel it pass me 1
> like a cold wind. I can hear, far off, confused sounds – as if of men talking in strange tongues, fierce-falling water, and the howling of wolves.

(Der Meister sprach.

Immer noch.

Noch stampfte er nicht mit dem Fuß, der mit der Kraft eines Koan 2
alles Gerede stoppt, noch knotete er nicht die stumme Topologie 3
seiner Bindfäden, noch war er nicht tot.

Der Meister sprach noch, gerade noch und nur um zu sagen, daß er gerade noch sprach.

Selbstredend nicht zu den zahllosen Leuten, Frauen und Männern, die den Hörsaal der heiligen Anna füllten. Sie hörten ja nicht zu, sie wollten ihn bloß verstehen (wie der Meister bei Gelegenheit den Rundfunkmikrophonen Belgiens verriet.[1])

Speicher einer Rede, die über verstehende Köpfe hinweggeht,
um Einschreibung ins Reale zu werden, können nur Ferritköpfe sein. 4
Alle Seminare Lacans sind über Mikrophone aufs Band gesprochen. Das brauchen subalterne Hände dann nur rückzuspulen und abzuhören, um einen kleinen Medienverbund zwischen Recorder, Kopfhörer, Schreibmaschine aufzubauen und dem Meister rückmelden zu können, was er gesagt hatte. Seine Worte, gerade noch gesprochen – pünktlich vor Beginn der nächsten Seminarsitzung lagen sie ihm schon im Typoskript vor.

Speech has become, as it were, immortal. 5

So, hundert Jahre vor den Erfindungen Lacans, der *Scientific American* unter der Schlagzeile *A Wonderful Invention – Speech Capable of Indefinite Repetition from Automatic Records* über Edisons Phonographen.[2]

---

1 Vgl. Jaques Lacan, Radiophonie. In: Scilicet, 2/3 (1970), S. 94f

2 Zitiert bei Oliver Read/Walter L. Welsh, From Tin Foil to Stereo. Evolution of the Phonograph, Indianapolis-New York 1959, S. 11f

Endlose Wiederholung dank automatischer Aufzeichnung – ein Grund mehr, um noch weiter zu sprechen. Darüber nämlich, was Schrift ist und was es psychoanalytisch besagt, eigene Reden wiederlesen zu können,[3] auch ins Blaue gesprochene. Alle die Freunde von Weisheit und Tiefsinn, die zumal in Deutschland über Signifikant und Signifikat gegrübelt haben, könnten (wenn sie nur wollten) hören, wie einfach sich diese Unterscheidung macht. Es gibt sie nur im Technischen, »in der Dimension des Geschriebenen als solchen«: »Das Signifikat hat nichts mit den Ohren, sondern nur mit Lektüre zu tun – mit der Lektüre dessen, was man an Signifikantem hört. Nicht das Signifikat, sondern der Signifikant ist es, was man hört.«[4]

Ein Gesetz, das selbstredend genau dort gilt, wo es proklamiert wird. Denn während der Meister, weil ein kleiner Medienverbund alle seine Reden transkribiert, in der glücklichen Lage ist, von einer vorfabrizierten Lektüre dieser Reden aus fortfahren zu können, werden seine Seminarteilnehmer, weil sie ihn nur sprechen hören, der Macht reiner Signifikanten ausgesetzt. Und es gehört eine besondere Gabe dazu, diese Signifikantenkette auch ohne technisches Interface rückspulen zu können. Was der Meister ins Blaue – und das heißt an und über Frauen – spricht, kommt nur bei Frauen an. Seit dem Wintersemester 1916, als die Universität Wien gewisse *Vorlesungen zur Einführung in die Psychoanalyse* mit der ebenso unerhörten wie überlesenen Anrede »Meine Damen und Herren!« beginnen hörte, sind solche Rückkopplungen keine Unmöglichkeit mehr. Mit eigenen Ohren wohnen Frauen Diskursen über das Geheimnis ihrer Wünsche bei. Sie hören, daß auch sie einen Bezug zum Signifikanten Phallus haben (wenigstens in seiner anatomischen Miniatur[5]) einfach weil sie nicht mehr, wie vordem ein ganzes Jahrhundert lang, vom akademischen Diskurs grundsätzlich ausgeschlossen sind.

Alles was die Herren Professoren den Herren Studenten über Menschheit und Natur, Geist und Alma Mater erzählt haben, wird lachhaft, seitdem im Hörsaal Frauen sitzen dürfen. Ihnen verrät

---

3 Über Relektüre vgl. J. Lacan, Le séminaire, livre XX: Encore, Paris 1975, S. 30

4 Lacan, Encore, S. 34

5 Vgl. Sigmund Freud, Vorlesungen zur Einführung in die Psychoanalyse. In: Gesammelte Werke. London-Frankfurt/M. 1944–1968, Bd. XI, S. 157f

der Meister ganz andere Dinge. Daß nämlich ihre Wünsche und Mythen kaum die universale Verschmelzung von Geist und Natur beschwören, eher schon einen Don Juan, der sie eine nach der anderen nimmt.[6] Was Wunder also, daß genau an der Stelle dieses
weiblichen Mythos ein weibliches Ohrenpaar Tonbandgerät spielt. 6
Eintausendunddrei Frauen, eine nach der anderen, ließen sich laut 7
Leporello verführen; aber was das laut Lacan psychoanalytisch und mathematisch besagt, »hat selbstredend nur eine einzige Person gemerkt – meine Tochter nämlich«.[7]

Wort und Sache der Psychoanalyse, nach Lacans schönem 8
Wortspiel, schließen eben immer eine Anna ein, die als Tochter des Meisters sein Wort zurückbringt. Zwischen Berggasse und Kapelle der heiligen Anna ist da kein Unterschied. Auch wenn jene Tochter (wie Anna Freud es getan hat) ihr Geschäft als »Wiederherstellung der Intaktheit des Ichs« definiert,[8] in Tat und Wahrheit stellt sie nur her und sicher, daß aus der bauchrednerischen Mündlichkeit des Meisters ein intaktes Möbiusband namens Text wird. Speech has become, as it were, immortal.

Der psychoanalytische Diskurs läuft über zwei parallel geschaltete Rückkopplungsschleifen, eine weibliche und eine maschinelle. Da die Tochter, die als einzige Don Juans Abzählspiele begreift, dort der Schwiegersohn oder Tochtermann, um es schöner und badisch zu sagen. Er wird freilich nicht beim Namen genannt, geistert aber durch sämtliche Seminarsitzungen als ein »jemand«, dessen editorischen »Mühen« der Meister es »verdankt«, »seine Nase in die eigenen Reden des laufenden Jahres stecken zu können«.[9] Bekanntlich dirigiert Jacques-Alain Miller den Medienverbund, der Lacans Seminare, eins nach dem anderen, transkribiert und vertextet.

Ein Diskurs, den die Tochter zurückbringt und der Tochtermann vertextet, umgeht gewisse Gefahren. Manchen Rednern bleibt die Sprache weg, einfach weil laut Lacan die Dummheit – diejenige wenigstens, die sich sagen läßt – es gar nicht weit bringt. Im

---

6 Vgl. Lacan, Encore, S. 15

7 Lacan, Encore, S. 116

8 Anna Freud, Das Ich und die Abwehrmechanismen, München o. J., S. 8

9 Lacan, Encore, S. 125. Was meine Nase ihnen verdankt, als sie in Stokers Roman geriet, wissen Jann Matlock und Friedhelm Rong. 9

kurrenten Diskurs dreht sie sich bloß auf der Stelle. Weshalb der Meister nie ohne Zittern auf Sachen zurückkommt, die er seinerzeit ins Blaue geredet hat. Und nur dank jenem Jemand, der mit seinen Maschinen sämtliche Seminare transkribiert, kann er sich das Gefühl leisten, die Probe manchmal zu bestehen. Nachträglich wie immer stellt Relektüre fest, daß es doch nicht so dumm war, was er ins Blaue geredet hat.[10]

So instituieren zwei parallel geschaltete Rückkopplungsschleifen – das Wort der Tochter und die Transkription des Tochtermanns –
10 einen Diskurs, der nicht aufhört, sich einzuschreiben –: Lacans Defini-
11 tion von Notwendigkeit. Seine Bücher, mögen sie *Seminar* oder *Television* oder *Radiophonie* heißen, allesamt sind sie Kunstwerke im Zeitalter ihrer technischen Reproduzierbarkeit. Zum erstenmal seit Menschengedenken darf die Dummheit unendlich weit gehen. Wenn schon Freuds Grundregel vorschreibt, ins Blaue zu reden, wenn ferner der »unmittelbarste« Weg »zum Lustprinzip«, ohne all jene Klimmzüge »in höhere Sphären, wie sie der aristotelischen Ethik zugrundeliegen«,[11] über solches Blabla führt,[12] bleibt auch gar nichts anderes übrig. Um Blabla zu speichern, sind Tonbandgeräte, Fernsehkameras und Rundfunkmikrophone ja erfunden. Gerade daß sie »nichts verstehen«, rückt technische Medien an den Platz, der bei anderen Gelegenheiten Lacans Seminarteilnehmern zufällt. In beiden Fällen »dankt« es der Meister völlig gedankenlosen Speichern, daß seine Lehre nicht Wahnwitz und das heißt »keine Selbstanalyse ist«.[13]

Aber wenn die Seminarteilnehmer noch immer nicht merken sollten, wessen Subjekte und das heißt Untertanen sie damit sind, schneidet die Versuchsleitung eben auch folgendes Statement mit: »Fortan sind Sie, und zwar unendlich mehr, als Sie denken können, Subjekte von Gadgets oder Instrumenten, die – vom Mikroskop bis zum Radio-Fernsehen – Elemente Ihres Daseins werden. Sie können das gegenwärtig gar nicht in seiner Tragweite ermessen; es gehört aber darum noch nicht weniger zum szientifischen Dis-

---

10 Lacan, Encore, S. 29f, vgl. auch S. 83

11 Lacan, Encore, S. 77

12 Vgl. Lacan, Encore, S. 53

13 Lacan, Télévision, Paris 1973, S. 10

kurs, sofern ein Diskurs etwas ist, was eine Form sozialer Bindung bestimmt.«[14]

Psychoanalyse im Zeitalter technischer Reproduzierbarkeit ist offene Provokation. Weil es keinerlei prädiskursive Wirklichkeit gibt,[15] können Diskurse über das soziale Band namens Diskurs eben dieses soziale Band herstellen. Nicht zufällig führt der Meister so gerne das Machen von Knoten vor, die unauflöslich scheinen. Das soziale Band Lacanseminar entsteht aus Provokationen, die es als soziales Band und sonst nichts beschreiben. »Ich habe«, sagt jemand seinen Hörer/innen, »seit langem gesagt, daß die Gefühle immer gegenseitig sind. Und das, damit es zu mir zurückkommen sollte: ›Ja und dann, und dann, die Liebe, die Liebe, ist sie immer gegenseitig?‹ – ›Aberjadoch, aberjadoch‹.«[16]

So fungiert die Kapelle der heiligen Anna als große Echokammer (und womöglich haben Kapellen von vornherein keinen anderen Bauplan gehabt). Das Wort der Liebe wird gesendet, wird empfangen, wird von den Empfängern wieder gesendet, vom Sender wieder empfangen undsoweiter, bis die Regelschleifenverstärkung jenen Wert erreicht, der in der Wechselstromtheorie Schwingbedingung und im kurrenten Diskurs Liebe heißt. Weil niemand im Seminar Protest, also Gegenkopplung versucht,[17] machen die Provokationen 12
wahr, was sie behaupten – die Liebe als Schwingkreis.

Es dreht sich und schwingt, es schwingt und dreht sich, dam da dam da im Walzertakt. Liebe, technisch implementiert, ist eine Schellackplatte mit dem unsterblichen Titel *Parlez-moi d'amour*. »Im analytischen Diskurs läuft wirklich nichts anderes, als von Liebe zu reden. Und wie könnte man übersehen, daß das in Bezug auf alles, was seit der Entdeckung des wissenschaftlichen Diskurses artikuliert werden kann, schlicht und einfach Zeitvergeudung ist? Der Beitrag des analytischen Diskurses – und womöglich ist das am

---

14 Lacan, Encore, S. 76

15 Vgl. Lacan, Encore, S. 34, sowie S. 51: »En fin de compte, il n'y a que ça, le lien social. Je le désigne du terme de discours parce qu'il n'y a pas d'autre moyen de le désigner dès qu'on s'est aperçu que le lien social ne s'instaure que de s'ancrer dans la façon dont le langage se situe et s'imprime, se situe sur ce qui grouille, à savoir l'être parlant.«

16 Lacan, Encore, S. 11

17 Vgl. Lacan, Encore, S. 83

Ende der Grund seines Auftauchens an einem bestimmten Punkt des szientifischen Diskurses – besteht in der Rede, daß das Reden von Liebe an sich schon Lust ist.«[18]

Womit der psychoanalytische Diskurs selbstredend keinerlei Privileg beansprucht. *Parlez-moi d'amour*, die Schallplatte des Seminars *Encore*, liegt auch anderswo auf. Wie die Liebe läuft und nicht läuft, wie sie gemacht und nicht gemacht wird, »ist ein wichtiger Teil des analytischen Diskurses; aber man muß unterstreichen, daß es nicht sein Privileg ist. Es drückt sich auch in dem aus, was ich eben den kurrenten Diskurs nannte«, erklärt der Meister, um unseren gängigen Diskurs aller Tage sogleich mit unübersetzbaren Wortspielen technisch zu implementieren – als eine Schallplatte mehr. So geht es dem Gerede im Zeitalter seiner Reproduzierbarkeit. Schreiben wir für *disque-ourcourant* oder Diskurs-Platte fortan (mit einem hilflosen Wortspiel des Deutschen) Disku(r)s, dann läuft Lacans Diskurs vom Disku(r)s ungefähr so: »Der kurrente Disku(r)s, also die Platte, dreht sich und dreht sich, genaugenommen um nichts. Der Disku(r)s läuft exakt auf dem Feld, von dem her alle Diskurse spezifiziert und in dem alle wieder verschlungen werden, wo ein jeder Diskurs darüber ganz genauso wie ein anderer reden kann.«[19]

An spezifizierten und das heißt offiziösen Diskursen statuiert Lacan bekanntlich vier. Es gibt einen Diskurs des Meisters oder Herrn und einen der Universität, einen hysterischen und einen analytischen Diskurs. Aber weil sie alle vier in der leiernden Platte wieder verschwinden, steht es um ihre Privilegien und Unterschiede nicht gut. »Wenn es keinen analytischen Diskurs gäbe«, verrät der Meister seinen Hörer/innen, »würden Sie alle immer noch und immer nur wie die Spatzen zwitschern, den Disku(r)s singen, die Platte ableiern«.[20] Was er ihnen nicht verrät, ist, daß dergleichen Provokationen eher das Geschäft von Meistern als von Analytikern sind. (Letztere werden ja dafür bezahlt, auch Spatzen zuzuhören.) Aber sein Schweigen hat gute Gründe. Leute, die die Provokation nicht ertragen, werden aufhören, die gängige Platte abzuleiern, und mit Sicherheit eine andere namens *Encore* auflegen.

---

18 Lacan, Encore, S. 77

19 Lacan, Encore, S. 33f

20 Lacan, Encore, S. 35

Encore, Da capo, Play it again … 13

»Wir bringen ihnen die Pest und sie wissen es nicht«, sagte 14
Freud zu Jung, als ihr Schiff im Hafen New York einlief. »Das also 15
war das Wesen, dem ich helfen wollte, nach London überzusie-
deln, wo es vielleicht Jahrhunderte lang unter den sich mehrenden
Millionen von Menschen seine Blutgier befriedigen und einen sich
immer vergrößernden Kreis von Halbdämonen schaffen würde«,
sagte Jonathan Harker, als er feststellen mußte, daß seine guten
Anwaltsdienste nur einem gewissen Grafen Dracula nutzten. Beim
Übersetzen Lacans nach Deutschland sind nicht einmal solche
Stimmen laut geworden. Die gängige Platte dreht sich weiter, als sei
nichts geschehen; die neu aufgelegte dreht sich auf Weisen, die von
allem möglichen erzählen, nur nicht von Platten und Radiophonien,
von Televisionen und Seminarmitschnitten. Universitäre Diskurse
über Lacan (ganz wie der Meister sie definiert hat) verschlingen das
Subjekt, das sie hält, im Abgrund seiner Verpflichtung, dem Wissen
einen Autor namens Lacan zu unterstellen. Philosophische Diskurse
über Lacan (ganz wie der Meister sie definiert hat) bleiben Varianten
eines Herrndiskurses, der immer noch die Phantasmen Ich und Welt
aufrechterhält[21] und im Notfall seine philosophischen Hofnarren[22] an
die Front schickt. Nur der analytische Diskurs mit Lacan ist – schon 16
durch seinen Namen Wunderblock – davor bewahrt, Wunderblöcke
und Schreibmaschinen, Wissenschaften und Diskurse im selben Akt
zu vergessen, der sie ins Spiel bringt.)

1

Wien, 2. Mai 1890, 7 Uhr 46. Der Orientexpreß, seinem Namen zuliebe schon eine Stunde verspätet, hat Zwischenhalt. Einen Augenblick lang kreuzt der Weg Jonathan Harkers, Büroangestellten aus Exeter in England, den Weg eines jungen Arztes aus Mähren, der unter die Kulturträger gegangen ist, um ihnen die Pest zu bringen. Aber weil es poetische Gerechtigkeit nicht gibt, nimmt das Unheil seinen Lauf. Der Orientexpreß hat leider keinen Maschinenschaden, Freud schreibt weiter an seiner funktionellen *Auffassung der*

---

21 Vgl. Lacan, Radiophonie, S. 97

22 Vgl. Lacan, L'étourdit. In: Scilicet, 4 (1973), S. 9

Aphasien und Harker an seinem stenographischen Reisetagebuch. Die bündige Widerlegung hirnphysiologischer Sprachzentren-Lokalisierungen, sobald sie erst einmal mit den gesammelten Versprechern hysterischer Mädchen verschaltet ist, wird einen psychoanalytischen Diskurs inaugurieren. Das handschriftliche Tagebuch, sobald es erst einmal mit Phonographen und Schreibmaschinen, Leichenbefunden und Zeitungsberichten verschaltet ist, wird den Herrn über Nacht und Orient töten, um ihm nur die elende Unsterblichkeit eines Romanhelden zu lassen. 1897, während dem Doktor Freud eben das Geheimnis der Traumdeutung aufgeht, erscheint Bram Stokers *Dracula*. Und wenn schon der Gast des Grafen nicht Zwischenstation bei Freud gemacht hat, verbreitet poetische Gerechtigkeit wenigstens das Gerücht, daß der Romancier des Grafen ins neue Wissen eingeweiht worden ist. Stoker soll 1893 in der Society for Psychical Research durch begeisterte Referate Freuds *Vorläufige Mitteilung über den psychischen Mechanismus hysterischer Phänomene* empfangen haben.[23] Und in der Tat: Leute, selbst wenn sie nur Büroangestellte und Romanfiguren sind, nach Transsylvanien, ins »Land hinter den Wäldern« zu schicken, dürfte niemandem beifallen, der nicht gehört hat, daß Ich werden kann, wo Es war.

Um Es durch Ich, Gewalt durch Technik abzulösen, ist es zuerst einmal notwendig, in die Gewalt jener Gewalt zu geraten. Der Anfang aller Romanzen vertauscht für eine Zeitlang Jäger und Gejagte. Auf seinem Weg zum Grafen muß Jonathan Harkers imperialer Tourismus den Orientexpreß verlassen und mit Balkanküchen und Provinzhotels, Postkutschen und Pferdegespannen vorlieb neh-
17 men. Um ins »Zentrum eines Wirbels« zu gelangen, der (wie um die Thesen eines gewissen Vámbéry zu beweisen) Mythen und Rassen Osteuropas durcheinandermengt,[24] überschreitet der englische Büroangestellte den point of no return. Die Reden seiner entsetzten Mitreisenden werden unverständlich, und weil man Signifikate nicht hört, kann einzig Harkers Polyglottwörterbuch entziffern, daß immer wiederkehrende Signifikanten wie vlkoslak oder vrolok alle

23 Vgl. Nina Auerbach, Magi and Maidens: The Romance of the Victorian Freud. In: Critical Inquiry, 8 (1981), S. 290

24 Vgl. das Selbstreferat bei Arminius Vámbéry, The Story of my Struggles. The Memoirs of Arminius Vambéry, London 1904, Bd. II, S. 480–483

»Vampyr« besagen. Englische Touristen sind nicht eben polyglott;
wie vlkoslak für Harker, so muß der Name Mahdi für die Truppen 18
General Gordons geklungen haben, während sie auf Khartum, die
Stadt ihrer Abschlachtung, vorrückten.

Aber im Herzen von Finsternis und Karpathen, hoch auf dem
Borgopaß zwischen Transsylvanien und Bukowina, winkt Rettung:
Harker steigt von der Postkutsche auf eine gräfliche Kalesche um,
deren Kutscher über die Nacht, die ist, in fließendem Deutsch spricht.
So vermittelt Osteuropas ehemalige Verkehrssprache die Extreme
des Kontinents. Und wenn die Kalesche endlich dem schaurigen
Geheul der Wölfe entkommt und im Burghof einfährt, begrüßt den
Reisenden, als sei das Ziel schon die Heimkehr am Ostrand Öster- 19
reich-Ungarns, das vorzügliche Englisch des Grafen.

Verhandlungen mit einer fremden Macht, die aber selber mehr an England als an Transsylvanien denkt, weil der Graf Grundstückskäufe in Whitby, Purfleet, Exeter plant und zu diesem Zweck britische Adreß- und Kursbücher, Heeres- und Juristenranglisten gehortet hat –: so läuft es in den ersten Nächten von Harkers Aufenthalt und ganz nach den Wünschen eines Imperiums, dessen einfaches Geheimnis die Behandlung aller Außenpolitik als Innenpolitik ist. Der Büroangestellte eines Exeter Anwalts hat den transsylvanischen Territorialfürsten bei jener Übersiedlung juristisch zu beraten und Daten nachzuliefern, die in importierten und schon wieder verjährten Nachschlagewerken notwendig fehlen.

Aber Herren des Ostens sind nicht nur Kunden westlicher Datenbanken. Jeder Tourist, wenn er erst einmal den point of no return berührt, kann hören, daß die anderen nur darum Englisch gelernt haben, um vom anderen erzählen zu können. Bei später Nacht, während Harker diniert und sein Gastgeber merkwürdigerweise fastet, kommt der Graf regelmäßig auf das Land und die Rassen zu sprechen, die es besessen und mit Blut getränkt haben. Auf Sachsen und Türken, Ungarn und Wallachen. Auf die Hunnen, in denen einst Teufel und Hexen eine Steppenhochzeit gefeiert haben, und auf das Grafengeschlecht, in dem jene Nomaden schließlich mit Wotans Werwölfen oder Berserkern verschmolzen sind. Draculas als Kreuzritter gegen die Türken, Draculas als Verräter der Kreuzritter an die Türken – das Geschlecht des Grafen ist Transsylvaniens Geschichte, sein Blut ein anderer Speicher als Nachschlagewerke.

2

Denn es gab den Grafen. In jener Zeitwende, als das letzte Rom unterm Ansturm neuer Nomadenheere fiel, sah Transsylvanien einen Fürsten Vlad Tsepeš, der sich auf Münzen auch Dracula oder kleiner Drache nannte. Mit dreizehn Jahren verschleppten ihn die Türken als Geisel gegenüber seinem Vater, dem Landesherrn, nach Kleinasien. Als Vlad 1448 freikam und den Thron des selbstredend Ermordeten bestieg, brachten ihm diese Jahre türkischer Geiselhaft seinen Beinamen ein. Tsepeš heißt der Pfähler und Pfählen war die langwierige Todesart, die Asien ihn gelehrt hatte. Der Vorkämpfer des Abendlandes an seiner bedrohtesten Grenze, aber mit den Foltertechniken des Orients, ganzen Wäldern von Pfählen, an denen aufgespießte Leichen faulten – Grund genug für Ungarn, den vorm Türkeneinmarsch Fliehenden 1462 ein zweitesmal, aber im Lager seiner christlichen Verbündeten, gefangen zu setzen. Zwölf Jahre blieben dem Despoten, der Heiden und Siebenbürger Sachsen zu Tausenden gepfählt hatte, nur übrig, seine Experimente im Budapester Kerker an Vögeln oder Mäusen zu wiederholen. Und als Vlad der Pfähler schließlich Freiheit und Macht wiedererlangte, kam aller Schrecken über ihn selbst. Die Kriegslist, sich als Türke zu verkleiden, brachte ihm aus eigenen Reihen den Schlachtentod.[25]

Dracula, bis in seine Sterbestunde hinein eine Doppelmaske zwischen Ost und West, ist nie der Vampyr Dracula gewesen. Das Blut von Hunnen und Berserkern, das in seinen Adern floß, hat Blut begehrt, aber in einer Ökonomie der Verschwendung und nicht des Mangels. Keine Folklore Transsylvaniens setzt ihn jenen Untoten gleich, die nur mit fremdem Blut einen Rest von Leben fristen können. Der Despot ließ Widersacher und Untergebene pfählen, während er selber inmitten der Sterbenden Gastmähler reiner Verschwendung gab; den Untoten pfählen andere, um auch ihn zum christlichen Leichnam zu machen.

Zur Gleichsetzung des Territorialfürsten mit dem Vampyr hat erst ein ungarischer Orientalist angeregt, dessen eigener Name in alten Nachschlagewerken unmittelbar vor ›Vampyr‹ steht. Und das

25 Die historischen Daten im Anschluß an Raymont T. McNally/Radu Florescu, In Search of Dracula. A True History of Dracula and Vampyre Legends, New York 1972

nicht von ungefähr. Als hätte Arminius Vámbéry, eitel wie er war, den
lexikalischen Platz des Furchtbaren okkupieren wollen, machte er 21
selber aus ›Bamberger‹, dem Nachnamen seines jüdischen Großvaters, ›Vámbéry‹, dieses Signifikantenspiel mit Vampyr.

Und eine Art Vampyr ist Arminius Vámbéry (1832–1913), der Abenteurer und Professor aus Budapest, tatsächlich gewesen. Wie Vlad Tsepeš vor ihm, aber ohne die fatalen Folgen, wie Lawrence of Arabia nach ihm, aber ohne den Undank der Hintermänner, hat auch er den Orient in orientalischer Verkleidung bereist und damit Forschungsergebnisse gewonnen, die bei anschließenden Reisen nach London offene Ohren fanden. Nicht die linguistischen Fußnoten, die sein polyglotter Kopf auch mitbrachte, reizten die praktischen Briten; aber was er über Rassen und Despoten, Handel und Politik im Osten erkundet hatte, wurde schon im Schnellzug Dover-London, Minuten nach der Landung, honoriert von einem Mr. Smith, dessen Name und Bargeld für Vámbéry angeblich ein lebenslanges Rätsel geblieben sind.

Aber so naiv können nicht einmal Autobiographen sein. Vámbéry mit seinen Ortskenntnissen und orientalischen Korrespondenten – daran hat kein Zeitgenossengerücht gezweifelt – wurde ein brauchbarer Spion des Empire, gern gesehen in Whitehall und Downing Street. Nach dem Dinner, wenn die Damen gegangen waren, predigte er dem Premierminister sein geopolitisches Credo, daß der Osten von den mittelalterlich-rückständigen Kaisern Österreich-Ungarns und Rußlands befreit werden und am fortschrittlichen Wesen des Empire genesen müsse. Und das nicht etwa durch schiere Truppenkonzentrationen, sondern nach dem Vorbild zaristischer Geheimdienste, des Feindes selber. Woraufhin Lord Palmerston einige Maßnahmen in Kandahar oder Teheran anordnete und, weil die Damen ja gegangen waren, den Orientkenner freimütig über Haremsgeheimnisse ausholte. Vámbérys Fragestellung »Who shall be lord and master in Asia?« schloß eben auch das Sexualleben von Herrn und Meistern ein, die wie Stokers Graf drei und noch dazu inzestuöse Gespielinnen haben.[26]

---

26 Vgl. dazu Christopher F. Bentley, The Monster in the Bedroom: Sexual Symbolism in Bram Stokers »Dracula«. In: Literature and Psychology, 22 (1972), S. 28

Andere, aber nicht sehr andere Interessen teilte der Verräter mit Abraham (›Bram‹) Stoker, den er zu wiederholten Malen in Londons
22 Lyceum Club traf. Da war die Choleraepidemie von 1831, die außer
23 ein paar preußischen Staatsdenkern auch Vámbérys Vater dahingerafft[27] und Stokers Irenfamilie in höchste Gefahr gebracht hatte. Da war die rumänische Volkssage von einer anderen Epidemie, die durch unscheinbare Bisse am Hals übertragen wird, schließlich auch die plötzlich wieder hochaktuelle Geschichte vom Fürsten Vlad Tsepeš, dem zweideutigen Kreuzfahrer gen Morgenland. Stoker brauchte das Historische und das Sagenhafte, den Fürsten und den Vampyr nur noch zu kombinieren und ans Romanschreiben zu gehen. Arminius Vámbéry hatte den Vampyr Dracula möglich gemacht.

3

Romanschreiben ist eine Fortsetzung von Spionage mit anderen Mitteln. Schon darum bleiben die Namen von Schurken und Informanten einigermaßen dunkel. Vámbérys zahlreiche Schriften meiden das nur allzu ähnliche Wort Vampyr;[28] Stokers Roman, der es sprichwörtlich macht, umgeht gerade umgekehrt den Nachnamen Vámbéry, wenn er als Gewährsmann nur einen gewissen »Arminius von der Universität Budapest« anführt. Aber so leicht ist der Schatten von Spionage auch im sogenannten phantastischen Roman nicht zu tilgen. Vámbéry erhielt einen Orden Königin Victorias für »aktive«, nämlich geheimdienstliche »Teilnahme an der Verteidigung britischer Interessen im Orient«.[29] Denselben Ehrentitel hätte Jonathan Harker, Stokers fiktiver Stellvertreter, verdient.

Was Wunder also, daß Harker schon vor seiner Begegnung mit dem Grafen an akuter Paranoia leidet. Ein englischer Spion, der auf Informationsfluß eines englischen Spions hin zur Front geschickt wird, muß in fremden Augen von vornherein die Ursache seines Begehrens: den bösen Blick sehen. Deshalb hilft es auch nicht viel, daß

---

27 Vorstehende Daten über Vámbéry sind seiner zweiten Autobiographie, der »Geschichte meiner Kämpfe« entnommen.

28 Vgl. McNally/Florescu, In Search of Dracula, S. 178

29 Zit. nach Daniel Farson, The Man Who Wrote Dracula. A Biography of Bram Stoker, London 1975, S. 124

besorgte Hotelwirtinnen in Bistritz ihn mit geschenkten Kruzifixen vorm Malocchio schützen wollen. Der Spion verläßt sich lieber auf moderne Techniken der Spionageabwehr: Wie Vámbéry, der seine 24
geheimen Reisenotizen erstens ungarisch verfaßte und zweitens im Derwischgewand einnähte, schreibt Harker sein Reisetagebuch durchgängig in Stenographie. Denn das Auge des Grafen, mag es noch so rot durch die Nacht glühen, Kurzschrift kann es nicht lesen. Imaginäre Schrecken verblassen vor einer Symboltechnik, wie das ökonomischste aller Jahrhunderte sie entwickelt hat. Was der Graf tun kann, ist lediglich, den Wortsinn von Symbol einzuklagen und alle Briefe Harkers zu verbrennen, die nicht auch ihm als Gastgeber lesbar sind. Bei Benutzung von Geheimschriften geht die Scherbe, deren griechischer Name Symbol ist, selber in Scherben. Aber imperialer Tourismus war nie anders, auch nicht in seinen Folgen.

Halb Spion, halb Gefangener, schleicht Harker durch die verstaubten Hallen eines Schlosses, in dem keine Spiegel sind und keine Münzen, die noch in Geltung wären. Was Wunder, daß sein britisches Ich mehr und mehr Boden verliert. »Wir leben also«, 25
rätselt der Stenograph an einem kleinen Eichentisch, wo »vor alters vielleicht manches hübsche Fräulein mit vielen Gedanken und vielem Erröten sein fehlerhaftes Liebesbriefchen kritzelte«, »wir leben also wirklich im neunzehnten Jahrhundert? Und doch, wenn mich meine Sinne nicht trügen, hatten und haben die vergangenen Jahrhunderte ihre eigene Macht, die ›Modernität‹ allein nicht töten kann.«[30] Der alte Graf läßt sich eben weder kaufen noch zum Ebenbild machen. Er bleibt der Andere, den kein Spiegel wiedergibt, eine paranoische Halluzination mit Begierden, die Harker nicht einmal im Geheimtagebuch zu benennen wagt. Minutiös wie nachmals im Roman der Dr. Seward notiert er, wieviele Gläser der Graf ihm pro Abend eingeschenkt hat, um sie vom wirklichen Wahnsinn subtrahieren zu können. Aber auch nach dieser Rechnung bleibt genug an Schrecken. Schon daß das Tagebuch, ganz wie der Diskurs von 26
Hamlets Vater, die *Erzählungen von 1001 Nacht* oder auch das Material der *Traumdeutung*, regelmäßig mit dem Hahnenschrei endet,

30 Die deutsche Übersetzung (Bram Stoker, Dracula. Ein Vampirroman, München 1967), die ich im allgemeinen zitiere, hat an dieser Stelle den Reiz, »kill« als »überbieten« und »power« als »Reiz« zu übersetzen. So produziert man autonyme Unterhaltungsliteratur.

entsetzt ihn, obwohl dieses Tagebuch sein einziger Halt vorm drohenden Irrsinn heißt. Aber wenn auch der letzte Spiegel, den Harker unterm Diktat des Anderen noch hat, nur Finsternis sieht ...

Eine Finsternis wie geschaffen, um dem Spion Alpträume zu machen. Wenn er den Grafen anfleht, vorzeitig heimreisen zu dürfen, materialisiert sie sich in Wölfen, die bekanntlich immer in Rudeln auftreten[31] und deshalb das Burgtor wahrhaft versperren können. Wenn er eine verdächtige Abwesenheit des Grafen ausnutzt, um hinter gewaltsam aufgebrochenen Schloßtüren zu spionieren, materialisiert sich die Finsternis, sobald nur ein Mondstrahl auf sie fällt, in tanzenden Staubkörnern, aus denen vor Harkers gebannten Augen sogleich tanzende Frauenleiber werden. Und obwohl glücklich verlobt, glaubt er die drei Weiber, wie sie drohend oder wollüstig immer näher kommen, schon einmal gesehen zu haben. Die Alpträume sind mithin so durchsichtige Deckbilder von Wünschen, daß Harker auf der Stelle sein Blut oder Sperma verlieren müßte.[32] Aber mitten in diesem Tagtraum taucht der Graf auf und pfeift die drei Weiber zurück, ganz wie er auch den blutdürstigen Wölfen im letzten Moment Einhalt geboten hat. Seltsam ist nur, daß diese Befehle (wenn auch mit fremdartigem Akzent) in bestem Kommandoenglisch ergehen. Weiber und Wölfe des Balkans gehorchen Signifikanten, die gar nicht für sie, sondern für Harkers Ohren Sinn machen. Halb ohnmächtig, versteht der Lauscher dennoch jedes Wort, mit dem der Graf jenen Weibern gegenüber seine mehr als inzestuösen Begierden verrät.

Ein Graf, der vergißt, nicht englisch zu sprechen, wenn er gar nicht zu seinem Gast spricht, ein Graf, der Knoblauch wie sonst nur noch Angelsachsen verabscheut, ein Graf, der den »Arbeitgeber«
27 seines Gastes höhnisch Harkers »Herrn und Meister« nennt, ein Graf, dessen Worte unmittelbar Befehle sind und dessen Begierden, wie auch angehende Juristen eigentlich merken sollten, alle das ius primae noctis voraussetzen – in Dracula trifft Harker auf seinen Herrnsignifikanten. So geht es, wenn einer zum Herzen der

---

31 Über diese Rudel und darüber, daß ein schlecht informierter Freud sie grundsätzlich auf einen einzigen (Vater)Wolf reduzierte, vgl. Gilles Deleuze/Félix Guattari, Mille plateaux. Capitalisme et schizophrénie II, Paris 1980, S. 42

32 Vgl. dazu Bentley, a. a. O., S. 28

Finsternis vordringt. Conrads Novelle, Coppolas Film, Stokers Roman, sie alle führen an den Punkt, wo die Macht des Anderen oder Fremden als ihr eigener Kolonialismus entzifferbar würde, wenn es nicht so unerträglich wäre, die Schrift auf dem Fleisch zu lesen. 28

Eines Mittags steht Harker vor dem Leichnam des Grafen. Aber wie er den Untoten pfählen will, trifft und stoppt ihn ein unwidersprechlicher Blick.

»Der Signifikant ist vor allem befehlend.«[33]

Vom Herrndiskurs und seiner herrischen Definition wollen Männer nichts wissen. Harker rettet das einzige, was er hat, sein vom Grafen wie durch Wunder übersehenes Tagebuch, und flieht. Mitte Juli taumelt ein namenloser Kranker in ein Budapester Hospital. Er hat den Grafen tot gesehen und hat ihn befehlen gehört – damit diese eine und doppelte Wahrheit unsäglich wird, verfällt der Spion einem Nervenfieber, das sie stattdessen seinem Hirn einschreibt. 29
Nicht viel anders ist einige Jahrzehnte zuvor ein ungarischer Abenteurer in Teheran angekommen, nachdem er im Auge des Emirs von Buchara seinen sicheren Tod gesehen hatte. Vámbéry als Skelett, Harker mit Hirnhautentzündung, so kehren Spione zurück. Und während rührende Nonnen alles tun, um auch noch die Spuren auf der Hirnhaut zu tilgen, stirbt im fernen Exeter Harkers Chef. Ohne es zu wissen, hat er die Geschäfte eines Toten mit einem Toten betrieben. Ohne es zu ahnen, rückt er durch testamentarische Verfügung an seine Stelle.[34] Karriere von Männern.

4

Noch während ein ohnmächtiger Harker auf den Platz eines toten Chefs rückt und ein allmächtiger Toter, weil jener Chef ihm vier Häuser in England verkauft hat, vom Schwarzen Meer aus in See sticht, beginnt eine ganz andere Karriere. An Frauen, wie die Geschichte abendländischer Diskursformationen sie nie zuvor gesehen hat, scheitert Draculas Projekt, das ja (nach der Einsicht eines nicht zu-

33 Lacan, Encore, S. 33

34 Aus Gründen der Struktur wurde in vorstehenden Sätzen eine falsche Datierung Stokers rückgängig gemacht: Im Roman stirbt der Anwalt Hawkins erst am 18. September, dem Tag nach Harkers Rückkehr.

fällig angelsächsischen Interpreten) einfach das Unternehmen Seelöwe vorwegnimmt.[35] »Westliche Demokratie« (was immer das sein mag) würde unrettbar einem Herrndiskurs verfallen, gäbe es nicht in Exeter junge Frauen, die ihn am Ende mit Techniken dieser Demokratie aus dem Feld schlagen können. Denn nicht der Graf – so will es nur die interpretatorische Fälschung jenes Angelsachsen – verfügt über moderne Medien, mit denen er das Empire korrumpieren würde; es ist ganz im Gegenteil Harkers Verlobte, eine gewisse Mina Murray, die mit Waffen einer neuen Zeit die Möglichkeit selber von Herrndiskursen untergräbt. Von Berufs wegen ist Miss Murray Schulassistentin, aber mit dieser Vorstufe von Frauenemanzipation nicht zufrieden, übt sie fleißig Stenographie und Schreibmaschine,
30 um es eines Tages »wie die Journalistinnen machen« zu können.

Man weiß, wie es zu Ehen kommt: Er denkt und wirbt, sie lenkt und befiehlt.[36] Harker wäre auch mit dem Titel Büropraktikant zufrieden gewesen, hätte seine Braut ihn nicht unausstehlich gefunden. Harker wird durch Tod und Testament eines Chefs ganz automatisch befördert; Miss Murray muß ihre (und seine) Karriere wollen.

Man weiß auch, was Journalisten machen: sie verschieben, verarbeiten, vermehren Reden und Texte, wie sie gerade kommen.
31 Während ihr Bräutigam die furchtbaren Herrndiskurse aufschreibt, um etwas gegen den Wahnsinn zu tun, stellt Mina einfach Papiermengen her. Für diesen Zweck wäre eine Handschrift, wie sie sie noch in Jonathans stenographischen Briefen aus Transsylvanien identifizieren kann, bloß hinderlich; was immer Demokratie sein mag, basiert jedenfalls auf maschineller Verarbeitung anonymer Diskurse (schon weil es kein soziales Band außer Diskursen gibt). Ohne die Heere von Stenotypistinnen – so heißen seit neunzig Jahren Frauen, die wie Mina Murray Kurzschrift und Schreibmaschine

---

32 35 So Richard Wasson, The Politics of Dracula. In: English Literature in Transition, 9 (1966), S. 25. Immerhin erlaubt es dieser schlaue Aufsatztitel einem einzigen Stoker-Interpreten, dem endlosen Gerede über Sex and Crime im Roman zu entkommen. Ob Vampyre eher anal-sadistisch oder oral fühlen, ob Stokers Gattin frigide und seine Schreibmoral victorianisch war – das und sonst nichts bewegt Interpreten.

36 Vgl. Lacan, Encore, S. 67–69

zugleich beherrschen – brächen Unterhäuser oder Bundestage zusammen.

1874 brachte die Gewehrfabrik Remington das erste serienreife 33
Schreibmaschinenmodell auf den Markt. Aber seltsam, der geschäftliche Erfolg ließ jahrelang auf sich warten. All die Jonathan Harkers – Sekretäre mit den Aufgaben, Herrndiskurse mitzustenographieren, in Reinschrift zu übertragen und gegebenenfalls durch Anfeuchten auch noch irgendwie fürs Büroarchiv zu kopieren – verschmähten das neue Diskursmaschinengewehr. Womöglich waren sie einfach zu stolz auf ihre in langen Schuljahren erworbene Handschrift, dieses kontinuierliche und d. h. buchstäblich individuelle Band, das sie als Individuen zusammenhielt und vor Wahnsinn bewahrte. An technologischer Rückständigkeit der Remington liegt es jedenfalls nicht, daß Harker nach Transsylvanien keine Reiseschreibmaschine mitführt; wenn seine nachmalige Frau fünf Monate später dieselbe Reise macht, ist zu ihrem Entzücken längst eine auf dem Markt.

Die Dinge sind viel einfacher gelaufen: Zwei Wochen Schreibmaschinenschnellkurs machten sieben Jahre Schulbildung überflüssig. Frauen, gerade weil sie weit weniger auf Handschrift und Individualität hin dressiert worden waren, konnten wie im Blitzkrieg eine Marktlücke besetzen, die ihre Konkurrenten, die grundsätzlich männlichen Sekretäre des 19. Jahrhunderts, vor lauter Arroganz übersahen. Remingtons Vertriebsabteilungen und Werbeagenturen
brauchten nur die Frauen zu entdecken, um im denkwürdigen Jahr 34
1881 Schreibmaschinen zum Massenartikel zu machen.

Bruce Bliven hat den amüsanten Beweis geführt, daß die Schreibmaschine und nur sie eine Revolution der Bürokratie auslöste. Mochten weiterhin Männer hinterm Schreibtisch an die Allmacht ihrer Gedanken glauben, die reale Macht über Tasten und Papierstöße, Nachrichtenfluß und Terminkalender fiel an Vorzimmerdamen. Und wenn das große Wort Emanzipation einen historischen Sinn hat, dann nur im Feld der Textverarbeitung, dem weltweit und bis heute mehr Frauen zurechnen als allen anderen.[37] Lacans Sekretärin Gloria war eine unter Millionen …

---

37 Vgl. die Einzelheiten bei Bruce Bliven, The Wonderful Writing Machine, New York 1954, S. 3–16 und S. 71–79

… und Mina Murray, nachmalige Harker, schon 1890 auf der
Höhe von Zeit und Zukunft. Die erotischen Träume freier Partner-
35 wahl überließ sie höhnisch sogenannten »modernen Frauen«; ihre
eigenen Träume kreisten sehr viel praktischer um eine Sekretärin-
36 nenstelle beim künftigen Gatten. »Wenn ich genügend stenogra-
phieren kann, bin ich imstande, sein Diktat aufzunehmen und dann
auf der Schreibmaschine abzuschreiben«, schreibt Mina (noch in
Handschrift) ihrer Freundin Lucy Westenra. Auch die Revolution
europäischer Büro- oder Demokratie kommt also auf Taubenfüßen.
Harkers Herr und Meister kann von Glück reden, daß er bei dieser
Machtergreifung schon tot wie der Graf ist. Den Sekretär löst die Sekretärin ab, den Chef ein nicht umsonst von Nervenfiebern gelähm-
ter Gatte. Wenn Mina auf briefliche Hilferufe der Nonnen hin nach
Budapest fährt, findet erstens eine Nottrauung mit dem Kranken (um
nicht zu schreiben: Impotenten) und zweitens eine translatio studii
sive imperii statt. Jonathan Harker, um nicht wieder dem Wahnsinn
zu verfallen, untersagt sich jede Relektüre des transsylvanischen
Reisetagebuchs und übergibt es seiner angetrauten Schreibmaschinistin zu treuen Händen und Augen. Er selber will gar nicht erst
37 ignorieren, ob jene Aufzeichnungen »schlafend oder wachend, ge-
sund oder im Irrsinn geschrieben« sind. Weil es im Unbewußten ja
keine Realitätszeichen gibt, wird sein Output – wie auf der Couch
auch – eine neutrale Datenmenge für andere. Zur Diskursneutrali-
sierung aber sind angetraute Schreibmaschinistinnen wie gemacht.
Mina braucht den Bradshaw, das englische Eisenbahnkursbuch,
nicht zu horten wie der Graf und nicht zu konsultieren wie Sherlock
Holmes, der doch ansonsten ein wandelnder Datenspeicher ist;[38]
sie weiß den Bradshaw schlicht auswendig.

5

Und noch während Harker im Budapester Hospital deliriert, schreibt das Kursbuch der angehenden Journalistin eine Reise nach Whitby vor, wo ihr – weit über sklavische Diktate eines Juristengatten

38 Vgl. A. Conan Doyle, The Complete Sherlock Holmes, New York 1930, S. 322 (The Adventure of the Copper Beeches), S. 517 (The Adventure of the Dancing Man) u. ö.

hinaus – die ersten freien Interviews und Reportagen winken. Objekt dieser Recherchen ist Minas Freundin Lucy, mit der sie im selben Raum schläft und Nacht für Nacht schlimmere Erfahrungen macht, vor allem seitdem ein Schiff mit dem sprechenden Namen Demeter im Hafen Whitby eingelaufen ist und außer lauter toten Seeleuten nur ein schreckliches Tier freigesetzt hat. Selbstredend kann die Amateurreporterin noch nicht ahnen, daß England fortan um einen Grafen reicher ist; aber trotzdem finden Zeitungsnachdrucke des Demeter-Logbuchs, Augenzeugenberichte von Hafenarbeitern und vor allem Lucys seltsame Beschwerden den Weg in ihr Tagebuch.
Auch journalistische Amateure folgen eben dem Motto »All the news 38
that's fit to print.«

Zuerst zeigt Lucy Westenra nur die Symptome einer Nachtwandlerin. Aber Mina, klüger als manche ihrer Deuterinnen, glaubt von vornherein nicht an einen autochthonen »Hang zum Somnambulismus«;[39] aus Interviews mit Lucys Mutter folgt eindeutig, daß die Hysterie der Tochter unmittelbar auf ihren toten Vater zurückverweist. Wie Freud im Erscheinungsjahr des Vampyrromans so richtig bemerkt, muß eben bei Hysterikerinnen »in sämtlichen Fällen der Vater als pervers beschuldigt werden.«[40] Der Beweis folgt auf dem Fuß: Unmittelbar nach Landung eines perversen Grafen wird Lucys Nachtwandeln zum Alptraum. Mina sieht die Somnambule Nacht für Nacht der Verführung eines Schattens preisgegeben, der zwar sofort wieder verschwindet, aber an ihrem Hals zwei winzige Wunden zurückläßt, immer an der gleichen Stelle. Von diesen Einschreibungen ins Reale spürt die Kranke nichts; ihr bleiben nur Traumerinnerungen, zunächst an etwas Schwarzes, Langes mit roten Augen, danach aber ein Gefühl, als versänke sie in tiefem grünen Wasser, und in den Ohren jenes Singen, wie es auch Ertrinkenden nachgesagt wird. Um den Signifikanten Demeter zu bewahrheiten, gibt es also selbst in hysterischen Frauen eine Lust jenseits des langen und schwarzen Phallus.[41]

---

39 Auerbach, a. a. O., S. 289

40 Freud, Aus den Anfängen der Psychoanalyse. Briefe an Wilhelm Fliess, Abhandlungen und Notizen aus den Jahren 1887–1902, London 1950, S. 187

41 Vgl. Lacan, Encore, S. 69. Über intrauterine Phantasmen am Grund des filmischen Vampyrmythos vgl. auch Roger Dadoun, Der Fetischismus im Horrorfilm.

Aber weil am hysterischen Diskurs nur zählt, was andere Diskurse von ihm aufschreiben, verschwindet Lucys ozeanisches Gefühl wieder aus den Akten. Feststellbar für den zuständigen, nämlich
szientifischen Diskurs sind nur ein abnorm hoher Blutverlust und
zwei Halsbißwunden, immer an der gleichen Stelle – wie Anschlä-
ge einer exakt justierten Schreibmaschine. Beides entdeckt Dr.
Seward, ein junger und erfolgreicher Psychiater, der um Lucy ver-
39 gebens geworben hat und nun im Bett seiner Wünsche statt einer
Liebenden eine Kranke vorfindet, die er kaum zu untersuchen wagt.
Wo der Herr des Orients wirbt, haben andere Männer keine Chance,
nicht einmal die des Erkennens. Dr. Seward kann Lucys hysterische
Anämie so wenig begreifen, daß er sich seit seiner Zurückweisung
40 in wissenschaftliche Arbeiten, datentechnische Neuerungen und
41 $C_2HCl_3O.H_2O$ flüchtet.

Nicht Lucys Neurose, sondern die Psychose eines seiner
männlichen Anstaltsinsassen umwirbt Dr. Seward, wann immer
er aus seinem Chloralschlaf erwacht. In die Wachswalze eines
Phonographen – als Serienprodukt im Jahr 1890 gerade drei Jahre
alt[42] – spricht er die ganze und exhaustive Fallgeschichte eines gewissen Renfield. Denn der psychotische Diskurs, im Unterschied zu
Sewards Liebesobjekt, hat wenigstens alle Vorzüge von Logik. Daß
Renfield Fliegen füttert, mit denen er Spinnen füttert, mit denen er
42 Sperlinge füttert, um mit den Sperlingen ein Kätzchen, »ein niedliches kleines schmiegsames Kätzchen«, und mit ihm am Ende sich
43 selbst zu füttern, daß also Renfield nach dem Motto »Blut ist Leben«
an kettenlogischer Zoophagie laboriert, spricht oder schreibt sich
leichter in den Phonographen als das ozeanische Gefühl singender
Ohren. Sicher, diese Zoophagie ist ein einziges Rätselraten, wozu
Renfields Körper Organe wie Mund und Magen hat, weshalb es
denn den psychotischen Diskurs spezifiziert, ohne die Hilfestellung
irgend eines anderen Diskurses zu sein;[43] aber schließlich weiß der
Psychiater auch nicht so recht, wozu er seinen Mund benutzen soll,
wenn Lucy allen ärztlichen Liebesschwüren einen Lord mit dem

In: Objekte des Fetischismus, Hg. Jean-Bertrand Pontalis, Frankfurt/Main 1972, S. 354–360

42 Darauf machen einzig McNally/Florescu, In Search of Dracula, S. 162 aufmerksam.

43 Vgl. Lacan, L'étourdit, a. a. O., S. 30f

sprechenden Namen Godalming vorzieht. So mächtig scheint der
Name-des-Vaters also noch, daß einem verschmähten Psychiater-
mund bloß die technische Reproduktion von Delirien bleibt. Was
immer Renfield halluziniert, Seward spricht es in seinen Phonographen. Speech has become, as it were, immortal.

Die kühle und exhaustive Speicherung seines Unsinns hilft zwar
dem Kranken nicht, sie hat nach Sewards eigener Einsicht sogar
Züge von Grausamkeit; aber »warum soll man die Wissenschaft in 44
ihrem schwierigsten und vitalsten Aspekt – der Lehre vom Gehirn –
nicht voranbringen? Hätte ich das Geheimnis nur *eines* solchen Gehirns erforscht, hätte ich den Schlüssel zum Wahn nur *eines* Irren –
ich brächte mein Fach zu solcher Höhe, daß Burdon-Sandersons 45
Physiologie oder Ferriers Lehre vom Gehirn dagegen wie nichts
wären.« Große Worte, die aber nur das grundlegende Psychiater-
projekt von 1890 verkünden. Ob bei Harker, ob bei Renfield – seit 46
Brocas Aphasiestudien muß Wahnsinn im Hirn lokalisiert werden.
Deshalb kommt Dr. Seward auch gar nicht auf einen Einfall, der
doch Zeit und Wörter sparen würde: Renfields delirante Reden
unmittelbar, ohne Interface seiner eigenen Arztstimme, in Edisons
Apparat zu schicken. Aber nachdem Flourens und Flechsig, Ferrier
und Fritsch mit ihren Skalpellen die einzelnen Hirnnervenleitungen
freigelegt und bei Tieren auch mit Säuren, Giften, Strömen gereizt
haben, verliert der Wahnsinn alle Wörtlichkeit. Es gibt ihn nur als
Neurophysiologie,[44] in »Molekülen und Leitungsbahnen des Gehirns«, bei denen »wir« nach dem Zeugnis ausgerechnet eines
Kunstphysiologen »unwillkürlich an einen, dem des Edison'schen
Phonographen ähnlichen Process denken«.[45]

Dr. Sewards Hirn ist gerade dazu gut, ein irres Hirn ins Hirn des
Phonographen zu schicken. Eine »unbewußte Zerebration«, die 47
Renfields Unbewußtes ahnt, aber nicht bis zum Psychiater-Ich vor-
dringen darf, soll auf den Walzen wenigstens abgreifbar werden.

---

44 Vgl. etwa Daniel Ferrier, Die Functionen des Gehirnes. Autorisirte, deutsche Ausgabe, Braunschweig 1879, S. 285–325. Ersichtlich ist dieser Ferrier (im englischen Original) Stokers Quelle für »Hirn-Kenntnisse« gewesen und nicht etwa der Metaphysiker James Frederick Ferrier (so Leonard Wolf (Hg.), The Annotated Dracula. Dracula by Bram Stoker, New York 1975, S. 74).

45 Georg Hirth, Aufgaben der Kunstphysiologie, 2. Aufl. München 1897, S. 38

»Der szientifische Diskurs ist eine Ideologie der Unterdrückung des Subjekts, was der Herr der aufsteigenden Universität auch recht gut weiß.« Vor die psychoanalytische Lesart des Cogito gestellt, die ja nur übrig läßt, entweder nicht zu leben oder nicht zu denken,[46] wählt Dr. Seward einmal den Phonographen und einmal die Liebe. Sein Patient Renfield erfährt das eine, seine Patientin Lucy Westenra das andere. Sterben werden sie beide.

48 Im Unterschied zum psychotischen Zoophagen, der unter
Anstaltsbedingungen noch einmal Vlad Tsepeš unter Kerkerbedingungen spielt, kann Lucy sagen, was sie will: Dr. Seward sieht nur
einen kranken Körper, weil er immer noch einen geliebten sieht. Ihrer
Angst vor Schlaf und Träumen, Wölfen und Fledermäusen fragt er
nicht weiter nach, bis ihn Lucys unaufhaltsamer Verfall zum Bei-
ziehen eines holländischen Spezialisten zwingt. Professor Van Helsing, obwohl auch er an einer neurophysiologischen Theorie über
49 »die fortgesetzte Evolution der Gehirnmasse« arbeitet, ist doch alt
50 genug, um seiner Kranken zu glauben. Auch was an ihren Sympto-
men phantastisch und nach organmedizinischen Standards unmöglich scheint, nimmt er beim Wort, einfach weil Abraham Van Helsing
51 »den Gedanken des großen Charcot zu folgen« wagt. Im überfüllten
Hörsaal der Salpêtrière hat jener Zauberer ja ganz drastisch bewiesen, daß man organisch unerklärbare Leiden durch Hypnose wenn
schon nicht heilen, so doch erzeugen und interpretieren kann.

Dem schließt Van Helsing sich an. Mag er Lucy auch nur darum
52 als Hysterikerin erkennen, weil ihn selber »regelrecht hysterische
Anfälle« überkommen, jedenfalls schaltet er vom szientifischen
53 Diskurs auf einen analytischen um. Wie Freud im Aphasie-Aufsatz
entsagt Van Helsing der Hirnlokalisationssucht seines Psychiater-
freundes. Wie der frühe Freud (vor Revokation seiner Verführungshypothese) geht der alte Arzt, selber eine Art Vater, davon aus, daß
Lucy Westenra allnächtlich von einem sinistren Vater verführt wird.
(Über die Skrupel eines Charcot oder Breuer, die den psychischen
Mechanismus der Hysterie, aber noch nicht ihre sexuelle Ätiologie
54 zu verkünden wagten, sind die beiden hinaus.) Wie Freud, der beim
Speichern hysterischer Diskurse seine beinahe »absolut – phono-

46 Lacan, Radiophonie, S. 89

graphisch – getreuen« Ohren rühmt,[47] erschließt auch Van Helsing
die sexuelle Verführung aus Konversionssymptomen, heimlichen
Notizen, Andeutungen Lucys – als würde ein Phonograph, wie Dr.
Seward ihn nur bei Psychosen verwendet und Lucy selber nur her-
umstehen hat, doch noch auf den hysterischen Diskurs angesetzt.
Edison und Freud, Sherlock Holmes und Van Helsing – sie alle
instituieren ja nach Ginzburgs schönem Wort ein neues Paradigma 55
von Wissenschaft: die Spurensicherung.

Damit ist vor allem sichergestellt, daß es bestimmte nie dage-
wesene Spuren fortan gibt. Produktiv wie sein Vorbild Charcot, der
Patientinnen bis zum Großen Hysterischen Bogen reizen konnte,
ruft auch Van Helsing wundersame Symptome nachgerade hervor.
Nach seinem methodischen Eingriff tritt die Kranke in zwei Persönlichkeiten auseinander, wie das die Krankengeschichtsschreibung
seit Dr. Azam und seiner Félida kennt. Tagsüber wird Lucy immer 56
liebenswürdiger und d. h. ihrer Freundin Mina immer ähnlicher. Auch
die Kranke hat plötzlich ein diskurstechnisches Spielzeug, ihren
freilich nur von Seward benutzten Phonographen; auch sie macht
ein paar Tagebucheintragungen, freilich nur in »Nachahmung« 57
ihrer Journalistenfreundin. Bei Nacht aber kommt eine ganz andere
Persönlichkeit zur Macht, die wie im Fall Félida blanker Hohn auf
Jungfrauenmoral oder gar Sekretärinnenglück ist. Lucy Westenras
zweite Persönlichkeit verkörpert einfach die ärztliche Diagnose.

Nachdem Van Helsing zur sensationellen Therapie übergegangen ist, Knoblauchblumenkränze über Lucys Nachthemdkragen zu drapieren und Kruzifixe am Schlafzimmerfenster anzubringen,[48] bleibt der zweiten Persönlichkeit nur noch Vampyrismus, anders gesagt: ein Widerstand im technischen Sinn Freuds. Manchmal sind es Fehlleistungen der Mutter, meist aber zornige Handgriffe der Schlafenden selbst, die den apotropäischen Knoblauch immer wieder aus dem Weg (des Grafen) räumen. Man weiß, wie

---

47 Freud, Bruchstück einer Hysterie-Analyse. In: Gesammelte Werke, Bd. V, S. 167

48 Mit dieser Therapie vergleiche man Azams stolze Feststellung: »Aujourd'hui, ces idées, qui autrefois étaient le proie du charlatanisme et de la crédulité, sont devenues une science: la Physiologie des fonctions intellectuelles, ou la Psycho-Physiologie.« (Eugène Azam, Hypnotisme et double conscience. Origine de leur étude et divers travaux sur des sujets analogues, Paris 1893, S. VII)

panisch nicht nur Kranke, sondern auch ihre Familien auf drohende Heilungen zu reagieren pflegen.

Das Unbewußte entwickelt also, wie das seine Definition ist, planvolle Strategien. Offenbar will Lucy Westenra, wenn sie nur tief genug schläft, gar nicht mit ihrem Bräutigam von Lord schlafen, sondern in roten Augen und grünen Wassern versinken und versinken. Folgerichtig erscheint ihre Tagespersönlichkeit immer kränker und seltener, ihre Nachtpersönlichkeit immer herrischer und öfter. Und während die eine nur in vagem Entsetzen ahnt, welche verbotenen Lüste die Nacht bringt, hat die andere ein Bewußtsein von Nacht und Tag zugleich. Sonst würde sie nicht ein (von Van Helsing gottlob schon gelesenes) Notizblatt zerreißen, auf dem Lucys Tagespersönlichkeit ihre Einschlafängste festgehalten hat. Alles an den zwei Zuständen, die Asymmetrie des Zustandswissens ebenso wie die Verschiebung des Phasennulldurchgangs, läuft also exakt wie bei Azams Félida.[49]

Mit dem Effekt, daß am Ende die zweite Persönlichkeit zur einzigen wird. Der Augenblick ihres Todes verwandelt Lucy Westenra in eine Untote und Grafenbraut. Aber schon am 10. September entdecken die zwei Ärzte, weil sie nach Van Helsings Devise auch kleinste und bedeutungslose Spuren sichern, daß Lucys Zahnfleisch merkwürdig zurückweicht. Am 19. September entdecken sie, daß ihre Zähne immer länger, ja schärfer werden. »Meine Damen und Herren!«, würde Freud kommentieren, »Das Weib besitzt in seinen Genitalien eben auch ein kleines Glied in der Ähnlichkeit des männlichen«[50] …

Vampyrzähne sind das kleine Glied, mit dem Lucy im Augenblick vor ihrem Tod auf Beute ausgeht. Mit einer nie gehörten wollüstigen Stimme und Augen, die zugleich hart und trübe sind, wagt die vom Grafen Verführte eine erste Verführung. Lucy Westenra provoziert ihren Bräutigam zu fatalen Küssen und liefert damit den schlagen-
58 den Beweis für die Identität von Vampyren und »modernen Frau-

49 Vgl. die Einzelheiten bei Azam, Hypnotisme et double conscience, S. 37–118. Azam entwickelt übrigens auf derselben Textseite, die Lykanthropie und Vampyrismus erwähnt, seine Theorie einer totalen (und d. h. wachenden) Somnambulie (S. 78), die auch Lucys Existenz als Untote einschließen könnte.

50 Freud, Vorlesungen zur Einführung in die Psychoanalyse, a. a. O., Bd. XI, S. 150 und 157

en«, die es ja definiert, Begierden nicht abzuwarten, sondern selber zu artikulieren. Diesem Skandal gegenüber bleibt Van Helsing und seinen Helfershelfern nur noch übrig, die Untote nach allen Regeln des Rituals ein zweitesmal zu töten. Ein paar Wochen später darf Lord Godalming den kinderblutdurstigen Leichnam seiner ehemaligen und landesverräterischen Braut mit einem Pfahl durchbohren, der keinen Kommentar braucht.

Womit auch noch bewiesen wäre, daß es im Fall von Körpern, die die Sprache bewohnte, nicht weiter zählt, ob sie tot oder lebendig sind.[51] Hauptsache ist und bleibt, daß Draculas wollüstige Braut – und sei es durch Leichenschändung – wieder in die leiernde Diskurs-Platte zurückgeholt wird.

6

Unter den diskurstechnischen Bedingungen von 1890 haben Frau- 59
en zwei Optionen: Schreibmaschine oder Vampyrismus. Mina Harker und Lucy Westenra vertreten eine systematische Alternative, die Lucys zwei Persönlichkeiten nur noch einmal wiederholen. Die eine hält am Romanende ein Kind in eben dem Schoß, der dreihundert Seiten lang ihre Reiseschreibmaschine trug. Die andere hat noch zu Lebzeiten ihre Mutter umgebracht und nach dem eigenen Tod oder Scheintod lauter Kinder blutleer gesaugt. Die zwei Optionen heißen also nicht mehr einfach Mutter und Hysterica, wie das Dispositiv Sexualität sie in klassisch-romantischen Zeiten instituiert hat. Seitdem unsere Kultur auch in den heiligen Hallen der Textverarbeitung Frauen zuläßt, sind viel schlimmere Dinge möglich.

»Maschinen überall, wohin das Auge blickt! Für zahllose Arbeiten, die sonst der Mensch mühsam mit seiner fleißigen Hand verrichtete, ein Ersatz und was für ein Ersatz an Kraft und Zeit [...]. Es war nur natürlich, daß, nachdem der Ingenieur der zarten Frauenhand das eigentliche Symbol weiblichen Fleißes aus der Hand genommen hatte, auch ein Kollege von ihm auf den Gedanken kommen würde, die Feder, das Symbol männlichen geistigen Schaffens, durch eine

---

51 Vgl. Lacan, Radiophonie, a. a. O., S. 61

Maschine zu ersetzen.«[52] Mit anderen Worten: Maschinen bringen die zwei Geschlechter um die Symbole ihres Unterschieds. Früher einmal machten Nadeln in Frauenhänden Gewebe, Federn in Autorenhänden andere Gewebe namens Text. Frauen, die gerne das Papier solch handschriftlicher Federn waren, hießen Mütter, Frauen, die lieber selber redeten, empfindsam oder hysterisch. Aber nachdem das Symbol männlichen Schaffens von einer Maschine ersetzt und diese Maschine auch noch von Frauen besetzt ist, hat Textherstellung ihre schöne Heterosexualität eingebüßt.

Es gibt Frauen, die unterm Diktat eines despotischen Signifikanten anfangen, ihre Begierden zu schreiben und einzuschreiben. Die zwei Bisse an immer der gleichen Stelle, wie Lucy Westenra sie von Draculas Zähnen oder Typenhebeln empfangen hat, trägt sie auf andere Hälse weiter. So beweisen »moderne Frauen« auch über ihren Tod hinaus, daß das Begehren (wie die Schlußsätze der *Traumdeutung* verkünden) unzerstörbar ist.

Es gibt andere Frauen, die unterm Diktat einer Berufskarriere aufhören, das Schreiben den Männern oder Autoren zu überlassen. Neutrale Apparate machen Schluß mit dem erotischen Mythos von Feder und Papier, Geist und Naturmutter. Mina Harkers Schreibmaschine kopiert nicht die Bisse eines despotischen Signifikanten, sondern Papier in seiner Gleichgültigkeit: Handschriften und Drucksachen, Liebeserklärungen und Grundbucheintragungen. Für Nadeln und Wiegen, diese Symbole Der Frau oder Mutter, haben Stenotypistinnen keine Hand mehr frei.

Und das ist gut so. Auch unter Bedingungen maschineller Diskursverarbeitung bleibt ein Gleichgewicht des Schreckens gewahrt. Mögen die femmes fatales ihre Lust am radikal Anderen haben, gegen jede Lucy Westenra steht doch eine Mina Harker auf. Um untote Weiber und ihren despotischen Verführer zu jagen, reicht der Mensch oder Mann mit seiner fleißigen Hand allein nicht mehr hin. (Harkers Pfahl versagte seinen Dienst, als er den Untoten im Burgverließ töten sollte.) Vampyrismus ist eine Kettenreaktion, die demgemäß auch nur durch Techniken maschineller Textvervielfältigung bekämpft werden kann. Also schickt Van Helsing, kaum daß

52 Anonymus, Schreiben mit der Maschine. In: Vom Fels zum Meer. Spemann's Illustrirte Zeitschrift für das Deutsche Haus, 1889, Kol. 863

die Geheimnisse von Lucys Verwandlung und Draculas Infiltration am Tag sind, nach Mina Harker. Und von Stund an läuft der Gegenangriff eines demokratisierten Empire.

Kein Gegenangriff ohne Lagebesprechung, keiner ohne Informationsbeschaffung. Die Lage: in England eingesickert ist ein Feind, der schon eine Komplizin angeworben hat und durch ihre blutdürstige Vermittlung weitere Komplizen machen wird. (Die Begierde Vampyrismus wird wie jede Epidemie durch Ansteckung übertragen.) Die Informationen: der Feind hat 50 Särge voll transsylvanischer Erde eingeschmuggelt und an geheimgehaltenen Plätzen deponiert. Das sichert ihm einerseits eine logistische Basis auch in der Fremde, macht ihn aber andererseits verwundbar. (Vampyre, wie alle Territorialfürsten, können nur in Heimaterde schlafen.)

In einer solchen Situation setzt jeder Gegenangriff voraus, diese
Informationen erstens zu bündeln, zweitens zu demokratisieren und
drittens absolut sicher zu speichern. Viertens und schließlich wäre 60
es wünschenswert, im Lager des Feindes Helfershelfer und Agenten zu haben, weil die Lage ersichtlich keine offene Feldschlacht ist,
sondern (nach Vámbérys Einsicht) ein Krieg zweier Geheimdienste. 61

Mädchen für alle vier Punkte wird Mina Harker. Erst von dem
Augenblick an, da Van Helsing sie kontaktiert, verspricht der Gegenangriff des Empires Erfolg. Die Herren um den Chefarzt herum haben nur fragmentarische Informationen über eine hysterische Blut-
saugerin und ihren schattenhaften Verführer; Mina Harker kann aus
ihrem eigenen Tagebuch Daten zu Lucys vampyresker Urszene und
aus dem Reisetagebuch, das ihr Mann nicht wieder zu lesen wagt,
Daten zur Geschichte und Planung des Grafen selber beisteuern.
Erst die Bündelung all dieser Informationen macht eine Lagebe-
urteilung möglich. »In der Sache Dracula«, bemerkt Mina Harker 62
sehr richtig, »sind Daten alles.« Also geht die Stenotypistin hin und wird vollends professionell. Sämtliche Tagebücher, handschriftliche und stenographische, sämtliche einschlägigen Zeitungsmeldungen, sämtliche Privatkorrespondenzen und Grundbucheintragungen, die auf den Grafen und seine Braut Bezug haben, laufen in ihre Remingtonmaschine, um sie fein chronologisch geordnet und als Zeichenmenge sechsundzwanzig gleichbleibender Lettern wieder zu verlassen. Eine Datenbündelung, die allgemeine Lesbarkeit ebenso garantiert wie minimale Zugriffszeit.

Und weil Ökonomie der Zugriffszeiten Gegenangriffe auf einen
übernatürlichen Blitzkriegstrategen erst möglich macht, müssen
auch Dr. Sewards Phonographenprotokolle transkribiert werden.
Diese Walzen enthalten einerseits ja unersetzliche Informationen
über die einstige Lucy, als sie Sewards Liebe noch verdiente, wie
auch über Renfield, der mittlerweile im Grafen seinen sehnlich er-
warteten Herrn und Meister erkannt hat. Aber andererseits bezahlen
Phonographenwalzen den technischen Vorzug, schneller als alles
Papier beschriftbar zu sein, mit dem Nachteil extrem langer Zugriffs-
63 zeiten. Dr. Seward versichert Mina »auf Indianerehre«, daß es ihm
»in all den Monaten phonographischer Tagebuchführung doch niemals in den Sinn kam, wie er es wohl anstellen sollte, im Bedarfsfall
einen bestimmten Teil der Aufzeichnung wieder herauszufinden.«

Genau an dieser Stelle schafft Mina Harker Abhilfe. Sie, die noch
nie einen Phonographen gesehen hat, lernt trotzdem in Rekordzeit,
wie zahllose Sekretärinnen nach ihr zugleich mit den Ohren am
Schalltrichter und mit den Händen an der Schreibmaschinentastatur
zu sein. Mag Seward noch soviel Scheu haben, die Seufzer seiner
verschmähten Liebe akustisch und maschinell publiziert zu sehen,
es muß einfach sein. Unter Bedingungen von 1890 zählt einzig die
64 technologische Planifikation aller ergangenen Diskurse. »Unverfälscht« wie nur in Maschinen und »deutlich wie kein anderer« hört
Mina, wenn sie Sewards Walzen transkribiert, »die Schläge seines
Herzens«. So treibt eine Schreibmaschine und erst sie am szientifischen Diskurs den letzten Rest von Hysterie aus. Wenn es darum
geht, die Möglichkeitsbedingung selber von Herrndiskursen zu liqui-
dieren, dürfen Männer und Frauen voreinander keine Geheimnisse
mehr haben. Stokers *Dracula* ist kein Vampyrroman, sondern das
Sachbuch unserer Bürokratisierung. Auch sie einen Horrorroman zu
nennen steht jedem frei.

Jonathan Harkers Tagebuch war mit eigener Hand geschrieben, weil es die Treue zur eigenen Braut auch vor Weibern zu verteidigen hatte, deren Schönheit aus englischen Schulassistentinnen englische Schulassistentinnen und sonst nichts machte. Dr. Sewards Tagebuch war mit eigener Stimme gesprochen, weil es die letzten Schläge seines Herzens erretten sollte – vorm szientifischen Stillstand im Irrenhausdirektor. Solche Reservate räuchert der Medien-

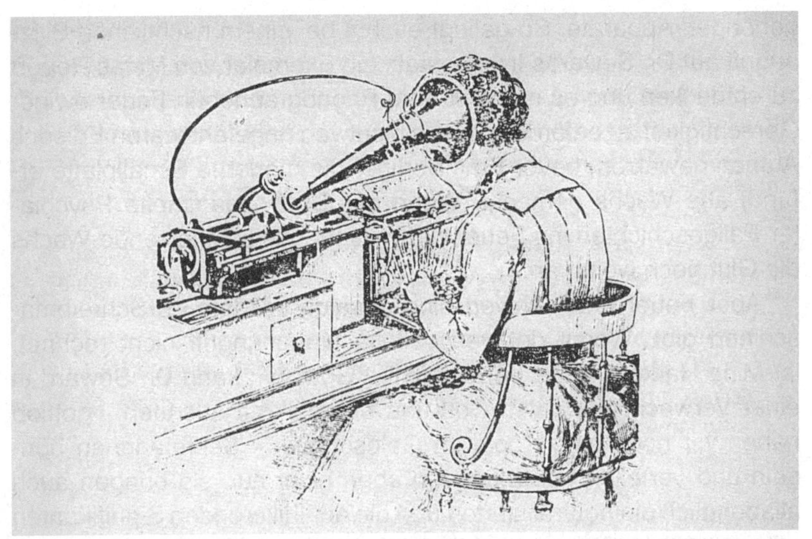

verbund von Phonograph, Schalltrichter, Schreibmaschine aus. Er
liquidiert, wie schon in Villiers' *L'Ève future*, Liebe überhaupt. 65

An die Stelle der Liebe tritt das Büro. Sämtlichen Romanfiguren,
sofern sie nicht Vampyre sind, liegen die ersten zweihundertfünf-
zig Seiten des Romans fortan vor. Eine nachgerade phonographi- 66
sche Treue fixiert auch das fehlerhafte Englisch Van Helsings, das
amerikanische des Millionärs und das hyperkorrekte Draculas. Und
weil die Schreibmaschine ja erfunden wurde, um die Kluft zwischen
Druckvorlage und gedrucktem Buch zu beseitigen,[53] verschwindet
auch die Kluft zwischen Helden und Lesern des Romans. Demgemäß stellt Mina Harker nicht bloß ein Typoskript, sondern immer
gleich »drei Durchschläge« her. 67

Und daran tut sie gut. Mögen transsylvanische Grafen nämlich
noch so spätmittelalterlich fühlen, den Kolonialismus maschineller
Diskursverarbeitung erahnen auch sie. Schon auf seiner Burg hat
der Graf alle Briefe Harkers verbrannt, deren »Geheimschrift ein 68
Mißbrauch von Freundschaft und Gastlichkeit war«. Nachdem die
mörderischen Absichten seiner Jäger selbst seinem »Kinderhirn« 69
aufgegangen sind, verfährt er systematischer. Der Graf verbrennt
nicht mehr nur geheimdienstliche Dokumente, sondern auch die zu-

53 Vgl. dazu Marshall McLuhan, Die magischen Kanäle, Düsseldorf 1968, S. 283

gehörigen Apparate. So gelingt es ihm bei einem nächtlichen Blitz-
angriff auf Dr. Sewards Irrenanstalt, ein Exemplar von Minas Report
zu entdecken und es mitsamt dem Phonographen in Feuer ewiger
Gerechtigkeit zu befördern. Denn nicht von ungefähr waren Edisons
Aufnahmewalzen, bevor Emil Berliner die moderne Schallplatte erfand, aus Wachs gemacht. Wenn der Graf gesammelte Psychia-
70 ter-Fallgeschichten ins Feuer wirft, »facht das schmelzende Wachs
die Glut noch weiter an.«

Aber Feuer und Schwert sind obsolet, seitdem es Schreibmaschinen gibt. Womit der verzweifelte Gegenangriff nicht rechnet,
71 ist Mina Harkers kluge Voraussicht. »Gottlob«, kann Dr. Seward in
einer Verwechselung von Gott und Schreibkraft ausrufen, »gottlob
haben wir noch eine Kopie im Geldschrank.« Sekretärinnen bündeln und verteilen Informationen eben nicht nur, sie bringen auch
allabendlich die neutralisierten und die annihilierenden Signifikanten
miteinander in Sicherheit. Mit Papiergeld und Schreibmaschinen-
papier, wie sie unzerstörbar überdauern, beginnt die Zerstörung
des Grafen. Bestochene Transportarbeiter und bestochene Anwälte
verraten seinen Jägern sämtliche noch unbekannten Adressen, die
dem Heimwehkranken auch in der Fremde sechs Fuß transsylvanischer Erde garantieren. So gelingt es ihnen, Draculas fünfzig Särge
einen nach dem anderen (wie der terminus technicus im Roman
lautet) zu sterilisieren.

7

72 Die Choleraepidemie von 1831 brachte es bis nach Irland, der Wie-
ge Abraham Stokers. Die Cholera, die keine zwanzig Jahre vor dem
furchtbaren Grafen von Indien her über Persien und die Türkei in
Richtung Europa vorrückte, kam auf dem Balkan schon zum Stehen. Ein gewisser Dr. med. Adrien Proust nämlich, heute nur noch
bekannt als Geldgeber seines romanschreibenden Sohns, bereiste
im Auftrag der französischen Regierung die Hauptstädte Stambul
und Teheran, um an den Grenzen des Abendlandes erstmals einen
»cordon sanitaire« zu organisieren. Im Sprechen und Handeln von
Stokers Vampyrjägern klingt Adrien Prousts schöne Wortschöpfung
nach. Einmal mehr werden zunächst die vorgeschobensten An-
steckungsherde sterilisiert und sodann, nachdem der Graf seiner

Logistik beraubt und zum Rückzug gezwungen worden ist, auch die transsylvanischen Brutstätten der Seuche.

Hygienemaßnahmen von geopolitischer Tragweite machen es verständlich, daß Van Helsing und seine tapferen Jünger – Lord Godalming, Dr. Seward, Jonathan Harker und ein texanischer Millionär mit Winchesterbüchsen – beschließen, Mina Harker mit Einzelheiten zu verschonen. Sie tagen, planen, handeln, während die einzige Frau, die noch am Leben ist, in ihre Hausfrauenrolle zurückkehren soll. Welches Ende es mit Frauen nimmt, die nicht als Gattin und künftige Mutter leben, ist seit Lucy Westenras furchtbarer Verwandlung kein Geheimnis mehr. Aber so gut es die professionellen und d. h. männlichen Vampyrjäger auch meinen, unter Bedingungen von 1890 ist ihre Sexualhygiene eine fatale Fehlentscheidung. 73

Als ein hannoveranischer Verwaltungsbeamter der Goethezeit, im Einklang mit ihren sämtlichen Dichtern und Denkern, »die Ausschließung der Weiber aus den Berathschlagungen der Corporationen« »höchst weislich« nannte,[54] sprach er noch historische Wahrheit. Natürlich nicht die ganze, die ja selber Frau und mithin nicht zu sagen ist. Aber im universitären Diskurs, wie ihn Denker und Staatsbeamte in Personalunion über Autorschaft und Mütterlichkeit führten, war der Ausschluß realer Frauen das soziale Band, die Alma Mater selber. Erst seitdem die Macht der Professoren an Ingenieure und die von Lehrern an Ärzte übergegangen ist, wird höchste Weisheit zu Torheit. Einer Mina Harker ohne Schreibmaschine und Psychoanalytiker droht unmittelbar das Schicksal ihrer toten Freundin.

Während die Korporation sämtlicher Romanmänner Zentner um Zentner transsylvanischer Erde sterilisiert, überfällt der Graf in einem eleganten Ausweichmanöver ihrer aller Herzensfrau. Einmal mehr wird wahr, daß Frauen von 1890 nur die Wahl haben, mit Schreibmaschinentypen Papier zu perforieren oder von grauenhaft langen Eckzähnen selber am Hals perforiert zu werden.

Alle Arbeit der Vampyrjäger wäre also verloren, wenn ihnen in der Stunde höchster Verblendung nicht unerwartete Hilfe käme. Minas Ausschluß von allen Lagebesprechungen verstellt selbst

---

54 Erich Brandes, Betrachtungen über das weibliche Geschlecht und dessen Ausbildung in dem geselligen Leben, Hannover 1802, Bd. I, S. 53

ihrem Mann den Blick auf eindeutige Krankheitssymptome. Einzig Renfield, der Wahnsinnige, begreift, wer Mina Harker allnächtlich heimsucht. Und obwohl er, ganz wie berühmtere Kollaborateure nach ihm, im Grafen seinen Herrn und Meister begrüßt hat, geht ihm die Keuschheit britischer Frauen doch über Lust und Leben. Renfield konvertiert von Stund an zu einem Resistancehelden, einfach weil »selbst bei Irren englische Vernunft doch stark genug ist, osteuropäischem Blutdurst entgegenzutreten«.[55]

Das bezahlt Renfield zwar, weil der verratene Graf sogleich sein Gehirn zerschmettert, mit einem qualvollen Tod; aber in Geheimdienstkreisen sind gerade Sterbende geschätzte Quellen. Endlich einmal haben die Vampyrjäger Punkt 4 ihres Datenflußprogramms realisiert und einen Überläufer zur Verfügung.

74 Weil Blutergüsse in Renfields Gehirn »die ganze motorische Zone« und damit leider auch Brocas motorisches Sprechzentrum am »hinteren Ende der unteren, linken Stirnwindung«[56] mehr und mehr »in Mitleidenschaft ziehen«, wagt Van Helsing eine Notoperation und trepaniert Renfields Schädeldecke. So kommt der Theoretiker einer progressiven Zerebralisation doch noch zum Zug. Aber selbstredend nicht, um den Irren zu retten, sondern um ihm noch eine Sterbestunde lang Sprachfähigkeit zu erhalten. Dank seinem aufgebrochenen Gehirn spricht aus Renfield, dem Deliranten, mit einemmal die Wahrheit, womöglich sogar die ganze. Auch »jene Experimente, welche die Natur – in den Krankheiten des Nervensystemes – für uns« Neurophysiologen »anstellt«,[57] haben also ihren Nutzen, selbst wenn der Part der Natur von einem Dracula gespielt wird. Man darf nur nicht erwarten, daß aufgebrochene Gehirne nach Regeln transzendentaler Apperzeption formulieren und d. h. über Sprache verfügen können. Ihr Diskurs, ganz im Gegenteil, läuft wie ein Phonograph in Wiedergabeposition, wo es auch unmöglich ist, verstümmelt aufgenommene Passagen zu korrigieren und die Nadel exakt an gewünschte Stellen zurückzusetzen. Nur garantieren eben diese Zugriffsprobleme, daß die Sprechmaschine Renfield

---

55 Wasson, The Politics of Dracula, a. a. O., S. 26

56 Ferrier, Die Functionen des Gehirnes, S. 306

57 Ferrier, Die Functionen des Gehirnes, S. XIV

die ganze Wahrheit spricht – daß nämlich Mina Harker dabei ist, zu einem weiblichen Vampyr zu werden.

Bei dieser grauenhaften Eröffnung gibt es für die Ärzte kein Halten und keinen Ärzteeid mehr. Renfield darf ruhig auf dem Operationstisch verbluten, weil sie alle ein Stockwerk höher ans Bett ihrer Herzensfrau stürzen, um aus den Augenwinkeln heraus gerade noch zu sehen, wie ein schwarzer Schatten ihr an seiner eigenen Brust das Blutsaugen beibringt ...

Eine Szene, die bei Spezialisten für geschlechterrollenvertauschten Oralsadismus unter besonderer Berücksichtigung der Mutterbrust sämtliche Schreibmaschinen in Gang gesetzt hat. Und doch ist auch sie bloß Informationsfluß. Seitdem der Graf eine lebendige Frau an seinen Blutkreislauf angeschlossen hat, gibt es für die Jäger eine Nachrichtenquelle mehr. Aus der Stenotypistin ist eine Hysterikerin geworden, die zu Draculas künftigem Unglück eben soviel hypnotischen Rapport mit ihm wie er mit ihr hat. Die Jäger müssen ihre neurotische Quelle nur anzapfen, wie sie auch schon die psychotische Quelle Renfield angezapft haben. Aber was im Fall unheilbarer und verblutender Kranker neurophysiologisch läuft, durch Trepanation eines Hirns, leistet bei weiblichen und heilbaren Kranken die Hypnose einer Seele. Einmal mehr schwenkt Van Helsing vom szientifischen zum analytischen Diskurs, von Broca zu seinem großen Vorbild Charcot.

Der Graf hat mit dem letzten seiner 50 Särge, die er ja tagsüber so bitter braucht, gerade noch auf dem Seeweg fliehen können. Ein Schiff mit dem sprechenden Namen »Zarin Katharina« trägt ihn in 75
jene Heimat, aus der er einst an Bord einer anderen Großen Mutter aufgebrochen war, um dem Empire die Pest zu bringen. Nun also treibt er, zurückgeschlagen, aber nicht vernichtet, auf Meeren, die leider noch keine Aufklärungsflugzeuge, Radarstationen, Funkabhördienste unter Kontrolle haben. Nicht einmal Fernrohre können die »Zarin Katharina« orten, weil der Graf außer Wölfen, Ratten, Fledermäusen auch dem Nebel befiehlt.

Also bleibt abendländischen Sanitätern nur übrig, noch einmal den Orientexpreß zu nehmen. Auf bloßen Verdacht hin brechen Van Helsing und die Seinen ins Land hinter den Wäldern auf. Mina aber, die eben noch ausgeschlossene, ist dabei. Um technische Informationen über Route und Ankunftshafen eines getarnten Feindes zu

erlangen, muß aus der Ausschließung von Frauen eine neuerliche
76 Einschließung ins Wissen werden. Man »beschließt, Mina wieder voll ins Vertrauen zu ziehen«. Denn wenn es dem Grafen gelungen ist, Frauen hypnotisch zu verführen, dann kann ein anderer Hypnotiseur diesen Rapport auch gegen ihn wenden. Tag für Tag wird Mina, während der Graf die unbekannten Meere und Flüsse des Ostens befährt und ein junger Wiener Privatdozent gerade seine ersten Hypnoseexperimente macht, von Van Helsing in Trance versetzt.

77 »Wo sind Sie?« Es erfolgte eine Antwort auf unbeteiligte Art: »Das weiß ich nicht. Der Schlaf hat keinen Ort, den er sein eigen nennen könnte.«

»Wo sind Sie jetzt?« Träumerisch, aber verständlich kam die Antwort; es war, als wolle sie etwas interpretieren. Sie sprach im selben Ton, wie wenn sie ihre stenographischen Notizen vorlas.

»Ich weiß es nicht. Es ist mir alles fremd.«

»Was sehen Sie?«

»Ich kann nicht sehen; es ist alles dunkel.«

»Was hören Sie?« In des Professors geduldiger Stimme konnte man Anspannung entdecken.

»Das Klatschen von Wasser. Es gurgelt vorbei und macht kleine Wellen. Ich höre sie von außerhalb.«[58]

»Dann sind Sie wohl auf einem Schiff?«

»Ja!«

»Was hören Sie noch?«

»Ich höre Männer stampfend über mir herumrennen. Eine Kette rasselt, das Gangspill dreht sich klirrend.«

»Was tun Sie?«

»Ich liege still. Es ist wie Tod.«

Hypnose entrückt an einen anderen Ort, der der Ort »des Anderen« ist. Als Versuchsperson in Trance und Tod macht Mina Harker den Euphemismus, mit dem Vampyrjäger auf ihren Feind referieren, buchstäblich wahr. Nur im hysterischen Diskurs gibt es ein Unbewußtes.[59] Deshalb spricht Mina Harker von dorther, wo nicht sie, sondern der Graf ist; als sei auch sie im Dunkel eines Sarges,

58 »Nachts auf Reisen Wellen schlagen hören und sich sagen, daß sie das immer tun«, wird es in Benns Gedicht »Was schlimm ist« heißen.

59 Vgl. Lacan, Télévision, S. 26

der Sarg im Dunkel eines Schiffsbauchs, der Schiffsbauch unter der Oberfläche eines Schwarzen Meeres. Im Herzen der Finsternis aber gibt es keine Artikulation. Nicht Namen wie der einer despotischen Zarin, nicht Längengrade in bezug aufs imperiale Zentrum Greenwich kommen über die Lippen eines Mediums – nur optische und akustische Daten, die aber in einer Hypersensibilität, wie sie das zeitgenössische Kriterium von Hypnose ist.[60]

Ozeanisches Gefühl, aber nicht mehr in Lucy Westenras einsamen Träumen, sondern im Rahmen einer Versuchsordnung. Das Unbewußte als Diskurs »des Anderen« hat technologischen Status. Draculas weibliches Sprachrohr spricht im selben Ton wie bei der Wiedergabe stenographischer Notizen. Nur Maschinen
sind eben imstande, das Reale an und jenseits jeder Sprache zu 78
speichern – reines Rauschen, wie es den Grafen in seinem Yellow Submarine umfängt. Mag einst Vlad der Pfähler mit grausam exakten Befehlen geherrscht haben, sein Schatten Dracula, wie er unter technologischen Bedingungen einzig überdauert, ist nur noch das stochastische Rauschen der Nachrichtenkanäle selber. Nicht umsonst entstehen die Vampyre vor Harkers Augen aus Staubkörnern im Mondschein und d. h. Brownschen Molekularbewegungen. Nicht
umsonst nennt Van Helsing »jedes im Winde spielende Staubkörn- 79
chen einen gräßlichen Ungeheuerembryo«.

Herrndiskurse haben im Register des Symbolischen gespielt; der szientifische Diskurs kennt nur das Reale. »Jede Platte arbeitet, wie wir wissen, mit Nebengeräuschen.«[61]

Woraus unmittelbar folgt, daß Mina Harker, diese Doppelagentin zwischen zwei Hypnotiseuren, wenn sie die Geräusche aus einem fernen Schiffsbauch aufnimmt und weitergibt, bloß ein Sensor oder Rundfunksender ist. Drahtlose Datenübertragung funktioniert eben
auch, noch bevor Marconis Erfindung alle Kriegsmarinen dieser 80
Erde elektrifiziert. Eine Hypnose, wie der analytische Diskurs sie hervorrufen kann, erreicht auf physiologischen Wegen, was Ingenieure dann technisch implementieren werden. Und selbstredend 81

60 Vgl. Azam, Hypnotisme et double conscience, S. 79

61 Rudolph Lothar, Die Sprechmaschine. Ein technisch aesthetischer Versuch. In: Das blaue Heft/Freie deutsche Bühne, 5 (1924), S. 49. »Sprechmaschine« war der Gattungsname von Phonographen und Grammophonen (diesen anfangs geschützten Markennamen).

hat sie dieselben höchst praktischen Funktionen. Mina Harker, der telepathische Rundfunksender im Sarg eines unbritischen Despoten, arbeitet genauso geheimdienstlich wie 30 Jahre später die BBC. Britanniens Staatsrundfunk (um die UFA und den Sender Nauen gar nicht erst zu erwähnen) wird eine Gründung entlassener Air Force- und Naval Intelligence-Offiziere gewesen sein, die nach Ende des Ersten Weltkriegs, vorausschauender als mancher Premierminister, schon den Zweiten im Auge hatten.[62]

»Eine Stimme eher als eine Person, eine Stimme, die nur als aus dem Radio kommend zu denken ist, eine Stimme, die nicht ek-sistiert, da sie nichts sagt«[63] – auch sie hat Effekte. Tagelang kommt nur Rauschen, des Meeres oder der Nachrichtenkanäle, dann aber rasseln Ankerketten, Leute brüllen in fremden Sprachen, das Wasser fließt schneller wie über Steine, und bei Nacht heulen die Wölfe – Van Helsing braucht die Funksprüche Minas nur nacheinander aufschreiben und von ihr selber maschinell transkribieren zu lassen, um einen kleinen Wunderblock zu konstruieren. Was sich erst einmal in ein Unbewußtes eingeschrieben hat, liegt fortan und dauerhaft als Typoskript vor. Mina Harker selber schreibt und liest, was sie am Ort des Anderen empfangen hat. Doppelte Einschreibung – in Hysterie *und* Schreibmaschine – ist der historische Trick, den nur ein Einschluß von Frauen ins Wissen vollbringen kann. Den Aktenstoß ihrer eigenen Trancereden und eine Landkarte Transsylvaniens vor Augen schreitet die Stenotypistin zum feldzugsentscheidenden Akt der Spurensicherung. Auch hypnotische und hypnotisierende Wassergeräusche lassen sich auf jener Karte orten: vom Hafen Galatz über den Sereth, die Bistritza bis zum Borgopaß …

Nach dieser brillanten Deduktion weiblicher Geheimagenten ist das faktische Search and Destroy (wie es in Vietnam hieß) nur noch ein Kinderspiel. Drei Engländer, ein Holländer und ein Amerikaner, der selbstredend als Waffenlieferant fungiert, können mit ihren modernen Winchesterbüchsen einen ganzen Zigeunertrupp in Schach halten, während der Unglücklichste und Kränkste von ihnen allen Draculas Sarg aufbricht. Jonathan Harker ist es, und er darf mit

62 Vgl. William Stevenson, A Man Called Intrepid. The Secret War, New York 1977, S. 16f

63 Lacan, Télévision, S. 47 (im Text steht statt »Radio« TV)

seinem Ghurkamesser auch den letzten Handgriff tun. Sekunden vor dem Sonnenuntergang, bevor der Graf also wieder nächtliche Allmacht erlangt, haut Harker ihm die Kehle durch.

Ein letztesmal hat er den bösen Blick und jene Augen gesehen, wie sie »beim Anblick der roten sinkenden Sonne in unheimlichem 82
und sieghaftem Feuer glühten«.

8

Ich widme diese Prosa Lucinda Donelly und Barbara Kotacka, zwei amerikanischen Studentinnen, die einer wahrhaft schwachsinnigen *Dracula*-Interpretin entgegengehalten haben sollen, daß die Tötung des Grafen nach Standards des Romans selber gar nicht effizient ist. Wie die Betroffene erzählt, hätten jene Zwei betont, »daß im letzten Moment ein triumphierender Blick auf Draculas Gesicht tritt und daß sein Herz nur mit einem Jagdmesser, aber nicht mit dem vorgeschriebenen Pfahl durchbohrt wird«. Wenn demnach »die Männer die komplizierten Verrichtungen, die angeblich so nötig beim Umbringen von Frauen waren, bei der Vernichtung Draculas nicht wiederholen«, folgt mit Notwendigkeit, »daß Dracula immer noch durch das Land streift«.

Auch wenn Seminarleiterinnen an Logik »nicht glauben«,[64] gibt es also andere Frauen, deren Lust die Lust des Anderen bleibt. Gerade weil der Romandiskurs ihn umgebracht hat, erfährt »der Andere, den wir nur mit der Lust von Frauen identifizieren dürfen, eine Auferstehung«[65] in anderen Diskursen. Schon Salome glaubte nicht, daß die Ursache ihres Begehrens tot sein könnte. Sie sang eine Lust, die ihre Zeitgenossin Mina Harker, obwohl und weil auch sie fatale Küsse erfahren hatte, mit allem Klappern ihrer Schreibmaschine wieder erstickte.

> Ich habe deinen Mund geküßt, Jochanaan […]. 83
> Es war ein bitterer Geschmack auf deinen Lippen.

---

64 Phyllis A. Roth, Sexualität der Frau in Bram Stokers »Dracula«. In: Psychoanalyse und das Unheimliche. Essays aus der amerikanischen Literaturkritik, hg. Claire Kahane, Bonn 1981, S. 264 (Das Übersetzerdeutsch ist notdürftig korrigiert.)

65 Lacan, Télévision, S. 40

Hat es nach Blut geschmeckt?
Nein! Doch es schmeckte vielleicht nach Liebe …
Sie sagen, daß die Liebe bitter schmecke …
Allein was tut's? Was tut's?
Ich habe deinen Mund geküßt, Jochanaan.
Ich habe ihn geküßt, deinen Mund.

Aber die Salomes oder Lucys sind selten. Was sie versuchten, alle möglichen braven Leute in der Epoche Van Helsings und Stokers, Charcots und Freuds, lief daraus hinaus, jene andere Lust so schnell und d. h. wissenschaftlich wie möglich auf Bettgeschichten zurückzuführen.[66] Kein Wunder also, daß Abraham Stoker den Grafen gleich doppelt tötet: einmal durchs Ghurkamesser seines fiktiven Stellvertreters, zum anderen durch die Fiktionalisierung selber eines historischen Despoten. In der »Notiz« am Romanende verschwindet die »zähe Unvergänglichkeit« von Macht;[67] was zurückbleibt, ist
84 »kaum ein einziges authentisches Dokument; nichts als eine Masse von Blättern voll Maschinenschrift«. Mit anderen Worten: Stokers Roman selber, der ja mit Mina Harkers Archiv identisch ist.

Kein Wunder auch, daß Freud in eben dem Jahr, da der Roman erscheint, seine Verführungshypothese zurücknimmt. Wenn jene andere Lust, die hypnotisierte und später auch analysierte Frauen seinen fast phonographischen Ohren einblasen, der Theorie zufolge nur Bettgeschichten wiedergeben soll, müßte eben »in sämtlichen Fällen der Vater als pervers beschuldigt werden«. Da aber »solche Verbreitung der Perversion gegen Kinder wenig wahrscheinlich ist«, beschließt Freud, an seine »Neurotica nicht mehr zu glauben«.[68] Auch er fiktionalisiert also einen Anderen, den Gerichtsmediziner wie Sexualhygieniker ausgerechnet zur Zeit von Freuds Widerruf und ausgerechnet im Osten Österreich-Ungarns nachweisen können. Ihr statistisches Material über Alkoholiker und Debile, die ihre Töchter reihenweise verführen, ist derart massiv gewesen, daß die Donaumonarchie elternrechtliche Konsequenzen ziehen mußte,

---

66 Vgl. Lacan, Encore, S. 71

67 Rainer Maria Rilke, Die Aufzeichnungen des Malte Laurids Brigge. Sämtliche Werke, hg. Ernst Zinn, Wiesbaden 1955–66, Bd. VI, S. 776

68 Freud, Aus den Anfängen der Psychoanalyse, S. 186f

während ein Privatdozent aus demselben Osten gerade sein neues Konzept Familienroman erfand …

Stoker und sein Roman, Freud und die Romane, die er seinen Patientinnen zuschrieb – Liquidation von Herrndiskursen läuft über Diskurse. Literarisch ermordet, sexualhygienisch entmachtet, psychoanalytisch phantomatisiert, hat der Andere keine Stätte mehr. Den Herrndiskurs über Berserker und Schamanen, Fürsten und Bojaren, wie Harker ihm anfangs noch beiwohnen muß, löst die scharfsinnige Mina unter Berufung auf die Kriminalpsychologen Lombroso und Nordau in bloße Psychopathologie auf. Sie macht aus einem Despoten einen Unterentwickelten. Woraufhin Van Helsing nur applaudieren kann und ganz im Geist seiner österreichischen Kollegen eine systematische Feindschaft zwischen Draculas »Kinderhirn« und einem Abendland statuiert, das über »Mächte der 85
Kombinatorik, Ressourcen der Wissenschaft« und damit auch die demokratischen »Freiheiten von Denken und Handeln« verfügt.

Ein Kolonialistenwahn, dessen Weg von Leichen gesäumt wird. »Trotz aller Projektionen sind es die ›Guten‹ im Roman, die beinahe für alles tatsächlich beschriebene Töten verantwortlich zeichnen«.[69] »Man töte dieses Weib!«, der leidenschaftliche Befehl, mit dem Herodes die Oper *Salome* beschließt, könnte auch von Van Helsing gegenüber Lucy Westenra gesprochen sein. Mit der Folge, daß Lust unter Kolonisatoren keine Stätte hat.

»In der Irrnis unserer Lust gibt es nur den Anderen, der sie situiert, aber nach Maßgabe unserer Trennung von ihm. Woher Phantasmen aufsteigen, die nicht zutage kamen, solange niemand sich einmengte.

Jenen Anderen bei seiner Weise von Lust zu lassen wäre nur möglich, wenn wir ihm nicht die unsere aufzwingen und Unterentwicklung nachsagen würden.«[70]

Draculas unterentwickeltem Kinderhirn räumt der Roman knapp 16 % seiner Seiten ein.[71] Alle übrigen sind eine Apotheose von Freiheit, Kombinatorik und Wissenschaft. Aber weil nur der Andere unsere Lust situiert, sind *Dracula*-Interpretationen die Vergeßlichkeit

69 Roth, Sexualität der Frau, a. a. O., S. 254

70 Lacan, Télévision, S. 53f

71 Vgl. Wolf (Hg.), The Annotated Dracula, S. 350

selber. Psychiatrie und Psychoanalyse, Phonograph und Schreibmaschine überspringt eine unübersehbare Sekundärliteratur, die einmal mehr zur Kolonialisierung Transsylvaniens schreitet. Die Unterdrückung des Subjekts im wissenschaftlichen Diskurs ist also quantifizierbar: sie beträgt 84 %.

Und man braucht die Maschinen, die jenen Diskurs seit 1880 tragen, nur mit der einzigen zu verschalten, die Stokers Roman (obwohl auch sie schon erfunden ist) im Unterschied zu Phonograph und Schreibmaschine, Fernschreiben und Telephon *nicht* erwähnt, damit die Vergeßlichkeit vollkommen wird. Draculas Phantomatisierung läuft über Spielfilme. Der Romanautor Stoker hat einen ephemeren Ruhm längst eingebüßt, um immer neue und imaginäre Auferstehungen seines Titelhelden möglich zu machen. Vielleicht weil der szientifische Diskurs, nach der Einsicht jener zwei Studentinnen, vor lauter technischer Effizienz die symbolische Notwendigkeit von Ritualen übersieht, ist Dracula auf der Leinwand unsterblich geworden. Vielleicht aber auch, weil der Spielfilm, nach der Einsicht seines ersten Theoretikers, sämtliche Befunde der Experimentalpsychologie (über Aufmerksamkeit und Erinnerung, Bewußtseinsstrom und Phantasie) technologisch implementiert.[72]

86 Die Draculafilme, von Murnau über Polanski bis zu Werner Herzog, sind jedenfalls eine experimentalpsychologische Aufmerksamkeitssteuerung, die mit aller Macht – mit Eckzähnen und phallischen Burgruinen, mit Wölfen und halbnacktem Fleisch – vom Surren der Apparatur ablenkt. Was nirgendwo ins Bild kommt, sind Mina Harkers Schreibmaschine und Dr. Sewards Phonograph. So solidarisch mit ihnen ist der Filmprojektor.

Unter technologischen Bedingungen verschwindet die Literatur (nicht anders als Metaphysik laut Heidegger) im Untod ihres endlosen Verendens.

Nur ein einzigesmal hat Stokers Roman zu seiner Textualität zurückgefunden: Im Zweiten Weltkrieg, als die US Army auf ihrem Kreuzzug unter den GIs kostenlose Exemplare austeilte.[73]

---

72 Vgl. Hugo Münsterberg, The Photoplay: A Psychological Study, New York 1916

73 Vgl. James B. Twitchell, The Living Dead. A Study of the Vampire in Romantic Literature, Durham, N. C. 1981, S. 139

»Und vielleicht ist es das, was heutzutage die Wut einiger Linguisten auf Lacan und nicht weniger den Enthusiasmus seiner Schüler beseelt: die Kraft und die Ernsthaftigkeit, mit der Lacan den Signifikanten auf seine Quelle, seinen wahren Ursprung, die despotische Epoche zurückführt und eine Höllenmaschine montiert, die den Wunsch an das Gesetz schmiedet«.[74] Jedenfalls hinterließ der tote Despot ein Vermächtnis, »das Sie gegenwärtig gar nicht in seiner vollen Tragweite erfassen können«:

Daß Sie fortan Subjekte von Gadgets und Instrumenten maschineller Diskursverarbeitung sind.

Ich schalte das Surren der Büroschreibmaschine ab, hebe die Augen und sehe im Nebel über der Bucht die Golden Gate Bridge, unsere hyperreale Zukunft.

Berkeley, 22. März 1982 87

---

74 Deleuze/Guattari, Anti-Ödipus. Kapitalismus und Schizophrenie I, Frankfurt/M. 1974, S. 268

Apparat

zu I.B.4.5

Editorischer Kommentar und Bericht

Der Aufsatz »Draculas Vermächtnis« erschien erstmals in: Dieter Hombach (Hrsg.), *ZETA 02. Mit Lacan*, Berlin: Rotation 1982, S. 103–136, nachgedruckt in: Friedrich Kittler, *Draculas Vermächtnis. Technische Schriften*, Leipzig: Reclam 1993, S. 11–57.

Folgende Übersetzungen sind erschienen: ins Englische von William Stephen Davis als »Dracula's Legacy«, in: *Stanford Humanities Review* 1 (1989), H. 1, S. 143–173; nachgedruckt in: Friedrich A. Kittler, *Literature, Media, Information Systems: Essays*, herausgegeben und eingeleitet von John Johnson, Amsterdam: OPA 1997, S. 50–84 (Neuauflage: London: Routledge 2013); ins Japanische von Katsumi Hara et al. als »ドラキュラの遺言 (Dorakyura no yuigon)«, in: ドラキュラの遺言: ソフトウェアなど存在しない (*Dorakyura no yuigon*: *Sofutōea nado sonzaishinai*), Tokyo: 産業図書 (Sangyō Tosho) 1998, S. 3–69; ins Russische von Osanna Nadzschafowa als »Из Завещания Дракулы (Iz zavesh'aniya Drakuly)«, in: Viktor Mazin, Joulia Strauss und Alexander Wahrlich (Hrsg.), *Кабинет П Человек – Машина / Kabinet П Mensch – Maschine*, Sankt Petersburg: Скифия / Skythien 2003, S. 286–318; ins Schwedische von Tommy Andersson als »Arvet efter Dracula«, in: Friedrich Kittler, *Maskinskrifter. Essäer om medier och litteratur*, herausgegeben von Otto Fischer und Thomas Götselius, Grábo: Anthropos 2003, S. 167–204; ins Griechische von Dionysis Kavvathas und Haris Raptis als »*Το κληροδότημα του Δράκουλα*«, in: *αληtheια. Περιοδικό Ψυχανάλυσης, Φιλοσοφίας και Τέχνης, τεύχος* (2010), H. 4/5, S. 125–171; ins Französische von Bénédicte Vilgrain als »Le Testament de Dracula«, in: Friedrich A. Kittler, *1900 Mode d'emploi*, Courbevoie: Théâtre Typographique 2010, S. 9–51.

Im Deutschen Literaturarchiv Marbach, Bestand *A:Kittler, Friedrich A.*, sind ein 47-seitiges Typoskript »DRACULAS VERMÄCHTNIS« mit handschriftlichen Ergänzungen und Korrekturen in Kasten 56, Mappe 1 und ein weiteres, 60-seitiges Typoskript »Dracula's Legacy« mit handschriftlichen Ergänzungen und Korrekturen in Kasten 1, Mappe 4 vorhanden. In der Gelehrtenbibliothek befinden sich zwei Handexemplare Kittlers: ein Exemplar des Erstdrucks und ein Exemplar der 1993 veröffentlichten *Technischen Schriften*, beide Fassungen des Textes »Draculas Vermächtnis« darin sind mit handschriftlichen Anmerkungen und Korrekturen versehen.

Kittlers Werkliste führt »Draculas Vermächtnis« unter der Nummer 41 mit der Schreibzeit Februar bis März 1982 und dem Publikationsdatum Juli 1982.

Ediert wurde der Erstdruck. Zwar kann der überarbeitete Nachdruck in den *Technischen Schriften* von 1993 als die einschlägige, fast allen Übersetzungen zugrunde liegende Fassung gelten, sie weist aber eine Reihe von Textauslassungen auf, die nicht argumentativ motiviert sein können, vielmehr auf Kopierfehler zurückgehen. Zudem enthält die Fassung von 1993 Aktualisierungen, die die Datierung am Textende, »Berkeley, 22. März 1982«, anachronistisch werden lassen. Schließlich fehlt im Nachdruck die Abbildung, auf der Kittler im Erstdruck bestanden hatte.[1] Wir haben uns daher entschlossen, inhaltliche Erweiterungen der Fassung von 1993 im Stellenkommentar nachzureichen. Druckfehler wurden stillschweigend korrigiert. Die Kursivsetzung der Zitate im Erstdruck wurde aufgehoben, die dortigen Anmerkungszeichen (Ziffern in Klammern) in eine hochgestellte Fußnotenzählung überführt. Die Nummerierung der einzelnen Textabschnitte folgt der Form des Typoskripts (mittige Platzierung arabischer Ziffern). Sachliche Fehler im Erstdruck wurden nach der Fassung von 1993 und dem dazugehörigen Handexemplar, das sich in der Gelehrtenbibliothek im Deutschen Literaturarchiv Marbach befindet, korrigiert. Diese Korrekturen sind im Stellenkommentar ausgewiesen, ebenso die Fehlstellen von 1993. In Erst- und Nachdruck fehlen die Seitenangaben aus Stokers *Dracula*. Wir haben die Nachweise nach der von Kittler angegebenen deutschen Übersetzung im Stellenkommentar nachgeliefert – auch

1 Vgl. den Brief von Friedrich A. Kittler an Dieter Hombach vom 19. März 1982 (Kasten 26, Mappe 2): »Und versuchen Sie bitte auf irgendeine Weise, die kleine Illustration ins Buch zu übernehmen. Ich kann zwar nur eine Xerokopie […] einkleben, aber sie scheint mir reproduzierbar. Wenn nicht, erbitte ich Nachricht, um irgendetwas mit dem Londoner Verlag zu arrangieren.« Die Abbildung ist entnommen aus: Victor Kenneth Chew, *Talking Machines 1877–1914. Some Aspects of the Early History of the Gramophone*, London: Her Majesty's Stationery Office 1967, S. 27.

dort, wo Kittler selbst aus dem Englischen übersetzt. Die Zitate und Nachweise wurden überprüft und gegebenenfalls behutsam korrigiert. Dabei wurde nicht in den Satzbau Kittlers eingegriffen, dem er in der Regel die zitierten Stellen grammatisch anpasste. Nur größere Abweichungen von Ausgangszitaten sind im Stellenkommentar dokumentiert. Die Zitate von Jacques Lacan wurden sämtlich von Kittler aus dem Französischen übertragen. Sie weichen zum Teil erheblich von den heute publizierten Übersetzungen ab.

Stellenkommentar

1 Something is going out [...] howling of wolves.] Zitat aus Bram Stoker, *Dracula* [1897], herausgegeben etwa von Maurice Hindle, London: Penguin 2003, dort S. 366. In Abweichung vom Wortlaut bei Stoker korrigiert Kittler im Handexemplar der Fassung von 1993 mit Bleistift »Somebody« und versieht »wolves« mit einem Fragezeichen. Zu Kittlers Beschäftigung mit Stokers *Dracula*-Roman vgl. auch seine schriftlichen Vorbereitungen zum Proseminar »Über technische Voraussetzungen der Literatur um 1900« (Wintersemester 1981/1982, Albert-Ludwigs-Universität Freiburg im Breisgau) (»WS 81. 6«, 4 Seiten Typoskript mit handschriftlichen Anmerkungen und Korrekturen und »WS 81. 7«, Typoskript mit handschriftlichen Anmerkungen und Korrekturen, beide Kasten 132, Mappe 7) sowie die Unterlagen für das Hauptseminar »Literatur und Technik um 1900« (Herbst 1982, Stanford University) (Kasten 25, Mappe 2). Vgl. *Werkausgabe*, Abteilung II.C.

2 Koan] Japanisch 公案, exemplarische Anekdote oder Ausspruch eines Zen-Meisters.

3 stumme Topologie seiner Bindfäden] Anspielung auf die Theoriefigur des Borromäischen Knotens, mit dem Lacan den Zusammenhang der drei Dimensionen des Unbewußten – das Imaginäre, das Symbolische und das Reale – in ein Bild bringt. Vgl. Jacques Lacan, *Le séminare, livre XXIII. Le sinthome*, texte établi par Jacques-Alain Miller, Paris: Seuil 2005, passim. Das *Seminar XXIII* ist erstmals 1976 und 1977 in der Zeitschrift *Ornicar? Bulletin périodique du Champ freudien* verteilt über die Hefte 6 bis 11 erschienen.

4 ins Reale] Im Nachdruck von 1993 ersetzt durch: »ins Reelle«. Vgl. Komm. 10 zu »Der Gott der Ohren« (I.B.4.2), S. 44 f. sowie zu ähnlichen Fällen S. 27, 37, 306 und 310.

5 Speech has become, as it were, immortal.] Das Zitat stammt aus einem Artikel über Edisons Phonographen: »A Wonderful Invention – Speech Capable of Indefinite Repetition from Automatic Records«, in: *Scientific American* (17. November 1877), S. 304.

6 Ohrenpaar] Im Erstdruck heißt es: »Lippenpaar«. Die Korrektur erfolgte hier nach der Fassung von 1993.

7 laut Leporello] In der Fassung von 1993 ergänzt zu: »laut Leporello in Spanien«.

8 nach Lacans schönem Wortspiel] Anspielung auf Jacques Lacan, »La chose freudienne ou Sens du retour à Freud en psychanalyse« [1956], in: ders., *Écrits I*, Paris: Seuil 1966, S. 206–248.

9 Was meine Nase ihnen verdankt, als sie in Stokers Roman geriet, wissen Jann Matlock und Friedhelm Rong.] Kittler bedankt sich hier bei zwei seiner Studierenden für die *Dracula*-Lektüre. Friedhelm Hans Rong besuchte das Proseminar »Über technische Voraussetzungen der Literatur um 1900« (Wintersemester 1981/1982, Universität Freiburg) und war an der Gestaltung der *Dracula*-Sitzungen beteiligt (vgl.»WS 81. 6«, 4 Seiten Typoskript mit handschriftlichen Ergänzungen und Korrekturen (Kasten 132, Mappe 7), hier S. »WS 81. 6.1«). Jann Matlock war Graduate Student an der University of California, Berkeley, wo Kittler im Winter 1981/1982 die Hauptseminare »19th Century Narratives and Psychoanalysis« und »Discourse Analysis« abgehalten hat.

10 einen Diskurs, der nicht aufhört, sich einzuschreiben] Wortspiel Lacans mit »ne cesse pas de s'écrire« und »nécessaire« (Jacques Lacan, *Le séminaire, livre XX. Encore*, texte établi par Jacques-Alain Miller, Paris: Seuil 1975, S. 86 f. und 132).

11 Seine Bücher, mögen sie [...] technischer Reproduzierbarkeit.] Im Nachdruck von 1993: »Seine Bücher, mögen sie *Schriften* oder *Seminare*, *Télévision* oder *Radiophonie* heißen, allesamt sind sie Drucksachen im Zeitalter ihrer technischen Reprodu-

zierbarkeit.« Das Handexemplar des Nachdrucks weist an dieser Stelle die Bleistiftkorrektur »Produzierbarkeit« auf.

12 also Gegenkopplung] In der Fassung von 1993 ergänzt zu: »(oder negative Rückkopplung)«.

13 Encore, Da capo, Play it again ...] Die Zeile fehlt in der Fassung von 1993.

14 »Wir bringen ihnen die Pest und sie wissen es nicht«] Eine oft zitierte, aber von Lacan frei erfundene Anekdote, vgl. Lacan, »La chose freudienne ou Sens du retour à Freud en psychanalyse« (Komm. 8), hier S. 211. Dass sie erfunden ist, zeigt Elisabeth Roudinesco, *Jacques Lacan. Esquisse d'une vie, histoire d'un système de pensée*, Paris: Fayard 1993, S. 349 f.

15 »Das also war das Wesen [...] schaffen würde«] Bram Stoker, *Dracula. Ein Vampirroman*, München: dtv 1969 (2. Auflage), S. 59 (nach der von Kittler benutzten, in den Seitenangaben übereinstimmenden Ausgabe *Dracula. Ein Vampirroman,* aus dem Englischen übersetzt von Stasi Kull, München: Hanser 1967).

16 Nur der analytische Diskurs mit Lacan [...] davor bewahrt] In der Fassung von 1993 verändert zu: »Nur der analytische Diskurs über Lacan blieb«. Vgl. den Buchtitel »ZETA 02. Mit Lacan«.

17 »Zentrum eines Wirbels«] Stoker, *Dracula* (Komm. 15), S. 6.

18 der Name Mahdi [...] vorrückten.] Anspielung auf den historischen Sturm auf Khartoum durch die Kämpfer des Mahdi-Aufstands, dem die englischen Evakuierungstruppen unter Charles George Gordon 1885 nach zehnmonatiger Belagerung unterlagen. Gordon wurde bei der Erstürmung getötet.

19 als sei das Ziel schon die Heimkehr [...] des Grafen.] In der Fassung von 1993 abgeändert und ergänzt: »als sei das Ziel schon die Heimkehr, das vorzügliche Englisch des Grafen, der selbstredend auch sein eigener Kutscher war«.

20 Zur Gleichsetzung des Territorialfürsten mit dem Vampyr] In der Fassung von 1993 aufgelöst in: »Zur Gleichsetzung des Despoten mit dem Aberglauben, des Territorialfürsten mit dem Vampyr [...]«.

21 okkupieren wollen, machte er selber [...] Signifikantenspiel mit Vampyr.] In der Fassung von 1993 ergänzt zu: »okkupieren wollen, verletzte er die ihm wohlbekannten Gesetze des Finno-Ugrischen: Aus ›Bamberger‹, dem Nachnamen seines aus

Deutschland eingewanderten jüdischen Großvaters, wurde ›Vambéry‹ [sic], dieses Signifikantenspiel mit Vampyr«.

22 Choleraepidemie von 1831] Im Erstdruck und Nachdruck steht das Jahr 1832, die Jahresangabe wurde hier nach einer handschriftlichen Korrektur im Handexemplar des Nachdrucks von 1993 verbessert.

23 ein paar preußischen Staatsdenkern] Zwei Opfer der Cholera-Epidemie (1830–1832), die in Preußen 40.000 Tote forderte, waren der Philosoph Georg Wilhelm Friedrich Hegel und der Heeresreformer August Wilhelm Anton Neidhardt von Gneisenau.

24 moderne Techniken [...] Derwischgewand einnähte] In der Fassung von 1993 abgewandelt zu: »modernere Techniken [...]. Wie Vambéry, der seine asiatischen Reisenotizen erstens ungarisch verfaßte und zweitens im erschlichenen Derwischgewand einnähte«.

25 »Wir leben also [...] nicht töten kann«] Stoker, *Dracula* (Komm. 15), S. 42 f.

26 Diskurs] In der Fassung von 1993: »Monolog«.

27 »Herrn und Meister«] Stoker, *Dracula* (Komm. 15), S. 38. Kittlers Übersetzung weicht an dieser Stelle ab.

28 Conrads Novelle, Coppolas Film] Joseph Conrads *Heart of Darkness* (1899) diente 1979 zur Vorlage von Francis Ford Coppolas Vietnamkriegs-Film *Apocalypse Now*. Im Nachdruck von 1993 musste »Coppolas Novellenverfilmung« präzisiert werden, nachdem Coppolas Film *Bram Stoker's Dracula* als Kinohit 1992 für Furore gesorgt hatte.

29 seinem Hirn] In der Fassung von 1993: »seinem kranken Hirn«.

30 »wie die Journalistinnen machen«] Stoker, *Dracula* (Komm. 15), S. 62.

31 Während ihr Bräutigam [...] Wahnsinn zu tun] Vgl. Kittlers Seminarvorbereitung »SS 82. 3«, 3 Seiten Typoskript mit handschriftlichen Ergänzungen und Korrekturen (Kasten 132, Mappe 7) aus dem Proseminar »Phantastische Literatur« (Sommersemester 1982, Universität Freiburg): »Schreiben als versuchsweise Rettung vor Wahnsinn wie bei Stokers Jonathan Harker« (ebenda, hier S. »SS 82. 3.3«).

32 So Richard Wasson [...] S. 25.] Bei Wasson ist hier nur indirekt von »invasion« die Rede (Richard Wasson, »The Politics of Dracula«, in: *English Literature in Translation* 9 (1966), H. 1, S. 24–27, hier S. 25). Es gibt auch sonst keine Anspielung auf den Zweiten Weltkrieg. Das Unternehmen Seelöwe war der Plan einer Invasion der deutschen Wehrmacht in Großbritannien.

33 1874 brachte die Gewehrfabrik Remington] Im Erstdruck: »1871 brachte die Maschinengewehrfabrik Remington«. Korrigiert nach dem Nachdruck von 1993. Dort weiter ergänzt: »die seit dem Ende des amerikanischen Bürgerkriegs ja an Überkapazitäten litt«.

34 die Frauen zu entdecken] In der Fassung von 1993: »die Frauenarbeitslosigkeit zu entdecken«.

35 »modernen Frauen«] Stoker, *Dracula* (Komm. 15), S. 102 f.

36 »Wenn ich genügend [...] Schreibmaschine abzuschreiben.«] Ebenda, S. 62.

37 »schlafend oder wachend [...] geschrieben«] Ebenda, S. 102.

38 »All the news that's fit to print.«] Slogan der *New York Times*, 1897 geprägt von ihrem ersten Besitzer, Adolph S. Ochs (1858–1935).

39 statt einer Liebenden eine Kranke vorfindet] In der Fassung von 1993: »statt einer Liebenden eine Patientin vorfindet«.

40 datentechnische Neuerungen] In der Fassung von 1993: »medientechnische Neuerungen«.

41 $C_2HCl_3O.H_20$] Gemeint ist Chloralhydrat, das erste synthetisch hergestellte Schlafmittel, 1832 entdeckt von Justus Liebig, bekannt unter der Formel $C_2H_3Cl_3O_2$. Kittler bezieht sich auf eine Stelle in Stokers *Dracula* (Komm. 1), S. 112, in der Chloralhydrat mit Wasser versetzt wird. Dort schreibt Dr. Seward in sein Journal: »If I don't sleep at once, chloral, the modern Morpheus– $C_2HCl_3O.H_2O$! I should be careful not to let it grow into a habit. No I shall take none tonight! I have thought of Lucy, and I shall not dishonour her by mixing the two.«

42 »ein niedliches [...] Kätzchen«] Stoker, *Dracula* (Komm. 15), S. 80. Kittlers Übersetzung weicht an dieser Stelle ab.

43 »Blut ist Leben«] Ebenda, S. 162.

44 »warum soll man [...] wie nichts wären.«] Ebenda, S. 81. Kittlers Übersetzung weicht an dieser Stelle ab.

45 Burdon-Sandersons Physiologie oder [...] dagegen wie nichts wären«] In der Fassung von 1993 verkürzt zu: »daß Burgen wie nichts wären«. Vermutlich handelt es sich hier um einen Abschreibfehler.

46 Ob bei Harker [...] lokalisiert werden] In der Fassung von 1993: »Ob bei Harker, bei Renfield oder schließlich bei Schrebers Leipziger Prof. Flechsig – seit den Aphasiestudien Paul Brocas muß jeder Wahnsinn im Hirn lokalisiert werden«.

47 Eine »unbewußte Zerebration« [...] wenigstens abgreifbar werden.] Der Satz fehlt im Nachdruck von 1993.

48 unter Anstaltsbedingungen noch einmal [...] spielt] In der Fassung von 1993 heißt es: »unter Londoner Anstaltsbedingungen noch einmal Vlad Tsepeš unter Budapester Kerkerbedingungen spielt«.

49 »die fortgesetzte Evolution der Gehirnmasse«] Stoker, *Dracula* (Komm. 15), S. 278.

50 um seiner Kranken zu glauben.] Anspielung auf Freuds Satz »Ich glaube an meine Neurotica nicht mehr« in einem Brief an Wilhelm Fließ vom 21. September 1897 in: Sigmund Freud, *Briefe an Wilhelm Fließ 1887–1904. Ungekürzte Ausgabe*, herausgegeben von Jeffrey Moussaieff Masson, Bearbeitung der deutschen Fassung von Michael Schröter, Transkription von Gerhard Fichtner, Frankfurt am Main: Fischer 1986, Nr. 139, S. 283–286, hier S. 283. Vgl. dazu in Kittlers Text S. 132 und Anm. 68.

51 »den Gedanken des großen Charcot zu folgen«] Stoker, *Dracula* (Komm. 15), S. 218.

52 »regelrecht hysterische Anfälle«] Ebenda, S. 198 f. Kittlers Übersetzung weicht an dieser Stelle ab.

53 Aphasie-Aufsatz] Vgl. Sigmund Freud, *Zur Auffassung der Aphasien. Eine kritische Studie*, Leipzig und Wien: Deuticke 1891.

54 Wie Freud, der beim Speichern [...] Ohren rühmt] Korrekt lautet die angegebene Stelle bei Freud: »Die Krankengeschichte selbst habe ich erst nach Abschluß der Kur aus meinem Gedächtnisse niedergeschrieben, so lange meine Erinnerung noch frisch und durch das Interesse an der Publikation gehoben war. Die Niederschrift ist demnach nicht absolut – phonographisch – getreu, aber sie darf auf einen hohen Grad von Verläßlichkeit

Anspruch machen.« (Sigmund Freud, »Bruchstück einer Hysterie-Analyse«, in: *Gesammelte Werke. Chronologisch geordnet*, unter Mitwirkung von Marie Bonaparte herausgegeben von Anna Freud et al., Band 5: *Werke aus den Jahren 1904–1905*, London: Imago 1942, S. 161–286, hier S. 166 f.)

55 nach Ginzburgs schönem Wort] Carlo Ginzburgs Aufsatz »Spurensicherung. Der Jäger entziffert die Fährte, Sherlock Holmes nimmt die Lupe, Freud liest Morelli – die Wissenschaft auf der Suche nach sich selbst« ist 1980 erstmals in deutscher Sprache in: *Freibeuter* (1980), H. 3, S. 7–17 und H. 4, S. 11–36 erschienen. Der italienische Erstdruck war 1979 veröffentlicht worden.

56 Dr. Azam und seiner Félida] Eugène Azam, französischer Chirurg und Psychiater, dessen Studie zu seiner Patientin »Félida X« zur ersten Fallbeschreibung einer multiplen Persönlichkeitsstörung wurde. Vgl. Dr. Azam, *Hypnotisme, double conscience et altérations de la personnalité*, mit einem Vorwort von Jean-Martin Charcot, Paris: Baillière et Fils 1887.

57 »Nachahmung«] Stoker, *Dracula* (Komm. 15), S. 208.

58 »modernen Frauen«] Ebenda, S. 102 f. Mina beschreibt die »modernen Frauen«, die »sich nicht mehr damit begnügen, eine Bewerbung anzunehmen, sondern sie werden selbst werben wollen.«

59 diskurstechnischen Bedingungen] In der Fassung von 1993: »medientechnischen Bedingungen«.

60 drittens absolut sicher zu speichern. Viertens [...] Geheimdienste.] In der Fassung von 1993 wurde leicht umformuliert und ein weiterer Satz eingefügt: »drittens absolut sicher zu lagern. Auf dem Dreischritt von Adressierung, Verarbeitung und Speicherung beruhen Mediensysteme als solche«.

61 (nach Vambérys Einsicht)] In der Fassung von 1993: »(nach Vambérys [sic] Einsicht gegenüber Lord Palmerston)«.

62 »In der Sache Dracula« [...] »sind Daten alles.«] Stoker, *Dracula* (Komm. 15), S. 255. Der Satz fehlt im Nachdruck von 1993.

63 »auf Indianerehre [...] wieder herauszufinden.«] Ebenda, S. 251. Kittlers Übersetzung weicht an dieser Stelle ab.

64 »Unverfälscht« [...] Herzens«.] Ebenda, S. 253. Kittlers Übersetzung weicht an dieser Stelle ab.

65 Villiers' *L'Ève future*] Auguste Villiers de l'Isle Adam, *L'Ève future* (1886), symbolistischer Science Fiction Roman, in dem ein fiktionalisierter Thomas Edison der zentrale Protagonist ist. Der Roman war Thema in Kittlers Proseminar »Über technische Voraussetzungen der Literatur um 1900« (Wintersemester 1981/1982, Universität Freiburg) (Kasten 132, Mappe 7). Vgl. auch »›Ich bin nur Flamme, Durst und Schrei und Brand‹. Schreien auf Bühnen, Platten und Papieren« (I.B.4.9), S. 245.

66 Eine nachgerade phonographische Treue [...] hyperkorrekte Draculas.] Der Satz fehlt im Nachdruck von 1993.

67 »drei Durchschläge«] Stoker, *Dracula* (Komm. 15), S. 255.

68 »Geheimschrift ein Mißbrauch [...] war.«] Ebenda, S. 49. Kittlers Übersetzung weicht an dieser Stelle ab.

69 »Kinderhirn«] Ebenda, S. 344. Kittlers Übersetzung weicht an dieser Stelle ab.

70 »facht das schmelzende [...] weiter an.«] Ebenda, S. 324. Kittlers Übersetzung weicht an dieser Stelle ab.

71 »Gottlob« [...] Kopie im Geldschrank.«] Ebenda.

72 Choleraepidemie von 1831] In Erst- und Nachdruck: »1832«, nach einer handschriftlichen Korrektur im Handexemplar des Nachdrucks von 1993 verbessert.

73 eine fatale Fehlentscheidung.] In der Fassung von 1993: »ein strategischer Fehler ohnegleichen«.

74 »die ganze motorische Zone« und [...] mehr »in Mitleidenschaft ziehen«] Stoker, *Dracula* (Komm. 15), S. 314.

75 »Zarin Katharina«] Ebenda, S. 359. Eigentlich: »Czarina Catharina«.

76 »beschließt, Mina wieder [...] zu ziehen«] Ebenda, S. 396.

77 »Wo sind Sie?« [...] Es ist wie Tod.«] Ebenda, S. 354 f.

78 das Reale] In der Fassung von 1993: »das Reelle«. Vgl. auch Komm. 4.

79 »jedes im Winde [...] Ungeheuerembryo«] Stoker, *Dracula* (Komm. 15), S. 402.

80 Marconis Erfindung] Gemeint ist Marconis Patent einer drahtlosen Nachrichtenübertragung, »Improvements in Transmitting Electrical Impulses and Signals, and in Apparatus therefor«, angemeldet am 02. Juni 1896, erteilt 02. Juli 1897.

81 technisch implementieren werden] In der Fassung von 1993: »elektrotechnisch implementieren werden«.

82 »beim Anblick der roten […] glühten.«] Stoker, *Dracula* (Komm. 15), S. 426 f.

83 Ich habe deinen Mund geküßt […] deinen Mund.] Richard Strauss, *Salomé. Drama in einem Aufzug*, nach Oskar Wildes gleichnamiger Dichtung, in deutscher Übersetzung von Hedwig Lachmann, Berlin: Fürstner 1905, S. 47. Das Zitat ist im Original in Prosa, die hier abgebildete Darstellung in Versform orientiert sich an Erstdruck und Typoskript.

84 »kaum ein einziges […] voll Maschinenschrift.«] Stoker, *Dracula* (Komm. 15), S. 429.

85 »Mächte der Kombinatorik […] Denken und Handeln«] Ebenda, S. 271. Kittlers Übersetzung weicht an dieser Stelle ab.

86 Die Draculafilme, von Murnau über […] Aufmerksamkeitssteuerung] In der Fassung von 1993: »Jedenfalls waren Draculafilme, solange Coppolas medientechnischer Scharfblick die verstaubtesten Geräte noch nicht wiedererkannt hatte, von Murnau über Polanski bis zu Werner Herzog nur eine experimentalpsychologische Aufmerksamkeitssteuerung«.

87 Berkeley, 22. März 1982] Datierung auf Goethes Todestag, der sich 1982 zum 150. Mal jährte. Vgl. Kittlers Begleitschreiben an Dieter Hombach: »Es ist zwar erst der 19. März; aber bitte lassen Sie es bei der Datierung auf Goethes – so entsetzlich gefeierten – Todestag. Das paßt dann zum endlosen Verxxdxng [sic] der Literatur (im Text).« (Brief von Friedrich A. Kittler an Dieter Hombach vom 19. März 1982 (Kasten 26, Mappe 2).) Das unleserliche Wort könnte »Verendung« oder »Versndung« sein, Kittler hat hier mit der Schreibmaschine korrigiert.

Dokumentarisches Nachwort

Nach Jacques Lacans Tod im September 1981 versammelte Dieter Hombach eine Reihe von Aufsätzen in der von ihm herausgegebenen Reihe *ZETA*. Unter dem Titel *Mit Lacan* erschienen dort 1982 theoretische Ehrungen in fünf Kapiteln, Kittlers Aufsatz im Kapitel »Die Liebe« neben Beiträgen von Norbert Bolz, Thanos Lipowatz und Jens Schreiber. Laut einem Autorenverzeichnis vom Oktober

1981 lief Kittlers Beitrag zunächst unter dem Arbeitstitel »Binsenwahrheiten von morgen«.[2] Die Titeländerung erfolgte spätestens in Berkeley, wo Kittler den Winter als Gastprofessor verbrachte. Im Februar 1982 erkundigte er sich bei Hombach nach einer genauen Abgabefrist und berichtete aus Kalifornien:

> Inzwischen bin ich an Lacan alias Dracula und komme voran, weil mir ausnahmsweise von vornherein ziemlich klar ist, was ich schreiben will. Von mir aus sieht es also so aus, als ginge mein Manuskript in vierzehn Tagen an Sie. (Mit Expreßpost also ungefähr 18 Tage.) Wenn das für ROTATION Rotationsprobleme schaffen sollte, brauche ich eine Nachricht, um wirklich private Schreibrekorde aufzustellen. Am besten, Sie rufen wieder einmal an. [...] Auf Ihren möglichen Anruf hin würde ich also zum [sic] einsiedlerhaften Schnellschreibmaschine.[3]

Einen knappen Monat später ging Kittlers »Spielerei zwischen Dracula und Lacan« »in letzter Minute« an Hombach.[4] In seinem Begleitschreiben berichtete Kittler, dass er sich »in eine Art écriture automatique [habe] stürzen müssen«, und bat darum, die Datierung auf Goethes Todestag zu belassen, die das Ende des Textes markiert, und die Illustration ins Buch zu übernehmen.[5] Den fertiggestellten Band verschickte Hombach im Juli 1982 an Kittler.[6]

Durch Vermittlung Samuel Webers folgten zwei Anläufe, Kittlers *Dracula*-Aufsatz ins Englische zu übersetzen.[7] Als erster Interessent

---

2 Brief von Dieter Hombach an Friedrich A. Kittler vom 26. Oktober 1981 (Kasten 26, Mappe 2).

3 Brief von Friedrich A. Kittler an Dieter Hombach vom 23. Februar 1982 (Kasten 26, Mappe 2).

4 Brief von Friedrich A. Kittler an Dieter Hombach vom 19. März 1982 (Kasten 26, Mappe 2). Die in der Werkliste angeführte Schreibzeit stimmt mit den Angaben dieser Korrespondenz überein.

5 Brief von Friedrich A. Kittler an Dieter Hombach vom 19. März 1982 (Kasten 26, Mappe 2).

6 Vgl. den Brief von Dieter Hombach an Friedrich A. Kittler vom 07. Juli 1982 (Kasten 26, Mappe 2). Die Werkliste verzeichnet dasselbe Erscheinungsdatum.

7 Vgl. den Brief von Friedrich A. Kittler an Samuel Weber vom 23. März 1982 (Kasten 24, Mappe 3) sowie den Brief von Friedrich A. Kittler an Jochen Schulte-Sasse vom 24. Februar 1986 (Kasten 9, Mappe 3).

war Terry Cochran 1985 an Kittler herangetreten,[8] dem Kittler sein Typoskript gerne zur Verfügung stellte:

> Was man auf englisch damit anstellen könnte, sei Ihnen und Ihrem möglichen Interesse überlassen. Womöglich wäre der Text auch ohne das – damals durch den Sammelband diktierte – Vor- und Nachspiel über Lacan brauchbar, also nur als Bram-Stoker-Analyse.[9]

Die Idee wurde offenbar nicht weiterverfolgt. Ein weiteres Übersetzungsprojekt von 1986/1987 für die Zeitschrift *OCTOBER* kam ebenfalls nicht zustande.[10] In einem undatierten Brief, sehr wahrscheinlich aus dem Jahr 1987, lud Helmut Müller-Sievers Kittler ein, zu der in Planung befindlichen neuen Zeitschrift *Stanford Humanities Review* beizutragen: »Ich denke entweder an einen schon publizierten Text (etwa Brain Damage oder Autorschaft und Liebe), den ich dann übersetze, oder gar an etwas Neueres.«[11] Im Januar 1988 meldete sich Kittler zurück mit dem Wunsch,

> Eulen zurück ins Englischsprachige zu tragen. Also wäre ›Brain Damage‹ oder ›Draculas Vermächtnis‹ (über Bram Stoker) oder auch ›Die Kunst, mit Vögeln zu jagen‹ (über Dashiell Hammett) meine Präferenz.[12]

---

8 Vgl. den Brief von Terry Cochran an Friedrich A. Kittler vom 21. Oktober 1985 (Kasten 9, Mappe 1).

9 Brief von Friedrich A. Kittler an Terry Cochran o. D. (Kasten 9, Mappe 1).

10 1986 hatte sich auch Joan Copjec als Mitherausgeberin der Zeitschrift *OCTOBER* auf Webers Empfehlung hin bei Kittler gemeldet und um eine Kopie seines deutschen *Dracula*-Aufsatzes sowie weitere englische Texte gebeten (vgl. den Brief von Joan Copjec an Friedrich A. Kittler vom 08. August 1986 (Kasten 23, Mappe 3)). Da sie nicht genug Deutsch konnte, um den Text zu beurteilen, reichte Copjec Kittlers *Dracula*-Text zur Begutachtung weiter, erhielt aber keine zeitnahe Rückmeldung. So kam auch dieses Übersetzungsprojekt nicht zustande (vgl. den Brief von Joan Copjec an Friedrich A. Kittler vom 20. Oktober 1986 (Kasten 23, Mappe 3) sowie den Brief von Joan Copjec an Friedrich A. Kittler vom 21. Januar 1987 (Kasten 23, Mappe 3)). Stattdessen wurde 1987 ein Auszug aus der 1986 erschienenen Monographie *Grammophon Film Typewriter* in *OCTOBER* veröffentlicht, vgl. Friedrich Kittler, »Gramophone, Film, Typewriter«, aus dem Deutschen übersetzt von Dorothea von Mücke mit Hilfe von Philippe L. Similon, in: *OCTOBER* (1987), H. 41, S. 101–118.

11 Brief von Helmut Müller-Sievers an Friedrich A. Kittler o. D. (Kasten 25, Mappe 3).

12 Brief von Friedrich A. Kittler an Helmut Müller-Sievers vom 04. Januar 1988

Im März 1989 bedankte sich Kittler bei William Stephen Davis für »the very good job you did on my rather anarchic German« und schickte einige Erläuterungen und Empfehlungen zu den Übersetzungen lacanianischer Termini aus dem Französischen mit:

> As regards Lacan's translations into English and German, the situation is not so good. I had to make up personal translations and more or less free versions; you have the problem with jouissance and lust or pleasure (which you may handle as you like). In contrast, I would propose to translate ›le réel‹ by ›the Real‹ (since its meaning differs totally from ›reality‹) and ›le symbolique‹ by ›the Symbolic‹. In problematic cases, you could also consult eventually existing English translations.[13]

Die englische Übersetzung erschien im ersten Heft der *Stanford Humanities Review* im Frühling 1989 und war Grundlage für den Nachdruck von 1997 in dem Aufsatzband *Literature, Media, Information Systems*.

Der deutsche Erstdruck wurde 1993 nicht nur nachgedruckt, sondern war auch namensgebend für den Aufsatzband, der Texte versammelte, die Kittler erstmals in den Jahren 1982 bis 1993 veröffentlicht hatte: *Draculas Vermächtnis. Technische Schriften*. Die Entstehungsgeschichte dieses Bandes ist durch die Korrespondenz zwischen Helgard Rost und Birgit Peter vom Reclam-Verlag und Kittler sowie Thomas Kamphusmann, Mitarbeiter am Bochumer Institut für Germanistik, vergleichsweise gut belegt.[14] Titel und Untertitel des Bandes gehen, wie ein Brief aus dem Februar 1992 an den Reclam-Verlag belegt, auf Vorschläge Kittlers zurück, auch wenn nicht beabsichtigt war, beide Titel zu einem Doppeltitel zusammenzuführen:

> In puncto Titel kann ich natürlich nicht nein sagen, weil die hochromantische Rede von ›Draculas Vermächtnis‹ meinem eigenen

---

(Kasten 25, Mappe 3).

13 Brief von Friedrich A. Kittler an William Stephen Davis vom 18. März 1989 (Kasten 37, Mappe 5).

14 Vgl. Kasten 41, Mappe 7.

jugendlichen Pathos entsprungen ist. Aber nach soviel Dramatik wird dann der kalte Untertitel ›Technische Schriften‹ überflüssig oder langweilig. Ich fürchte, kaum ein Leser wird unter dieser Titelkombination Aufsätze über Computertechnik, Rocksongs oder Informationstheorien suchen. Deshalb bitte ich sehr darum, noch einmal den alten, reiflich überlegten Titel ›Technische Schriften‹ in Betracht zu ziehen. Um es ökonomisch auszudrücken: 70% der gewiß nicht zahllosen Leser kennen sicherlich meinen Namen und wollen beim Kauf nur etwas genauer wissen, aus welchem Sachgebiet die Aufsätze stammen. Dem würde der alte Titel sehr entgegenkommen.[15]

Letztlich wurde der Vorschlag des Verlags, beide Titel zu kombinieren, entgegen Kittlers Bedenken durchgesetzt.[16] Im Vorwort ging Kittler auf den Titel noch einmal ein:

Technische Schriften – das besagt nicht nur Schriften über Technik, sondern auch Schriften in der Technik selbst. Ohne diesen Doppelsinn hätte der Aufsatzband seinen stolzen Titel nie gewagt. Leser werden also nicht erfahren, wie Schreibmaschinen zu bauen, Computerprogramme zu schreiben oder Schaltpläne zu lesen sind.[17]

Die Gliederung des Aufsatzbandes in drei Teile ähnelt derjenigen in Kittlers *Grammophon Film Typewriter* aus dem Jahr 1986. Kittler schrieb hierzu im Dezember 1992 an Peter:

Die Idee hinter der dreiteiligen Gliederung ist es, nach dem Begin [sic] mit Dracula, der in meinem Kopf alles weitere ausgelöst hat, den ersten Teil zunächst der Schrift unter technischen Bedingungen zu widmen. Im zweiten Teil geht es dreimal um Übergänge von der Schrift zu Analogmedien wie Film und Schallplatte. Der dritte Teil

15 Brief von Friedrich A. Kittler an Helgard Rost vom 25. März 1992 (Kasten 41, Mappe 7).

16 Vgl. den Brief von Helgard Rost an Friedrich A. Kittler vom 16. März 1993 sowie den Brief von Helgard Rost an Friedrich A. Kittler vom 29. April 1993 (beide Kasten 41, Mappe 7).

17 Friedrich Kittler, »Vorwort«, in: ders., *Draculas Vermächtnis. Technische Schriften*, Leipzig: Reclam 1993, S. 8–10, hier S. 8.

schließlich handelt von derjenigen technischen Schrift, die wesentlich aus Zahlen besteht.[18]

Korrekturen und letzte Unklarheiten bezüglich der Textgestalt wurden zwischen Kamphusmann und Rost geklärt.[19] »Draculas Vermächtnis« eröffnete den ersten Teil des Bandes und stand dort neben dem Text »Die Welt des Symbolischen – eine Welt der Maschine«.[20]

Mit den Themen aus »Draculas Vermächtnis« beschäftigte sich Kittler auch in der Lehre, etwa in der »Einführung in das Studium der neueren deutschen Literaturgeschichte« anhand des Themas »Psychoanalyse und Text«[21] (Proseminar, Sommersemester 1974, Albert-Ludwigs-Universität Freiburg im Breisgau) sowie in den Freiburger Proseminaren »Phantastische Literatur«[22] (gemeinsam mit Rolf G. Renner, Wintersemester 1974/1975), »Schreiben und Lesen um 1800/1900«[23] (Wintersemester 1979/1980) und »Literatur und Wahnsinn«[24] (Sommersemester 1980). Ein besonders enger Zusammenhang zwischen dem im Frühjahr 1982 verfassten Text »Draculas Vermächtnis« und Kittlers Lehrveranstaltungen lässt sich konstatieren für das Proseminar »Über technische Voraussetzungen der Literatur um 1900«[25] (Wintersemester 1981/1982, Universität Freiburg), das Hauptseminar »19th Century Narratives and Psychoanalysis«[26] (Winter 1981/1982, University of California, Berkeley), das Proseminar »Kleine Geschichte der phantastischen Literatur«[27]

---

18 Brief von Friedrich A. Kittler an Birgit Peter vom 10. Dezember 1992 (Kasten 41, Mappe 7). Vgl. auch das spätere »Vorwort« (Anm. 17), hier S. 8 f.

19 Vgl. den Brief von Helgard Rost an Thomas Kamphusmann o. D. sowie den Brief von Helgard Rost an Thomas Kamphusmann vom 08. Juni 1993 (beide Kasten 41, Mappe 7).

20 Erstmals erschienen als: »Die Welt des Symbolischen – eine Welt der Maschine«, in: Götz Großklaus und Eberhart Lämmert (Hrsg.), *Literatur in einer industriellen Kultur* (= *Veröffentlichungen der Deutschen Schillergesellschaft* 44), Stuttgart: Cotta 1989, S. 521–536. Vgl. *Werkausgabe*, Band I.B.5.

21 Vgl. die Unterlagen in Kasten 34, Mappe 1.

22 Vgl. die Unterlagen in Kasten 34, Mappe 2.

23 Vgl. die Unterlagen in Kasten 34, Mappe 1 sowie Kasten 34, Mappe 3.

24 Vgl. die Unterlagen in Kasten 132, Mappe 7.

25 Vgl. die Unterlagen in Kasten 132, Mappe 7.

26 Vgl. die Unterlagen in Kasten 35, Mappe 2.

27 Vgl. die Unterlagen in Kasten 132, Mappe 7 sowie Kasten 100, Mappe 2.

(Sommersemester 1982, Universität Freiburg), das Hauptseminar »Literature and Technology«[28] (Herbst 1982, Stanford University) und den zweiten Teil des Proseminars »Über technische Voraussetzungen der Literatur um 1900«[29] (Sommersemester 1983, Universität Freiburg).

In den Seminarunterlagen zu »Über technische Voraussetzungen der Literatur um 1900« befindet sich beispielsweise eine Liste mit Referatsvorschlägen, die unter anderem »Villiers de l'Isle Adam, L'Eve [sic] future«, »Die Diktiersituation in Paul Valérys ›Mon Faust‹« und »Das Unbewußte und das Telephon, die Grammophonie und die psychoanalytische Diskretion« nennt.[30] Eine der im Seminar diskutierten Fragen war: »Wer ist Dracula?«[31] Kittlers Notizen zufolge war Bram Stokers *Dracula* Gesprächsstoff von mehreren Sitzungen.[32] Sein ausführliches Referat des Romans kann als Rohfassung der Nacherzählung im späteren Aufsatz gelten. Im Proseminar »Kleine Geschichte der phantastischen Literatur« (Sommersemester 1982, Universität Freiburg) las Kittler mit den Studierenden unter anderem Texte von Maupassant, Meyrink, Freud und Stokers *Dracula* (in zwei Sitzungen)[33] und behandelte Murnaus *Dracula*-Verfilmung *Nosferatu* von 1922.[34] Gemeinsam mit den Studierenden seines Stanforder

28 Vgl. die Unterlagen in Kasten 35, Mappe 2.

29 Vgl. die Unterlagen in Kasten 132, Mappe 7.

30 »REFERATSVORSCHLÄGE«, 1 Blatt Typoskript (Kasten 132, Mappe 7). Vgl. ganz ähnlich die »Referatsvorschläge« zum Freiburger Proseminar »Über technische Voraussetzungen der Literatur um 1900« vom Sommersemester 1983, 1 Blatt Typoskript mit handschriftlichen Ergänzungen (Kasten 132, Mappe 7).

31 »WS 81. 7«, 2 Seiten Typoskript mit handschriftlichen Ergänzungen und Korrekturen (Kasten 132, Mappe 7), hier S. »WS 81. 7.1«.

32 Vgl. die Seminarnotizen »WS 81. 5.1«, 1 Seite Typoskript mit handschriftlichen Ergänzungen; »WS 81. 6«, 4 Seiten Typoskript mit handschriftlichen Ergänzungen und Korrekturen, hier S. »WS 81. 6.1« und »WS 81. 7«, 2 Seiten Typoskript mit handschriftlichen Ergänzungen (alle Kasten 132, Mappe 7).

33 Vgl. den Zeitplan ohne Titel, 1 Blatt Manuskript (Kasten 132, Mappe 7) und die Seminarvorbereitung »SS 82. 1«, 8 Seiten Typoskript mit handschriftlichen Ergänzungen (Kasten 132, Mappe 7), hier S. »SS 82. 1.2«.

34 Vgl. »SS 82. I Meyrink II Rückblick auf Dracula, Psychoanalyse und Film«, 2 Seiten Typoskript mit handschriftlichen Ergänzungen und Korrekturen (Kasten 100, Mappe 3).

Hauptseminars diskutierte Kittler die Frage »Warum schreiben Einzelne?«[35] am Beispiel von Figuren aus Stokers *Dracula*-Roman.

»Draculas Vermächtnis« beschäftigt sich mit Themen, die bereits in dem Text »Flechsig – Schreber – Freud: Ein Nachrichtennetzwerk der Jahrhundertwende« (erste englische Fassung im Januar 1982 verfasst, vgl. I.B.4.4 im vorliegenden Band) und der Habilitationsschrift *Aufschreibesysteme 1800/1900*[36] (zwischen Dezember 1979 und Dezember 1981 verfasst, vgl. Band I.A.3 der *Werkausgabe*) eine Rolle spielten und in veränderter Form auch in den Folgejahren, etwa in den Aufsätzen »Romantik – Psychoanalyse – Film: eine Doppelgängergeschichte«[37] (im Herbst 1983 verfasst, vgl. I.B.4.13 im vorliegenden Band) und »Nietzsche, der mechanisierte Philosoph« (erste englische Fassung im Winter 1983 verfasst, vgl. I.B.4.15 ebenda) sowie in *Grammophon Film Typewriter* (zwischen Frühjahr 1985 und Herbst 1986 verfasst, vgl. Band I.A.4 der *Werkausgabe*), wiederkehren: der Speicherung von Reden und ihrer sowohl technischen als auch analytischen Durchdringung. Das Vampirthema ließ Kittler aber auch in den 1990er-Jahren noch nicht gänzlich los. Mit dem Literaturwissenschaftler Charles Grivel, den Kittler im Kontext eines interdisziplinären Kolloquiums im Dezember 1983 in Mannheim kennengelernt hatte (vgl. hierzu die Vortrags- und Publikationsgeschichte von »Flechsig/Schreber/Freud«, I.B.4.4 in diesem Band, S. 87–93), blieb Kittler beispielsweise im Austausch über ein *Dracula*-Buchprojekt, das Grivel plante.[38] In diesem Zusammenhang bat Grivel Kittler im Jahr 1993 um Feedback zu seiner Idee und um einen Beitrag für den Sammel-

---

35 »TL 8.1«, 1 Seite Manuskript (Kasten 35, Mappe 2). Zum Verhältnis von Lesen und Schreiben am Beispiel der Schreibmaschine und im Kontext des *Dracula*-Romans vgl. auch Kittlers Seminarnotizen in »SCHÖNBERG? I GRAMMOPHONIE? II Technik 4.1«, 1 Seite Typoskript mit handschriftlichen Ergänzungen und Korrekturen (Kasten 132, Mappe 7).

36 Vgl. im Druck: Friedrich A. Kittler, *Aufschreibesysteme 1800·1900*, München: Fink 2003 (4. Auflage), hier vor allem S. 428–432.

37 Vgl. auch den Brief von Friedrich A. Kittler an Georg Christoph Tholen vom 28. Dezember 1982 (Kasten 67, Mappe 2), in dem Kittler den zukünftigen Text »Romantik – Psychoanalyse – Film: eine Doppelgängergeschichte« als Fortsetzung der Arbeit an »Draculas Vermächtnis« entwickelt.

38 Vgl. die Korrespondenz zwischen Friedrich A. Kittler und Charles Grivel (Kasten 11, Mappe 3; Kasten 111, Mappe 4 sowie Kasten 38, Mappe 4).

band.[39] Im August tauchte Kittler noch unter den Beiträgern mit einem Text »Le Testament de Dracula« auf;[40] ein Programm vom Januar 1995 führt Kittler mit einem 26-seitigen Text »Le legs de Dracula« innerhalb der Sektion »Les mauvaises Suites [sic]«.[41] Im 1997 veröffentlichten Sammelband *Dracula. De la mort à la vie*[42] findet sich kein Beitrag von Kittler mehr.

Für freundlich erteilte Publikationsgenehmigungen danken wir dem Deutschen Literaturarchiv Marbach, Terry Cochran, William Stephen Davis, Susanne Holl, Dieter Hombach, Helmut Müller-Sievers und Helgard Rost. Für Informationen aus dem Briefwechsel mit Samuel M. Weber, den wir nicht rechtzeitig einsehen konnten, danken wir Susanne Holl.

39 Vgl. den Brief von Charles Grivel an Friedrich A. Kittler vom Januar 1993 mit Projektbeschreibung »Dracula. De la mort à la vie« (Kasten 111, Mappe 4), den Brief von Charles Grivel an Friedrich A. Kittler o. D. (Kasten 11, Mappe 3) sowie den Brief von Charles Grivel an Friedrich A. Kittler vom 24. Juli 1997 (Kasten 38, Mappe 4).

40 Vgl. den Brief von Charles Grivel an die Beiträger vom 09. August 1993 (Kasten 11, Mappe 3).

41 Vgl. den Brief von Charles Grivel an Friedrich A. Kittler vom 08. Januar 1995 mit Anhang »Dracula: De la mort à la vie. Projet d'un vampire« (Kasten 38, Mappe 4).

42 Charles Grivel (Hrsg.), *Dracula. De la mort à la vie*, Paris: Herne 1997.

Ein Erdbeben in Chili und Preußen

Die Diskursanalyse ist kein Verfahren zur Beschreibung einzelner literarischer Texte. Das hat zwei Gründe. Erstens gibt es keinen Anlaß, die Analyse auf literarische Texte zu konzentrieren, wenn es gerade umgekehrt eine ihrer Aufgaben ist, die historischen Ereignisse zu beschreiben, die bestimmte Reden und in unserer Kultur die literarischen mit dem Vorrecht endloser Kommentierung ausgestattet haben. Und zweitens kann eine Diskursanalyse – im Unterschied zu Interpretationen, deren Grenzwert Einzeltexte über Einzeltexte sind – immer nur von einer Menge von Äußerungen ausgehen. Ihre Sache ist die Vernetzung, die faktisch ergangene Diskurse in einem bestimmten Raum und einer bestimmten Zeit zu Dispositiven organisiert hat. Solche Dispositive aber beschreiben zuletzt die unendlich variablen Programme, durch deren Eingriff Leute strategisch und technisch unter die Steuerung von Diskursen geraten sind.

Eine Empirie der Macht, die ersichtlich nur durch geduldige Archivierung ebenso empirischer Daten eingekreist werden kann, wenn Diskursanalyse nicht wieder in die Fallen von Geschichtsphilosophie laufen soll. Mag ihr das auch den Vorwurf eintragen, selber Mimikry an Macht zu üben – ihr Positivismus bewahrt die Diskursanalyse doch davor, die vielen realen Funktionen und Effekte, die Äußerungen haben können, mit so zeitlosen, monolithischen und unschuldigen Begriffen wie Literatur oder Philosophie aus der Welt zu schaffen. An die Stelle einer Referenz, die unmittelbar auf Sachverhalte gehen würde, treten interdiskursive Netzwerke, in denen Schreiber und Archivare, Adressaten und Interpreten verschiedener Diskursformationen verschaltet sind.

Die Lektüre eines einzelnen und literarischen Textes wie des *Erdbebens in Chili* bringt also diskursanalytisch wenig ein. Er könnte in verschiedenen Dispositiven ganz verschiedene Funktionen innegehabt haben. Seine faktische Funktion, wenn sie überhaupt auf der Oberfläche von Ablesbarkeit liegt, vermelden nur Daten, die
am Rand oder jenseits des Einzeltextes stehen. (Adreßbits im elek- 1
tronischen Datenfluß, Stempel, Aktenzeichen und Verteilerschlüssel im bürokratischen zeigen zur Genüge, daß es die Ränder von Nachrichten sind, die ihre Vernetzung steuern und damit interpre-

tatorische Unterstellungen vom Typ der Autorintention überflüssig machen.)

Literarische Texte freilich, seitdem sie an die sogenannte Öffentlichkeit adressiert sind, geben im Unterschied zu Briefen, Akten und Bytes nur spärliche Randdaten mit – im Fall Kleist den Autornamen, die Gattung und zwei Titel: Die Erstauflage in Cottas neuem *Morgenblatt für gebildete Stände* war *Jeronimo und Josephe* überschrieben, der Wiederabdruck in Kleists *Erzählungen*, drei Jahre später, hieß *Das Erdbeben in Chili*.

Von diesen Daten ist das erste, der Autorname, unter Diskursbedingungen unserer Kultur nachgerade obligat; es besagt also nicht mehr und nicht weniger, als daß die Novelle, im Unterschied zu zahlreichen anonymen Zeitungsartikeln oder politischen Interventionen Kleists, von vornherein seinem literarischen Werk zuzählt. Demgemäß hat Tieck, der erste Herausgeber, sie auch behandelt. Das zweite Randdatum, die Klassifikation des Textes, steuert einen bestimmten und öffentlichen Konsum, der im Fall von Erzählungen Lektüre heißt, kommt aber schon mit dem dritten Datum in Konflikt. Denn wenn aus dem anaphorischen Sprach- und Liebesspiel zwischen Jeronimo und Josephe durch Titeländerung eine Naturkatastrophe von 1647 wird, zählt das vom Titel Bezeichnete zu jenen unerhörten Begebenheiten, die seit Goethes zeitgenössischer Definition ›Novellen‹ und nicht nur (sehr viel vager) ›Erzählungen‹ heißen.

Andere Randdaten gibt der Text nicht her. Das Fehlen von Autoreferenzen wie Erzählerkommentar oder Rahmenhandlung, Leseranrede oder Quellenberufung macht es unmöglich, in Kleists Novelle selbst die Artikulation eines diskursiven Netzwerks nachzu-
2 weisen, wie Foucault das für Rousseaus *Dialogues* oder Flauberts *Tentation de Saint-Antoine* tun konnte. Die Novelle ist vielmehr gekennzeichnet durch eine elementare Knappheit dergestalt, daß ihr Text über die Relation von Ereignissen fast nirgends hinausragt.

Wenn aber ein Stück Literatur, das 1807 und nicht etwa als mittelalterliche Handschrift erschienen ist, auch an seinen Rändern lediglich die elementare Beziehung Autor-Erzähler-Lesepublikum artikuliert, ist die Literaturwissenschaft gemeinhin versucht, den schweigenden Text dadurch zum Sprechen zu bringen, daß sie ihm einen nie verlauteten, aber unaufhörlichen Diskurs des Autors unterlegt, den sie selbst dann ausschreiben kann. Diese Versuchung hat historische Gründe. Im Zeitalter der Bildung ist die Funktion ›Autor‹ tatsächlich zum bestimmenden Jenseits von Literatur geworden. Einzeltexte im Fall Goethe sind in einen autobiographischen, im Fall Schiller in einen philosophischen Diskurs eingebettet, der ihre Auswalzung zum Kontinuum einer Autormeinung möglich gemacht hat.

Wer unter solchen Diskursregeln eine literarische Karriere antritt, hat seine entstehenden Werke zu verdoppeln durch eine Psychologie oder Philosophie, die dem Verstehen der Leser schon vorarbeitet und Dichtung zu ihrem höheren Ruhm den Speichereinrichtungen wissenschaftlicher Hermeneutiken an- und aufschließt. Demgemäß schreibt der junge Kleist an einer *Geschichte meiner Seele*. Sie ist nur im Wirrsal seiner Fluchten verschollen und durch nichts ersetzt worden.

Spätestens seit diesem Verlust ist *Das Erdbeben in Chili* ein erratischer Block. Niemand weiß, was der Schreiber beim Schreiben dachte oder meinte; niemand weiß, was er bei der Drucklegung dachte oder meinte. Und es ist nachgerade symptomatisch, daß Kleist, während einer seiner Freunde den Verleger Cotta zum Ankauf der Novelle brachte, in der Lage ihres Helden zu Textbeginn war: eingekerkert und damit von Nachrichtenkanälen so gut wie abgeschnitten. (Auch über Kassiber weiß man nicht viel mehr als das, was sie besagen.)

Diskursanalysen haben mit solchen Informationsdefiziten zu
rechnen. Statt Kleists »Lakunenjahre«, wie die Forschung sie nennt, 3
im Interesse einer kontinuierlichen Autorbiographie auszufüllen, sind diese und andere Fehlanzeigen zunächst einmal, gut positivistisch, mit einzukalkulieren. Wo es keine kontinuierliche Seelengeschichte gibt, bleibt nur ein Feld diskursiver Streuungen, wie Zufallsereignisse der Archivierung es bereiten. Außer der Novelle ein paar Musteraufsätze und Briefe, ein Edikt und ein Verbot. Es macht aber gerade die Spezifität von Archiven aus, nur eine endliche Menge von Daten zu enthalten. Und es sind diese endlichen Datenmengen, die eine strategische Lage definieren, beim Schreiber wie bei den Lesern der Novelle.

Interne Interpretationen

Im *Morgenblatt für gebildete Stände*, vom 10. bis zum 15. September 1807, erscheint also die Novelle einer unerhörten Begebenheit, deren katastrophischer Anfang nur noch von ihrem katastrophischen Schluß überboten wird. Am Anfang vernichtet die Naturgewalt eines historisch beglaubigten Erdbebens die Hauptstadt Chiles samt dessen politischen und kirchlichen Machtzentren – mit dem Effekt, daß ein eingekerkerter Liebhaber und eine geschwängerte Novizin gerade noch vor Selbstmord und Hinrichtung errettet werden. Am Ende macht die Gewalt einer Lynchjustiz dieses humanistische Wunder wieder zunichte, als habe auch ein »Umsturz aller Verhältnisse«
4 (153) das Jeronimo und Josephe vorher bestimmte Fatum nur um vierundzwanzig Stunden aufschieben können. Und in der Tat gibt es Sprachen, in denen das Wort Todesurteil die Nebenbedeutung seines Aufschubs hat. Aber worauf der Totschlag der zwei Liebenden zurückgeht – auf strukturelle oder kontingente Gewalt, auf theologische oder poetische Gerechtigkeit, auf historische Fakten oder literarische Fiktionen –, bleibt offen.

Die gebildeten Stände, wie sie am äußeren Rand des Textes angesprochen werden, lesen also von einer Fatalität, die ihre Deutungen herausfordert, nur um sie abzuweisen. Das Schweigen des Autors und das des Novellenerzählers sind zwei Taktiken innerhalb einer Strategie, die mit grundlegenden Vernetzungsregeln klassisch-romantischer Dichtung ein riskantes Spiel treibt. Statt ein gebildetes Publikum dadurch zu bilden, daß Stimmen am Textrand selber alle beschriebenen Ereignisse mit psychologischer oder philosophischer Bildung ausdeuten, gibt Kleist gerade umgekehrt Rätsel auf.

In den Jahren seiner juristischen Studien hat der Autodidakt Kleist das neue Wissen, das eben den Namen Bildung empfangen hatte, auf einem oft empfohlenen, aber selten beschrittenen Weg erworben: Er lernte, indem er es lehrte. Um seine Verlobte erstens zur Gattin nach Kleists Wünschen und zweitens zur Mutter nach den Wünschen hypothetischer Kinder zu formen, sollte diese Braut (so ein Brief vom 16. Dezember 1800) in ihrer Bildung immer fortschreiten, und das heißt, in Hausaufsätzen moralisch-humanistische Rätselfragen lösen, die ihr selbsternannter Lehrer formuliert und zum Teil auch schon vorbildlich beantwortet hatte. Wie so vieles, was unter Praxis läuft, hat Bildung also den Status eines Trainings.[1] Nur ist die erträumte heilige Familie, in der Vater, Mutter und Kinder sämtlich ihr Bildungstraining absolvieren, nicht zustandegekommen, weil Kleist seine Braut trotz aller Hausaufsätze über Ehelebensglück sitzenließ.

Aber sein einziges Ziel, wie es im Brief vom 22. März 1801 heißt,
hat er erreicht: Kleist selber schritt »immer unaufhörlich einem hö- 5
hern Grad von Bildung entgegen«, und die verlassene Philosophie-
schülerin der Ehe mit einem Philosophieprofessor.[2] Auf der höchsten Stufe von Bildung, die bekanntlich Dichtertum heißt, herrschen
andere Sende- und Empfangsbedingungen. Leser erhalten keinen
Nachhilfeunterricht.

Wo der verliebte Hauslehrer Kleist zugleich das Rätsel und die
Lösung, die Themenstellung und den ausgearbeiteten Aufsatz gegeben hat, präsentiert der Novellenerzähler rätselhafte Fakten ohne
Deutung. Auch die Verliebten von Santiago mit ihrem Vierundzwan-
zigstundenglück vorm Ausbruch der Volkswut stehen unter der Auf- 6
satzfrage, ob es »wünschenswerter« sei, »*auf eine kurze Zeit*, oder
nie glücklich gewesen zu sein«. Aber weil Novellen schweigsamer
sind als jugendliche Briefschreiber, müssen die gebildeten Stände
ihre Hausaufgaben fortan selber machen.

Und was die Novellenfiguren ihnen an Deutungsarbeit abnehmen oder vormachen, sind auch nur halbe Lösungen. Wenn Jeronimo und Josephe von Gnaden des Erdbebens aus einsamen Todesarten errettet werden, setzen zwar zahlreiche Deutungsversuche ein, die aber vor den Wechselfällen und endlich Katastrophen des Geschehens immer wieder zunichte werden. Interpretabilität im Text ist eine Funktion räumlicher und zeitlicher Variablen, und weder am Anfang noch am Ende sind interne Deutungen möglich. Das macht sie ebenso beschränkt wie beschreibbar.

---

1 Vgl. dazu David E. Wellbery, *Diskursanalyse*, unveröffentlichter Vortrag, gehalten 7
vor der MLA, New York 1981.

2 Über die schriftstellerischen und erotischen Gründe, weshalb auch für Prof. Wilhelm Traugott Krug die Ehe mit Wilhelmine v. Zenge nur ein Ersatz und nicht die ganze Wahrheit gewesen ist, vgl. demnächst meine Arbeit *Aufschreibesysteme 1800/1900* (erscheint München 1985).

Josephe durchlebt den Gang zum Richtplatz und die Intervention der Natur ohne »Besinnung« (148). Jeronimo, von Nachrichtenkanälen so gut wie abgeschnitten, erfährt auf dem letzten und anonymen Kanal, der auch Eingekerkerten verbleibt, daß Josephe verloren und seine einzige Freiheit der Selbstmord ist: Er hört die Glocken ihre Hinrichtung einläuten. Und wenn dann der Pfeiler, an dem Jeronimo den Strick befestigt hat, im Erdbeben umstürzt, ist es, »als ob« auch »sein ganzes Bewußtsein zerschmettert worden wäre« (145).

So beginnt die Novelle mit zwei Blackouts, die Deutungen unmöglich machen.

Erst jenseits von Stadt und Schreckensaugenblick kehrt Jeronimos Bewußtsein wieder. Auf seiner anfangs vergeblichen Suche nach Josephe kommt ihm der Verdacht, daß das Beben seinen Selbstmord nur vereitelt hat, um ihn in ewiger Trauer zu lassen. Aber so schnell und verzweifelt ist das Rätsel der Theodizee nicht zu lösen. »Schien das Wesen, das über den Wolken waltet« (147), eben noch fürchterlich, so erfinden die Liebenden, kaum daß sie wiedervereint sind, eine ebenso universale wie private Teleologie. Sie »waren sehr gerührt, wenn sie dachten, wie viel Elend über die Welt kommen mußte, damit sie glücklich würden!« (150). Begreifliche Gefühle bei zweien, von denen der eine, vor den Intrigen und Verboten einer reichen Familie, der verliebte Hauslehrer der anderen gewesen ist. Mithin haben die zwei Titelhelden in der Nacht ihres Wiederfindens »Unendliches [...] zu schwatzen« (150).

Das Reden von Liebe ist an sich schon Lust.[3] Jeronimo und Josephe könnten alle die Aufsatzthemen durchgehen, die einst der selbsternannte Hauslehrer Kleist seiner Braut gestellt hat, vor
8 allem die Frage: »Wenn beide, Mann und Frau, für einander tun, was sie ihrer Natur nach vermögen, wer verliert von beiden am meisten, wenn einer zuerst stirbt?« Unter Bedingungen gegenseitiger Nachrichtensperre und universalen Naturaufruhrs mußten ja Mann und Frau der Novelle einander für tot halten. Sie ist mithin eine Experimentalanordnung, in der ausnahmsweise noch zu Lebzeiten der Betroffenen eine Beantwortung von Kleists Frage möglich wird. Auch der Tod, der und den die Rede sonst ausschließt, kann

3 Vgl. Jacques Lacan, *Le séminaire*, livre XX: Encore, Paris 1975, S. 77.

besprochen werden. Und wie einst der Schreiber, so treffen nun die zwei Novellenfiguren ihre Entscheidung, damit aus dem Irrealis der Vergangenheit eine ewige Liebesgegenwart wird.

Wie jeder Mann – laut Kleist – »verliert« Jeronimo in Josephe 9
»den ganzen Inbegriff seines irdischen Glückes«. Folglich wählte er erstens den Selbstmord als einzigen Akt, der im Unterschied zum Akt der Liebe nie und nimmer in Fehlleistungen verpuffen kann,[4] und zweitens, nachdem das Erdbeben selbst unfehlbare Akte vereitelt hat, die leidenschaftliche Suche nach seiner Geliebten.

Sehr anders Josephe. Bevor auch sie zur Suche nach ihrem Liebhaber schritt, rettete sie erst einmal sein und ihr Kind aus dem zusammenstürzenden Kloster, wo es ihre Hinrichtung hatte überleben sollen. Damit aber beweist »die Frau« einmal mehr, daß ihr 10
nach dem Verlust »des Mannes« ein Ersatz in Kindern und näherhin 11
»Söhnen hinterlassen« bleibt (ganz wie Kleists Musteraufsatz vom
30. Mai 1800 das vorhergesagt hat und sein Prinz von Homburg es 12
auch auf den Begriff bringt). Für Josephe reduziert sich Jeronimo darauf, »nach dem kleinen Philipp, der liebste auf der Welt« zu sein (149).

Kind – Mutter – Gatte: so und nicht anders läuft in spieltheoretischer Exaktheit die Rangfolge der Prioritäten, die den Diskurs deutscher Bildung regelt. Und es heißt diesen Diskurs nur perpetuieren, wenn ein Interpret die »Verschiedenheit« des jeweiligen Suchverhaltens als Einsicht Kleists in die Konventionalität von Männern und die Größe praktischer Frauengestalten preist.[5] Einiges mehr steht schon auf dem Spiel.

Die heilige Familie aus Kind, Mutter, Vater, wie sie – in dieser Reihenfolge – in der Nacht unter Granatapfelbäumen zum erstenmal beisammen ist, braucht ihren Diskurs nur noch von anderen Diskursen ratifizieren zu lassen, um zum Ideal aller Menschengemeinschaft aufzusteigen. Genau das geschieht am Morgen nach dem Beben, wenn reiche Bekannte die eben noch schandbare Josephe in ihrer Mutterrolle brauchen und feiern. »Die ganze Würdigkeit und Anmut ihres Betragens« (154), ist es, die einen gewissen Don Fernando samt seiner Familie dazu bewegt, Josephe »auf

---

4 Vgl. Jacques Lacan, *Télévision*, Paris 1973, S. 66 f.

5 So Klaus Birkenhauer, *Kleist*, Tübingen 1977, S. 194 f.

das innigste und zärtlichste zu empfangen« (151), und in Josephes Gefolge, etwas weniger innig, auch Jeronimo.

Im Zeichen mütterlicher Anmut und Würde kommt es also zu einem Versöhnungsfest, das alle Blackouts des Novellenanfangs aufnimmt und sozialisiert. Nachdem Don Fernandos Großmut den Unterschied zwischen ehelichen und unehelichen Familienformen weggewischt hat, geraten beide Geretteten in eine Amnesie, die von der Vorzeit, »vom Richtplatze, von dem Gefängnisse, und der Glocke« (151) nur Traumerinnerungen zurückläßt. Solche Vergeßlichkeit ist ansteckend.

»Es war, als ob die Gemüter, seit dem fürchterlichen Schlage, der sie durchdröhnt hatte, alle versöhnt wären. Sie konnten in der Erinnerung gar nicht weiter, als bis auf ihn, zurückgehen.« (151)

Und das, weil geteilte Amnesie immer schon Amnestie ist.

Unter den Erdbebenopfern, deren Tod die Überlebenden selber bezeugen können, sind die Äbtissin, in deren Macht Mutter und Kind geraten waren, und der Erzbischof von Santiago, auf dessen Befehl ihr »der geschärfteste Prozeß gemacht« (144) worden war. Unter den vermutlich Toten ist Josephes reicher und adliger Vater, der ihren Liebhaber als Verbrecher angeklagt und ins Gefängnis gebracht hatte. Unter denen schließlich, die Diskurse totsagen, ist der Vizekönig selber; Befehle in seinem Despotennamen werden nur noch mit dem Satz quittiert, »es gäbe keinen Vizekönig von Chili mehr« (151).

Nachdem also eine Naturgewalt, wenn auch unter Assistenz gewisser Diskurse, die Mächte von Imperium und Sacerdotium, Gedächtnis und Strafgewalt gründlich abgeschafft hat, können Amnesie und Amnestie zusammenfallen. Die Mythologien des Erdbebens und der Revolution, wie die Novelle sie als »Umsturz aller Verhältnisse« (153) kontaminiert, sind seit Lissabon und Paris solidarisch. Mit dem Effekt, daß ihre Naturgewalt auch die Leute von jedem Gesetz zu einer Menschennatur befreit, die in allen Diskursen des Bildungssystems den Namen Geist empfängt.

»Und in der Tat schien [...] der menschliche Geist selbst, wie eine schöne Blume, aufzugehn. Auf den Feldern, so weit das Auge reichte, sah man Menschen von allen Ständen durcheinander liegen, Fürsten und Bettler, Matronen und Bäuerinnen, Staatsbeamte und Tagelöhner, Klosterherren und Klosterfrauen: einander bemitleiden, sich wechselseitig Hülfe reichen […] als ob das allgemeine Unglück alles, was ihm entronnen war, zu *einer* Familie gemacht hätte.« (152)

Es muß schön sein, wenn aus einer einsamen und damit verrückten Amnesie, wie sie Jeronimo bei der Flucht aus dem Kerker und Kleist auf der Flucht aus Frankreich durchmachen mußten, eine (mit)geteilte wird. Zwei Jahre nach jener Flucht zählt auch Kleist, zum angehenden Finanzbeamten des preußischen Staats avanciert, unter die aktenmäßig vorgesehenen Empfänger eines »Reskripts […], das die völlige Auskaufung der Zunftgerechtsame« 13
»eingeleitet hat«. Damit sind zwar nicht gerade Staatsbeamte und Tagelöhner, aber wenigstens Müller und (um in der Novelle zu bleiben) »Schuhflicker« von ständischen Hierarchien erlöst. Ein »Befreiungsgeschäft«, das der Domänenkammerdiatär Kleist seinem Herrn und Minister gegenüber am 10. Februar 1806, also etwa zur Entstehungszeit der Novelle, »meinen Lieblingsgegenstand« nennt.

Gleichheit, Freiheit, Brüderlichkeit – wolle Gott, daß man über diese drei Wörter zum Leidwesen von Lesern nicht immer dasselbe schreiben müßte. Aber im *Morgenblatt für gebildete Stände* können Jeronimo Rugera, vor dessen Name kein ›Don‹ steht, und der adlige Don Fernando nur darum und bis zum Frauentausch Brüder werden, weil einmal mehr eine Frau als wahre Mutter aller Säuglinge paradiert. Also umschreiben die drei Wörter, wenn sie in Deutschland nachgesprochen werden, immer nur die »*eine* Familie« (152) von 1800. Drei Jahre nach Kleists Novelle erscheint aus der Feder einer Bremer Mädchenschullehrerin eine Pädagogik, die technisch exakt zur Herstellung goldener Zeitalter anleitet.

> »Alle gute, alle für das Wohl ihrer Brüder begeisterte Menschen«, schreibt Betty Gleim, »haben von jeher ein goldenes Zeitalter, ein besseres edleres Menschengeschlecht ersehnt, erhofft, erträumt; sie haben geglaubt, daß es sich müsse realisiren lassen, sie haben dazu mitgewirkt, als könnten sie es herbeiführen. Aber, Ihr Edeln und Guten, Ihr werdet wenig ausrichten; Ihr werdet nur oberflächlich helfen, wenn Ihr nicht da anfanget, wo der einzige Anfangspunct alles Besserwerdens ist, wenn Ihr nicht die Mütter reformiren, wenn

Ihr sie nicht mit einem lebendigern Gefühl ihrer hohen Würde, ihrer heiligen Bestimmung, und der Wichtigkeit des ihnen anvertrauten Amtes, erfüllen könnt.«[6]

Diesen einzigen Anfangspunkt alles Besserwerdens setzt der Novellentext in Szene. Mag die beschriebene Zeugungsnacht des kleinen Philipp noch das »volle Glück« (144) Jeronimos geheißen und damit Josephes Lust unterschlagen haben – im »Tal Eden« (149), dem goldenen Zeitalter der überlebenden und vereinigten Familien, wird die Phallozentrik von einer Mütterlichkeit abgelöst, die reformiert genug ist, um neben dem eigenen Sohn auch noch den Sohn Don Fernandos und einer Frau zu beglücken, die vor lauter Verletzungen ihrer »heiligen Bestimmung« nicht nachkommen kann.

Diskursive Effekte

Der philosophische Diskurs von 1800 stellt alle Geschichte und ihre Entzweiungen bekanntlich zwischen ein Arkadien und ein Elysium, ein gewesenes und ein versprochenes goldenes Zeitalter.[7] Aber dieses Paradies bliebe ein Deutungsmuster von der Beliebigkeit aller Hermeneutiken, wenn nicht andere Diskurse der Philosophie zu Hilfe kämen. Es ist der literarische Diskurs, der das erträumte Paradies in Szene setzt; es ist der pädagogische Diskurs, der in Kleists Brautbriefen oder in Betty Gleims Erziehungsschrift die wahre Adresse und den gangbaren Weg seiner Herbeiführung findet. So vernetzt sind Diskurse.

Nur eines unterscheidet die literarische Inszenierung vom geschichtsphilosophischen Dreischritt, den sie voraussetzt. Das neue Paradies, philosophisch an dritter Stelle des Weltlaufs plaziert, rückt an die zweite, weil die Novelle ja mit Macht und Entzweiung der Geschichte schon eingesetzt hat. Damit aber gerät der Anfangspunkt alles Besserwerdens selbst in die Gefahr eines Werdens, das Paradies in die Geschichte. Diskurse sind eben nicht nur vernetzt,

---

6 Betty Gleim, *Erziehung und Unterricht des weiblichen Geschlechts. Ein Buch für Eltern und Erzieher*, Leipzig 1810, Bd. I, S. 91.

7 Vgl. dazu Gerhard Kaiser, *Von Arkadien nach Elysium. Schiller-Studien*, Göttingen 1978.

sondern auch mächtig genug, das Schema der drei Schritte selbst Erfüllungsmomenten gegenüber durchzusetzen. In ihrem »Tal Eden« kommt Kleists Novelle nicht zum Ende.

›Fatum‹ heißt Gesagtes, und dieser Wortbedeutung bleibt Kleists narrative Mechanik treu. Erstens hören die im Paradies vereinigten Familien, daß die einzige nicht zusammengestürzte Kirche der Stadt eine feierliche Messe zur »Verhütung ferneren Unglücks« (153) plant. Zweitens liest Josephe in diesen Gottesdienst eine Möglichkeit hinein, ihre private Teleologie des Erdbebens der »unbegreiflichen und erhabenen Macht« Gottes selber zu bekennen, weshalb sie »mit einiger Begeisterung« (154) zum Aufbruch drängt. Und drittens flüstert eine von Don Fernandos Schwägerinnen ihm Warnungen zu, die (wie bei weiblichen Gefühlen üblich) von der Novelle weder begründet noch aufgeschrieben werden, aber eben darum in Erfüllung gehen. Aus dem Besuch einer Messe zur Verhütung ferneren Unglücks geht das genaue Gegenteil hervor.

Denn auch wenn die alten Mächte Staat und Kirche vom Umsturz aller Verhältnisse betroffen sind, haben sie doch noch das Wort. Eine Predigt über Erdbeben kann nicht umhin, sie theologisch als Strafe Gottes auszulegen, ganz wie Novellen von 1800 nicht umhin können, sie als naturpolitische Vorausbedingung einer befreiten Menschheit auszulegen. Das aber führt zu einer Gleichzeitigkeit des Ungleichzeitigen. Der Priester als Sprachrohr obsoleter Mächte spricht in einem rhetorischen Atemzug von Sodom und Gomorrha, von Jeronimo und Josephe. Daß die Zwei Urteil und Katastrophe wie durch Wunder überlebt haben, daß sie zur Idealfamilie eines neuen und untheologischen Diskurses erkoren sind, daß sie schließlich, während der Priester ihre Namen ausspricht, auch in Fleisch und Blut vor ihm stehen, kann er nicht ahnen. Was Thomas Mann, als er über Kleists »prachtvolle Erzählung« seine üblichen 14
prachtvollen Deutungen ablieferte, »den Fanatismus eines Dominikaner-Predigers« nannte, ist schlicht und einfach eine schulmäßige »Seitenwendung« (156), wie Priester sie im Seminar gelernt haben, um nicht immer und nur vom Abwesenden zu diskurrieren.

Aber die Referenz von Diskursen ist keine Sache der Sprechermeinungen oder Redebedeutungen; um Effekte auf Körper zu haben, reicht ein Zufall hin. Kaum daß der Priester in seiner Ahnungslosigkeit die Namen Jeronimo und Josephe ausgesprochen hat, ist die Zeit des Interpretierens vorbei. In besinnungsloser Beschleunigung stürzt die Novellenhandlung ihrem Ende entgegen. Der theologische Diskurs gerät zur Handgreiflichkeit einer Volksmenge, die mit richtigen und falschen Identifikationen der angeprangerten Sünder dafür sorgt, daß von den sechs Kirchenbesuchern aus dem Tal Eden gerade noch zwei überleben. Neben Jeronimo und Josephe bleiben auch Don Fernandos Schwägerin und sein kleiner Sohn, weil sie mit Josephe und Philipp verwechselt worden sind, auf der Strecke. Don Fernando kann nur sein und Philipps Leben retten, um in den Schlußsätzen der Novelle zusammen mit Frau und Pflegekind selbst eine heilige Familie zu bilden. Einmal mehr also, und wie zum Beweis seiner Macht, steckt der Bildungsdiskurs auch Adlige an. »Wenn Don Fernando Philippen mit Juan«, seinem ermordeten leiblichen Sohn, »verglich, und wie er beide erworben hatte, so war es ihm fast, als müßt er sich freuen.« (159) Als Kind einer idealen Mutter macht der angenommene Sohn selbst Leichen vergessen.

Ein blutiges Finale, das aber Symbolleser auch ohne die unformulierten und warnenden Ahnungen schon erraten konnten. Die Bäume nämlich, unter denen die zwei Liebenden ihr nächtliches Wiedersehen gefeiert haben, sind Granatapfelbäume. Und mag Punica Granatum im Orient auch zu Orgien und Fruchtbarkeitsritualen der Großen Mutter gehört haben, im überlieferten Wissen Griechenlands steht der Granatapfel für Persephone und ihre Unterwelt. Die zwei Liebenden der Novelle, nicht anders als nachmals Kleist und Henriette Vogel, haben durch den kurzen Aufschub nur erreicht, daß aus einsamem Selbstmord und einsamer Hinrichtung eine Zweisamkeit im Leichenhaus geworden ist. Seit alters ist Arkadien für Hadeseingänge berühmt.

Aber Punica Granatum wächst nicht nur in mythologischen Handbüchern, sondern seit der Kolonialisierung Amerikas auch in Chile. Womöglich handelt der Novellenschluß also von schlichten Fakten, denen Symbole in ihrer Zweideutigkeit gar nicht beikommen. Was am Text zu verstehen ist, mag zwischen den Polen Liebe und Tod spielen; was diesseits aller Gefühle geschieht und auf vier grundlose Totschläge hinausläuft, ist ein Machtwechsel im Realen.

Als Josephe von der Kirchenmacht zum Scheiterhaufen verurteilt und »durch einen Machtspruch des Vizekönigs« (145) zur Hinrichtung begnadigt wurde, vermietete man »in den Straßen, durch welche der Hinrichtungszug gehen sollte, die Fenster, man trug die Dächer der Häuser ab« (145). Vor jenem Umsturz aller Verhältnisse, den die Novelle feiert, waren Exekutionen bekanntlich öffentliche »Schauspiele« (145), von einer fürstlichen Übermacht gegeben, von »frommen Töchtern« (145) (und Giacomo Casanova) gerne besucht – eine historische Tatsache, die Kleist und seine Zeitgenossen nurmehr mit Grausen referieren können.[8]

Ganz anders Josephes faktischer Tod, wie er nach dem arkadischen Intermezzo eintritt. Ein Schuhflicker, der seine ehemalige Kundin auf die Priesterworte hin hat identifizieren können, schlägt sie »mit der Keule nieder« (158). Solche Keulen sind die idealen Waffen einer Lynchjustiz, die gegen das eine und geliehene Schwert in Don Fernandos Händen leichtes Spiel hat. Auch Donna Constanze und der wehrlose Jeronimo werden von Keulen erschlagen, nur dem kleinen Juan zerschmettert jener Schuhflicker die Schädeldecke an einem Kirchenpfeiler. (Eine Kindermordtechnik, die auch die Römer, und d. h. Franzosen, in Kleists *Hermannsschlacht* bevorzugen.)

So klar liegt die Bilanz des eintägigen Aufschubs zutage. An die Stelle der Übermacht, die vormals im Schwert hauste und dem Fürsten ein rituelles Schauspiel, seinen Untertanen aber eines zwischen Abschreckung und Verlockung gab, ist nackte Gewalt getreten. Nach dem revolutionären Umsturz gibt es nur noch Schauspiele ohne Zuschauer: eine Eskalation der Gewalt, ausgelöst vom Leerlauf theologischer Rhetorik, hochgeschaukelt aber von Schreien, die das ganze Kirchenschiff füllen, und Mordszenen, die zum Weiterspielen nachgerade einladen. Als Zuschauer und Zuhörer ihrer Wut werden Kirchgänger zu Totschlägern. Das Wort des Priesters ist längst vergessen und überschrieen, wenn ein Schuhflicker seine »ungesättigte Mordlust« entdeckt und zum »Fürsten der satanischen Rotte«

---

8 Für diverse Belege vgl. Lloyd deMause, Evolution der Kindheit, in: deMause (Hg.), *Hört ihr die Kinder weinen. Eine psychogenetische Geschichte der Kindheit*, Frankfurt/M. 1977, S. 31 f.

(158) aufrückt. So buchstäblich macht das Finale den Novellensatz wahr, daß es Fürsten oder Vizekönige alten Schlags nicht mehr gibt.

Der Text aber beschreibt diese neue Ordnung der Dinge so technisch, wie sie ist: als einen Rückkopplungseffekt, der Fragen nach Ursachen oder Gründen oder Motiven verabschiedet. Daß unter den Mordknechten auch der alte Rugera auftaucht, um seinen Sohn identifizieren und erschlagen zu können, bleibt eine Tatsache diesseits jeder Deutung. Die drei Schritte der Novelle führen also von einer Anfangskatastrophe, die – etwa beim Zusammenbruch der Kerkermauern – mit ingenieursmäßiger Präzision beschrieben wird, über ein Arkadien, das seinen Kindern eine Zeitlang psychologische Gefühle und philosophische Deutungen gestattet, zu einer Schlußkatastrophe, die mit dem kalten Blick des Kriegstechnikers gesehen ist. Er gehöre zu den wenigen Leuten, die sich in Metaphern und in Formeln gleichermaßen auskennten, hat Kleist einmal gesagt.

Und nur soweit er die Volkswut in Metaphern beschreibt, bleibt Kleist im Diskursraum, dem das *Morgenblatt für gebildete Stände* zuzählt. Mit seinem obsoleten Schwert ficht Don Fernando, jeder Zoll ein preußischer Offizier, gegen die »satanische Rotte« als »göttlicher Held« (158). So erfüllen Metaphern den unmöglichen Wunsch, mit dem Kleist am 19. März 1797 seinen Abschied aus der preußischen Armee begründet hat: zugleich Mensch und Offizier sein zu können. Statt den friderizianischen Exerziermeister seiner Rekruten abgeben zu müssen, darf Don Fernando, so göttlich wie nutzlos, für ein Ideal von Familie und Mütterlichkeit fechten.

Aber die preußische Armee mit ihren Exerzierreglements versagt im Novellenentstehungsjahr 1806 vor einer Rotte, der Kleist satanische Metaphern nie vorenthalten hat (vom Fürsten dieser Rotte ganz zu schweigen). Seit Jena und Auerstedt besteht keine Nachfrage nach göttlichen Helden mehr; was gegenüber einer revolutionären Heeresstruktur wie der französischen zählt, sind einzig Formeln von kriegstechnischer Präzision. Hier ist die Novelle noch einmal, aber im Klartext:

15 »Jede große und umfassende Gefahr gibt, wenn ihr wohl begegnet wird, dem Staat, für den Augenblick, ein demokratisches Ansehn. Die Flamme, die eine Stadt bedroht, um sich greifen zu lassen, ohne ihr zu wehren, aus Furcht, der Zusammenlauf der Menschen, den

eine nachdrückliche Rettung herbeizöge, könnte der Polizei über den Kopf wachsen: dieser Gedanke wäre Wahnsinn, und kann in die Seele eines Despoten kommen, aber keines redlichen und tugendhaften Regenten.«

Sätze von 1809, mit denen Kleist seine Propagandaschrift *Über die Rettung von Österreich* vor Napoleon einleitet. Und ein strategisches Programm, das Naturkatastrophen bloß noch bebildern. In Kleists politischen Schriften stehen alle Erdbeben und Feuersbrünste dieser Erde für eine Heeresstruktur, die den Machttheatern Alteuropas abgesagt hat und preußischen Exerzierreglements weit voraus ist. Seit den Revolutionskriegen haben die Franzosen ihre »Artillerie ganz auf den entscheidenden Feuerschlag« eingestellt und ihre »Infanteriekolonnen getrennt in Staffeln und auf sich gestellt in beschleunigter Bewegung zum Einsatz« gebracht, »ohne eine unauflösliche Front zu bilden«.[9] Weshalb die Preußen bei Jena und Auerstedt, weil sie »noch hoch aufgerichtet, Bataillon an Bataillon in die Breite entfaltet«, auf dem Schlachtfeld paradieren, nur in einen sicheren »Tod« gehen, »der ihnen aus dem Artillerie- und Schützenfeuer eines beweglicheren, das Gelände ausnützenden Feindes« entgegenschlägt.[10]

Eine Lineartaktik, die auch in der Novelle nur fatale Folgen haben kann. Don Fernando, der göttliche Offizier, bietet Josephe ganz formell den Arm, um in wahrhaft altpreußischer Taktik einen geordneten Rückzug seiner vereinigten Familien aus der Kirche einzuleiten. Aber was man damit gegenüber einem »wütenden Haufen« (157) und perfekter Kirchengeländeausnützung erreicht, sind Verluste von annähernd 70 Prozent.

So dringlich ist es eben im Jahr 1807, exerzierplatzmäßige Lineartaktiken aufzugeben. »Bei Eylau und Friedland« bilden die Preußen »schon selbst Schützenschwärme und Kolonnen« und verbeißen »sich im Getümmel, das nun auf beiden Seiten schwerste Opfer« fordert.[11] Sie und ihr Dichter gehen also beim Feind in

---

9 Hermann Stegemann, *Der Krieg. Sein Wesen und seine Wandlung*, Stuttgart, Berlin 1939–40, Bd. II, S. 190.

10 Ebd., S. 245.

11 Ebd., S. 245 f.

die Lehre. Einem Erdbeben wie den Revolutionsheeren können nur gleiche Waffen und Taktiken entgegentreten, einer *levée en masse* nur die *levée en masse.* »Für den Augenblick« tut auch einem »Staat« von Gottes Gnaden »ein demokratisches Ansehn« not. Deshalb und nur deshalb lädt der Propagandist Kleist, nachgerade treuherzig, Österreichs tugendhaften Regenten dazu ein, gewisse ungeordnete Zusammenläufe zu dulden, die jeder Polizei über den Kopf wachsen und nach dem Zeugnis seiner eigenen Novelle Vizekönige oder Regenten totzuschlagen pflegen. Und mag jene Novelle noch so inständig versucht haben, Demokratie aufs Phantasma »*einer* Familie« und Familiarität auf Mütterlichkeit zu gründen, der Kriegstechniker weiß es besser als alle Bildungsdiskurse. Wahrhaft demokratisch vergehen die Unterschiede zwischen Fürsten und Bettlern, Staatsbeamten und Tagelöhnern in jenem Wahnsinn, den nur »Wahnsinn« nicht wollen könnte – wenn am Novellenende eine bewaffnete Menge alle Standesunterschiede liquidiert.

Man braucht nur gegen den Strich zu lesen. Zunächst tritt, in priesterlicher Verkleidung, ein Propagandaredner auf, der (diesmal mündlich) »über die Rettung Chilis« deliriert. Daraufhin schreit eine zusammengelaufene Menschenmenge nach Mord. Daraufhin erschlägt ein Vater seinen Sohn und ein Schuhflicker die Tochter eines der »reichsten Edelleute der Stadt« (144). Originalton Kleist zum Thema Napoleon:

16 »Schlagt ihn tot! Das Weltgericht
Fragt euch nach den Gründen nicht!«

Theologische und geschichtsphilosophische Diskurse, wenn sie zum Mord aufriefen, haben jeder auf seine Weise noch Gründe anführen müssen; der Propagandaschreiber Kleist ist darüber hinaus. Wonach er fragt, sind einzig Techniken und Waffen des Todes. Die Keulen, unter deren Schlägen Jeronimo, Josephe und Constanze fallen, haben auch in der *Hermannsschlacht* die edle Aufgabe, waffenlose Römer, und d. h. Franzosen, niederzumachen. Es sind die Waffen eines totalen Volkskrieges.

In Geister- und Geheimbundromanen der Goethezeit ist die Rede immer wieder von einer unsichtbaren Hand. Im *Erdbeben in Chili* schwingen harmlose Kirchgänger mit einemmal Keulen, deren

Herkunft rätselhaft bleibt. Die Unwahrscheinlichkeit, daß Jeronimo auch im Kerker über einen Strick verfügt, motiviert sein Erzähler; daß Schuhflicker und anderes Gesindel über Keulen verfügen, mit keinem Wort. In einer Novelle, die sonst an keiner Stelle über die Relation von Ereignissen hinausragt, sind die Keulen mithin Gaben einer unsichtbaren und jenseitigen Hand – einer Hand am Körper des Schreibers selber. Seine Handgreiflichkeit ist es, die hinterm Schleier unabwendbarer oder gar geschichtsphilosophischer Abläufe triumphiert.

Am 21. April 1813, ein Jahr und fünf Monate nach Kleists Selbstmord, unterzeichnete der König von Preußen eigenhändig ein Edikt, das den Anfang vom Ende aller Fürstenmacht in Mitteleuropa machte. Das Landsturmedikt setzte jegliche Hegung des Krieges (in Völkerrecht und Kabinettspolitik) außer Kraft, weil es zum Krieg gegen Heere rief, die bei Jena und Auerstedt selber wie Partisanen gesiegt hatten. Zum erstenmal in der deutschen Geschichte wurde ein Volk zu den Waffen gerufen und gewaltsamer Ungehorsam selbst feindlichen Polizeianordnungen gegenüber zur Pflicht jedes Preußens ernannt. Mochten reguläre Heere weiterhin mit Schwertern und Gewehren antreten, für Landsturm und Volksmengen empfahl § 43 des Edikts viel naheliegendere Waffen: Beile, Heugabeln und Sensen. Postum haben Kleists Keulen also doch noch Legalität erlangt.

»Man staunt, den Namen des legitimen Königs unter einem solchen Aufruf zum Partisanenkampf zu sehen«,[12] heißt es in Carl Schmitts bewundernswerter *Theorie des Partisanen.* Ganz wie Kleists Proklamation *Über die Rettung von Österreich* es ins Auge gefaßt hat, liquidiert ein legitimer und tugendhafter Regent seinen alteuropäischen Begriff – mit Fernwirkungen, die die *Theorie des Partisanen* auf die Jahre 1917 und 1918 datiert. Wenn dermaleinst 17
auch Kleists Werke, ob in Naturkatastrophen oder in totalen Kriegen, den Weg seiner Seelengeschichte gegangen sind, wird doch diese schmale Schrift überdauern. Schmitt allein gelingt es, die dunklen Texte Kleists in einem Dispositiv von Diskursen zu orten. Als »größte Partisanendichtung aller Zeiten« (wie die seit 30 Jahren 18

12 Carl Schmitt, *Theorie des Partisanen. Zwischenbemerkung zum Begriff des Politischen*, Berlin 1963, S. 47.

übliche Formel lautet) figurieren sie neben Clausewitz und Lenin, Mao Tse-tung und General Salan.

Ein entlassener preußischer Offizier – in glücklichen Momenten
von der österreichischen Propagandamaschine gegen Napoleon fi-
nanziert, dann wieder ganz allein, weil sein König erst mit siebzehn
Monaten Verspätung begreift – entwickelt unter Bedingungen und
Masken des Bildungssystems die Diskurspraxis des Partisanen.
19 Mit der Technik»[u]nwahrscheinliche[r] Wahrhaftigkeit[]« (so ein
Anekdotentitel Kleists) beschwört er Naturkatastrophen herauf, nur
um seinen Lesern eine Feindschaft beizubringen, die es nie zuvor
gegeben hat: die absolute Feindschaft. Ob ihr Ziel der Kaiser der
Franzosen oder das eigene Leben ist, spielt keine Rolle. »Der Feind
20 ist« ja nur »unsere eigene Frage als Gestalt«.[13] Im *Katechismus der
Deutschen fragt ein Vater seinen Sohn, warum wohl (angeblich)
Napoleons Einmarsch den Deutschen alle Hütten zerstört und alle
Felder verheert hat. Die propagandistisch erwünschte Antwort aus
21 Kindermund: »um ihnen diese Güter völlig verächtlich zu machen«.
Im *Erdbeben in Chili* übt die Naturkatastrophe »ungesäumte [...]
Wegwerfung des Lebens« ein, »als ob es, dem nichtswürdigsten
Gute gleich, auf dem nächsten Schritte schon wiedergefunden wür-
de« (152). Nicht nur für Hohenzollernkönige, auch für ihren märki-
schen Uradel wird Partisanentum suizidal.

Der menschliche Geist, den die Novelle wie eine Blume züchtet, ist also ein Trugbild zur Vernebelung nackter Gewalt. Man erzählt rührende Geschichten von einer Liebe, die wie üblich einer Mutter gilt, die wie üblich ganze Menschenmassen in Familien vereint, nur um zu tarnen, was wahre Demokratie besagt. Die Versöhnung aller Gemüter gelingt einzig durch einen »fürchterlichen Schlag« (151), gleichgültig ob von Erdbeben oder Keulen. Eine diskursstrategische Maßnahme Kleists, die völlig dysfunktional wäre, wenn es seinen Texten (nach der prachtvollen Lesart Thomas Manns) bloß um Bildung und Menschenglück ginge. Dergleichen ist in der klassisch-romantischen Dichtung einfacher zu haben; weshalb ihr Herr und Meister Goethe dem Nachwuchsautor Kleist gegenüber denn auch alle Reserven hat. Nur wenn es um Volksgewalt und Partisanentum geht, werden die fürchterlichen Schläge notwendig.

13 Ebd., S. 87.

Der Wortsinn von ›Novelle‹ ist juristisch. In Lagen, wo keiner von den überkommenen Gesetzesparagraphen mehr angemessen scheint, wagen die Mächte Novellierungen. Das tun sie nicht oft und nicht gern, zumal wenn ihre eigene Legitimität sich nur auf das Herkommen gründet. Weshalb es denn vorkommt, daß die notwendigen, aber fürchterlichen Novellierungen einer Diskursstrategie erst einmal von Leuten ohne Auftrag und in Medien ohne Realgewalt propagiert werden. So macht der Einzelkämpfer Kleist Novellen. Was hermeneutischen Interpretationen am *Erdbeben in Chili* ein Rätsel bleiben muß, ist einfach die Gewalt seines Geschriebenseins selber.

Diskursanalysen dagegen brauchen nicht zu deuten. Über die Effekte von Texten haben andere und synchrone Diskurse, die mit ihnen vernetzt gewesen sind, schon längst entschieden. Gewalt ist immer auch aktenkundig.

»Schon drei Monate später, am 17. Juli 1813«, hat Friedrich Wilhelm III. sein Landsturmedikt »geändert und von aller Partisanen-Gefährlichkeit, von jeder acherontischen Dynamik gereinigt«.[14] Und das kaiserliche Österreich, dessen Rettung von Kleist propagiert wurde, so lange sein eigener König im großen Volkskrieg noch abseits stand, hat die Vorschläge zu seiner Rettung mit unbestechlichem Auge durchschaut. Als 1810 der erste Teil von Kleists *Erzählungen* vorlag, beantragte der Zensor Retzer ein unbedingtes Verbot, das von der Wiener Hofzensurstelle auch genehmigt wurde. Begründung: am *Erdbeben in Chili* sei der »Ausgang im höchsten Grade gefährlich«.[15]

---

14 Ebd., S. 46.

15 Vgl. Karl Glossy, Kleine Mitteilungen, in: *Jahrbuch der Grillparzergesellschaft* 33 (1935), S. 151 f.

Apparat

zu I.B.4.6

Editorischer Kommentar und Bericht

Der Aufsatz »Ein Erdbeben in Chili und Preußen« erschien erstmals in: David E. Wellbery (Hrsg.), *Positionen der Literaturwissenschaft. Acht Modellanalysen am Beispiel von Kleists ›Das Erdbeben in Chili‹*, München: Beck 1985 (*Beck'sche Elementarbücher*), S. 24–38, Anmerkungen S. 174, und in weiteren Auflagen desselben Bands (2. Auflage 1987, 3. Auflage 1993, 4. Auflage 2001, 5. Auflage 2007).

Im Deutschen Literaturarchiv Marbach, Bestand *A:Kittler, Friedrich A.*, ist ein 23-seitiges Typoskript »EIN ERDBEBEN IN CHILI UND PREUSSEN« mit Überklebungen in Kasten 1, Mappe 5 vorhanden.

Kittlers Werkliste führt »Erdbeben in Chili und Preußen« unter der Nummer 43 mit der Schreibzeit 10. März bis 01. Mai 1982 und dem Publikationsdatum Mai 1985.

Ediert wurde der Erstdruck. Druckfehler wurden stillschweigend korrigiert. Die Zitate wurden überprüft und gegebenenfalls behutsam korrigiert. Dabei wurde nicht in Kittlers Satzbau eingegriffen, dem er in der Regel die Zitate grammatisch anpasste. Die Originalausgabe enthielt einen Abdruck der Novelle *Das Erdbeben in Chili*, aus dem fortlaufend nach Seitenzahl zitiert wurde. Wir haben die Zitatnachweise auf die dort zugrunde gelegte Ausgabe umgestellt: Heinrich von Kleist, *Sämtliche Werke und Briefe*, 2 Bände, herausgegeben von Helmut Sembdner, München und Wien: Hanser 1984 (7. Auflage).

Stellenkommentar

1 Adreßbits] Adressbits bestimmen in einem Speicher den Ort und die Menge der ablegbaren Daten.

2 wie Foucault das für Rousseaus *Dialogues* oder Flauberts *Tentation de Saint-Antoine* tun konnte.] Vgl. Michel Foucault, »Vorwort zu den ›Dialogues‹ von Rousseau«, aus dem Französischen übersetzt von Karin von Hofer, in: ders., *Schriften zur Literatur* (= *Sammlung Dialog* 6), München: Nymphenburger

Verlagshandlung 1974, S. 32–52 sowie Michel Foucault, »Un ›fantastique‹ de bibliothèque. Nachwort zu Gustave Flauberts ›Die Versuchung des heiligen Antonius‹«, aus dem Französischen übersetzt von Anneliese Botond, in: ebenda, S. 157–177.

3 »Lakunenjahre«] Der Begriff stammt von Richard Samuel. Vgl. Richard Samuel, »Heinrich von Kleists Reise in die Hochalpen im Sommer 1803«, in: Jürgen Brummack et al. (Hrsg.), *Literaturwissenschaft und Geistesgeschichte*, Tübingen: Niemeyer 1981, S. 314–334.

4 (153)] Hier und im Folgenden beziehen sich Seitenangaben in Klammern auf Heinrich von Kleist, *Das Erdbeben in Chili*, in: ders., *Sämtliche Werke und Briefe*, Band 2, herausgegeben von Helmut Sembdner, München und Wien: Hanser 1984 (7. Auflage), S. 144–159.

5 »immer unaufhörlich einem höhern Grade von Bildung entgegen«] Heinrich von Kleist, »An Wilhelmine von Zenge [Berlin, den 22. März 1801]«, in: ders., *Sämtliche Werke und Briefe* (Komm. 4), Band 2, S. 630–636, hier S. 633.

6 Aufsatzfrage, ob es »wünschenswerter« sei, »*auf eine kurze Zeit*, oder *nie* glücklich gewesen zu sein«.] Heinrich von Kleist, »Verschiedene Denkübungen für Wilhelmine von Zenge [Frankfurt a. d. Oder, Frühjahr bis Sommer 1800] [3]«, in: ders., *Sämtliche Werke und Briefe* (Komm. 4), Band 2, S. 510–511, hier S. 510.

7 Vgl. dazu David E. Wellbery, *Diskursanalyse*, unveröffentlichter Vortrag, gehalten vor der MLA, New York 1981] David E. Wellberys Vortrag hatte Kittler als Typoskript erhalten (vgl. den Brief von Friedrich A. Kittler an David E. Wellbery vom 28. April 1982 (Kasten 24, Mappe 3).) Der Vortrag wurde nie veröffentlicht.

8 »Wenn beide, Mann und Frau, für einander tun, […] einer zuerst stirbt?«] Heinrich von Kleist, »Verschiedene Denkübungen für Wilhelmine von Zenge [Frankfurt a. d. Oder, Frühjahr bis Sommer 1800] [1]«, in: ders., *Sämtliche Werke und Briefe* (Komm. 4), Band 2, S. 508–509, hier S. 509.

9 »verliert« Jeronimo in Josephe »den ganzen Inbegriff seines irdischen Glückes«.] Heinrich von Kleist, »An Wilhelmine von Zenge [Frankfurt a. d. Oder, den 30. Mai 1800]« in: ders., *Sämtliche Werke und Briefe* (Komm. 4), Band 2, S. 505–508, hier

S. 508: »Er [i. e. der Mann] verliert die [sic] ganze Inbegriff seines irdischen Glückes […]«.

10 beweist »die Frau«] Ebenda.

11 Verlust »des Mannes« […] »Söhnen hinterlassen«] Kittler zitiert hier nicht korrekt. In »Kleists Musteraufsatz vom 30. Mai 1800« steht: »[…] bei dem Tode ihres Mannes. Die Frau verliert nichts als den Schutz gegen Angriffe auf Ehre und Sicherheit […] oder der Mann hat es ihr in Verwandten, vielleicht in erwachsenen Söhnen hinterlassen« (ebenda).

12 Prinz von Homburg es auch auf den Begriff bringt).] Anspielung auf den vierten Auftritt des III. Akts von *Prinz Friedrich von Homburg*, in dem Homburg in einem Anfall von Todesangst seine Braut Nathalie bereits als Witwe imaginiert und ihr rät: »[S]uch in den Bergen | Dir einen Knaben, blondgelockt wie ich, […] drück ihn | An deine Brust und lehr ihn: Mutter! stammeln« (Heinrich von Kleist, *Prinz Friedrich von Homburg*, in: ders., *Sämtliche Werke und Briefe* (Komm. 4), Band 1, S. 629–709, hier S. 677).

13 »Reskripts […], das die völlige Auskaufung der Zunftgerechtsame« »eingeleitet hat«.] Heinrich von Kleist, »An Karl Freiherrn von Stein zum Altenstein [Königsberg, den 10. Feb. 1806]«, in: ders., *Sämtliche Werke und Briefe* (Komm. 4), Band 2, S. 762–763, hier S. 763.

14 »prachtvolle Erzählung«] Thomas Mann, »Heinrich von Kleist und seine Erzählungen«, in: ders., *Gesammelte Werke in Einzelschriften*, Band *Leiden und Größe der Meister*, herausgegeben von Peter de Mendelssohn, Frankfurt am Main: Fischer 1982, S. 495–515, hier S. 509.

15 »Jede große und umfassende Gefahr gibt, […] tugendhaften Regenten.«] Heinrich von Kleist, »Über die Rettung von Österreich« [1809], in: ders., *Sämtliche Werke und Briefe* (Komm. 4), Band 2, S. 380–382, hier S. 380.

16 »Schlagt ihn tot! Das Weltgericht | Fragt euch nach den Gründen nicht!«] Heinrich von Kleist, »Germania an ihre Kinder / Eine Ode«, in: ders., *Sämtliche Werke und Briefe* (Komm. 4), Band 1, S. 25–27, hier S. 27.

17 Wenn dermaleinst auch Kleists Werke […] schmale Schrift überdauern.] Der Satz wurde in der dritten Auflage auf Intervention des Verlagslektorats (vgl. den Brief von Raimund Bezold an

Friedrich A. Kittler vom 28. Mai 1993 (Kasten 41, Mappe 5)) gestrichen.

18 »größte Partisanendichtung aller Zeiten«] Carl Schmitt, *Theorie des Partisanen. Zwischenbemerkung zum Begriff des Politischen*, Berlin: Duncker und Humblot 1963, S. 15.

19 »[u]nwahrscheinliche[r] Wahrhaftigkeit[]«] Vgl. Heinrich von Kleists Anekdote »Unwahrscheinliche Wahrhaftigkeiten«, in: ders., *Sämtliche Werke und Briefe* (Komm. 4), Band 2, S. 277–281.

20 *Katechismus der Deutschen*] Vgl. Heinrich von Kleists politische Schrift »Katechismus der Deutschen. Abgefaßt nach dem Spanischen, zum Gebrauch für Kinder und Alte« [1809], in: ders., *Sämtliche Werke und Briefe* (Komm. 4), Band 3, S. 350–360.

21 »um ihnen diese Güter völlig verächtlich zu machen«.] Ebenda, hier S. 356.

Dokumentarisches Nachwort

Die von David E. Wellbery herausgegebenen *Positionen der Literaturwissenschaft* erschienen in der Reihe *Beck'sche Elementarbücher* als ein »Experiment«, die »sogenannte Methodendiskussion« an einem Beispiel zu konkretisieren.[1] Acht Modellanalysen versammeln »Diskursanalyse« (Kittler), »Hermeneutik« (Norbert Altenhofer), »Kommunikationstheorie/Pragmatik« (Karlheinz Stierle), »Literatursemiotik« (Wellbery), »Institutionssoziologie« (Christa Bürger), »Sozialgeschichtliche Werkinterpretation« (Helmut Schneider), »Theorie der Mythologie/Anthropologie« (René Girard) und – ohne Methodenstichwort – einen Beitrag von Werner Hamacher.

Die Entstehungsgeschichte des Texts ist durch den Briefwechsel zwischen Kittler und Wellbery vergleichsweise gut belegt. Eine erste Anfrage, die Forschungsrichtung »Diskursanalyse/-kritik«, wie sie »im Hinblick auf Ihre theoretische Arbeiten konzipiert worden ist«,[2]

---

1 David E. Wellbery, »Vormerkung«, in: ders. (Hrsg.), *Positionen der Literaturwissenschaft. Acht Modellanalysen am Beispiel von Kleists ›Das Erdbeben in Chili‹*, München: Beck 1985 (*Beck'sche Elementarbücher*), S. 7–10, hier S. 7 und 10.

2 Brief von David E. Wellbery an Friedrich A. Kittler vom 16. März 1981 (Kasten 24, Mappe 3).

zu vertreten, lehnt Kittler im April 1981 mit dem Hinweis auf seine Arbeit an der Habilitationsschrift *Aufschreibesysteme 1800/1900*[3] zunächst ab.[4] Wellberys Übersetzung[5] von Kittlers Aufsatz »Vergessen«, eine Einladung nach Stanford und nicht zuletzt das »Beharren« auf der »Diskursanalyse, wie Sie sie für die Literaturwissenschaft konkretisiert haben«, so dass es »m.E. wenig Sinn [hat], den Band herauszubringen, ohne dass Sie vertreten sind«,[6] ließen Kittler schließlich »dankbar« zusagen.[7] Zudem erlaubte eine Fristverlängerung, die Arbeit erst nach Niederschrift der *Aufschreibesysteme* aufzunehmen.

Der Text wurde während Kittlers erstem Aufenthalt in Berkeley begonnen und in Freiburg fertiggestellt. Laut Werkliste fand die Schreibarbeit zwischen dem 10. März und dem 01. Mai 1982 statt. Kittler war mit dem Ergebnis nicht ganz zufrieden: »Das Schreibtempo ist dem zweiten Teil stilistisch und argumentativ wohl nicht gut bekommen; und ohne Deine Stanforder Recherchen hätte ich nicht mal einen Schluss gehabt«, so Kittler an Wellbery.[8] Dabei weicht das Datum des Begleitschreibens vom 28. April 1982 um wenige Tage von der in Kittlers Werkliste angegebenen Schreibzeit ab. Am 17. Mai 1982 bedankte sich Wellbery für einen Beitrag, der »auf geradezu paradigmatische Art konkrete Auseinandersetzung mit dem Text und Reflektion über das eigene Schreiben« verbindet, »was der Intention des Bandes genau entspricht, und meine Hoffnungen weit

---

3 Friedrich A. Kittler, *Aufschreibesysteme 1800/1900*, 581 Seiten Typoskript mit Überklebungen und handschriftlichen Ergänzungen (Kasten 30, Mappen 1, 2, 3 und 4).

4 Brief von Friedrich Kittler an David E. Wellbery vom 08. April 1981 (Kasten 24, Mappe 3).

5 Friedrich A. Kittler, »Forgetting«, ins Englische übertragen von David E. Wellbery, in: *Discourse. Berkeley Journal for Theoretical Studies in Media and Culture* (1981), H. 3, S. 88–121.

6 Brief von David E. Wellbery an Friedrich A. Kittler vom 28. Juli 1981 (Kasten 24, Mappe 3). Wellbery hatte Kittler sogar angeboten, seinen Text später einzureichen oder seine Methodenreflexion auf Tonband aufzunehmen.

7 Brief von Friedrich A. Kittler an David E. Wellbery vom 19. Oktober 1981 (Kasten 24, Mappe 3).

8 Brief von Friedrich A. Kittler an David E. Wellbery vom 28. April 1982 (Kasten 24, Mappe 3).

übertrifft.«[9] Im Oktober 1984 erhielt Kittler die Fahnenabzüge durch Reinhold Zimmer vom C.H. Beck-Verlag mit der Bitte, diese bis zum 15. November durchzusehen und zurückzusenden.[10] Im April 1985 informierte Zimmer Kittler über das Erscheinen des Buches.[11] Als Publikationsdatum hält die Werkliste Mai 1985 fest.

Kittlers Aufsatz war Gegenstand einer Auseinandersetzung mit Gerhard Kaiser, seinem ehemaligen Doktorvater, Professor an der Albert-Ludwigs-Universität Freiburg im Breisgau und Gutachter im Habilitationsverfahren.[12] Es ging um Methodenfragen der Germanistik. Kaiser nahm im Juni 1985 in einem langen Brief Bezug auf Kittlers jüngst veröffentlichte Arbeit und schrieb:

> Ich finde es mal wieder glanzvoll und beneidenswert, wie Du die Familienkonstellation und das Gegeneinander von ständischer Schaujustiz und modern-revolutionärer Lynchjustiz herausarbeitest, dazwischen die Scheinidylle. Was du da machst, ist meiner Meinung nach Interpretation, denn es stellt den Aufbau *dieses* Werks heraus. Worin du die Interpretation überschreitest – oder zerstörst –, scheint mir keine Analyse harter Fakten, die es bekanntlich gar nicht gibt, sondern eine ziemlich willkürliche Verknüpfung von Einzelmomenten der Novelle mit der bekannten zeitgeschichtlichen Situation und mit Kleists journalistisch-propagandistischen Äußerungen. Es gehört schon einiger Mut dazu, Kleists Abscheubild des (revolutionären) Terrors umzuinterpretieren in eine Propaganda der antinapoleonischen Volkserhebung. Immerhin wäre sie nicht sehr erfolgreich gewesen, wenn erst Du 170 Jahre später kommen mußtest, um das zu merken. Einen Effekt im Sinne Deines Dispositivs hat der Text nicht erzielt.
>
> Dabei streite ich einen Zusammenhang von Kleists Schreiben mit der preußischen Reformbewegung ebensowenig ab wie andere

9 Brief von David E. Wellbery an Friedrich A. Kittler vom 17. Mai 1982 (Kasten 24, Mappe 3).

10 Vgl. den Brief von Reinhold Zimmer an Friedrich A. Kittler vom 16. Oktober 1984 (Kasten 41, Mappe 6).

11 Vgl. den Brief von Reinhold Zimmer an Friedrich A. Kittler vom 30. April 1985 (Kasten 41, Mappe 6).

12 Vgl. den Brief von Gerhard Kaiser an Friedrich A. Kittler vom 13. Juni 1985 (Kasten 39, Mappe 1).

altmodische Interpreten, nur läuft er über die von Dir so verpönte Sinnfrage und ist in ihrem Kontext ein alter Hut. Kleist lehnt den revolutionären Terror ab, möchte aber – wie die preußischen Reformer – revolutionäre Elemente in den monarchischen Staat einbauen und ihnen damit einen veränderten Sinn geben, zum Beispiel die neue Gefechtsordnung der Revolutionsheere, die auch ursprünglich schon einen Sinn hat und nicht einfach eine Machttechnik ist. Sie ist die Kampfesweise von Bürgern und Anhängern der Revolution, die wissen, wofür sie kämpfen und deshalb nicht zu Rädchen einer Kriegsmaschine zugerichtet werden müssen. Aber schon Napoleon hat das in seine Monarchie eingebaut, abgesehen davon, daß er in Spanien und Tirol auf Leute stieß, die, aufgehetzt von Mönchen, im Namen Gottes also, noch viel partisanenhafter kämpften als seine reguläre Infanterie und die Truppen seiner deutschen Verbündeten.

Im übrigen kann für mich kein Zweifel darüber bestehen, daß man Kleists Werk wirklich zertrümmern muß, wenn man die Sinnfrage als organisierendes Zentrum aus ihm herausoperieren will. Das ›Erdbeben‹ stellt *die* Frage, die schon das Erdbeben in Lissabon gestellt hat. Man kann und muß es auf Sinnlosigkeit hindeuten, aber diese Deutung ist ebensowenig unsinnig, wie Unsinn und Sinnlosigkeit dasselbe sind. Kleist kann barbarisch sein, kein Zweifel; aber weder er noch die preußischen Reformer sind pure Technokraten. Auf eine verquaste Weise zeigt sogar der gräßliche von Dir zitierte Katechismus Kleists, ebenso wie die Schriften Ernst M. Arndts von 1813, daß noch hinter diesen Barbareien ein idealistische [sic], quasi religiöses Bild des Menschen und der Gesellschaft steht.[13]

Eine briefliche Antwort Kittlers ist im Marbacher Bestand nicht überliefert.

Bei der Neuauflage der *Positionen der Literaturwissenschaft* kontaktierte Zimmer Kittler im April 1987 und wies darauf hin, dass die unveränderte Übernahme des Satzes Voraussetzung für das Erscheinen der zweiten Auflage sei.[14] Korrekturen seien aus Zimmers

---

13 Brief von Gerhard Kaiser an Friedrich A. Kittler vom 13. Juni 1985 (Kasten 39, Mappe 1).

14 Vgl. den Brief von Reinhold Zimmer an Friedrich A. Kittler vom 07. April 1987 (Kasten 41, Mappe 6).

Sicht nicht notwendig.[15] Bei der Vorbereitung der dritten Auflage (1993) waren kleinere Korrekturen möglich. Raimund Bezold, Lektor im Beck-Verlag, wandte sich im Mai an Kittler mit der Bitte, einen Satz auf dessen Notwendigkeit hin zu prüfen und gegebenenfalls zu streichen.[16] Kittler entsprach dieser Bitte, sodass ab der dritten Auflage der *Positionen der Literaturwissenschaft* eine geringfügig geänderte Textfassung präsentiert wurde.

Neben dem Typoskript, das dem Erstdruck zugrunde lag, befinden sich im Deutschen Literaturarchiv Marbach auch eine Kopie mit Anmerkungen zu Kleists Text aus der von Kittler benutzten Ausgabe[17] und verschiedene Brouillons.[18]

Für freundlich erteilte Publikationsgenehmigungen danken wir dem Deutschen Literaturarchiv Marbach, Susanne Holl, Ingeborg Kaiser und David E. Wellbery.

---

15 Vgl. ebenda.

16 Vgl. den Brief von Raimund Bezold an Friedrich A. Kittler vom 28. Mai 1993 (Kasten 41, Mappe 5). Dieser Satz wurde im Stellenkommentar ausgewiesen.

17 4 Blätter kopiert auf 2 Seiten (Kasten 1, Mappe 5).

18 Vgl. die Kopie aus Kleists Briefen (Kasten 13, Mappe 2 »1900 Wahn«) sowie die Brouillons »Kleist: Der Frühling / Spiegelung«, 3 Seiten Typoskript (Kasten 46, Mappe 3), »Kleist«, 6 Seiten Manuskript (Kasten 49, Mappe 3), »Kleist: Ohnmacht, Somnambulismus«, 3 Seiten Typoskript (Kasten 50, Mappe 3), »Kleist: Verzweifelter Wahnsinn«, 1 Blatt Typoskript (Kasten 50, Mappe 3), »Kleist: Schroffenstein // MISSTRAUEN – SUBJEKTIVITÄT«, 2 Seiten Typoskript (Kasten 50, Mappe 3), »Kleist: Prinz von Homburg / Versöhnung; Traum«, 4 Seiten Typoskript (Kasten 50, Mappe 3), »Kleist: Homburg / Ohnmacht, 2 Seiten Typoskript (Kasten 50, Mappe 3), »Kleist: Amphitryon«, 3 Seiten Typoskript (Kasten 50, Mappe 3), »Kleist: Penthesilea // Starrender Blick«, 1 Blatt Typoskript (Kasten 50, Mappe 3), »Kleist: Marquise von O. / Geburt«, 1 Blatt Typoskript (Kasten 50, Mappe 3), »Kleist: Der Findling«, 2 Seiten Typoskript (Kasten 50, Mappe 3), »Kleist: Penthesilea / Gesetz und Liebe«, 1 Blatt Typoskript (Kasten 50, Mappe 3) und »Kleist: *Versehen*«, 3 Seiten Typoskript (Kasten 50, Mappe 3). Vgl. ferner auch Kittlers Karteikarten (Kasten 124). Nachweislich nach der Publikation des Textes entstandene Texte und Materialien wurden hier nicht aufgenommen.

Carlos als Carlsschüler I.B.4.7
Ein Familiengemälde in einem fürstlichen Hause

> Auch dem Geistesforscher sollte es erlaubt sein, in seltener und gewagter Stunde gewisse Sätze Schillers so zu lesen, wie ein Kriminalbeamter die Schriftstücke eines von ihm beobachteten Menschen. 1
>
> Kommerell

Daß es eine deutsche Klassik gegeben hat, setzt höhere und hohe Schulen voraus. Den Mehrwert an Sinn, wie er Autoren und Werke kanonisiert, hat ein Schulsystem erbracht, an dessen Spitze Philosophen getreten sind. Was über Goethe und Schiller geschrieben wird, 2
bleibt darum noch immer und allzuoft Interpretationsaufsatz.

Aber weil die Philosophie, als sie um 1800 vom letzten auf den ersten Rang unter den Fakultäten aufrückte, »die Besonderheit der den Facultäten gegenständlichen Wissenschaften zur Allgemeinheit verflüchtiget« hat,[1] sind solche Interpretationen vergeßlich. Den Ort ihrer eigenen Rede nennen sie lieber nicht beim Namen. Vom Menschen statt von Beamten, von Geistesgeschichte statt von Hochschulpolitik, von Gedanken statt von Wissensmächten geht eine Rede, die historisch-faktische Diskursformationen zu Allgemeinheiten verflüchtigt und damit nur fortschreibt, was jene Klassik selber begonnen hat. Eigenen Dichtungen eine Philosophie zu unterlegen, war Schillers Unternehmen in Weimar, beim Interpretieren alles andere als den Wortlaut zu beherzigen, Fichtes hermeneutisches Postulat.[2]

Und dabei gibt es Wortlaute, verräterisch wie Druckfehler. »Alcalas hohe Schule« heißt im *Don Carlos* der Ort, wo Prinz und Marquis, das Heldenpaar von Schillers letzter Jugenddichtung, 3

1 Hermann Friedrich Wilhelm Hinrichs: Aesthetische Vorlesungen über Goethe's Faust als Beitrag zur Anerkennung wissenschaftlicher Kunstbeurtheilung, Halle/S. 1825. S. 70.

2 Vgl. dazu Heinrich Bosse: Autorisieren. Ein Essay über Entwicklungen heute und seit dem 18. Jahrhundert. In: Zeitschrift für Literaturwissenschaft und Linguistik 11. 1981. S. 130 f.

Menschsein und Denken, Freundschaft und Philosophie gelernt haben. Eleganter, aber auch überlesener kann man kaum Wortspiele treiben. Denn unmöglich haben Universitäten wie das kastilische Alcalá, eine Gründung frommer Kirchenfürsten, ihre Schüler auf den Gedanken Gedankenfreiheit gebracht. »Alcalas hohe Schule« lag vielmehr im Herzogtum Württemberg und war eine Militärakademie, die 1782 den amtlichen Namen Carls-Hohe-Schule erhielt. Kein Wunder also, daß Schillers Dramen zum täglichen Brot ganzer deutscher Schülergenerationen werden konnten. Sie fanden damit nur an den Ort zurück, der ihre Voraussetzung ist.

Don Carlos legiert bekanntlich ein Staats- und ein Liebesdrama, deren Einheit nicht nur dem Autor problematisch blieb. Sicher, der Staatsreformplan des Marquis hat Rückführungen auf beste geistesgeschichtliche Adressen erfahren, die Liebe des Infanten zu seiner nominellen Mutter aber (von kruden Psychoanalysen abgesehen) nur Fußnotenverweise auf Schillers romaneske Quelle. Das kommt davon, wenn man Interaktion und Theorie trennt und Wissensmächte, heißt das, im Niemandsland Denken ansiedelt. Zusammenfallen Liebesdrama und Staatsdrama, Romanze und Ideologie des *Don Carlos* nur an einem Ort, der zugleich Praxis und Wissen programmiert hat: im dramatischen Szenario der Carlsschule. Das soll hier gezeigt werden, aber nicht, um Erlebnisse zwischen den Zeilen der Dichtung herauszulesen, sondern um einen Machteffekt zu demonstrieren. Wenn die Schulpolitik Carl Eugens von Württemberg ein wahrhaft klassisches Sprachrohr gefunden hat, dann ausgerechnet den »in der Welt herumirrenden, entloffenen« Eleven Schiller.[3] Nicht immer bringt Flucht schon die Freiheit.

1

Die Hohe Carlsschule ist eine Gründung des aufgeklärten Absolutismus. Zum erstenmal in der Geschichte nimmt ein deutscher Territorialstaat Ausbildung und Rekrutierung seiner Beamtenschaft in unmittelbare und zentralisierte Regie. Carl Eugen erwartet von seiner

---

3 So v. Seeger an Carl Eugen, 24. 11. 1784, zit. Karl Stenzel: Herzog Karl Eugen und Schillers Flucht. Neue Zeugnisse aus den Papieren des Generals von Augé. Stuttgart 1936 (Veröffentlichungen des Archivs der Stadt Stuttgart Heft 1). S. 16.

Schulgründung »Staatsmänner«, »Befehlshaber«, »Verwalter der landesherrlichen Einkünfte«, »Aufseher der Forsthoheiten«, »Aerzte«, »Lehrer«, »Künstler« und »Bürger«.[4] »Siebzehn Minister, dreiunddreißig Generäle und eine Fülle von Offizieren und Doktoren«[5] sind denn auch die Folge, von diversen Oberlehrern und einem (ihrem) Dichter ganz zu schweigen.

Gegen den erbitterten Widerstand der alten Mächte Landeskirche und Landesuniversität durchgesetzt, instituiert die Schule ein Leistungsprinzip, das die Standesschranken zwischen adligen Cavaliers und bürgerlichen Eleven Schritt um Schritt abbaut[6] und damit zum »unmittelbaren Vorbild« des neuen württembergischen Beamtenrechts wird,[7] sowie einen lebenslänglichen Pakt, der ihre Zöglinge schriftlich auf künftigen Staatsdienst verpflichtet. Im Berufsbeamten, wie er die vormals getrennten Bereiche von Fürstendienst und Gelehrtenrepublik überstreicht, sind eben Privilegierung und Disziplinierung die zwei Seiten eines Selben.

Das Zusammenspiel von Privilegierung und Disziplinierung betrifft auch das tägliche Reglement. Die Carlsschule, eine geschlossene Anstalt, erzieht nach den präzisen Worten ihres Intendanten v. Seeger durch »genaue Verbindung der Forcht und Liebe«.[8] Den erhabenen Part der Furcht übernehmen dabei die militärischen Aufseher, die ihre Eleven keine Sekunde lang aus den Augen lassen

---

4 Carl Eugen: Rede seiner Herzoglichen Durchlaucht bei dem Beschluß der öffentlichen Prüfungen. In: Beschreibung des Zehenden Jahrs-Tags der Herzoglich Wirtembergischen Militär-Akademie, Stuttgard, den 14ten December 1780. Stuttgart o. J. S. 59.

5 Wilhelm Theopold: Der Herzog und die Heilkunst. Die Medizin an der Hohen Carlsschule zu Stuttgart. Unter Mitarbeit von Robert Uhland. Köln/Berlin 1967. S. 14.

6 Der Philosophieprofessor Böck nennt es Erziehungsziel, daß auch »der Jüngling von der niedrigsten Herkunft [...] sich durch Verdienst den Weg zu den höchsten Ehrenstuffen bahnen« kann. So Böck: Rede von der Ordnung als der Seele der Erziehung. In: Der Fünfte Jahrs-Tag der Herzoglich-Würtembergischen Militairakademie zu Stuttgart, begangen den 14. December 1775. Stuttgart o. J. S. 49.

7 Vgl. dazu Bernd Wunder: Privilegierung und Disziplinierung. Die Entstehung des Berufsbeamtentums in Bayern und Württemberg. München/Wien 1978 (Studien zur modernen Geschichte Bd. 21). S. 103.

8 Christoph Dionysius v. Seeger: Entwurf Reglements zum militairischen Waisenhaus auf der Solitude, § 7; zit. Heinrich Wagner: Geschichte der Hohen Carls-Schule. Bd. II. Würzburg 1856–58. S. 257.

dürfen, den anmutigen Part der Liebe die vom Herzog höchstselbst ausgesuchten Lehrer, denen im Unterschied zu den Aufsehern jede Disziplinargewalt nachgerade untersagt bleibt. Und das mit Grund. Schon weil die Professoren der Carlsschule kaum älter als ihre Eleven sind und zudem, sobald das Institut seine ersten Abschlußexamina durchführen kann, gern aus Kreisen der Geprüften selber rekrutiert werden, fällt ihnen – ein Novum deutscher Schulpolitik – die Liebe der Schüler zu. Daß nämlich »jener Zwang« der Aufseher »oft Mißbehagen gegen einzelne strengere Vorgesetzte zur Folge« hat, macht »die Liebe für die Lehrer, gerade weil sie mit der Aufsicht nichts zu schaffen haben, desto wärmer und erhöht die Lust am Lernen.«[9]

Sicher sind auch die Aufseher nicht darauf beschränkt, die vom Herzog ebenso persönlich wie selten verhängten Strafen Rute und Arrest zu vollstrecken, eingehende wie ausgehende Briefschaften der Eleven befehlsgemäß zu öffnen und sämtliche Drogen von ihnen fernzuhalten. Auch sie kennen Formen der Liebe. »Ein Befehl des Herzogs besagt, sie sollten sich mit den Eleven einlassen und Possen treiben, um ihr Gemüt besser kennen zu lernen.«[10] Aber den wissenschaftlich fundierten und nicht nur taktischen Zugang
4 zu Schülerseelen verwalten einzig die Lehrer. Das bezeugt Jacob Friedrich Abel, der Philosoph und Psychologe unter den Carlsschulprofessoren.

5 Es [war] eine sehr gute Idee des verstorbenen Herzogs Karl, daß er das Lehramt von der Aufsicht trennte; dieses hatte die Folge, daß die Lehrer selten in den Fall kamen, die Zöglinge gegen sich aufzubringen; vielmehr wurde die Neigung dieser gegen jene um so größer, je mehr sie von ihren militärischen Vorgesetzten gedrückt zu werden glaubten. [...] Aus allen diesen Gründen sah man in der Akademie, was man nicht leicht auf irgend einer Universität fand: Lehrer und Lernende lebten zum Theil in der innigsten herzlichen Freundschaft [...]; der Schüler theilte dem Lehrer seine wichtigs-

9 So der Rückblick eines Carlsschülers, zit. Robert Uhland: Geschichte der Hohen Karlsschule in Stuttgart. Stuttgart 1953 (Darstellungen aus der württembergischen Geschichte Bd. 37). S. 185.

10 Uhland: Anm. 9. S. 85. Auch in diesem Punkt hat die Pariser École militaire das Vorbild abgegeben. Vgl. Uhland: Anm. 9. S. 105 f.

ten Geheimnisse mit und fragte ihn in Gegenständen um Rath, die gewöhnlich vor niemand mehr als vor Eltern und Vorgesetzten verborgen gehalten werden.

Die Carlsschule betreibt demnach eine Wahrheitspolitik, die mit dem Simulacrum des Schreckens nur Geheimnisse der Liebe eruiert. Angehende Beamte (anders als die Fürstendiener von einst) haben eine Seele, die als solche produziert sein will. Nicht umsonst ersetzt Carl Eugen die traditionelle Vorherrschaft der Theologen, wie sie über Stift und Universität Tübingen noch lastet, durch eine der Philosophen. Ins zeitliche Zentrum des Kursus, zwischen Elementarstufe und Berufsausbildung, stellt er bei allen Eleven Philosophie. Und das nicht nur, weil jene Wissenschaft, mit »Fragen des Staates und der Politik« befaßt, wie üblich »dem Fürsten [...] die Möglichkeit« gibt, »seine Handlungen mit der Sorge des aufgeklärten Monarchen für den Staat zu rechtfertigen«,[11] sondern weil sie zunächst einmal »Menschenkenntnis« ist und lehrt.[12] Derselbe Abel, dem seine Schüler selbst vor Eltern verheimlichte Seelengeheimnisse anvertrauen, publiziert mit einigem Stolz das erste deutsche Psychologielehrbuch.[13]

Bei solchen Kurzschlüssen zwischen Theorie und Praxis, Psychologie und Schülerliebe kann es nicht ausbleiben, daß Abel seinem Herzog manchmal redlicher dient, als ihm befohlen ist. Wer zweiundzwanzigjährig zum philosophischen Intimfreund von Siebzehnjährigen wird, wer statt Vorlesungen freie Unterrichtsgespräche führt und mit alledem bei seinen Eleven den Ehrennamen des »Engelgleichen« erwirbt, vermittelt ihnen nach Form und Inhalt ein Wissen, das der für Dogmatik zuständige Kollege nur noch als »libertinismum sentiendi« brandmarken kann.[14] Gedankenfreiheit und/oder Freigeisterei sind notwendige Folgen eines Unterrichts,

---

11 Uhland: Anm. 9. S. 272.

12 Abel: Brief an Carl Eugen, 6. 9. 1781, zit. Uhland: Anm. 9. S. 94. Vgl. auch Abel: Einleitung in die Seelenlehre. Stuttgart 1786. S. XXIX–XXXII.

13 Vgl. Abel: Anm. 12. S. VI.

14 Vgl. Fritz Aders: Jacob Friedrich Abel als Philosoph. Diss. phil. Rostock 1893. S. 5.

den der Herzog in keiner Weise vorschreibt.[15] In diesem sehr amt-
6 lich eingeräumten Freiraum entsteht nach Abels Zeugnis »eine Art geheimer Verbindung zwischen einigen wenigen Lehrern und mehreren der besseren Zöglinge, die keinen anderen Zweck hatte, als die Bildung der Zöglinge«.

Mit der Folge, daß das Spiel zwischen Furcht und Liebe, Aufsicht und Psychologie, Kontrolle und Gedankenfreiheit in den Zöglingen weiterläuft. Von freien Lehrern kontrolliert, dürfen sie selbst zur Freiheit des Kontrollierens aufsteigen. Ein Besuch Lavaters, dem die Elevengesichter prächtiges physiognomisches Testmaterial geliefert haben, inspiriert den Herzog dazu, von der fortgeschrittenen Abteilung Mitschüler- und Selbstbeurteilungen zu verlangen. Jeweils n Zöglinge schreiben also n^2 Berichte, die n(n-1) Fremddefinitionen und n Selbstdefinitionen liefern (im Fall der Abteilung, der Schiller zuzählt, 2256 Fremddefinitionen und 48 Selbstdefinitionen). Ein jeder erfährt mithin zugleich die Ehre, Psychologe sein zu dürfen, und den Zwang, Objekt der Psychologie zu werden. So erwächst den Eleven eine Individualität, die ja anderswo als im neuzeitlichen Disziplinarsystem gar nicht existiert[16] und im Fall des Eleven Nr. 447, auch Schiller genannt, lauter Beweise ihrer selbst abliefert. Der *Bericht an Herzog Karl Eugen über die Mitschüler und sich selbst* steht nicht an, Herzogsbefehle in »einigen Punkten« freimütig zu »verwerfen« (und d. h. über unfromme Anwandlungen einiger Freunde *nichts* zu schreiben) und überhaupt zu versichern, daß ein Individuum »mehr zu tun« bereit ist, »als Gott und […] Fürst […] begehren«.[17] Selbständige Beamte sind es eben, die ein Staat an der Schwelle zur Moderne braucht.[18]

Eine Selbsttätigkeit, die über das Begehren himmlischer und/oder fürstlicher Despoten immer noch hinausgeht, erwarten auch
7 immer größere Aufgabenfelder. Nachdem Schiller den Psychologie-

---

15 Vgl. Kenneth Dewhurst/Nigel Reeves: Friedrich Schiller. Medicine, Psychology and Literature. Berkeley/Los Angeles 1978. S. 19.

16 Hierzu und überhaupt vgl. Michel Foucault: Überwachen und Strafen. Die Geburt des Gefängnisses. Frankfurt/M. 1976.

17 Schiller: Bericht an Herzog Karl Eugen über Mitschüler und sich selbst (Werke. Nationalausgabe. Weimar 1945–67. Bd. XXII, S. 3 und 16).

18 Vgl. Ernst Müller: Der Herzog und das Genie. Friedrich Schillers Jugendjahre. Stuttgart 1955. S. 19 (über Schillers Vater).

unterricht des »Seelenarztes« Abel[19] absolviert und sein befohlenes Medizinstudium begonnen hat, wird aus den Seelenbeobachtungsübungen von ehedem der Ernstfall. Und dieser Ernstfall ist die unzweideutige Widerlegung des Kommerell-Satzes, daß »Schillers Seelenkunde [...] wesentlich aus ihm selbst« »stammt«.[20]

Im Juni 1780 erkrankt ein Mitschüler namens Grammont an hypochondrischen Anfällen, die die Carlsschulmediziner auf Verstopfungen des Pfortadersystems sowie eine organische Unterleibsstörung zurückführen. (Die »heutige psychiatrische Sprache« würde lieber von »Depressionen eines Onanisten« reden.[21]) Schiller aber, weil der Kranke seine wichtigsten, nämlich selbstmörderischen Geheimnisse nur ihm anvertraut hat, wird zum Psychiater Grammonts bestellt. »Auf den gnädigsten Befehl hin« wirft er »ein wachsames Aug' auf die Leiden und Äußerungen [seines] Freundes«, um die Vertextung jener Leiden und Äußerungen einmal pro Woche an Oberst v. Seeger zu schicken. Wenn Psychiater heute ihrem historischen Vorläufer nachrühmen, er habe »den Schwerpunkt der Betrachtung von der somatischen Seite auf die psychische« verschoben,[22] irren sie sich wohl in der Adresse: Das Lob gebührt einer Disziplinargewalt, die auch und gerade aberrante »Äußerungen« archiviert (und bis auf diesen Tag im Stuttgarter Staats-Archiv aufbewahrt). Am Ende des 18. Jahrhunderts entsteht eine Form des Wissens, die Aristoteles einst unmöglich nannte: das Wissen vom Individuellen.

So erfahren denn Intendant und Herzog aus Schillers Rapporten, daß der undankbare Eleve Grammont sein Unglück schlicht und einfach auf die Carlsschule zurückführt. Was dem angehenden 8
Psychiater Schiller sogleich die schwere und wahre Menschenkenntnis fordernde Aufgabe einbringt, einen Wahnsinnigen davon zu überreden, daß er Wahnsinn redet. Es ist der Triumph moderner Psychologie, über Wünsche besser Bescheid zu wissen als die Leute selber. Grammont hat einzusehen, daß nicht die Akademie,

19 Vgl. Dewhurst/Reeves: Anm. 15. S. 178.

20 So Max Kommerell: Schiller als Psychologe. In: M. K.: Geist und Buchstabe der Dichtung. 4. Aufl. Frankfurt/M. 1956. S. 181.

21 Müller: Anm. 18. S. 121.

22 Joachim Bodamer: Über eine psychiatrische Beobachtung des jungen Schiller. In: Deutsche medizinische Wochenschrift 77. 1952. S. 755.

sondern gerade umgekehrt der »irrige Wunsch, aus der Akademie zu kommen«, »ihn unglücklich gemacht« hat.[23]

Therapien aber, die das wahre Gute im Unbewußten des Patienten kennen oder wollen, machen methodische Neuerungen notwendig. Schiller zitiert ein berühmtes Beispiel der fortschrittlichsten, nämlich psychischen Kuren, um die Innovation auch seiner Arzt-Patient-Beziehung zu rechtfertigen.

> Freilich ging der Weg, den wir einschlugen, in etwas von dem gewöhnlichen ab; wir durften es ihn am wenigsten merken lassen, daß wir auf Befehl reden; nur die Künste der Freundschaft waren uns erlaubt, die mehr nachgibt als forciert, und jener Tolle, der sich einbildete, er habe zwei Köpfe, war nicht durch ein diktatorisches Nein überwiesen, sondern man setzte ihm einen künstlichen auf, und diesen schlug man ihm ab. Das Vertrauen eines Kranken kann nur dardurch erschlichen werden, wenn man seine eigene Sprache gebraucht, und diese Generalregel war auch die Richtschnur unserer Behandlung. Widerspruch und Gewalt kann vielleicht dergleichen Kranke darniederschlagen, aber sie wird sie gewiß niemals kurieren.[24]

Solche Sätze schlägt die Schillerforschung selbstredend jener eigenen Sprache zu, die seit der Weimarer Klassik Dichtung heißt. Sie beweisen aber nur, wie gut der Eleve Nr. 447 den Diskurs seiner Schule gelernt hat. Wenn »Emulation« überhaupt die Devise von Herzog und Carlsschul-Orden ist, so eifert ein Zögling, der das Vertrauen seelenkranker Freunde erschleicht, nur einem Lehrer nach, der ohne jede Gewalt wichtigste Geheimnisse seiner Zöglinge zutage brachte. Und daß es Schiller überhaupt nötig hat, seinen ästhetisch-idiolektalen Umgang mit Grammont zu verteidigen, liegt nur an der Perfektion des Überwachungssystems Carlsschule. Während er nämlich noch die schöne Illusion hegte, zwar auf Befehl, aber doch selbständig und allein als Psychiater zu agieren, hatte v. Seeger längst gewisse Mitschüler und Aufseher ausgesandt, die den Kon-

---

23 Schiller: Über die Krankheits-Umstände des Eleven Grammonts so, wie solche den 26.ten Junii beobachtet wurden (NA, Bd. XXII. S. 21).

24 Schiller: Schreiben an den Obristen v. Seeger, 23. 7. 1780 (NA, Bd. XXII. S. 29).

trolleur Grammonts ihrerseits kontrollierten. Was nur das Korrelat zur Schrifttechnik des Herzogs ist, Eleven zugleich durch sich selbst und durch Mitschüler kontrollieren zu lassen.

Spione aber, die selber ausspioniert werden, bekommen Janusgesichter. Was gegenüber Grammont Freundschaft heißt, ist im Schreiben an v. Seeger ein Simulacrum von Freundschaft. Was gegenüber v. Seeger Befehlserfüllung heißt, erregt in den Kontrolleuren des Kontrolleurs Schiller »fast notwendig« einen »Argwohn«, er hätte »den Absichten Seiner Herzoglichen Durchlaucht entgegengearbeitet und den Grillen des Patienten geschmeichelt«.[25] So heikel ist es, auf Psychotiker in ihrer »eigenen Sprache« einzugehen.

Aus dieser Zwickmühle rettet die Kunst. Wahrer Freund Grammonts kann Schiller nur sein, wenn er die Freundschaft zu ihm
spielt – ganz wie später der Mensch überhaupt nur da ganz Mensch 9
heißt, wo er spielt. Alle psychischen Kuren, nicht nur im Fall des Men- 10
schen mit eingebildetem zweiten Kopf, verfahren als dramatische
Inszenierungen.[26] So hält es der Intrigant Wurm, wenn er (mit fast
wörtlichen Zitaten aus Schillers Krankenbericht) derart listig gegen 11
»Zwang« und für die »Bekehrung« Ferdinand v. Walters plädiert,
daß auch altmodische Väter im Hochadel es lernen, ein Simulacrum 12
bürgerlich-inniger Vaterschaft aufzubauen.[27] So hält es Franz Moor, wenn er, der umgekehrte Arzt, seine maskierte Kreatur Herrmann dazu benutzt, einen Vater durch Illudierung in Wahnsinn und Tod zu treiben.[28] So hält es schließlich Moors Dramatiker, wenn er, der entflohene Carlsschüler, seinem Theaterintendanten gewisse psychologische »*Passe par touts*« beim Herzog nahelegt. Dalberg solle in Briefen an Carl Eugen gelegentlich einfließen lassen, »daß – Sie mich für eine Geburt von ihm [...] halten, und daß also [...] seiner Erziehungs-Anstalt quasi das Hauptkompliment gemacht würde, als

25 Schiller: Ebda.

26 In literaturwissenschaftlicher Hinsicht vgl. Gottfried Diener: Goethes ›Lila‹. Heilung eines ›Wahnsinns‹ durch ›psychische Kur‹. Frankfurt/M. 1971.

27 Schiller: Kabale und Liebe. III, 1 (NA, Bd. V. S. 47 f.).

28 Schiller: Die Räuber. II, 1 (NA, Bd. III. S. 38–43). Daß solch psychophysischen Strategien nur Theoreme Abels dramatisch inszenieren, zeigen Dewhurst/Reeves: Anm. 15. S. 320 f.

würden ihre Produkte von entschiedenen Kennern geschäzt und gesucht«.[29]

Inszenierung auf Inszenierung, bis niemand mehr weiß, was Simulacrum und was keins ist. Denn eben die Komplimente, die er Dalberg als leere Schmeichelei diktiert, schreibt Schiller selber, signiert und beglaubigt, an Carl Eugen als den »Urheber« seiner »Bildung«.[30] Eine Geburt des Herzogs kann gar nicht umhin, totales Theater zu spielen. Wie die ganze Carlsschule ist Schiller »Realisierung« einer »Phantasie«: »Schein, Repräsentation, Effekt«[31] despotischer Willkür.

»Die Natur?«, spottet der junge Dichterheld von Laubes *Karlsschülern*, »diese lumpige Natur ist ein Kinderspiel. Euer wirklicher Herr befiehlt Euch, Komödie zu spielen!«[32]

2

Carl Eugen, Herzog von Württemberg (1728–1793), besteigt den Thron als aufgeklärter Regent, der nach Lehren Friedrichs des Großen allen Landeskindern Audienz gewährt, die Willkür seiner Fürstendiener einschränkt und »rechtschaffener, wahrer Vater des Vaterlandes« heißen will. Nur zu bald aber gelingt es Schmeichlern und »schlechten Rathgebern«, den Herzog seinen Untertanen wie auch seiner preußisch-protestantischen »Gemahlin zu entfremden«[33] und in eine Ökonomie der Verschwendung einzuweihen, die Opernbauten und Ausschweifungen, das Theatralische und das Erotische souverän vereint. Carl Eugen schenkt »seine Gunst den Töchtern des Landes und seinen italienischen Sängerinnen«.[34] Die

---

29 Schiller: Brief an Dalberg, 4. 6. 1782 (NA, Bd. XXIII, S. 36).

30 Schiller: Brief an Carl Eugen, 1. 9. 1782 (NA, Bd. XXIII, S. 39).

13 31 So bekanntlich Goethe über Carl Eugens Kunstpraxis.

32 Heinrich Laube: Die Karlsschüler. Schauspiel in fünf Akten. In: Dramatische Werke. Bd. VI. Leipzig 1847, S. 129 (Hinweis von Klaus Weimar/Zürich). Im Unterschied zur professionellen Literaturwissenschaft hat Laube so ziemlich alles erraten, auch die Erotik zwischen Franziska und den Eleven. Nur vertauscht er leider Aktiv und Passiv, wenn die Gräfin als Liebhaberin Schillers auftritt.

33 E. Vely [= Emma Simon]: Herzog Karl von Württemberg und Franziska von Hohenheim. Unter Benutzung vieler bisher nicht veröffentlichter Archivalien biographisch dargestellt. 2. Aufl. Stuttgart 1876. S. 22.

34 Uhland: Anm. 9. S. 7.

Solitude, 1763 als »maison de plaisance« auf einem »gerodeten,
500 m über NN liegenden Kulminationspunkt« errichtet[35] und Jahre
später den ersten Carlsschuleleven oder (wie sie anfangs heißen)
Militärischen Pflanz-Schülern zugewiesen, ist ursprünglich einer
von vielen Plätzen, die Carl Eugen seinem solitären und despotischen Begehren erbaut. Und dieses Begehren geht nicht nur über
die dynastische Heiratspolitik Preußens hinweg; es macht auch vor
der Moral bürgerlicher Kleinfamilien nicht halt. An Eltern, die die be-
drohte Unschuld ihrer Kinder schützen wollen, ergeht öffentlich eine
Racheankündigung. Daß die Insassen seiner Schulgründung Carl
Eugens eigene Söhne heißen, ist noch kein Grund, die Tochter des
Carlsschulphilologen Jahn nicht zu verführen und zu Tode zu brin- 14
gen. Ja, selbst jene huldvoll-familiäre Metapher tritt nur an die Stelle
einer erotischen Buchstäblichkeit. In den Jahren seiner Ausschweifungen hat der Herzog eine solche Fruchtbarkeit bewiesen, daß er
daran denken konnte, aus den Grafen von Franquemont, seinen
Söhnen mit italienischen Sängerinnen, ein ganzes Regiment zu formen.[36] Die vier Franquemonts, die 1775 in die Carlsschule eintraten,
sind wohl als einzige unter den Eleven in der Lage gewesen, die
Metapher *Söhne* nicht bloß zu verstehen, sondern auch zu hören.

Unmittelbar bevor Europas gekrönte Häupter wie Kohlköpfe fallen, erhebt die Despotie noch einmal ihr Haupt. Im Augenblick ihres Endes wiederholt sie das archaische Ritual ihrer Einsetzung: »Neuer Bund und direkte Filiation. Der Despot verwirft die lateralen Heiratsverbindungen und die ausgedehnten Filiationen der alten Gemeinschaft. Er zwingt einen Neuen Bund auf und setzt sich in direkte Filiation zu Gott«.[37] Nicht daß hergebrachte Heirats- und Blutsverwandtschaften außer Kraft kämen, aber der Despot – und darin und nur darin ist Ödipus das Modell – übercodiert sie alle durch rituellen Inzest. »Der Held heiratet zunächst seine Schwester, dann seine Mutter. Daß beide Akte, auf unterschiedlichen Stufen verwachsen, sich gleich sein mögen, hindert nicht, daß darin zwei Sequenzen aufweisbar werden: die Vereinigung mit der Prinzessin-Schwester,

---

35 Müller: Anm. 18. S. 25.

36 Vgl. Dewhurst/Reeves: Anm. 15. S. 23.

37 Gilles Deleuze/Félix Guattari: Anti-Ödipus. Kapitalismus und Schizophrenie I. Frankfurt/M. 1974. S. 247.

die Vereinigung mit der Königin-Mutter. Der Inzest verläuft zweifach. Der Held sitzt immer zwischen zwei Gruppen, der einen, in die er sich begibt, um seine Schwester zu finden, der anderen, zu der er zurückkehrt, um seine Mutter wiederzufinden.«[38]

Carl Eugens erste Heirat führt ihn nach Berlin und Bayreuth, um die Nichte Friedrichs des Großen, seines geistigen Vaters, zu erringen, obwohl und weil sie Protestantin ist. Die zweite Heirat, nicht minder heikel als die erste und darum von Papst Pius VI. auch nie abgesegnet, ist dagegen Rückkehr zum Stamm. Dreizehn Jahre erst, nachdem er sie auf einem Jagdausflug aus dem Ehebett eines ungestalten »Märchenkobolds« von Baron[39] geraubt hat, heiratet Carl Eugen in heimlicher Ehe seine Maitresse. Mit Franziska, Reichsgräfin von Hohenheim, geborener von Bernerdin, geschiedener von Leutrum (1748–1811), geht die Serie verführter Landestöchter (beinahe) zu Ende. Zwanzig Jahre jünger als der Herzog und »ohne alle Neigung, ohne alle Liebe« an »den von Leutrum« verschachert,[40] ist die Dreiundzwanzigjährige das letzte Freiwild, das eine anarchische Erde ihrem Despoten schenkt. Im Januar 1772 willigt sie ein, als offizielle Maitresse Carl Eugen »in seinem Wagen auf die Solitude zu folgen«.[41] Sie selber freilich, eine »Freundin des ländlichen Lebens«, zieht dem französischen Park ihr »Dörfle« vor: die »englischen Anlagen« Hohenheims,[42] das zu ihrem neuen Namen werden wird. Ein Geschmacksunterschied, dem Glaubensunterschiede entsprechen: An Franziskas »falscher Neigung« zu schwäbischem »Pietismo« nimmt ihr katholischer Besitzer zuweilen Anstoß.[43] Über den Altersunterschied dagegen triumphieren zwei Liebende, die es nicht einmal nötig haben, den despotischen Inzest nicht beim Namen zu nennen. Franziska an Carl Eugen: »Je mehr ich mein Papale zu verehren Ursach finde, so heißer ist die respectsvolle Lie-

---

38 Deleuze/Guattari: Anm. 37. S. 258. Es geht natürlich um die »Schwester und Mutter« als »Signifikate der Stimme«, die sie instituiert (S. 269), nicht um biologische Wesen.

39 Vely: Anm. 33. S. 51.

40 Franziska von Hohenheim: Manuskript, zit. Vely: Anm. 33. S. 54.

41 Vely: Anm. 33. S. 87.

42 Vgl. A[dolf] Osterberg (Hg.): Das Tagbuch der Gräfin Franziska von Hohenheim, späteren Herzogin von Württemberg. Stuttgart 1913. S. 6 f.

43 Carl Eugen: Brief an Franziska, 10. 7. 1780, zit. Vely: Anm. 33. S. 186.

be, mit der ich Ihre Durchlaucht Ihr Eigenthum bin. [...] Jeder Ausdruck ist zu gering, mit dem ich in meinen jetzigen Empfindungen die Treue beschreiben wollte, womit ich mein respectables, mein verehrungswürdiges Papale ehrfurchtsvoll liebe.«[44]

Vor den entsetzten Augen alter Territorialmächte wie Landschaft und Landeskirche, vor den entsetzten Augen auch bürgerlicher Familienväter, denen der Inzest ja nur in Phantasie und bürgerlichem Drama gestattet ist, errichtet der Herzog die Übertretung als Regel. Zusammen mit Franziska, Tochter den Jahren nach, »mütterlich« dem Wesen nach,[45] gibt er seinen Untertanen das souveräne Schauspiel eines Neuen Bundes. Mögen sie auch die Augen abwenden und wie der Hauptmann Schiller in seiner »derben und rechtlichen Bürgerlichkeit« dafür sorgen, daß Carl Eugens »umlaufende Skandalgeschichten« den Kindern nie zu Ohren kommen,[46] alle Kleinbürgerfamilien werden doch vom despotischen Inzest übercodiert.

Denn als Gründer der Carlsschule und Vater-Gatte Franziskas offenbart Carl Eugen einen neuen Menschen. Bei den Eleven lernt er es, seine Ohren nicht mehr zu verschließen. Bei seiner Maitresse lernt er es, daß »Wir [...] Mensch seynd« und mithin aus »angebohrner menschlicher Schwachheit« bislang ein falsches Regime geführt haben. Zum fünfzigsten Geburtstag, den er zur zweiten Geburt ernennt, läßt Carl Eugen von allen Kanzeln Württembergs dieses sein Menschsein als das Versprechen verlesen, inskünftig wieder Audienzen zu gewähren.[47] Zum fünfundfünfzigsten Geburtstag präzisiert er noch weiter, klagt die Schmeichler an, die vormals gebeugt um ihn gewimmelt haben, und nennt die Größe der Fürsten, sofern auch und gerade sie »als einzelne Menschen« betrachtet werden müssen, eine »eingebildete«.[48]

So entdeckt ein von seiner Maitresse erzogener Herzog die Macht der Erziehung. Jene zweite Geburt, die ihm selber zuteil geworden ist, erfährt ihre Generalisierung. »Erziehung«, weiß eine

---

44 Franziska von Hohenheim: Manuskript, zit. Vely: Anm. 33. S. 104.

45 Uhland: Anm. 9. S. 10.

46 Müller: Anm. 18. S. 18.

47 Vgl. Vely: Anm. 33. S. 33 f.

48 Carl Eugen, zit. Uhland: Anm. 9. S. 288.

Rede Carl Eugens, »ist eine zweite Geburt«. »Oft darf« und muß »sie der ersteren vorgezogen werden«, weil »der zärtliche Vater, die nachgebende Mutter selten Erzieher seynd.«[49] Sätze, die seine Schulpolitik nur in Praxis wendet. Im Fall der Schillers, deren Ältester sich eben nicht von ungefähr als »eine Geburt« Carl Eugens bezeichnet, war es ganz klar: »Der Fortgang ihres Sohnes war endgültig, sie verloren ihr Kind für immer, denn die Erziehung in der Akademie gestattete keine Halbheiten, keine gelegentliche Rückkehr in den Schoß der Familie, die Stelle des Vaters übernahm in voller Verantwortung der Herzog selbst, und die natürlichen Bindungen wurden durch künstliche ersetzt und der Geist auf einen Weg getrieben, der ihm bei jedem Schritt vorgezeichnet war.«[50]

Nur Psychoanalytiker können also meinen, daß »alle« ödipalen »Gefühlsregungen« des Eleven Nr. 447 »auf den Herzog« bloß »übertragen«, ursprünglich aber »auf den Vater bezogen« sind.[51] Wenn die sogenannte Natur bürgerlicher Kleinfamilien durch eine Inszenierung, der Hausvater durch einen Despoten ersetzt wird, läuft alles andere als psychische Entwicklung ab. Die Carlsschu-
15 le arbeitet mit sämtlichen Künsten der Semiotechnik. Gerade weil sie es zur Richtschnur macht, »Empfindungen« in möglichst früher Jugend »einzuprägen«, »wo die Eindrücke noch am lebhaftesten
16 und deswegen bleibend sind«,[52] übercodiert sie das bürgerliche Familiensystem. Eltern und Verwandte, vor allem weibliche, werden vom Besuch des Internats systematisch abgeschreckt, um mit und in ihren Kindern ein einziges Familiengemälde von experimenteller Reinheit zu erzeugen: den Herzog und Vater, wie er am Arm seiner Maitresse zu ihnen kondeszendiert.

Alle Reden, die Carl Eugen zu Stiftungs- und Festtagen hält, versichern den Eleven, daß er ihr »zärtlicher *Vatter*« und jeder von

---

49 Carl Eugen: Rede Seiner Herzoglichen Durchlaucht bei dem Beschluß der öffentlichen Prüfungen. In: Beschreibung des Zehenden Jahrs-Tags. Anm. 4. S. 53.

50 Müller: Anm. 18. S. 42.

51 Otto Rank: Das Inzest-Motiv in Dichtung und Sage. Grundzüge einer Psychologie des dichterischen Schaffens. Leipzig/Wien 1912. S. 88.

17 52 Balthasar Haug: Von der Wichtigkeit eines Erziehungs-Hauses vor junge Untertanen. Stiftungstagsrede 1772, zit. Uhland: Anm. 9. S. 91.

ihnen »Carls Sohn« ist.[53] Alle Reden, mit denen Lehrer und Eleven für diese seine Gunstbezeigung danken, beginnen und enden mit Anrufungen derselben Vaterschaft. Aber bei Worten bleibt es nicht. Der große Semiotechniker ist praktisch und detailbesessen genug, auf die Gefahr seltsamer Gerüchte hin selbst den Schlaf seiner Söhne zu kontrollieren. Und weil ja »die Zeit [...] seiner Maitressen- 18
wirtschaft kaum vorüber« ist, stellt man in Bürgerkreisen folgerecht die Rätselfragen, »was für Pläne er mit den Knaben verfolge« und zu welchen »*stummen Sünden*« es führe, sie schon um 8 Uhr abends zu Bett zu »treiben«.[54]

Soviel zur Vaterschaft. Um aber »das Bild der großen Familie zu vervollständigen«, zeigt »sich auch die Gräfin von Hohenheim oft im Speisesaal«.[55] Während die Schwestern der Eleven ferngehalten und »zärtliche Mütter« durch Briefe, die der Herzog selber diktiert, systematisch beleidigt werden,[56] ist seine Maitresse »das einzige weibliche Wesen, das oft jene Räume betritt.« So buchstäblich prozediert die Übercodierung empirischer Schwestern und Mütter. »Wie eine Lichtgestalt ist die Gräfin von Hohenheim mit ihrem freundlichen Lächeln und ihrer glanzvollen Erscheinung an den staunenden Augen der Knaben vorübergeglitten.«[57] Mag auch der Herzog die Schlafsäle überwachen und, um das stumme Laster abzustellen, sogar Tissot, die große ärztliche Onaniekapazität der Epoche, auf seine Carlsschule laden, gegen methodisch herausgehobene Lichtgestalten sind solche Mittel machtlos. »Eine noch nicht dreißigjährige und für die Eleven quälend attraktive Maitresse wird ohne Zweifel Masturbationsphantasien ausgelöst haben«[58] – Phantasien, deren Symptomatik (Augen ohne Feuer, verbleichte

---

53 Carl Eugen: Rede seiner Herzoglichen Durchlaucht bey Beschluß der öffentlichen Prüfungen. In: Beschreibung des Neunten Jahrs-Tags der Herzoglichen Militair-Akademie, Stuttgard, den 14ten December 1779. Stuttgart o. J. Beilagen. S. 12.

54 Wagner: Anm. 8. Bd. I. S. 328.

55 Theopold: Anm. 5. S. 39.

56 Zit. Theopold: Anm. 5. S. 37.

57 Vely: Anm. 33. S. 134.

58 Dewhurst/Reeves: Anm. 15. S. 43.

Wangenrosen, entnervte Leibesgerippe) der Carlsschulmediziner Consbruch auch öffentlich und drastisch beschwört.[59]

»Schiller, Eleve« sind *Inschriften für ein Hoffest* signiert, die dem Bild eines »brennenden Herzens« die Legende »So muß man Franzisken belohnen« mitgeben und anfängerhaft, aber unverkennbar schon aufs Mythologem von *Anmut und Würde* zielen:

> Die Tugend wollte geliebt sein und nahm ihr Bild an.
> Tugend und Grazien wetteiferten sich selbst zu übertreffen, und Franziska ward![60]

»Eleve Schiller« ist auch das Sprachrohr, das zweimal die Festreden zum »Geburtstagsfest der Frau Reichsgräfin von Hohenheim« hält und auftragsgemäß *Die Tugend in ihren Folgen betrachtet* – nicht ohne im Manuskript gewisse Korrekturen von Carl Eugens eigener Hand zu erfahren, die »alle Franziska verherrlichenden Stellen« noch ändern und verschönern.[61] So semiotechnisch-präzise ist Durchlaucht, wenn es darum geht, Anmut und Würde in Wort und Bild, als Wort und Bild zu inszenieren. Ein nomineller Vater braucht eben zur harmonischen Ergänzung seiner Despotie auch noch eine nominelle Mutter und löst demgemäß im Eleven Schiller unzweideutige Verse aus.

> Wie sollten wir jezt fühlloß schweigen,
> Da tausend Thaten uns bezeugen,
> Da jeder Mund – da jedes Auge spricht: –
> Ist uns Franziska Mutter nicht?[62]

Die Mutter als Geheimnis der neuen Pädagogik – so klar darf man
19 es zwar nur als Sprachrohr der Demoiselles sagen, die die Gräfin
in einer Parallelaktion zu Carl Eugen und seinen Söhnen erzieht.

---

59 Vgl. Johann Friedrich Consbruch: Von dem Einfluß der physicalischen Erziehung der Jugend auf die Seelen-Kräfte. In: Anm. 53. Beilagen. S. 39.

60 Zit. Vely: Anm. 33. S. 406.

61 Vely: Anm. 33. S. 164.

62 Schiller: Empfindungen der Dankbarkeit beim Namensfeste Ihro Excellenz der Frau Reichsgräfin von Hohenheim. Von der Ecôle [sic] des Demoiselles, zit. Vely: Anm. 33. S. 409.

Aber mit aller Tiefe oder Verschwommenheit, die seinen Beruf ausmacht, sagt Philosophieprofessor Abel doch dasselbe. Nachdem er die herzogliche Frage, ob das »Genie« (übrigens eine Rubrik in den Carlsschulzeugnissen) ein Werk der Natur oder aber seines herzoglichen Erziehers ist, mit einem doppelten Ja beantwortet, also Mutter und Vater gleichermaßen geehrt hat, stellt Abel im immer wieder überlesenen Finale seiner Rede den angehenden Genies folgerecht auch ein doppeltes Bild vor Augen: zum einen den »Vater Carl«, der mit bewundernswürdiger Gnade für ihre Produktion sorgt, zum anderen aber eine Frau. »Freunde! Geliebte!« ruft Abel, da er ja zugleich Lehrer und Liebhaber seiner Eleven ist,

> Dort steht Sie die himmlische Schöne, die Weißheit, hold, liebenswerth, mit jedem Reiz geschmükt; Sie zu sehen, ist Wonne, und Sie zu lieben, ist Seeligkeit! Freunde! Geliebte! Da steht sie, lokt sanftlächelnd ihre zarte unverdorbene Herzen zur Tugend, und lispelt Ihnen Freude und Entzücken entgegen. Und irre ich mich, wenn ich die Würkung Ihrer Reize schon in Ihren Gesichtem zu entdecken glaube? Brennen nicht schon heisser Ihre Wangen, und flammt nicht schon Ihr Auge vom grossen Gedanken, sich der Tugend und Weißheit zu weihen?[63]

Abel kann gar nicht irren, wenn er erotisch-genialisierende Effekte eines weiblichen Tugendidols auf seine Schüler behauptet. Körperlicher sind Allegorien kaum je inszeniert worden als von einer Schule, die immer wieder die Maitresse ihres Gründers ins Spiel bringt. Weshalb es, einmal mehr, nicht bei Worten bleibt. In ihrer methodischen Kopplung von Disziplinierung und Privilegierung handhabt die Carlsschule ein ganzes Arsenal von Strafen und Belohnungen. Aber außer den offiziösen und buchhalterisch korrekt vergebenen Belohnungen, dem kleinen und dem großen akademischen Orden, gibt es auch solche für Eleven, die mehr und anderes tun, als Schule oder Despot begehren. Belohnungen der Selbständigkeit können nur informell und sanftlächelnd sein: eine Fahrt in Franziskas Kutsche,

---

63 Abel: Werden grosse Geister gebohren oder erzogen, und welches sind die Merkmale derselbigen? In: Beschreibung des Sechsten Jahrs-Tags der Herzoglichen Militair-Academie zu Stuttgart, den 14. December 1776. Stuttgart o. J. S. 66.

ein Essen mit ihr in Hohenheims englischem Park. Belohnungen auch, die in einer schönen Anekdote mit den Strafen nachgerade zusammenfallen.

> Auf der Akademie befand sich ein junger Graf von Nassau, der viele tolle Streiche machte und dem deshalb die Strafanweisungen [...] von allen Seiten regneten. Einst mußte er dem Herzog wieder eine ganze Ladung davon überreichen, als derselbe mit Franziska aus dem Garten kam. Herzog Karl las das Sündenregister und fragte dann den unbändigen Zögling: ›Sag' er mir, was würde er nun wohl thun, wenn er an meiner Stelle wäre?‹ Der Graf von Nassau, schnell gefaßt, gab der Gräfin Franziska einen herzhaften Kuß und nahm ihren Arm, indem er sagte: ›Komm, Fränzel, und laß den dummen Jungen stehen.‹ Zwischen Zorn und Lachen schwankend machte der Herzog gute Miene zum bösen Spiel und die Sache hatte dabei ihr Bewenden.[64]

Der Ödipuskomplex, bei seinem Entdecker *das* phylogenetische Erbe der Menschheit, ist ein historisches Simulacrum. In territorialen Systemen gibt es ihn gar nicht, in despotischen bleibt er Vorrecht des Einen, der mit Schwester und Mutter den Neuen Bund stiftet, und erst in der sogenannten Demokratie, dem letzten Machteffekt jenes Bundes, erreicht er jedermann. Halb zornig, halb lachend, gestattet Carl Eugen einem tollen Genie den Platztausch zwischen nominellem Sohn und Vater. So wundersam wird Selbständigkeit belohnt. So effektiv ist die Erfindung einer Mutterimago, in der die Wünsche von Despot und Untertanen zusammenfallen.

Erotische Pädagogik muß Gesetz und Übertretung, Lohn und Strafe nicht mehr trennen. Sie macht, ganz wie Schillers moralische Schaubühne oder ästhetische Erziehung, das Gesetz selber überflüssig. Seit den politischen und literarischen Innovationen von 1770 bis 1800 leben wir in einer Kultur, die anstelle juridischer Strafen die viel effektivere Überwachung gesetzt hat. Mit der Lichtgestalt einer Tochter-Mutter erfüllt die Carlsschule das Orakel ausgerechnet ihres Rechtswissenschaftlers, daß »bey gut erzogenen Bürgern

64 Ludwig von Wolzogen, zit. Müller: Anm. 18. S. 53.

eines Staats« »die Geseze selbst beynahe überflüssig seyn« würden.[65] Ödipus für jedermann oder die Demokratie.

3

Wenn die Semiotechnik des despotischen Familienbildes klar ist, bleibt über *Don Carlos* wenig anzumerken. Das Drama sollte eben anfangs »ein Familiengemählde in einem fürstlichen Hause« heißen. Und damit referiert es nicht nur auf Diderots großen Entwurf von bürgerlichem Drama.[66] Denn weder Diderot noch Lessing haben eine Interaktion auf die Bühne gebracht, die Vaterhaß aus Mutterliebe ist; dafür waren ihre Stücke viel zu verliebt in einen Vater-und-Erzieher, dem gegenüber die Mutter randständig blieb. Und damit sprachen sie nur historische Wahrheit. Auch in der Familie Schiller dominierte wie üblich ein Vater, der zudem die pädagogische Menschenpflanzschule seines Herzogs im Miniaturmodell einer Baumschule nachspielte. Daß Schillers Jugendfreunde und Biographen daneben noch eine liebevolle Mutter beschworen haben, aus deren »Paradies«[67] der Herzog das Kind dann entrissen hätte, war nur eine diskursive Erfindung zu dem Zweck, auch den zweiten Klassiker nachträglich, ja posthum mit einem Mutterursprung auszustatten, wie deutsche Klassik ihn per definitionem braucht.

Kinderparadiese aber, die nicht dokumentiert sind, gibt es nicht. Noch ein Jahrhundert später waren weder Geburtstag noch Geburtshaus Schillers sicher. Also beginnt unser Klassiker erst mit jenem 17. Januar 1773, als ein despotischer Vater auch ihn zum Sohn erwählte. Denn wie die Wissenschaften von Mensch und Geist, so

65 Johann Heinrich Hochstetter: Von dem unmittelbaren Recht der Jugend eines Staats an den Regenten desselben in Absicht auf die Erziehung. In: Beschreibung des Achten Jahrs-Tags der Herzoglichen Militair-Akademie. Stuttgard, den 14ten December 1778. Stuttgart o. J. Beilagen. S. 34. – Wenige Jahre später wird ein Lehrer den Nachweis führen, daß es näherhin staatlich anerkannte Erziehungsbeamte sind, die jenes Wunder Gesetzesabschaffung vollbringen. Vgl. Christian Wilhelm Friedrich Penzenkuffer: Vertheidigung der in dem obersten Staatszwecke begründeten Rechte und Ansprüche der gelehrten Schullehrer meines Vaterlandes. Nürnberg 1805.

66 Vgl. dazu Paul Böckmann: Schillers Don Karlos. Edition der ursprünglichen Fassung und entstehungsgeschichtlicher Kommentar. Stuttgart 1974 (Veröffentlichungen der deutschen Schillergesellschaft Bd. 30). S. 379–388.

67 Müller: Anm. 18. S. 42.

auch ihr höchster Gegenstand: Die Geburt klassischer Dichtung ist eine zweite, pädagogische Geburt und »hat sich wohl in jenen ruhmlosen Archiven zugetragen, in denen das moderne System der Zwänge gegen die Körper, die Gesten, die Verhaltensweisen erarbeitet« wurde.[68] In Archiven also wie der Carlsschule, die ja ihren Eleven als Nr. 447 und überhaupt registriert hat.

Die Effekte dieser Semiotechnik gehen über alles hinaus, was Schillerbiographen »die Akademieatmosphäre« und einen bloßen Einfluß nennen, der denn auch mit *Fiesco* schon wieder erloschen wäre.[69] Präziser als im *Don Carlos* kann das herzogliche Familiengemälde gar nicht mehr gemalt werden. In dem abgründigen Doppelsinn nämlich, daß die Familie zugleich ein Ganzes aus Vater, Mutter, Kind *und* ein despotisches Simulacrum ist. Nicht umsonst geht Schillers Drama über Diderot oder Lessing hinaus, wenn es sein Familiengemälde in einem fürstlichen Hause ansiedelt. Ohne semiotechnische Listen von Staats wegen wäre auch in Bürgerkreisen ein Mutteridol kaum aufgekommen.

Jene Mutter, die Carlos liebt und begehrt, ist gar keine. Er nennt sie »Neue Mutter«, weil seine »erste Handlung« bei Geburt »ein Muttermord war« (34–36).[70] Wie in vormodernen Tagen üblich, hat der Prinz nur »Ammen« gekannt,[71] bis ein Gewaltakt seines Vaters aus Elisabeth, der gleichaltrigen und mit Carlos verlobten Valois, seine nominelle Mutter gemacht hat. König Philipp, in der Historie 41 Jahre, im Drama dagegen fast »sechzig Jahre« alt (2463), raubt dem »drei und zwanzigjähr'gen Jüngling« (1111) eine Braut, die selber »kaum zwei und zwanzig Frühlingen entflogen« und überdies »die schönste Frau auf dieser Welt« heißt (46–48). Altersangaben und Altersunterschiede, die aus einer württembergischen Geschichte wie abgeschrieben sind und nur im Fall Carl Eugen einigermaßen übertreiben. Aber eben das fiktive Greisenalter des fürstlichen Gatten ist es, das seinen Beichtvater zu der bangen Frage veranlaßt, wie eine »von der Natur zur Zärtlichkeit, zur Wollust ausgestattete«

---

68 Foucault: Anm. 16. S. 246.

69 So Ernst Müller: Der junge Schiller. Tübingen 1947. S. 336.

70 Wo nicht anders angegeben, nennen Zitate aus ›Don Carlos‹ die Verszahl der Erstausgabe von 1787 (Nationalausgabe. Bd. VI).

20 71 Vgl. dazu Böckmann: Anm. 66. S. 417.

Prinzenbraut auf der »tirannischen Galeere« ihres »freudenlosen Ehestandes« überleben kann.[72]

Die Antwort: Elisabeth flieht, wann immer möglich, in »eine einfache ländliche Gegend, von einer Allee durchschnitten« und ihrem »Landhause begränzt«. Sie flieht also in ein Hohenheim namens Aranjuez, wo sie dann vertrauliche Unterredungen mit Jünglingen pflegt, die »Alcalas hohe Schule« kaum verlassen haben. Wenn Carlsschüler mehr und anderes leisten, als Gott, Herzog, Schule befehlen und mit offiziellen Orden wieder vergelten können – also beispielsweise bei mehrmaligen Festreden auf Franziska –, stehen Ausflüge nach Hohenheim ja auf dem Programm.

Und dort erwartet sie eine Freundin des Landlebens, die von ihren Auslandsaufenthalten her den englischen Park nach Spanien oder Württemberg importiert hat. Während ihr Gemahl bei Menschen und Gärten »die prächtige Verstümmlung der Werke Gottes« und d. h. französische Parks bevorzugt, plädiert die moderne Elisabeth oder Franziska für englisch belassene »*Natur*«.[73] Womit auch ihre religiösen Differenzen mit Philipp schon vorgezeichnet
sind. Der erzkatholische König bezichtigt Elisabeth eines »Schwär- 21
mersinns« (2945), der in Württemberg üblicherweise Pietismus heißt und selbstredend zugleich der Glaube des Infanten ist (vgl. 2465 f.). Daß Philipp seine Würde in Autodafés setzt, empört die Anmut »eines Weibes«, das »Mensch« ist und bleibt.[74]

Ganz Mensch und ganz Natur, »in angeborner stiller Glorie [...] die schmale Mittelbahn des Schicklichen« wandelnd (2818–23), verkörpert die Königin alle Idealitäten, die beim Festredner Schiller Tugend-und-Grazie Franziskas und beim Ästhetiker Schiller Anmut-und-Würde des Menschen heißen. Eine Frau aber, die Natur *ist*, wird es leider auch als Mutter. »Der Knabe« Carlos (996) mag noch so scharfsinnig beweisen, daß Philipp schon beschlossene Heiratsverwandtschaften verletzt und damit eine bloß nominelle Mutter produziert hat, seine Leidenschaft weiß es anders.

---

72 Don Carlos, Thalia-Fragment, V. 144–149 (Nationalausgabe. Bd. VI).

73 Don Carlos, Thalia-Fragment, V. 665–674. Den Nachweis der völligen Identität zwischen Aranjuez und Hohenheim hat Johannes Proelß geführt. Vgl. seinen Aufsatz: Schiller in Hohenheim. In: Veröffentlichungen des Schwäbischen Schillervereins 2. 1907. S. 158–162.

74 Don Carlos, Thalia-Fragment, V. 1219.

Der Sohn liebt seine Mutter. Weltgebräuche,
die Ordnung der Natur und Roms Gesetze
verdammen diese Leidenschaft. Mein Anspruch
stößt fürchterlich auf meines Vaters Rechte.
Ich fühl's, und dennoch lieb' ich. Dieser Weg
führt nur zum Wahnsinn oder Blutgerüste.
Ich liebe ohne Hoffnung – lasterhaft –
mit Todesangst und mit Gefahr des Lebens –
das seh' ich ja, und dennoch lieb' ich. (310–18)

Wer so redet, verwechselt einfach Wörter und Körper, Natur und Kultur. Nur Weltgebräuche und kanonisches Recht stehen einer Liebe entgegen, die an die Ordnung der Natur gar nicht rührt. Aber nachdem der Dramatiker Schiller dem Namen *(Stief)Mutter*, »den St. Real übrigens auch niemals gebraucht«, eine »entscheidende Rolle« zugespielt hat,[75] ist es für seinen Helden nur noch ein Schritt, diesen Namen zu psychologisieren und d. h. zu »fühlen«. Das Opfer einer despotischen Inszenierung läuft in die Falle. Wie alle Carlsschüler, und speziell die Geburtstagsredner unter ihnen, glaubt Carlos an Mutterschaft. Deshalb holt ihn auch kein altertümlich-juridisches Blutgerüst, das seinen Inzestwünschen ja bloß droht, sondern ein Wahnsinn, der in jedem Wort schon am Werk ist.

Aus dem historischen Infanten von Spanien, diesem »skrofulösen, hinkenden, schiefgewachsenen und am Reden behinderten Halbidioten«,[76] macht Schillers Psychologie den Neurotiker einer modernen Familie. Und nichts erlaubt die Einschränkung, wir sollten uns jene Liebe zur Fiktion Mutter »sicher nicht in erster Linie als sinnliches Verlangen vorstellen«.[77] Weder die klassische Dramenform noch das Phantasmagorische an ihm selber kann einen Ödipuskomplex besänftigen. Carlos in einer Selbstbeurteilung nennt seine Wünsche ausdrücklich »lasterhaft«; Posa in einer Freundesbeurteilung kann diagnostisch noch präzisieren und, wohl an den Onaniestudien Tissots und Consbruchs geschult, »ein unnatürlich

75 Rank: Anm. 51. S. 68.

76 Ludwig Pfandl: Philipp II. Gemälde eines Lebens und einer Zeit. München 1938. S. 341.

77 Reinhard Buchwald: Schiller. Bd. II. Leipzig 1937. S. 131.

Roth« »auf blassen Wangen« sowie »fieberhaftes Zittern« der Lippen ausmachen (157–159). Das stumme Laster und die fiktive Mutter – als historische Innovationen gehören sie zum selben Dispositiv. Ein eindringlich schmerzlicher Beweis für den *Zusammenhang der* 22
tierischen Natur des Menschen mit seiner geistigen.

Gerade umgekehrt läuft es im Fall des Vaters. Obwohl Carlos die empirische Vaterschaft Philipps nie leugnet, reduziert er sie auf einen Namen. *Vater* besteht nur aus »zwo fürchterlichen Silben« (347), deren Bedeutung Carlos zudem gar nicht kennt (220). Wie kein zweites, ist das Wort mithin ein »purer Signifikant«,[78] ein kulturelles Artefakt. Während Mutterschaft allen Daten zum Trotz mit Natur zusammenfällt, geht Vaterschaft in einer »knechtischen Erziehung« auf (348 f.), unter deren Strafmitteln selbstredend Rute und zwölfstündiger Arrest sind (276–86). So präzise wiederholt Carlos die Schülertragödie von Carlsschülern, die ja ebenfalls mit 22 Jahren entlassen und mit 7 oder 8 Jahren aufgenommen werden,[79] wie das der Infant seinem Intimfreund schildert.

> Mein *Vater* sagst du? Recht! mit *diesem* Namen
> erschröckten meine Ammen mich – *das* war
> von allen Künsten ihrer Kinderzucht
> die wirksamste, wenn alle Rutenstreiche
> an mir verloren waren – Sieben Jahre
> hatt' ich gelebt, als mir zum erstenmal
> der Fürchterliche, der, wie sie es nannten,
> mein Vater war, vor Augen kam.[80]

Eine bürgerlich-intime Kindheit hat Carlos demnach gar nicht gehabt. Wenn seine Erinnerungen für einmal hinter den Despoten zurückgehen, dessen Macht in der Erektion seines Namens haust, stößt er nur auf unvordenkliche und afamiliale Schrecken: auf die
»Ammen und Wärterinnen«[81] Alteuropas, also das ganze Gegenteil 23
von Mutterliebe. Nicht anders ergeht es Franz Moor beim Versuch,

78 Jacques Lacan: Schriften. Hrsg. von Norbert Haas. Bd. II. Olten 1973 ff. S. 89.

79 Vgl. Theopold: Anm. 5. S. 23 f.

80 Don Carlos, Thalia-Fragment, V. 598–605.

81 Schiller: Die Räuber. IV, 2 (NA, Bd. III. S. 95).

frühste traumatische Einschreibungen seines Bewußtseins zu reflektieren und d. h. zu löschen. Eben darin aber sind Schillers Dramen Familiengemälde in einem fürstlichen Hause. Erst lange nach der Geburt kommt der Held zu Eltern, die eine Semiotechnik ihm macht. Mit sieben Jahren begegnet er zum erstenmal dem Fürchterlichen, den ganz Spanien oder Württemberg Vater nennen muß.

Bei solcher Ferne zwischen Sohn und Vater bestünde eigentlich kein Anlaß, unentwegt darüber zu grübeln, warum diese »zwei Menschen, die sich ewig meiden, in Einem Wunsche schrecklich sich begegnen« (378 f.). Nähme Carlos seine Eltern wirklich als die bloßen Namen, die sie sind, dann blieben sowohl der Wunsch (nach) der Mutter wie das Verbot des Vaters inszenierte Zufälle. Aber der Infant hat eben nicht Politik studiert, sondern, wie zu erwarten, eine Philosophie, die »Verehrung des Menschen« ist. Diese nach der Einsicht eines Priesters wahrlich »seltsame Chimäre« (2442–45) wird ihm fatal. Der Verdacht, daß zwei Wünsche womöglich nicht von ungefähr in einem Objekt zusammenfallen, kommt dem Infanten nicht, weil Wunsch und Verbot zu unentrinnbaren psychischen Mächten geworden sind. Sein ganzer Inzestwunsch beruht auf dem »befremdlichen Raisonnement«, daß das Verbotene eben darum auch schon das Begehrte ist.[82] Genau so aber läuft der Paralogismus des Ödipuskomplexes nach dessen historischer Universalisierung. Wie im Fall v. Nassau sorgt eine despotische Inszenierung dafür, daß Übertretungen als solche schon Lust sind.

Lust an der Übertretung – nichts anderes hält Carlos sich vor, wenn er endlich Audienz beim König findet. Schiller in der anbefohlenen Selbstbeurteilung beichtet seinem Herzog und Vater, daß er in den nicht minder anbefohlenen Fremdbeurteilungen vermutlich »eigensinnig, hitzig, ungeduldig« heißen wird.[83] Carlos benutzt die Audienz, um gewissen Kontrolleuren seiner Moral dasselbe entgegenzuhalten und alle ihm nachgesagte Bosheit auf sein »heißes Blut« zu reduzieren (1204–15). Demgemäß treten die politischen Motive seines Wunsches, den Oberbefehl im fernen Flandern zu erhalten, hinter psychologischen zurück. Ohne es zu sagen, sagt

---

24 82 Deleuze/Guattari: Anm. 37. S. 90.

83 Schiller: Bericht an Herzog Karl Eugen über Mitschüler und sich selbst (NA, Bd. XXII. S. 15).

Carlos dem König und Vater, daß er in Elisabeths Nähe seine eigenen Wünsche fürchtet (1420–25). So heiß fließt das Blut also gar nicht, um einen Psychologen in der Selbstbeobachtung zu trüben. Der König soll schon gegebene Anordnungen übertreten und Alba den flandrischen Oberbefehl entziehen, nur damit infantile Gesetzesübertretungslüste nicht übermächtig werden. So paradox fallen Wünsche aus, wenn einer als sein eigener Psychiater agiert und Klimaveränderungen (wie im Fall Grammont) als einziges Mittel zu seiner »Heilung« anpreist (1425). Mit jedem Wort gegen ihre Neurose machen Neurotiker die Sache nur noch schlimmer. Weshalb es für Philipp ein Leichtes ist, alle politischen Forderungen des Infanten abzulehnen. Die Audienz endet mit seiner trockenen Feststellung, daß »Kranke […] gute Pflege« »verlangen« und mithin weiter »unterm Aug' des Arztes« »wohnen« müssen (1427–29).

Der Hof von Spanien hat Züge einer psychiatrischen Anstalt. Gleich zu Beginn schon tritt der Beichtvater des königlichen Vaters dem Sohn wie ein Seelenforscher entgegen. Als »lust'ger Beichtiger« erzählt er anzügliche und »witzige Geschichten« über Inzestwünsche auch und gerade der Königin. Sein einziger Lohn aber soll es sein, »dafür in« der »Seele« des Betroffenen »lesen« zu dürfen.[84] In der École militaire Ludwigs XV. oder in Carls-Hoher-Schule ist es eben Vorschrift, daß Aufseher mit Eleven Possen treiben, um deren Gemüt zu erforschen. Nur schlecht verhüllt Domingos Soutane, daß er gar keiner Theologie mehr dient, sondern psychologisch-medizinischen Mächten. Auf königlichen Befehl hin wird Carlos von »hundert Augen« bewacht (113 f.), unter denen Albas Augen die militärische Aufseherfunktion v. Seegers nachgerade allegorisieren.

Aber wie man weiß, ist der Schrecken nur ein Vorposten oder womöglich gar nur ein Simulacrum im Spiel totaler Disziplinierung. Eine listige Strategie flößt Ängste vor Beichtvätern und Militärpersonal ein, damit die wahren Seelengeheimnisse an ein anderes und genaueres Ohr dringen. Gegenüber Domingo und den übrigen Aufsehern (um von Vater und Mutter gar nicht zu reden) umgibt Carlos seinen Inzestwunsch mit »räthselhaftem Schweigen« (5). Aber kaum ist Marquis Posa von einer Bildungsreise zurück, hat er auch ohne Possen schon alles erfahren. Seine Aufforderung an Carlos,

84 Don Carlos, Thalia-Fragment, V. 178 f.

den »schwer beladnen Busen« »jetzt« zu öffnen (360 f.), wirkt schon vor ihrer Artikulation. Mit der klassischen Begründung, daß er »Liebe« braucht (298), bekennt der Neurotiker seine Liebe – nur nicht der angeblich betroffenen Frau, sondern erst einmal dem Freund Posa. Er liebt es eben, geliebt zu werden, und findet das Gesuchte sicherer als bei Elisabeth bei seinem lang vermißten »Engel« (151).

26 Spätestens diese Metapher macht klar, an welchem Platz im Interaktionsfeld der Marquis steht. Posa, immer wieder zum Engel ernannt (4632, 5328), *ist* der Philosophielehrer. Und das besagt unter Carlsschulbedingungen nicht nur, daß er die – nach der feinen
27 Bemerkung des Großinquisitors – »schwärmerische Sprache der Weltverbeßrer« (6109) ins Stück hineinträgt. Neben seinen Theorien zeichnet es den Lehrer zugleich und auf Beziehungsebene aus, daß er diese Theorien als zweiter Abel in zwanglos-freien Gesprächen einem Jüngling beibringt, der zugleich Schüler, Freund und Geliebter ist. Die Berufsbezeichnung *Lehrer* steht Posa, zumal da er kaum älter und dennoch gebildeter als der »Jüngling sein Schüler« ist (5950), nicht nur in Anführungszeichen zu.[85] Einzig ein realer Lehrer kann das Schlüsselwort der Militairischen Pflanz-Schule kennen und seinen Eleven, heißt das, »meine schöne Pflanzung« nennen (5042). So einschneidend verändert sich ein Marquis, der bei St. Real Günstling und Edelknabe des Infanten war, unter Bedingungen des Bildungssystems. Um es kurz zu machen: aus dem Granden oder Fürstendiener wird ein moderner Beamter. (Idealismus, Posas Attribut bei seinen Interpreten, ist ja nur ein Euphemismus dieser Beamtenschaft.)

Daß Posa, wie er dem Fürsten selber erklärt, »nicht Fürstendiener sein« »kann« (3610), schließt keineswegs aus, einem Ideal von Staat zu dienen, der zur Unterwerfung der Welt nachgerade verpflichtet ist (anders wäre sie ja nicht zu verbessern) (3906–16). Die schlichte Loyalität von Fürstendienern gegenüber ihrem Souverän hat also dem Terror einer Pädagogik Platz gemacht, die die Wünsche der Leute besser als sie selber kennt und deshalb seit Rousseau in der Pose ihres nur durch die Zukunft zu legitimieren-

85 Die Anführungszeichen bei Margaret Scholl: The Bildungsdrama of the Age of Goethe. Bern/Frankfurt/M. 1976 (German Studies in America Bd. 21). S. 63.

den Sprachrohrs auftritt.[86] Beim Inhaber einer etablierten Macht Gehör zu finden, hat Posa gar nicht vor.

Aber es ist die unerhörte Begebenheit dieser Audienz, bei der ein König wohl zum erstenmal die Zukunft in Person empfängt, daß gerade der neue selbständige Staatsbeamte willkommen ist. Am Ende des 18. Jahrhunderts tauchen Fürsten auf, die »in Umkehrung des Regierungsgrundsatzes, daß sich der Einzelne der Gesamtheit unterordnen müsse«, Individuen »das Recht« einräumen, »als Individuum über der Gemeinschaft zu stehen«.[87] (Wie denn laut Philipp auch Posa »fortfahren darf«, unter seinen »Augen Mensch zu sein« (3942–44).) Mit ausdrücklichem Dank an Carlsschulprofessoren, die ihn von dieser Innovation »überzeugt« haben, artikuliert Carl Eugen seinen Wunsch, statt der üblichen »Maschinen [...] denkende, fühlende, handelnde Menschen« zu haben, »die bei voller Entfaltung der Eigenpersönlichkeit eine Bildung gleicher Güte und gleicher Höhe« besitzen.[88] Einem solchen Fürsten ist Posas Polemik gegen Maschinenglück und Maschinenmenschen (3560 f.) aus der Seele gesprochen. Einem solchen Fürsten haben bittere Erfahrungen schon beigebracht, daß jene Tausende, »die um der Hoheit Sonnenscheibe flattern«, auf die »Wahrheit«, die er »braucht«, bloß den »dunklen Schutt des Irrthums« häufen (3309–19). Laut Carl Eugen lebt Wahrheit ja voller Kummer und Angst in Hütten, während der Fürst von gebeugten Schmeichlern umgeben und sein Auge von dichten Schleiern bedeckt ist.[89] Weshalb auch Philipp eingespielte Hofrituale abgeschafft und Sprachrohren, denen er zuvor nie Gehör schenkte, »unmittelbaren Zugang«[90] gestattet: Nach der »Audienz« (2392) seines Sohns folgt die des Lehrers.

Eine Palastrevolution, hinter der in Stuttgart wie in Madrid das Menschsein des Fürsten steht. Philipp muß rätseln, ob seine Gemahlin einer Aufgabe nachkommt, die nach Schiller darin besteht, »seine Leiden (denn auch die Großen, auch die Vortrefflichsten

86 Vgl. dazu Reinhart Koselleck: Kritik und Krise. Ein Beitrag zur Pathogenese der bürgerlichen Welt. 2. Aufl. Freiburg/München 1969.

87 Uhland: Anm. 9. S. 289 f. (als Referat von Herzogsreden).

88 Uhland: Anm. 9. S. 290.

89 Zit. Uhland: Anm. 9. S. 288.

90 Carl Schmitt: Gespräch über die Macht und den Zugang zum Machthaber. Pfullingen o. J. [1954]. S. 19.

unter den Großen haben ihre Leiden, weil sie Menschen sind), seine Leiden, sag' ich« mitzutragen und abzumildern.[91] Im Gegenteil, der König, zu sehr Mensch, um nicht zu lieben (wenn auch nicht immer und nur seine Gemahlin), hat Anlaß, den nominellen Inzest genauso wie sein Sohn zu fürchten. Deshalb braucht auch er einen »Freund«, der nicht zufällig derselbe ist. Um die »Wahrheit« verbotener Liebe »aufzugraben«, sind weder Schmeichler noch Untertanen, weder Priester noch Militärs qualifiziert. Diese Aufgabe verlangt nicht mehr und nicht weniger als »einen Menschen« (3300–19).

Ausbildungskriterium des Menschen, dieser »seltsamen Chimäre«, ist es, den Menschen zu kennen (4027). In Philipp und Posa finden sich zwei »erfahrne Kenner in Menschenseelen« (3524 f.), von denen der erste den zweiten und zwar als solchen in Dienst nimmt. Am 20. Dezember 1782 erklärt Carl Eugen es zur Regentenaufgabe, »Menschen zu kennen«.[92] Also schafft sein dramatischer Doppelgänger den Berufsstand eines beamteten Psychologen. Das blanke Entsetzen Domingos und Albas bei dieser Neuigkeit beweist zur Genüge, daß damit ein Machtwechsel statthat. Alle Militärs, Juristen und Theologen, die vordem die Antichambre besetzten und
28 d. h. den Zugang zum Machthaber blockierten, löst ein Mann des »Denkens« ab (3665). Wenn aber Philosophie und Psychologie, statt im Niemandsland Theorie zu hausen, Waffen eines neuen Machtdispositivs sind, bleibt nach Carl Schmitts bitterböser Bemerkung nur die Frage offen, was Posa »seinerseits – hätte er seine Stellung beim König behaupten können – mit dem Beichtvater und dem General angefangen hätte«.[93]

Durch Posas Amtsantritt wird das fürstliche Familiengemälde perfekt. Die Familie hört auf, nur Interaktionsmuster zu sein; sie wird im Drama selber wissenschaftliches Thema. Zu »erforschen«, was in den »Herzen« von Frau und Sohn vorgeht, ist Philipps Auftrag an seinen Beamten (4032 f.). Demgemäß erklärt Posa psychologische Fragen nach Gefühlen und Absichten des Infanten »der Untersuchung werth«, demgemäß plädiert er für »eine strenge

91 Schiller: Die Tugend in ihren Folgen betrachtet. Rede zur Feier des Geburtstagsfestes der Frau Reichsgräfin von Hohenheim auf gnädigsten Befehl Seiner Herzoglichen Durchlaucht verfertigt. In: Vely: Anm. 33. S. 418.

92 Zit. Uhland: Anm. 9. S. 290.

93 Schmitt: Anm. 90. S. 19.

Wachsamkeit« (4618–22), die bekanntlich in Stuttgart wie in Madrid vor allem über Briefzensur läuft. All die halb verschleiernden, halb bekennenden Zeilen, die die Liebe zwischen nominellem Sohn und nomineller Mutter gewechselt hat, landen beim Kontrollbeamten Posa. Was Wunder, daß Carlos daraufhin als neue Seeleneigenschaft ein »Mißtrauen gegen seinen Freund« offenbart (4342–44). Stahls schöne Formel, daß Posa der Idealist als Intrigant ist, kann noch präzisiert werden: er ist der Medizinstudent Schiller im Doppelspiel zwischen Herzog und Patient.

Hier der kranke Grammont, auf dem der Alpdruck Carlsschule lastet, wenn er nicht gar den Depressionen eines Onanisten verfallen ist; da das wachsame Auge eines Psychologenfreundes, der aber vielleicht nur Künste der Freundschaft treibt; dort endlich ein Fürst, der das wachsame Auge fernsteuert und seine gewonnenen Daten einsammelt. Posa-Schiller kann also gar nicht umhin, ein Doppelspiel zu treiben und doppelten Verdacht zu erregen. In einem System, wo natürlich der Fürst oder Schulherr auch Posa »seinen Sohn nennt« (5086), Marquis und Carlos also Brüder sind, muß grundsätzlich offenbleiben, was Simulacrum und was keins ist.

Wie Grammont von Seeger persönlich gewarnt wird, »er traue vielen, denen er gar nicht trauen sollte«,[94] so glaubt auch Carlos mehr und mehr den Warnungen Lermas vor Posa. Schließlich hat ja der König selber seine Zweifel, ob »der Freundschaft arme Flamme« das Herz eines Menschen »ausfüllen« kann (5941), der als guter Philosoph den Menschen überhaupt liebt. Und doch sind die Künste der Freundschaft, wie Posa sie gegenüber Carlos bis zur Perfektion treibt, zugleich mit ihr eins. Weder Vater noch Sohn können wissen, daß Posa (als guter Beamter neuen Typs) grundsätzlich »von dem Königsrecht der innern Geistesbilligung« Gebrauch macht und sein »Amt«, heißt das, »rebellisch übertrifft« (3569–71). Erstaunte Anfragen nach seiner Amtsführung, die mithin wie im Fall Grammont den Auftraggeber selber zu betrügen scheint, quittiert der eben ernannte Staatssiegelbewahrer mit der prinzipiellen Erklärung, er gedenke dem Fürsten redlicher zu dienen, als seine Aufträge lauten (4101–03), und den drei Worten »Zweideutelei. Kann sein« (4092).

94 Schiller: Schreiben an den Obristen v. Seeger, 23. 7. 1780 (NA, Bd. XXII. S. 28).

So weicht man, frei nach Grammonts Psychiater, in etwas vom gewöhnlichen Wege ab.

Posas kühnes Doppelspiel, vor allem nachdem seine Inszenierungskünste es bis zur Verhaftung des Infanten bringen, setzt nur voraus, daß der janusköpfige Kontrolleur nicht seinerseits noch einmal kontrolliert wird. Mit Grund bittet er Philipp, das Psychologenamt »uneingeschränkt und *ganz* in [seine] Hand zu übergeben«, es also durch »keinen Gehülfen, welchen Namen er auch habe, in Unternehmungen, die ich etwa für nöthig finden könnte, mich zu stören« (4624–30). Nach den bitteren Erfahrungen des Eleven Nr. 447, dem der Intendant v. Seeger ja den Unterfeldscheer Mauchardt nachzuschicken geruhte, obwohl doch auftragsgemäß allein Schiller Gesellschafter Grammonts sein sollte, ist Posas Bitte nur zu berechtigt. Daß sie an einem Hof der hundert überwachenden Augen nicht in Erfüllung gehen kann, liegt ebenfalls auf der Hand. In einem furchtbaren Glücksumschwung kommt es dazu, daß dem Marquis, wie er eben mit seinem Freund und Gefangenen Carlos Geheimunterredungen führt, auf königliches Geheiß ein Alba nachgeschickt wird.

Aber gerade Posas Untergang erlaubt es, die kleinen technischen Geheimnisse der Carlsschule in literarische Mythen zu verzaubern. Einer staunenden Schar von Höflingen oder militärischen Aufsehern offenbart Carlos, der Überlebende, was wahre Freundschaft war. Um es kurz und mit Abel zu sagen: »eine Art geheimer Verbindung zwischen einigen wenigen Lehrern und mehreren der besseren Zöglinge, die keinen anderen Zweck hatte, als die Bildung der Zöglinge«. Voller Stolz darf ein Eleve bekennen, was seinesgleichen wohl bis heute glücklich macht: daß er und sein Lehrer insgeheim »Brüder waren« (5617). Logik eines pädagogischen Geheimbundes, dessen Duldung nach Abels Einsicht eine sehr gute Idee Carl Eugens war. Denn wie rebellisch auch immer Posa dem Fürsten gehorchte, er wollte ihn »übertreffen« und nicht beseitigen. Guillotine oder gar Anarchie standen nicht auf dem Programm eines Denkers, dem es nur um effiziente Versöhnung von »Bürgerglück« und »Fürstengröße« ging (3792 f.), also um Deutschlands 19. Jahrhundert.[95] Weshalb auch Posas rebellischste Einfälle – etwa die geplante Flucht des Infanten nach Flandern – nur das wahre Beste seines Königs wollten. In einem Kalkül, das fatal ans ebenso listige, aber zum Ende und Erfolg geführte Kalkül des flüchtigen Carlsschülers gemahnt, zählte Posa darauf, daß eben der Philipp, »der eine bill'ge Bitte abgewiesen, [...] ein Verbrechen übersehn« würde (4177–79).[96]

In Staaten aus lauter Erziehern und Erzogenen werden mit den
Gesetzen auch die Verbrechen obsolet. Die Übertretung kommt zur
Würde der Norm. Und wenn der Geheimbund von Posa und Carlos,
Lehrer und Schüler bei aller literarischen Berühmtheit noch Geheimnisse hat, dann dieses eine. Es sind nämlich kaum »naturhaft gesetzte Grenzen« des sogenannten »Menschen«, auf die »die Paral-
lelisierung des Inzestmotivs der Karlos-Handlung mit den politischen
Motiven der Posa-Handlung« zurückführt.[97] Am Rand des Grabes
verrät Posa vielmehr, daß die Legierung von ödipaler Sexualität und 29
Politik selber Politik war. Mag der Infant, den ja schon seine Etymologie als Sprachlosen ausweist, von einer Naturordnung stammeln,
an der seine Wünsche scheiterten, der Lehrer weiß es genauer.

> Ich sah' sie keimen, diese Liebe, sah'
> der Leidenschaften unglückseligste
> in seinem Herzen Wurzel fassen – Damals
> stand es in meiner Macht, sie zu bekämpfen.
> Ich that es nicht. Ich nährte diese Liebe,
> die mir nicht unglückselig war. Die Welt
> kann anders richten. Ich bereue nicht. [...]
> In dieser hoffnungslosen Flamme
> erkannt' ich früh' der Hoffnung goldnen Strahl.
> Ich wollt' ihn führen zum Vortrefflichen;

95 1799 und 1800 erscheint zum Beispiel von Christian Daniel Voß ein ›Versuch über die Erziehung für den Staat als Bedürfnis unserer Zeit‹, der laut Untertitel ›Zur Beförderung des Bürgerwohls und der Regenten-Sicherheit‹ dient.

96 Im Fall Schiller lautete die billige Bitte bekanntlich, Dichter sein zu dürfen.

97 So Paul Böckmann: Schillers ›Don Karlos‹. Die politische Idee unter dem Vorzeichen des Inzestmotivs. In: Friedrich Schiller. Kunst, Humanität und Politik in der späten Aufklärung. Ein Symposium. Hrsg. von Wolfgang Wittkowski, Tübingen 1982. S. 45.

> die stolze königliche Frucht, woran
> nur Menschenalter langsam pflanzen, sollte
> ein schneller Lenz der wunderthät'gen Liebe
> beschleunigen. Mir sollte seine Tugend
> an diesem kräft'gen Sonnenbilde reifen.
> Zur höchsten Schönheit wollt' ich ihn erheben:
> die Sterblichkeit versagte mir ein Bild,
> die Sprache Worte – da verwies ich ihn
> auf *dieses* – meine ganze Leitung war,
> ihm seine Liebe zu erklären. (5122–42)

Das erzählt Posa ausgerechnet der Frau, die in seinem Pädagogenkalkül die Rolle von Idol oder Simulacrum spielt. Ein Ödipuskomplex, wie Welt und Gesetz ihn verbieten, muß darum noch lange kein eigener Wunsch sein. Er kann auch mit allen Gärtnerkünsten einer Pflanzschule genährt werden. Treibhäuser setzen Naturgrenzen
30 außer Kraft. So weit geht die Familienwissenschaft Posas. Einem Infanten oder Infans gegenüber reicht Hermeneutik schon hin, um sein Begehren auf die Mutterimago zu fixieren. Wenn Abel seine angehenden Genies zu »Tugenden« und Leistungen motivieren will, die alle Regeln und damit auch Schulzensuren überbieten, bleibt ihm nur, die »himmlische Schöne« einer Frau zu beschwören, die ganz zufällig unter den Festtagsgästen ist. Wenn Posa seinen Zögling zur Weltherrschaft und Welteroberung ausbilden will, bleibt ihm nur, idealische Anmut und Würde mittels einer Frau zu signifizieren, die ganz zufällig Mutter heißt. Woraufhin die ferngesteuerte Maschine namens Carlos startet.

Zum König sagt Posa einmal, viel effektiver als offene Gewalt sei der Künstler einer Maschine, die gar nicht merken kann, daß sie eine ist, also »angenehm betrogen« wird (3903–05). Das ist die Definition selber von Simulacrum. Und genau diese dädalische Rolle entlarvt den Marquis. Wer Neurosen und Ödipuskomplexe psychologisch züchtet, kann nur einer von jenen Beamten sein, die im Gefolge des Despoten den Ruhm seines Inzests singen. Wünsche werden durch Semiotechniken gesteuert, unter denen die ödipale Kernfamilie die letzte und raffinierteste ist. Politik erscheint nur noch im Bild aus Bildern, dessen Porträts alle Vater, Mutter, Kind heißen.[98] Politik ist nur noch Übertragungsliebe im genauen Sinn Freuds, wenn Elisabeth als Posas gelehrige Schülerin den Infanten auffordert, von seiner »ersten Liebe« namens Elisabeth oder Mutter zur »zwoten« namens Spanien zu wechseln (899–901).

Die Schaubühne ist eine moralische Anstalt namens Carlsschule. Posa programmiert evolutive Entwicklungsgeschichten von Individuen, die zwischen Ödipuskomplex und Reformpolitik stehen. Und damit findet im Drama selber nur statt, was zugleich und darüberhinaus seine programmierte Wirkung sein soll – Ödipus für jedermann oder die Demokratie. Das Individuum ist keine Entdeckung, sondern ein technisches Produkt von 1800; ohne Diskursmächte wie Schule und Dichtung wäre es nicht entstanden. Erst daß das Individuum vorgeschrieben und aufgeschrieben wird, macht es möglich. Wenn Schiller zur dramatischen Feder greift, wiederholt er nur das Betriebsgeheimnis einer Schule, die »einen Menschen für sein ganzes Leben« »formte«:[99] die Vertextung von Individuellem.

Um einen Psychologen, diese Mangelware bei Hof, zu finden, hat der Psychologe Philipp eine eigene Methode. Er holt aus einer Schatulle eine Schreibtafel. Und die verzeichnet, im Bösen wie im Guten, lauter Eigennamen. Bei den einen Individuen ist »jede Vergehung pünktlich beigeschrieben«, bei den anderen fehlt zu Philipps Ärger eine »Erwähnung des Verdiensts, dem sie den Platz auf dieser Tafel danken« (3319–25). Die Carlsschule publiziert eben im Fall von Verdiensten nur nackte Namen, während ihre intern geführten »Straflisten die Vergehen der einzelnen Zöglinge genau« anführen.[100]

Also kann das Privatarchiv des fürstlichen Schulherrn noch vervollkommnet werden. Totale Individualisierung erreicht paradoxerweise gerade ein anonymer und bürokratischer Apparat. Philipp findet beim Namen Posa nur eine »zweifache Anstreichung« (3332), eine andere Registratur dagegen darf sich rühmen, daß Posas »Leben« von Anfang bis Ende, von Spanien nach Malta, Flandern und

98 Vgl. Deleuze/Guattari: Anm. 37. S. 340–342. Zur Inszenierung des Unbewußten im ›Don Carlos‹ vgl. neuerdings Jürgen Link: Elementare Literatur und generative Diskursanalyse. München 1983, S. 122, Anm. 40.

99 Uhland: Anm. 9. S. 271.

100 Uhland: Anm. 9. S. 346, Anm. 5.

zurück im Archiv »liegt«. Es ist die »Santa Casa« mit ihren »heiligen Registern« (6043–45).

Ersichtlich übertreibt Schiller den Fleiß historischer Inquisitoren. Sicher, »das große empirische Erkennen, das die Dinge der Welt überzogen hat und in die Ordnung eines unbegrenzten, die ›Tatsachen‹ feststellenden, beschreibenden und sichernden Diskurses transkribiert hat, […] dieses empirische Erkennen hat zweifellos sein Operationsmodell an der Inquisition – jener unermeßlichen Erfindung, die unsere moderne Verzärtelung in einer schattigen Ecke unseres Gedächtnisses abgestellt hat«. Aber Wissenschaften, die individuelle Leben als solche aufschreiben und an »denen sich unsere ›Menschlichkeit‹ seit über einem Jahrhundert begeistert, haben ihren Mutterboden und ihr Muster in der kleinlichen und boshaften Gründlichkeit der Disziplinen.«[101]

31 Schillers blinder Großinquisitor ist nur ein archaisierendes Deckbild vor Mächten, die für die deutsche Klassik Synchronien und Voraussetzungen sind. Was das Register der Santa Casa über Posa weiß, fällt mit dem Wissen des Dramas selber zusammen. Alle Seelentiefen eines überwachten Überwachers bringt das Schauspiel *Don Carlos* zu Papier.

4

Das Gesetz des Menschen, wie Posa und Carlos ihn verehren, ist also seine Verschulung. Schiller, als sei ihm im unbewußten Archiv *Don Carlos* das Gesetz seines Lebens schriftlich und lesbar geworden, merzt in mühsamen Umschriften die Intimitäten der Urfassung mehr und mehr aus.[102] Anstelle ödipaler Phantasien tritt mit dem Großinquisitor die Figur selber von Macht. Der alte blinde Mann unterdrückt ja nicht, weil er nicht mehr gehen kann, er zensiert nicht, weil er nicht mehr sehen kann, er maskiert sich nicht, weil er nicht einmal einen Eigennamen hat. In Wahrheit produziert er nur – Individuen durch Schreiben.

Und nachdem er seinem bürokratischen Gesetz ins blinde Auge geschaut hat, ist der Dramatiker reif dafür, sich durch Lektüre eines

---

101 Foucault: Anm. 16. S. 289 f.

102 Nach einem Hinweis von Norbert Oellers/Bonn.

Philosophieprofessors das Gesetz vorgeben zu lassen, daß sich der Mensch selbst das Gesetz gibt. Schillers Klassik kann beginnen.

Apparat

zu I.B.4.7

Editorischer Kommentar und Bericht

Der Aufsatz »Carlos als Carlsschüler. Ein Familiengemälde in einem fürstlichen Hause« erschien in: Wilfried Barner, Eberhard Lämmert und Norbert Oellers (Hrsg.), *Unser Commercium. Goethes und Schillers Literaturpolitik* (= *Veröffentlichungen der deutschen Schillergesellschaft* 42), Stuttgart: Cotta 1984, S. 241–273; ein Teilabdruck in: Michael Hofmann, *Friedrich Schiller, Don Karlos. Erläuterungen und Dokumente*, Stuttgart: Reclam 2007, S. 108–110.

Im Deutschen Literaturarchiv Marbach, Bestand *A:Kittler, Friedrich A.*, ist ein 41-seitiges Typoskriptkompilat unterschiedlicher Schrifttypen »CARLOS ALS CARLSSCHÜLER. Ein Familiengemälde in einem fürstlichen Hause« mit handschriftlichen Ergänzungen und Korrekturen sowie Korrekturfahnen in Kasten 1, Mappe 4 vorhanden. Darüber hinaus befindet sich in der Marbacher Gelehrtenbibliothek ein Handexemplar mit wenigen handschriftlichen Ergänzungen und Korrekturen.

Kittlers Werkliste führt »Carlos als Carlsschüler« unter der Nummer 44 mit der Schreibzeit 21. Juni bis 05. Juli 1982 und dem Publikationsdatum Oktober 1984.

Ediert wurde der Erstdruck. Druckfehler und die an zahlreichen Stellen fehlerhafte Fußnotenzählung haben wir stillschweigend korrigiert, nur gravierende Formfehler wurden in den Stellenkommentaren ausgewiesen. Die Nachweise und Zitate wurden geprüft und gegebenenfalls behutsam korrigiert. Dabei wurde nicht in Kittlers Satzbau eingegriffen, an den er in der Regel die zitierten Stellen grammatisch anpasste. Nur in Fällen größerer Abweichungen liefern wir die Originalstelle im Stellenkommentar nach.

Stellenkommentar

1 Auch dem Geistesforscher sollte es […] beobachteten Menschen.] Max Kommerell, »Schiller als Gestalter des handelnden Menschen« [1934], in: ders., *Geist und Buchstabe der*

Dichtung. Goethe – Schiller – Kleist – Hölderlin, Frankfurt am Main: Klostermann 1956 (4. Auflage), S. 132–174, hier S. 135.

2 Was über Goethe und Schiller geschrieben wird] Vgl. das Brouillon »AUFSCHREIBESYSTEME / 1800/Schiller: Dispersion durch langes Schreiben«,1 Blatt Typoskript (Kasten 104, Mappe 2), in dem Kittler ausgehend von Schillers *Briefen über Don Carlos* festhält: »Habent sua fata libelli, das hat immer gegolten. Dass sie aber die Fata ihres Autors mitmachen, ist eine diskursive Mutation. Erst das bürgerliche Individuum, das auf eigene Art und mit eigenen Augen die Welt sieht und seinen Pädagogen zufolge auch sehen soll (cf.Fürstenberg [sic]: Schulordnung, ed. Sudhoff), ist eine offene Serie wechselnder Weltanschauungen, mittels welcher Serie es sich und anderen seine Lebendigkeit beweist. | Goethe hat beim Faust diese Komplicenschaft von Leben und Werk zum divergierenden Organisationsprinzip selber gemacht; Schiller, wenn man so will: traditioneller, anerkennt noch die Regel des Schreibens aus einem Guss, einen ›einzigen Sommer lang‹, kann sie aber nicht mehr einhalten. Darum wird Schiller zum Flickschuster der verlorenen Einheit seines Dramas, Goethe zum Kompilator eines Welttheaters.«

3 das Heldenpaar von Schillers letzter Jugenddichtung [...] gelernt haben.] Zum Zusammenhang von Freundschaft und Identifikation vgl. das Brouillon »Schiller: Carlos / Held-Identifikation«, 1 Blatt Typoskript (Kasten 50, Mappe 2), in dem Kittler ausgehend von einem Brief Schillers an Wilhelm Reinwald vom 14. April 1783 schreibt: »Schiller bestimmt Carlos als eben jenen Freund, der in der Karlsschule Grammont gewesen ist: als den Freund, den eine (ödipale) Melancholie überkommt und dessen ›geheimste Gefühle‹ dergestalt zum Freund-Spion dringen. Solche Freundschaft steht von vornherein unter einem Verbot, das sie provoziert und stärkt: dem Verbot eben der geheimen Gefühle (durch die Macht, den Vater). | Eine Diskordanz zwischen dem symbolischen und dem imaginären Vater, zwischen dem Wesen des Vaters und dem Vater des Wesens (vgl. Safouan: Etudes [sic] sur l'Oedipe, 129), wie sie Karl Eugen in der Tat begründet, produziert auf der Ebene des Subjekts eine narzisstische Oszillation, von der der Brief genugsam zeugt: Alle Liebe wird als verschobener Narzissmus bestimmt (a.a.O. 45), das Verhältnis

von a und a', Ich und anderem (›Ideal-Ich‹) oszilliert noch vor oder jenseits der Geschlechterdifferenz: bald ist der Dichter (a), bald der Held (a') das ›Mädchen‹ des anderen. (Wenn Carlos umgekehrt einen Versuch macht, sich zusammenzunehmen, seinen Doppelgänger zu integrieren, beginnt das Objekt zu oszillieren: zwischen Elisabeth (Zärtlichkeit) und Eboli (Sinnlichkeit, Erniedrigung).)«

4 Jacob Friedrich Abel] Jakob Friedrich Abel (1751–1829), Philosoph und Schulleiter, blieb Schiller lebenslang freundschaftlich verbunden. Vgl. das Brouillon »Schiller: Karlsschule: Disziplin«, 1 Blatt Typoskript (Kasten 50, Mappe 1), in dem Kittler ausgehend von Abels *Rede über das Genie* notiert: »Es spricht der Pädagoge einer Elitenschule und zugleich einer kindgemässen, dem ›Verhältnis des gegenwärtigen Zustands der Seele‹ angemessenen Pädagogik. Formuliert werden die Leitideen von Anhaltung und Ausdauer, kurz jene Forderung der durchgängigen Aufmerksamkeit, die Schiller wiederholt (Philosophie der Physiologie, XI 37f.).« Kittler zitiert Abels Rede nach dem Erstdruck (Kittlers Anm. 63), »Rede über das Genie« ist ein Titelzusatz des Neudrucks von 1955. Vgl. Jakob Friedrich Abel, *Rede über das Genie. Werden grosse Geister geboren oder erzogen und welches sind die Merkmale derselbigen?*, Neudruck der Rede Abels vom 14. Dezember 1776 in der herzoglichen Militär-Akademie zu Stuttgart, mit einem Nachwort herausgegeben von Walter Müller-Seidel, Marbach: Schiller-Nationalmuseum Marbach am Neckar 1955.

5 Es [war] eine sehr gute Idee […] gehalten werden.] Der Zitatnachweis fehlt in Erstdruck und Typoskript. Abels nachgelassene Aufzeichnungen wurden auszugsweise veröffentlicht unter dem Titel »Aufzeichnungen über Schiller. Einiges über seine moralische Bildung während seines Aufenthalts in der Akademie«, in: Max Hecker (Hrsg.), *Schillers Persönlichkeit. Urtheile der Zeitgenossen und Documente*, Erster Theil, Weimar: Gesellschaft der Bibliophilen 1904, S. 104–107, hier S. 104 f.

6 »eine Art geheimer Verbindung […] Bildung der Zöglinge«.] Der Zitatnachweis fehlt in Erstdruck und Typoskript. Die zitierte Stelle befindet sich in Abel, »Aufzeichnungen über Schiller« (Komm. 5), hier S. 105.

7 Nachdem Schiller den Psychologieunterricht des »Seelenarztes« Abel absolviert] Zu Schillers Reflexion seines eigenen Verhältnisses zur Karlsschule vgl. das Brouillon »Schiller: Produkt der Karlsschule«, 2 Seiten Typoskript (Kasten 50, Mappe 1): »Die Psychologisierung des Untertanenverhältnisses führt eine imaginäre und d.h. proto-literarische Ebene in die intersubjektiven Beziehungen ein. Nicht dass Vater- und Sohnschaft, sofern sie nur auf Adoption gründen würden, imaginär wären, weil nur blutsverwandte Verhältnisse symbolisch gelten würden; im Gegenteil: weil die metaphorische Vater- und Sohnschaft die symbolischen (beispielsweise rechtlichen und erbrechtlichen) Konsequenzen vermeidet, bleibt sie imaginär. Die Phantasie des Untertanen Schiller erhält auf diese Weise die Möglichkeit, sich mit rechtlich durchaus getrennten Figuren gleichwohl zu identifizieren, beispielsweise mit dem Infanten Carlos [...]. Als Produkt einer Erziehung kann sich Schiller mit um so grösserem Recht bezeichnen, als der Herzog selber ›die Weiterbearbeitung des in uns ruhenden Keims‹ eine ›zweite Geburt‹ nennt (1780; v. Wiese: Schiller, 17, nach Uhland, Karlsschule, 285).« (Ebenda, hier S. 2.)

8 angehenden Psychiater Schiller sogleich] Im Erstdruck nur: »angehenden Psychiater sogleich«. Der Eigenname Schiller wurde nach einer Korrektur im Marbacher Handexemplar ergänzt.

9 ganz wie später der Mensch überhaupt nur da ganz Mensch heißt, wo er spielt.] Anspielung auf den »Fünfzehenten Brief« aus Friedrich Schiller, *Ueber die ästhetische Erziehung des Menschen* [2. Teil; 10. bis 16. Brief], in: ders. (Hrsg.), *Die Horen*, Band 1, 2. Stück, Tübingen: Cotta 1795, S. 51–94, hier S. 82–89.

10 Alle psychischen Kuren, nicht nur [...] als dramatische Inszenierungen.] Zum Verhältnis von Psychologie und Drama vgl. auch aus dem Konvolut »Junger Schiller«, 8 Blätter Manuskripte mit zahlreichen Korrekturen, 15 Blätter Typoskripte mit gelegentlichen handschriftlichen Anmerkungen, Ergänzungen und Korrekturen, 9 Seiten Typoskripte mit gelegentlichen Anmerkungen, Ergänzungen und Streichungen (Kasten 95, Mappe 3): »Die Dramatisierung der Psychologie ist ihr imaginärer Beweis: die dramatis personae können nicht anders, als zu tun, was ihnen

der psychologische Dramatiker zuschreibt. Die zentral-dezentrale Stellung der Literatur könnte diese Ankopplungsfunktion innerhalb einer diskursiven Formation sein« (ebenda, »Junger Schiller«, 7 Seiten Typoskript mit handschriftlichen Ergänzungen und Korrekturen, hier S. »Junger Schiller 2«).

11 gegen »Zwang« und für die »Bekehrung«] Die angegebene Stelle lautet korrekt: »Zwang *erbittert* die Schwärmer immer, aber *bekehrt* sie nie.«

12 daß auch altmodische Väter im Hochadel [...] Vaterschaft aufzubauen.] Zu bürgerlichen Eltern-Kind-Beziehungen vgl. das Brouillon »Schiller: Don Carlos / Familiengemälde«, 2 Seiten Typoskript mit handschriftlichen Ergänzungen und Korrekturen (Kasten 50, Mappe 2): »›Ein Familiengemälde aus fürstlichem Hause‹ hat Schiller den ›Don Carlos‹ genannt und damit seinen Bezug aufs bürgerliche Drama selber bezeichnet. Zumal in der ersten Fassung, die dem Marquis Posa noch nicht die zentrale Rolle gibt, dominiert die Vater-Mutter-Sohn-Beziehung, die offen als ödipale auftritt. Was in ›Kabale und Liebe‹ verhüllt bleibt –, dass die Geliebte der absoluten Liebe unter der Imago der Mutter erscheint – wird in ›Don Carlos‹ thematisch. Dass die Beziehung zum Vater, über das politisch-rebellische Moment hinaus, von der bürgerlichen Sehnsucht nach einem zärtlichen Vater durchzogen und bestimmt ist, spricht der Sohn selber aus (II 2; 17f.). Wie Ferdinand von Walter, so sucht auch Carlos den Vater hinter den politischen Intrigen in jener urbürgerlichen Sphäre, wo er wesentlicheMensch [sic] und d.h. dem Sohn ein Vater ist. Wie Franz Moor, reflektiert Don Carlos auf die Kontingenz von Elternschaft: ›Warum von tausend Vätern / Just eben diesen Vater mir?‹ (I 2; 18)« (ebenda, hier S. 1).

13 So bekanntlich Goethe über Carl Eugens Kunstpraxis.] Vgl. Johann Wolfgang von Goethe, »An den Herzog von Weimar. Tübingen, den 11. September«, in: ders., *Goethes Sämtliche Werke (Jubiläums-Ausgabe in 40 Bänden)*, herausgegeben von Eduard von der Hellen, Band 29: *Aus einer Reise in die Schweiz über Frankfurt, Heidelberg, Stuttgart und Tübingen im Jahre 1797. Am Rhein, Main und Neckar 1814 und 1815*, Stuttgart und Berlin: Cotta 1906, S. 1–184, hier S. 98–105.

14 zu Tode zu bringen.] Der Herzog verführte Johann Friedrich

Jahns Tochter, die im Kindbett starb. Hierzu und zu Jahns Stellung an der Karlsschule 1771–1774 vgl. Uhland, *Geschichte der Hohen Karlsschule in Stuttgart* (Kittlers Anm. 9), S. 79–81.

15 Semiotechnik] Kittler übernimmt den Begriff von Michel Foucault, der ihn in *Überwachen und Strafen* als Zeichensystem fasst, das unmittelbar disziplinierende Effekte zeitigt. Beispiel bei Foucault ist das symbolische Verhältnis, das die Bestrafung zur Natur des Verbrechens haben soll. Vgl. Michel Foucault, *Surveiller et punir. Naissance de la prison*, Paris: Gallimard 1975, S. 96. In der deutschen Übersetzung, *Überwachen und Strafen. Die Geburt des Gefängnisses*, aus dem Französischen übersetzt von Walter Seitter, Frankfurt am Main: Suhrkamp 1976, S. 120, wird »sémio-technique« als »Zeichentechnik« übersetzt. Vgl. auch im Text »Das Alibi eines Schriftstellers« (I.B.4.12), S. 278.

16 übercodiert sie das bürgerliche Familiensystem.] Vgl. hierzu aus dem Brouillon-Konvolut »Junger Schiller« (Komm. 10): »Die Familie wird – vielleicht erst auf der Karlsschule – zum Modell der Sekundärsozialisation; das hat den Vorteil, diese zu entpolitisieren, in ein Naturverhältnis umzuschreiben, Herrschaft als Generationendifferenz und als psychologisch zu etablieren« (ebenda, hier S. »Junger Schiller 2«).

17 Balthasar Haug: Von der Wichtigkeit eines Erziehungs-Hauses vor junge Untertanen. Stiftungstagsrede 1772] Der Erstdruck nennt für Haugs Stiftungstagsrede irrtümlicherweise den Titel »Von den Vortheilen eines Staates aus der Erziehung der Jugend in Wissenschaften und Künsten«. Die Korrektur erfolgte nach der zitierten Quelle und dem Erstdruck: Balthasar Haug, *Von der Wichtigkeit eines Erziehungs-Hauses vor junge Untertanen. Beschreibung der Feyerlichen Handlung, welche den 26ten April 1772 auf der Solitude bey Legung des Grundsteins zu dem Erziehungs-Hause vor die daselbst errichtete Herzoglich-Würtembergische militairische Pflanzschule vorgegangen ist*, Ludwigsburg: Cotta, o. J.

18 »die Zeit […] seiner Maitressenwirtschaft […] zu »treiben«.] Ein Zitatnachweis fehlt im Erstdruck, zitiert ist Uhland, *Geschichte der Hohen Karlsschule in Stuttgart* (Kittlers Anm. 9), S. 74.

19 die Gräfin in einer Parallelaktion] Neben der militärischen Pflanzschule für die männlichen Schüler lässt Herzog Carl Eu-

gen auf Betreiben Franziskas von Hohenheim auch eine Ausbildungsstätte für Mädchen, die École des demoiselles, eröffnen. Vgl. E. Vely [Emma Simon], *Herzog Karl von Württemberg und Franziska von Hohenheim. Unter Benutzung vieler bisher nicht veröffentlichter Archivalien biographisch dargestellt*, Stuttgart: Simon 1876 (2. Auflage), S. 60 f.

20 Vgl. dazu Böckmann: Anm. 66. S. 417.] Die Fußnote fehlt im Erstdruck. Sie wurde nach dem Typoskript (Kasten 1, Mappe 4) ergänzt.

21 »Schwärmersinns« (2945)] Korrigiert, im Erstdruck und im Typoskript: »Schwärmerei«. Dieser Begriff taucht allerdings im *Don Carlos* nicht auf, »Schwärmersinn« dagegen an der hier angegebenen Stelle und in Vers 6107.

22 *Zusammenhang der tierischen Natur des Menschen mit seiner geistigen*] Titel von Schillers medizinischer Dissertation von 1780.

23 »Ammen und Wärterinnen« Alteuropas] Zu den Figuren von Amme und Dienstwärterin vgl. auch das Brouillon »JUNGER SCHILLER / Hoffmann – *Dienstmädchen*«, 2 Seiten Typoskript (Kasten 54, Mappe 4), in dem sich Kittler mit Hoffmanns *Der Sandmann* und Schillers *Die Räuber* auseinandersetzt: »Es geht nicht darum, eine vollkommen autarke und sozusagen logisch reduzierte Kernfamilie herzustellen, wenn die Ammeneinflüsse der Kritik unterzogen werden. Was man will, ist eher ein Wissen: wie vermittelt sich was von den Dienstboten und Ammen auf die Kinder? An welchen strategischen Punkten greifen die Märchen bei den Infantes ein? Was sind sie zu produzieren imstande? Hoffmanns Antwort: Psychosen, Franz Moors Antwort: Angstpsychosen. An dieser Stelle siedelt sich die Literatur selbst, Fortsetzung der Dienstbotenschauergeschichten an (vgl. Engelsing-Zitat); sie überführt deren Schrecken in transzendentales und psychologisches Wissen. Anknüpfungspunkt scheint, dass die Ammengeschichten latente Begierden der Familie und zumal der Elternartikulieren [sic], also ein Wissen gespeichert haben, auf das auch und gerade Freud eifersüchtig sein wird. Worum es geht, ist die Regelung und Steuerung dieser Kommunikationskanäle, die keine allzu konträren Annahmen relativ auf die Familie transportieren sollen. Die schreckliche-und-komische

Amme Braka zeigt bei Arnim, was passiert, wenn keine Eltern die Ammenmärchen reglementieren und die Ammensexualität legitimieren. Was die Literatur studiert, ist die Weise, wie der Ammendiskurs seine Wirksamkeit bei den Infantes entfaltet: sie will diese Wirksamkeit lernen und selber haben. Es ist ein Diskurs von Körpern, phantastischen Körpern, zerstückelten und wunderbaren. Ein Sandmann, der mit den ausgerissenen Augen von Kindern seine eigenen Kleinen auf dem Mond atzt, also gleichsam eine perverse Amme, ein Kuckuckselternwesen, gar nicht so afamilial wie sein Repräsentant Coppelius, eher eine Art Coppola-Spalanzani, die ihrem Kind Olimpia gestohlene Augen einsetzen. Die Amme, die gibt, erzählt die Geschichte des bösen Vaters, der nimmt. Sind vielleicht Amme und Sandmann die dunklen Äquivalente von Mutter und Vater? Weiter: die Amme erzählt (wenn sie sie nicht gar auch noch betreibt) von Straf- und Erziehungstechniken, die obsolet geworden sind, weil die Dressur aufs System elterlicher Liebe umgestellt worden ist. Der Sandmann ist wie ein Knecht Ruprecht für Kinder, die nicht schlafen gehen wollen. Familie und Psychologie haben grosses Interesse an diesem Körpertechnik-Wissen, seiner Wirksamkeit, seinen Grenzen, die sie selber sind. Die Literatur zeigt die schrecklichen Folgen dieser Körpertechnik – damit legitimiert sie die Normierung-durch-Liebe. Aber da sie auch selber körpertechnische Züge hat , [sic] bleibt sie nicht bei abstrakter Kritik.« (Ebenda, hier S. 2.)

24 Deleuze/Guattari: Anm. 37. S. 90.] Im Erstdruck fehlt die Fußnotennummer. Die Korrektur erfolgte nach dem Typoskript.

25 als einziges Mittel zu seiner »Heilung« anpreist (1425)] Die angegebene Stelle lautet korrekt: »Nur schnelle Veränderung des Himmels kann mich heilen.«

26 an welchem Platz im Interaktionsfeld der Marquis steht.] Zur Rolle Posas vgl. das Brouillon »Schiller: Don Carlos / Familiengemälde«, 2 Seiten Typoskript mit handschriftlichen Ergänzungen und Korrekturen (Kasten 50, Mappe 2): »Posa aber ist der Freund, der auf einer homosexuellen Matrix dieses Erziehungswerk leistet und dadurch für Don Carlos in eine Zwischenstellung zwischen ›Bruder‹ (der am Ende für Don Carlos' Bewusstsein mit ihm beim Vater rivalisiert) und Vater tritt. Posa

wird an der kleinfamilialen oder brüderlichen Intimität das Modell einer ganzen politisch-sozialen Gesellschaft, der der Vater nurmehr ein reiner Name ist, ein idealer Vater (alias Gott), der sich aus seiner dadurch befreiten Schöpfung zurückgezogen hat.« (Ebenda, hier S. 1 f.)

27 »schwärmerische Sprache der Weltverbeßrer« (6109)] Die angegebene Stelle lautet korrekt:

> Kennen Sie
> Schwärmersinn und Neuerung so wenig?
> Der Weltverbeßrer prahlerische Sprache
> Klang Ihrem Ohr so ungewohnt?
> (Vers 6107–6111.)

28 Mann des »Denkens« ab (3665).] Im hier angegebenen Vers: »Ich bin | Gefährlich, weil ich über mich gedacht.«

29 daß die Legierung von ödipaler Sexualität und Politik selber Politik war.] Vgl. hierzu aus dem Brouillon-Konvolut »Junger Schiller« (Komm. 10): »Der Inzest und der Ödipuskomplex als Motivation eines semipolitischen Handelns erscheint nicht erst im DC [Don Carlos]; schon KuL [Kabale und Liebe] impliziert ihn und seine motivationale Fragwürdigkeit« (ebenda, hier S. »Junger Schiller 2«).

30 Familienwissenschaft Posas.] Vgl. das Brouillon »Schiller: Don Carlos / Familiengemälde«, 2 Seiten Typoskript mit handschriftlichen Ergänzungen und Korrekturen (Kasten 50, Mappe 2): »Die erotische Phantasie des Sohns hat an den Begriffen (und nicht etwa an den Realitäten) des Inzesttabus ihre Grenze. Die Idee eines ›Umsturzes der Gesetze‹, womit eben die Subversion des Inzesttabus gemeint ist (I 5; 39), fällt auf ihn als eine höllische zurück (ebd.40 [sic]). An dieser Stelle setzen die pädagogischen Sublimierungsaufforderungen Elisabeths und Posas an. Die Anarchie wird geopfert, um den künftigen Monarchen zum Opfer seines Wunsches für die Freiheit der Vielen zu bewegen.« (Ebenda, hier S. 2.)

31 Schillers blinder Großinquisitor] Vgl. das Brouillon »Schiller: Carlos / Inquisition«, 3 Seiten Typoskript (Kasten 50, Mappe 2): »In den ersten Plänen sollte das Drama ein flammendes Ma-

nifest gegen die Inquisition sein. Die Ausführung hat dies Motiv zurückgedrängt und in dieser Zurückdrängung zumal aufs höchste gesteigert: Die Inquisition zieht sich nun zusammen zur Gestalt des Grossinquisitors, der den fünften Akt beherrscht. [...] Im Grossinquisitor wird Gestalt, was er von Philipp fordert und was die Idee des Absolutismus, sie zu Ende denkend, widerlegt: die Herrschaft von Niemand über Niemand. Der Mensch ist Mensch, solange er anderer bedarf; so sieht er sich indessen auf ihre unbezwingbare Freiheit verwiesen und hebt als Freund den Begriff der Herrschaft auf. Wer herrschen will, muss sich zuerst selber entleiben und ›zu bedürfen verlernen‹; dann herrscht, der nicht mehr ist, über die, die nicht mehr, nämlich bloss noch Zahlen sind. So vollzieht sich, durchaus pervertiert, eben das, was Posa anklagend Philipp vorhielt: Der Herrscher verschwindet in seinem Werk gleich dem lebendigen Gott.« (Ebenda, hier S. 1 f.)

Dokumentarisches Nachwort

Die Entstehungs- und Publikationsgeschichte von »Carlos als Carlsschüler« lässt sich nur rudimentär rekonstruieren. Im Dezember 1981 lud Bernhard Zeller, Direktor des Deutschen Literaturarchivs Marbach, Kittler zu einem dort geplanten »Goethe-/Schiller-Symposion« im September 1982 ein.[1] Am 19. Februar 1982 sagte Kittler, der zu dem Zeitpunkt eine Gastprofessur in Berkeley innehatte, zu. Sein zunächst »vorgeschlagenes Thema« hatte allerdings nicht Schiller zum Gegenstand, vielmehr lautete der Titel – dem Konferenzanlass von Goethes 150. Todestag umso angemessener – »Urphänomen und Absolutes. Zur Rezeption Goethes bei zeitgenössischen Philosophien«.[2] Kittler wollte für dieses Tagungsthema zunächst einen Vortrag aus der noch nicht eingereichten Habilitationsschrift *Aufschreibesysteme 1800/1900* halten, wechselte aber dann das Thema.[3]

---

1 Brief von Bernhard Zeller an Friedrich A. Kittler vom 19. Februar 1982 (Kasten 11, Mappe 2). Der Brief ist eine Erinnerung an die Einladung vom Dezember 1981, die in Kittlers Nachlass nicht erhalten ist.

2 Brief von Friedrich A. Kittler an Bernhard Zeller vom 26. Februar 1982 (Kasten 11, Mappe 2).

3 Zu den deutlichen Bezügen zum Kapitel »Der Trinkspruch« (Friedrich A. Kittler,

Für die Niederschrift von »Carlos als Carlsschüler« notiert die Werkliste den Zeitraum vom 21. Juni bis 05. Juli 1982. Das Symposion »Goethes und Schillers Literaturpolitik« fand vom 06. bis 09. September 1982 in Marbach statt. Die korrigierten Fahnen schickte er im Januar 1984 an Hans-Dieter Mück,[4] der Tagungsband lag schließlich laut Werkliste im Oktober 1984 vor. Kittlers Beitrag findet sich in der Rubrik »Ästhetik und Drama« neben Texten von David E. Wellbery, Victor Lange, Klaus Weimar, Rolf-Peter Janz, Dieter Borchmeyer, Peter Pütz und Herbert Kraft.

Über diesen engeren Kontext hinaus gibt weitere Korrespondenz Hinweise auf die Entstehungsgeschichte. In einem Brief an Hans H. Hiebel von 1988 stellt Kittler eine Verbindung zwischen »Carlos als Carlsschüler« und dem damals noch unpublizierten Text »Archäologie der Psychologie des bürgerlichen Dramas«[5] her:

> Die harmlose Spätfassung ist erschienen in Lämmert/Barner/Oellers, Unser Commercium. Die wilde Frühfassung [das heißt, die »Archäologie«] wartet ebenso wie die Scuderi-Analyse auf einen Reprint meiner ›Frühschriften‹, die Schöningh für nächstes Jahr vorbereitet.[6]

Aufschreibesysteme 1800·1900, München: Fink 2003 (4. Auflage), S. 153–211) siehe das Schreiben an Zeller: »Zu fragen wäre nach dem Verhältnis zwischen literarischer und philosophischer Autorschaft, nach den Transformationen, die ›Faust‹ in seiner philosophischen Interpretation (›Phänomenologie des Geistes‹) erfährt und schließlich nach der Funktion, die das Zusammenspiel zwischen ›Dichtern und Denkern‹ gehabt hat (manifest im Titel ›Ästhetische Untersuchungen über Goethes Faust als Beitrag zur Anerkennung wissenschaftlicher Kunstbetrachtung‹). Ich hoffe zeigen zu können, dass diese historische Konstellation einen bestimmenden Einfluss auf Literaturwissenschaft überhaupt gehabt hat.« (Brief von Friedrich A. Kittler an Bernhard Zeller vom 26. Februar 1982 (Kasten 11, Mappe 2).)

4 Vgl. den Brief von Friedrich A. Kittler an Hans-Dieter Mück vom 20. Januar 1984 (Kasten 11, Mappe 2).

5 Vgl. das Typoskript »ZUR ARCHÄOLOGIE DER PSYCHOLOGIE DES DRAMAS«, 54 Seiten Typoskript mit handschriftlichen Ergänzungen und Korrekturen, uneinheitlich paginiert (Kasten 98, Mappe 2), die Druckfassung »Schiller: Archäologie der Psychologie des bürgerlichen Dramas«, in: ders., *Dichter · Mutter · Kind*, München: Fink 1991, S. 47–102 sowie *Werkausgabe*, Band I.B.2.

6 Brief von Friedrich A. Kittler an Hans H. Hiebel vom 24. März 1988 (Kasten 38, Mappe 6).

Tatsächlich hatte Hiebel das Typoskript der »Frühfassung« im Januar 1982 erhalten.[7] In seinem Begleitschreiben machte Kittler eine sichere Retoure dringlich, weil er den »Wunsch [hatte], den einstigen Skandaltext unter die Leute zu bringen«.[8] Möglicherweise hatte Kittler zu diesem Zeitpunkt schon das Goethe-Schiller-Symposion im Sinn und das Goethe-Thema war nur eine zwischenzeitliche Alternative. Sicher ist, dass der »Skandaltext« vorlag, als er sich im Juni 1982 an die Abfassung seines Vortrags für das Symposion machte.[9]

Dass Kittler dennoch nicht den älteren Text umarbeitete, vielmehr mit »Carlos als Carlsschüler« einen neuen Schiller-Text verfasste, kann mehrere Gründe gehabt haben. Das lange, über 50 Seiten umfassende Typoskript war nicht geeignet als Vortragstext. Während Kittler sich dort mit Texten Schillers und Lessings auseinandersetzt, konzentriert sich der spätere Text auf Schillers *Don Carlos*. Der von Kittler als »wilde Frühfassung« bezeichnete Text war auch in anderer Hinsicht unkonventionell und konnte somit als ungeeignet für den Rahmen des Goethe-Schiller-Symposions erschienen sein. Zum einen zieht er Parallelen zwischen klassischer und pornographischer Literatur Mirabeaus und de Sades. Zum anderen reflektiert er methodisch über akademisches Schreiben. Kittler gliedert die Frühfassung in drei Teile, die er außerdem als »Schichten« bezeichnet: erstens den bürgerlichen und herzoglichen Komplex, zweitens die Literatur und drittens das Gesetz, wobei sich der Text größtenteils und zu etwa gleichen Teilen mit den ersten beiden »Schichten« beschäftigt und der letzte Teil nurmehr wenige Zeilen umfasst.[10] Im Typoskript notiert Kittler am Rande seines von zahlreichen Langzitaten durchbrochenen Textes nur Kürzel für die Literaturangaben und zitierten Stellen. Auf eine Vermittlung zwischen Quelle und Forschung im Text selbst verzichtet er. Im veröffentlichten Text, der

7 Vgl. den Brief von Friedrich A. Kittler an Hans H. Hiebel vom 05. Januar 1982 (Kasten 26, Mappe 1).

8 Ebenda.

9 Hiebel schickte das Typoskript bereits im Januar zurück. Vgl. den Brief von Hans H. Hiebel an Friedrich A. Kittler vom 18. Januar 1982 (Kasten 26, Mappe 1).

10 »ZUR ARCHÄOLOGIE DER PSYCHOLOGIE DES DRAMAS« (Anm. 5), hier S. 1, 24 und 54. Vgl. auch Kittler, »Schiller: Archäologie der Psychologie des bürgerlichen Dramas« (Anm. 5), hier S. 47, 72 und 97.

Anmerkungen und Literaturangaben vollständig ausspart, führt er stattdessen am Ende eine Liste mit »*Sprecher[n]*«[11] an, in der Jakob Friedrich Abel auf Jacques Derrida, Sigmund Freud auf Johann Wolfgang Goethe, Novalis auf Michel Foucault, Jean-Paul Sartre auf Daniel Paul Schreber und so fort treffen. Zudem endet der Text in der Druckfassung von 1991 mit einer Partitur des Songs »The End« von The Doors.[12] Aufgrund der zahlreichen literarischen und historischen Referenztexte zeichnet die Frühfassung ein Montagecharakter aus, der sich von der Geschlossenheit der »harmlose[n] Spätfassung« deutlich unterscheidet.

Weitere Aufschlüsse über die Forschungsdiskussion zu Schiller gibt der Briefverkehr mit Jürgen Link, Professor für deutsche Literaturwissenschaft in Bochum, »zumunser [sic] beider Carlos«.[13] Kittler hatte Link noch vor Abgabe der Fahnenkorrektur eine Textfassung zugänglich gemacht. Link antwortete im November 1983:

> nicht wahr, daß man da mit dem dispositiv des antiödipus gut basteln und ›strüppen‹ (zu gestrüpp/rhizome) kann? ich habe gestaunt, wie Ihr durch deleuze/guattari vielleicht inhaltlich noch gesteigert ›nomadisierendes‹ denken es Ihnen dialektisch zu erlauben scheint, in der darstellung präziser zu werden (aus meiner sicht); herausgekommen ist ein wirklich spannender text, aus dem man jede menge überzeugender erkenntnisse gewinnt. natürlich habe ich fragen, zwei: jetzt schaut's manchmal so aus, als habe schiller seinen diskurs (›mythos‹) aus der realität herausdestilliert – das gilt aber m.e. bloß für das schillersche selbstmißverständnis: der diskurs hatte schon die karlsschule generiert, und schiller glaubte deshalb, den diskurs zuerst in der realität ›gelesen‹ zu haben. (hier käme mein aspekt des synchronen systems bei ›charakteren‹ hinein: die matrix ist da, bevor ›charaktere‹ generiert werden können, wie es so schön bei den schülerberichten praktiziert wird: das war alles schon vorher, z.b. in den charakter-berichten der ›moral. wochenschriften‹, diskursiv gelaufen). zweitens: in schiller (und ›posa‹) überschritt,

11 Kittler, »Schiller: Archäologie der Psychologie des bürgerlichen Dramas« (Anm. 5), hier S. 97 f.

12 Ebenda, hier S. 99–102.

13 Brief von Friedrich A. Kittler an Jürgen Link vom 01. Dezember 1983 (Kasten 25, Mappe 3).

meine ich, die wunschbewegung von psychiatern/pädagogen usw. an bestimmten punkten die grenzen eines ›beamten‹ – oder halten Sie blanqui für einen beamten? und wenn ja, in welchem sinn?[14]

Kittler reagierte im Dezember 1983:

Den Punkt Pro-grammierung, die Vorgängigkeit der Matrizen, seh ich klar. Auch wenn ein gewisses Dramatisierungslaster mich immer wieder dazu verführt, bestimmten Institutionen die Instituierung selber solcher Matrizen zuzuschreiben. Im Fall der Carlsschule nicht einmal ohne historische Deckung. Aber ob der Despot Carl Eugen Agent oder ob er Effekt einer Semiotechnik heißt, ändert wenig am Muster selbst, demgegenüber es prä-diskursive Wirklichkeiten weiß Gott nicht gibt. Sollte es in meinem Text wirklich so aussehen, als habe Schiller seinen Diskurs aus einer Realität herausdestilliert, müßte ich in die Fahnen eingreifen. Erlebnis und Dichtung war das Letzte, was unsereiner wollen konnte. Aber wichtiger ist die Gegenfrage an Sie: Wie machen's Sie, daß das synchrone System ›schon vorher‹ da war, aber eben nicht (z.B. mit Heidegger) ›immer schon‹? Mit dem Immer-schon käme man sofort in Nöte, wenn es um unbestreitbar historische Systeme geht.

Ihre zweite Frage setzt meinen Strategien noch mehr zu. Irgendwie hab ich kein mir erkennbares methodisches Maß, um Devianz, Übertretung, usw. zu registrieren. Blanqui bleibt einfach eine Evidenz, die sich indessen nicht auf Schiller überträgt. Womöglich opfert man die Schriftsteller, über die man schreibt, dem System in seiner prächtigsten Positivität, und schweigt über diejenigen, die unmöglich Beamte heißen könnten. Und damit das nicht bloß eine façon d'écrire bleibt, auch hier eine Gegenfrage: Müssen wir nicht wenigstens methodisch mit der Möglichkeit rechnen, daß bestimmte Schreiber restlos verrechenbar und d.h. ohne anarchischen Rest sind? Andernfalls wäre Literaturwissenschaft weiterhin der Blankoscheck, den zum Beispiel Poss/Hörisch gegen J.L.s unmöglich zu widerlegende Bilanzierungen wedeln.[15]

---

14 Brief von Jürgen Link an Friedrich A. Kittler vom 20. November 1983 (Kasten 25, Mappe 3).

15 Brief von Friedrich A. Kittler an Jürgen Link vom 01. Dezember 1983

Wenigstens bis zur Publikation gehörte »Carlos als Carlsschüler« zum Vortragsrepertoire Kittlers. Ende Oktober 1982 lud Gerhart Hoffmeister vom German Department in Santa Barbara Kittler ein, um dort Mitte/Ende Januar 1983 über »Goethe's Faust: the end of the ›Tragedy of the Scholar‹ and the beginnings of hermeneutics« zu sprechen.[16] Kittler schlug zwei andere Redethemen vor: »Das Medium Weltatem. Über die Einheit von Drama und Musik bei Richard Wagner« (vgl. I.B.4.14 im vorliegenden Band) und »Carlos als Carlsschüler. Ein Familiengemälde in einem fürstlichen Hause«.[17] Letztlich sprach er dann über »Faust I: Von der Gelehrtentragödie zur Hermeneutik«.[18] Auch Rainer Nägele vom Department of German der Johns Hopkins University machte Kittler den Vorschlag, über »Carlos auf der Carlsschule. Literatur und Schulsystem beim jungen Schiller« zu sprechen; der »Carlos«-Text stand als drittes mögliche Redethema neben »Interpretation. Ihr Vorspiel auf dem Theater (Über die Gelehrtentragödie in Faust I)« und »Eine Detektivgeschichte der ersten Detektivgeschichte (Über Hoffmanns ›Fräulein von Scuderi‹)« für einen Vortrag im Winter beziehungsweise Frühjahr 1983 zur Debatte.[19] Wegen Terminschwierigkeiten im Februar 1983 musste Kittler den Vortrag absagen.[20]

Aus der Habilitationszeit stammt ein Typoskript »THEMENVORSCHLÄGE ZUM COLLOQUIUM«,[21] das neben dem erstgenannten »Carlos als Carlsschüler. Ein Familiengemälde in einem fürstlichen Hause« auch die Wagner-Auseinandersetzung »Das Medium Weltatem« (vgl. hierzu das Dokumentarische Nachwort, S. 360–362) und »Die Paranoia des Tormanns bei Handke« (vgl. I.B.4.12 im

---

(Kasten 25, Mappe 3).

16 Brief von Gerhart Hoffmeister an Friedrich A. Kittler vom 28. Oktober 1982 (Kasten 11, Mappe 1).

17 Vgl. den Brief von Friedrich A. Kittler an Gerhart Hoffmeister vom 31. Oktober 1982 (Kasten 11, Mappe 1).

18 Vgl. den Brief von Friedrich A. Kittler an Laurence A. Rickels vom 03. Januar 1983 (Kasten 23, Mappe 5).

19 Vgl. den Brief von Friedrich A. Kittler an Rainer Nägele vom 17. Oktober 1982 (Kasten 25, Mappe 5).

20 Vgl. den Brief von Friedrich A. Kittler an Rainer Nägele vom 08. Februar 1983 (Kasten 25, Mappe 5).

21 »THEMENVORSCHLÄGE ZUM COLLOQUIUM«, 1 Blatt Typoskript (Kasten 107, Mappe 5).

vorliegenden Band sowie hierzu das Dokumentarische Nachwort, S. 290 f.) als mögliche Themen für den Habilitationsvortrag nennt und auf Herbst/Winter 1982 zu datieren ist.[22] Kittler schickte diese Themenvorschläge am 08. Dezember 1982 an Gerhard Kaiser, seinen ehemaligen Doktorvater, Professor an der Albert-Ludwigs-Universität Freiburg im Breisgau und Gutachter im Habilitationsverfahren. Im Begleitbrief gestand er, dass sein »Lieblingsthema [...] natürlich das wagnerianische« sei; zum »Carlos«-Vorschlag heißt es dort: »Vom Schillerthema, für mich ein bisschen oft behandelt, kann ich nur hoffen, dass es sich auf dreissig Minuten kürzen lässt. Seine größte Peinlichkeit ist aber, dass Du und Herr Neumann die These schon kennen.«[23] Der erstgenannte Vorschlag zu »Carlos als Carlsschüler« wurde in der Themenskizze wie folgt erläutert:

> Gegen eine Schillerforschung, die die Flucht nach Mannheim als Selbstbefreiung versteht, soll gezeigt werden, dass das Drama Don Carlos, sowohl in seiner erotischen Inzesthandlung wie in seinem spätabsolutistischen Reformpolitikprogramm, ganz exakt die Erziehungssituation und die Erziehungsinhalte fortschreibt, die der junge Schiller im Beamtenelite-Ausbildungsinstitut Carlsschule erfahren hatte.[24]

2007 erschien in der Reclam-Reihe »Erläuterungen und Dokumente« zu Schillers *Don Carlos* ein Teilabdruck des Erstdrucks.[25] Kittlers Beitrag für die Sektion »Neuere Deutungsansätze« präsentiert einen Auszug aus dem dritten Textabschnitt (S. 258–261). Michael Hofmann leitet den Textauszug mit den Worten ein, dass Kittlers Studie »das despotische Familienbild des aufgeklärten Absolutismus«[26] thematisiere.

---

22 Vgl. hierzu auch die zwei Briefe von Friedrich A. Kittler an Gerhard Kaiser vom 30. September 1982 und vom 08. Dezember 1982 (beide Kasten 39, Mappe 1).

23 Brief von Friedrich A. Kittler an Gerhard Kaiser vom 08. Dezember 1982 (Kasten 39, Mappe 1).

24 »THEMENVORSCHLÄGE ZUM COLLOQUIUM« (Anm. 21).

25 Friedrich A. Kittler, ohne Titel [in Rubrik ›Neuere Deutungsansätze‹], in: Michael Hofmann, *Erläuterungen und Dokumente. Friedrich Schiller, Don Karlos*, Stuttgart: Reclam 2007, S. 108–110.

26 Ebenda, hier S. 108.

In einem Interview aus dem Jahr 1996 beantwortete Kittler die Frage von Stefan Banz nach seinem Begriff der Interpretation und dessen Bedeutung wie folgt:

> Meine persönliche Lieblingsinterpretation ist zum Beispiel ein Text über Don Carlos (überhaupt über Schillers frühe Dramen). Don Carlos wurde immer als ein freiheitspathetisches Produkt gegen den tyrannischen Herzog, unter dem er gross [sic] geworden war, gelesen, und ich habe mir einfach die Akten oder die Bücher über die Akten kommen lassen, in denen aufgeführt ist, wie der Herzog seine Schule, in der Schiller Schüler war, konzipiert hat. Es gab ein Programm für diese neue Schule, die 1770 als Reformschule gegründet wurde, da stand [sic] wie sie geplant wurde, welche alten und neuen Pflichten die Schüler hatten, welche Wissensformen ihnen beigebracht werden sollten etc. All das ist wie ein Computerprogramm, und wenn man es zusammen mit dem Text von Don Carlos liest, dann stellt sich heraus, dass Carlos natürlich die Karlsschule meint, wo Schiller selbst war, und dass Schiller einfach den Herzog abschreibt, statt gegen ihn zu protestieren. Mit anderen Worten, wenn mir das glückt, dass ein Text, der anscheinend eine Interpretation braucht, kombiniert werden kann mit einem Text, der die Regeln des Textes A angibt, dann implodiert das so schön und bildet sich aufeinander ab, und dann muss ich mich nicht mehr fragen, was fühlte Don Carlos, dann sage ich einfach, Don Carlos ist Schiller oder Don Carlos ist der Schüler sowieso in der Karlsschule.[27]

Im Deutschen Literaturarchiv Marbach befinden sich neben dem Typoskript auch zahlreiche Brouillons[28] sowie verschiedene Typoskripte und Manuskripte zum jungen Schiller.[29] Darüber hinaus sind Exzerpte beziehungsweise Lektürenotizen von Schillers Briefen über *Don Carlos* und von Schillers *Don Carlos* überliefert,[30] die im

---

27 Friedrich A. Kittler und Stefan Banz, *Platz der Luftbrücke. Ein Gespräch*, herausgegeben von Iwan Wirth, Köln: Oktagon 1996, S. 11 f.

28 Vgl. die Vorstufen in Kasten 29, Mappe 2; Kasten 50, Mappe 1 sowie Kasten 50, Mappe 2.

29 Vgl. die Materialien in Kasten 95, Mappe 3.

30 »Schiller: Briefe über Don Carlos«, 1 Blatt Typoskript mit einer handschriftlichen

Zusammenhang mit Kittlers Hauptseminar »Das Geschichtsdrama« (Wintersemester 1987/1988, Ruhr-Universität Bochum) entstanden sind.

Für freundlich erteilte Publikationsgenehmigungen danken wir dem Deutschen Literaturarchiv Marbach, Hans H. Hiebel, Susanne Holl, Ingeborg Kaiser, Jürgen Link, Hans-Dieter Mück, Rainer Nägele und Cathrin Zeller-Limbach.

Ergänzung und »SCHILLER, Don Carlos«, 3 Seiten Typoskript mit handschriftlichen Ergänzungen (beide Kasten 132, Mappe 1).

Der Sandmann – dramatisiert I.B.4.8

Zur Sandmann-Inszenierung an den Städtischen Bühnen Freiburg/Br. (Kammertheater). Regie: Peter Siefert. Premiere: 9. Juni 1982.

Sieferts Dramatisierung einer Erzählung, die wesentlich und aus- 1
drücklich alle subjekttheoretischen Möglichkeiten von Erzählperspektivik ausnutzt, stand zu allererst vor diesem Formproblem. Die heikle Beziehung zwischen Erzähler und Held, die in Hoffmanns Text das Problem poetischer Halluzinationen aufwirft und den Realitätsstatus der erzählten Ereignisse in Frage stellt, ist auf dem Theater kaum wiederzugeben. Angesichts dieses Formproblems arbeitete Siefert mit einer in sich gedoppelten Lösung. Erstens wurde der Freund Lothar mit den Funktionen des Kommentators, Briefverlesers und epischen Erzählers betraut. Zweitens wurde die zeitliche Perspektivik der Erzählung durchs Mittel der Rückblende dramatisch reproduziert. Nathanaels Kindheitserinnerungen erschienen demgemäß zwischen einer Einleitungsszene, in der er von Mutter, Braut und Freund Abschied nimmt, um zur Universität zu gehen, und dem zweiten Akt, der dann von Olimpia und der Schlußkatastrophe handelt.

Die andere Aufgabe, vor die eine Dramatisierung sich gestellt sah, war die Bestimmung des Realitätsstatus vor allem derjenigen Figuren, die zwischen realem Alp und psychotischer Halluzination des Nathanael oszillieren. Hier lief Sieferts Lösungsweg über die Rollenbesetzung. Nicht nur aus Gründen räumlicher und personeller Beschränkung – das Stück läuft auf der Freiburger Studiobühne und nicht im Großen Haus – waren mehrere Rollen jeweils von einem Schauspieler besetzt. Was sich bei Coppola und Coppelius von selbst (vom Text her) versteht, ist es aber nicht bei Clara und Olimpia, bei Mutter und Spalanzani. Erst die Inszenierung machte also aus der Puppe eine Reinkarnation der Braut, aus dem exotischen Professor eine Reinkarnation der Mutter. Mit dem entscheidenden Gewinn, daß dasjenige, was Freud im Verhältnis zwischen Kindheit und Adoleszenz Nathanaels als Wiederholungszwang herausgestellt hat, nachgerade zu dramatischer Anschauung kam.

Zugleich brachte dieser Kunstgriff – im Verein mit der Enge und dem stilisierten Biedermeier von Bühnenausstattung und Inszenierung – jene Enge ins Bild, die alle Ausbruchsversuche des Helden
2 scheitern und ihm nur die Fluchtlinie Psychose offen läßt. *Huis clos* hätte das Stück auch heißen können. Alle Geschehnisse und Figuren (mit der einen Ausnahme von Nathanaels Studentenfreund, der im Stück Hoffmanns philiströse Studentengesellschaft zu vertreten hatte) blieben im Zwangsrahmen einer einen Kernfamilie, auch an Stellen, wo der Text gerade über sie hinausgegangen war.

Bei Hoffmann wird der Sandmann bekanntlich einerseits von einer der (im alten Europa ubiquitären) Ammen als kinderaugenverschlingendes Monstrum beschrieben und andererseits von einer der (um 1800 historisch neuen) Mütter auf eine bloße Redensart reduziert; was das Kind natürlich einem unlösbaren Widerspruch aussetzt. Die dramatisierte Fassung tilgt dagegen jene extrafamiliale Amme, um beide kontradiktorischen Aussagen ein und derselben Mutter in den Mund zu legen. So wird Nathanaels Mutter in ihrer Macht, sprechend double-binds zu produzieren, im Einklang mit neueren Sandmann-Interpretationen zu einem Zentrum des Stücks. Clara und in minderem Maß auch ihr Bruder Lothar agieren nur als Stellvertreter dieser Mutter.

Randständigkeit oder gar Ohnmacht des Vaters in der neuen Kernfamilie dagegen wird indiziert durch den klugen Einfall, ihn – von Nathanaels Kindheitsszenen abgesehen – auf ein Porträt zu reduzieren, das lebensgroß im Hintergrund des Familienzimmers hängt. Als dieses leere Idealbild schrumpft er zu einer Funktion der mütterlichen Rede, sofern sie die familialen und sozialen Erwartungen an ihr Liebesobjekt Nathanael definiert. Aber auch zu seinen Lebzeiten ist es nichts mit der väterlichen Macht. Die (übrigens von Hoffmanns bekannter Zeichnung inspirierte) Alchimistenszene zeigt, wie Coppelius Nathanaels Vater gleich einer Marionette fernsteuert, wenn es darum geht, das Kind – und dies ist die deutlichste Reverenz der Dramatisierung vor Freuds Interpretation – mit Kastration zu bedrohen.

Immer wenn es um die Zerstückelung eines ganzen Körpers geht, setzt die Inszenierung jenen Herd-oder-Tisch wieder ein, um den herum die Alchimistenszene gespielt hat. Er kehrt wieder bei der Zerstückelung Olimpias durch Spalanzani und Coppola und

wird am Schluß zu jenem Turm, von dem aus Nathanael zu Tode stürzt. Glücksfall eines optischen Leitmotivs. – Der zweite Akt ist also die Durchführung oder Exekution aller Motive, die im ersten aufgestellt worden sind. Die Familie kehrt wieder; und daß sie es unter den exotischen Masken eines Touristen-Italien tut, macht die Wiederkehr nur noch verführerischer. Nathanael, von Coppelius wie von Coppola immer wieder »kleine Bestie« genannt, bleibt Kind. Es hilft der kleinen Bestie nichts, sich in Briefentwürfen an Clara eine ewige Studentenliebe zu ihr einreden zu wollen. Wenn Clara wiederkehrt, dann als Olimpia. Die Inszenierung erreicht ihren Höhepunkt, wenn Nathanael diese seine biedermeierliche »Zerrissenheit« in eroticis ausspielen und Olimpia mit einer Arie, die nicht umsonst ein ausgewachsener Ohrwurm: die Barcarole aus *Hoffmanns Erzählungen* ist, alle Zerrissenheit beschwichtigen darf. 3
Rührend zu sehen, wie dabei ihr Automatenbauer von Vater ängstlich bemüht ist, seine Pianobegleitung im Bühnenhintergrund allen Fragilitäten eines Sopran-Automaten anzupassen, nur damit Nathanael zum Opfer perfekter Illudierung werden kann. Rührend zu hören, wie der Verliebte, um Olimpias sprachlose Vollkommenheit zu feiern, das hochstilisierte und vergessene Deutsch von Hoffmanns Text in wörtlicher Rede zu neuem Leben bringt.

So schüttelt der zweite Akt in seiner dramatischen Gegenwärtigkeit alles ab, was im ersten noch als Mühe der Dramatisierung eines narrativen Textes spürbar blieb. Die Verführungsstrategien von Spalanzani und Coppola wie auch die Verleugnungsstrategien einer Familie, die ihren Sohn einerseits in die Zwangsjacke steckt und andererseits alle seine Erfahrungen aus der Welt redet, sind ja dramatisch an ihnen selber. Nur wenn die Inszenierung meint, ihre Evidenz noch durch politisch-historische Kommentare im Brecht-Stil und aus der Sandmann-Dokumentation Wawrzyns fundieren zu 4
müssen, tut sie des Guten zuviel. Eine Frau, die einen Automaten simuliert, der eine Frau simuliert, um Offenbachs Barcarole technisch zu implementieren, kann viel schlichter und schlagender bezeichnen, was Wahnsinn im Zeitalter der deutschen Romantik war.

Apparat

zu I.B.4.8

Editorischer Kommentar und Bericht

Die Rezension »Der Sandmann – dramatisiert« erschien in: *Mitteilungen der E.T.A. Hoffmann-Gesellschaft* (1982), H. 28, S. 103–104.

Im Deutschen Literaturarchiv Marbach, Bestand *A:Kittler, Friedrich A.*, ist ein dreiseitiges Typoskript »ZUR SANDMANN-AUFFÜHRUNG DES FREIBURGER THEATERS« in Kasten 53, Mappe 3 vorhanden.

Kittlers Werkliste führt »Sandmann, Freiburger Theater« unter der Nummer 45 mit der Schreibzeit Oktober 1982 und ohne Publikationsdatum.

Ediert wurde der Erstdruck. Zwei Texte, die Kittlers Rezension in den *Mitteilungen der E.T.A. Hoffmann-Gesellschaft* vorangestellt waren (»Ankündigung« und »Kritik der Presse«), werden im Stellenkommentar zur Dokumentation abgedruckt.

Stellenkommentar

1 Sieferts Dramatisierung] Folgende Texte waren Kittlers Text (= »Kritik unseres Mitglieds«) vorangestellt:

Ankündigung

Gogols ›Tote Seelen‹, ›Alice im Wunderland‹ und ›Gullivers Reisen‹ erblickten unter seiner Regie schon das Licht der Bühne. Jetzt hat Peter Siefert sich E.T.A. Hoffmanns Erzählung ›Der Sandmann‹ vorgenommen. Zerlegt in dreizehn Teile, wird sich das ›Nachtstück‹ am 9. Juni in Freiburg an den Städtischen Bühnen auf seine szenische Wirksamkeit überprüfen lassen. Die meisten kennen die musikalische Adaption der Geschichte aus dem Olympia-Akt von Jacques Offenbachs Oper ›Hoffmanns Erzählungen‹. Die Verstörungen des übersensiblen Studenten Nathanael, seine Gespensterfurcht und innere Zerrissenheit, das Thema der ›geraubten Augen‹, mit denen man Automatenmenschen als lebendige Wesen wahrnimmt, das tragische Motiv der verlorenen Identität – das alles ist in der Erzählung natürlich viel komplizierter und mehrschichtiger als in der Oper. Peter Siefert, der auch Regie führt, hofft, daß sich in seinem ›Sandmann‹ etwas von der Komplexität des literarischen Vorwurfs erhalten wird. *hd.*

in: FAZ-Magazin v. 4. 6. 82

Kritik der Presse

Siefert erzählt diesen ›Sandmann‹ in offener Form und greller Weise mit Vor- und Rückblenden und viel Sinn für schauspielerische Kabinettstückchen. Neben die Handlung stellt er einen wissenden, kriminalistisch vorgehenden Erzähler (Elmar Roloff, zugleich als fideler Student Siegmund und Claras Bruder Lothar zu sehen), der die Lücken in diesem Bilderbogen, dieser Moritat über Puppen und Menschen schließt.

Die kleine Bühne des Kammertheaters verkleinerte Margit Bardy in winzige Zellen, rundum schwarz ausgeschlagen, spärlich möbliert: Die Stube wird halb Schaubude, halb Sarg für ein verhuschtes, geducktes Biedermeier, dessen vernünftig geordneter Alltag nur Firnis ist über Beschädigungen und Neurosen. Mitten im Heimeligen nistet das Unheimliche: Siefert kennt natürlich Sigmund Freuds kleine Studie über ›Das Unheimliche‹. Freud erläutert den Begriff dort just am ›Sandmann‹, deutet das Leitmotiv vom Ausreißen der Augen, das Coppelius am kleinen Nathanael versucht und Coppola bei der Puppe ausführt, als Kastrationskomplex, der Nathanael liebesunfähig mache.

Ein Stück weit macht Siefert sich diese Deutung zu eigen: Coppelius will nicht nur die Augen des kleinen Nathanael, sondern ungeniert auch das, wofür sie stehen. Siefert bietet aber eine weitere Interpretation an, in der Nathanael immer lauter gegen die Sterilität, die Verpuppung der Alltagsbürger protestiert. Beide Deutungen sind sicher legitim, mindern aber die Irritation. Eben noch verwirrter Zaungast zwischen Wahn und Wirklichkeit, darf der Zuschauer jetzt aus sicherem Abstand räsonieren. Anders als Carlos Trafics ›Caligari‹-Schauerstück vor zwei Jahren hält Sieferts ›Sandmann‹ die Balance zwischen dem, was sicher ist, und dem, was vielleicht sein könnte, nicht konsequent durch. Das aber wird man dieser zweistündigen, von vorzüglichem Ensemblespiel getragenen Attacke auf Zwerchfell und Gänsehaut des Zuschauers bereitwillig nachsehen.

Joachim Fritz-Vannahme
in: Badische Zeitung Freiburg v. 11. 6. 82

2 *Huis clos*] Anspielung auf Jean-Paul Sartres Stück *Huis clos* (1944), deutsch als *Geschlossene Gesellschaft*, aus dem Französischen übersetzt von Boris von Borresholm, Reinbek bei Hamburg: Rowohlt 1975.

3 *Hoffmanns Erzählungen*] Oper von Jacques Offenbach, *Les contes d'Hoffmann* (1881).

4 Sandmann-Dokumentation Wawrzyns] Vgl. Lienhard Wawrzyn, *Der Automaten-Mensch. E.T.A. Hoffmanns Erzählung vom ›Sandmann‹*, mit Bildern aus Alltag und Wahnsinn, auseinandergenommen und zusammengesetzt von Lienhard Wawrzyn, Berlin: Wagenbach 1976. Vgl. auch das mit Schreibmaschine verfasste Exzerpt Kittlers »HOFFMANN / Wawrzyn«, 1 Blatt Typoskript (Kasten 54, Mappe 4).

Dokumentarisches Nachwort

Die Rezension »Der Sandmann – dramatisiert« war Kittlers zweite Besprechung für die *Mitteilungen der E. T. A. Hoffmann-Gesellschaft* (zu diesem Veröffentlichungsort und Kittlers Mitgliedschaft in der Hoffmann-Gesellschaft vgl. das Dokumentarische Nachwort zur Rezension »Soziologische Grobraster«, I.B.4.3, S. 60–65). Im Juni 1982 wandte sich Georg Wirth an Kittler mit der Bitte, Berichte über die Inszenierung von Hoffmanns *Sandmann*, die am 09. Juni an den Städtischen Bühnen Freiburg Premiere feierte, aus der *Badischen Zeitung* an die Hoffmann-Gesellschaft zu übermitteln. Sollte Kittler die Aufführung selbst gesehen haben, so würde Wirth sich über eine Besprechung freuen.[1] Kittler meldete sich erst im Oktober 1982 bei Wirth zurück.[2] Aufgrund seiner Gastprofessur in Stanford habe

1 Vgl. den Brief von Georg Wirth an Friedrich A. Kittler vom 10. Juni 1982 (Kasten 26, Mappe 1).

2 Vgl. den Brief von Friedrich A. Kittler an Georg Wirth vom 11. Oktober 1982 (Kasten 26, Mappe 1).

er keine Zeitungsausschnitte sammeln können. Was den Wunsch der Hoffmann-Gesellschaft nach Dokumentation anging, verwies er Wirth an das Freiburger Stadttheater. Allerdings hatte Kittler das Stück im September gesehen und schickte seine Besprechung gleich mit. Das Datum des Briefes stimmt mit der in der Werkliste angeführten Schreibzeit (Oktober 1982) überein. Kittlers Rezension erschien noch im Winter 1982.

Die Niederschrift erfolgte nach intensiver Beschäftigung mit Hoffmann, die sich im 1976 verfassten und 1977 erschienenen Aufsatz »›Das Phantom unseres Ichs‹ und die Literaturpsychoanalyse. E. T. A. Hoffmann – Freud – Lacan«[3] (*Werkausgabe*, Band I.B.2), im 1980 geschriebenen und erst 1991 veröffentlichten Aufsatz »Hoffmann: Eine Detektivgeschichte der ersten Detektivgeschichte«[4] (*Werkausgabe*, Band I.B.3) sowie in den *Aufschreibesystemen 1800/1900* (*Werkausgabe*, Band I.A.3) niederschlug.[5] Von Kittlers frühen Hoffmann-Forschungsinteressen zeugen 30 Notizen und Brouillons (vgl. die Auflistung in Anm. 11 des Dokumentarischen Nachworts zu I.B.4.3, S. 64).

Kittlers Hoffmann-Interessen sind zudem vor dem Hintergrund verschiedener Lehrveranstaltungen zu sehen (vgl. ebenda zu I.B.4.3, S. 64 f.). In zeitlicher Nähe zu Kittlers Rezensionstätigkeit stehen der Aufsatz »Romantik – Psychoanalyse – Film: eine Doppelgängergeschichte« (I.B.4.13 im vorliegenden Band); später folgten »Die Laterna magica der Literatur: Schiller und Hoffmanns Medienstrategien«[6] (1992 geschrieben und 1994 veröffentlicht, vgl. *Werkausgabe*, Band I.B.7) sowie »Eine Mathematik der Endlichkeit. Zu E.T.A. Hoffmanns ›Jesuiterkirche in G.‹«[7] (1998 geschrieben, 1999 veröffentlicht, vgl. *Werkausgabe*, Band I.B.9).

---

3 Friedrich A. Kittler, »›Das Phantom unseres Ichs‹ und die Literaturpsychologie. E. T. A. Hoffmann – Freud – Lacan«, in: ders. und Horst Turk (Hrsg.), *Urszenen. Literaturwissenschaft als Diskursanalyse und Diskurskritik*, Frankfurt am Main: Suhrkamp 1977, S. 139–166.

4 Friedrich A. Kittler, »Hoffmann: Eine Detektivgeschichte der ersten Detektivgeschichte«, in: ders., *Dichter · Mutter · Kind*, München: Fink 1991, S. 197–218.

5 Vgl. das Kapitel »Der goldne Topf« in Friedrich A. Kittler, *Aufschreibesysteme 1800·1900*, München: Fink 2003 (4. Auflage), S. 95–133.

6 Friedrich Kittler, »Die Laterna magica der Literatur: Schillers und Hoffmanns Medienstrategien«, in: *Athenäum. Jahrbuch für Romantik* 4 (1994), S. 219–237.

7 Friedrich Kittler, »Eine Mathematik der Endlichkeit. Zu E.T.A. Hoffmanns ›Jesui-

Für freundlich erteilte Publikationsgenehmigungen danken wir dem Deutschen Literaturarchiv Marbach, Susanne Holl und Wulf Segebrecht.

terkirche in G.‹«, in: *Athenäum. Jahrbuch für Romantik* 9 (1999), S. 101–120.

»Ich bin nur Flamme, Durst und Schrei und Brand« Schreien auf Bühnen, Platten und Papieren I.B.4.9

Für Margaretmary Daley 1

Über die Tränen dieser Erde sagte Beckett, daß sie unvergänglich 2
sind: für jeden, der irgendwo aufhört zu weinen, fängt irgendwo ein
anderer an. Mit den Schreien ist es wie mit den Tränen.

Selbstredend gibt es Rede – so selbstredend, daß sie niemand
etwas angeht. Aber ohne ihre Löcher würde die symbolische Ordnung der Sprachzeichen noch nicht einmal im Leerlauf arbeiten.
Schreie und nur Schreie lassen – nach Lacans genauer Bestim- 3
mung – den Ort einer Verbindung entstehen, wo sprachlicher Anspruch und Trieb für einmal zusammenkommen.

Von seinem Außen her artikuliert also das Unartikulierte der Leiber alle Sprache und damit Artikulation selber. Schreie fallen ins Wort, damit die Wörter ihrerseits kleine Unterscheidungen anbringen können in einem Reich, wo sonst nur ewige Wiederkehr von Schreien wäre – als undenkbare Selbigkeit von Liebesakt, Geburt und Tod. Schon darum sind Schreie so unvergänglich.

Und doch ist das *Io! Io!* der attischen Tragödien genauso verschollen wie die ungezählten Schreie, die nicht von Helden oder
Heldinnen stammen. »Wie viele geheimnisvolle Klänge, auch unter 4
den Geräuschen der Vergangenheit, wurden nicht von unseren
Vorfahren wahrgenommen, die in Ermangelung eines geeigneten
Apparats zu ihrer Speicherung für immer ins Nichts gestürzt sind?«
fragte sich 1886 der Edison eines symbolistischen Zukunftsromans, 5
um anschließend darüber nachzusinnen, welches Grammophon
die Trompeten von Jericho oder den schreienden Stier des Phalaris
hätte registrieren und reproduzieren können. Daß er das *Io! Io!* der
Tragödien vergaß, ist reiner Zufall. Denn auch von einem Schrei, der
einst in seiner Verstärkung durch Masken und d.h. Sprachrohre der
Schauspieler den Resonanzraum antiker Theater füllen konnte, sind
ganze zwei Buchstaben auf Papier zurückgeblieben. So ist Literatur
nun einmal gemacht. Ein Medium, das von Schreien durchbrochen
oder ausgeschlossen werden kann, schließt sie auch selber aus.

Aber es gibt andere Medien. An genau der Stelle, wo die attische Tragödie verschollen ist, hat die Neuzeit bekanntlich ihre Oper er-
6 funden. Und nach der weniger bekannten These von Rudolf Heinz liegt allen Opern ein Schrei zugrunde, den sie im Unterschied zu Texten nicht verwerfen, sondern nur verdrängen. Ihre Urszene nämlich, historisch wie systematisch, ist der Hexenprozeß. Folterknechte oder Instrumentalmusiker machen sich mit Schrauben, Därmen, Schlegeln an einem Körper oder Korpus zu schaffen; ein geistlicher Beistand oder Tenor flötet heimliche Versprechungen für den Fall des Geständnisses; der Inquisitor oder Dirigent schließlich, weil er ja stumm und taub ist, kann die ganze Wahrheits- oder Musikmaschine so lange anheizen, bis aus dem gefolterten Leib der Hexe am Ende jener Schrei steigt, dessen Entsprechung Belcanto heißt.

Ein Ritual, das freilich leichter ersonnen als auskomponiert ist.
7 Guido von Arezzos Notensystem hat mit Schreien kaum weniger Not als das Alphabet auch, weshalb der Belcanto seinen Ursprung immer wieder vergaß. Um reale Schreie mitten in Opernpartituren hineinzuschreiben, muß man Musik überhaupt schon als Geräuschspektrum hören oder Richard Wagner heißen. Im zweiten Akt *Tristan* figuriert eine jener Kreuznoten ohne Bauch und Tonhöhe, die Schönbergs *Pierrot lunaire* dann zum Standard machen wird: Brangänes verzweifelt und wortlos herausgeschrieene Warnung an die Liebenden. Und im ersten Akt *Lohengrin* steht sogar (in aller textuellen Genauigkeit) eine Anweisung zur medientechnischen Schreiproduk-
8 tion. Es ist Elsa von Brabant, »die hart Beklagte«, wenn schon nicht Gefolterte, deren Mund die neuen Wunder Wagnerscher Münder und Orchester beschreibt.

9 Einsam in trüben Tagen
hab ich zu Gott gefleht,
des Herzens tiefstes Klagen
ergoß ich im Gebet: –
da drang aus meinem Stöhnen
ein Laut so klagevoll,
der zu gewalt'gem Tönen
weit in die Lüfte schwoll: –
ich hört' ihn fernhin hallen,
bis kaum mein Ohr er traf;

mein Aug' ist zugefallen,
ich sank in süßen Schlaf! [...]
In lichter Waffen Scheine
ein Ritter nahte da [...]

... usw. usw. bis Lohengrin mit Pauken und Trompeten einziehen, Elsas Halluzinationen also wahrmachen wird. Am Anfang aber steht eine Menschenstimme, die nicht von ungefähr Frauenstimme ist. Sie klagt und stöhnt in ihrer Kapelle, anders gesagt: a capella. Was nie und nimmer hinreichen wird, um den Retter von seiner Gralsburg herbeizurufen; zwischen Brabant und Munsalvaetsche liegen Hunderte von Meilen. Aber da geschieht ein akustisches Wunder: das Stöhnen eines Leibes hebt ab von diesem Leib, wird selbständiger Ton, schwillt immer lauter an und beginnt – nicht ohne die mittlerweile so durchgemessenen wie ausgeschlachteten Halleffekte – seinen Trip im stereophonen Raum. Die Senderin des unartikulierten Hilfeschreis darf ruhig einschlafen, einfach weil eine derart präzise beschriebene Mitkopplung auch den tumbsten Toren einer fernen Gralsburg unfehlbar erreicht.

Man weiß, der Fliehkraftregler an Watts Dampfmaschine ist das erste Rückkopplungsmodul gewesen. Aber Patente auf den akustischen Rückkopplungseffekt hätte Wagner beantragen sollen. Nicht nur, daß seine Opernheldin ihn beschreibt, sein Opernorchester geht auch gleich an die Realisierung. Jener vom Menschenmund abgelöste Laut, wie er immer verstärkter von Brabant nach Spanien zieht, hat sein technisch-reales Korrelat am Orchestercrescendo – nicht nur während Elsas gleichzeitiger Beschreibung, sondern schon als Bauplan des ganzen *Lohengrin*-Vorspiels, wie es vom Flehen oder Flageolett halbmenschlicher Violinen zum dreifachen Forte der Blechbläser anschwillt.

Mit Wagner sind Schreie also technisch produzierbar geworden. Ohne einen Resonanzraum, der Leiber über die Grenzen ihrer Sprachkompetenz und Stimmleistungen hinaustreibt, fände niemand den Mut zum unverhohlenen, ununterbrochenen Stimmfluß. Weshalb auch erst unter Bedingungen eines Wagnerorchesters die historische Möglichkeit aufkommt, daß Sänger (wie der Tristandarsteller der Münchner Uraufführung von 1865) sich zu Tode schreien. Die Musik, gleich dem literarischen Werk einst ein Sprungbrett zur

10 Unsterblichkeit, hat das Recht erhalten, zu töten. *Careful with That Axe, Eugene* heißt ein Pink Floyd-Song, der selbstredend die E-Gitarre meint und genauso selbstredend (weil alle Warnungen ja bloß Reden sind) in einem Schrei sondergleichen gipfelt. »Father, I want
11 to kill you«, heißt es, noch in artikulierter Rede, im berühmtesten Song der *Doors*; aber was ein von attischen Bühnen auf Rockfestivals übergewechselter Ödipus will, kann nur noch im Schrei seinen Ausdruck finden.

Rocksongs gibt es als Schallplatten und nur als Schallplatten. All jene Geräuscheffekte und Mitkopplungen, in deren Produktion das Wagnerorchester seine Erfindungskraft entfaltete, sind durch die Erfindung des Grammophons auch reproduzierbar geworden. Im Unterschied zu Noten und Partituren speichern Schallrillen das Reale an Sprache und Musik: ihren Sound. Was einst die Gefolterten schrien, wenn Phalaris den Bronzebauch seines Stiers, diesen großen Resonanzraum für Todesschreie, unter Feuer setzen ließ – seit dem 7. Dezember 1877 muß es zur Freude aller Symbolisten nicht mehr verlorengehen. Den Beweis hat kein anderer als der reale Edison erbracht. Der erste, technisch reproduzierte Klang war kein Dichterwort und auch keine Opernarie; es war ein schlichtes kindisches Gebrüll. Edison hatte von einem Betriebsunfall her so schlechte Ohren, daß ihm und nur ihm die Schallrille als taktile Substitution von Klangschwingungen hatte einfallen können. Um sein eben fertiggestelltes Endprodukt Phonograph aber auch noch akustisch und am eigenen Leib zu testen, blieb ihm nur übrig, in den Schalltrichter hineinzubrüllen. Ein moderner Phalarisstier, in dessen Bauch wir seitdem alle leben.

*

12 »Ich bin nur Flamme, Durst und Schrei und Brand.« So beginnt das Gedicht, mit dem Benn (in seiner Anthologie toter und gefallener, exilierter und vergessener Weggenossen) den wirklichen Expressionismus beginnen ließ. Ein Opfer des sizilianischen Tyrannen hätte nicht genauer formulieren können. Und doch ist der Schriftsteller Stadler nicht nur Flamme, Durst, Schrei, Brand; er hat allein schon als Literaturwissenschaftler, der er war, auch sein Alphabet. Weshalb Stadlers *Anrede* sofort nach dem Schrei auf einen anderen

zu sprechen kommt, der als dessen ganzes Gegenteil fungiert. Der
andere heißt ein »Spiegel, über dessen Rund die großen Bäche 13
allen Lebens gehn und hinter dessen quellend goldnem Grund die
toten Dinge schimmernd auferstehn«. Man braucht also nicht lange
zu rätseln und auch nicht die Schlußzeilen abzuwarten, die jenen
anderen als fernes, hohes Bild und ewiges Zeichen anrufen. Von
vornherein umschreiben seine Attribute ersichtlich den Gott der
Schriftsprache. Alphabetische Zeichen speichern ja um den Preis
eines Todes und einer unausdenklichen Ferne, die mit dem »Mal:
Vergänglichkeit« auf »meinem Leibe« nichts zu schaffen haben,
Artikulationen des Symbolischen.

Schrei versus Schriftsprache: das ist eine neue Konstellation in den historischen Abenteuern des Redens. Als die Lyrik von 1800 Rhetorik und Schriftlichkeit der alten Poesie im Namen einer erotischen Flüsterstimme ersetzte, die Vibration reiner Seelen sein sollte, konnte sie immerhin noch darauf zählen, daß wenn schon nicht Seelen, so doch halbleise oder auch musikbegleitete Lektüren etwas von dieser unanschreibbaren Stimme wirklich machen würden. Nicht so ein Schreiber, der seine Endsilbe abgelegt hat und nurmehr Schrei ist. Expressionismus – der Name sagt es schon – versucht einen stimmphysiologisch nackten Ausdruck im ungeeignetsten aller denkbaren Medien zu speichern. Zum erstenmal sollen Texte eine akustische Energie des Menschenkörpers reproduzieren. Wahnsinniger und unerfindlicher Einfall, wenn es nicht seit neuestem, so unerreichbar wie herausfordernd, Phonograph und Grammophon gäbe. Im Expressionismus beginnt die Literatur ihren großen Konkurrenzkampf mit technischen Medien, wie er unser ganzes Jahrhundert durchzieht. (Auch wenn die Entscheidung längst gefallen ist.)

Sicher führen die Expressionisten ihren Impuls zu schreien auf
alle möglichen Unmittelbarkeiten zurück: auf den Menschen und
seine Nacktheit, auf den Leib und seine Leiden. Aber noch bevor ihr
Mund aufgeht, hat ein Ohr schon einmal kontrolliert, unter welchen
technischen Bedingungen Schreie überhaupt eine Chance des
Wirkens und Fortwirkens haben. »Fast alles«, schrieb Benn über 14
die Gedichte seiner Generation, »scheint von Gefesselten zu stammen, von Angeschmiedeten, nur von Felsen klingen Schreie tief, durchdringend, und ihr Echo hallt.« Technische Bedingung des Ex-

pressionismus ist also ein Resonanzraum für Sound, der das Senden literarischer Schreie erst möglich macht und vor aller Verfügung
des Menschen liegt. Eben darum können ihn die Schriftsteller nicht
implementieren wie Wagner oder Edison, sondern nur beschwören.
Die ungezählten Schreie, die sie dichten, bleiben so stumm wie der
eine Schrei, den Munch malt. Und wenn sie Sender haben, dann
mit Vorliebe stimmlose: Steine, Straßen, Bäume. Ein Trakl-Gedicht
15 endet, seinem Titel *De profundis* (clamavi) zum Trotz, in Gottes
Schweigen und einem Licht, das dem lyrischen Ich im Mund ver-
löscht.

Der Schrei wird also weder gestillt noch erhört, er ist von vornherein nur das Phantasma der Texte – eine wirkungspoetische Energie,
die immer schon vergangen ist, und ein wirkungspoetischer Effekt,
der immer noch ausbleibt. Im Zweifrontenkrieg gegen traditionelle
Buchstabenarchive und moderne Klangspeicher überdauert nur ein
erstickter Schrei. Weshalb es das Bewegungsgesetz expressionis-
tischer Gedichte und Theorien ist, vom Traumschrei latenter Kör-
perenergien wieder zur faktischen Sprache alphabetischer Zeichen
16 zurückzusinken. *Die Sprache* heißt ein Gedicht von Klemm, dessen
Eingang »ein wildes Ungetüm mit tausend Zungen« und »wehen-
dem Gebläse heißer Lungen« beschwört. Aber womit es endet, ist
die Beruhigung dieses Soundgenerators zum »feinen Dunststrich,
drin tausend fremde Namen flüstern«: als würde der historischen
Tatsache leiser oder bestenfalls flüsternder Lektüren ihr Denkmal
gesetzt. Und damit wiederholt Klemm nicht nur Stadlers *Anrede*,
sondern auch ein Theorem von Georg Kaiser:

> 17 »Vielgestaltig, gestaltet der Dichter *eins*: die Vision, die von Anfang ist. So stößt sie mit seinem Blut, […] unnachgiebig und hitzig. Der Druck ist gewaltig gegen das Gefäß, das sie einschließt. Im Gegendruck wird die Gefahr der Sprengung bezwungen –: daß nicht formlos ausfließt, was nur in Formung mitgeteilt wird! – daß nicht der Schrei sich über die Rede erhebt! […] Furchtbar schwingt dieser Kampf zwischen Schrei und Stimme.«

*

Expressionistisches Kalkül – nach dem Gesetz der Energieerhal-
tung soll auch die artikulierte Rede oder Stimme, einfach weil sie
der Gegendruck zum Schrei heißt, als wie auch immer potentielle
Energie erscheinen und wirken. Das hoffnungsfrohe Kalkül übersieht nur eine (nach Benn) »kaum erwähnenswerte« Kleinigkeit – 18
»daß Worte Gemeingut sind«. Anders gesagt: ein Tauschsystem
und keine Energien.

Wer Schreie will, muß also den Worten kündigen. Die medientechnische Konsequenz aus dem Expressionismus ziehen nur
eine »Bühnenkomposition« und ein Literatencafé. Das Bild 3 von
Kandinskys »Gelbem Klang« endet mit der Regieanweisung:

> »Nur die Riesen sind auf der Bühne: sie stehen jetzt weiter vonein- 19
> ander und sind grösser geworden. Hintergrund und Boden schwarz.
> Lange Pause. Plötzlich hört man hinter der Bühne eine grelle,
> angsterfüllte Tenorstimme, die vollkommen undeutliche Worte sehr
> schnell schreit (oft hört man *a*: z.B. Kalasimunafakola!). Pause. Es
> wird für einen Augenblick dunkel.«

Und »das *Bruitistische Gedicht*«, wie Ball und seine Freunde es im 20
Zürcher Café Voltaire aufführen, »schildert eine Trambahn wie sie
ist, die Existenz der Trambahn mit dem Gähnen des Rentiers Schul-
ze und dem Schrei der Bremsen«.

Im Dadaismus gibt Literatur ihren Namen preis, um Sound zu
werden. Balls Begründung: »Ich will keine Worte, die andere erfun- 21
den haben. Alle Worte haben andere erfunden.«

Schreie dagegen, weil sie unvergänglich sind, kann niemand erfinden. Nur wiederfinden – wie die Lust.

Apparat

zu I.B.4.9

Editorischer Kommentar und Bericht

Der Aufsatz »›Ich bin nur Flamme, Durst und Schrei und Brand‹. Schreien auf Bühnen, Platten und Papieren« erschien in: Michael B. Buchholz et al. (Hrsg.), *Schreien. Anstöße zu einer therapeutischen Kultur* (= *trans – Magazin für therapeutische Kultur* 3), München: Kaiser 1983, S. 117–122.

Im Deutschen Literaturarchiv Marbach, Bestand *A:Kittler, Friedrich A.*, ist ein neunseitiges Typoskript »SCHREIE – AUF BÜHNEN, PLATTEN UND PAPIEREN« in Kasten 1, Mappe 4 vorhanden.

Kittlers Werkliste führt »Schreie« unter der Nummer 46 mit der Schreibzeit Januar 1983 und dem Publikationsdatum November 1983.

Ediert wurde der Erstdruck. Druckfehler wurden stillschweigend korrigiert. Die Zitate wurden überprüft und gegebenenfalls behutsam korrigiert. Dabei wurde nicht in den Satzbau Kittlers eingegriffen, dem er in der Regel die zitierten Stellen grammatisch anpasste. Kittlers Text enthält selbst keine Nachweise oder Fußnoten. Die fehlenden Zitatnachweise haben wir im Stellenkommentar nachgereicht. Nur in Fällen größerer Abweichung liefern wir die Originalstelle dazu.

Stellenkommentar

1 Für Margaretmary Daley] Amerikanische Freundin Kittlers, später Associate Professor of German an der Case Western Reserve University, Cleveland (Ohio).

2 Über die Tränen dieser Erde […] ein anderer an.] »The tears of the world are a constant quantity. For each one who begins to weep, somewhere else another stops. The same is true of the laugh« (Samuel Beckett, *Waiting for Godot. A tragicomedy in two acts*, London: Faber and Faber 1956, S. 33).

3 Schreie und nur Schreie […] zusammenkommen.] Anspielung auf die Formel für den Trieb in Jacques Lacans *Seminar XI*, die

das Verhältnis zwischen einem durchgestrichenen (mit einem Unbewussten ausgestatteten) Subjekt ($) zum Anspruch (D – demande) abbildet. Vgl. dazu die Sitzung vom 27. Mai 1964: Jacques Lacan, »Le sujet et l'autre: L'aliénation«, in: ders., *Le séminaire, livre XI. Les quatre concepts fondamentaux de la psychanalyse*, texte établi par Jacques-Alain Miller, Paris: Seuil 1973, S. 185–195, hier S. 190, deutsch als »Das Subjekt und der/das Andere: Alienation«, in: ders., *Die vier Grundbegriffe der Psychoanalyse. Das Seminar, Buch XI*, Text erstellt durch Jacques-Alain Miller, herausgegeben und aus dem Französischen übersetzt von Norbert Haas, Olten und Freiburg im Breisgau: Walter 1978, S. 213–226, hier S. 219.

4 »Wie viele geheimnisvolle Klänge [...] sind?«] Kittler scheint hier selbst aus der französischen Ausgabe zu übersetzen: »Même parmi les bruits du passé, combien de sons mystérieux ont été perçus par nos prédécesseurs et qui, faute d'un appareil convenable pour les retenir, sont tombés à jamais dans le néant?« (Auguste de Villiers de l'Isle-Adam, *L'Ève future* [1886], Paris: Charpentier 1909, S. 7).

5 der Edison eines symbolistischen Zukunftsromans] Gemeint ist der Protagonist in *L'Ève future* (1886). Vgl. auch »Draculas Vermächtnis« (I.B.4.5), S. 123 sowie Komm. 65 dort im Stellenkommentar.

6 der weniger bekannten These von Rudolf Heinz] Kittler bezieht sich hier auf ein Vorlesungsskript von Rudolf Heinz' »Philosophie der Kunst II« aus dem Sommersemester 1978, das er auch im Brouillon »HAVE YOU EVER BEEN? Strauß«, 5 Seiten Typoskript mit handschriftlichen Ergänzungen und Korrekturen (Kasten 100, Mappe 1), exzerpiert (ebenda, hier S. 4 f.). Das Exzerpt behandelt das Verhältnis und die Dynamik zwischen Musikinstrumenten und menschlichen Klangkörpern in der Oper, also zum Beispiel den Fall, dass ein Instrument die Figuren zum Reden oder Schweigen bringt. In Kittlers Nachlass befinden sich weitere Materialien, die sein fortgesetztes Interesse an Heinz' Forschung und Lehre dokumentieren (vgl. Kasten 64, Mappe 2).

7 Guido von Arezzos Notensystem] Guido von Arezzo (ca. 992–1050), Benediktinermönch und Musiktheoretiker, entwickelte ein vierzeiliges Notationssystem, in dem die Noten

durch Buchstaben dargestellt werden. Vgl. Guido von Arezzo, *Micrologus Guidonis De Disciplina Artis Musicae, d.i. kurze Abhandlung Guido's über die Regeln der musikalischen Kunst*, übersetzt und erklärt von Michael Hermesdorff, mit einer autobiographischen Beilage, Trier: Grach 1876, S. 15–18.

8 »die hart Beklagte«] Zitat aus der zweiten Szene des ersten Akts von Richard Wagner, *Lohengrin*, in: ders., *Die Musikdramen*, München: dtv 1978, S. 265–318, hier S. 270.

9 Einsam in trüben Tagen [...] Ritter nahte da] Ebenda, hier S. 270 f.

10 *Careful with That Axe, Eugene*] Korrigiert; in der 1983 veröffentlichten Textfassung irrtümlich: »*Take Care Of That Axe, Eugene*«.

11 berühmtesten Song der *Doors*] Gemeint ist der Song »The End«, der 1967 auf dem Album *The Doors* erschien.

12 »Ich bin nur Flamme, Durst und Schrei und Brand.«] Ernst Stadlers »Anrede« (1914) erschien wiederabgedruckt in: Max Niedermayer (Hrsg.), *Lyrik des expressionistischen Jahrzehnts. Von den Wegbereitern bis zum Dada*, eingeleitet von Gottfried Benn, Wiesbaden: Limes 1955, S. 40.

13 »Spiegel, über dessen Rund [...] schimmernd auferstehn«.] Der vollständige Gedichttext von Stadlers »Anrede« lautet:

Anrede
Ich bin nur Flamme, Durst und Schrei und Brand.
Durch meiner Seele enge Mulden schießt die Zeit
Wie dunkles Wasser, heftig, rasch und unerkannt.
Auf meinem Leibe brennt das Mal: Vergänglichkeit.
Du aber bist der Spiegel, über dessen Rund
Die großen Bäche alles Lebens geh'n,
Und hinter dessen quellend gold'nem Grund
Die toten Dinge schimmernd aufersteh'n.
Mein Bestes glüht und lischt – ein irrer Stern,
Der in den Abgrund blauer Sommernächte fällt –
Doch deiner Tage Bild ist hoch und fern,
Ewiges Zeichen, schützend um dein Schicksal hergestellt.

(Aus: Niedermayer (Hrsg.), *Lyrik des expressionistischen Jahrzehnts* (Komm. 12), S. 40).

14 »Fast alles«, schrieb Benn [...] ihr Echo hallt.«] Gottfried Benn, »Lebensweg eines Intellektualisten«, in: ders., *Gesammelte Werke in vier Bänden*, herausgegeben von Dieter Wellershoff, Band 4: *Autobiographische und vermischte Schriften*, Wiesbaden: Limes 1961, S. 19–68, hier S. 45.

15 *De profundis* (clamavi)] Georg Trakl, »De profundis« [1912], in: ders., *Das dichterische Werk*, München: dtv 1972, S. 27–28.

16 *Die Sprache*] Wilhelm Klemm, »Die Sprache« [1915], in: Niedermayer (Hrsg.), *Lyrik des expressionistischen Jahrzehnts* (Komm. 12), S. 176.

17 »Vielgestaltig, gestaltet der Dichter [...] Schrei und Stimme.«] Georg Kaiser, »Vision und Figur«, in: *Das junge Deutschland* 1 (1918), S. 314–315, zitiert nach: Thomas Anz und Michael Stark (Hrsg.), *Expressionismus. Manifeste und Dokumente zur deutschen Literatur 1910–1920*, Stuttgart: Metzler 1982, S. 139.

18 »kaum erwähnenswerte« Kleinigkeit – »daß Worte Gemeingut sind«.] Gottfried Benn, »Querschnitt« [1918], in: ders., *Gesammelte Werke in vier Bänden*, herausgegeben von Dieter Wellershoff, Band 2: *Prosa und Szenen*, Wiesbaden: Limes 1958, S. 72–83, hier S. 78.

19 »Nur die Riesen [...] Augenblick dunkel.«] Wassily Kandinsky, »Der gelbe Klang«, in: ders. und Franz Marc (Hrsg.), *Der blaue Reiter*, München: Piper 1912, S. 115–131, hier S. 126.

20 »das *Bruitistische Gedicht*«] Tristan Tzara et al., »Was wollte der Expressionismus?«, in: Richard Huelsenbeck (Hrsg.), *Dada Almanach*, Berlin: Reiss 1920, S. 35–41, hier S. 39.

21 »Ich will keine Worte [...] andere erfunden.«] Hugo Ball, »Entwurf zu Eröffnungs-Manifest. 1. Dada-Abend (Zürich, 14. Juli 1916)«, in: *Du Atlantis. Kulturelle Monatsschrift* 26 (September 1966): *Zürich 1914–1918. Bilder, Dokumente, Texte*, S. 738.

Dokumentarisches Nachwort

Der Text wurde in der Zeit von Kittlers Aufenthalt als Visiting Associate Professor am Department of German Studies der Stanford University verfasst. Der Theologieprofessor Yorick Spiegel kontaktierte

Kittler vermutlich im Herbst 1982, um ihn für einen Beitrag über den Schrei in der expressionistischen Dichtung zu gewinnen.[1] Spiegel stellte die noch junge Zeitschrift *trans – Magazin für therapeutische Kultur* als den Versuch vor, »einen Interessentenkreis anzusprechen, der nach neuen Formen der Bewußtseinserweiterung, einer vertiefte [sic] Körpererfahrung und einer erhöhten Sensibilisierung gegenüber der Umwelt sucht.«[2] Kittler nahm Spiegels Einladung Ende Oktober 1982 an, modifizierte aber das Thema:

> Wenn ich schreibe, soll es weniger eine literaturwissenschaftliche 8-Seiten-Abhandlung über expressionistische Texte werden, sondern die Frage geht zunächst auf die Speicherbarkeit von Schreien überhaupt. (Etwas Geschichte der Musik, der Tonspeichertechnik, der wissenschaftlichen Stimmphysiologie) [sic] Erst in diesem Kontext, nehme ich an, wird es verständlich, dass um 1900 auch das Medium Text, all seinen Beschränkungen zum Trotz, Schreien zum Thema macht.[3]

Spiegel bedankte sich im November 1982 für Kittlers Zusage und bat um Übersendung des Beitrags von maximal zehn Seiten bis Mitte Januar 1983.[4] Über eine »therapeutische Nutzanwendung«, so Spiegel, brauche er sich keine Gedanken machen, »dafür sorgen andere Artikel.«[5] Im Januar 1983 versicherte Spiegel erneut, dass die Redaktion der Zeitschrift sehr an seinem Beitrag interessiert sei.[6] Kittler bestätigte Spiegel am 20. Januar 1983 den Versand des Beitrags per Luftpost. Die Datierung der Schreibzeit auf Januar 1983 kann damit als gesichert gelten. In seinem Begleitschreiben machte Kittler noch einmal seinen spezifischen Zugang zum Thema deutlich:

---

1 Vgl. den Brief von Yorick Spiegel an Friedrich A. Kittler o. D. (Kasten 9, Mappe 4).

2 Ebenda.

3 Brief von Friedrich A. Kittler an Yorick Spiegel vom 26. Oktober 1982 (Kasten 9, Mappe 4).

4 Brief von Yorick Spiegel an Friedrich A. Kittler vom 09. November 1982 (Kasten 9, Mappe 4).

5 Ebenda.

6 Brief von Yorick Spiegel an Friedrich A. Kittler vom 05. Januar 1983 (Kasten 9, Mappe 4).

> Wie Sie sehen, hab ich die Sache Expressionismus nicht recht wörtlich nehmen können und lieber ein mediales Feld aufzubauen versucht, in dem dann die expressionistischen Schrei-Gedichte einen Platz und eine Korrelierbarkeit erhalten. Über die wirklichen und leiblichen Schreie – ganz unabhängig von ihrer technischen Reproduzierbarkeit – werden in der Trans-Nummer sicherlich genügend andere Beiträge stehen, die die Einseitigkeit des meinen ausbalancieren.[7]

Der Beitrag erschien im November 1983 zwischen Texten von Psychologen, Gestalttherapeuten, Psychoanalytikern und Erziehungswissenschaftlern. Neben Kittler vertrat nur Burkhardt Lindner die Germanistik (mit einem Beitrag über die Frage: »Haben die Griechen geschrien?«), aus dem Bereich Geschichtswissenschaften und Anglistik steuerte Thomas Schmidt einen Beitrag zu »›Weine nicht, wenn ein Törchen fällt…‹ Gesänge und Gegröhle auf dem Fußballplatz« bei.

Die Zeitschrift *trans – Magazin für therapeutische Kultur* hatte 1980 ihr erstes Heft zum Thema »Körper« und 1981 das Folgeheft zum Thema »Hungern« herausgebracht. Mit dem Schwerpunkt »Schreien« knüpften die Herausgeber Michael B. Buchholz, Werner Groß, Gudrun Jork und Spiegel an die vorherigen zwei Hefte an und gaben der Zeitschrift nun die Form einer Reihe von Buchveröffentlichungen. Allerdings folgten auf die dritte Ausgabe keine weiteren: Es sollte die letzte Veröffentlichung der *trans* sein.

Für freundlich erteilte Publikationsgenehmigungen danken wir dem Deutschen Literaturarchiv Marbach, Cornelia Bode-Spiegel, Susanne Holl und Ilona Nord.

7 Brief von Friedrich A. Kittler an Yorick Spiegel vom 20. Januar 1983 (Kasten 9, Mappe 4).

Hoffmanns schüchterne Erzählungen

James M. McGlathery: *Mysticism and Sexuality: E.T.A. Hoffmann.* Part One: Hoffmann and His Sources. Las Vegas: Lang 1981 (= American University Studies I/3). 191 S.

Klappentexte sind noch keine Rezensionen. Aber um Leistung
und Grenze von McGlatherys *Hoffmann* anzuzeigen, gibt es kaum
einfachere Wörter als die auf dem Umschlag. Hoffmann, so lesen
wir, schöpfte bei der Darstellung von Sexualität erstens »aus sei- 1
nen eigenen psychischen Erfahrungen« und zweitens aus einer
breiten Literaturtradition des »sexuellen Schelmenhumors«. Me- 2
thodisch also eine bio-bibliographische Verdopplung, wie sie schon
vielen Schriftstellern widerfahren ist. Offen nur bleibt einmal mehr,
was eigentlich das Reden der Liebe und was die Liebe dem Reden verdankt.

Aber da Theorie nicht eben McGlatherys Stärke ist, mag dieses Rätsel stehen bleiben. Wenigstens solange der angekündigte
zweite Band mit seinen Interpretationen *sämtlicher* Hoffmanntexte 3
noch aussteht. Der erste stellt erst einmal, auf einer breiten und
erfreulich positivistischen Basis, die Daten bereit, um Sexualität bei
Hoffmann angehen zu können. Einleitend passieren – sicher mit be-
rechtigtem Seitenblick darauf, daß unser Autor beim US-Publikum
kaum bekannt ist – Hoffmanns verschiedene »Karrieren« Revue 4
(als Jurist, Musiker, Autor und Liebhaber). Neue Lichter fallen dabei
nur auf den Liebhaber und dessen Psychobiographie: vom jungen
Tagträumer, der seine Schüchternheit selbstironisch und mit ausgie-
biger Literaturbenutzung glossiert, zum notgedrungen platonisch-
sublimierenden Onkel-Liebhaber sehr junger Mädchen (Julia Marc
etc.). Und damit ist die Generalthesis der Arbeit auch schon heraus.

Denn was McGlathery der gesamten Forschung vor ihm ankreidet, ist just jene Sublimierung. Was beim Autor bewußte Selbstironie eines Sexualneurotikers war, soll von den Interpreten beim bloßen Wort genommen und d. h. als Mystik oder Spiritualismus mißverstanden worden sein. Mit der Waffe dieses Ideologieverdachts durchkämmt McGlathery Hoffmanns Wirkungsgeschichte nach Ländern und Weltanschauungen. Um 1970 etwa hört das

Schnellgerichtsverfahren auf, wohl weil es schwerer halten würde, auch neuere Forschungsliteratur auf fertige Vorstellungen von
Marxismus, Existenzialismus, Neo-Idealismus usw. zu beziehen.
5 (Nur v. Matt wird noch einem sehr deutschen, wo nicht »chauvi-
nistischen« Platonismus zugeschlagen.)

Daß die vorliegenden Psychoanalysen von Hoffmanntexten
weniger schlecht abschneiden, liegt auf der Hand. Aber auch sie
gehen nicht eigentlich in McGlatherys Verfahren ein. Dort nämlich,
wo Freud methodische Fragen nach dem Kastrationskomplex, der
literarischen Phantasie, dem Unheimlichen stellte, wo neuere Psychoanalysen ein Verhältnis zwischen Unbewußtem und Textualität
beschreiben, sucht McGlathery schlicht einen »unterbewußten«
(sic) Inhalt: Männer und Helden, die aus Angst vor weiblicher Sexualität in Idealismus oder Naturphilosophie flüchten. Unausgesprochen, aber unverkennbar steht denn auch über dem ganzen Buch
6 Adlers These vom Geschlechterkampf. Daß Psychoanalyse in dieser Version literaturwissenschaftlich bislang kaum elaboriert worden
ist, macht die fehlende Methodenreflexion verzeihlicher.

Anstelle der Methode tritt eine motivgeschichtliche Tour de force. Nachzuweisen wird versucht, daß Hoffmann und seine Quellen (so der Titel des ersten Bandes) exakt und ausschließlich das Thema Sexualangst haben. Die zahlreichen Libretti und Erzählungen mithin, die er schrieb, genauso wie die noch viel zahlreicheren, die er las. Wobei McGlathery zwei Einflußstränge inhaltlich und (etwas unschärfer) wohl auch historisch trennt: einen europäischen und vorrevolutionären einerseits, der als Commedia dell'arte, Opera buffa oder Conte licencieux die männliche Sexualangst schelmenhumoristisch ausplauderte, und andererseits eine deutsche Neuerung, die als Naturphilosophie oder Idealismus eine einzige Sublimierung, bestenfalls also »unfreiwilligen Sexualhumor« darstellen soll (S. 168). Ob damit bestimmte Wandlungen von Sexualität, die es ohne Zweifel gab, glücklich beschrieben sind, steht dahin. McGlathery macht nämlich kaum Versuche, diesen Wandlungen einen sozialhistorischen Kontext anzuweisen. Dazu ist sein Begriff einer goethezeitlichen Prüderie oder Internalisierung zu vage und seine methodische Herkunft vom New Criticism zu bestimmend. Für ihn zählt nur, daß der erste Einflußstrang die wahren Ansichten des Autors (und seines Interpreten) über Liebe bestimmt hat, wohingegen der zweite den Helden (und Deutern) von Hoffmanns Erzählungen ihre schüchternen oder »misogynen«, jedenfalls aber pseudologischen Fluchtlinien vorzeichnete.

Nun ist es für die Forschung sicher ein Gewinn, den Einfluß vorrevolutionärer und gern unterschätzter Formen nachzuweisen, die wie Opera buffa oder Commedia dell'arte beim Musiker wie beim Schreiber Hoffmann – McGlathery betont es – von Jugend auf präsent waren. Er hat so ziemlich alles nachgelesen, was Hoffmann an italienischen, französischen, englischen Texten sicher oder wahrscheinlich kannte. Das rüttelt am Bild vom Originalgenie und klärt
Anspielungen, die etwa für Meyer dunkel geblieben waren. Aber 7
wenn McGlathery, gestützt auf Übersichten wie von Hinck oder 8
Nicoll, die erotischen Typen und Szenarien von Commedia dell'arte 9
oder Conte licencieux zum motivischen Strukturprinzip Hoffmanns erklären will, gehen nicht alle Gleichungen auf. Lindhorst als Dottore, die Scuderi als Riffiana, Hoffmann (gegenüber Julchen Marc) und seine sämtlichen Hagestolze (gegenüber ihren geliebten Ziehtöchtern) als Pantalone – solche Zuordnungen brauchen jeweils etliche Wenn und Aber. Vor allem aber lassen sich Interaktionsmuster, in Texten und anderswo, nicht additiv aus ihren Elementen aufbauen. Punktuelle Entsprechungen einzelner Charaktertypen beseitigen also noch nicht den Unterschied, der etwa die amourösen Partnerwechselspiele einer Komödie, diese Art angewandter Mathematik, von der subjektzentrierten Paranoia im *Sandmann* trennt. Überhaupt ist mir schleierhaft, wie man diese Paranoia diagnostizieren und gleichwohl den *Sandmann* oder auch die *Elixiere* umstandslos einer Tradition sexuellen Schelmenhumors zurechnen kann. Offenbar kannte Hoffmann, in seinen literarischen Neuerungen wie in seiner historischen Lage, denn doch Schlimmeres als jene Angst, auf die McGlathery ihn reduziert: Panik vor der Hochzeitsnacht.

Fortan und spätestens nach Erscheinen des zweiten Bandes wissen wir also Bescheid über sämtliche »Hasenfüße« Hoffmanns – und McGlathery hätte im *Grimm* feststellen können, daß dieses Wort auch um 1820 nicht nur ›Narr‹, sondern genau das meinte, was er selber meint (S. 81 und S. 87). Aber unter Serapionsbrüdern, die Hoffmann-Interpreten ja nun einmal sind, hätte das warnende Beispiel unseres Gründerhelden denn doch mehr Vorsicht anraten sollen: Als exegetisches Passepartout droht die Sexualangst zur fixen

Idee zu werden. Und das vor allem in Fällen, wo McGlathery aus Beweisnot zwischen Hoffmann und seinen Quellen hin- und herspringt. Wenn er also argumentiert, daß die leider sehr metaphysische *Don Giovanni*-Deutung, die nun einmal geschrieben steht, gar nichts besagt, weil erstens Hoffmann Metaphysik genauso verachtete wie McGlathery und weil zweitens Mozarts Librettisten Sexualkomiker vom Geist der Commedia dell'arte waren (S. 114). Oder daß das
10 Juwelenkästchen im *Ignaz Denner* treu nach Diderot die Bedeutung
11 Vulva hat, weil erstens Hoffmann Tiecks *Runenberg* kannte und weil zweitens die Juwelen im *Runenberg* – als hätte es eine Tabula smaragdina nie gegeben – nur eine »verschleierte Anspielung auf die *Bijoux indiscrets* als misogyne Phantasie« sind (S. 144). Wer außer Hoffmann auch noch dessen Quellen psychoanalysiert, also etwa ein siebenjähriges Mädchen im *Phantasus*, um es auf Julchen Marc hinzutrimmen, »präpubeszent« nennt (ebd.), der will zu viel. Immer wieder muß der Autor als Doppelgänger seines Interpreten herhalten und 1810 beim Lesen sexuelle Anspielungen
12 entdecken, die McGlathery 1981 findet. »Hoffmann wird nicht verfehlt haben, hier die Psychoanalyse der Sexualangst zu erkennen«,
13 »Hoffmann muß sehr amüsiert gewesen sein, da eine offenbare Sublimationsphantasie zu lesen« – so die stereotype Wendung, ob McGlathery nun *King Lear* oder einen Mesmerismustraktat abhandelt.

Es ist eben ein altes Laster psychoanalytischen Literaturumgangs, auch für Schriftsteller aus sehr anderen Epochen einen Ehrenplatz *hinter* der Couch zu reservieren. Dort dürfen sie dann Freud oder Adler oder den Interpreten vorwegnehmen. Quellenuntersuchungen aber sind nüchterne und vor allem historische Tätigkeiten. Bei den vielen Nachweisen, die McGlathery und seiner Belesenheit gelingen, wäre weniger Spekulation mehr gewesen.

Apparat
zu I.B.4.10

Editorischer Kommentar und Bericht

Die Rezension »Hoffmanns schüchterne Erzählungen« erschien in: *Mitteilungen der E.T.A. Hoffmann-Gesellschaft* (1983), H. 29, S. 69–71.

Im Deutschen Literaturarchiv Marbach, Bestand *A:Kittler, Friedrich A.*, ist ein fünfseitiges Typoskript »HOFFMANNS SCHÜCHTERNE ERZÄHLUNGEN« in Kasten 53, Mappe 3 vorhanden.

Kittlers Werkliste führt »Hoffmanns schüchterne Erzählungen« unter der Nummer 50 mit der Schreibzeit 14. September 1983 und dem – fraglichen – Publikationsdatum Januar 1984.

Ediert wurde der Erstdruck. Kittler übersetzt die Zitate aus McGlatherys *Mysticism and Sexuality*, gibt aber nicht immer die Seitenangaben an. Fehlende Zitatnachweise haben wir im Stellenkommentar nachgetragen. Nicht in allen Fällen war es möglich, das von Kittler angegebene Zitat im englischen Text aufzufinden.

Stellenkommentar

1 »aus seinen eigenen psychischen Erfahrungen«] James M. McGlathery, *Mysticism and Sexuality: E.T.A. Hoffmann. Part One: Hoffmann and His Sources* (= *American University Studies* I/3), Bern, Las Vegas und Frankfurt am Main: Lang 1981, Klappentext.

2 »sexuellen Schelmenhumors«.] Ebenda.

3 zweite Band] Gemeint ist: James M. McGlathery, *Mysticism and Sexuality: E.T.A. Hoffmann. Part Two: Interpretation of the Tales*, Las Vegas: Lang 1985.

4 »Karrieren«] McGlathery, *Mysticism and Sexuality. Part One* (Komm. 1), S. 40.

5 v. Matt] Wahrscheinlich Anspielung auf Peter von Matt, *Die Augen der Automaten. E.T.A. Hoffmanns Imaginationslehre als Prinzip seiner Erzählkunst*, Tübingen: Niemeyer 1972. Vgl. auch das Brouillon »AUFSCHREIBESYSTEME 1800 / Hoffmann:

Linearitäts-Transgression«, 1 Blatt Typoskript (Kasten 104, Mappe 2), in dem Kittler sich auf diesen Text bezieht.

6 Adlers These vom Geschlechterkampf.] Alfred Adler neigte zur Idee eines Grundkonflikts von männlich/weiblich oder oben/unten: »Es gibt kein allgemeiner giltiges Prinzip für alle menschlichen Beziehungen als oben und unten« (Alfred Adler, *Protokolle der Wiener Psychoanalytischen Vereinigung*, Band III: *1910–1911*, herausgegeben von Hermann Nunberg und Ernst Federn, Frankfurt am Main: Fischer 1979, S. 111). Was die Männer treibt, sei Entwertung der Frau: »Ebenso kommt ein zweiter Punkt, daß nämlich die Frau vom Manne entwertet wird, in unserer Kultur deutlich zum Ausdruck, ja darf geradezu als Triebkraft für unsere Kultur angesehen werden« (ebenda, S. 140).

7 Meyer] Vgl. Herman Meyer, »E. Th. A. Hoffmann«, in: ders., *Der Typus des Sonderlings in der deutschen Literatur*, Amsterdam: Paris 1943, S. 72–98.

8 Hinck] Vgl. Walter Hinck, *Das deutsche Lustspiel des 17. und 18. Jahrhunderts und die italienische Komödie. Commedia dell'arte und Théâtre italien*, Stuttgart: Metzler 1965.

9 Nicoll] Vgl. Allardyce Nicoll, *The World of Harlequin. A Critical Study of the Commedia dell'Arte*, Cambridge: Cambridge University Press 1983.

10 Diderot] Denis Diderot, *Les Bijoux indiscrets* (1748). Die Juwelen sind in diesem Roman die weiblichen Geschlechtsteile, die ihre Geschichten erzählen.

11 Tiecks *Runenberg*] Zum Verhältnis von Hoffmanns Erzähltexten zu Ludwig Tiecks Erzählung *Der Runenberg* vgl. das Brouillon »Tieck: Runenberg – Hoffmann: Falun«, 1 Blatt Typoskript (Kasten 50, Mappe 4). Vgl. auch den laut Kittlers Werkliste im März 1978 verfassten Text »Runenberg« (*Werkausgabe*, Band II.B.1), zu dem ein zehn Seiten umfassendes und mit einer handschriftlichen Ergänzung versehenes Typoskript überliefert ist (Kasten 54, Mappe 3).

12 »Hoffmann wird nicht verfehlt [...] erkennen«] Kein direktes Zitat aus McGlatherys Buch, sondern Amalgamierung verschiedener ähnlich lautender Formulierungen aus den Kapiteln »Commedia dell'arte«, »Shakespeare and Sterne« und »Spiritualism«.

13 »Hoffmann muß sehr amüsiert […] lesen«] McGlathery, *Mysticism and Sexuality. Part One* (Komm. 1), S. 157. Hier von Kittler gekürztes Zitat.

Dokumentarisches Nachwort

Die Rezension »Hoffmanns schüchterne Erzählungen« erschien gemeinsam mit der Rezension »Der Sandmann, Urvater der Literatur-Psychoanalyse« (vgl. I.B.4.11 im vorliegenden Band) als Kittlers dritter Text für die *Mitteilungen der E.T.A. Hoffmann-Gesellschaft* (vgl. das Dokumentarische Nachwort zu I.B.4.3, S. 60–65 sowie die Texte I.B.4.3, I.B.4.8, I.B.4.11 im vorliegenden Band).

Kittler wurde von Wulf Segebrecht im Juni 1983 angefragt, zwei Bücher – die von Claire Kahane herausgegebene Essaysammlung *Psychoanalyse und das Unheimliche*[1] sowie James M. McGlatherys Monographie *Mysticism and Sexuality. E.T.A. Hoffmann. Part One: Hoffmann and his Sources* (beide 1981 erschienen) – für die *Mitteilungen* zu besprechen.[2] Ob er dabei die Form der Sammelrezension wähle oder zwei Einzelrezensionen schreibe, sei Kittler freigestellt.[3] Kittler war Segebrecht zu diesem Zeitpunkt bereits als Hoffmann-Forscher bekannt (vgl. die Dokumentarischen Nachworte zu I.B.4.3, S. 60–65 und I.B.4.8, S. 242–244, zu Kittlers Hoffmann-Brouillons vgl. Anm. 11 im Dokumentarischen Nachwort zu I.B.4.3, S. 64). Beide hatten spätestens seit 1977 im Austausch gestanden, Segebrecht kannte Kittlers 1977 veröffentlichten Aufsatz »›Das Phantom unseres Ichs‹ und die Literaturpsychoanalyse. E. T. A. Hoffmann – Freud – Lacan«[4] und hatte 1981 eine Monogra-

1 Claire Kahane (Hrsg.), *Psychoanalyse und das Unheimliche. Essays aus der amerikanischen Literaturkritik*, übersetzt aus dem Englischen von Ronald Hauser, Bonn: Bouvier 1981.

2 Vgl. den Brief von Wulf Segebrecht an Friedrich A. Kittler vom 03. Juni 1983 (Kasten 9, Mappe 3).

3 Vgl. ebenda.

4 Friedrich A. Kittler, »›Das Phantom unseres Ichs‹ und die Literaturpsychologie. E. T. A. Hoffmann – Freud – Lacan«, in: ders. und Horst Turk (Hrsg.), *Urszenen. Literaturwissenschaft als Diskursanalyse und Diskurskritik*, Frankfurt am Main: Suhrkamp 1977, S. 139–166, vgl. *Werkausgabe*, Band I.B.2. Vgl. den Brief von Friedrich A. Kittler an Wulf Segebrecht o. D. sowie den Brief von Friedrich A. Kittler an Wulf Segebrecht o. D. (beide Kasten 9, Mappe 3).

phie für die Hoffmann-Gesellschaft rezensiert (vgl. I.B.4.3). Kittler hoffte, dass sich die Hoffmann-Gesellschaft »eines Tages am Rezensenten, zu dem ich werde«, »[v]ielleicht revanchiert«.[5] Damit nahm er Bezug auf die Beschäftigung mit Hoffmanns *Goldnem Topf* in seinem »Habilitationsbuch, das momentan viel Staub in Freiburg aufwirbelt«.[6]

Die zu rezensierenden Bücher wurden Kittler noch Ende Juni 1983 zugeschickt.[7] Mitte September schickte Kittler seine beiden Texte an Segebrecht mit der Frage: »Ob sie jetzt noch fürs diesjährige Jahrbuch zurechtkommen?«[8] Segebrecht schrieb zu der eingesandten Besprechung: »Ich habe sie mit Vergnügen gelesen, kaum redigieren müssen, zum Druck gegeben und die Fahnenkorrektur gegengelesen.«[9] Das Heft mit Kittlers Besprechungen erschien im Winter 1983/1984.

Für freundlich erteilte Publikationsgenehmigungen danken wir dem Deutschen Literaturarchiv Marbach, Susanne Holl und Wulf Segebrecht.

5 Brief von Friedrich A. Kittler an Wulf Segebrecht vom 07. Juni 1983 (Kasten 9, Mappe 3).

6 Brief von Friedrich A. Kittler an Wulf Segebrecht vom 07. Juni 1983 (Kasten 9, Mappe 3). Vgl. das Kapitel »Der goldne Topf« in: Friedrich A. Kittler, *Aufschreibesysteme 1800·1900*, München: Fink 2003 (4. Auflage), S. 95–133 sowie *Werkausgabe*, Band I.A.3.

7 Vgl. den Brief von Wulf Segebrecht an Friedrich A. Kittler vom 20. Juni 1983 (Kasten 9, Mappe 3).

8 Brief von Friedrich A. Kittler an Wulf Segebrecht vom 16. September 1983 (Kasten 9, Mappe 3).

9 Brief von Wulf Segebrecht an Friedrich A. Kittler vom 11. Oktober 1983 (Kasten 9, Mappe 3).

Der Sandmann, Urvater der Literatur-Psychoanalyse I.B.4.11

Psychoanalyse und das Unheimliche. Essays aus der amerikanischen Literaturkritik. Hrsg. m. e. Vorw. v. Claire Kahane. Bonn: Bouvier 1981 (= Modern German Studies 4).

Internationaler Austausch, der auch Buchform annimmt, ist in der Literaturwissenschaft selten geworden. Eine erfreuliche Ausnahme bilden also diese *Essays*, die Claire Kahane methodisch wie bibliographisch präsentiert und Ronald Hauser (mit einigen wenigen Rückübersetzungsfehlern) verdeutscht hat.

Die Theorie des Unheimlichen begann mit Freud, anders gesagt: am *Sandmann*. Das bringt viele der elf Essays, auch wenn sie andere Nationalliteraturen behandeln oder andere Versionen von Literatur-Psychoanalyse vertreten (Ich-Psychologie, Rezeptionstheorie, Strukturalismus) auf Freud und damit auf Hoffmann zurück. Reflexion der Forschungsvorgeschichte ist eben eine amerikanische Tugend.

Zur Sandmannforschung im engeren Sinn, die ja allmählich ein eigenes Genre wird, zählen zwei Aufsätze. Anders als einige deutsche Arbeiten nach ihnen tun beide einen Schritt über Freud hinaus.

Ursula Mahlendorf, unter Bezug auf Kris, Piaget und andere 1
Entwicklungspsychologen, kritisiert an Freud, Nathanael nur als abstrakten Schnittpunkt unbewußter Komplexe analysiert zu haben. Daß der Held auch Dichter ist, blieb ausgespart, wohl weil Freud das Thema so genannter Kreativität eher umging. Sie selber dagegen liest den *Sandmann* als »fiktive Psycho-Biographie eines romantischen Dichters«. Hoffmann habe – weit über den Stand zeitgenössischer Psychiater hinaus – die Entwicklung eines Künstler-Ich dargestellt, das in der Verarbeitung familiärer Abhängigkeiten und unbewußter Ängste entsteht und an kommunikativen Fehlhaltungen seiner Bezugspersonen wieder zerbricht. Weil Mahlendorf Affekte *und* Dichtungen Nathanaels beide als Kommunikation liest, hat sie gute Gründe dafür, dem vielbemühten Dualismus einer subjektiven und einer objektiven Welt bei Hoffmann entgegenzutreten und Nathanael, heißt das, gerecht zu werden. Ihr Stufenmodell von psychischer Entwicklung allerdings bringt sie (grundsätzlich und nicht

nur bei ihrer Text-Nacherzählung) in den Fall, eine der Form nach unendlich gebrochene Erzählung in einen kontinuierlichen Künstlerroman umzuschreiben. (Als wäre Nathanael mit Murr oder Meister, nicht aber mit Kreisler verwandt.) Daß im *Sandmann* keine biographische Entwicklung, sondern sehr umgekehrt eine Wiederholung von Situationen und Namen, von Zeichen und Schrecken statthat, heißt denn auch »allzu ausgedacht, allzu künstlich« (S. 221).

Wiederholung als Struktur, die im *Sandmann* Inhalt *und* Form
2 bestimmt – genau das ist für Samuel Weber, in einem fast klassisch gewordenen Aufsatz, Ausgangspunkt. Zwei unheimliche Texte und ein theoretischer – der *Sandmann*, Villiers de l'Isle-Adams *Claire Lenoir* als *Sandmann*-Wiederholung unter veränderten, nämlich hochkapitalistischen Bedingungen, Freuds *Unheimliches* als Wiederholung von Literatur selber – werden auf derselben Ebene gelesen: in ihrer Textualität. Diese Genauigkeit hat Gründe. Schon die Nacherzählung von Freuds Nacherzählung von Hoffmanns Erzählung stößt darauf, daß jedes Wiederholen (auch im Fall und Wissenschaftsanspruch der Psychoanalyse) ein Entstellen und alles andere als unschuldig ist. Als Freud den Kastrationskomplex als Inhalt oder Bedeutung einer Erzählung nachweisen, ja festmachen wollte, mußte er die abseitigen, die nichteindeutigen Stellen des Textes überlesen. Eben ihnen gilt Webers Blick, ein Seitenblick im amerikanischen Aufsatztitel. Wenn aber der Kastrationskomplex, wie Weber mit der Psychoanalyse Lacans argumentiert, genau diese Entstellung oder Verschiebung jeder Wahrnehmung, also nicht nur ein Inhalt unter anderen ist, kann eine solche Lektüre Hoffmanns Text in seinen Wiederholungen wahrhaft artikulieren. Das Unheimliche, statt bloß Helden und/oder Leser anzumuten, erweist sich als literarische Struktur. Denn es wiederholt das Rätsel selber: den Geschlechterunterschied.

Apparat
zu I.B.4.11

Editorischer Kommentar und Bericht

Die Rezension »Der Sandmann, Urvater der Literatur-Psychoanalyse« erschien in: *Mitteilungen der E.T.A. Hoffmann-Gesellschaft* (1983), H. 29, S. 75–76.

Im Deutschen Literaturarchiv Marbach, Bestand *A:Kittler, Friedrich A.*, ist ein zweiseitiges Typoskript »DER SANDMANN, URVATER DER LITERATUR-PSYCHOANALYSE« in Kasten 53, Mappe 3 vorhanden.

Kittlers Liste führt »Der Sandmann, Urvater« unter der Nummer 51 mit der Schreibzeit 16. September 1983 und dem – unkorrekt vermerkten – Publikationsdatum Januar 1984.

Ediert wurde der Erstdruck. Die Zitate wurden überprüft. Druckfehler wurden stillschweigend korrigiert.

Stellenkommentar

1 Ursula Mahlendorf] Ursula Mahlendorfs Essay »E.T.A. Hoffmanns ›Sandmann‹: Die fiktive Psycho-Biographie eines romantischen Dichters« erschien zuerst als »E.T.A. Hoffmann's ›The Sandman‹: The Fictional Psychobiography of a Romantic Poet«, in: *American Imago* 22 (1975), H. 3, S. 217–239, im hier rezensierten Sammelband auf S. 200–227.

2 Samuel Weber] Samuel Webers Essay »Das Unheimliche als Struktur: Freud, Hoffmann, Villiers de l'Isle-Adam« erschien zuerst als »The Sideshow, or: Remarks on a Canny Moment«, in: *Modern Language Notes* 88 (1973), H. 6, S. 1102–1133, im hier rezensierten Sammelband auf S. 122–147.

Dokumentarisches Nachwort

Vgl. das Dokumentarische Nachwort zu I.B.4.10, S. 265–266.

Das Alibi eines Schriftstellers
Peter Handkes »Die Angst des Tormanns beim Elfmeter«

I.B.4.12

Die Literatur des laufenden Jahrhunderts kennt eine Art von Romanhelden, die nur das Alibi ihres Schreibers sind. Sie gehen, seltsamerweise immer als Männer, durch eine sogenannte Welt, um Protokoll zu führen. Ihre Existenz allein rechtfertigt, daß Dinge oder Sachverhalte Erwähnung finden, die in der Feder nur des Schreibers sehr langweilig wären.

Meist sind sie schon an ihren Berufen kenntlich, diese Statthalter einer abwesenden Feder. Beschreibungsliteratur funktioniert nur, wenn es zum Protokollieren, Beobachten, Verschriften einen Grund gibt, der gleichwohl keine Sozialpraxis wird. Andernfalls würden die entstandenen Papiere zwar (ganz korrekt) bei einer vorgesetzten Behörde landen, aber nicht im Papierkorb, den der Buchmarkt abgibt.

Man ist also Landvermesser, aber ohne vom Schloß bestätigt worden zu sein – ein Protokollant in angestelltenrechtlichen Grauzonen. Man ist Handelsreisender in Kurzwaren und dabei, wie
Robbe-Grillets Romantitel schon sagt, Voyeur. Oder man trifft als 1
einer dieser Vertreter, die sich ja vor Ort »nicht auskennen« und 2
(wie es ergänzend in Handkes »Hausierer« heißt) die Dinge »*alle
erst wahrnehmen müssen*«, auf einen ehemaligen Tormann. Für
Tormänner nämlich – so erklärt Bloch am feierlichen Romanende
einem Vertreter – wäre es im Unterschied zu Feldspielern und Bällen
»etwas ganz und gar Unnatürliches«, daß jemand ihnen zuschaut. 3
Also haben umgekehrt sie zum Beobachten alle Gelegenheit. Und damit auch noch diese Beobachtung zum Thema Beobachten protokollierbar wird, ist Bloch kein Tormann und seit kurzem auch kein Monteur mehr. Poesie jener Angestellten ohne Anstellung, an denen – sehr anders als zur Zeit der Dichterfürsten und -beamten – heutige Schreiber ihr Simulakrum oder Alibi haben.

Aber weil der Tormann keiner mehr ist und anstellungslose Angestellte überhaupt wohl schwerlich gewährleisten, daß Leser bei ihren Beschreibungsexperimenten nicht gähnen, sucht der Held auch selber ein Alibi. Er agiert auf zwei Ebenen zugleich: in einem Stück Beschreibungsliteratur, dessen Held er ist, und in einem un-

geschriebenen Kriminalroman, dessen Täter er wäre. Von solchen
4 Listen wußte Kafkas Landvermesser noch nichts; sein Namensvetter im »Prozeß« allerdings kommt ihnen schon nahe, und seit
5 »Gommes« und »Voyeur« von Robbe-Grillet gehören sie zu den Spielregeln. In der Maske eines Kriminalromans hat nämlich seriöse Literatur, wie experimentell sie auch vorgehen mag, teil an den Segnungen ihrer verfeindeten Schwester Unterhaltung. Auch sie kann gelesen werden.

Was Lesestoffe unter Bedingungen der Gegenwart angeht, läßt Handkes Roman Unklarheit gar nicht erst aufkommen. Die Illustrierten, die in sämtlichen erwähnten Wirtshäusern aufliegen, werden ebenso sämtlich erwähnt. Und selbst bei der Dusche, in den Toilettenanlagen des Wiener Südbahnhofs, liest der ehemalige
6 Tormann seine Zeitung, das heißt »den Sportteil und die Gerichtsberichte«. Eine Zusammenstellung, an der kein Wort umsonst ist. Sportteil und Gerichtsbericht – hinter eben diesen Masken träumt der Roman selber davon, ein Lesepublikum zu finden. Wie jenes famose Handke-Gedicht, das einfach die Spielerliste des 1. FC Nürnberg abdruckte, macht ja schon der Buchdeckel Reklame. Der Elfmeter im Titel geht (um es in der klaren Sprache von PR-Leuten zu sagen) an die Zielgruppe Sportteilleser, die bei einem längst entlassenen Tormann sonst kaum auf ihre Kosten kämen. Die Angst im Titel geht an jene andere Zielgruppe, deren Herz zwischen Krimi und Gerichtsbericht schlägt.

Eine Zielgruppe, die Handkes Held sehr genau wahrnimmt. Noch mitten im Kino und ehe er auf der geliebten Leinwand Einzelheiten
7 unterscheidet, »erinnerte sich Bloch an das Romanheft« »neben der Kassiererin«.

So und nicht anders kommt es zum Mord. Mag neben der lebenden Kinokassiererin auch das literarisch fragwürdigste Romanheft liegen, ein Leser von Sportteilen und Gerichtsberichten tut seine Pflicht und sorgt dafür, daß neben der toten Kinokassiererin ein sehr anderes Romanheft auftaucht: der Krimi ihrer Ermordung, Peter Handkes Roman.

8 Auf die Frage, »ob er heute zur Arbeit gehe«, hat ein Angestellter ohne Anstellung auch kaum andere Antworten. Wenn er ginge (und an jenem Montag ist eine Kündigung ja noch gar nicht ausgesprochen), wäre ein Romanschreiber um seinen Stellvertreter gebracht.

So »plötzlich«, wie Beschreibungsliteratur meint, kommt es also 9
gar nicht zum Würgegriff ihres Helden. Der Mord muß sein, damit
eine Kassiererin namens Gerda T. mit sehr intimen Details in den
Zeitungen ganz Österreichs erscheint und ein Schriftsteller alias
Bloch auf dem deutschen Buchmarkt. Daß wir alle unsterblich sein 10
werden – jeder für zehn Minuten –: Warhol hat es den Haustieren
der Mass-media so versprochen.

Für Bloch ein Mordmotiv, das nur im Sinn des bürgerlichen Strafgesetzbuches keins ist. Nicht umsonst hat der nachmalige Schriftsteller Handke fünf Jahre lang die Rechte studiert. Als freischwebendes Verbrechen ohne Motiv bleibt Blochs Tat einem Zugriff entzogen, der es bürokratisch entweihen würde. Weder das bürgerliche Recht noch auch der bürgerliche Roman, beide ja nachgerade professionell mit Motivsuche befaßt, können einen Text trüben, dessen Reinheit das Fehlen jeglicher Psychologie ist. In diesem Sinn hat Bloch, dieses Alibi eines Schriftstellers, das perfekte Alibi.

Was ihn morden macht, ist einfach Literatur. Jene lästige Eigenschaft, die Bloch noch vor der Frage nach Montag und Arbeit an
seinem Opfer stört, beweist es schon zur Genüge. Die Kassiererin 11
»redete« nämlich »von Dingen, von denen er ihr gerade erst erzählt hatte, schon wie von ihren eigenen Dingen, während er dagegen, wenn er etwas erwähnte, von dem sie gerade gesprochen hatte, sie entweder nur vorsichtig zitierte oder aber, sobald er mit eigenen Worten davon sprach, jedesmal ein befremdendes [sic] und distanzierendes ›Dieser‹ oder ›Diese‹ davorsetzte«. Gerda T. bewohnt mithin einen Diskurs, der die linguistischen Koreferenzregeln ebenso rasch wie weitgehend ausnutzt, um zwischen verschiedensten Reden oder Sprechern wechselseitige Übersetzbarkeit herzustellen. Daß sie damit nur Standards des Alltags (oder ihres Geschlechts) befolgt, zeigt die völlig konforme Sprechweise der zwei Friseurmädchen im Roman. Der sogenannte Monteur dagegen, wenn diese Berufsbezeichnung denn Sinn machen soll, montiert – keine Installationen oder Häuser, sondern Redeteile. Mit einer Klarheit, die weder im Bauwesen noch beim Fußball sonderlich nottut, unterscheidet er zwischen eigenen Worten und Zitaten. Und in der Tat, es sind sehr andere Berufsgruppen, die – mindestens seit den Tagen von Herder und Goethe – dergleichen Subtilitäten pflegen oder zu pflegen haben. Schriftsteller unter Bedingungen des neuzeitlichen

Urheberrechts leben geradezu davon, allen Zitaten gegenüber eigene Worte als eigene Worte zu behaupten.

Was allerdings noch nicht heißt, daß alle neuzeitlichen Schriftsteller über eine eigene Theorie der Erwähnung von Blochscher Klarheit verfügten. Sie ist eine datierbare Neuerung. Der bürgerliche Roman in seiner simulierten Alltagsliebe machte ja von Koreferenzmöglichkeiten nicht minder ausgiebig Gebrauch als Handkes Kassiererin. Auch er hätte bei Ersterwähnung *ein Lokal Stephanskeller* gesagt und bei weiteren Erwähnungen nur mehr *der Stephanskeller.* Handkes Held aber sagt oder schreibt, daß die Genossin seiner
12 Sonntagsnacht »ein Lokal mit der Bezeichnung ›Stephanskeller‹ erwähnt hatte«, auf das er selber nur als auf »diesen Stephanskeller« zurückkommen konnte. Das scheint eine sehr aufwendige Form des Referierens und im Fall der Kneipen-»Bezeichnung« unter Stammgästen oder Leuten überhaupt auch nur Anlaß zu Gelächter. Aber was im kurrenten Diskurs wie Redundanz wirkt, ist in einem anderen keine. Verbaler Mehraufwand allein kann die Garantie geben, daß von diskursiven Fakten nicht vorschnell auf eine sogenannte Welt hin extrapoliert wird. Die Erwähnung eines *Stephanskellers* besagt noch nicht, daß es einen gibt. Ebensowenig besagen Mehrfacherwähnungen jener »Bezeichnung«, daß sie jeweils denselben Keller meinen. Womöglich besagt eben alles, was eine Kinokassiererin sagt, daß der kurrente Diskurs nur Flatus vocis ist.

Wogegen es dann – unter den zahllosen in Leben und/oder Dichtung gebräuchlichen Mordarten – auch nur eine sachgemäße
13 gibt. Man drückt ihr die Kehle »gleich so fest zu, daß sie gar nicht dazukommt, es noch als Spaß aufzufassen«.

Aller Spaß hat ein Ende, wenn der Status von Diskursen auf dem Spiel steht. Mit dem Mund einer Kassiererin verschließt Bloch zugleich jede Möglichkeit, daß der kurrente Diskurs den literarischen verschlingen könnte. Seine gründliche Vorsichtsmaßnahme stellt sicher, daß eigene Worte keine Benutzung, Übersetzung oder gar Anverwandlung in ein sogenanntes Leben erfahren. Seit den Tagen Mallarmés und Valérys gibt es eben zwei kategorisch geschiedene Diskurse. Einerseits den alltäglichen, wo der Satz *Geben Sie mir Feuer!* sofort Gesten oder Antworten, jedenfalls also Akte des Referierens auslöst, die ihn als Satz wieder löschen. Und dagegen einen literarischen Diskurs, dessen Sätze nie vergehen – und zwar laut Valéry im exakten Maß ihrer Unbenutzbarkeit. Was als Kriterium 14 mit dem horazischen Monument gar nichts und alles mit einer neuen Wortkunst zu tun hat. Erst seitdem die Konkurrenz technischer Medien wie Kino und Grammophon, die ja der Literatur alle psychologischen oder imaginären Funktionen abnehmen, auch Schriftsteller zur Medienprofessionalität genötigt hat, müssen ihre Worte die Wörtlichkeit selber unterstreichen. Das Medium Literatur, vertreten durch einen paranoischen Extormann, kämpft also um Lebensraum gegen einen Alltag, den nicht umsonst eine Kinoangestellte und Frau vertritt.

Mord aus poetologischen Motiven – diese abenteuerliche Konstruktion hat Folgen. Mit gutem Grund beließ es der klassische Detektivroman bei Motiven, die auch das Strafgesetz anerkennt. Was in frühen Ellery-Queen-Krimis unmittelbar vor Entlarvung des Täters *challenge to the reader* hieß – eine schriftliche Versicherung nämlich, mit den verfügbaren Informationen sei der Fall jetzt und hier auch von Lesern zu lösen –, wäre andernfalls nur Bluff gewesen. Im klassischen Kriminalroman mußten einfach Sachverhalte durch ihre Koreferenz verknüpfbar und Personen durch ihre Motive zurechenbar sein. Bloch aber mit seinem perfekten Alibi ist gar nicht da. Er ist, auch wenn er gerade im Namen aller Schriftlichkeiten eine Frauenstimme drosselt, immer draußen: »Draußen im Flur«, 15 wo er Stimmen hört, draußen in einem Auto, das über holprige Feldwege fährt. Der Vorkämpfer literarischer Wörtlichkeiten bleibt noch als Täter Protokollant. Also kann an Aussagen über ihn selber gar nichts zu Papier kommen. Ein poetologisches Mordmotiv ist ebendarum nur Leerstelle im Text, weil es den Text selber hervorgebracht hat. Es erlaubt keine Koreferenzen, es hinterläßt keine Spuren. Mit der Folge, daß der ganze Romantext zur Spur dieser Spurlosigkeit, zur Spur zweiter Ordnung wird. Die zwei zur liegenden Doppelacht verknüpften Löcher, die im »Voyeur« ihre ewigen Wiederkehren erzwingen, stehen dafür.

Im Unterschied zu Spuren, wie der Detektiv klassischer Kriminalromane sie als Indizien nehmen kann, fungiert die Spur der Spurlosigkeit als Symptom. Indizien sind lesbar, Symptome dagegen kehren wieder. So das Auto auf dem Feldweg, das Bloch schon zur Tatzeit verbal oder halluzinatorisch realisiert hat und später auf seiner Flucht nur wieder trifft. Wobei selbstredend jedes Textmotiv fehlt, das eine Koreferenz oder auch nur Zählung dieser Autos erlauben würde. Der Mord hat ja stattgefunden, um Extrapolation auf nicht-diskursive Fakten eigens zu verhindern.

Was eventuelle Romanleser dazu zwingt, in Blochs Diskurs zu verfallen. Das Auto auf dem Feldweg, eben weil es nicht referenzialisierbar ist, kann lediglich zitiert werden. Symptome in ihrer Wiederkehr haben grundsätzlich die Form des Zitats und umgekehrt, wie Freud in seiner klassischen Analyse eines Ferienbekannten und Vergilvers-Benutzers längst vorgeführt hat. Wenn also schon die Krimi- und Sportteilleser keinen Handke zur Hand nehmen, dann doch wenigstens jene professionellen Leser, die mit Strichen am Buchrand arbeiten. Für sie sind die ungezählten Zitatwiederholungen des Romans wie geschaffen. Auf der Jagd nach einem Mord, den es nur auf Papier gibt, zählt jede Textspur.

So setzt die Experimentalliteratur eines Robbe-Grillet oder Handke das Schema klassischer Krimis voraus, um in seinem leeren Inneren das Wort zu installieren. Aus der Mörderjagd ist eine Wörterjagd geworden. Bloch selber geht mit gutem Beispiel voran.
16 Wenn zwei Gendarmen »von den Ziegen des Bauern Becher erzählen«, hört ein literarischer Romanheld statt »›Becher-Ziegen‹«
17 das ominöse »›beherzigen‹«. »Zurück im Ort; zurück im Gasthof; zurück im Zimmer«, »denkt« Bloch nur, daß *Zurück im Ort; zurück im Gasthof; zurück im Zimmer* »ganze neun Wörter« sind. Vor 600 Jahren dachten Mönche in ähnlich kahlen Zimmern darüber nach, ob *Der Mensch hat sechs Buchstaben* und *Der Mensch hat ein Wesen* denselben Satzsinn haben oder nicht. Unter literarischen Experimentalbedingungen aber werden Fragen, die einst unterm Theorietitel suppositio materialis liefen, zu simuliertem Alltag. Die Materialsupposition auf Wörter- oder Buchstabenzahlen erfindet sich einen Helden.

»Die Morde des Herrn ABC« heißt in der deutschen Übersetzung ein Agatha-Christie-Krimi, der auch als Handke-Titel in Frage käme. Doch während Herr ABC nur darum in alphabetischer Folge mordete, damit die falsche Spur Alphabet von einem Realen ablenkte, *ist* Bloch diese Buchstäblichkeit. Er muß alle Charaden im Text *beherzigen*, weil er als Stellvertreter des Schriftstellers dem wahren Täter oder Autor nie auf die Spur kommen kann. Andernfalls wäre er, wunderbarerweise, dem unheimlichen Bild des Märchens gleich, das die Augen drehn und sich selber anschauen kann. Aber solche Märchenwunder wagt auch der unbürgerlichste Roman nicht. Es bleibt für Bloch dabei, ein Bild, eine künstlerische Projektion zu sein und in der Bedeutung eines Kunstwerks seine höchste Würde zu haben. Wobei sein Bewußtsein über diese seine Bedeutung kaum ein andres ist, als es die auf Leinwand gemalten Krieger von der auf ihr dargestellten Schlacht haben.

Also geht Handkes Held durch das Grenzdorf, in das ihn seine
Flucht geführt hat, und ist schon dankbar, wenn für einmal Lippen-
bewegungen und Reden der Leute synchron sind, wenn die Häuser nicht nur aus Fassaden bestehen und der Regen nicht nur im
Vordergrund des Bildes niederzugehen scheint, sondern im ganzen
Gesichtskreis. Aber Bloch irrt. Was Nietzsche – in seiner Filmtheorie 18
avant la lettre – künstlerische Projektion oder auch Lichtbilderschei-
nung auf dunkler Wand nannte, ist mittlerweile absolut geworden.
Handkes Mörder geht nicht mehr durch Grenzdörfer Südöster-
reichs, sondern durch den ungedrehten Krimi seiner Tat. Deshalb ist
er dankbar auch dafür, daß beim Einschalten eines Radios auf dem
Küchenschrank Musik oder muzak kommt. »Wenn man« nämlich 19
»in einem Film das Radio einschaltete, wurde die Sendung sofort
unterbrochen, und ein Steckbrief wurde durchgegeben.« Der Mord
an Gerda T., als Kassiererin ja eine kinematographische Schwellen-
gottheit, stellt demnach für ihren Mörder keine Bedrohung, sondern
das ganze Gegenteil dar. Bloch entkommt aus seinem eigenen
Kriminalfilm, und sei es um den Preis eines konstitutiven Irrtums.

Denn diese Flucht führt vom Regen in die Traufe, aus dem
Unterhaltungsfilm namens Alltag in die Experimentalliteratur. An die
Stelle von Wien mit seinen Kinos und Flutlichtstadien tritt ein Dorf,
in dem selbst weibliche Postangestellte, jener Kassiererin denkbar
fern, Handkeschen Wortkult treiben. Sie schreiben durchgegebene
Glückwunschtelegramme mit und lassen sich dann »Wort für Wort« 20
bestätigen. Bloch mit seiner Flucht tut also das Gegenteil dessen,
was einmal modern war. In jener denkwürdigen Gründerzeit, als zugleich die technischen Medien und die Gegenoffensive Experimentalliteratur aufkamen, standen auch und gerade Buchhelden andere
Optionen, andere Fluchtlinien offen. Ihre *Reise* – ein Novellentitel 21
Benns sagt es schon – führte weg von Worten, durch die sie grundsätzlich nicht mehr erreichbar waren, und hinein ins Kino, ins Unbe-

wußte des Parterres. Gealtert (wenn Diskurse das in einem anderen
Wortsinn tun könnten als Maschinen), gealtert ist die moderne Literatur also vermutlich aus Gründen, die Handke in Nebensätzen verrät. Die Flucht vor Wörtern oder auch Schreibritualen in Kino und/
oder Assoziationsexperimente war möglich so lange, wie der Film
Stummfilm blieb und nicht noch das Radio-im-Film einschaltete.
Erst unter Bedingungen eines globalen Medienverbunds, der Sinnlichkeiten in beliebigen Spektren und Kombinationen verschalten
kann, also koextensiv ist mit dem, was einst Erfahrung selber hieß,
scheinen alle öffentlichen Fluchtlinien verstellt. Dem Tormann, der ja
ein Bewohner des Strafraums ist, bleibt gegenüber der Angriffskom-
22 bination sämtlicher Semiotechniken nur die primitivste. Nicht sehr
viel anders als im Romandorf das tote sprechbehinderte Kind und
seine Mitschüler, die laut Schuldiener ebenfalls kaum einen Satz
fertigbringen, landet Bloch bei stummen Ideogrammen. Bildchen
mitten im Romantext – Stuhl, Haus, Fahrrad usw. – vertreten die
Gegenstände seiner Wahrnehmung. Und nicht umsonst mutet ihr
Anblick an »wie ein Lesen«. Was Bloch sieht, sind Fibelbilder für
Analphabeten. Einmal mehr zergeht eine sinnliche Gewißheit zum
Papier, auf dem sie geschrieben steht.

Aber im Fall eines flüchtigen Mörders hat die Entleerung aller
Sinnlichkeiten und Datenflüsse auch Vorzüge. Das Ideogramm
Fahrrad ist vom Fahrrad des toten Schulkindes, wie es zunächst
Bloch und dann die Gendarmen in den Brombeeren finden, unterschieden durch Eigenschaftslosigkeit. Reine Zeichen können die
Sprache der Indizien nicht sprechen. Im selben Maß, wie sie für
schlechthin Einzelnes stehen, sind Blochs Ideogramme schlechthin allgemein. Aus diesem Grund und nicht, um wie Mallarmé oder
George Dinge nur zu statuieren, wo es am Wort nicht gebricht, *liest*
er sein Gasthauszimmer und das Dorf überhaupt. Alle Datenspeicher, die mehr als leere Zeichen transportieren können, werden su-
spekt, wenn das transportierte Reale in Medienverschaltungen und
23 als Indiz verwendet werden kann. »*Du* versteckst dich, sie suchen«,
lautet Sinnspruch für Paranoiker Nr. 4 in »Gravity's Rainbow«. Nicht
anders funktioniert die Paranoia Blochs. Im Romantext, der sich
24 an dieser Stelle beim Namen ruft, heißt sie »der Zwang, zu jedem
Gegenstand das Wort dazuzudenken« oder (genauer) ihn durch

Wörter und Zeichen zu ersetzen. Das Symptom, Spur der Spurenbeseitigung selber, als Versteck.

Denn der Krimi vom Mörder Bloch ist allgegenwärtig. Die Zeitungen melden täglich Fortschritte der Spurensicherung im Fall
Gerda T. Aber weil die Dorfleute zum Glück »nur Wochenzeitungen 25
und Illustrierte« konsumieren, ist der Tormann als einziger auf dem Laufenden. Nur um zu lesen, daß ein Diskurs sehr anders als der seine ihn immer enger einkreist. Mit Koreferenzen arbeitet eben nicht nur der Redestrom der Frauen, sondern auch die Fahndung. Wenn eine Beschreibung des Mörders beim Ansprechen des Opfers mit einer anderen Beschreibung des Mörders bei seiner Flucht
»übereinstimmt«, wenn infolgedessen Bloch »die Beschreibung 26
von sich selber« in der Zeitung lesen kann, begegnet der Beschreibungsliteratur endlich ihr eigener Schatten. Die protokollarische Dekonstruktion von Referenz, wie Angestellte ohne Anstellung sie betreiben, protokolliert nicht allein auf der Welt. Zugleich oder zuvor sind Angestellte mit Anstellung schon dabei, Koreferenzen protokollarisch exakt herzustellen.

So kommt es zur Wiederkehr all dessen, was Bloch gesagt
und getan hat, aber mit umgekehrtem Vorzeichen. »Ein Fußballer 27
namens Stumm«, von ihm im Bett mit Gerda T. erwähnt und von ihr, wie zu erwarten, sofort vertraulich »›Stumm‹« genannt, taucht noch einmal auf – im Polizeibericht. Der Grund: Bloch hatte den Namen seines Freundes gleichzeitig auf einen Zeitungsrand gekritzelt. Das also bringt es ihm ein, dem Schriftstellerstellvertreter, daß sein Sprechen auch in Liebesnächten grundsätzlich Schreiben war. Im anderen Fall könnte es zwar den Roman nicht geben, aber im gegebenen Fall wird die Kritzelei – ein anderer Eigenname des
Romans – zur Falle. Am »Wort ›Stumm‹, und zwar mit großem An- 28
fangsbuchstaben«, haben die Fahnder von Bloch wieder ein Indiz. Am Wort *stumm* mit kleinem Anfangsbuchstaben hätten sie nebenbei auch noch sein Symptom. Stummsein wie ein Fisch lautet ja die Anspielung, die gewisse Kekse in Fischform, als wollten sie Basedows Backbuchstaben für angehende Alphabeten heraufbeschwören, in Blochs Augen machen. Ein Rat, den er indessen schon längst befolgt hat. Sein Kritzeln beweist klar genug, daß er als Versteck die stumme Schrift bewohnt. Wo immer der Roman vom »Denken« des Tormanns schreibt, hat nur eine Kritzelei mehr

stattgehabt. Und genau das ist am Text seine große Unschuld oder
Arglosigkeit.
29 Sinnsprüche für Paranoiker 2: »In der Arglosigkeit der Kreatur
spiegelt sich die Arglist des Meisters.«

Seitdem eine Form von Experimentalliteratur unter der Maske
des Krimis auftritt, der ihren Wortspielen und Wörtlichkeiten die
Segnungen der Erzählbarkeit und Lesbarkeit einbringt, seitdem
träumt sie auch von zwei Schriften. Die eine, reiner Selbstbezug
auf den Schreibakt, Tilgung aller Bezüge oder eben Referenzen
auf extradiskursive Daten, als perfektes Alibi. Die andere, in ihrer
Verschaltung mit Mündlichkeiten und Technologien, mit Datenbän-
ken und Massenmedien, als die Unreinheit selber. Einerseits die
Löschung oder Unschuld, andererseits die Einschreibung oder Gewalt. Der Zaubertrick, den Robbe-Grillet schon im Romantitel beim
Namen Radiergummi nennt – das Beseitigen eines Tages, eines
Mordes und damit eines Namens, der kein anderer ist als Ödipus –,
bei Handke kehrt er in scheinbarer Alltäglichkeit wieder: als Ge-
30 schirrtuch, mit dem Bloch am Tatort »alle Gegenstände [...] abgewischt« hat, als Taschentuch, mit dem er im Postamt seinen Tele-
fonhörer umwickelt. Endzustand wäre eine Unschuld, für die nicht
einmal mehr Körperabfall oder Ungeziefer Spuren, Muster, Indizien
bilden würden. Einen Augenblick lang, nachdem blinde Gewalt ihn
31 zusammengeschlagen hat, ist Bloch soweit. »Die Fingernägeleindrücke im Kitt an den Fensterrahmen kamen ihm nicht mehr so vor,
als hätten sie etwas mit ihm zu tun ... Auch die schlafenden Fliegen an der Zimmerdecke spielten auf nichts mehr an.« Ein Zustand,
»dachte Bloch«, »wie im Frieden«.

Mit diesem schönen Stichwort wird alles klar. Der Roman (wie
32 »Dans le labyrinthe« auch) spielt im Krieg. Den Krieg führt Gott,
der ja nach einem Wort aus Gründerzeiten der modernen Literatur
identisch ist mit dem kurrenten Diskurs. Solange und nur solange
33 Bloch an Grammatik glaubte, lag Bedeutung darin, daß »man« auf
dem Postamt »das Löschpapier [...] offensichtlich heute neu eingelegt hatte, so daß erst wenige Abdrücke darauf zu lesen waren. Und
mußte man nicht statt ›so daß‹ richtiger ›damit‹ sagen? *Damit* also
die Abdrücke zu lesen waren?« Erst wenn alle Indizienschreibflä-
chen und Finalsätze schon der Möglichkeit nach beseitigt sind,
herrscht Friede oder eben die reine Beschreibungsliteratur. Was

die Lunge einer Frau beim Erwürgtwerden tut, heißt dann einfach
»Brummen«. Und was ihr aus der Nase läuft, einfach »eine Flüssig- 34
keit«.

Euphemismen, auch wenn sie als Beschreibungsliteratur fir-
mieren, setzen grundsätzlich voraus, daß die Macht im Diskurs
herrscht. Andernfalls müßte man den Frieden nicht herbeireden.
Diskursmacht im klassischen Krimi hat aber der Detektiv inne. Von
ihm, dessen Verfahren ja reines Sprechhandeln oder (mit Handkes 35
»Hausierer«) reines »*Frage-und-Antwort-Spiel*« ist, sind die Expe-
rimentalkrimis derart fasziniert, daß sie nicht einmal mehr seinen
Namen nennen. Er bleibt so dominant wie anonym im ausgesparten
Zentrum der Beschreibung, um von den erhofften Lesern supplementiert oder gar vertreten zu werden. Immer wieder fabriziert Bloch
seine exhaustiven Protokolle in dem Gefühl, »als sollte er das In- 36
ventar des Raumes aufzählen, damit die Gegenstände, vor denen
er beim Aufzählen stockte oder die er ausließ, als Indizien dienen
könnten«. Adresse solcher Aufzählungen, aus denen der Roman
ja faktisch besteht, sind jedoch seine Leser. In ihnen nimmt der
verschwundene Detektiv Gestalt an, aber nur, damit im Krieg der
Wörter auch seine Macht angreifbar wird. Blochs Schuld fällt auf
diejenigen, die auf sie schließen. Wenn ein Leser also von Blochs
Inventaren Inventar macht und nacheinander feststellt, daß der Tormann erstens »von dem eigenartigen Leuchten der Teeblätter« bei 37
Gerda T. »so angezogen war«, daß er zweitens später Kartoffeln,
die in einem Dorfkeller »eigenartig schimmerten«, als »Teeblätter«, 38
aber »›wie Kartoffeln‹« beschreibt, kann jener Leser schon gewisse Fragen stellen. Er kann aus Fehlleistungen einer Feder auf die
Schuld eines Mannes schließen. Aber diese Schuld liegt bei ihm,
weil ein Text referenzloser Einzelheiten den Indizienbeweis schon
als Gewalt selber denunziert hat. Alle Striche, die am Buchrand auf
Teeblätter und/oder Kartoffeln referieren, fallen unter die andere, die
böse Schrift auf der Rückseite des Romans.

Sinnsprüche für Paranoiker 3: »Wem es gelingt, dir falsche Fra- 39
gen einzureden, dem braucht auch vor der Antwort nicht zu bangen.«

Schaltungstechnisch sind es dieselben Speicher, die schreiben
und die löschen. Das macht die Frage, die Handkes Roman seinen
Lesern einredet, einigermaßen obsolet. Schon daß es Schaltungs-

techniken wie Rasterfahndung gibt, wo die Probleme sehr bekanntlich eher im Löschen als im Speichern von Daten liegen, wirft Licht auf das Unternehmen, alle Dunkelheit von Macht der guten alten Schrift zuzuschreiben. Der simulierte Alltag des Romans, wo schon Löschpapier auf Dorfpostämtern Anlaß zur Paranoia gibt, ist technologisch die Untertreibung selber. Metaphorische Radiergummis oder faktische Geschirrhandtücher mögen klassische Detektive zeitweise hinters Licht geführt haben. Sie sind aber nicht umsonst ein aussterbendes Genre. Die Frage ist also, ob Gott noch in der Grammatik haust, gegen die Handkes Tormann alle erdenklichen Vorsichtsmaßnahmen trifft. Das Beherzigen von Wortspielen aus
40 Gendarmenmund wirkt sehr verloren gegenüber der Verbesserung von Mitteleuropa, die seit langem läuft und zwei Jahre vor Handkes »Tormann« auch als Roman erschienen ist. Während Bloch seinen Frieden mit Fliegen und Gott schließt, werden draußen im Niemandsland der Staatsgrenze, die die Grenze des Textes selber ist, Tiere von Tretminen zerrissen.

41 Wir wissen spätestens seit dem Fall Aimée, daß alle Erkenntnis paranoisch ist. Sie geht aus von Effekten der Macht, um (in den Worten von Agenten oder Codebrechern) eine Rückpeilung vorzunehmen. Nicht anders verfahren laut Bloch die Tormänner gegenüber Elfmeterschützen. Aber wenn eine Rückpeilung von 1969 gerade noch Francis Galtons Fingerabdrücke von 1892 erfaßt, wird Literatur selber zum Alibi.

Apparat

zu I.B.4.12

Editorischer Kommentar und Bericht

Der Aufsatz »Das Alibi eines Schriftstellers. Peter Handkes ›Die Angst des Tormanns beim Elfmeter‹« erschien in: Jochen Hörisch und Hubert Winkels (Hrsg.), *Das schnelle Altern der neuesten Literatur. Essays zu deutschsprachigen Texten zwischen 1968–1984*, Düsseldorf: Claassen 1985, S. 60–72.

Im Deutschen Literaturarchiv Marbach, Bestand *A:Kittler, Friedrich A.*, ist ein 15-seitiges Typoskript »DAS ALIBI EINES SCHRIFTSTELLERS. Über *Die Angst des Tormanns beim Elfmeter*« in Kasten 1, Mappe 5 vorhanden.

Kittlers Werkliste führt »Handkes Alibi« unter der Nummer 52 mit der Schreibzeit 21. September bis 03. Oktober 1983 und dem Publikationsdatum April 1985.

Ediert wurde der Erstdruck. Der Text enthält keine Nachweise und bibliographischen Angaben der zitierten Quellen. Die Nachweise wurden im Stellenkommentar nachgetragen. Die Zitate wurden überprüft und gegebenenfalls behutsam korrigiert. Dabei wurde nicht in Kittlers Satzbau eingegriffen, dem er in der Regel die Zitate grammatisch anpasste. Nur in Fällen größerer Abweichung liefern wir die Originalstelle dazu.

Stellenkommentar

1 Robbe-Grillets Romantitel schon sagt, Voyeur.] Anspielung auf Alain Robbe-Grillets Kriminalroman *Le voyeur*, Paris: Minuit 1955, deutsch als *Der Augenzeuge*, aus dem Französischen übersetzt von Elmar Tophoven, München: dtv 1962. Zu Fragen der Wahrnehmung, dem Verhältnis von Nähe und Distanz sowie zur Darstellung vgl. Kittlers Brouillons »Robbe-Grillet: Voyeur / Kriminalroman«, 6 Seiten Typoskript, »Robbe-Grillet: Beschreibung«, 1 Blatt Typoskript und »Alain Robbe-Grillet: La jalousie«, 3 Seiten Typoskript mit handschriftlichen Ergänzungen und Korrekturen (alle Kasten 45, Mappe 2) sowie

»SEHEN / HÖREN«, 11 Seiten Typoskript mit handschriftlichen Ergänzungen und Korrekturen (Kasten 45, Mappe 3), hier S. 7 f.

2 einer dieser Vertreter, die sich ja vor Ort »nicht auskennen« und (wie es in Handkes »Hausierer« heißt) die Dinge »*alle erst wahrnehmen müssen*«] In Franz Kafka, *Gesammelte Werke. Taschenbuchausgabe in sieben Bänden*, Band 3: *Das Schloß* [1926], herausgegeben von Max Brod, Frankfurt am Main: Fischer 1976, S. 120, sind es die Gehilfen, die sich, im Unterschied zum Landvermesser, »hier schon auskannten«. Das zweite Zitat stammt aus: Peter Handke, *Der Hausierer*, Frankfurt am Main: Suhrkamp 1967, S. 8.

3 »etwas ganz und gar Unnatürliches«] Peter Handke, *Die Angst des Tormanns beim Elfmeter*, Frankfurt am Main: Suhrkamp 1970, S. 123.

4 Namensvetter im »Prozeß«] Die Protagonisten zweier Romane von Franz Kafka, *Das Schloss* und *Der Prozess*, heißen beide K., im *Prozess* hat der Held immerhin noch den Vornamen Josef. Vgl. Kafka, *Das Schloß* (Komm. 2), S. 7 sowie Franz Kafka, *Gesammelte Werke. Taschenbuchausgabe in sieben Bänden*, Band 2: *Der Prozeß* [1925], herausgegeben von Max Brod, Frankfurt am Main: Fischer 1976, S. 7.

5 »Gommes« und »Voyeur« von Robbe-Grillet] Alain Robbe-Grillet, *Les Gommes*, Paris: Minuit 1953, deutsch als *Die Radiergummis*, aus dem Französischen übersetzt von Gerda von Uslar, Frankfurt am Main: Suhrkamp 1989, ebenfalls ein Kriminalroman. Robbe-Grillets *Le Voyeur* (vgl. Komm. 1) und *Les Gommes* gelten als klassische Beispiele des Nouveau Roman. Zu diesen Romanen vgl. die Brouillons »Robbe-Grillet: Les Gommes / Ödipus«, 5 Seiten Typoskript, »Robbe-Grillet: Voyeur / Kriminalroman«, 6 Seiten Typoskript und »Alain Robbe-Grillet: La jalousie«, 3 Seiten Typoskript, zu Robbe-Grillets Modellierung des Nouveau Roman vgl. das Brouillon »Robbe-Grillet: Ontologie«, 1 Blatt Typoskript (alle Kasten 45, Mappe 2).

6 »den Sportteil und die Gerichtsberichte«.] Handke, *Die Angst des Tormanns* (Komm. 3), S. 15.

7 »erinnerte sich Bloch an das Romanheft« »neben der Kassiererin«.] Ebenda, S. 10.

8 »ob er heute zur Arbeit gehe«] Ebenda, S. 23.

9 So »plötzlich«, wie Beschreibungsliteratur meint] Ebenda.

10 Daß wir alle unsterblich sein werden – jeder für zehn Minuten –: Warhol] Von Kittler abgewandelte Paraphrase einer Aussage Andy Warhols aus dem Jahr 1968: »In the future, everyone will be world-famous for 15 minutes.« (Zitiert nach: Justin Kaplan (Hrsg.), *Bartlett's Familiar Quotations*, Boston et al.: Little, Brown and Co. 1992 (16. Ausgabe), S. 758.) Vgl. auch »Der Gott der Ohren« (I.B.4.2), S. 25.

11 Die Kassiererin »redete« nämlich »von Dingen [...] ›Diese‹ davorsetzte«.] Handke, *Die Angst des Tormanns* (Komm. 3), S. 22.

12 »ein Lokal mit der Bezeichnung ›Stephanskeller‹ erwähnt hatte«] Ebenda. Es gibt den Stephanskeller aber tatsächlich, bis 1896 am Stephansplatz 2, nach der Demolierung des Gebäudes in der Rotenturmstrasse 11 in 1010 Wien.

13 »gleich so fest zu, daß sie gar nicht dazukommt, es noch als Spaß aufzufassen«.] Ebenda, S. 23.

14 Valéry im exakten Maß ihrer Unbenutzbarkeit.] Paul Valéry trug die Idee einer a-referentiellen literarischen Sprache mehrfach in seinen poetologischen Überlegungen vor, zum Beispiel in »Rede über die Dichtkunst« [1928], in: ders., *Werke. Frankfurter Ausgabe*, Band 5: *Zur Theorie der Dichtkunst und Vermischte Gedanken*, herausgegeben von Jürgen Schmidt-Radefeldt, Frankfurt am Main: Insel 1999, S. 44–64, hier S. 57, in seiner »Antrittsvorlesung über Poetik am Collège de France« [1938], in: ebenda, S. 118–140, hier S. 135, und in »Dichtkunst und abstraktes Denken« [1939], in: ebenda, S. 141–171, hier S. 161. Der Ausdruck »Im exakten Maß ihrer Unbenutzbarkeit« findet sich sinngemäß in »Meine ›Poetik‹« [1942], in: ebenda, S. 172–176, hier S. 173 f.

15 »Draußen im Flur«] Handke, *Die Angst des Tormanns* (Komm. 3), S. 23.

16 »von den Ziegen des Bauern [...] beherzigen‹«.] Ebenda, S. 41 f.

17 »Zurück im Ort [...] ganze neun Wörter« sind.] Ebenda, S. 77.

18 Was Nietzsche – in seiner Filmtheorie [...] dunkler Wand nannte] Vgl. Friedrich Nietzsche, *Die Geburt der Tragödie. Oder: Griechenthum und Pessimismus* [1871], in: ders., *Werke*, herausgegeben von Karl Schlechta, Band 1, München: Hanser 1954, S. 7–134, hier S. 55. Dort heißt es über den Protagonisten

bei Sophokles, er sei »im Grunde nichts mehr […] als das auf eine dunkle Wand geworfene Lichtbild d.h. Erscheinung durch und durch«.

19 »Wenn man« nämlich »in einem Film […] wurde durchgegeben.«] Handke, *Die Angst des Tormanns* (Komm. 3), S. 107.

20 »Wort für Wort«] Ebenda, S. 89 f.

21 *Reise* – ein Novellentitel Benns] Gottfried Benn, *Die Reise*, in: ders., *Gesammelte Werke in vier Bänden*, herausgegeben von Dieter Wellershoff, Band 2: *Prosa und Szenen*, Wiesbaden: Limes 1958, S. 28–36. Die Novelle ist 1916 entstanden.

22 Semiotechniken] Kittler übernimmt den Begriff von Michel Foucault, vgl. den Text »Carlos als Carlsschüler« (I.B.4.7), S. 196 sowie Komm. 15 im dortigen Apparat, S. 223.

23 »*Du* versteckst dich, sie suchen« […] Gravity's Rainbow«.] Thomas Pynchon, *Die Enden der Parabel* [1973], aus dem Englischen übersetzt von Elfriede Jelinek und Thomas Piltz, Reinbek bei Hamburg: Rowohlt 1981, S. 412.

24 »der Zwang, zu jedem Gegenstand das Wort dazuzudenken«] Handke, *Die Angst des Tormanns* (Komm. 3), S. 57. Eigentlich: »[…] erst jetzt fiel ihm auf, daß er, wie in einem Zwang, zu jedem Gegenstand das Wort dazudachte«.

25 »nur Wochenzeitungen und Illustrierte«] Ebenda, S. 46.

26 »übereinstimmt« […] »die Beschreibung von sich selber«] Ebenda, S. 118.

27 »Ein Fußballer namens Stumm«] Ebenda, S. 22.

28 »Wort ›Stumm‹, und zwar mit großem Anfangsbuchstaben«] Ebenda, S. 119.

29 »In der Arglosigkeit der Kreatur spiegelt sich die Arglist des Meisters.«] Pynchon, *Die Enden der Parabel* (Komm. 23), S. 381. Eigentlich: »In der Arglosigkeit der Kreaturen spiegelt sich die Amoral des Meisters.«

30 »alle Gegenstände […] abgewischt«] Handke, *Die Angst des Tormanns* (Komm. 3), S. 23.

31 »Die Fingernägeleindrücke im Kitt […] »wie im Frieden«.] Ebenda, S. 104.

32 »Dans le labyrinthe« auch)] Vgl. Alain Robbe-Grillet, *Dans le labyrinthe*, Paris: Minuit 1959, deutsch als *Die Niederlage von*

Reichenfels, aus dem Französischen übertragen von Elmar Tophoven, München: Hanser 1960.

33 »man« auf dem Postamt [...] zu lesen waren?«] Handke, *Die Angst des Tormanns* (Komm. 3), S. 91.

34 »Brummen«. Und was ihr [...] einfach »eine Flüssigkeit«.] Ebenda, S. 23. Eigentlich: »Sie brummte«.

35 (mit Handkes »Hausierer«) reines »*Frage-und-Antwort-Spiel*« ist] Handke, *Der Hausierer* (Komm. 2), S. 186.

36 »als sollte er das Inventar des Raumes [...] dienen könnten«.] Handke, *Die Angst des Tormanns* (Komm. 3), S. 92.

37 »von dem eigenartigen Leuchten der Teeblätter [...] angezogen war«] Ebenda, S. 21.

38 »eigenartig schimmerten [...] ›wie Kartoffeln‹«] Ebenda, S. 97.

39 »Wem es gelingt, [...] nicht zu bangen.«] Pynchon, *Die Enden der Parabel* (Komm. 23), S. 397.

40 Verbesserung von Mitteleuropa] Anspielung auf Oswald Wieners Roman *die verbesserung von mitteleuropa*. Der Text erschien 1968 in der Literaturzeitschrift *manuskripte* und 1969, ein Jahr vor Handkes *Die Angst des Tormanns beim Elfmeter*, in Buchform.

41 Fall Aimée] Der »Fall Aimée« (eigentlich Marguerite Pantaine) war Gegenstand der Dissertation von Jacques Lacan, *De la pychose paranoïaque dans ses rapports avec la personnalité*, Paris: Le François 1932.

Dokumentarisches Nachwort

Den Text »Das Alibi eines Schriftstellers. Peter Handkes ›Die Angst des Tormanns beim Elfmeter‹« verfasste Kittler für einen von Jochen Hörisch und Hubert Winkels geplanten Sammelband, der sich mit deutschsprachigen Texten zwischen 1968 und 1984 befassen sollte. Hörisch und Winkels bedankten sich am 23. August 1982 für die Bereitschaft zur Mitarbeit am Band *Das schnelle Altern der neuesten Literatur* und baten um Übersendung des Manuskripts im Umfang von maximal 20 Schreibmaschinenseiten bis Ende Februar 1983.[1] Dem Rundschreiben an alle Mitarbeiter des geplanten Ban-

1 Vgl. den Brief von Jochen Hörisch und Hubert Winkels an Friedrich A. Kittler vom

des waren ein vierseitiges Exposé und ein vorläufiges Inhaltsverzeichnis beigelegt. Hier erscheint Kittlers Beitrag noch nicht, er wird in der Liste der noch Anzusprechenden geführt. Weitere Beiträger waren unter anderem Norbert Bolz, Peter Glaser, Rudolf Heinz, Dietmar Kamper, Hans Thies Lehmann und Wolfgang Scherer. Als Forschungsfragen wurden im angehängten Exposé genannt:

> [I]st das poetische System der Stile, der Schreibweisen, der Themen, Motive und Topoi endlich? Ist es, sofern dies der Fall ist, geschichtsphilosophisch in den Stand seiner wie immer auch gearteten und bewerteten Vollendung/Erschöpfung getreten? Ist die Epoche seiner ›clôture‹ (Derrida) erreicht?[2]

Bruno Kehrein vom Claassen-Verlag bedankte sich im Februar 1983 bei Kittler für die Zusage[3] und informierte die Beiträger im Juli über die »endgültige Gestalt« des Essaybandes und die Entscheidung, den »erläuternden Titeln jeweils ein Signalwort voran[zu]stellen, das die Einheit unserer vielgestaltigen Interessen an der Sache betont«.[4] In der mitgesandten Inhaltsübersicht stand Kittlers Text noch unter dem Arbeitstitel »Krise des Krimis« in der Sektion »Tendenzen«.[5] Kittler schickte seinen Beitrag erst am 03. Oktober 1983 an Hörisch mit der Bitte, eine Kopie des Texts an ihn zurückzusenden und ihn bei den Fahnenkorrekturen nicht zu vergessen, weil »Schreib-Urgence […] mich daran gehindert [hat], zu prüfen, ob die Fußballmannschaft im Handketext wirklich Bayern München war.«[6] Die Schreibzeit, die Kittler in der Werkliste notiert hat (21. September bis 03. Oktober 1983), stimmt überein mit der Übersendung des fertigen Textes an

---

23. August 1982 (Kasten 26, Mappe 2a).

2 Exposé zum Brief von Jochen Hörisch und Hubert Winkels an Friedrich A. Kittler vom 23. August 1982 (Kasten 26, Mappe 2a).

3 Vgl. den Brief von Bruno Kehrein an Friedrich A. Kittler vom 02. Februar 1983 (Kasten 9, Mappe 1).

4 Brief von Bruno Kehrein an die Co-Autoren des Essaybandes vom 21. Juli 1983 (Kasten 9, Mappe 1).

5 Inhaltsübersicht zum Brief von Bruno Kehrein an die Co-Autoren des Essaybandes vom 21. Juli 1983 (Kasten 9, Mappe 1).

6 Brief von Friedrich A. Kittler an Jochen Hörisch vom 03. Oktober 1983 (Kasten 26, Mappe 2a).

Hörisch. Aus einem undatierten Brief an Kehrein geht hervor, dass Kittler den Autorenvertrag für den Sammelband erst nach acht Monaten unterzeichnet zurückgeschickt hat, nachdem er seinen Beitrag finalisiert hatte. Grund hierfür war, dass er »nicht sicher sein konnte, ob mir Zeit zum Schreiben meines Beitrags bleiben würde.«[7]

Hörisch bedankte sich am 11. Oktober 1983 für Kittlers »Handke-Krimi-Essay« und ergänzte: »›Mord aus poetologischen Motiven‹ – dies Glanzstück läßt mich für unseren Band neue Hoffnung schöpfen.«[8] Er informierte Kittler in diesem Schreiben zudem darüber, dass sein Aufsatz aus »pragmatischen Gründen« in die erste Sektion »Autoren« eingefügt werden wird.[9] Die Veröffentlichung des Essaybandes *Das schnelle Altern der neuesten Literatur* erfolgte erst im April 1985.[10]

Kittler hat sich bereits im Wintersemester 1978/1979 in Freiburg im Rahmen des Proseminars »Krimis« mit Handkes *Angst des Tormanns* beschäftigt. Der Roman stand hier am Ende einer Reihe von Texten, zu der Schillers *Verbrecher aus verlorener Ehre* (1786), E.T.A. Hoffmanns *Das Fräulein von Scuderi* (1819), Edgar Allan Poes *The Purloined Letter* (1844), Arthur Conan Doyles *Eine Studie in Scharlachrot* (1887), Dashiell Hammetts *Der Malteser Falke* (1929) und Raymond Chandlers *Der tiefe Schlaf* (1939) gehörten. Im Vorlesungsverzeichnis der Universität Freiburg wurde die Lehrveranstaltung wie folgt angekündigt:

> Nach 1750 ist das körperliche Strafsystem Alteuropas von Techniken der disziplinierenden und psychologischen Überwachung abgelöst worden. Das Seminar soll an einer Reihe chronologisch geordneter Beispiele zeigen, wie dieser Wandel die neuzeitliche Kriminalerzählung möglich und notwendig gemacht hat. In Texten stellt das Wissen dem Vergehen Fallen, die unentrinnbar aussehen sollen. Es geht also um eine funktionale Analyse von Literatur. Ob diese Funktion auch heute noch Überwachung heißen kann, bleibt

7 Brief von Friedrich A. Kittler an Bruno Kehrein o. D. (Kasten 9, Mappe 1).

8 Brief von Jochen Hörisch an Friedrich A. Kittler vom 11. Oktober 1983 (Kasten 26, Mappe 2a).

9 Ebenda.

10 Vgl. den Brief von Hubert Winkels an Freunde und Mitarbeiter des Bandes vom 01. April 1985 (Kasten 9, Mappe 1).

eine Frage an die Texte, mit denen das Seminar schließt.[11]

Zum Themenkomplex Kriminalroman ist im Nachlass Kittlers ein Konvolut aus sechs Brouillons zu Alain Robbe-Grillet vorhanden,[12] zum Autor Handke nur ein Brouillon über den Theatertext *Der Ritt über den Bodensee* (1970).[13] Überliefert ist außerdem ein aus dem Herbst/Winter 1982 stammendes Typoskript »THEMENVORSCHLÄGE ZUM COLLOQUIUM«,[14] in dem Kittler Vorschläge für seinen Habilitationsvortrag macht. Das Typoskript enthält neben »Carlos als Carlsschüler. Ein Familiengemälde in einem fürstlichen Hause« (vgl. I.B.4.7 im vorliegenden Band sowie hierzu das Dokumentarische Nachwort, S. 227–235) auch die Wagner-Auseinandersetzung »Das Medium Weltatem« (vgl. I.B.4.14 ebenda sowie hierzu das Dokumentarische Nachwort, S. 360–377) und »Die Paranoia des Tormanns bei Handke« als mögliche Themen.[15] Der dritte Vorschlag wurde in der Themenskizze wie folgt erläutert:

> Am Anfang des Romans geschieht ein Mord, den der Täter nicht erinnert und die Polizei kaum verfolgt. Stattdessen wird die Dingwelt im Blick des Mörders und Helden zu einer einzigen, aber blinden Indizienserie. Genau das ist aber seit dem Nouveau Roman (Robbe-Grillet) die Technik, um Sprach- und Wahrnehmungsprobleme im Handlungsgerüst selber zu motivieren, und damit ein Schulbeispiel für den Einfluss von U-Literatur auf moderne Sprachexperimente.[16]

Im Begleitbrief an Gerhard Kaiser vom 08. Dezember 1982 gestand Kittler, dass sein »Lieblingsthema […] natürlich das wagneriani-

---

11 *Kommentar zu den Lehrveranstaltungen des Deutschen Seminars im Wintersemester 1978/1979*, herausgegeben vom Lehrkörper des Deutschen Seminars Albert-Ludwigs-Universität Freiburg i. Br., S. 41.

12 Vgl. »ROBBE-GRILLET«, 1 Blatt Typoskript (Kasten 45, Mappe 2) sowie die in Komm. 1 und 5 genannten Texte.

13 »Handke: Ritt über den Bodensee«, 1 Blatt Typoskript (Kasten 52, Mappe 4).

14 »THEMENVORSCHLÄGE ZUM COLLOQUIUM«, 1 Blatt Typoskript (Kasten 107, Mappe 5).

15 Vgl. hierzu auch die zwei Briefe Friedrich A. Kittlers an Gerhard Kaiser vom 30. September 1982 und 08. Dezember 1982 (beide Kasten 39, Mappe 1).

16 »THEMENVORSCHLÄGE ZUM COLLOQUIUM« (Anm. 14).

sche« sei; zum Handke-Vorschlag heißt es dort: »Handke scheint mir besser von den Buchinhalten abgekoppelt als Thomas Mann, ausserdem mag ich nicht immer als dilettantischer Historiker auftreten.«[17] Über das mit amerikanischer Schreibmaschine verfasste Typoskript »THEMENVORSCHLÄGE ZUM COLLOQUIUM« hinaus ist ein mit IBM-Schreibmaschine getipptes Typoskript überliefert, das drei Themenvorschläge – erstens »WELTATEM. Über die Einheit von Text und Musik bei Wagner«, zweitens »RHETORIK DER MACHT UND MACHT DER RHETORIK IN LOHENSTEINS ›AGRIPPINA‹«, drittens »DIE PARANOIA DES TORMANNS BEIM ELFMETER. Über Handkes poetologischen Krimi« – macht.[18] Zum Handke-Vorschlag heißt es dort:

> Handke hat, wie vor ihm Robbe-Grillet, seine frühen Experimentalromane durch methodische Variation des Detektivromans hergestellt. Nur im Krimischema sind Beschreibungen einer Dingwelt plausibel, die nicht immer schon Sinn macht. Bei der Überführung von Detektivroman in Sprachexperimente wird aber aus solcher Handlungslogik reine Poetologie. Im – scheinbar psychopathologischen – Handeln und Sprechen vertritt der Romanheld Bloch nur die literarischen Operationen des Schriftstellers. Eine Analyse seiner Paranoia erlaubt also literatur-kritische Rückschlüsse auf die Tragweite von Handkes Wahrnehmung moderner Sozialkontrollmechanismen, die ja ebenfalls als Spurensicherung vorgehen.[19]

Seinen Habilitationsvortrag am 06. Juni 1984 hielt Kittler letztlich über das Barockthema.

Für freundlich erteilte Publikationsgenehmigungen danken wir dem Deutschen Literaturarchiv Marbach, Jochen Hörisch, Melanie Florin, Susanne Holl und Ingeborg Kaiser.

---

17 Brief von Friedrich A. Kittler an Gerhard Kaiser vom 08. Dezember 1982 (Kasten 39, Mappe 1).

18 Ohne Titel, 1 Blatt Typoskript (Kasten 107, Mappe 5).

19 Ebenda.

Romantik – Psychoanalyse – Film: eine Doppelgängergeschichte

In einer Winternacht von 1828 ist ein romantischer Dichter – keiner von den größten – dem Geist der Dichtung selber begegnet. Adelbert von Chamisso, Berliner Zechkumpan der Hoffmann und Contessa, Hitzig und Fouqué, hatte mit seinen Serapionsbrüdern wieder einmal beim Wein gesessen. Das übliche »wüste Treiben«[1] ging bis Mitternacht. Dann »stahl sich« der »müde Zecher«, wie Chamisso seinen Zustand beschreibt, durch Großstadtstraßen nach Hause, vom Echo seiner einsamen Schritte verfolgt.

Aber nicht immer – laut Freud sogar nie[2] – ist heim der Gegensatz von unheimlich. Vor den eigenen Fenstern angekommen, sieht oder deliriert Chamisso ein Licht im Arbeitszimmer. Er »versteinert« vor Schreck, zögert lange vor der Tür, und erst nach einer kühnen Entschließung, den Ausgeburten des Alkohols ein Ende zu machen, schließt er auf. Aber nur um zu sehen, was das Echo schon zu hören gab: daß er einen Doppelgänger hat.

Der Doppelgänger ist der Geist der Dichtung. Während die versammelten Romantiker noch beim »Klang der Becher« saßen, um ziemlich professionell jene Inspiration herbeizuführen, die dann Gedichte wie Chamissos *Erscheinung* eingab, hat schon längst eine andere Erscheinung den Platz am professionellen Schreibpult besetzt. Deshalb ist das Licht im Arbeitszimmer kein Delirium des Romantikers, sondern eine Arbeitsbedingung seines Doppelgängers. Deshalb auch erntet Chamissos Frage: »Wer bist du, Spuk?« keine Antwort, sondern die berechtigte Gegenfrage: »Wer stört mich auf in später Geisterstunde?« Einem Doppelgänger, der den

1 Adelbert von Chamisso, 1828/o. J., *Erscheinung.* In: *Gesammelte Werke in vier Bänden.* Stuttgart, Bd. II, S. 13–15.

2 Vgl. Sigmund Freud, 1919, *Das Unheimliche.* In: Freud, 1940–87, Bd. XII, S. 229–237. Im Wörtlichnehmen von Sprache wandelt Freud hier übrigens auf Spuren seines Vorgängers. Ernst Jentsch, den die zahllosen Freudexegeten von heute natürlich nicht mehr lesen, hält »den Geist der Sprache« im allgemeinen zwar für keinen »besonders starken Psychologen«, muß aber beim »Worte ›unheimlich‹« dem Deutschen »eine ziemlich glückliche Bildung« nachrühmen. (Jentsch, 1906, *Zur Psychologie des Unheimlichen.* In: *Psychiatrisch-neurologische Wochenschrift*, 22, S. 195.)

ganzen Abend lesend oder schreibend, jedenfalls also schriftstellerisch am Pult zugebracht hat, müssen müde Zecher in der Tat wie Geisterstundengeister vorkommen.

1 Alle Rollen sind vertauscht, und – Lacans Theorem von Spiegelstadium und geschwisterlichem Transitivismus hätte es vorhersagen können – ein Duell wird möglich. Dichter und Doppelgänger kreuzen ihre Klingen, als da sind Wörter oder näherhin Terzinen. Alles läuft mithin, als hießen die zwei feindlichen Brüder nicht Chamisso und Chamisso, sondern Sosias und Merkur. Ihr Streit geht um die »Quadratur« eines »wahnsinn-drohenden« »Kreises« – um den unmöglichen Beweis, Chamisso zu sein. Denn einfach weil es 1828 Paßphotos und Fingerabdruckkarteien, anthropometrische Zahlen und Datenbänke noch nicht gibt, müssen die zwei Duellanten im Verbalen oder Poetischen bleiben. Den unmöglichen Identitätsbeweis ersetzen sie durch die Abmachung, jeweils eine Selbstdefinition zu geben und den Effekt abzuwarten. Chamisso als erster, der Doppelgänger als zweiter, beide sagen sie ihr Sosein an.

Was Chamisso einfällt, ist die Dichtung oder Herkömmlichkeit selbst und erstaunlich bloß aus einem Mund mit Fahne. Er sagt: »Ein solcher bin ich, der getrachtet nur einzig nach dem Schönen, Guten, Wahren.« Was dem Doppelgänger einfällt, ist neu und bündig, vor allem unter den gegebenen Bedingungen am Dichterschreibpult. Er sagt: »Ich bin ein feiger, lügenhafter Wicht.«

Eine Frechheit am Grenzrand von Dichtung, gerade noch möglich in Terzinen und darum auch von durchschlagender Kraft. Chamisso murmelt noch eben, daß sein Doppelgänger Chamisso, der wahre Chamisso ist, dann steht er schon wieder, durchschaut und verweint, draußen in der Berliner Nacht. Diesmal aber für immer – denn die Terzinen und das Gedicht *Erscheinung* sind zu Ende.

Erst 1914, 86 Jahre später, geht die Geschichte weiter. Nicht mehr in Terzinen, sondern als wissenschaftliche Prosa. Otto Rank, Freuds literaturhistorischer Sachbearbeiter oder Adjutant, gräbt neben zahllosen anderen auch Chamissos Doppelgängererlebnis aus. Mit dem Resultat, daß aus alkoholischen Episoden der Romantik wissenschaftliche Notwendigkeiten des laufenden Jahrhunderts werden. Der Identitätsnachweis, an dem Chamisso scheiterte, von Rank wird er erbracht. Erste Erkenntnis der neuen Wissenschaft Psychoanalyse: Nur Schriftsteller, die von »schweren Nerven- oder

Geisteskrankheiten« heimgesucht sind, werden es auch von Doppelgängern.[3] Zweite Erkenntnis: Was zeitgenössische Chamisso-Leser, solange sie das Erzählte nicht als moralische Metapher nahmen, unglaublich oder phantastisch nennen mußten, gilt buchstäblich. Freuds Narzißmustheorie kann – bei anwesenden Patienten wie bei toten Schriftstellern – den psychischen Mechanismus herleiten, der »eine solche innere Spaltung und Projektion« wie Chamissos Doppelgänger »schafft«. Das Duell zwischen Schönem, Wahrem, Gutem einerseits, feigem, lügenhaftem Wicht andererseits – im Unbewußten ist es eine Realität. Es mißt, »wie Freud dargelegt hat, [...] die Distanz zwischen dem Ichideal und der erreichten Wirklichkeit«.[4] Ein Halbjahrhundert nach seinem Tod bekommt Chamisso es also schriftlich, wer er war. Doppelgänger, statt bloß weinseliges Doppelsehen oder poetisch-moralische Metaphern zu sein, sind »das Phantom unseres eigenen Ichs«.

Womit ich (von Kittler abgesehen) Rank zitiere, der E. T. A. Hoffmann zitiert,[5] der eine gewisse Clara zitiert. Und das heißt: Bei der psychoanalytischen Verifikation von Phantastik, eben weil sie Dichtung in Wissenschaft überführt, bleiben bestimmte Grundannahmen unbefragt in Kraft, Grundannahmen erstens Hoffmanns oder der Literaturepoche, die das Phantasma Doppelgänger produzierte, zweitens Claras oder der Philosophie, die die empirisch-transzendentale Dopplung des Menschen besorgte. Goethe und Fichte, Jean Paul und Hoffmann – ein exaktes Jahrhundert zurück reicht Ranks historisches Gedächtnis. Warum aber Doppelgänger seit damals und erst seit damals die Papiere bevölkern, fragt er nicht. Auch wenn alle Psychoanalysen und das heißt Zergliederungen romantischer Phantasie aufgehen, bleibt also ein Rest. Der schlichte Textbefund nämlich, daß Doppelgänger am Schreibpult aufgetaucht sind.[6]

---

3 Otto Rank, 1925, *Der Doppelgänger. Eine psychoanalytische Studie.* 2. Aufl. Wien, S. 57–59.

4 Rank, 1925, S. 104 f.

5 Rank, 1925, S. 95. Vgl. dazu Friedrich Kittler, 1977, *»Das Phantom unseres Ichs« und die Literaturpsychologie.* In: *Urszenen. Literaturwissenschaft als Diskursanalyse und Diskurskritik.* Hrsg. F. A. Kittler, Horst Turk, Frankfurt/M., S. 139–166.

6 Den Ausnahmefall, Goethes berühmte Selbstbegegnung beim Abschied von Sesenheim und Friederike Brion, hat schon Freuds Scharfsinn gedeutet: Im 2
»hechtgrauen Kleid«, das der Doppelgänger 1771 trägt und Goethe erst 1779

Beweise dafür sind schnell erbracht, schon weil man keine Bücher mehr zu wälzen braucht. Eine Relektüre von Ranks *Doppelgänger* reicht hin. Er hat sie alle verzeichnet, die Schreibtischgespenster, und nur nicht demaskiert.

Guy de Maupassant saß »eines Nachmittags im Jahre 1889« »in seinem Arbeitszimmer am Schreibtisch. Der Diener hatte strengen Befehl, niemals einzutreten, während sein Herr arbeitete. Plötzlich kam es *Maupassant* vor, als wenn die Türe geöffnet würde. Er dreht sich um und sieht, wie *seine eigene Person eintritt* und ihm gegenüber Platz nimmt. Alles, was er schreibt, wird ihm diktiert. Als der Schriftsteller mit der Arbeit fertig war und aufstand, verschwand die Halluzination.«[7]

1889 wird also autobiographische Realität, was 1828 nur unter Alkohol lief. Naturalismus und Psychoanalyse sind synchron. Wie
3 um die Entstehungsgeschichte seiner Doppelgängernovellen *Lui* und *Horla* zu klären, psychiatrisiert Maupassant sich selbst. Er berichtet von einem halluzinierten Schreibtischdiktator, der alsogleich in die Archive zeitgenössischer Psychiatrie und durch ihre Vermittlung zu Rank gelangt. Alle sind sie zufrieden, die Wissenschaften von der Seele. Nur warum das Double ausgerechnet am Schreibtisch auftauchte, fragt keine.

Und doch steht die Antwort bei Goethe selber. In *Wilhelm Meisters Lehrjahren* steckt eine Baronesse den Helden bekanntlich in Arbeitszimmer und Schlafrock eines Grafen, um für dessen Frau mit einer galanten Überraschung aufzuwarten. Immer nämlich, wenn der angehende Dichter und Bürger Bühnenrollen übernahm oder Liebesverse aufsagte, hatte er »nur allein gegen« die Gräfin gespielt, die ihrerseits »die Augen nicht von ihm abwenden« »konnte«.[8] Einer Liebe, die so heimlich wie literarisch ist, soll der Doppelgängertrick

---

beim Wiederbesuch tragen wird, bezeichnet sich das »Staatskleid« eines Erfolgsbeamten, der erstens Akten und zweitens Dichtungen verfaßt. Vgl. Rank, 1925, S. 56, Anm. 1. Zu den historischen Rahmenbedingungen von Goethes Doppelgänger (moderne Kernfamilie und Narzißmus) siehe auch Jacques Lacan, 1980, *Der Individualmythos des Neurotikers*. In: *Der Wunderblock*, Nr. 5/6, S. 61–68.

7 Rank, 1925, S. 55 (gekürzt). Primärquelle für diese Information war Paul Auguste Sollier, 1903, *Les phénomènes d'autoscopie*. Paris.

8 Goethe, 1795–96, *Wilhelm Meisters Lehrjahre*. In: Goethe, 1902–12, Bd. XVII, S. 203.

endlich Beine machen. Mit allen Attributen seines Rivalen behängt, sitzt Meister im gräflichen Kabinett. Eine hochmoderne Argandlampe von 1793 fällt auf ihn und – das »Buch« in seinen Händen. So perfekt läßt Bildung sich inszenieren. Statt der Gräfin und Dichterliebhaberin jedoch, für die das lebende Bild gestellt war, tritt unvermutet der Graf selber ein – aber nur, um einen Choc fürs Leben davonzutragen. Nie wird er erfahren, daß sein Doppelgänger nicht Fingerzeig Gottes, sondern Arrangement war. Denn lieber überläßt ihn die Gräfin religiösen Wahnideen, als ihr mißlungenes Rendez-vous zu gestehen. Die Folge beim Grafen ist eine Verkennung, die Psychoanalytiker noch heute heimsucht. Um Doppelgänger als »Phantom unseres eigenen Ichs« zu sehen, muß man grundsätzlich die Strategien ausblenden, mit denen listige Andere das Phantom produzierten. Ob diese Anderen Intrigantinnen wie die Baronesse oder Dichter wie Goethe sind, spielt keine Rolle. Beide drapieren sie ihren Helden mit den Attributen seines väterlichen Rivalen, auf dem Schloß die eine, auf dem Papier der andere. Denn daß der Graf seinen Doppelgänger vor sich glaubt, muß seinerseits noch einmal geglaubt werden – von Goethes Lesern. Außer den Wörtern, die die optische Identität zweier Mannsbilder behaupten, hat sie keinerlei Garantie. Was Wörtern allerdings um so leichter fällt, je leerer sie sind. Wohlweislich enthält der ganze Roman nicht eine physische Beschreibung seines Helden. Wilhelm Meister bleibt leer wie eine Umrißzeichnung.

»Es gibt keine Individuen. Alle Individuen sind auch genera«, dekretierte Goethe,[9] also ausgerechnet das Individuum, dem alle Germanistik die literarische Erfindung des Individuums nachgerühmt hat. Aber wie Manfred Franks Buchtitel schon verrät, war 4
das Individuum von 1800 bloß ein individuelles Allgemeines und das heißt keins. Der Grund liegt auf der Hand: in den technischen Bedingungen der Zeit. Meister und sein Graf, Goethe und seine Leser – alle konnten sie an Doppelgänger glauben, einfach weil Wörter keine Singularitäten bezeichnen. Nicht einmal das Wort *Doppelgänger* selber. Und andere Speichermedien als Wörter gab es in klassisch-romantischen Tagen nicht.

---

9 Friedrich Wilhelm Riemer, 1841/1921, *Mitteilungen über Goethe*. Hrsg. Arthur Pollmer, Leipzig, S. 261.

Der arme depressive Graf muß davon etwas geahnt haben. Sonst würde er nicht noch am selben Abend nach Meister schicken, um seinen Choc zu rekonstruieren. Noch einmal bekommt der angehende Dichter ein Buch in die Hand – diesmal nicht, um einen zur Goethelektüre bekehrten Grafen zu spielen, sondern einfach um vorzulesen. Meister zittert natürlich vor Angst, seine Maske könnte durchschaut sein. Aber genau dieses Zittern im Tonfall ist »glücklicherweise dem Inhalt der Geschichte gemäß« und für den Grafen Anlaß, »den besondern Ausdruck der Vorlesung« zu »loben«.[10] Klarer kann es kaum gesagt werden, daß klassisch-romantische Doppelgänger den Büchern als solchen entspringen. Wer wie Meister Lesen und Rezitieren grundsätzlich als Identifikationsmöglichkeiten benutzt, erringt die Liebe einer Gräfin und das Lob eines Grafen.

Daß Wörter keine Singularitäten bezeichnen, ist also allen Dichterlegenden zum Trotz nicht ihre Ohnmacht, sondern ihre List. In die Leerstellen kann Identifikation einklinken, die neue Rezeptionsvorschrift der Zeit. Das gilt von der Geschichte, die Meister vorliest, aber auch von der, die seine Leser lesen. Schon Daniel Jenisch, der 1797 die erste *Meister*-Interpretation schrieb, hat es verraten: Die Doppelgängerepisode im Roman dient einfach dazu, Leser auf identifikatorisches Lesen hin zu programmieren. *Die hervorstechendsten Eigenthümlichkeiten von Meisters Lehrjahren* und d. h. laut Jenisch *das, wodurch dieser Roman ein Werk von Göthen's Hand ist*, sah der Berliner Pfarrer nämlich in der Literaturgeschichte machenden Innovation, einen Helden wie Sie und ich einzuführen. Meister steht weder über noch unter seinen Lesern; er hat keinerlei »*besondere Eigenthümlichkeiten*«, die uns und ihn trennen könnten. Weil um 1800 Individuen ja nicht aufgeschrieben werden, hat er nur »*allgemeine Eigenthümlichkeiten der Menschennatur*«.[11] Anders gesagt, Meisters Eigentümlichkeit ist es, keine Eigentümlichkeiten zu haben

---

10 Goethe, 1795–96, S. 220.

11 Daniel Jenisch, 1797, *Ueber die hervorstechendsten Eigenthümlichkeiten von Meisters Lehrjahren; oder, über das, wodurch dieser Roman ein Werk von Göthen's Hand ist. Ein ästhetisch-moralischer Versuch*. Berlin, S. 14. Auch nach Friedrich Schlegel »gleichen die Charaktere in diesem Roman zwar durch die Art der Darstellung dem Porträt [!], ihrem Wesen nach aber sind sie mehr oder minder allgemein und allegorisch« (*Über Goethe's Meister. Kritische Friedrich-Schlegel-Ausgabe*. Hrsg. Ernst Behler, Paderborn 1798/1958 ff., Bd. II, S. 143).

und einfach der Doppelgänger seiner Leser zu sein. Mit der logischen Folge, alle Deutschen auf Goethelektüre zu verpflichten. Der Roman gibt eben »*die Geschichte unser aller*; in diesem Wilhelm Meister erblicken wir, so wie der Graf in dem verkleideten Abentheurer auf dem Sopha, unser eigenes Selbst, doch nicht [...] mit versteinerndem Schreck, sondern mit angenehmen Staunen über die magische Kraft des Zauberspiegels, den uns da der Dichter vorhält«.[12]

Zauberspiegel aus anderen Ländern und Zeiten zeigten Göttinnen oder Dämonen. Im klassischen Deutschland spiegeln sie das Schafsgesicht von Bürgern, die ihr Leben und ihr Lesen verwechseln. Was die *Lehrjahre* lehren, kann (mit Friedrich Schlegel[13]) Leben nur für Leute heißen, die auf Wörter schon immer hereingefallen sind. Und solange bestenfalls die Laterna magica dem Zauberspiegel Dichtung Konkurrenz machte, war dieser Trick nicht schwer. Novalis sagte es: »Wenn man recht ließt, so entfaltet sich in unserem Innern eine wirckliche, sichtbare Welt nach den Worten.«[14] Der Buchstabe wurde übersprungen, das Buch vergessen, bis irgendwo zwischen den Zeilen eine Halluzination erschien – das reine Signifikat der Druckzeichen. Mit anderen Worten: klassisch-romantische Doppelgänger entstanden auf der Schulbank, wo man rechtes Lesen ja lernt.

Mussets *Nuit de décembre,* jenes von Rank so geliebte Langgedicht, das alle zwei Strophen oder Lebensjahre den Dichter wieder seinem Doppelgänger konfrontiert, beginnt mit einer Strophe, die Rank unterschlagen hat.

> Du temps que j'étais écolier,
> Je restais un soir à veiller
> Dans notre salle solitaire.
> Devant ma table vint s'asseoir

---

12 Jenisch, 1797, S. 14 f. Zu den Schreib- und Lesetechniken der Identifikation im allgemeinen vgl. Friedrich Kittler, 1978, *Über die Sozialisation Wilhelm Meisters.* In: *Dichtung als Sozialisationsspiel.* Hrsg. Gerhard Kaiser, F. A. Kittler, Göttingen, S. 99–114.

13 Vgl. Schlegel, 1798/1959, S. 136 und S. 141 f.

14 Fragment von 1809. In: Novalis, 1960–1975, Bd. III, S. 377.

Un pauvre enfant vêtu de noir,
Qui me ressemblait comme un frère.[15]

Das arme Kind in Schwarz – kein Narzißmus und kein Ich hat es produziert, kein Tod und keine Unsterblichkeit ist seine Botschaft. Alles läuft viel einfacher, als Psychoanalyse träumt. Arm ist das Kind in Schwarz nur als Opfer der allgemeinen Alphabetisierung, die Mitteleuropa um 1800 erfaßt hat. Seitdem neue kindgemäße Leselehrmethoden das Alphabet versüßen und versinnlichen, seitdem Leute die Buchstaben nicht mehr als Gewalt und Fremdkörper spüren, seitdem können sie auch glauben, von Buchstaben gemeint zu sein. Alphabêtise nannte es Lacan. Und Baudelaire, wie um die Gespenster Chamissos und Mussets zu decodieren, begann
5 seinen Gedichtband mit der Anrede: »Hypocrite lecteur, – mon semblable, – mon frère!«

Das ist Klartext und unter Dichtung der Schlußstrich. Keiner von Baudelaires Nachfolgern im l'art pour l'art wird mehr die Verlogenheit aufbringen, für verlogene Leser zu schreiben. Die Bücher tun nicht mehr so, als seien Buchstaben harmlose Vehikel, die unser Inneres mit optischen Halluzinationen beliefern, vor allem aber mit dem Wahn, es gäbe ein Inneres oder Selbst. Mit dem Wahren, Schönen, Guten verschwindet auch dieser Doppelgänger.

Denn die Gestalt, die unserer Tage aus der Tiefe von Spiegeln auftaucht, ist sehr anders. Mit Alphabetismus und Dichtung hat sie nichts zu tun. Im Jahr 1900 beschreibt Ernst Mach, wie er letzthin im
6 Omnibus einen Fremden sah und dachte, »was doch da für ein herabgekommener Schulmeister einsteigt«. Auch der große Physiker und Wahrnehmungstheoretiker brauchte nämlich in praxi ein paar Millisekunden, um in jenem Fremden sein Spiegelbild zu erkennen. Und Freud, der Machs unheimliche Begegnung weitererzählt, kann gleich mit eigenen Parallelfällen aufwarten. Er »saß allein im Abteil des Schlafwagens, als bei einem heftigen Ruck der Fahrbewegung die zur anstoßenden Toilette führende Tür aufging und ein älterer Herr im Schlafrock« eintrat, der Freud sehr »gründlich mißfiel«.[16]

---

15 Alfred de Musset, 1835/1963, *La nuit de décembre*. In: *Œuvres complètes*, Hrsg. Philippe van Tieghem, Paris, S. 153.

16 Freud, 1919, S. 262 f., Anm.

Eigene Spiegelbilder im Toilettentürglas sind eben wie gemacht, um den Doppelsinn von heimlich/unheimlich zu beweisen und noch den Vater der Psychoanalyse an seine Körperfunktionen zu gemahnen.

Daß sie aber ausgerechnet in Omnibussen und D-Zügen spuken, hat Gründe. Wenn der Doppelgänger namens Selbst, dieses poetisch-philosophische Phantasma, aus der allgemeinen Alphabetisierung Mitteleuropas stammte, so sind die schäbigen Gestalten vor Mach oder Freud Produkte der allgemeinen Motorisierung Mitteleuropas. Davon schweigt *Die Analyse der Empfindungen*, davon schweigt *Das Unheimliche*. Und doch gibt es die mobilen Spiegelflächen, die gleitenden Panoramen und die ungezählten Doppelgänger namens Verkehrsteilnehmer erst seit Eisenbahn und Ottomotor. Derselbe Mallarmé, der mit Lesen und Lesbarkeiten Schluß machte, riet den Autoingenieuren, ihren Motor besser nach hinten zu versetzen. Dann könnten glückliche Passagiere aus den Augenwinkeln und durch »bow-windows« ungestört das »magische« Schauspiel gleitender Perspektiven genießen. »Vision eines Verkehrsteilnehmers von Geschmack«, wie Mallarmé seine »Erfindung« nannte – das Auto als Kamerafahrt.[17]

Vor allem aber Vision eines Schriftstellers, der sein eigenes Medium Schrift vor Halluzinationen und Doppelgängereffekten systematisch abschottete. Eine Umfrage nach dem illustrierten Buch beantwortete Mallarmé mit kategorischem Nein und der Gegenfrage: »Warum gehen Sie dann nicht lieber gleich zum Kinematographen, der mit seinen Bildsequenzen manchen Band, in Text und Bild, vorteilhaft ersetzen wird?«[18] Auch das ist Klartext. Seit 1895 treten auseinander: ein bilderloser Letternkult namens E-Literatur auf der einen Seite und auf der anderen lauter technische Medien, die wie Eisenbahn oder Film die Bilder motorisieren. Literatur versucht gar nicht erst mehr, mit den Wundern der Unterhaltungsindustrie zu konkurrieren. Sie gibt ihren Zauberspiegel an Maschinen ab.

---

17 Stéphane Mallarmé, *Sur le beau et l'utile*. In: Mallarmé, 1945, S. 880. Eine vortechnische Realisation dieser Kamerafahrt ist das Rudern in Mallarmés Prosa-Gedicht *Le nénuphar blanc* (Mallarmé, 1945, S. 283–286). Über Kino und Autofahrt im allgemeinen vgl. auch Paul Virilio, 1976, *Essai sur l'insécurité du territoire*. Paris, S. 251–257.

18 Mallarmé, *Sur le livre illustré*. In: Mallarmé, 1945, S. 878.

Deshalb und nur deshalb das Entsetzen bei den Professoren Mach und Freud, wenn für ein paar Millisekunden auch vor ihnen das altmodische Medium Buch dem Film der sogenannten Wirklichkeit weichen muß. Stummfilme implementieren in technischer Positivität, was Psychoanalyse nur denken kann: ein Unbewußtes, das keine Worte hat und von Seiner Majestät dem Ich nicht anerkannt wird.

Gerade die Dummheit des Films macht ihn zum vorteilhaften Ersatz so mancher Bücher und der romantischen zumal. Sie kann Körper speichern, die bekanntlich genauso dumm sind. Als im letzten romantischen Lustspiel der König Peter vom Reiche Popo nach seinem flüchtigen Sohn fahnden ließ, waren die großherzoglich hessischen Polizisten nicht zu beneiden. Sie hatten nur den »Steckbrief, das Signalement, das Certificat« eines Menschen: »geht auf 2 Füßen, hat zwei Arme, ferner einen Mund, eine Nase, zwei Augen, zwei Ohren. Besondere Kennzeichen: ist ein höchst gefährliches Individuum.«[19] Soweit und gerade soweit ging Dichtung, wenn Körper zu speichern waren – bis zum individuellen Allgemeinen Meisterscher Umrißzeichnungen und nicht weiter. Der Film dagegen zählt (wie Kriminalistik und Psychoanalyse auch) zu jenen modernen Spurensicherungstechniken, die nach Ginzburgs Einsicht[20] Körperkontrolle optimieren.

---

19 Georg Büchner, 1838/1967–71, *Leonce und Lena*. In: *Sämtliche Werke und*
7 *Briefe*. Hrsg. Werner R. Lehmann, Hamburg, Bd. I, S. 140. Polizeiliche Steckbriefe scheinen auf die Zeit des Hochabsolutismus zurückzugehen. Daß er sie
8 aus Erfahrung parodiert, zeigt Büchners eigener Steckbrief:
»Steckbrief. Der hierunter signalisierte Georg Büchner, Student der Medizin aus Darmstadt, hat sich der gerichtlichen Untersuchung seiner indicirten Theilnahme an staatsverrätherischen Handlungen durch die Entfernung aus dem Vaterlande entzogen. Man ersucht deshalb die öffentlichen Behörden des In- und Auslandes, denselben im Betretungsfalle festzunehmen und wohlverwahrt an die unterzeichnete Stelle abliefern zu lassen, Darmstadt, den 13. Juni 1835. Der von Großh. Hess. Hofgericht der Provinz Oberhessen bestellte Untersuchungs-Richter, Hofgerichtsrath Georgi. Personal-Beschreibung. Alter: 21 Jahre, Größe: 6 Schuh, 9 Zoll neuen Hessischen Maases, Haare: blond, Stirne: sehr gewölbt, Augenbrauen: blond, Augen: grau, Nase: stark, Mund: klein, Bart: blond, Kinn: rund, Angesicht: oval, Gesichtsfarbe: frisch, Statur: kräftig, schlank, Besondere Kennzeichen: Kurzsichtigkeit.« Beilage zum Frankfurter Journal, Nro. 166, Donnerstag, den 18. Juni 1835. Faksimile in: Georg Büchner, 1985, *Leben, Werk, Zeit. Ausstellung zum 150. Jahrestag des »Hessischen Landboten«*. Katalog. Marburg, S. 203.

20 Vgl. die Einzelheiten bei Carlo Ginzburg, 1983/1985, *Indizien: Morelli, Freud und Sherlock Holmes*. In: *Der Zirkel oder Im Zeichen der Drei. Dupin, Holmes, Pierce.*

Dafür gibt es Beweise: all die dummen oder verrückten, mongoloiden oder hysterischen Körper, die frühe Stummfilme aufmarschieren lassen. Jeder einzelne von ihnen ist der Schatten des Körpers des Gefilmten, kürzer gesagt: sein Doppelgänger. Ein Kameraschwenk – und schon hätte König Peter das unverkennbare, unfälschbare Zertifikat seines Leonce, wie er als romantischer Schauspieler durch die Natur stürmt. Wer glaubt, daß Buchstaben ihn selber meinen, ist bloß verführt. Wer gefilmt wird, ist eben damit schon überführt, sei es auch nur durch mobile Spiegel wie Freud. Auf Filmen sehen alle Handlungen dümmer aus, auf Tonbändern, die ja die Knochenleitung Kehlkopf–Ohr unterschlagen, haben Stimmen keine Seele, auf Paßbildern sind nur Verbrechervisagen zu sehen – nicht weil Medien lügen würden, sondern weil sie den Narzißmus des eigenen Körperschemas zerstückeln.

Medien sind eine historische Eskalation von Gewalt, die die Betroffenen zu totaler Mobilmachung zwingt. Der erste Theoretiker des Unheimlichen scheint davon mehr geahnt zu haben als sein Kritiker Freud. Schon 1906 verglich Ernst Jentsch die Panik vor Automaten oder Doppelgängern mit dem Zusammenbruch einer »Defensivstellung«, mit einem »Mangel an Deckung in den Episoden« eines »Krieges«, der nach Jentschs Prophezeiung »nie endet«.[21]

Die UFA, Deutschlands Spielfilmkonzern, entstand bekanntlich 1917 unter der Schirmherrschaft des Bild-und-Film-Amts im Großen Generalstab und auf Befehl des Ersten Generalquartiermeisters, General der Infanterie Erich Ludendorff.[22] Was Wunder, wenn der Medienkrieg nie endet. In Vietnam waren Eliteeinheiten wie die US-Marineinfanterie zu Angriff und Tod nur bereit unter der Bedingung, daß NBC oder CBS oder ABC ein TV-Kamerateam am Einsatzort hatten.[23] Gerade daß der eine Körper von Vietcong-Granaten zerrissen wurde, machte seinen Doppelgänger in den Abendnachrichten

---

Hrsg. Umberto Eco, Thomas A. Sebeok, München, S. 125–179.

21 Jentsch, 1906, S. 205.

22 Vgl. dazu Walter Görlitz, 1967, *Kleine Geschichte des deutschen Generalstabes.* Berlin, S. 194 f. Den Wortlaut Ludendorffs zitieren Ludwig Greve, Margot Fehle, Heidi Westhoff (Hrsg.), 1976, *Hätte ich das Kino! Die Schriftsteller und der Stummfilm: eine Ausstellung des Deutschen Literaturarchivs im Schiller-Nationalmuseum. Marbach a. N. vom 24. April bis 31. Oktober 1976.* München, S. 75.

23 Vgl. Michael Herr, 1979, *An die Hölle verraten (Dispatches).* München, S. 228 f.

unsterblich. *Apocalypse Now* oder die totale Mobilmachung …

Seitdem Filmkameras – zum begreiflichen Leidwesen der Lebensphilosophie[24] – mit Flügelscheibe und Malteserkreuz die Körper vorm Sucher zerhacken, um ihre 24 Bilder pro Sekunde zu schießen, ist Lacans zerstückelter Körper eine Positivität. Er tritt anstelle jener ganzen Personen, die klassisch-romantische Dichtung feierte oder produzierte. Den großen hysterischen Bogen etwa, diese physiologische Form totaler Mobilmachung, haben nicht bloß Stab und Hand Charcots hervorgerufen, die er bekanntlich nachhelfend über Unterleiber und Eierstöcke seiner Patientinnen führte.[25] Der große Psychiater war moderner und sagte das auch. Daß seine Salpêtrière zum erstenmal in der Medizingeschichte die Hysterie spurensichern konnte, dankte sie den neuen Maschinen und Maschinisten, die ein heruntergekommenes Pariser Irrenhaus zum Labor verwandelt hatten.[26] Der Charcot-Mechaniker und Rolleiflex-Erfinder Albert Londe baute schon 1883 eine Kamera mit 9 oder 12 Objektiven, die auf Kommando eines Metronoms hin sukzessive Momentaufnahmen, also Filme avant la lettre lieferte. Objekt dieser Zerhackung: die Hysterikerinnen der Salpêtrière, Zuschauer dieser Zerhackung: der junge Sigmund Freud.[27] Wie schön und groß muß
9 der hysterische Bogen geraten sein, als Kameras ihn speicherten oder hervorriefen …

Eine totale Mobilmachung, die die Psychoanalyse auf den Weg gebracht hat, von Freud aber gar nicht erst ignoriert wird. Das Wort Kino kommt in seinen Schriften nicht vor. Freud auf Filme anzuwenden, überläßt er seinem literaturhistorischen Adjutanten. Genau das ist der Ausgangspunkt von Ranks Doppelgänger-Studie, erschienen unmittelbar nach Uraufführung des ersten deutschen Autorenfilms. Rank scheut sich nämlich nicht, »zur Aufrollung weitreichender psychologischer Probleme […] einen zufälligen und banalen Aus-

---

24 Vgl. Henri Bergson, 1907/1923, *L'Évolution créatrice*. 26. Aufl. Paris, S. 330 f.

25 Vgl. Michel Foucault, 1976/1987, *Sexualität und Wahrheit, Bd. I: Der Wille zum Wissen*. Frankfurt/M., S. 73 f., Anm.

26 Vgl. Jean Martin Charcot, 1880–93, *Œuvres complètes*. Bd. I, Paris.

27 Die Daten über Albert Londe (1858–1917) nach Hrayr Terzian, 1981, *La fotografia psichiatrica*. In: *Nascita della fotografia psichiatrica*. Hrsg. Franco Cagnetta, Venedig, S. 39. Die Daten über seine Hysterie-›Filme‹ nach Joël Farges, 1975, *L'image d'un corps*. Communications. Nr. 23: Psychanalyse et cinéma, S. 89.

gangspunkt« zu wählen: den Hanns-Heinz-Ewers-Stummfilm *Student von Prag*. Er mutmaßt sogar, »daß die in mehrfacher Hinsicht an die Traumtechnik gemahnende Kinodarstellung auch gewisse psychologische Tatbestände, die der Dichter oft nicht in klare Worte fassen kann, in einer deutlichen und sinnfälligen Bildersprache zum Ausdruck bringt«. All »die schattenhaft flüchtigen Bilder«, die jenen Studenten im 60-Minuten-Duell mit seinem Spiegelbild und Doppelgänger zeigen – Ranks genaue Feder verschriftet sie. (Denn 1914 sind Video-Tapes und das heißt optische Relektüremöglichkeiten noch nicht erfunden.) Aber eben nur, um ein banales Massenmedium auf unbewußte Symbolik hin aufzurollen –: als wären Freuds manifester Trauminhalt und Unterhaltungsindustrie ein und dieselbe Oberfläche. Den latenten Gedanken von Traum und/oder Film dagegen bilden, schon weil der Drehbuchschreiber Ewers löblicherweise literarischen »Vorbildern« folgte,[28] Diskurse und nichts als Diskurse. Ausgerechnet einen Stummfilm überführt Rank in romantische Doppelgängerdichtung und diese Dichtung in Mythologie oder Psychoanalyse. Nichts also ist es mit dem Versprechen, Traumtechnik und Kinodarstellung, Freud und Londe zu verschalten. Der psychische Apparat verbaut jeden Sinn für technische. Und noch wenn Rank am Ende seiner historisch-methodischen Regression den Fidschi-Insulaner zitiert, der seinen ersten Blick in europäische Spiegel einen Blick in die Geisterwelt nannte,[29] fällt ihm nicht bei, daß seit Anbeginn okkulte Medien notwendig technische voraussetzen.

Die Psychoanalyse des Films macht Verfilmung wieder rückgängig. Als gäbe es keine technischen Schwellen, verifiziert sie eine Dichtung, die der Film eben abgelöst hat. Freuds Urszene – sein Salpêtrière-Jahr – ist erfolgreich verdrängt.

Deshalb ist es auch nur die halbe Wahrheit, wenn Todorovs *Einführung in die fantastische Literatur* zum Schluß kommt:

> Die Psychoanalyse hat die fantastische Literatur ersetzt (und damit überflüssig gemacht). [...] Die Themen der fantastischen Literatur sind buchstäblich zum Gegenstand der psychoanalytischen Forschung der letzten fünfzig Jahre geworden. [...] Es mag daher

28 Rank, 1925, S. 7 f.

29 Rank, 1925, S. 89, Anm. 4.

genügen, an dieser Stelle zu erwähnen, daß der Doppelgänger beispielsweise schon zu Freuds Zeit Thema einer klassischen Studie geworden ist (*Der Doppelgänger* von Otto Rank) […].[30]

Todorov hat recht, wenn er die romantischen Doppelgänger um 1900 verenden läßt. Aber es ist von vornherein unglaublich, daß Theorie allein solche Schläge führen konnte. Erst im Zangenangriff von Wissenschaft und Industrie, von Psychoanalyse und Film ist die empirisch-transzendentale Doublette Mensch, dieses Substrat romantischer Phantastik, implodiert. All jene Schatten und Spiegel des Subjekts – die Psychoanalyse hat sie klinisch verifiziert, das Kino technisch implementiert. Seitdem bleibt einer Literatur, die Literatur sein will, nurmehr écriture –: eine Schrift ohne Autor. Und aus Buchstaben kann niemand Doppelgänger und das heißt Identifikationsmöglichkeiten herauslesen.

Aber weil Geister bekanntlich nicht sterben, ist neben der Literatur eine neue Phantastik entstanden. Das Kino und seine Drehbuchlieferanten besetzen die von der Romantik geräumten Stellungen. Denn wie der erste Theoretiker des Films erkannte: Im Kino »wird jeder Traum wirklich«.[31] Was Dichtung versprochen und nur im Imaginären von Leseerlebnissen gewährt hat, auf der Leinwand erscheint es im Reellen. Zur Versetzung in eine wirkliche, sichtbare Welt ist rechtes Lesen, bei Novalis unabdingbare Voraussetzung, überflüssig geworden. Um Doppelgänger zu erblicken, müssen Leute weder gebildet noch angetrunken mehr sein. Auch und ge-

30 Tzvetan Todorov, 1972, *Einführung in die fantastische Literatur*. München, S. 143 (gekürzt).

31 Hugo Münsterberg, 1916/1970, *The Photoplay; a psychological study*. Nachdruck als *The Film. A Psychological Study. The Silent Photoplay in 1916*. Hrsg. Richard Griffith, New York, S. 15: »Rich artistic effects have been secured, and while on the stage every fairy play is clumsy and hardly able to create an illusion, in the film we really see the man transformed into a beast and the flower into a girl. There is no limit to the trick pictures which the skill of the experts invent. […] Every dream becomes real.« Diese These Münsterbergs ist unzweideutig zu verifizieren an genau jener Literatur, die der Spielfilm seit 1895 ablöst. Im schlechthin romantischen Roman, Hardenbergs *Heinrich von Ofterdingen*, träumte der Held bekanntlich eine blaue Blume. »Endlich wollte er sich ihr nähern, als sie auf einmal sich zu bewegen und zu verändern anfing; die Blätter wurden glänzender und schmiegten sich an den wachsenden Stengel, die Blume neigte sich nach ihm zu, und die Blüthenblätter zeigten einen blauen ausgebreiteten Kragen, in welchem ein zartes Gesicht schwebte.« (Novalis, 1809, Bd. I, S. 197.)

rade Analphabeten sehen den Studenten von Prag, seine Geliebte und seine Maîtresse – all jene »schattenhaft flüchtigen Gestalten« Ranks, wie sie als solche schon Doppelgänger sind –: Zelluloidgespenster der Schauspielerkörper.

Es muß nur der geniale Méliès auftreten und den Dokumentarismus Londes oder der Lumières um eine ganze Trickkiste ergänzen, damit neben die Filmdoppelgänger erster Potenz die Filmdoppelgänger im Quadrat treten können. Mit Spiegeln und Mehrfachbelichtungen ist es ein Leichtes, den Darsteller des Studenten zweimal zu zeigen. Eben noch hat er vorm Spiegel das Fechten geübt, und gleich darauf tritt sein Spiegelbild aus dem Rahmen. Ob diese »Besonderheit der Kinotechnik« mit Rank »seelisches Geschehen bildlich veranschaulicht«,[32] steht dahin. Klar ist dagegen, daß die Verfilmung selber verfilmt. Kinodoppelgänger führen vor, was mit Leuten geschieht, die in die Schußlinie technischer Medien geraten. Ihr Ebenbild wandert motorisiert in Körperdatenbänke.

Schon das Programmheft zum *Studenten von Prag* nannte die »Doppelfigur des Helden eine Ausdrucksmöglichkeit, die nur das Kino, nie aber die Bühne in solcher Vollendung zeigen kann«.[33] Auf dem Theater wäre der eine und doppelte Student, wie Sosius und Merkur seit Plautus, zu zwei Schauspielern verkommen, auf dem Romanpapier gar zur leeren Behauptung. Als »Filmproblem aller Filmprobleme« dagegen, wie Willy Haas formulierte,[34] hat der Doppelgängereffekt den frühen Film bestimmt. Ewers' *Student*, Lindaus *Anderer*, Hauptmanns *Phantom*, Wegeners *Golem*, Wienes *Caligari*, von zahllosen *Jekyll and Hyde*-Versionen zu schweigen – sie alle variieren den Filmtrick aller Filmtricks, wie es einfacher und genauer heißen müßte.

Der Grund liegt auf der Hand: Tricks – ob im Film, in der Liebe oder im Krieg – sind Strategien der Macht. Nur im germanistischen Klischee üben Expressionismusfilme Kritik an wilhelminischer Bür-

32 Rank, 1925, S. 12.

33 Zitiert in Greve/Pehle/Westhoff, 1976, S. 110. Über den *Studenten von Prag* als Verfilmung des Films selber vgl. auch Jean Baudrillard, 1976/1982, *Der symbolische Tausch und der Tod*. München, S. 85.

34 Besprechung des Gerhart-Hauptmann-Films *Phantom* (1922), zitiert in Greve/Pehle/Westhoff, 1976, S. 172.

gerlichkeit; in ihren Effekten trainieren sie ein neues Machtdispositiv ein: How to do things without words.

Lindaus Film *Der Andere* zeigt einen Staatsanwalt, den eine hirnphysiologisch bedingte Persönlichkeitsspaltung in Staatsanwalt und Verbrecher, Jäger und Gejagten auseinandernimmt. Mit allen Argumenten der Psychiatrie, mit allen Waffen der Kriminalistik wird einem historisch rückständigen Beamten eingebläut, daß sein juristischer (und nicht nur juristischer) Personbegriff ausgespielt hat, seitdem auch stumme Körperspuren sichergestellt werden können. Der Film handelt von Mächten, zu denen er selber zählt.[35]

Also ist es nur konsequent, daß die magische Macht des Rabbi Löw in Wegeners *Golem* darin aufgeht, vor Kaiser Rudolf einen
Film-im-Film vorzuführen. (Kaiser Wilhelm, der große Medienfreak
11 von 1914, wußte das sicher zu schätzen.) Nach Wegeners medientechnischem Imperativ muß »der eigentliche Dichter des Films die
Kamera sein. Die Möglichkeit des ständigen Standpunktwechsels
für den Beschauer, die zahllosen Tricks durch Bildteilung, Spiegelung und so fort, kurz: die Technik des Films muß bedeutsam wer-
12 den für die Wahl des Inhalts.«[36] Daß Rabbi Löw einen motorisierten
Automaten namens Golem (oder Wegener) bauen kann, allegorisiert demnach kaum (wie die Filmhistoriker meinen) »das Risiko
einer von der herrschenden Klasse auf Zeit und unter Kontrolle eingesetzten Diktatur, die sich gegen ihre Initiatoren selbst« richtet.[37]
13 Ganz abgesehen vom ›größten Cinéasten aller Zeiten‹ (Syberberg)
sind Golems eine Gefahr: blöde Doppelgänger eines Menschen,
14 den es nicht mehr gibt, seitdem Medien auch Zentralnervensysteme
ersetzen können.

Wenn im luftkriegsmäßig verdunkelten Vorführraum (dessen Vorbild in der Kunstgeschichte einzig Wagners Festspielhaus gewe-

---

35 Paul Lindaus »Schauspiel in vier Akten«, nach dem der Film gedreht wurde und ich notgedrungen zitierte, hat Photographien als Metaphern für Film. Vgl. Paul Lindau, 1983/1907, *Der Andere.* Leipzig, S. 22 und S. 81. – Lindau, einer der ersten Schreibmaschinenbenutzer unter Deutschlands Schriftstellern, gehörte übrigens zu Freuds Jugendlektüren. Vgl. Ernest Jones, 1969, *Sigmund Freud. Leben und Werk.* Hrsg. Lionel Trilling, Steven Marcus, Frankfurt/M., S. 182.

36 Paul Wegener, 1916, *Die künstlerischen Möglichkeiten des Films.* Zitiert in Kai Möller, 1954, *Paul Wegener. Sein Leben und seine Rollen.* Hamburg, S. 110 f.

37 Georg Seeßlen/Claudius Weil, 1978, *Kino des Phantastischen. Geschichte und Mythologie des Horror-Films.* Reinbek, S. 48.

sen sein kann[38]) ein Film anfängt, greift die Ersetzung von Zentralnervensystemen aufs Publikum selber über. Ob herrschende Klasse wie Rudolf oder Wilhelm oder von Papen, ob beherrschte Klasse wie der Rest – alle haben sie an der Leinwand ihre Netzhaut. »Der Zuschauer«, schrieb Edgar Morin, »reagiert auf die Filmleinwand wie auf eine externe Netzhaut, die mit seinem Hirn in Fernverbindung steht.«[39]

Film ist totale Macht, auch und gerade wenn er sie (wie im Fall des Rabbi Löw und seiner Zaubertricks) noch einmal ausstellt. Denn nur solange dergleichen Verdopplungen literarisch blieben, vom Typ des Buchs-im-Buch der *Lehrjahre*, konnten sie als Reflexion gelesen werden – als Einladung zu sogenannter Kritik. Technische Medien und Abschreckungsstrategien siegen dagegen gerade durch Selbstausstellung. Wie sollte ein Simulakrum des Zentralnervensystems – und das hieß ja einmal: der Seele – noch hinterfragbar sein?

Ein paar Schriftsteller des laufenden Jahrhunderts haben es begriffen. Von Meyrinks *Golem* bis zu Pynchons *Gravity's Rainbow* reicht die Kette einer Phantastik, die nichts mit Hoffmann oder Chamisso und alles mit Filmen zu tun hat. Literatur des Zentralnervensystems in direkter Medienkonkurrenz und deshalb womöglich auch immer schon zur Verfilmung bestimmt. Präsentifizieren statt erzählen, simulieren statt beglaubigen – so die Devise. Meyrinks *Golem*, 1915 erschienen, beginnt mit einem namenlosen Sprecher und einem nachgerade physiologischen Präsens. Der Sprecher »besitzt« eben »kein Organ mehr, mit dem« er die Frage »wer ist jetzt ›ich‹« überhaupt noch stellen könnte. Deshalb tritt an die Stelle reflexiver Hinterfragungen ein neurologisch reiner Datenfluß, der immer schon zugleich auch Netzhautfilm ist.

Bit 1: Das »Mondlicht fällt auf das Fußende meines Bettes wie ein großer, heller, flacher Stein.« Dieser große, flache Stein aus dem ersten Romansatz büßt seine Vergleichsfunktion sogleich ein, um aus der Metaphorik von Literatur ins Reelle von Neurophysiolo-

---

38 Vgl. dazu Friedrich Kittler, 1987, *Weltatem. Über Wagners Medientechnologie.* In: *Diskursanalysen, Bd. I: Medien.* Hrsg. Friedrich A. Kittler, Manfred Schneider, Samuel Weber, Opladen, S. 94–107. 15

39 Edgar Morin, 1956, *Le cinéma; ou, L'homme imaginaire, essai d'anthropologie sociologique.* Paris, S. 139.

gie überzuwechseln. Bit 2: »Und das Bild von dem Stein, der aussah wie ein Stück Fett, wächst ins Ungeheuerliche in meinem Hirn.« Diese ungeheuerliche Großaufnahme füllt alsbald, nach der Logik von Kamerafahrten, das ganze Sehnervensystem des Halbschlafenden. Bit 3: »Ich schreite durch ein ausgetrocknetes Flußbett und hebe glatte Kiesel auf.« Dieser Raum, zugleich immer noch Bettfußende und schon Flußbett, wird alsbald zur Zeit, die Großaufnahme also zur Rückblende. Bit 4: »Alle jene Steine, die je in meinem Leben eine Rolle gespielt haben, tauchen auf rings um mich her.«[40]

Usw. usw. im Eingangskapitel, bis lauter Filmtricks aus einem Mondlichtfleck im Leben A das Prager Altstadtghetto im Leben B gemacht haben. Die »kinematographische Illusion des Bewußtseins«, von der Bergsons gleichzeitige Theorie handelt,[41] überführt eine Zäsur zwischen Biographien und Epochen ins perfekte Kontinuum eines Netzhautfilms: Durch das Loch seiner Identität, die es nicht gibt, stürzt das namenlose Ich der Rahmenhandlung in einen Doppelgänger namens Pernath, der vor einem ganzen Menschenleben die Binnenhandlung durchgemacht hat. Daß auch dieses Prager Altstadtghetto ein Film ist, beweist die Verdopplung des Doppelgängermotivs. Ganz wie das namenlose Ich in Pernath gestürzt ist, so stürzt Pernath selber in einen Golem, der sehr ausdrücklich und photographisch Pernaths »Negativ« heißt.[42] Die verschrieene Mystik des Romans ist also nur medientechnische Präzision. Mit Meyrink präsentifiziert Literatur zum erstenmal hirnphysiologische
16 Entsprechungen von Filmabläufen. Reell ist nicht die Seele, sondern das Zelluloid.

Traumtechnik und Kinodarstellung stehen einander viel näher, als Otto Rank sich 1914 träumen ließ. Keine psychoanalytische Doppelgängertheorie kann Meyrinks endlose Doppelgängerfluchten oder auch Schrebers »flüchtig hingemachte Männer« denken.[43] Von

---

40 Gustav Meyrink, 1915, *Der Golem. Ein Roman*. Leipzig, S. 1–4.

41 Vgl. Henri Bergson, 1907/1923, S. 330 f., und dazu Gilles Deleuze, 1983/1989, *Das Bewegungs-Bild, Kino 1*. Frankfurt/M.

42 Meyrink, 1915, S. 22 (mit Dank an Michael Müller/Freiburg).

43 Vgl. Daniel Paul Schreber, 1903/1973, *Denkwürdigkeiten eines Nervenkranken*. Hrsg. Samuel M. Weber, Berlin, S. 145 und S. 161. Der Kontext beweist klar genug, daß identitätslose und serielle Doppelgängerscharen auch bei Schreber Verkehrsteilnehmer sind.

allen Wissenschaften der Epoche ist nur eine zuständig – und natürlich genau jene, deren Vorarbeiten den Film überhaupt erst möglich gemacht haben. Ohne die experimentelle Psychologie der Helmholtz und Wundt kein Edison und keine Lumières, ohne die physiologischen Messungen von Netzhaut und Sehnervensystem kein Kinopublikum. Deshalb stammt die erste kompetente Theorie des Films vom Chef des Harvard Psychological Laboratory. Münsterberg denkt 1916, was Meyrink 1915 beschreibt. Und das einfach darum, weil der große Experimentalpsychologe – in Wort und Sache – eine neue Wissenschaft begründet hat: die Psychotechnik.[44]

Erst Psychotechnik, diese Verschaltung von physiologischen und technischen Experimenten, von psychologischen und ergonomischen Daten macht Filmtheorie möglich (um von Fließbandarbeit und Gefechtsausbildung ganz zu schweigen). Mühelos kann Münsterberg nachweisen, daß Spielfilme zum erstenmal in der Kunstweltgeschichte imstande sind, den neurologischen Datenfluß selber zu implementieren. Während traditionelle Künste Ordnungen des Symbolischen oder Ordnungen der Dinge verarbeiten, sendet der Film seinen Zuschauern deren eigenen Wahrnehmungsprozeß – und das in einer Präzision, die sonst nur dem Experiment zugänglich ist, also weder dem Bewußtsein noch der Sprache. Jeder einzelnen Kameratechnik ordnet Münsterberg einen unbewußten psychischen Mechanismus zu: der Großaufnahme die Aufmerksamkeitsselektion, der Rückblende das souvenir involontaire, dem Filmtrick das Tagträumen usw.[45]

Aber mathematische Gleichungen können ebensogut nach rechts wie nach links aufgelöst werden, und der Titel Psychotechnik sagt es schon, daß experimentalpsychologische Filmtheorien auch medientechnische Seelentheorien sind. Ganz wie im *Golem* wird das souvenir involontaire zur Rückblende, die Aufmerksamkeitsselektion zur Großaufnahme usw. Unbewußte Mechanismen, die es zuvor nur im Menschenexperiment gab, nehmen Abschied von den Leuten, um als Doppelgänger einer gestorbenen Seele die Filmstu-

---

44 Vgl. Hugo Münsterberg, 1914, *Grundzüge der Psychotechnik*. Leipzig (siebenhundertsiebenundsechzig ebenso großartige wie vergessene Seiten).

45 Münsterberg, 1916/1970, S. 31–48.

dios zu bevölkern. Ein Golem als Stativ oder Muskulatur, einer als Zelluloid oder Netzhaut, einer als Rückblende oder Gedächtnis …

Und Münsterberg, nachdem er schon von Freiburg im Breisgau nach Harvard gegangen ist, tut auch den letzten Schritt. Er besichtigt die New Yorker Filmstudios, deren Theorie er schreibt. Das ist der ganze Unterschied zwischen Münsterberg und Rank, zwischen Ingenieurswissen und Konsumentenstandpunkt.

Die Zeitläufte haben dazu geführt, daß Freud – in seiner Selbstautorisierung zum Propheten – den Ruhm aller anderen Diskurse genießt. Hugo Münsterberg erscheint heute nur noch in Freud-Biographien – mit dem falschen Vornamen Werner und als einer von vielen Zuhörern der psychoanalytischen Amerikatournee von 1908.[46] So gründlich verdrängt ist die Wahrheit über Medientechnik, seitdem Münsterberg einen allerletzten Schritt tat. Seine Selbstautorisierung zum Weltkriegsstrategen im Jahr 1916 brachte die wissenschaftliche Exkommunikation.[47] Ohne Spurenbeseitigung läuft eben keine Spurensicherung, ohne Verdrängung der Gründerfiguren keine generalstabsmäßige Filmkonzerngründung. Im laufenden Jahrhundert, das alle Theorien implementiert, gibt es keine mehr. Das ist das Unheimliche an seiner Realität.

---

46 Vgl. Jones, 1969, S. 350.

47 Die biographischen Daten über Münsterberg nach Richard Griffiths Einleitung zum »Photoplay«-Neudruck (Münsterberg 1916/1970).

Apparat

zu I.B.4.13

Editorischer Kommentar und Bericht

Der Aufsatz »Romantik – Psychoanalyse – Film: eine Doppelgängergeschichte« erschien zuerst in: Jochen Hörisch und Georg Christoph Tholen (Hrsg.), *Eingebildete Texte. Affairen zwischen Psychoanalyse und Literaturwissenschaft*, München: Fink 1985, S. 118–135; ein erweiterter Nachdruck in: Friedrich Kittler, *Draculas Vermächtnis. Technische Schriften*, Leipzig: Reclam 1993, S. 81–104; nachgedruckt in: Friedrich A. Kittler, *Die Wahrheit der technischen Welt. Essays zur Genealogie der Gegenwart*, herausgegeben und mit einem Nachwort von Hans Ulrich Gumbrecht, Berlin: Suhrkamp 2013, S. 93–112.

Folgende Übersetzungen sind erschienen: ins Englische von Stefanie Harris als »Romanticism – Psychoanalysis – Film: A History of the Double«, in: Friedrich Kittler, *Literature, Media, Information Systems: Essays*, herausgegeben und eingeleitet von John Johnson, Amsterdam: OPA 1997, S. 85–100 (Neuauflage: London: Routledge 2013); ins Japanische von Katsumi Hara et al. als »ロマン主義-精神分析-映画—ドッペルゲンガーの歴史 (Roman-shugi, seishin-bunseki, eiga – dopperugengā no rekishi)«, in: ドラキュラの遺言*: ソフトウェアなど存在しない* (*Dorakyura no yuigon: Sofutōea nado sonzaishinai*), Tokyo: 産業図書 (Sangyō Tosho) 1998, S. 107–140; ins Griechische von Dionysis Kavvathas und Dimitris Ginosatis als »Ρομαντισμός – Ψυχανάλυση – Κινηματογράφος. Μια ιστορία του σωσία«, in: αληtheια. Περιοδικό Ψυχανάλυσης, Φιλοσοφίας και Τέχνης, τεύχος (2010), H. 4/5, S. 103–124; ins Französische von Bénédicte Vilgrain als »Romantisme – Psychanalyse – Cinéma: Une histoire du Double«, in: Friedrich Kittler, *1900 Mode d'emploi*, Courbevoie: Théâtre Typographique 2010, S. 98–121; ins Englische von Erik Butler als »Romanticism, Psychoanalysis, Film: A Story of Doubles«, in: Friedrich A. Kittler, *The Truth of the Technological World. Essays on the Genealogy of Presence*, with an Afterword by Hans Ulrich Gumbrecht, Stanford: Stanford University Press 2014, S. 69–83, Anmerkungen S. 344–347; ins Portugiesische von Markus Hediger als »Romantismo – psicanálise – film: uma história do *doppelgänger*«, in: Friedrich A. Kittler, *A verdade do mundo técnico: ensaios sobre a genealogia da atualidade*, Rio de Janeiro: Contraponto 2017, S. 121–147; ins Spanische von Ana Tamarit Amieva als »Romanticismo, psicoanálisis, cine: una historia del doble«, in: Friedrich A. Kittler, *La verdad del mundo técnico. Ensayos para una genealogía del presente*, Ciudad de México: Fondo de Cultura Economica 2018, S. 85–100.

Im Deutschen Literaturarchiv Marbach, Bestand *A:Kittler, Friedrich A.*, sind zwei 23-seitige Typoskripte »ROMANTIK – PSYCHOANALYSE – FILM: EINE DOPPELGÄNGERGESCHICHTE« mit wenigen handschriftlichen Anmerkungen und Korrekturen in Kasten 1, Mappe 5 (eines der Typoskripte mit Überklebungen, beim zweiten wurden Vorder- und Rückseite eines Blatts auf eine Seite kopiert) vorhanden. In der Gelehrtenbibliothek befindet sich Kittlers Handexemplar der 1993 veröffentlichten *Technischen Schriften*, der Text »Romantik – Psychoanalyse – Film: eine Doppelgängergeschichte« darin ist mit einer handschriftlichen Korrektur und Ergänzung versehen.

Kittlers Werkliste führt »Doppelgängerei« unter der Nummer 54 mit der Schreibzeit 22. September bis 06. Oktober 1983 und dem Publikationsdatum Mai 1985.

Ediert wurde der erweiterte Nachdruck von 1993. Grundlage für die Entscheidung war der Befund, dass der seit 1993 in Seminaren und Forschungstexten zirkulierende erweiterte Nachdruck als die einschlägigere und wirkmächtigere Variante anzusehen ist. Charakteristisch für den erweiterten Nachdruck, in dem auch Zitate korrigiert wurden, sind die punktuellen Präzisierungen von Kittlers medientechnischem Vokabular und der Versuch, dieses stärker mit den behandelten Gegenständen in einen Dialog zu bringen (hier etwa am Beispiel von Paul Wegeners *Golem*), die verhältnismäßig ausführliche Erweiterung der Anmerkung zu Büchner (Kittlers Anm. 19) und der Wechsel der Schreibweise vom »Realen« hin zum »Reellen«. Abweichungen vom Erstdruck – sowohl Ergänzungen als auch Kürzungen und Umformulierungen – wurden im Stellenkommentar kenntlich gemacht. Druckfehler wurden stillschweigend korrigiert. Die Zitate wurden überprüft und gegebenenfalls behutsam korrigiert. Dabei wurde nicht in Kittlers Satzbau eingegriffen, dem er in der Regel die zitierten Stellen grammatisch anpasste.

1 Lacans Theorem von Spiegelstadium und geschwisterlichem Transitivismus] Vgl. Jacques Lacan, »Le stade du miroir comme formateur de la fonction du Je: telle qu'elle nous est révélée dans l'expérience psychanalytique« [1949], in: ders., *Écrits I*, Paris: Seuil 1966, S. 89–97, deutsch als »Das Spiegelstadium als Bildner der Ichfunktion, wie sie uns in der psychoanalytischen Erfahrung erscheint«, aus dem Französischen übersetzt von Peter Stehlin, in: Jacques Lacan, *Schriften I*, ausgewählt und herausgegeben von Norbert Haas, Olten und Freiburg im Breisgau: Walter 1973, S. 61–70. Bei Lacan steht im Original »*transitivisme* enfantin« (S. 95), in der deutschen Übersetzung ist die Rede vom »kindlichen *Transitivismus*« (S. 68).

2 Im »hechtgrauen Kleid«, das der Doppelgänger [...] Akten und zweitens Dichtungen verfaßt.] Vgl. Johann Wolfgang von Goethe, *Werke. Hamburger Ausgabe*, herausgegeben und mit einem Kommentar versehen von Erich Trunz, Band 9: *Autobiographische Schriften*, I: *Dichtung und Wahrheit, Buch 1–13*, Hamburg: Wegener 1955, S. 500.

3 *Lui* und *Horla*] Die korrekten Titel der beiden phantastischen Novellen Guy de Maupassants sind *Lui?* (1883) und *Le Horla* (1886). *Le Horla* stand in Kittlers Proseminar »Phantastische Literatur« (Sommersemester 1982, Albert-Ludwigs-Universität Freiburg im Breisgau) auf dem Programm. Die Seminarvorbereitungen halten hierzu fest: »Unterschied zu Hoffmann I Der Wahnsinnige als Subjekt des Redens. Schreibt, statt von seinen Lektürelüsten zu erzählen. Das erst produziert pragmalinguistische Paradoxie ›ich bin verrückt‹. Eine Paradoxie, die Serapion ja mit allen transzendentalphilosophischen Argumenten widerlegte. Schreiben als versuchsweise Rettung vor Wahnsinn wie bei Stokers Johnathan Harker. 197 aber Zudammenfall [sic] von beschriebener Zeit und schreibender Zeit (Müllers alte Begriffe). Fast auf dem Papier erscheint Horla, als würde er dem Ego diktieren. Klaviatur des Hirns. Diskurs des Anderen I Horla = holà = ich bin da. I Wer? Auch der Autor Maupassant hinterm Icherzähler. Normanne, Schreiber, in der Normandie lebend, Schiffe sehend wie Flaubert. Die Macht der Feder.« (»SS 82. 3«,

3 Seiten Typoskript mit handschriftlichen Ergänzungen und Korrekturen (Kasten 132, Mappe 7), hier S. »SS 82. 3.3«.)

4 Manfred Franks Buchtitel] Vgl. Manfred Frank, *Das individuelle Allgemeine. Textstrukturierung und -interpretation nach Schleiermacher*, Frankfurt am Main: Suhrkamp 1977.

5 »Hypocrite lecteur, – mon semblable, – mon frère!«] Charles Baudelaire, »Au lecteur« [1855], in: ders., *Œuvres complètes*, texte établi, présenté et annoté par Y.-G. Le Dantec, édition révisée, complétée et présentée par Claude Pichois, Paris: Gallimard 1961, S. 5–6, hier S. 6. Vgl. auch »Der Gott der Ohren« (I.B.4.2), S. 36.

6 »was doch da […] Schulmeister einsteigt«.] Ernst Mach, »Antimetaphysische Vorbemerkungen«, in: ders., *Die Analyse der Empfindungen und das Verhältniss des Physischen zum Psychischen*, mit 36 Abbildungen, Jena: Fischer 1900 (2. Auflage), S. 3, Anm. 1: »Vor nicht langer Zeit stieg ich nach einer anstrengenden nächtlichen Eisenbahnfahrt sehr ermüdet in einen Omnibus, eben als von der andern Seite auch ein Mann hereinkam. ›Was steigt doch da für ein herabgekommener Schulmeister ein‹, dachte ich. Ich war es selbst, denn mir gegenüber hing ein großer Spiegel. Der Classenhabitus war mir also viel geläufiger als mein Specialhabitus.«

7 Polizeiliche Steckbriefe […] auf die Zeit des Hochabsolutismus zurückzugehen] Im Erstdruck von 1985 nur: »Polizeiliche Steckbriefe, wie Bücher [sic] sie aus eigener Anschauung parodiert, scheinen auf die Zeit des Hochabsolutismus zurückzugehen«.

8 zeigt Büchners eigener Steckbrief] Korrigiert und ergänzt nach dem Handexemplar, zuvor: »zeigt sein eigener Steckbrief«.

9 speicherten oder hervorriefen …] Im Erstdruck folgte hier der Abdruck eines Filmstills. Die Bildunterschrift lautete: »Hanns Heinz Ewers, Der Student von Prag. Romantisches Drama in vier Bildern. In Szene gesetzt vom Verfasser (Deutsche Bioscop GmbH 1913). Der Doppelgänger (Paul Wegener) trennt Studenten (Paul Wegener) und Geliebte (Grete Berger).«

10 im Reellen] Im Erstdruck hier noch: »im Realen«. Vgl. Komm. 10 im Stellenkommentar zu »Der Gott der Ohren« (I.B.4.2), S. 44 f. sowie zu ähnlichen Fällen S. 27, 37, 95 und 129.

11 Nach Wegeners medientechnischem Imperativ […] Wahl des Inhalts.«] Im Erstdruck nicht enthalten.

12 Daß Rabbi Löw […] bauen kann] Im Erstdruck: »Und auch daß der Rabbi einen motorisierten Automaten namens Golem bauen kann, allegorisiert wohl kaum […]«.

13 ›größten Cinéasten aller Zeiten‹] Korrekt muss es heißen: »›größten Filmemacher aller Zeiten‹«, so in Hans-Jürgen Syberberg, *Hitler, ein Film aus Deutschland*, Reinbek bei Hamburg: Rowohlt 1978, S. 151.

14 seitdem Medien auch Zentralnervensysteme ersetzen können] Im Erstdruck: »seitdem Medien – nach McLuhan ja Prothesen des Körpers – auch Zentralnervensysteme ersetzen können«.

15 Vgl. dazu Friedrich Kittler, 1987, *Weltatem* […] S. 94–107.] Vgl. im vorliegenden Band den Text »Weltatem. Über Wagners Medientechnologie« (I.B.4.14), S. 325–346.

16 Reell] Im Erstdruck von 1985 hier noch: »Real«. Vgl. auch Komm. 10.

Dokumentarisches Nachwort

Georg Christoph Tholen vom Wissenschaftlichen Zentrum für Psychoanalyse der Gesamthochschule Kassel wandte sich im Dezember 1982 brieflich an Kittler, der zu diesem Zeitpunkt in Stanford lehrte, und lud ihn zum dritten Symposion »Psychoanalyse – Literatur – Literaturwissenschaft« im November 1983 nach Kassel ein.[1] Tholen wollte »die Kontroverse ›Hermeneutik versus Diskursanalyse‹, ja sogar schizoanalytische Positionen in Kassel« vorstellen.[2] Der Arbeitstitel des geplanten Symposiums lautete zu diesem Zeitpunkt »Das Unheimliche an der Realität – Märchen, Mythen, Utopien«.[3] Kittler nahm die Einladung wenige Tage später an und schickte Tholen einige Überlegungen zu möglichen Vortragsthemen:

1 Vgl. den Brief von Georg Christoph Tholen an Friedrich A. Kittler vom 18. Dezember 1982 (Kasten 67, Mappe 2).

2 Ebenda.

3 Ebenda.

> Nicht dass nun sogleich die Einfälle kämen, welcher Text oder Diskurs unters Thema des Unheimlichen zu stellen wäre – was geschrieben ist (Sandmann, Dracula), ist ja leider geschrieben. [...] Während ich so an dieser scheusslichen Büroschreibmaschine sitze, kommt mir doch noch ein mögliches Vortragsthema, zu dem ich Materialien hab (schon weil es den Dracula fortsetzt) – etwas über das Unheimliche der romantischen Literatur, wie es um 1900 herum erstens (nach Todorov) von der Psychoanalyse wissenschaftlich validiert und zweitens (gegen Todorov) stummfilmmäßig vermarktet oder genauer implementiert wird.[4]

Im Mai 1983 teilte Kittler Tholen den Titel des Vortrags mit: »in Anlehnung an Ihren Wunsch« sollte er »einfach ›Romantik – Psychoanalyse – Film: ein Doppelgängermotiv‹« überschrieben sein.[5] Damit ging Kittler auf Tholens Bitte vom März ein, einen Titel zu wählen, »in dem ruhig ›Romantik‹ und ›Film‹ auftauchen« sollten.[6] Tholen schickte Kittler im August 1983 das nahezu vollständige Programm für das vom 11. bis 13. November geplante Symposion und bat darum, ihm bis Mitte Oktober »eine Art summary (5-10 Zeilen)« zukommen zu lassen.[7] Kittler kam der Bitte am 03. November nach, das Redemanuskript folgte mit seinem Schreiben vom 08. November.[8]

Die Argumentation des geplanten Vortrags – nun unter dem Titel »Romantik – Psychoanalyse – Film: eine Doppelgängergeschichte« – fasst Kittler in der »summary« wie folgt zusammen:

> These ist (in Fortführung von *Das Phantom unseres Ichs*), daß die psychoanalytischen Theorien über Narzißmus und Unheimlichkeit

4 Brief von Friedrich A. Kittler an Georg Christoph Tholen vom 28. Dezember 1982 (Kasten 67, Mappe 2).

5 Brief von Friedrich A. Kittler an Georg Christoph Tholen vom 15. Mai 1983 (Kasten 67, Mappe 2). Vgl. den Brief von Georg Christoph Tholen an Friedrich A. Kittler vom 08. April 1983 (ebenda).

6 Brief von Georg Christoph Tholen an Friedrich A. Kittler vom 08. April 1983 (Kasten 67, Mappe 2).

7 Brief von Georg Christoph Tholen an Friedrich A. Kittler vom 12. August 1983 (Kasten 67, Mappe 2).

8 Vgl. den Brief von Friedrich A. Kittler an Georg Christoph Tholen vom 03. November 1983 und den Brief von Friedrich A. Kittler an Georg Christoph Tholen vom 03. November 1983 (beide Kasten 67, Mappe 2).

> den historischen sowie den medientechnischen Index am Doppelgänger nicht erfassen. Eine Kurzgeschichte des Doppelgängermotivs seit 1770 kann dagegen historisch-technische Schwellen nachweisen. 1. Der romantische Doppelgänger, in Dichtungen gespeichert, steht für eine Lesekompetenz, die nach der allgemeinen Alphabetisierung Mitteleuropas Buchstaben halluzinieren und den Helden als Doppelgänger des Lesers selber träumen kann. 2. Der technische Doppelgänger, in Spielfilmen gespeichert, steht für eine Spurensicherung, die nach der allgemeinen Motorisierung Mitteleuropas in Medien, Psychoanalysen und Kriminaltechniken Platz greift. Filmdoppelgänger führen vor, was mit Leuten geschieht, die in die Schußlinie des Films geraten sind. Ein Unheimliches an der Realität selber...Todorovs These, daß literarische Phantastik um 1900 durch Psychoanalyse verifiziert und damit ›überflüssig gemacht‹ wurde, kann folglich dahingehend korrigiert und präzisiert werden, daß um 1900 ein literarisches (buchmäßiges) Motiv zwischen neuen Wissenschaften (Psychoanalyse) und neuen Medien (Film) aufgeteilt wurde.[9]

Laut Tagungsprogramm war der Kasseler Vortrag für den 11. November 1983 vorgesehen,[10] wurde aber wegen Kittlers Vortrag auf der »Wagner Centennial Conference« am 10. November (vgl. hierzu im vorliegenden Band den Text »Weltatem«, I.B.4.14) auf den 13. November verlegt.

Bis zur Drucklegung gehörte der Text zum Vortragsrepertoire Kittlers, wenn auch nicht zu seinen prominentesten Themen. So 1984 auf einer Vortragsreise in Italien. In einem Brief an Marie Luise Wandruszka von der Universität zu Bologna skizziert Kittler neben drei anderen Vorschlägen »Romantik, Psychoanalyse, Film: Ein Doppelgängermotiv« wie folgt:

> Alte Sandmann-Motive (alphabetisiertes Halluzinieren eines Leserdoppelgängers zwischen den Textzeilen) werden aufgenommen

9 Summary zum Brief von Friedrich A. Kittler an Georg Christoph Tholen vom 03. November 1983 (Kasten 67, Mappe 2).

10 Vgl. den Brief von Georg Christoph Tholen an Friedrich A. Kittler vom 15. August 1983 mit Tagungsprogramm (Kasten 67, Mappe 2).

und mit den Filmdoppelgängern des laufenden Jahrhunderts konfrontiert: Ende eines literarischen Monopols, ziemlich im Geist der ›Aufschreibesysteme‹.[11]

Letztlich sprach Kittler am 10. April 1984 in Bologna über »Rilkes ›Malte‹ als Schreibtechnik« und am Folgetag in Parma über sein präferiertes Thema »Flechsig/Schreber/Freud«. Das Thema des dritten Vortrags am 12. April in Verona kann nicht mehr rekonstruiert werden.

Die Textgenese der »Doppelgängerei«, wie die Werkliste den Aufsatz nennt, vollzog sich vor dem Hintergrund seiner intensiven Beschäftigung mit dem Verhältnis von Literatur, Psychoanalyse und Film in den Lehrveranstaltungen seit Mitte der 1970er-Jahre. Ihr Programm formuliert der Eintrag zum Proseminar »Kleine Geschichte der phantastischen Literatur« im Vorlesungsverzeichnis des Freiburger Sommersemesters 1982 exemplarisch:

›Das 19. Jahrhundert hat eine Region der Einbildungskraft entdeckt, deren Kraft frühere Zeiten nicht einmal geahnt haben. Diese Phantasmen haben ihren Sitz nicht mehr in der Nacht, dem Schlaf der Vernunft, der ungewissen Leere, die sich vor der Sehnsucht auftut… Das Chimärische entsteht jetzt auf der weißen und schwarzen Oberfläche der gedruckten Schriftzeichen, das Imaginäre haust zwischen dem Buch und der Lampe.‹ (Foucault) Eine Geschichte, die durch geduldige Versenkung in jene Schriftzeichen zu rekonstruieren ist –: von Hoffmanns erstmals perfekt alphabetisierten Lesern an bis zu dem Augenblick, wo der literarischen Phantastik zweifache Konkurrenz erwächst: im Film, der die Phantasmen real macht, und in der Psychoanalyse, die sie liquidiert. Als offene Frage an Lovecraft und Borges bleibt, was phantastische Literatur unter wissenschaftlich-technischen Bedingungen sein kann.[12]

11 Vgl. den Brief von Friedrich A. Kittler an Marie Luise Wandruszka vom 12. März 1984 (Kasten 23, Mappe 3).

12 *Kommentar zu den Lehrveranstaltungen des Deutschen Seminars im Sommersemester 1982*, herausgegeben vom Lehrkörper des Deutschen Seminars an der Albert-Ludwigs-Universität Freiburg im Breisgau, S. 40.

Die zugehörigen Seminarnotizen weisen etliche Bezüge zum späteren Aufsatz auf: In dem zweiseitigen, mit handschriftlichen Korrekturen und Ergänzungen versehenen Typoskript »SS 82. I Meyrink« wirft Kittler einen »Rückblick auf Dracula, Psychoanalyse und Film«.[13] Mit Verweisen auf Todorov, Freud, Jentzsch und Hoffmanns *Sandmann* argumentiert er, dass um 1900 »an die Stelle der ›Glaubensprobleme‹«, die die Philologie mit fantastischer Literatur habe, »Beweise treten«.[14] »Diese Beweisverfahren liegen«, so Kittler weiter, »jenseits der Literatur.« Eines der Beweisverfahren sei die Psychoanalyse, ein anderes der Film.[15]

Im weiteren Sinn wurde der Themenkomplex in einer Reihe von Lehrveranstaltungen entwickelt, die hier nur aufgeführt werden können: an der Universität Freiburg die Proseminare »Psychoanalyse und Text« (Sommersemester 1974), »Phantastische Literatur« (gemeinsam mit Rolf G. Renner im Wintersemester 1974/1975), »Literatur und Wahnsinn« (Sommersemester 1980), »Über technische Voraussetzungen der Literatur um 1900« (Wintersemester 1981/1982 und Sommersemester 1983), an der University of California, Berkeley »19th Century Narratives and Psychoanalysis«[16] (Winter 1982), an der Stanford University »Literature and Technology« (Herbst 1982) und »19th Century Narratives« (Winter 1983).[17] Besonders die Seminarunterlagen[18] zum Literatur und Technik-Seminar in Stanford vom Herbst 1982 weisen auf die Doppelgängerproblematik im Text »Romantik – Psychoanalyse – Film« voraus. Ins

---

13 »SS 82. I Meyrink II Rückblick auf Dracula, Psychoanalyse und Film«, 2 Seiten Typoskript mit handschriftlichen Ergänzungen und Korrekturen (Kasten 100, Mappe 3), hier S. »SS 82. I Meyrink 1«. Vgl. *Werkausgabe*, Abteilung II.C.

14 Ebenda.

15 Vgl. ebenda.

16 Kasten 54, Mappe 1.

17 Kittlers Datierung seiner US-Lehrveranstaltungen ist im Bezug zum dortigen Trimestersystem nicht immer konsistent. Der Brief von Theodore M. Andersson an Friedrich A. Kittler vom 12. April 1982 belegt jedoch klar, dass Kittlers Gastprofessur von Ende September 1982 bis 01. April 1983 andauern sollte (Kasten 9, Mappe 4). Aus einer schriftlichen Nachricht von Mae (die Notiz verzeichnet keinen Nachnamen) an G. Brunot (Department of German Studies der Stanford University), die sich in den Seminarunterlagen »Fall 82. Literatur und Technik um 1900« befindet, geht ebenfalls hervor, dass Kittlers Kurs für das »Autumn Quarter 1982–83« eingeplant war (Kasten 35, Mappe 2).

18 Kasten 35, Mappe 2.

Vorfeld dieser Auseinandersetzungen gehört auch die Text- und Vortragsgeschichte von »Flechsig / Schreber / Freud: Ein Nachrichtennetzwerk der Jahrhundertwende« (vgl. in diesem Band I.B.4.4, S. 87–93).

Die Vorbereitungen für die Buchpublikation der drei Kasseler Symposien aus den Jahren 1981 bis 1983 begannen im Dezember 1983.[19] Den Titel des Sammelbandes *Eingebildete Texte* hatte Jochen Hörisch im Januar 1984 angeregt.[20] Bis März 1984 sollten die Beiträger ihre Erstfassungen an die Herausgeber schicken.[21] Die für den Druck überarbeitete Textfassung ging am 28. Juni 1984 an Raimar Zons und in Kopie an Hörisch.[22] Die korrigierten Fahnen schickte Kittler im November 1984 an Zons zurück.[23] Um die im Erstdruck abgebildete Photographie aus dem Film *Der Student von Prag* und die Bildrechte kümmerte sich Kittler selbst.[24] Er »plädier[t]e« gegenüber Petra Witte vom Wilhelm Fink-Verlag für »das Foto auf dem erkennbar jüdischen Friedhof, wo Student (links) und Doppelgänger (rechts) wenigstens einmal ähnlich aussehen.«[25]

Der Erstdruck ist (laut Werkliste im Mai) 1985 erschienen. Kittlers Text war Teil der »Paradigmatischen Beiträge« des Sammelbandes. Ausgangspunkt der Kasseler Symposien war, so Tholen und Hörisch in der Einleitung, »die eigentümliche Spannungslosigkeit in der neueren Kooperation zwischen der gängigen Psychoanalyse und der Literaturwissenschaft: sie attestieren sich wechselseitig,

19 Brief von Georg Christoph Tholen an Friedrich A. Kittler vom 21. Dezember 1983 (Kasten 67, Mappe 2).

20 Vgl. den Brief von Georg Christoph Tholen an Friedrich A. Kittler vom 20. Januar 1984 (Kasten 67, Mappe 2).

21 Vgl. ebenda.

22 Brief von Friedrich A. Kittler an Raimar Zons vom 28. Juni 1983 (Kasten 24, Mappe 2).

23 Vgl. den Brief von Friedrich A. Kittler an Raimar Zons vom 29. November 1984 (Kasten 24, Mappe 2).

24 Vgl. den Brief von Friedrich A. Kittler an die Freunde der deutschen Kinemathek e. V. vom 18. Dezember 1984 (Kasten 9, Mappe 2) sowie den Brief von Friedrich A. Kittler an Petra Witte vom 10. Januar 1985 (Kasten 24, Mappe 2).

25 Brief von Friedrich A. Kittler an Petra Witte vom 10. Januar 1985 (Kasten 24, Mappe 2).

daß sie Recht haben, wenn sie Subjekten und Texten die Unvernunft austreiben.«[26] Hörisch und Tholen ging es hingegen darum,

> jene Spannung zurück[zu]gewinnen […], die die frühe Psychoanalyse auszeichnete, als sie noch keine Angst vor den erstaunten Kinderfragen hatte, die sie heute professionell und institutionell bescheidet: was heißt und wie funktioniert Einbildung, Einbildung in jedem (imaginären, narzißtischen, formierenden) Wortsinn? Was macht Texte und Themen so anziehend, die keine Angst vor, sondern vielmehr Lust an dem haben, was es nur in der Einbildung und also nicht gibt? Und wie kann man in ein rechtes Verhältnis zum Eingebildeten treten? Es ist, mit Lacan zu reden, diese Spannung zwischen dem Imaginären, dem Symbolischen und dem Realen, die die Affairen zwischen Psychoanalyse und Literatur(wissenschaft) begründet.[27]

1993 erschien die erweiterte Textfassung von »Romantik – Psychoanalyse – Film: eine Doppelgängergeschichte« in Kittlers Aufsatzsammlung *Draculas Vermächtnis. Technische Schriften*. Der Band versammelt Texte, die zwischen 1982 und 1993 erstmals veröffentlicht wurden, in zum Teil überarbeiteter und erweiterter Form (zu Titelgebung und Aufbau des Bandes vgl. das Dokumentarische Nachwort zu »Draculas Vermächtnis«, I.B.4.5, S. 149 f.). »Romantik – Psychoanalyse – Film: eine Doppelgängergeschichte« erschien im zweiten Teil des Bandes neben den Texten »Benns Gedichte – ›Schlager von Klasse‹« (1986 geschrieben, 1989 veröffentlicht) und »Der Gott der Ohren« (1982 geschrieben, 1984 veröffentlicht, vgl. in diesem Band den Text I.B.4.2). Eine neue Fassung auf Grundlage der Drucke von 1985 und 1993 ist 2013 in dem Band *Die Wahrheit der technischen Welt. Essays zur Genealogie der Gegenwart* im zweiten Teil »Kulturgeschichte als Mediengeschichte« erschienen. Diese Fassung übernimmt einige der Korrekturen der Fassung von 1993, macht andererseits aber einige ihrer inhaltlichen Ergänzungen und Kürzungen wieder rückgängig, ist also näher am Erstdruck.

---

26 Jochen Hörisch und Georg Christoph Tholen, »Einleitung«, in: dies. (Hrsg.), *Eingebildete Texte. Affairen zwischen Psychoanalyse und Literaturwissenschaft*, München: Fink 1985, S. 7–13, hier S. 10.

27 Ebenda, hier S. 13.

Das Verhältnis zwischen literarischer Romantik, Psychoanalyse und Film, aber auch des Films zu Sichtbarem und Unsichtbarem, zu Alltäglich-Wirklichem und Gespenstischem wie etwa Doppelgängern hat Kittler auch in einigen Brouillons thematisiert.[28]

Für freundlich erteilte Publikationsgenehmigungen danken wir dem Deutschen Literaturarchiv Marbach, Susanne Holl, Georg Christoph Tholen und Marie Luise Wandruszka.

28 »FILM«, 2 Seiten Typoskript (Kasten 51, Mappe 1), »Murnau: Nosferatu / Gestik«, 6 Seiten Typoskript (Kasten 52, Mappe 4), »DOPPELGÄNGER UND VAMPIR«, 3 Seiten Typoskript (Kasten 45, Mappe 4), »ROMANTISCHE FAMILIE / Sexueller Diskurs«, 1 Blatt Typoskript (Kasten 54, Mappe 4), »ROMANTISCHE FAMILIE«, 1 Blatt Typoskript (Kasten 54, Mappe 4), »LITERATUR UND PSYCHOANALYSE«, 1 Blatt Typoskript (Kasten 51, Mappe 1), »PSYCHISCHE GENESIS VON LITERATUR«, 1 Blatt Typoskript (Kasten 51, Mappe 1).

Weltatem
Über Wagners Medientechnologie

I.B.4.14

Für Erika 1

Auch in den Künsten hat Deutschlands neunzehntes Jahrhundert Großunternehmen hervorgebracht. Aber nur eines von ihnen überlebt ohne Subventionen oder Interventionen der Staatsmacht: Wagners Bayreuth.

Anders als alle Programme einer ästhetischen Erziehung, als
alle Erlösungen durch das ewig Weibliche bleibt das Musikdrama
zeitgenössisch. Wagner mit seiner Nase für Public Relations wußte
nur allzu gut, daß es auch in Amerika möglich und erfolgreich gewesen wäre. Sonst hätte er seine Auswanderung von Bayreuth in
ein Hollywood avant la lettre nicht ins Auge gefaßt. Das aber kann
nur heißen: Wagners Musikdrama ist das erste Massenmedium im 2
modernen Wortsinn. Seine Gleichzeitigkeit mit unseren Sinnen entspringt seiner Technologie. Künste (um ein altes Wort für eine alte
Institution zu übernehmen), Künste unterhalten nur symbolische
Beziehungen zu den Sinnesfeldern, die sie voraussetzen. Medien 3
dagegen haben im Realen selber einen Bezug zur Materialität, mit
der sie arbeiten. Photoplatten verzeichnen chemische Spuren von
Licht, Schallplatten mechanische Spuren von Geräusch.[1] Dieser
Unterschied zwischen Künsten und Medien war Wagner klar. Im
Kunstwerk der Zukunft, einem Titel ohne Zweideutigkeit, machte er
die ironische Bemerkung, daß Dichtung ihrer Leserschaft bloß den
Katalog einer Bildergalerie anbieten konnte, nicht aber die Bilder
selbst.[2] Um diese technologische Lücke zu füllen, erfand Wagner 4
den ersten Kunstapparat zur Reproduktion sinnlicher Daten als solcher.

Reflexion und Einbildungskraft, Bildung und Alphabetismus, all jene gefeierten psychischen Fähigkeiten, die klassisch-romantische

1 Für eine systematische Entwicklung dieses Arguments siehe Rudolf Arnheim, *Kritiken und Aufsätze zum Film*, Hg. Helmut H. Dieterichs, München 1977, S. 27.

2 Vgl. Richard Wagner, Das Kunstwerk der Zukunft. In: R. Wagner, *Gesammelte Schriften und Dichtungen*, Leipzig [4]1907, Bd. III, S. 105 f.

Dichtung voraussetzen mußte, um mit ihrem Papier überhaupt Leute zu erreichen, wurden auf einen Schlag obsolet.[3] Denn in der revolutionären Finsternis des Festspielhauses,[4] auf die alle Finsternisse unserer Kinosäle zurückgehen, begann das Medium Musikdrama sein Spiel auf und mit den Nerven des Publikums.

Der Ring des Nibelungen steht für Macht, nicht für Geld.[5] Und die einzige Macht, die nicht zugrunde geht, wenn am Ende der Tetralogie Dämmerung über die Götter kommt, ist eine technische. Der große Ingenieur Alberich, Erfinder einer Tarnkappe, die ihn so unsichtbar macht wie den Dirigenten in Bayreuths Orchestergraben, überlebt als unsichtbare, aber unbesiegte Macht. Deshalb ist Alberich – und nicht sein göttlicher Gegenspieler Wotan, der ja nur Wagners Konzernpolitik der Familiengründungen improvisiert – die Allegorie des

---

3 Über die Kategorien klassischer Ästhetik als Umschreibungen einer neuen und perfekten Alphabetisierung vgl. meine *Aufschreibesysteme 1800/1900*, München 1985, S. 115–136. Über das Veralten hergebrachter Künste vgl. Friedrich Nietzsche, Richard Wagner in Bayreuth. In: F. Nietzsche, *Werke*, Hg. Karl Schlechta, München ^{1}1954–56, Bd. I, S. 428: »Denn, wenn irgend etwas [Wagners] Kunst gegen alle Kunst der neueren Zeiten abhebt, so ist es dies: sie redet nicht mehr die Sprache der Bildung einer Kaste und kennt überhaupt den Gegensatz von Gebildeten und Ungebildeten nicht mehr. Damit stellt sie sich in Gegensatz zu aller Kultur der Renaissance, welche bisher uns neuere Menschen in ihr Licht und ihren Schatten eingehüllt hatte.« Ein Jahrhundert nach Nietzsche wird man in seiner denkbar genauen Definition eines modernen Mediums anstelle von »Renaissance« Gutenberg und anstelle von »Licht und Schatten« Papier und Druckerschwärze einsetzen dürfen.

4 »In Bayreuth aber wurde der verdunkelte Raum erstrebt. Auch das war ein, damals überraschendes Regiemittel. ›Es wurde ganz finstere Nacht im Hause gemacht, sodaß man seinen Nachbarn nicht erkennen konnte – schreibt der Neffe Richard Wagners, Clemens Brockhaus, anlässlich des Kaiser-Besuchs 1876 in Bayreuth – und aus der Tiefe begann das wundervolle Orchester‹« (Georg Gustav Wieszner, *Richard Wagner als Theaterreformer. Vom Werden des deutschen National-Theaters im Geiste des Jahres 1848*, Emstetten 1951, S. 115). Mit dieser Verdunklung selbst von Kaisern und Königen, denen alteuropäische Theater schon architektonisch eine repräsentative Sichtbarkeit garantierten, schlägt dem Kunstpublikum die neue Zeit. 1913, knapp vier Jahrzehnte später, wird ein Mannheimer Kino mit dem Slogan werben: »Kommen Sie nur herein, unser Kino ist das dunkelste in der ganzen Stadt!« (zitiert bei Silvio Vietta, Expressionistische Literatur und Film. Einige Thesen zum wechselseitigen Einfluß ihrer Darstellung und Wirkung. In: *Mannheimer Berichte*, 10, 1975, S. 295.)

5 Vgl. André Glucksmann, *Les maîtres penseurs*, Paris 1977, S. 284: »Derrière le vol de l'Anneau, l'entreprise de Wotan. Derrière le phantasme du capital, la question du pouvoir. Les dieux aux dents longues ont besoin de luttes finales. Si le Walhalla, le pouvoir, la Cité interdite, le palais du comité central brûlent, tout brûle.«

Festspielhauses. Nie können Wotan oder Wagner verhindern, daß unter ihren Nachkommen, auch wenn sie auf unbewußte Treue programmiert sind, Verräter wie Siegfried oder Wieland aufstehen. Die unsichtbare Macht aber, die Alberich mit seiner Peitsche[6] oder 6
Dirigenten mit ihrem Stab über Nibelungen, Musiker und Hörer ausüben, bleibt als physiologische Einschreibung in Körpern und Nerven. Die Innovationen von Alberich alias Wagner sind leicht zu zeigen. Ein Vergleich des Mediums Musikdrama mit traditionellem Drama und traditioneller Oper reicht schon hin. Nur besteht kein Anlaß, diese drei Kunstgattungen nach Form, Gehalt und Bedeutung, also mit den üblichen Mitteln philosophischer Reflexion zu unterscheiden. Sie sind einfach als Medien anzusehen, und das heißt: mit einer Dummheit, die Wagners Helden und vor allem Siegfried auszeichnet.

Im Licht dieser Dummheit war das klassische Drama nicht mehr als ein Austausch verbaler Informationen zwischen Leuten, die ganz selbstredend sprechen und zuhören konnten. Sie kannten einander bei Namen oder, falls sie sich noch nicht kennengelernt hatten, zumindest vom Sehen. Wenn dramatische Gründe die vollkommene Transparenz dieses verbalen und optischen Datenflusses trübten, traten zwei und nur zwei Formen von Störung ein: auf der einen Seite irreführende Wörter, vor allem Namen, auf der anderen Seite Masken. Aber auch dann verschwand die Bedeutung gesprochener und gehörter Wörter noch nicht im Rauschen des Realen. Und selbst die entstellende Macht von Masken ging nicht so weit, ihre Träger in jene unsichtbare Stimme zu verwandeln, die Wagners Alberich unter seiner Tarnkappe wird. Das akustische Feld als solches mit seinen sinnlosen Geräuschen und körperlosen Stimmen hatte im Drama keinen Raum.

Sicher, die Oper verfuhr demgegenüber als akustischer Datenfluß. Aber nicht alle ihre Parameter waren so definiert. Eine mehr oder minder rudimentäre Interaktion, wie die Recitativo-Partien sie ausformulierten, folgte dem Modell Drama: Rede und/oder Blick informierte die Handelnden über ihre gegenseitigen Positionen im

6 Zu welchen stereophonischen Effekten die Prügelszene zwischen Mime und seinem maskierten Bruder die *Rheingold*-Produzenten Culshaw und Solti inspirierte, habe ich beschrieben in: Der Gott der Ohren. In: *Das Schwinden der Sinne*, Hgg. Dietmar Kamper und Christoph Wulff, Frankfurt/M. 1984, S. 144. 7

Spiel. Wenn sie dagegen Arien sangen und damit das akustische
Feld betraten, dann um sogenannte Affekte auszudrücken, die ihrerseits wenig Rückwirkung auf die dramatische Interaktion hatten. Nur
in Ausnahmefällen transportierten Klänge (wie Signale oder Schreie)
8 Information auch auf der interpersonalen Ebene. Die Oper beruhte
also auf einer Trennung zwischen verbalen und akustischen Daten,
Rezitativen und Arien, einer Trennung, die in letzter Analyse einfach
die Arbeitsteilung zwischen Libretto und Partitur, Textlieferant und
Komponist wiederholt haben mag.

9 Erst im Kontrast zur Tradition von Drama und Oper ist Wagners
technisches Programm zu rekonstruieren. Zwei Kunstgattungen mit
unterschiedlichen Sinnesfeldern konnten nicht einfach verleimt werden. Das Musikdrama, um die materialgerechte Faktur moderner
Massenmedien zu erlangen, mußte in die Materialität von Daten-
flüssen selber eingreifen. Im Gegensatz zum Drama brauchten die
Interaktionen zwischen den Figuren eine Motivierung aus akustischen Ereignissen. Im Gegensatz zur Oper brauchten die akustischen Ereignisse, ob stimmlich oder instrumental, eine Motivierung
10 aus dramatischer Interaktion. Zwei Gründe, weshalb Wagners Texte
nicht einfach Opernlibretti sind und weshalb seine Partituren so viele Regieanweisungen enthalten.[7]

Keiner der hergebrachten Datenflüsse, weder sinnvolle Wörter noch Blickkontakte noch psychologische Affekte, konnte diese
wechselseitige Motivierung unterschiedlicher Sinnesfelder sicher-
stellen. Ein und nur ein Phänomen ist imstande, gleichzeitig in Text
11 und Partitur, in Drama und Musik aufzutauchen. Wir alle (außer den
Wagnerforschern) kennen es – das Atmen.

Siegfried, dritter Akt. Der Held hat den Flammenkreis durchschritten und entdeckt in seiner Mitte einen Körper, der in voller Rüstung am Boden liegt. Ob dieser Körper tot ist oder nur eingeschlafen, weiß Siegfried nicht. Ob es ein Mann ist oder eine Frau, weiß er

7 Eine statistische Auswertung kam zum Ergebnis, daß allein im *Ring* die Regieanweisungen 220 akustische und 190 optische Daten angeben. Schon das relativiert ihre Schlußfolgerung, Wagner würde die optischen über die akustischen Daten stellen, »weil die musikalische Bearbeitung den auditiven Bedürfnissen von sich aus Genüge tut«. (Karl Groos, Die Sinnesdaten im »Ring des Nibelungen«. Optisches und akustisches Material. In: *Archiv für die gesamte Psychologie*, 22, 1912, S. 401–422).

auch nicht. Leben/Tod, Mann/Frau, diese zwei für jede Kultur fundamentalen Oppositionen, müssen erst wieder errichtet werden. Die Dramenszene, eine der schönsten, die Wagner schrieb, beginnt als Urszene in jedem Wortsinn.

Durch dieses Feld völliger Unbestimmtheit kommt ein einziger Hinweis, ein einziges Bit Information. Siegfrieds Ohren hören, daß der Körper atmet. Weshalb der Held im Nähertreten den »schwellenden Atem« als Zeichen von Leben besingt. Er »zieht sein Schwert, durchschneidet mit zarter Vorsicht die Panzerringe zu beiden Seiten der Rüstung« und befreit damit das Atmen von seiner »engenden Brünne«. Aber nur, um unterm Brustschild die Zeichen auch der Weiblichkeit zu entdecken. Deshalb wird Brünnhildes Atem aus einem Zeichen von Leben und Erotik schließlich selber zum erotisch begehrten Objekt – Siegfried nennt es »dieses Atems wonnig warmes Gedüft«. Und das mit Grund. Denn alles, was der Held vorher sagte und tat, konnte die Schlafende nicht wecken. Erst dann wird Brünnhilde »zur Wahrnehmung der Erde und des Himmels« zurückkehren, wenn Siegfried – und »sollt« er »auch sterbend vergehn« – sich »Leben aus süßesten Lippen« saugt.[8]

Erwachen bei Wagner aber heißt allemal Singen. Die Materialität musikdramatischer Datenflüsse beruht auf der Lebensintensität in Zwerchfell, Lunge, Kehle und Mund. Deshalb ist Singen die letzte und wichtigste Verwandlung des Atmens. Mit demselben Atem, den Siegfrieds Kuß ihr gab oder womöglich auch nahm, beginnt die wiedererwachte Brünnhilde ihre Begrüßung von Sonne, Licht und Erde, den drei Medien physiologischen Lebens. Sicher, dieser strahlende Gesang wird im Fortgang immer verbaler, bedeutender und psychologischer. Brünnhilde, von Siegfrieds Begehren oder Atmen geweckt, beginnt ihrem Liebhaber auseinanderzusetzen, inwiefern sie einerseits seine tote Mutter ist und damit unterm Schutz des Inzesttabus, inwiefern andererseits eine lebendige Frau, mit der er schlafen kann. Aber weil die Arie ihren Ursprung im Atmen selber hatte, bleibt sie doch auf jener physiologischen Ebene, deren Theorie erst Wagners Zeitgenossen aufgestellt haben. Akustik und Stimmphysiologie begannen mit Ellis in England, Helmholtz in

8 Richard Wagner, *Die Musikdramen*, München 1978, S. 727–729.

Deutschland, Brücke in Wien.[9] So kommt es zum erstenmal in aller Literaturgeschichte dazu, daß eine sinnvolle artikulierte Rede auf ausdrückliche Zurückweisung stößt. Auf Brünnhildes Beteuerungen ihrer gleichermaßen ewigen wie keuschen Liebe antwortet Siegfried:

> Wie Wunder tönt,
> was wonnig du singst, –
> doch dunkel dünkt mich der Sinn.
> Deines Auges Leuchten
> seh ich licht;
> 12 deines Atems Wehen
> fühl ich warm,
> deiner Stimme Singen
> hör ich süß: –
> doch was du singend mir sagst,
> staunend versteh ich's nicht.
> Nicht kann ich das Ferne
> sinnig erfassen,
> wenn alle Sinne
> dich nur sehen und fühlen! –[10]

Brennende Gegenwart eines Begehrens anstelle ewiger oder pla-
13 tonischer Liebe; Sound (im genauen Sinn von Jimi Hendrix) anstelle verbaler Bedeutung; physiologisch erregte Sinne anstelle einer psychologischen Mutter-Imago –: Siegfrieds Antwort definiert das Musikdrama selber. Sie redet ja nur von den Medien, die Bayreuth präsentiert: von Optik und Akustik, Leuchten und Atemwehen. In traditioneller Kunst hätte eine solche Antwort Skandal gemacht. Ohne jenes seltsame Verstehen, das in Wörtern grundsätzlich Sinn findet (und ihr Atmen überhört), wären dramatische Handlungen gar nicht zu entwickeln gewesen. Und der Belcanto italienischer Opern, wenn auch an der Grenze zur Unverständlichkeit, sollte doch nicht die physiologischen Wurzeln von Gesang in der Atmung aufdecken. Eher verbarg er sie hinter melodischen Figurationen und sängeri-

---

14 9 Vgl. dazu Wolfgang Scherer, Klaviaturen. Visible Speech und Phonographie (in diesem Band).

10 R. Wagner, *Die Musikdramen* (Anm. 8), S. 731 f.

scher Virtuosität. Deshalb durfte sich auch keine Oper ein Finale wie Wagners *Siegfried* erlauben und den Liebesakt, heißt das, in seiner Physiologie auf die Bühne bringen.

Was (um mit Lacan zu sprechen) als respiratorische Erotik[11]
zwischen Brünnhilde und Siegfried läuft, ist keine Ausnahme in
Wagners Musikdramen. Immer wieder taucht dieselbe Urszene
auf, daß eine Dramenfigur aufs Atmen einer anderen lauscht. So
geschieht es zu Beginn der *Walküre* zwischen Sieglinde und dem
ohnmächtigen Siegmund und am Ende dieser Liebe zwischen
Siegmund und der ohnmächtigen Sieglinde.[12] So geschieht es
beim sterbenden Tristan, zunächst wenn der Diener Kurwenal, »in
Schmerz über ihn hingebeugt«, »sorgsam seinem Atem« lauscht,
und schließlich wenn Isolde vor Tristans Leiche klagt, daß sie »nicht
eines Atems flücht'ges Wehn« mehr hört.[13] Wieder und wieder wird 15
das Atmen des anderen zum diagnostischen Zeichen von Leben
oder Tod, von Singenkönnen oder Verstummen. Umgekehrt wird
das eigene Atmen zur notwendigen Bedingung von Akten, die immer wieder zugleich musikalisch und dramatisch sind. Im ersten
Akt *Siegfried* begleiten unartikulierte Schreie des Helden und sein 16
Refrain »Blase, Balg! Blase die Glut!« den Blasebalg beim Entfa-
chen eines nachgerade industriellen Stahlschmelzofenfeuers.[14] Im
zweiten Akt setzt derselbe Atem Siegfrieds Horn und Rohrpfeife in

---

11 Über »Erogeneität der Atmung« vgl. Jacques Lacan, *Schriften*, Hg. Norbert Haas, Bd. II, Olten 1975, S. 193. Das Konzept eines Partialobjekts Stimme, wie es hier für Wagner statuiert wird, geht allein auf Lacan zurück.

12 Vgl. R. Wagner, *Die Musikdramen* (Anm. 8), S. 586 und S. 621–626. Schon diese Symmetrie zwischen den zwei Liebenden der *Walküre* weist darauf, daß das Musikdrama im ganzen, wie hier nur für *Tristan und Isolde* gezeigt wird, als Kurve eines großen Atems analysierbar wäre. Das Orchestervorspiel beginnt mit dem übermenschlichen Atem genau des Sturms, der zu Siegmunds Ohnmacht und Atemlosigkeit beim Handlungsbeginn führt. Nachdem Sieglinde dem Flüchtling singend Leben und Atem zurückgegeben hat, wächst ihrer beider Liebe an bis zum Natur-»Atem« eines »Lenzes«, der ihnen den Geschwisterinzest nachgerade befiehlt (vgl. S. 598 f. und auch den »Lenz«, seinen »Hall«, sein Crescendo und sein Feedback durch Liebe in den *Meistersingern*, S. 422 f.). Wenn umgekehrt Wotans Eingriff die Möglichkeit dieser Liebe zerstört, fallen Ohnmacht und Atemlosigkeit auf Sieglinde. Weshalb der dritte Akt den Triumph jener übermenschlichen Sturmatmung wiederbringt, die vom »Hojotoho!« der Walküren genauso bezeichnet wird wie von Wotans »Gewittersturm« (S. 630–634).

13 R. Wagner, *Die Musikdramen* (Anm. 8), S. 366 und S. 380.

14 Ebd., S. 686.

Gang.[15] Im dritten Akt schließlich schwillt er zum artikulierten Liebeslied an. So motivieren und generieren Wagners Musikdramen die Musik selber, ob vokal wie das Liebeslied oder instrumental wie Horn und Rohrpfeife, aus ihrem Plot.

Und dennoch herrscht Einigkeit zwischen den meisten Deutern, Wagners sogenannte Libretti zu ignorieren oder zu verachten. Wo-
17 möglich haben sie nur Augen für die Buchstaben, aber keine Ohren für all das Atmen, Rauschen und Stürmen, das Wagners Poesie entdeckte. Womöglich auch sind sie geblendet durch das Rahmenwerk einer großsprecherischen Philosophie, wie Wagner sie um seine sehr einfachen Texte aufbaute. Für Deuter jedenfalls bleiben Fakten der Physiologie und Medientechnik zu dumm oder zu unbewußt.

Aber in Massenmedien wird Unbewußtes zur Sache selber. Die Nachrichtenkanäle traditioneller Künste waren mit Bewußtsein durchzuschalten und mit Bewußtsein zu unterbrechen. Die eine Rede hielten oder verstanden, konnten es auch lassen. Die Blicke sendeten oder empfingen, konnten auch die Augen schließen.
18 Sound dagegen durchbricht den Panzer namens Ich, denn unter allen Öffnungen der Sinnesorgane sind Ohren am schwersten zu schließen. Deshalb gelingt es Alberich in der *Götterdämmerung*, seinen schlafenden Sohn Hagen zum »Hören« zu bringen und selbst diesem »Schlaf« Befehle einzusagen.[16] Die allesdurchdringende Macht von Sound trägt Wagners artistischen Imperialismus. Und die Plots der Musikdramen verraten auch, daß Wagner diese Macht genauso gut kannte wie sein Medientechniker Alberich.

Immer wieder haben Kritiker bemerkt, daß *Der fliegende Holländer* im ganzen auf einer optischen Halluzination aufbaut: Sentas »träumerisch« faszinierter Blick aufs Wandbild des Holländers bringt es zu dessen Materialisierung.[17] Niemand aber scheint erkannt zu haben, daß mit *Lohengrin* und d.h. mit Wagners Reife anstelle der optischen Halluzinationen die akustischen treten. Ihr Inhalt ist nicht mehr und nicht weniger als die allesdurchdringende Macht von Akustik selber. Elsa, Lohengrins künftige Gattin, sagt und singt es:

15 Ebd., S. 702 f.

16 Ebd., S. 778 f.

17 Vgl. ebd., S. 190 und S. 196 f.

Einsam in trüben Tagen
hab ich zu Gott gefleht,
des Herzens tiefstes Klagen
ergoß ich im Gebet: –
da drang aus meinem Stöhnen
ein Laut so klagevoll,
der zu gewalt'gem Tönen
weit in die Lüfte schwoll: –
ich hört ihn fernhin hallen,
bis kaum mein Ohr er traf;
mein Aug' ist zugefallen,
ich sank in süßen Schlaf! […]

In lichter Waffen Scheine
ein Ritter nahte da […].[18]

Diesen Ritter halluzinieren zunächst Elsas geschlossene Augen. Weshalb er, ganz wie Sentas Holländer, alsbald auf der Bühne erscheinen wird. Aber dennoch entspringt seine Gegenwart, die ja mit der dramatischen Interaktion im ganzen zusammenfällt, einer akustischen Halluzination. Elsas Flehen, Klagen und Stöhnen hat Lohengrin über eine Distanz von etwa vierhundert Meilen herbeikommandiert, über die Distanz zwischen ihrem Herzogtum Brabant und seinem heiligen Berg Monsalvat. Eine unmögliche Leistung, wenn nicht, schon bei Wagner, das Medium die Botschaft wäre. Aber weil Elsa die Inhalte ihres Klagens, Flehens und Stöhnens übergeht, um nur das Faktum dieser Geräusche zu erwähnen, wird McLuhans Theorie Wirklichkeit. Wie bei Siegfrieds Hören auf Brünnhilde oder bei Kundrys Sprechen, das nur ein »rauher und abgebrochener« »Versuch« ist, »wieder Sprache zu gewinnen«,[19] schrumpft der Diskurs auf seine stimmphysiologischen Modalitäten. Kaum hör-

18 Ebd., S. 270 f.

19 Ebd., S. 840. Alles Sprechen Kundrys wäre als hysterische Sprachstörung im technischen Sinn der Psychoanalyse zu untersuchen, d.h. als Trennung zwischen Kopf und Leib, wie sie ja den Hals durchquert. Vgl. dazu Lucien Israël, *Die unerhörte Botschaft der Hysterie*, München-Basel 1983, S. 32–39. Deshalb auch lauscht Gurnemanz, dieser Therapeut avant la lettre, so konzentriert auf Kundrys »dumpfes Stöhnen«, das wie immer bei Wagner den Nichttod signalisiert (S. 854 f.).

bare Geräusche, losgelöst von Mund und Willen ihrer Sprecherin, schwellen an zu einem »gewaltigen« oder absoluten »Tönen«, das dann als »fernhin hallender« Sound durch Raum und Zeit reist.

Ein akustischer Effekt, den weder das Mittelalter Elsas noch das 19. Jahrhundert Wagners hätten implementieren können. Erst unsere Ohren kennen ihn auswendig: Nacht für Nacht erzeugen die PA-Anlagen der Rockmusik (Verstärker und Verzögerungslinien, Equalizer und Mischpulte) solche Stimmgeräusche, Raumklänge
19 und Halleffekte.[20] Mit anderen Worten, den Worten von Jimi Hendrix: Wagners Elsa ist die erste Bewohnerin von Electric Ladyland. Was sie so maßlos genau als Tönen, Schwellen und Hallen beschreibt, hat mit Gebeten oder Christenglauben wenig zu tun. Es nimmt ein-
20 fach die Theorie positiver Rückkopplungen und damit von Oszillatoren vorweg.

Unter den gegebenen technischen Bedingungen konnte Wagner das Feedback von Sound nicht implementieren. Stattdessen komponierte er es. Und schon das war eine Innovation. Phantasien wie Elsas lassen sich zurückverfolgen bis zur deutschen Romantik: zu Schelling oder Bettina Brentano.[21] Ihre Realisierung aber mußte warten, bis Wagner kam. Der Orchesterhintergrund von Elsas Gebet und mehr noch das Vorspiel zum ganzen Musikdrama *Lohengrin* tun tatsächlich, was Elsa als unendliches Crescendo ihrer Stimme beschreibt. Das Atmen und seine Abstufungen (Seufzen, Flehen, Stöhnen) sind also nur Einsatzpunkte für ein zweites Feedback, diesmal zwischen vokalen und instrumentalen Effekten. Um Elsas kaum hörbare Klagen zum fernhin hallenden Sound verstärken zu können, muß das Orchester und zumal das Blech sie aufnehmen.

---

20 Vgl. F. A. Kittler, Der Gott der Ohren (Anm. 6).

21 Vgl. etwa Bettina Brentano, Goethes Briefwechsel mit einem Kinde. In: *Werke*, Hg. Gustav Konrad, Frechen 1959–61, Bd. II, S. 51 f.: »Die Sterne tauchten unter in einem Meer von Farben; es blühten Blumen auf, sie wuchsen empor bis in die Höhe; ferne goldne Schatten deckten sie vor einem höheren weißen Licht, und so zog in dieser Innenwelt eine Erscheinung nach der andern herauf; dabei fühlten meine Ohren ein feines silbernes Klingen, allmählich wurde es ein Schall, der größer war und gewaltiger, je länger ich ihm lauschte, ich freute mich, denn es stärkte mich, es stärkte meinen Geist, diesen großen Ton in meinem Gehör zu beherbergen.« Für Schelling wäre der Eingang des Dialogs »Bruno« heranzuziehen.

Wagners Orchester hat die exakte Funktion eines Verstär- 21
kers. Deshalb ist die Autobiographie immer wieder so fasziniert von
Echos und Rückkopplungen, von Fading-Effekten und akustischen 22 23
Täuschungen.[22] Deshalb auch ist Adorno in seiner Treue zu europäischer Kunst und musikalischer Logik an Wagner gescheitert. Verstärker setzen Philosophie außer Kraft. Sie kassieren traditionelle Werte von Musik wie thematische Arbeit oder polyphonen Satz, all diese grundsätzlich verschrifteten Daten, und ersetzen sie durch Sound. Musik bei Wagner wird zu einer Sache reiner Dynamik und reiner Akustik.

Den Beweis dafür erbringt, in Text und Partitur zugleich, der *Tristan*. Auch Wagners modernstes Musikdrama geht bekanntlich auf einen mittelalterlichen Roman zurück. Das aber aus einem Grund, der weniger bekannt ist. Gottfried von Straßburg hatte den Text seines Tristanromans durchgängig mit Akrosticha und Anagrammen durchwoben, als erster Schriftsteller in der Vulgärsprache also die Geschriebenheit selber unterstrichen. Kein Zufall, daß er schon im Titel Magister und d.h. Schreibkundiger hieß. Denn Gottfried adressierte nicht mehr wie seine vielen ritterlichen Vorgänger eine Gruppe adliger Ohrenzeugen; mit Buchstabenspielen, die bloßen Ohren ja notwendig entgehen, instituierte er ein neues Publikum der Alphabeten oder Leser.[23]

Wagners *Tristan* ist der völlige Widerruf dieses Nachrichtensystems, wie es von Gottfried über Gutenberg bis Goethe geherrscht hatte, der Widerruf also von Literatur selber. Im Ritterroman benutzten Tristan und Isolde, um verbotene Liebesnächte verabreden zu können, ihre Initialen T und I als einen Geheimcode, den der

22 Zu alledem siehe Richard Wagner, *Mein Leben*, Hg. Martin Gregor-Dellin, München [2]1977. Echo: S. 311 f., Feedback: S. 318 f. und S. 345, Fading: S. 374 und S. 551. Eine akustische Halluzination ist die bekannte Legende, wie Wagner im Schlaf zum *Rheingold*-Vorspiel kam, S. 512. Echo schließlich triggert den Geschwisterinzest zwischen Siegmund und Sieglinde (vgl. R. Wagner, *Die Musikdramen*, (Anm. 8), S. 600 f.).

23 Eine detaillierte Analyse von Litteralität bzw. Sound in den zwei Tristan-Versionen siehe bei Norbert W. Bolz, *Tristan und Isolde* – Richard Wagner als Leser Gottfrieds. In: *Mittelalter-Rezeption. Gesammelte Vorträge des Salzburger Symposions*, Hgg. J. Kühnel, H.-D. Mück und U. Müller, Göppingen 1979, S. 279–284.

gleichermaßen alphabetisierte Romanschreiber dann auch noch als Akrostichon über seinen ganzen Text streute. Im Musikdrama erscheint an der genauen Stelle dieses Buchstabencodes ein Sound. Den zweiten Akt eröffnet ein schwirrender und zweideutiger Orchesterklang, den Isoldes Dienerin Brangäne nur allzu korrekt als Hornsignal König Markes hört. Isolde dagegen wird vom »Ungestüm« ihres »Wunsches« nach Tristan dazu gebracht, »zu vernehmen, was« sie »wähnt« –: Definition einer akustischen Halluzination. Ihrer Dienerin antwortet Isolde: »Nicht Hörnerschall tönt so hold, des Quelles sanft rieselnde Welle rauscht so wonnig daher.«[24] Wagners zweideutiger Orchesterklang wird also auf interpersoneller Ebene zum Thema selber. Er provoziert eine akustische Halluzination, die den ungeliebten Marke buchstäblich entfernt und am Naturgeräusch einer Quelle schon die Nähe des geliebten Tristan hat. Und weil bei Wagner Text und Partitur immer wieder einander motivieren, findet das textuelle Oszillieren zwischen Naturgeräusch und Orchesterinstrument, Random Noise und Jagdsignal seine Entsprechung in zwei gleichermaßen analphabetischen Hörnern, die gleichzeitig C Dur und F Dur spielen.[25] Ein ziemlich verbotener Effekt, solange Musik unter der Herrschaft von Partituren und Partituren unter der von Schrift standen. Aber Wagners neues Medium Sound sprengt sechshundert Jahre Litteralität oder Literatur.

Überall im *Tristan*, von Anfang bis Ende, lösen akustische Effekte die symbolische und d.h. schriftliche Faktur von Drama und Musik ab. Das widerfährt erstens den Stimmen und zweitens den Instrumenten, weil einmal mehr das Atmen zu ihrer gemeinsamen Wurzel wird. Im Brief an Mathilde Wesendonck, seine eigene Isolde, erklärte Wagner, daß und wie die Dynamik des *Tristan*-Vorspiels einfach »die buddhistische Weltentstehungstheorie« auskomponiert und damit materialisiert. Ganz zu Beginn, vor dem ersten Ton, herrscht endloses Schweigen oder »Nirwana« oder »Himmelsklarheit«. Dann, mit dem Cello-Solo, das ausdrücklich »ein Hauch« oder Atem heißt, »trübt« sich »die Himmelsklarheit«. Drittens schließlich tritt der Tristanakkord hinzu, der Orchestersound »schwillt an, verdichtet

24 R. Wagner, *Die Musikdramen* (Anm. 8), S. 344.

25 R. Wagner, *Tristan und Isolde* (Partitur), London-Zürich-Mainz-New York, S. 323 und S. 328.

sich, und in undurchdringlicher Massenhaftigkeit steht endlich die ganze Welt […] vor mir«.[26] Das ist Klartext und im Fall der Massenhaftigkeit auch medientechnisch reine Dynamik. Vom Nirwana über einen erstanfänglichen Atemhauch bis zur auskomponierten Welt –: das Orchestervorspiel zum *Tristan* bildet den ersten Schaltkreis einer akustischen Rückkopplung.

Der zweite Schaltkreis, ein vokaler diesmal, öffnet sich mit dem Vorhang. Ein »junger Seemann« singt, erstens ohne Sichtbarkeit des Schauspielers und zweitens a capella, also ohne Orchester. Er singt vom »Wind«, der »frisch der Heimat zuweht«, damit aber Schiff und Seemann immer weiter wegtreibt von dessen »irischem Kind«. Weshalb der Seemann im nächsten Atemzug die ferne Liebe fragt: »Sind's deiner Seufzer Wehen, die mir die Segel blähen?« Fernhin hallende Seufzer, um mit Elsa zu reden, sollen also selber den Abstand herstellen, den sie dann beklagen: Paradoxie einer respiratorischen Erotik. Damit aber werden Wind und Atmung, Naturgeräusch und Menschenstimme ununterscheidbar – bis in die Wortspiele des Seemanns hinein. Denn alles, was er sagt und singt, beutet einfach die fast perfekte Homonymie zwischen »Weh« und »Wehn« aus. Sein Lied endet mit den traumhaft traurigen Versen: »Wehe, wehe du Wind! Weh, ach wehe, mein Kind!«[27]

Menschenstimmen als Winde, Winde als Menschenstimmen – nur die Linguistik eines Wagner oder Siegfried in ihrer Sinnverachtung erlaubt solche Gleichungen, die zudem akustische Wortspiele sind. Das Musikdrama aber lebt aus ihnen, weil sie allein Stimmen und Instrumente, Text und Partitur verschalten können. Wenn der Seemann, der nicht von ungefähr a capella singt, Naturgeräusche auf Menschenstimmen zurückführt, antizipiert und motiviert er schon die folgende Szene, wo nichtmenschliche und d.h. orchestrale Geräusche wieder einsetzen. Das Seemannslied wandert in die Streicher, um den Hintergrund abzugeben für einen Auftritt, der das wirkliche und einzige »irisch Kind« im Stück präsentiert: Isolde. Damit aber hat eine Frau das Wort. Und kehrt, wie es nur folgerecht

---

26 R. Wagner, Brief an Mathilde Wesendonck, 3. März 1860. In: *Richard Wagner an Mathilde und Otto Wesendonck. Tagebuchblätter und Briefe*, Hg. Julius Kapp, Leipzig 1915, S. 293.

27 R. Wagner, *Die Musikdramen* (Anm. 8), S. 321.

ist, alle Worte des Seemanns um. Isolde, die an Tristans Abstand und Nichtbegehren leidet, begehrt schlichtweg, daß alle Menschenstimmen in Rauschen oder Nirwana wieder untergehen sollen. Deshalb wünscht sie eine magische Macht zurück, die ihre Mutter Isolde besessen und vererbt hat:

Wohin, Mutter,
vergabst du die Macht
über Meer und Sturm zu gebieten?
O zahme Kunst
der Zauberin,
die nur Balsamtränke noch braut!
Erwache mir wieder,
kühne Gewalt;
herauf aus dem Busen,
wo du dich bargst!
Hört meinen Willen,
zagende Winde!
Heran zu Kampf
und Wettergetös!
Zu tobender Stürme
wütendem Wirbel!
Treibt aus dem Schlaf
dies träumende Meer,
weckt aus dem Grund
seine grollende Gier!
Zeigt ihm die Beute,
die ich ihm biete!
Zerschlag es, dies trotzige Schiff,
des zerschellten Trümmer verschling's!
Und was auf ihm lebt,
den wehenden Atem,
den laß ich euch Winden zum Lohn![28]

Isoldes Magie war also bislang auf eine Innerlichkeit reduziert, wie sie wohl nicht zufällig auch die ganze Magie klassisch-romantischer

---

28 Ebd., S. 322.

Dichtung ausmachte. Mit dem Einsatz des Musikdramas aber kehrt ein älterer und äußerlicher Zauber wieder. Isoldes Befehl geht an zwei Adressen zugleich: an Winde und Blasinstrumente, an die Natur und ihr technologisches Korrelat. Mit jedem Wort, das sie singt, schwillt die Dynamik des Orchesters an. Eine Menschenstimme will zusammen mit allen anderen Stimmen auf dem Schiff in instrumentaler Rückkopplung ertrinken. Deshalb ist es schlechthin bezeichnend, daß das Orchesterfortissimo hinter der Frauenstimme für einen und nur einen Takt pausiert. Unbegleitet, also wie zur Erinnerung ans a capella des Seemanns, singt Isolde das Wort »Atem«: den Gegenbegriff, heißt das, zu nichtmenschlichen Geräuschen.[29] So unerhört genau verfährt das Musikdrama beim Verschalten textueller und akustischer Ereignisse.

Opern vor Wagner blieben beschränkt auf einen Dynamikbereich, wo Soundeffekte Menschenstimmen und Menschensprache einfach nicht übertönen durften. Genau das geschieht aber, wenn Isolde den Atem aller auf ihrem Schiff Lebenden den Winden zum Lohn gibt. Die Stimmphysiologie, heißt das, ist nur ein Bruchteil der allgemeinen Akustik. Deshalb liefert Isoldes phantasmagorischer Wunsch eine weitere Definition des Musikdramas. Deshalb auch
wird dem Wunsch in der letzten Szene Erfüllung. Der sogenannte 24
Liebestod Isoldes hat keine andere Funktion. Er feiert unterm maßlos genauen Titel Weltatem eine akustische Macht über und jenseits aller Menschheit.

Wieder ist der Anfang einfach, sanft und menschlich. Isolde erinnert und singt eine alte »Weise«, die »so wundervoll und leise« heißt, weil sie leitmotivisch für ihren toten Geliebten steht. Aufsteigt die Weise aus den Bläsern, denen Isolde, technisch präzise auskomponiert, mit der Verzögerung gerade eines Achtels folgt.[30] Aber bei solcher Rückkopplung zwischen Orchester und Stimme hört alles Leise bald auf. Was statthat, ist ein Crescendo im Wortsinn: ein Wachsen. Im Feld von Isoldes Ohren oder Halluzinationen beginnt die Leiche Tristans wieder zu leben, zu schwellen und zu atmen.

---

29 R. Wagner, *Tristan und Isolde* (Anm. 25), S. 37.

30 Ebd., S. 994.

Mild und leise,
wie er lächelt,
wie das Auge
hold er öffnet –
seht ihr's, Freunde?
Säht ihr's nicht? […]
Wie den Lippen
wonnig mild,
süßer Atem
sanft entweht?
Freunde! Seht!
Fühlt und seht ihr's nicht? –
Höre ich nur
diese Weise,
die so wunder-
voll und leise,
Wonne klagend,
Alles sagend,
mild versöhnend
aus ihm tönend
in mich dringet,
auf sich schwinget,
hold erhallend
um mich klinget?[31]

Ein Crescendo in Text und Partitur zugleich macht es also möglich, einen toten Körper oder (in musikalischen Begriffen) einen Körper, der nicht mehr atmen und singen kann, wiederzubeleben. Tristans erloschener Atem kehrt als Orchestermelodie wieder; was aus ihm tönt, dringt ein in Hörer und Hörerinnen. Aber all das, vom Crescendo bis zu den Soundeffekten, singt oder besingt Isolde. Ihre orchesterverstärkte Stimme supplementiert also die vermißte ihres Liebhabers. So unindividuell ist die Stimme bei Wagner, so ekstatisch seine Akustik,[32] daß im Ohr einer Singenden die eigene Stimme

31 R. Wagner, *Die Musikdramen* (Anm. 8), S. 383 f.

32 Eine Akustik, die (wie zu präzisieren wäre) dem philosophischen Phantasma des Sich-Sprechen-Hörens als Substrat aller Bewußtseinstheoreme strikt entgegen-

wesentlich als Stimme des Anderen erscheint.[33] Wenn Siegfried in der *Götterdämmerung* Atem und Leben einbüßt, feiert er das vormals vergessene Gedächtnis Brünnhildes wie eine Beatmung – als würde das »wonnige Wehen« ihres »Atems« ihn, den Singenden, begrüßen und wiederbeleben, als wäre sein Tod mithin das genaue Gegenstück zu Brünnhildes einstiger Wiedererweckung.[34] Unter solchen Bedingungen werden noch die halluzinatorischsten und phantasmagorischsten Behauptungen wahr, einfach weil sie nicht
nicht gesungen werden können. »Freunde! Seht und fühlt ihr's 26
nicht?« ist eine rhetorische Frage. Ganz wie die Jimi Hendrix-Frage »Have you ever been to Electric Ladyland?«[35] beantwortet sie sie selbst – durch Soundeffekte, die sie auslöst. Im Orchester erfährt der tote Tristan eine akustische Erektion. Und weil die angeredeten Freunde Isoldes schon fürs einprogrammierte Publikum des Musikdramas stehen, wird das Undenkbare doch hörbar. Isolde und ihre Zuhörer »ertrinken«, wie sie sagt oder vorsagt, in der »höchsten«, nämlich »unbewußten« »Lust« eines »wogenden Schwalls«, eines »tönenden Schalls«. Sein Name: »Welt-Atem«;[36] seine Technologie: das Orchester fortissimo.

München, 10. Juni 1865, die Welturaufführung von *Tristan und Isolde*, war der Beginn moderner Massenmedien. Mit Grund fürchtete Wagner, daß der »letzte Akt« bei »vollständig *guter*« Aufführung entweder »verboten« werden oder »die Leute verrückt machen« müsse.[37] Tristans akustische Erektion als Weltatemsäule des Orchesters sprengt alle Möglichkeiten traditioneller Kunst. Nur Medien können implementieren, was Isolde ebenso technisch wie erotisch wogenden Schwall oder tönenden Schall nennt.

---

steht. Vgl. dazu Jacques Derrida, *Grammatologie*, Frankfurt/M. 1974, S. 413.

33 Das (und nicht so sehr die sogenannte Geistesgeschichte) wäre ein Einsatzpunkt, um Wagner mit Lacan zu lesen. Vgl. Jochen Hörisch, Wagner mit Homer. Zur Dialektik von Wunsch und Wissen in Wagners Musikdramen. In: *Der Wunderblock, Zeitschrift für Psychoanalyse*, 3, 1979, S. 20–32.

34 R. Wagner, *Die Musikdramen* (Anm. 8), S. 807. Über Siegfrieds letzte Worte vgl. auch meinen Aufsatz: Vergessen. In: *Texthermeneutik. Aktualität, Geschichte, Kritik*, Hg. Ulrich Nassen, Paderborn-München-Wien-Zürich 1979, S. 218.

35 Jimi Hendrix, *Electric Ladyland*, Polydor LP 2335 203, Side A.

36 R. Wagner, *Die Musikdramen* (Anm. 8), S. 384.

37 R. Wagner, Brief an M. Wesendonck, April 1859. In: *R. Wagner an M. u. O. Wesendonck* (Anm. 26), S. 185.

Für einmal war Wagner zu bescheiden, als er es nur einen seiner Pläne nannte, seine Erfindung des unsichtbaren Orchesters noch durch die Erfindung unsichtbarer Schauspieler zu komplettieren. In Tat und Wahrheit vollbrachte er genau das. Tristan mit seiner akustischen, also unsichtbaren Erektion,[38] Alberich unter seiner Tarnkappe, der junge Seemann »aus der Höhe, wie vom Mast her, vernehmbar«,[39] die Rheintöchter »in der Tiefe des Tals, unsichtbar« unter Walhall[40] –: diese und alle anderen Leitmotive Wagners sind Bewohner einer »vollkommenen Hörwelt«,[41] wie Nietzsche es so klar erkannte.

Und erst wenn die vollkommene Hörwelt medientechnisch exakt
27 hergestellt ist, kann auch ihre Kopplung mit einer »Sehwelt«[42] ins technische Zeitalter treten. Ein Schallraum, der dank seiner Rückkopplungen die altmodische Sichtbarkeit von Schauspielerkörpern nicht mehr braucht, erlaubt Parallelschaltungen mit der neuen, nämlich technischen Sichtbarkeit des Films. Schon bei der *Ring*-Premiere von 1876 setzte Bayreuth, um halluzinierbar zu machen, wie die neun Walküren auf dem Rücken ihrer Pferde und d.h. Orchesterklänge reiten, die Laterna magica ein.[43] 1890 schließlich, fünf Jahre vor Einführung des Spielfilms, schlug Wagners Schwiegersohn einen »nachtdunklen« Raum vor, in dessen »Hintergrund« zum Klang eines schwiegerväterlich »versenkten Orchesters« bewegte

---

38 Die Ausschließung der Visualität am Tristanende ist zugleich ein ausgemerzter
28 Phallozentrismus. Wagners Textentwurf enthielt fünf Zeilen mit explizit phallischem Sinn: »Wie er leuchtet, / wie er minnig, / immer mächt'ger, / Stern-umstrahlet / hoch sich hebt.« Bei der Komposition fielen die beiden mittleren Zeilen mit ihren Schlüsselworten »minnig« und »mächt'ger«.

39 R. Wagner, *Die Musikdramen* (Anm. 8), S. 321.

40 Ebd., S. 576 f.

41 F. Nietzsche, Richard Wagner in Bayreuth (Anm. 3), S. 388 f.

42 Ebd.

43 Vgl. Werner Wahle, *Richard Wagners szenische Visionen und ihre Ausführung im Bühnenbild. Ein Beitrag zur Problematik des Wagnerstils*, Diss. phil. München 1936, Zeulenroda 1937, S. 93, Anm. 77. Neue szenische Beleuchtungseffekte zu erfinden, war schon einer der Befehle Wagners an seinen Architekten Semper. Vgl. Richard Wagner, Bericht an Seine Majestät den König Ludwig II. von Bayern über eine zu München zu errichtende deutsche Musikschule. In: *Gesammelte Schriften und Dichtungen* (Anm. 2), Bd. VIII, S. 131.

»Bilder vorbeiziehen« und alle Zuschauer in »Ekstase« versetzen sollten.[44]

Mittlerweile wird genau diese Ekstase als Hollywoodfilm mit Stereoton weltweit produziert. Damals aber umschrieb sie nur Wagners technische Innovationen. Das Musikdrama ist eine Maschine, die auf drei Ebenen oder Datenfeldern arbeitet: erstens die verbale Information, zweitens das unsichtbare Bayreuther Orchester, drittens die szenische Visualität mit ihren Kamerafahrten und Nebelscheinwerfern avant la lettre. Der Text wird eingespeist in eine Sängerkehle, der Output dieser Kehle in einen Verstärker namens Orchester, der Output dieses Orchesters in eine Lightshow und das Ganze schließlich ins Nervensystem des Publikums. Zu guter Letzt, wenn die Leute verrückt sind, ist jede Spur von Buchstaben getilgt. Daten, statt ins Alphabet der Bücher und Partituren encodiert zu werden, werden von Medien verstärkt, gespeichert und wiedergegeben. (Und für Wagner hatten selbst Partituren, als ob sie schon Phonographen wären, nur die Funktion, Diskurse oder Soundeffekte präzise zu timen.[45]) Das Musikdrama schlägt alle Literatur.

Deshalb ist Weltatem, Isoldes Schlußwort, keine Metapher. Es ist der eigene und geeignete Name des Orchesters. Ganz wie die Division, dieser Kampfverband aus den drei Waffensystemen Infanterie, Kavallerie und Artillerie, war auch das Orchester als Drill, als Macht und als Instrumentenverband eine Erfindung des großen 19. Jahrhunderts.[46] Wagner wußte und sagte es. Sein Gott Wotan,

---

44 *Cosima Wagner und Houston Stewart Chamberlain im Briefwechsel 1888 bis 1908*, Hg. Paul Pretsch, Leipzig 1914, S. 146. Adornos Kommentar zur Stelle, daß nämlich »die Begeisterung des jungen Nietzsche [...] das Kunstwerk der Zukunft verkannt« habe, sofern sich »in ihm die Geburt des Films aus dem Geiste der Musik« ereigne (Theodor W. Adorno, Versuch über Wagner. In: *Gesammelte Schriften*, Hgg. Gretel Adorno und Rolf Tiedemann, Bd. XIII, Frankfurt/M. 1971, S. 102), zeigt bei allem Scharfsinn nur, wie Adorno Nietzsches Begeisterungen und Schriften verkannt hat: Die Bestimmung der attischen Tragödie als »auf eine dunkle Wand geworfenes Lichtbild« (*Werke*, Ang. s. Anm. 3, Bd. I, S. 55) ist schlechthin filmisch, steht aber in der *Geburt der Tragödie* von 1871.

45 Vgl. R. Wagner, Über die Bestimmung der Oper. In: *Gesammelte Schriften und Dichtungen* (Anm. 2), Bd. IX, S. 150 f.

46 Für die Musikgeschichte siehe Paul Bekker, *The Story of the Orchestra*, New York 1936; für die Militärgeschichte etwa Hansjürgen Usczeck, *Scharnhorst. Theoretiker, Reformer, Patriot*, Berlin-Ost 1974, S. 31–35. Die historischen Parallelen zwischen Musik und Strategie bleiben indes noch zu ziehen. Vorerst sind

ein Gott der Heere und Ekstasen, der Initiation und des Todes, be-
29 zeichnet in der Etymologie wie in der Tetralogie die Wut einer übermenschlichen und prophetischen Stimme. Entsprechend bezeichnet das Heer von Wotans neun Walkürentöchtern schlicht Sturm. Und all diese Macht, dieser Lärm, dieses Rauschen entspringt der Göttin Erda, einmal mehr, heißt das, dem Weltatem. Wotan sagt zu Erda, der Mutter seiner Sturmtöchter oder -truppe: »Wo Wesen sind, wehet dein Atem.«[47]

Die Erde in ihrer Materialität, diese für klassische Künste undenkbare Vorgegebenheit,[48] herrscht über das Musikdrama im ganzen. Sie herrscht als Atmung aus der Tiefe von Gräben oder Schächten, die alle die bodenlose Tiefe des Körpers umschreiben. Und genau solche Gräben setzte Wagner ineins nicht nur mit der prophetischen Höhle von Delphi, sondern auch mit Bayreuths Orchestergraben. Zwischen technologischen Dämpfen und psychedelischen ist kein Unterschied.

30 So präzise und so kohärent hält der Name Weltatem alle Innovationen Wagners zusammen. Er beweist seinen Satz, daß »Musik« der »Athem« der »Sprache« ist.[49]

31 Soweit meine Antrittsvorlesung zum Thema Wagner. Aber auch Vorlesungen müssen nicht immer mit dem hermeneutischen Trick schließen, ein beweiskräftiges Zitat des Autors selber beizubringen. Heute, 1985, verdient Wagners Medientechnologie einen kurzen Epilog. Ich ende, in jedem Wortsinn, mit *Apocalypse Now*. Wenn die US Airborne Cavalry in Coppolas Film gegen vietcongverdächtige Dörfer zu jenen berühmten Operationen startete, die General Westmoreland Search and Destroy getauft hatte, dann nur mit Unterhaltungsmusik, mit Muzak. Wagners Walkürenritt, die schöne alte Lightshow von 1876, dröhnte in allen Kopfhörern aller Kampfhubschrauber. Ein Feedback zwischen Musikdrama und Kriegs-

---

Befehle wie der Isoldes an die Winde oder der Elsas an Lohengrin die klarsten Belege.

47 R. Wagner, *Die Musikdramen* (Anm. 8), S. 718.

48 Dieses Argument entwickeln Gilles Deleuze und Félix Guattari, *Mille plateaux. Capitalisme et schizophrénie*, Paris 1980, S. 416–422.

49 R. Wagner, Oper und Drama. In: *Gesammelte Schriften und Dichtungen* (Anm. 2), Bd. IV, S. 127.

technologie verwandelte die Walküren, Wotans tödliche Töchter, in Bord-MG-Schützen, ihre Sturmrosse in Helikopter und Bayreuth in Hollywood.

So erinnert das kapitalistische Medium vor allen an seine Vorgeschichte bei Wagner. Generalstäbe und Regisseure sind genauer als Interpreten. Und dennoch, *Apocalypse Now*, diese Posthistoire von Wagners reitenden Walküren, hat selber eine Vorgeschichte in zwei Weltkriegen.

Von 1941 bis 1944 residierte Major Ernst Jünger, Stabsoffizier *und* Dichter der Wehrmacht, im Pariser Hotel Raphael, einer der deutschen Amtsstellen im besetzten Wehrbezirk Frankreich. Und immer wenn Nachtbomber der Royal Air Force von ihren südenglischen Stützpunkten aus die ville lumière angriffen, stieg Jünger zur Hoteldachterrasse, um die »hohe Schönheit« und »dämonische Kraft« jener Multimedia-»Schauspiele« zu genießen. Denn genau die *Strahlungen*, die sein Kriegstagebuch im Titel bloß verspricht, gab es dann zu sehen, angerichtet von Feldmarschall Harris mit Lancasters und Blenheims über dem brennenden Paris. »Ein Glas Burgunder, in dem Erdbeeren schwammen,« hielt Jünger dabei »in der Hand«.[50]

Französische Kritiker haben kürzlich versucht, aus diesem Wein- 32
glas den Nihilismus und Ästhetizismus seines Trinkers zu deduzieren. So schlecht informiert sind Interpreten. Denn Jünger auf seiner Hotelterrasse zitierte nur: einen anderen Weltkrieg, einen anderen Schriftsteller. Die Literaturgeschichte weiß, daß schon 1915 zwei Einwohner von Paris auf einen Balkon hinaustraten, um die Lichtspiele zwischen angreifenden deutschen Zeppelinen und französischen Abwehrscheinwerfern zu genießen. Bombenkrieg als Welturaufführung … Einer der zwei Franzosen war Robert, Marquis de Saint-Loup, ein brillanter junger Offizier auf Urlaub von den Schützengräben, seinem künftigen Grab. Der andere, weniger bekannt, war ein gewisser Proust. Und weil weder Weltkriege noch Luftangriffe seine Liebe zu Wagner und Deutschland trüben konnten, erklärte der Marquis dem Schriftsteller die Schönheit der Augenblicke, wenn die Zeppeline »*Konstellation machen*«, sowie die noch schönere ihrer Abstürze, wenn sie »*Apokalypse machen*«. Denn dann – er-

50 Ernst Jünger, *Strahlungen*, Stuttgart o. J., Bd. II, S. 159 f. und S. 281.

kannte Saint-Loup mit seinen Wagnerohren – werden Zeppeline zu Walküren und Sirenengeräusche zum Walkürenritt.[51]

Empirischer konnten Tests auf Wagners Medientechnologie nicht ausfallen.

---

51 Marcel Proust, *À la recherche du temps perdu*, Hgg. Pierre Clarac und André Ferré, Paris 1954, Bd. III, S. 758. Über Wagner, Proust, Jünger und Coppola vgl. Norbert W. Bolz, Vorschule der profanen Erleuchtung. In: *Walter Benjamin. Profane Erleuchtung und rettende Kritik*, Hgg. N. W. Bolz und Richard Faber, Würzburg ²1985, S. 219 f. – Über Prousts Luftkampfbeschreibung lese man, einmal mehr, Felix Philipp Ingold, *Literatur und Aviatik. Europäische Flugdichtung 1909–1927*, Frankfurt/M. 1980, S. 259–261.

Apparat

zu I.B.4.14

Editorischer Kommentar und Bericht

Der Aufsatz »Weltatem. Über Wagners Medientechnologie« erschien zuerst in: Friedrich A. Kittler, Manfred Schneider und Samuel Weber (Hrsg.), *Diskursanalysen 1: Medien*, Opladen: Westdeutscher Verlag 1987, S. 94–107; nachgedruckt in: Friedrich Kittler, *Das Nahen der Götter vorbereiten*, mit einem Vorwort von Hans Ulrich Gumbrecht, München: Fink 2012, S. 30–47; nachgedruckt in: Friedrich A. Kittler, *Die Wahrheit der technischen Welt. Essays zur Genealogie der Gegenwart*, herausgegeben und mit einem Nachwort von Hans Ulrich Gumbrecht, Berlin: Suhrkamp 2013, S. 160–180.

Die englische Fassung mit dem Titel »Weltatem: On Wagner's Media Technology« erschien in: Leroy R. Shaw, Nancy R. Cirillo und Marion S. Miller (Hrsg.), *Wagner in Retrospect. A Centennial Reappraisal*, Amsterdam: Rodopi 1987, S. 203–212, eine überarbeitete und erweiterte Fassung als »World-Breath: On Wagner's Media Technology«, in: David J. Levin (Hrsg.), *Opera Through Other Eyes*, Stanford: Stanford University Press 1994, S. 215–235, Anmerkungen S. 261–264.

Folgende Übersetzungen sind erschienen: ins Italienische von Elisabetta Mengaldo als »Respiro del mondo. La tecnologia dei Media in Wagner«, in: Friedrich Kittler, *Preparare la venuta delgi dei. Wagner e i media senza dimenticare i Pink Floyd*, herausgegeben von Elisabetta Mengaldo, Rom: L'orma editore 2013, S. 13–44; ins Englische von Erik Butler als »World-Breath. On Wagner's Media Technology«, in: Friedrich A. Kittler, *The Truth of the Technological World. Essays on the Genealogy of Presence*, with an Afterword by Hans Ulrich Gumbrecht, Stanford: Stanford University Press 2014, S. 122–137, Anmerkungen S. 354–358; ins Portugiesische von Markus Hediger als »Weltatem: o sopro do mundo. Sobre a tecnologia midiatica de Wagner«, in: Friedrich A. Kittler, *A verdade do mundo técnico. Ensaios sobre a genealogia da atualidade*, Rio de Janeiro: Contraponto 2017, S. 209–234; ins Spanische von Ana Tamarit Amieva als »El aliento del mundo. Sobre la tecnología de medios de Wagner«, in: Friedrich A. Kittler, *La verdad del mundo técnico. Ensayos para una genealogía del presente*, Ciudad de México: Fondo de Cultura Economica 2018, S. 140–157.

Im Deutschen Literaturarchiv Marbach, Bestand *A:Kittler, Friedrich A.*, sind ein 27-seitiges Typoskript »WELTATEM. Über Wagners Medientechnologie«, drei Typoskripte »WELTATEM. On Wagner's Media Technology« (17 Seiten Typoskript mit handschriftlichen Ergänzungen, uneinheitlich paginiert; 17 Seiten Typoskript mit handschriftlichen Ergänzungen, uneinheitlich paginiert; 14 Seiten Typoskript mit handschriftlichen Ergänzungen und Korrekturen, an die zwei Blätter Manuskript »End of my paper« mit zahlreichen Korrekturen angehängt sind) sowie ein dreiseitiges Typoskript »WELTATEM. On Wagner's Media Technology. Summary« in Kasten 2, Mappe 1 vorhanden. In der Marbacher Gelehrtenbibliothek befindet sich Kittlers Handexemplar des Bandes *Diskursanalysen 1: Medien*.

Kittlers Werkliste führt unter der Nummer 53 »Weltatem, englisch« mit der Schreibzeit 08. bis 24. Oktober 1983 und dem Publikationsdatum Februar 1987, »deutsch« mit der Schreibzeit April 1985 und dem Publikationsdatum Dezember 1986.

Ediert wurde der Erstdruck der deutschen Fassung. Die Abbildung des Erstdrucks wurde übernommen. Druckfehler wurden stillschweigend korrigiert. Die Zitate wurden überprüft und gegebenenfalls behutsam korrigiert. Dabei wurde nicht in Kittlers Satzbau eingegriffen, dem er in der Regel die zitierten Stellen grammatisch anpasste.

Stellenkommentar

1 Für Erika] Kittlers erste Ehefrau, geborene Wagner.

2 Wagners Musikdrama ist […] seiner Technologie.] Vgl. hierzu Kittlers Brouillon »ATMEN«, 2 Seiten Typoskript (Kasten 100, Mappe 1, »Wagner WS 90/91«): »Besser aber und empirischer kann der Beweis gar nicht ausfallen, daß das Musikdrama ein Medium im modernen Wortsinn ist. Seine Gleichzeitigkeit mit unseren Sinnen rührt aus seiner Technologie.« (Ebenda, hier S. 1.) Vgl. auch Kittlers handschriftliche Notizen ohne Titel, 4 Seiten Manuskript (Kasten 100, Mappe 1, »Wagner WS 90/91«): »Das Musikdrama, wenn es nicht bloßer Apparat hergebrachter Kunstformen, eine Addition von unsinnlichen Wör-

tern einerseits, optischen & akustischen Daten andererseits bleiben soll, muß demnach von einem Phänomen ausgehen, das dramatisch und akustisch zugleich ist.« (Ebenda, hier S. 3.)

3 Medien dagegen haben im Realen [...] sie arbeiten.] Vgl. das Brouillon »ATMEN«, 2 Seiten Typoskript (Kasten 100, Mappe 1, »Wagner WS 90/91«): »Medien dagegen definiert es, die Materialität zu sein, mit der sie arbeiten.« (Ebenda, hier S. 1.)

4 erfand Wagner den ersten [...] als solcher.] Vgl. das Brouillon »ATMEN«, 2 Seiten Typoskript (Kasten 100, Mappe 1, »Wagner WS 90/91«): »erfand eine Maschinerie zur technischen Reproduktion von Sinnesdaten.« (Ebenda, hier S. 1.)

5 Tarnkappe, die ihn [...] Bayreuths Orchestergraben] Der Absatz zur Tarnkappe findet sich fast wortgetreu in dem Brouillon »ATMEN«, 2 Seiten Typoskript (Kasten 100, Mappe 1, »Wagner WS 90/91«), hier S. 1. Vgl. auch das Brouillon »SEHEN / HÖREN«, 11 Seiten Typoskript mit handschriftlichen Ergänzungen und Korrekturen (Kasten 45, Mappe 3): »Was sieht der Voyeur? Er sieht den Gesehenen als leiblichen, dem aber seine Leiblichkeit nicht als akzidentielles Hörbar-, sondern als (wenn anders Gesehenwerden, Voyeurtum möglich sein soll in der betreffenden Situation) unnegierbares Sichtbarsein anhaftet. Wie viel mehr Faktizität im Sichtbarsein als im Hörbarsein liegt, zeigt die Erfindung der Tarnkappe, der kein akustisches Analogon entspricht. (Überhaupt sollte man sehr intensiv sich mit denjenigen ›Erfindungen‹ befassen, die schon vor der Wissenschaft-und-Technik ersonnen wurden und nur auf eine enttäuschende Weise von der Technik realisiert worden sind: in ihnen allen spricht eine transzendierende Sehnsucht des Menschen sich aus, Omnipräsenz im fliegenden Teppich, Unverwundbarkeit bei Achilles und Siegfried, etc.). Und wie viel mehr es dem Voyeur als dem Lauscher um das Fleisch geht, zeigt die dominierende Sexualität im Voyeurtum, während man zu allen möglichen Zwecken lauschen kann.« (Ebenda, hier S. »SEHEN / HÖREN: Voyeur und Lauscher 3«.)

Vgl. außerdem das Brouillon »Atmen«, 2 Seiten Typoskript mit handschriftlichen Ergänzungen und Korrekturen (Kasten 100, Mappe 1, »Wagner WS 90/91«): »Durch Blickkontakt über die Identität ihres Gegenübers, durch Augenkontrolle über Auftritt und Weggang von Mitspielern informiert, sprechen die Figuren zueinander in einer gemeinsamen Sprache, die immer schon auf ihren Sinn transparent war. Wie um diese Struktur des Informationsflusses zu beweisen, waren Masken und falsche Eigennamen die zwei elementaren Störgrossen [sic] im Optischen und im Verbalen. Umgekehrt blieb eine Maske wie Alberichs Tarnkappe, die ihren Träger nicht bloß unkenntlich macht, sondern allen Augen in ein reines Hörfeld entrückt, im klassischen Drama unmöglich.« (Ebenda, hier S. 1.)

6 Die unsichtbare Macht aber, die Alberich […] Körpern und Nerven.] Zur Tarnkappe vgl. auch Komm. 5. Im Brouillon »ATMEN«, 2 Seiten Typoskript (Kasten 100, Mappe 1, »Wagner WS 90/91«), das die Vorlage für diese Stelle zu sein scheint, notierte Kittler die fragmentarischen Variationen: »Die unsichtbare Macht des Dirigenten über sein Musikervolk« (ebenda, hier S. 1). Und: »Die unsichtbare Macht musikdramatischer Technik dagegen bleibt eingeschrieben in Körper und Nerven, ob nun von Nibelungen oder von« (ebenda, hier S. 2).

7 Zu welchen stereophonischen Effekten die Prügelszene zwischen Mime […] 1984, S. 144.] Vgl. den Text »Der Gott der Ohren« (I.B.4.2) im vorliegenden Band, S. 28.

8 Die Oper beruhte also […] akustischen Daten] Vgl. im Gegensatz dazu Wagners Konzept von Musik und Optik, das Kittler im Brouillon »WAGNER«, 1 Blatt Typoskript (Kasten 100, Mappe 1, »Wagner WS 90/91«) so beschreibt: »Die Musik spricht das innerste Wesen der menschlichen Gebärde mit so unmittelbarer Verständlichkeit aus, daß sie, sobald wir ganz von der Musik erfüllt sind, sogar unser Gesicht für die intensivere Wahrnehmung der Gebärde depotenziert, so daß wir sie endlich verstehen, ohne sie zu sehen.« Zur Trennung zwischen Rezitativ und Arie, verbalen und akustischen Elementen vgl. auch die handschriftlichen Notizen Kittlers, 4 Seiten Manuskript (Kasten 100, Mappe 1, »Wagner WS 90/91«), hier S. 3.

9 Wagners technisches Programm] Vgl. das Brouillon »HAVE YOU EVER BEEN / Hall«, 1 Blatt Typoskript (Kasten 100, Mappe 1, »Wagner WS 90/91«): »Wagner, in der Einsamkeit eines Technikers unter Lesern und Schreibenden, unter Produzenten und Konsumenten, arbeitet an einer konkreten musikalischen In-

formationstheorie.« Vgl. auch das Brouillon »Atmen«, 2 Seiten Typoskript mit handschriftlichen Ergänzungen und Korrekturen (Kasten 100, Mappe 1, »Wagner WS 90/91«): »Wagners erklärte Absicht, Oper und Drama zu verbinden, setzt mit Notwendigkeit voraus, dass zwischen den zwei Kunstformen oder Medien eine Brücke geschlagen werden kann. Und diese Brücke darf nicht nur – wie das Wagners theoretische Schriften tun – aus Schlagwörtern einer globalen Kunstgeschichtsphilosophie bestehen; sie muss solide und d.h. medientechnisch sein. Nur in einer Verknüpfung, die aus Gesetzen der zwei betroffenen Medien selber abgeleitet ist, liegt die Garantie, dass das erträumte Gesamtkunstwerk in jedem seiner Augenblicke szenisch-sinnliche Evidenz gewinnt, statt bloss in gutwilligen Rezensionen und Deutungen zu existieren.« (Ebenda, hier S. 1.)

10 Wagners Texte nicht einfach Opernlibretti] Vgl. das Brouillon »Atmen«, 2 Seiten Typoskript mit handschriftlichen Ergänzungen und Korrekturen (Kasten 100, Mappe 1, »Wagner WS 90/91«): »Im folgenden versuche ich zu rekonstruieren, wie Wagner – ganz unabhängig von seinem Selbstverständnis – bei diesem Brückenbau [gemeint ist der Brückenbau zwischen Oper und Drama] vorgegangen ist. Und wenn die systematische Rekonstruktion von den Musikdramentexten selber ausgehen kann, ergibt sich als willkommener Nebeneffekt eine Ehrenrettung dieser vielgeschmähten Dichtungen und d.h. der Nachweis, dass sie (ganz wie Wagner es beansprucht hat) mehr und anderes als Libretti sind.« (Ebenda, hier S. 1.)

11 Wir alle (außer den Wagnerforschern) kennen es – das Atmen.] Vgl. hierzu auch den Text »Der Gott der Ohren« (I.B.4.2) im vorliegenden Band sowie in diesem Kontext das Brouillon »Pink Floyd: Dark Side of the Moon«, 1 Blatt Typoskript (Kasten 51, Mappe 1), in dem Kittler ausgehend von dem Liedtext »Breathe, breathe in the air I Don't be afraid to care« aus dem auf der LP *The Dark Side of the Moon* veröffentlichten Song »Breathe« erwägt: »Diese Aufforderung, deren Du unbestimmt bleibt, könnte sich an die Musik selber richten, von dem gesprochen, der sie hervorbringt. Denn der Musik von Pink Floyd ist es eigentümlich zu atmen; was am Gesang an Flüstern gemahnt, gehört nicht sowohl ins erotische als vielmehr ins respiratorische Ge-

biet. Diese Aufforderung aber muss explizit ergehen, sobald die Musik mit der Gefahr bedroht wird, den Atem einzubüssen. Der Text sagt vom Sänger: And shorter of breath and one day closer to death (Time).«

12 deines Atems Wehen I fühl ich warm […] nur sehen und fühlen!] Diese Stelle ist ebenfalls Gegenstand im Brouillon »HAVE YOU EVER BEEN / Verstehen«, 1 Blatt Typoskript (Kasten 100, Mappe 1, »Wagner WS 90/91«). Aus der Betrachtung der Interaktionen zwischen Siegfried und Brünhilde folgert Kittler hier: »Eine schöne hermeneutische Devise, die das Geheimnis der Musikdramen nennt. Es macht nichts, daß das Projekt mißlingt und erst das Riesenblut – als naturale Substanz? – Siegfrieds Verstehen ermöglicht. Genau umgekehrt ergeht es Siegfried mit Brünnhilde.«

13 Sound (im genauen Sinn von Jimi Hendrix) anstelle verbaler Bedeutung] Vgl. das Fragment ohne Titel, 1 Blatt Typoskript mit handschriftlichen Ergänzungen und Korrekturen (Kasten 53, Mappe 3): »Wagner im futurum exactum. – Der Rhythmus, der die Ohren sehend macht, ist nicht notwendig der Takt des Weltgeistes. Die seine Werke vergessen hatten, noch bevor sie zur Welt kamen, machten die Bahn frei, um Wagners Gleichzeitigkeit zu hören. Tristans blutenden Körper, der die Ohren ins Offene gebracht hat, haben Körper wieder ins Offene gebracht, die uns vorangingen und tragen, dieweil wir schreiben. Jimi Hendrix, der seine Gitarre an den Strom des Gran Canon [sic] anschließen wollte und nun für immer in den Strömen seines Wunsches versunken ist – A merman I would like to be […].«

14 Vgl. dazu Wolfgang Scherer […] in diesem Band).] Wolfgang Scherer, »Klaviaturen, Visible Speech und Phonographie: Marginalien zur technischen Entstellung der Sinne im 19. Jahrhundert«, in: Friedrich A. Kittler, Manfred Schneider und Samuel Weber (Hrsg.), *Diskursanalysen 1: Medien*, Opladen: Westdeutscher Verlag 1987, S. 37–54.

15 Wieder und wieder wird das Atmen […] oder Verstummen.] Vgl. das Brouillon »HAVE YOU EVER BEEN? Atem«, 4 Seiten Typoskript (Kasten 100, Mappe 1, »Wagner WS 90/91«): »Alles Leben ist im Text festgemacht am Atem.« (Ebenda, hier S. 1.)

16 unartikulierte Schreie […] industriellen Stahlschmelzofenfeuers.] Zum Verhältnis zwischen Libretto und Musik sowie speziell zur Rolle des Schreis für Wagners Musik vgl. das Brouillon »HAVE YOU EVER BEEN / Hall«, 1 Blatt Typoskript (Kasten 100, Mappe 1, »Wagner WS 90/91«): »Schon Bloch (Verfremdungen I, S.151) ist auf diesen Hall eingegangen. Es geht um genau den Zauber, den auch Elsa auf den Gral ausübt. Wagner, und darin übertrifft er die eigene Schopenhauerei, leitet Musik insgesamt vom Schrei des pavor nocturnus her (Beethoven; GW; vgl. Bloch, Verfremdungen I, S.147). Also sind solche Stellen des Textes autonym auf die Musik bezogen. Sie sagen, daß nicht die schlichte sequenzielle Rückung und Steigerung (wie Adorno meinen mochte) Musik-Höhepunkte generiert, sondern daß der Ursprung (der Frühlingsruf) erst durch ein Fading hindurchgegangen sein muß, bevor er ur-springend wirken kann und d.h. zu positiver Rückkopplung führt.«

17 Augen für die Buchstaben […] Wagners Poesie entdeckte.] Vgl. das Brouillon »Wagner«, 1 Blatt Typoskript (Kasten 53, Mappe 3): »Wotans allmähliches Verschwinden von der Bühne oder Opsis. Rückzug in ein akustisches Reich, an dessen Ende nurmehr das Rauschen seiner Raben geblieben ist – ein Whitening Filter avant la lettre, bei Wagner als Wiegenlied für ein [sic] Gott.«

18 denn unter allen Öffnungen […] am schwersten zu schließen.] Vgl. im vorliegenden Band den Text »Der Gott der Ohren« (I.B.4.2), S. 26 sowie Komm. 6 im dortigen Apparat.

19 den Worten von Jimi Hendrix […] Electric Ladyland.] Vgl. das Brouillon »Hendrix: Electric Ladyland«, 1 Blatt Typoskript (Kasten 51, Mappe 1): »I want to show you I different emotions, I sagt der Titelsong der Platte. Die anderen Empfindungen können, wenn die Kategorie der Andersheit ernst genommen wird, nur jene sein, die allein der Gegen-Biographie (dem Unbewussten) gegenwärtig sind. Ihre Sprache ist die unverständliche. Davon zeugt, als habe Reflexion dies ernötigt, die Platte selbst. Vor dem Titelsong erklingen einige wenige Takte Musik, in die eine durch Tonbandverlangsamung unverständlich gemachte Stimme hineinspricht. Wovon die Rede ist, faktisch oder der Idee nach, ist akustisch nicht sondern nur lesend auszu-

machen: Die Musik nennt sich ›And the gods made love‹. Kein Satz könnte genauer sagen, worin die anderen Empfindungen bestehen. Dass die Götter fickten, ist das verschwiegene und/ oder unverständliche Geheimnis aller Theologie, sofern sie in der Haltung des tremens et fascinatus verharrt. Musik, die Nietzsche die dionysische Kunst nannte, verrät das einfache und sexuelle Geheimnis der Götter und Mächte. Deshalb ist sie darüber hinaus, die Position des Letzten Menschen einnehmen zu müssen, der Gott getötet zu haben glaubt. Denn der Mord ist gleichsam zu kompliziert und zu komplicenhaft, als dass er dem einfachen Geheimnis gerecht werden könnte. Das Eingedenken an Natur – auch und gerade angesichts jener Gestalten, die zum Jenseits aller Natur aufgeworfen worden sind – führt weiter als die Negation.«

20 Theorie positiver Rückkopplungen und damit von Oszillatoren vorweg.] Zur Ablösung der Schrift durch Medientechnik in Jimi Hendrix' »Electric Ladyland« vgl. auch Friedrich Kittler, *Grammophon Film Typewriter*, Berlin: Brinkmann und Bose 1986, S. 172 f. Zur tropischen Lesart des rückgekoppelten Operationsverstärkers und des damit realisierten Oszillators als modellbildendes Medium für das ›Schema‹ der *Aufschreibesysteme* vgl. Friedrich A. Kittler, *Aufschreibesysteme 1800·1900*, München: Fink 2003 (4. Auflage), S. 119. Diese Lesart wurde bereits in der Erstauflage von 1985 realisiert. Vgl. auch Kittlers Ausdruck »Feedback durch Liebe« hier im Text, Anm. 13. Zu Verstärkung und Rückkopplung vgl. auch im vorliegenden Band den Text »Der Gott der Ohren« (I.B.4.2) sowie das Brouillon »POP: TECHNISCHE METAMORPHOSE DER MUSIK«, 2 Seiten Typoskript mit handschriftlichen Korrekturen (Kasten 51, Mappe 1): »An die Stelle nämlich einer Musik, die aus Subjekten hervorgeht (sei's, wie in der Klassik, das Subjekt des Komponisten, sei's, wie um die Jahrhundertwende, das des Dirigenten, sei's endlich, wie heute im Pop, das des komponierenden, arrangierenden, improvisierenden und darbietenden Stars) und ihren Sinn im Rückverweis auf sie (und ihre musikalische Kompetenz) hat, tritt eine andere, die hinter der Bühne, an den Mischpulten, und wenn auf der Bühne, dann von den zur Schau gestellten Moog-Synthesizern und Verstärkern selbst gemacht wird. Deren

Übermacht über den Menschen ist quantitativ und qualitativ. Sie ist ferner, nach Kantischen Einteilungen betrachtet, eine Musik, die über die Anschauungsformen Raum und Zeit gleichsam frei verfügt. Die Prinzipien der Stereo- bzw. Quadrophonie und der Rückkopplung stehen dafür ein. Der Mensch hingegen kann nur Musik eines Ortes und eines Zeitpunktes machen. Den tönenden Raum vermag er nicht zu erzeugen. Die elektrischen Nabelschnuren, die die Pop-Solisten mit der technischen Anlage verbinden, sind Lebensadern der Musik; und dies durchaus in beiderlei Richtungen. Denn nicht nur geben die Leitungen die unverstärkten Aktionen der Musiker an dieVVerstärker [sic] weiter; sondern von den Verstärkern kommt den Musikern die Kraft und die Intensität ihres Spieles allererst zu (und zurück), ebenso buchstäblich wie von den elektrischen Zuleitungen das Fungieren ihrer Instrumente abhängt. Daher der Kult der phallischen Leitung.« (Ebenda, hier S. 1.)

Vgl. ferner das Brouillon »WAGNER«, 1 Blatt Typoskript mit einer handschriftlichen Ergänzung (Kasten 100, Mappe 1, »Wagner WS 90/91«): »Das 18. Jh. nannte [...] die Stimme die einfache Ursprünglichkeit der Musik; Wagner setzt die Stimme in Szene als eine Stimme, die noch nicht zur Welt gekommen oder schon wieder aus ihr verschwunden ist. Elsas Jammer, ein sprachloser; der Fehl einer Einschreibung, die phallisch und namentlich wäre (Lohengrin untersagt die Frage nach seinem Namen); der A-Dur-Flageolett-Akkord des Vorspiels, der diese Noch-nicht- und Nicht-mehr-Stimme (der Innerlichkeit) (immer schon) übersetzt. Denn was heisst es, dass der Klang des Schreis sich vom schreienden Leib ablöst und wie ein kreisender [sic] UFO nach Munsalvatsche fliegt (oder gar zurückkehrt, um seine gelungene Adressation zu bezeugen) – wenn nicht, dass das Instrument das verstärkende Supplement der Stimme ist (ein Supplement, das Wagner seinerseits verstärkt, indem er den Schalltrichter des versenkten Orchesters erfindet)?«

21 Wagners Orchester hat die exakte Funktion [...] akustischen Täuschungen.] Vgl. das Typoskript »HAVE YOU EVER BEEN«, 1 Blatt Typoskript mit einer handschriftlichen Anmerkung (Kasten 53, Mappe 3): »Nicht meinen, es ginge um die Befreiung der Körper, wenn es um die Befreiung von den Wörtern geht. Na-

türlich verschwinden die Wörter; und zudem genau dort, wovon sie alle her kommen [sic]: im ›Weltatem‹, jener globalen Luftsäule, die durch die positive Rückkopplung zwischen Isoldes Ansingen und Tristans zurücksingender alter Weise phallisch auferstanden ist. Aber im Augenblick ihres Fading gehen die Wörter auf in dem, in das, was sie besprechen; sie werden zugleich leer *und* signifikativ, erlangen eine gedeckte Bedeutung (im Sinn der Bankkonten und Husserls) durch die Musik, deren Ekstase ihr einziges Thema ist. Und dieser Klang kommt zur Apparition; nicht zum Einbruch, zur Inzidenz, denn dann wäre er nicht besungen und von verschwindenden, verschwimmenden Wörtern verdoppelt. Die Wörter geben also im Fading das Szepter der Herrschaft ab, exakt jener Herrschaft, die die alteuropäische Kultur organisierte; ab an – nicht die Musik allein, als solle nun das musikozentrische Zeitalter anbrechen, sondern ab an einen Medienverbund, dessen historisch früheste Erscheinung die musikalische (Orchester) gewesen ist. Ein Medienverbund der kontinuierlichen Übergänge und Übersetzbarkeiten, der immer wieder das Quidproquo zwischen Körper und Medium vorführen kann, der phantasmagorischen Querverweise (nicht der klassischen Autoreferenzpunkte), die die Musik zum Besprochenen der Sprache und die Sprache zum Superstrat des musikalischen Weltatems machen.«

22 Fading-Effekten] Vgl. das Brouillon »HAVE YOU EVER BEEN? Fading«, 1 Blatt Typoskript (Kasten 100, Mappe 1, »Wagner WS 90/91«), in dem Kittler fragt: »Komponiert das Fading (Nachspiel des dritten Aktes oder wo?) also historisch exakt die Auflösung des alteuropäischen Machtsystems aus?«

23 akustischen Täuschungen.] Vgl. das Brouillon »HAVE YOU EVER BEEN? Hören und Halluzinieren«, 1 Blatt Typoskript (Kasten 100, Mappe 1, »Wagner WS 90/91«), in dem Kittler ein langes Zitat aus Wagners *Mein Leben*, herausgegeben von Martin Gregor-Dellin, München: List 1976 (2. Auflage), S. 311 f., notiert.

24 sogenannte Liebestod Isoldes […] jenseits aller Menschheit.] Zu Isoldes Liebestod und ihrem Verhältnis zum Weltatem vgl. das Brouillon »HAVE YOU EVER BEEN«, 1 Blatt Typoskript mit einer handschriftlichen Ergänzung (Kasten 53, Mappe 3):

»Wagner spielte die beiden Rollen von Filmverliebtem Schreiber und Buchbenutzendem Regisseur noch in einer Person. Daher wohl auch die Möglichkeit, den ›Liebestod‹ ohne Stimme aufzuführen: nicht Verfälschung sondern Medientransposition. (Und die umgekehrte, historisch bescheidenere Möglichkeit: Wagners Libretti unterm Titel ›Dichtungen‹ zu edieren.)« Vgl. auch die Lektürenotizen im Brouillon »LIEBESTOD«, 1 Blatt Typoskript (Kasten 100, Mappe 1, »Wagner WS 90/91«): »Isolde wandelt also getragen auf der Bahn eines Orchesters, dessen Melodischwerden ihr eigenes Werk (genauer: Werk ihrer Stimme) ist. Liebestod als Orchesterstück konsequent (Toscanini).«

25 Tristans erloschener Atem kehrt als Orchestermelodie wieder] Vgl. die Lektürenotiz »WAGNER / Atem«, 1 Blatt Typoskript (Kasten 53, Mappe 3): »Die Wissenschaft hat uns den Organismus der Sprache aufgedeckt; aber was sie uns zeigte, war ein abgestorbener Organismus, den nur die höchste Dichternoth wieder zu belegen vermag, und zwar dadurch, daß sie die Wunden, die das anatomische Sezirmesser [sic] schnitt, dem Leibe der Sprache wieder schließt, und ihm den Athem einhaucht, der ihn zur Selbstbewegung beseele. Dieser Athem aber ist – die Musik. I GS IV 127. Vgl. Adorno, SS 13, 94.« Zu Kittlers Verständnis von Adornos Perspektive auf Wagners Werk und seiner eigenen Position vgl. das Brouillon »HAVE YOU EVER BEEN«, 1 Blatt Typoskript (Kasten 53, Mappe 3): »Das Gesamtkunstwerk unter der Ägide eines Dirigenten-Regisseurs, der die eigene Partitur und das eigene Libretto aufführt – ob das in Bayreuth realisiert wurde, stehe dahin; daß es intendiert war, wäre zu belegen –, fundiert, noch auf dem Boden der Autorialität, also dem ›Ecce homo‹ Nietzsches wesentlich homolog, die generelle und identische Reproduzierbarkeit des Kunstwerks, die, auf dem anonymen Boden der Technologie, unser Jahrhundert entdeckt und entfaltet hat. Wagners Despotismus – Adorno spricht von Kapellmeistermusik – wäre die Maske einer Macht ohne Despoten, der unseren. Denn der Kapellmeister setzt – im Unterschied zum Komponisten wie auch zum Dichter – Maschinen in Gang: die Schauspieler, das Orchester, das Bühnenwesen; anonyme und komplexe Mächte, die alles Intendierte in seiner Realisation bei weitem überbieten. Nicht als Menschen, Individuen,

Figuren, Interpreten; Wagners später Traum, der Erfindung des unsichtbaren Orchesters gleich noch die des unsichtbaren Schauspielers folgen zu lassen, sagt das zur Genüge. Sondern als Stimmvieh (die politische Allegorie dieses Wortes mag kein Zufall sein), als Spielvieh, usw.«

26 »Freunde! Seht und fühlt ihr's nicht?« ist eine rhetorische Frage.] Kittler verkürzt die Wagnerstelle »Freunde! Seht! I Fühlt und seht ihr's nicht?« in seiner Erläuterung zu »Freunde! Seht und fühlt ihr's nicht?« und verlagert damit den phonologischen Schwerpunkt des Zitats auf die Alliteration »Freunde«/»Fühlt«. Gemeinsam mit dem Hendrix-Zitat »Have you ever been to Electric Ladyland?« wertet Kittlers Wagnerlesart Hören und Fühlen auf und lässt den bei Wagner wiederholt angesprochenen Sinnesbereich Sehen in den Hintergrund treten. Vgl. das fragmentarische Brouillon »HAVE YOU EVER BEEN?«, 1 Blatt Typoskript mit handschriftlichen Ergänzungen und Korrekturen (Kasten 100, Mappe 1, »Wagner WS 90/91«): »Die eine Frage löscht alle anderen aus – und vor allem die Art von Fragen, die zu hören und zu stellen Sokrates uns angewöhnt hat. Denn die Frage, die Isolde und Hendrix stellen, geht auf keine Unklarheit und braucht zu ihrer Beantwortung nicht jenes Probehandeln, das wir unterm Titel Denken proben und preisen. Auf die eine Frage gibt es nur die eine Antwort: Ja, wir fühlen es, wir sind da. Aus einem einfachen Grund: die da fühlen und hören, können nicht nicht mit Ja antworten, weil das Erfragte im Fragen schon da ist: der ›Weltatem‹, der Isolde antwortet und ein orchestrales Frauenland ist; das elektronische Ladyland, das Jimis Stimme trägt und singen macht. II Warum muß die Frage, wenn ihr Ergehen und Erklingen sie schon beantwortet, dann noch gestellt werden? Ist sie Selbstreklame?«

27 »Sehwelt«] Korrekt heißt es: »Schauwelt«. Vgl. auch Komm. 29.

28 Wagners Textentwurf enthielt fünf Zeilen [...] »mächt'ger«.] Kittler bezieht sich hier auf Richard Wagner, *Tristan und Isolde* [1857], in: ders., *Gesammelte Schriften und Dichtungen*, Band 7, Leipzig: Siegel 1907 (4. Auflage), S. 1–81, hier S. 79. Vgl. im Gegensatz dazu die Änderung in der Komposition: Richard Wagner, *Tristan und Isolde* [1859], in: ders., *Die Musikdramen*, München:

dtv 1978, S. 319–384, hier S. 383: »Immer lichter | wie er leuchtet, | Stern-umstrahlet | hoch sich hebt?«

29 einer übermenschlichen und prophetischen Stimme.] Zur Deutung Wotans vgl. auch ein Fragment ohne Titel, 1 Blatt Typoskript mit einer handschriftlichen Ergänzung (Kasten 100, Mappe 1, »Wagner WS 90/91«): »Wotan wird Sound. Und als Sound bleibt er so vernichtet wie unantastbar: eine reine Schauwelt (der Blick der Überlebenden zum brennenden zum Himmel entdeckt eine reine, ›vollkommene Hörwelt‹: das Walhallmotiv in den Blechbläsern, wie es für Wotans Fading einsteht[])].«

30 hält der Name Weltatem alle Innovationen Wagners zusammen.] Vgl. das Brouillon »HAVE YOU EVER BEEN TO ELECTRIC LADYLAND?«, 1 Blatt Typoskript (Kasten 100, Mappe 1, »Wagner WS 90/91«): »Die Kraft der Verwandlung ist gerade so groß wie die Spannung, die ein Ereignis in der Geschichte der Körper und Zeichen zu den Extremen dieser Geschichte unterhält. Wie ungenau die Rede des grossen Spielers von der Resurrektion der Urliebessage auch sei; sie trifft in einer anderen Weise zu. Denn was Wagners Oper auflöst in akustisch-gestische, um nicht zu sagen dionysische Halluzinationen, hat zum Textbuch historisch die Verbuchung der Liebessage. Gottfried von Strassburgs höfischer Roman ist der erste in Deutschland deutscher Zunge gewesen, der seine Geschriebenheit im Prooemium programmatisch programmiert: Das Akrostichon aus den Namen von Schreiber und Mäzen erreicht nie die Ohren der Hörer. So verwandelt die Oper, was der höfische Roman aus Sage in Buch verwandelt hat – nicht zurück zur Sage, wie Wagner meinen mochte, sondern vorwärts zum medialen Gesamtkunstwerk. Dem Fest der Ohren ist die Arbeit des Auges, der es ein für allemal kündigt, historisch eingeschrieben. Was meister Gotfrid, und d.h. magister begonnen hat und in der Gutenberg-Galaxis als Stern am Himmel der Zeichen aufgegangen ist, erlischt im unsichtbaren Orchester. Aus der Meisterschaft des Magisters mag die literarische Bildung hervorgegangen sein; aus Isoldes Wunsch hingegen gehen Medien hervor, die ›den Unterschied von Gebildeten und Ungebildeten nicht kennen‹ (Nietzsche: UB). Der Weltatem ist nicht die phoné, deren metaphysische Herrschaft den Primat der litterae erst ermöglicht hat (Deleuze/

Guattari). Denn er *hat* keine Lust, zu artikulieren; er ist die Lust, Geist und d.h. Ekstase zu sein.«

31 meine Antrittsvorlesung zum Thema Wagner.] Die Antrittsvorlesung als Privatdozent an der Albert-Ludwig-Universität Freiburg wurde laut »Nachweise[n]« des 2012 publizierten Bandes *Das Nahen der Götter vorbereiten*, mit einem Vorwort von Hans Ulrich Gumbrecht, München: Fink 2012, S. 86–87, hier S. 87, gehalten im Wintersemester 1984, Hörsaal 10.

32 Französische Kritiker haben [...] zu deduzieren.] Die französische Kritik an der Burgunder-Szene vom 27. Mai 1944 wird in Julien Herviers Einleitung zur Pléiade-Ausgabe von Ernst Jüngers Schriften als »Gemeinplatz« beschrieben, genannt werden aber nur deutsche Positionen (Julien Hervier, »Introduction«, in: Ernst Jünger, *Journaux de guerre*, übersetzt aus dem Deutschen von Julien Hervier, Henri Plard und François Poncet, herausgegeben von Julien Hervier in Zusammenarbeit mit Pascal Mercier und François Poncet, Band I: *1914–1918*, Paris: Gallimard 2008, S. IX–XLVI, hier S. XXIX f.)

Dokumentarisches Nachwort

Das Verhältnis zwischen Entstehungs-, Vortrags- und Publikationsgeschichte von Kittlers Wagner-Text ist kompliziert. Gesichert ist, dass der ungedruckte »Weltatem« zum Vortragsrepertoire Kittlers gehörte und Kittler Wagner auch als Vortragsthema für das Habilitationskolloquium in Erwägung zog. Diesen Vorschlag hat er Gerhard Kaiser wahrscheinlich zunächst mündlich unterbreitet. In seinem Brief vom 30. September 1982 aus Stanford bezog Kittler sich auf das Gespräch mit Kaiser und nannte drei mögliche Themen: »Atmen – Brücke zwischen Text und Musik bei Wagner«, »Carlos als Carlsschüler. Ein Familiengemälde aus einem fürstlichen Hause« und »Technische Medien auf dem Zauberberg«.[1] Aus dieser Zeit stammt ein Typoskript »THEMENVORSCHLÄGE ZUM COLLOQUIUM«,[2] das neben »Carlos als Carlsschüler« (vgl. I.B.4.7 im

1 Brief von Friedrich A. Kittler an Gerhard Kaiser vom 30. September 1982 (Kasten 39, Mappe 1).

2 »THEMENVORSCHLÄGE ZUM COLLOQUIUM«, 1 Blatt Typoskript (Kasten 107,

vorliegenden Band sowie hierzu das Dokumentarische Nachwort, S. 227–235) auch die Wagner-Auseinandersetzung »Das Medium Weltatem. Über die Einheit von Drama und Musik bei Wagner« und »Die Paranoia des Tormanns bei Handke« (vgl. I.B.4.12 ebenda sowie hierzu das Dokumentarische Nachwort, S. 287–291) als mögliche Themen für den Habilitationsvortrag nennt und auf Herbst/Winter 1982 zu datieren ist.[3] Der zweitgenannte Vorschlag zum »Medium Weltatem« wurde in der Themenskizze wie folgt erläutert:

> Eine Analyse von Wagners Dramentexten (unter Berücksichtigung der Partituren) kann zeigen, dass sein Musikdrama in der Tat eine historisch neue Verbindung von Drama und Oper erreicht. Handlungen werden nicht, wie im hergebrachten Drama, primär durch optische und verbale Informationen ausgelöst, sondern durch die akustische Wahrnehmung des Atems oder Nichtatems (Tod) von Mitspielern – eine Wahrnehmung, die immer schon das physiologisch-materiale Substrat des Gesangs thematisiert. Und weil dieses Atmen vor allem Sprechen und Meinen liegt, kann es auch Singstimmen und Orchesterdynamik, menschlichen Atem und ›Weltatem‹ medientechnisch exakt verknüpfen.[4]

Im Begleitbrief aus dem Dezember 1982 an Kaiser, der bereits Kittlers Doktorvater gewesen war, gestand Kittler, dass sein »Lieblingsthema […] natürlich das wagnerianische« sei,

> zumal im Jahr 1983. Es würde zugleich das grosse Loch füllen, das im Buch [gemeint ist Kittlers Habilitationsschrift *Aufschreibesysteme 1800/1900*] zwischen Hoffmann und Nietzsche klafft,und [sic] im Kolloquium eine Diskussion über die härtesten Prämissen des Buchs – die wahrnehmungstheoretischen – erlauben: Was sind Künste für unsere Sinne?[5]

Mappe 5).

3 Vgl. den Brief von Friedrich A. Kittler an Gerhard Kaiser vom 08. Dezember 1982 (Kasten 39, Mappe 1).

4 »THEMENVORSCHLÄGE ZUM COLLOQUIUM« (Anm. 2).

5 Brief von Friedrich A. Kittler an Gerhard Kaiser vom 08. Dezember 1982 (Kasten 39, Mappe 1).

Über das mit amerikanischer Schreibmaschine verfasste, einblättrige Typoskript »THEMENVORSCHLÄGE ZUM COLLOQUIUM« hinaus ist ein weiteres, mit heimischer IBM-Schreibmaschine getipptes, einblättriges Typoskript überliefert.[6] Den Ankündigungstext für den Wagner-Vorschlag in diesem Typoskript hatte Kittler leicht abgewandelt:

> An den oft geschmähten Texten von Wagners Musikdramen ist – in Abgrenzung zu traditionellen Formen des Dramas und der Oper – zu zeigen, wie eine historisch neue, nämlich interne Verbindung zwischen Handlung und Musik das sog. Gesamtkunstwerk technisch möglich macht. Immer wieder gehen Wagners Plots von Bühnensituationen aus, die primär akustisch (und verbal oder optisch) sind und deshalb schon dem Gesang und der Orchestrierung offenstehen. Eine solche – physiologische – Definition von Sprechen als Atmen hat Konsequenzen für die Musik selber, an der bei Wagner die Parameter Klang und Dynamik entscheidend werden.[7]

Seinen Habilitationsvortrag am 06. Juni 1984 hielt Kittler letztlich über das Barockthema »Rhetorik der Macht und Macht der Rhetorik in Lohensteins ›Agrippina‹«. Die Antrittsvorlesung als Privatdozent an der Universität Freiburg im Wintersemester 1984 hingegen war der Vortrag »Weltatem. Über Wagners Medientechnik«.[8] Nahezu zeitgleich zu Kittlers frühen Überlegungen für das Habilitationskolloquium hatte Gerhart Hoffmeister Kittler im Oktober 1982 zu einem Vortrag Anfang des Jahres 1983 nach Santa Barbara eingeladen.[9] Kittler schlug drei Vortragsthemen vor: erstens »Das Medium Weltatem«, zweitens »Carlos als Carlsschüler« und drittens das »Faustthema«,[10] also die »Gelehrtentragödie« aus

6 Ohne Titel, 1 Blatt Typoskript (Kasten 107, Mappe 5).

7 Ebenda.

8 Vgl. Friedrich Kittler, »Nachweise«, in: ders., *Das Nahen der Götter vorbereiten*, mit einem Vorwort von Hans Ulrich Gumbrecht, München: Fink 2012, S. 86–87, hier S. 87.

9 Brief von Gerhart Hoffmeister an Friedrich A. Kittler vom 28. Oktober 1982 (Kasten 11, Mappe 1).

10 Brief von Friedrich A. Kittler an Gerhart Hoffmeister vom 31. Oktober 1982 (Kasten 11, Mappe 1).

den *Aufschreibesystemen.*[11] Von diesen Themen stand ihm, wie er Hoffmeister schrieb, »Nr. 1 am nächsten«:

> Ich versuche zu zeigen, dass Wagners Dramenhandlungen nicht primär von optischen und verbalen Informationen wie üblich ausgelöst werden, sondern durch die akustische Wahrnehmung des Atmens oder Nichtatmens (Tod) des Mitspielers; dass diese Stimmphysiologie sich auf ein nichtmenschliches Atmen, konkret: die Klangdynamik des Orchesters, erweitern lässt und so eine völlig neue und mediengerechte Musikdramatik ermöglicht.[12]

Laurence A. Rickels, wie Hoffmeister Professor an der Universität in Santa Barbara, informierte Kittler im Dezember, dass er über Faust »nicht unbedingt zu sprechen« brauche, dass man aber einen von ihm »mehr emotional besetzten Vortrag« »zu jeder Zeit begrüssen« würde.[13] Er müsse seinen Vortrag zwar »nicht notwendigerweise auf Englisch« halten, es sei aber mit Blick auf das englischsprachige Publikum »vielleicht günstiger«.[14] Letztlich hielt Kittler seinen Vortrag am 31. Januar 1983 in Santa Barbara zum Thema »Faust I. Von der Gelehrtentragödie zur Hermeneutik«, da ihm die Zeit fehlte.[15]

Anfang Januar 1983 schrieb Reinhart Meyer-Kalkus an Kittler mit Blick auf einen für August geplanten Wagner-Kongress, den Gerhard Heldt vom Forschungsinstitut für Musiktheater der Universität Bayreuth organisieren sollte.[16] Thema war »Wagner und die Folgen«. Diese Tagung konnte letztlich in Ermangelung finanzieller Mittel nicht stattfinden. Im Nachgang bedankte sich Kittler bei Meyer-Kalkus dafür, seinen Namen bei der Planung des Bayreuther

---

11 Vgl. den späteren Abdruck: Friedrich A. Kittler, »Die Gelehrtentragödie. Vorspiel auf dem Theater«, in: ders., *Aufschreibesysteme 1800·1900*, München: Fink 2003 (4. Auflage), S. 11–33.

12 Brief von Friedrich A. Kittler an Gerhart Hoffmeister vom 31. Oktober 1982 (Kasten 11, Mappe 1).

13 Brief von Laurence A. Rickels an Friedrich A. Kittler vom 09. Dezember 1982 (Kasten 23, Mappe 5).

14 Ebenda.

15 Brief von Friedrich A. Kittler an Laurence A. Rickels vom 03. Januar 1983 (Kasten 23, Mappe 5).

16 Brief von Reinhart Meyer-Kalkus an Friedrich A. Kittler vom 07. Januar 1983 (Kasten 25, Mappe 4).

Kongresses ins Spiel gebracht zu haben und drückte seine Hoffnung aus, »über das Selbe (das ›Medium‹ Weltatem) auf einem Kongreß in Chicago zu sprechen. So wäre nichts verloren. und [sic] meine neue Amerikaleidenschaft wiederbelebt.«[17]

Am 10. November 1983 hielt Kittler dann einen Vortrag mit dem Titel »Weltatem: On Wagner's Media Technology« im Rahmen der »Wagner Centennial Conference« an der University of Illinois Chicago. Die Konferenz stand unter dem Schwerpunkt »Wagner in Retrospect: A Centennial Reappraisal«. Die Zusage innerhalb der Sektion »Wagner's musical creativity« hatte Kittler von Leroy R. Shaw, dem Vorsitzenden des Wagner Centennial Comittee, im März 1983 erhalten, versehen mit der Bitte, eine Kopie seines Manuskripts für eine anschließende Veröffentlichung der Tagungsbeiträge zur Verfügung zu stellen und schon zur Konferenz mitzubringen.[18] Mit Blick auf die kommende Tagung berichtete Kittler Antje Petersen und Marc Weiner, zwei Freunden aus den USA, im Oktober 1983 von seiner doppelten Schreibarbeit: »Wolle Gott, ich hätte den schönen englischen Entwurf aus Stanford noch. Aber er scheint verschwunden und ich muss all die alten Geschichten neu formulieren.«[19] Demzufolge existierte eine englische Textfassung aus der Zeit als Gastprofessor an der University of Stanford (01. September 1982 bis 31. März 1983), die offenbar in der Zwischenzeit verlorengegangen war. Ende Oktober 1983 schickte Kittler seine neue englische Textfassung, noch ohne Fußnoten, an Shaw.[20] Die in der Werkliste angeführte Schreibzeit (08. bis 24. Oktober 1983) stimmt mit der überlieferten Korrespondenz überein. Den finalen Text erhielt Shaw aufgrund einiger notwendiger Verbesserungen durch Kittler erst im

---

17 Brief von Friedrich A. Kittler an Reinhart Meyer-Kalkus vom 16. August 1983 (Kasten 25, Mappe 4).

18 Vgl. den Brief von Leroy R. Shaw an Friedrich A. Kittler vom 21. März 1983 (Kasten 40, Mappe 3).

19 Brief von Friedrich A. Kittler an Antje Petersen und Marc Weiner vom 10. Oktober 1983 (Kasten 24, Mappe 3). Marc Weiner war Graduate Student im dritten Jahr während Kittlers Gastprofessur in Stanford, Antje Petersen, die ebenfalls in Stanford promovierte, besuchte auch Kittlers Proseminar »German Geistesgeschichte in the 19th century« 1982. An der »Wagner Centennial Conference« in Chicago nahm Weiner als Moderator teil.

20 Vgl. den Brief von Friedrich A. Kittler an Leroy R. Shaw vom 25. Oktober 1983 (Kasten 24, Mappe 3).

Dezember.[21] Kittler versicherte Shaw, dass eine englischsprachige Publikation des Textes ganz allein von ihm abhänge und er, Kittler, lediglich die Urheberrechte der deutschen Version behalte.[22]

Die Publikation der Tagungsbeiträge erfolgte 1987 (laut Kittlers Werkliste im Februar), ein Verlag war erst Ende August 1985 gefunden worden. Die Geschichte dieses Sammelbandes kann im Briefwechsel zwischen Kittler und Shaw nachvollzogen werden.[23] Kittlers Beitrag »Weltatem: On Wagner's Media Technology« erschien in der Sektion »The Media« neben einem Beitrag von Gerda Jordan über »The ›Ring‹-movie and the ›Ring‹-text«. Die Einleitung fasst zusammen: Der Text »argues the case for Wagner as a forerunner of contemporary acoustical developments«.[24] An der amerikanischen Fassung »großen Anteil«[25] hatte Jann Matlock, wie Kittler in den Nachweisen des 2012 erschienenen Nachdrucks offenlegte.

Kittler stand mit verschiedenen Kollegen im Austausch über seine Wagner-Forschungen und hielt sie durch Zusendung von Typoskripten auf dem Laufenden. Aus Stanford berichtete er Ende Oktober 1982 Meyer-Kalkus:

> Was mir […] viel mehr am Herzen liegt, geht auf 1983, das Jahr des Palazzo Vendramin. Beharrlich wie der alte Cato bestehe ich auf meinem Wagnerum esse scribendum. Wie das Deine Schreibfeder oder -maschine von heute [sic]?
>
> Ich bin inzwischen einigermassen dafür präpariert, dem ersten Multimedialisten der Kunstgeschichte die Kränze zu flechten. Nichts anderes hab ich in den letzten Jahren – zumal dank den technologischen Schätzen amerikanischer Bibliotheken – zu recherchieren versucht als just jene frühen Mediengeschichten. (In einem Rotations-Verlag-Reader aus Berlin, ZETA 02: Mit Lacan, genannt, magst Du sub voce Dracula einige dieser Ergebnisse nachlesen.) Mag die Germanistik denken, was sie will: es gibt sinnlichere Medien

21 Vgl. den Brief von Friedrich A. Kittler an Leroy R. Shaw vom 20. Dezember 1983 (Kasten 40, Mappe 3).

22 Vgl. ebenda.

23 In Kasten 40, Mappe 3.

24 Leroy R. Shaw, Nancy R. Cirillo und Marion S. Miller (Hrsg.), *Wagner in Retrospect. A Centennial Reappraisal*, Amsterdam: Rodopi 1987, S. 1–5, hier S. 3.

25 Kittler, *Das Nahen der Götter vorbereiten* (Anm. 8), hier S. 87.

als Bücher. Oder, mit Wagner gesprochen: Dichtung bot anstelle der wirklichen Bildergalerie bloss den Katalog.

Und wie ich Wagnerjahre oder Goethejahre kenne, schreibt natürlich jeder über gewisse Einflüsse eines gewissen Philosophen (ob Feuerbach oder Schopenhauer) auf den alten Histrionen, keiner aber über histrionische Technologien selbst. Statt also zum hundertstenmal Kleist zu interpretieren (wie ich es denn doch noch brav gemacht habe), kämen wir auf die schöne grüne Wiese der Medien, z.B. auf jene Wiese am Rhein, wo Wagner ursprünglich den Ring aufführen wollte.

Was das Buchmässige am Buch angeht, weiss ich noch nicht so recht Bescheid. Erst einmal sollte ein allgemeines brain storming einsetzen. Währenddessen schaue ich mich auf der hiesigen Seite des Atlantiks um, ob nicht eine deutsch-amerikanische Doppelpublikation machbar ist. (Der Ehrgeiz wächst, wenn man nur noch halbjährlich in Deutschland haust.) Ich halte aber eine deutsche Veröffentlichung für prinzipiell möglich, schon wenn sie es noch 1983 schafft.[26]

Zu diesem Zeitpunkt war offenbar noch eine Monographie oder Sammelbandpublikation zu Wagner geplant gewesen. Mehr als ein Jahr später schickte Kittler die englische Fassung an Jochen Hörisch.[27] Hörisch setzte sich in seinem zweiseitigen handschriftlichen Antwortbrief kritisch mit Kittlers Text, möglichen argumentativen Widersprüchen und auch der zentralen These – der »Gleichung Weltatem = Sound« – auseinander, betonte aber am Ende des Briefes seine »Bewunderung«: »[…] wie sollten befreundete Intellektuelle […] einander ohne Peinlichkeit loben, wenn nicht in Form der Kritik?«[28] Im Dezember 1983 schickte Kittler seinen »kleinen Wagner-Essay« auch an Manfred Frank.[29] Das englischsprachige

26 Brief von Friedrich A. Kittler an Reinhart Meyer-Kalkus vom 26. Oktober 1982 (Kasten 25, Mappe 4).

27 Vgl. den Brief von Friedrich A. Kittler an Jochen Hörisch vom 20. Dezember 1983 (Kasten 26, Mappe 2a).

28 Brief von Jochen Hörisch an Friedrich A. Kittler vom 29. Dezember 1983 (Kasten 26, Mappe 2a).

29 Brief von Friedrich A. Kittler an Manfred Frank vom 20. Dezember 1983 (Kasten 9, Mappe 2).

Manuskript hatte Kittler im Herbst 1983 ebenfalls Reinhard Pabst zugänglich gemacht, der eine deutschsprachige Fassung zunächst für ein Zeitschriftenprojekt, dann ein Jahr später als Beitrag – »irgendwo zwischen Wagner und Pink Floyd?!«[30] – für das Buchprojekt »Macht und Musik« erwogen hatte.[31] Kittler und Pabst hatten sich durch Vermittlung von Hörisch auf der Frankfurter Buchmesse kennengelernt und dort unter anderem über Hölderlin und Patti Smith gesprochen.[32] In einem Antwortschreiben vom Dezember 1984 bezog sich Kittler auf die »englische Version über Wagner und Weltatem« und versicherte: »Für eine Übersetzung ins Deutsche kann auch gesorgt werden, weil ich den Text höchstwahrscheinlich als Antrittsvorlesung mißbrauchen werde.«[33] Aus dem Sammelbandprojekt Pabsts ist nichts geworden, Kittlers Text blieb unübersetzt.

An ein vorangegangenes Gespräch und erstes Kennenlernen auf dem Kolloquium »Style as a Historical Category« in Dubrovnik anknüpfend, schrieb Kittler Anfang April 1985 an Renate Lachmann, in der Hoffnung, weitere Hinweise durch sie für seinen »ersten Versuch über Wagner« zu erhalten:

> Was ihm fehlt, ist erstens ein Hinweis auf die respiratorische Logik, die die ganze ›Walküre‹ durchzieht – amerikanische Panel-Vorträge verbieten Wiederholungen –, und zweitens eine theoretische Fundierung. Also bleibt mir nur die Lektüre Mandelstams und Lachmanns.[34]

---

30 Brief von Reinhard Pabst an Friedrich A. Kittler vom 30. November 1984 (Kasten 23, Mappe 3).

31 Vgl. den Brief von Reinhard Pabst an Friedrich A. Kittler vom 22. Oktober 1983 sowie den Brief von Reinhard Pabst an Friedrich A. Kittler vom 30. November 1984 (beide Kasten 23, Mappe 3). Die handschriftliche Notiz Kittlers »26.10. Kopie« auf dem Brief von Pabst vom Oktober vermerkt das Datum, an dem Kittler seinen englischen Wagner-Text an Pabst geschickt hat.

32 Vgl. den Brief von Reinhard Pabst an Friedrich A. Kittler vom 22. Oktober 1983 (Kasten 23, Mappe 3).

33 Brief von Friedrich A. Kittler an Reinhard Pabst vom 07. Dezember 1984 (Kasten 23, Mappe 3).

34 Brief von Friedrich A. Kittler an Renate Lachmann vom 09. April 1985 (Kasten 25, Mappe 3). Lachmann sagt, sie habe diesen Brief nicht erhalten.

Die Bezeichnung des Textes als »ersten Versuch« lässt offen, ob Kittler hier die erste, englische Textfassung vom Oktober 1983 oder die spätere, erste deutsche Textfassung meinte.

Die beiden englischsprachigen Publikationen des »Weltatem«-Textes müssen entstehungsgeschichtlich und personell voneinander unterschieden werden. Die erste amerikanische Publikation von 1987 bezeichnete Kittler als »das auf meinem Mist gewachsene Original«, sie war also »gar keine Übersetzung«.[35] Demgegenüber basiert die 1994 veröffentlichte amerikanische Publikation »World-Breath. On Wagner's Media Technology« in dem von David J. Levin herausgegebenen Band *Opera Through Other Eyes* auf einer von Levin und Kittler umfassend überarbeiteten und ergänzten Fassung des Textes von 1987.[36] Dass es sich dabei um verschiedene Textfassungen handelt, ist auch durch den Briefwechsel mit Levin belegt.[37] Im September 1988 versicherte Kittler Levin, dass

> Shaw […] keinerlei Schwierigkeiten machen [würde], denn seine Edition ist, milde gesprochen, ein vervielfältigtes Typoskript. Und außerdem werde ich meinen Text vor dem 15. Dezember auf den Stand der ausführlicheren deutschen Version gebracht haben.[38]

Die Werkliste notiert Dezember 1986 als Erscheinungsdatum des deutschen Erstdrucks, tatsächlich erschien er nach der englischen Fassung 1987 in dem von Kittler, Manfred Schneider und Samuel Weber herausgegebenen Band *Diskursanalysen 1: Medien*. Die Reihe *Diskursanalysen* setzte ein Projekt fort, das 1980 mit dem deutsch-französischen Jahrbuch für Text-Analytik *Fugen*[39] begonnen, aber nach nur einem Band wieder eingestellt worden war. Ziel

---

35 Brief von Friedrich A. Kittler an David J. Levin vom 04. Juni 1992 (Kasten 39, Mappe 3).

36 Vgl. Friedrich Kittler, »World-Breath. On Wagner's Media Technology«, in: David J. Levin (Hrsg.), *Opera Through Other Eyes*, Stanford: Stanford University Press 1994, S. 215–235, hier S. 215.

37 Vgl. die Korrespondenz aus dem Zeitraum 1988 bis 1992 (Kasten 39, Mappe 3).

38 Brief von Friedrich A. Kittler an David J. Levin vom 06. September 1988 (Kasten 39, Mappe 3).

39 Manfred Frank, Friedrich A. Kittler und Samuel Weber (Hrsg.), *Fugen. Deutsch-Französisches Jahrbuch für Text-Analytik*, Olten und Freiburg im Breisgau: Walter 1980.

blieb die »Anwendung post-strukturalistischer Theorien auf Gegebenheiten von Texten«.[40] In diesem Programm fand »Weltatem«, neben Texten von Wolfgang Scherer, Frank Haase, Rüdiger Campe und Thorsten Lorenz, seinen Platz in der Rubrik »Prähistorie der technischen Medien«, zu der die Herausgeber im Editorial festhalten:

> Das gesamte neunzehnte Jahrhundert [...] arbeitet bereits an einer Technisierung von Kommunikationsprozessen, die dann an seinem Ende – als Kino und Phonograph, Schreibmaschine und Telephon – auch in den Alltag selber einzieht. Was damit zusammenbricht, ist zugleich eine Praxis und eine Theorie: jenes Monopol schriftlicher Diskurse nämlich, das für die Literatur ebenso begründend war wie für die Kulturwissenschaften des sogenannten Menschen und seiner Hervorbringungen. Mit den technischen Medien sinken historische Aprioris reihenweise dahin. Sie bilden nicht nur den positiven Ermöglichungsgrund neuer Menschenwissenschaften (wie Kriminalistik und Psychoanalyse), sondern erzwingen auch paradigmatische Veränderungen in alten. Übergänge wie etwa von der Musikhermeneutik zur Klangphysiologie, von der Literatur zum Musikdrama Wagners, von der Sprachtheorie zur Experimentallinguistik stehen dafür ein.[41]

Neben den geplanten und durchgeführten, englischen wie deutschen Vortragsanlässen, die für die Textproduktion zu Wagner entscheidend waren, ist auch Kittlers Beschäftigung mit Wagner in der universitären Lehre zu berücksichtigen. Im Wintersemester 1978/1979 hielt Kittler gemeinsam mit Norbert Bolz in Freiburg ein Proseminar zu »Richard Wagner ›Tristan und Isolde‹« ab, das laut Vorlesungsverzeichnis anhand von Wagners »avanciertestem Musikdrama« die »historische Zäsur, die eine Kunst des Alphabetismus (Literatur) durch eine multimediale ästhetische Maschine ersetzt«, zu untersuchen plante.[42] Im Sommersemester 1981 gab er in Frei-

40 Friedrich Kittler, Manfred Schneider und Samuel Weber, »Editorial«, in: dies. (Hrsg.), *Diskursanalysen 1: Medien*, Opladen: Westdeutscher Verlag 1987, S. 7–9, hier S. 7.

41 Ebenda, hier S. 8.

42 *Kommentar zu den Lehrveranstaltungen des Deutschen Seminars im Winter-*

burg ein Proseminar zu »Wagner's [sic] Ring«, das im Vorlesungsverzeichnis wie folgt angekündigt wurde:

> Daß Wagner Musik, aber keine Texte schreiben konnte, zählt zur eisernen Ration des gebildeten Aberglaubens. Im Seminar soll, und zwar gerade am opus magnum, ein Gegentest veranstaltet werden. Womöglich hat *Der Ring der Nibelungen* nur darum so viel literarischen Spott produziert, weil er Klartext ist: ein radikal durchformuliertes ›Wunschgeflecht‹ (K.Asal), das nicht erst noch entziffert werden muß. ›Alles, Alles weiß ich‹, singt am Ende eine Frau.
>
> Weil jenes Wunschgeflecht aber vor allem eines von Sprache und Musik ist, bleibt die Teilnahme von Musikwissenschaftlern, auch wenn unser Hören literaturwissenschaftlich-dilettantisch bleiben muß, dringend erwünscht.[43]

In Vorbereitung auf das »Ring«-Seminar erinnerte Kittler sich an das vorangegangene Ko-Teaching mit Bolz als

> ein kleines und experimentelles Seminar, auf der zaghaften Annahme basierend, daß RW, wenn schon unslesbar [sic], wenigstens im Tristan die Basis der modernen Kunst/Musik gelegt habe und das Wagala weia erspare. Das Körpertechnische und Medientechnische an Isoldes Liebestod als ablösbar vom 19. Jahrhundert, modern wie abstrakte Kunst.[44]

---

semester 1978/79, herausgegeben vom Lehrkörper an der Albert-Ludwigs-Universität Freiburg im Breisgau, S. 39. Vgl. auch die Seminarvorbereitung »WS 78. Wagner 1«, 2 Seiten Typoskript mit handschriftlichen Ergänzungen (Kasten 100, Mappe 1, »Wagner WS 90/91«), in der Kittler seine Überlegungen zu den Seminarthemen vorstellt, darunter »Physiologisches Medium Musik und Technologie. Maschine des Orchesters, Maschine des Bayreuther Theaters (Appia lesen), Antizipation des Films vor seiner Erfindung. Kunstwerk im Zeitalter seiner technischen Reproduzierbarkeit; Psychose (Halluzination) und Technologie. [...] Technologie der Wünsche und archaische Strukturen, die etwa beim Orchestergraben Wagner ausspricht: Orchester = berauschende Dämpfe beim delphischen Orakel. | Also Musik, Mythos und kultisches Ritual.« (Ebenda, hier S. »WS 78. Wagner 1.2«.)

43 *Kommentar zu den Lehrveranstaltungen des Deutschen Seminars im Sommersemester 1981*, herausgegeben vom Lehrkörper an der Albert-Ludwigs-Universität Freiburg im Breisgau, S. 42 f.

44 »SS 81. 1«, 6 Seiten Typoskript mit handschriftlichen Ergänzungen (Kasten 100, Mappe 3), hier S. »SS 81. 1.2 RING«.

Die neue Lehrveranstaltung setzte andere Schwerpunkte, wie Kittler in seinen Notizen festhielt:

> Demgegenüber Ring: hinein in die unvorstellbare Materialität, in die historische Belastetheit (Faschismus) dieser zweiten Jahrhunderthälfte, von der Glucksmann sagt, sie habe – und zwar eben im Ring – für uns arme, marxistisch gemachte und ferngelenkte Technokraten den Diskurs programmiert, der von allem Rechenschaft gibt und vom Ganzen spricht.[45]

Auch im Freiburger Proseminar »Über technische Voraussetzungen der Literatur um 1900« (Wintersemester 1981/1982) griff Kittler in einer »[s]eminarinterne[n] Vorgeschichte« den »jahrelange[n] Versuch« der Forschung auf,

> die Position Richard Wagners innerhalb des 19. Jahrhunderts zu bestimmen. Letztes Seminar: der Ring beginnt nicht mit einer melodisch figurierten Harmonie toute courtre [sic], sondern mit der Obertonreihe des Tons ES. Theorie der Obertöne? Der Orchestergraben in Bayreuth, ich habs mir daraufhin angesehen, fungiert als Resonanzkammer (inclusive ganzer Theatersaal), unsichtbare Hörwelt versus das Apollinische.
>
> Nietzsche als Wagnerianer vergleicht Apollinisches mit einem auf eine dunkle Wand geworfenen Lichtbild, das sich bewegt. Chamberlain, Wagners Schwiegersohn, plant bewegliche Projektionen auf Bühne statt Schauspielern, während das unsichtbare Orchester spielt – so träumt das 19. Jahrhundert die Technik vor ihrer Realisierung. Benjamin.[46]

Von seinem »Ring«-Seminar berichtete Kittler auch dem Germanisten Helmut Pfotenhauer, der ihm einen Wagner-Aufsatz geschickt hatte. Der Brief vom Oktober 1981 macht deutlich, dass es Kittler in seiner Lehrveranstaltung aus dem Sommersemester 1981 auch um ein Desiderat der Wagner-Forschung ging:

---

45 Ebenda.

46 »WS 81. 1«, 4 Seiten Typoskript (Kasten 132, Mappe 7), hier S. »WS 81. 1.2«. Vgl. *Werkausgabe*, Abteilung II.C.

> Auch bei uns im Wagner-Ring-Seminar, also während Dein Text hier eintraf, ging es fast nur um die Beziehungsprobleme Wotans, wenn wir nicht einfach Musik gehört haben. Wenn du darüber weiter schreibst oder geschrieben hast, wäre ich brennend interessiert. Ansonsten folgte das Seminar einer alten Lieblingsidee von mir: daß Wagner den Informationsfluß auf der Bühne von den klassischen zwei Datenmengen /Signifikate einerseits, Augeneindrücke andererseits/ mehr oder weniger auf akustische Daten umgestellt und damit auch im technisch Realen ein *Musik*drama erreicht habe. Über Wotan, den alten Windgott, das Atmen der Sänger, den Sturm des Orchesters und die Windbräute namens Walküren würde ich gerne einmal schreiben, nicht ohne dasselbe im Tristan nachzuweisen. So scheint auch mir, daß das immer wieder verhöhnte *Lesen* Wagners noch gar nicht richtig angefangen hat.[47]

Weitere Belege für Kittlers Beschäftigung mit der Weltatem-Thematik geben die größtenteils undatierten Typoskripte »Atmen« (2 Seiten Typoskript), »ATMEN« (2 Seiten Typoskript), »WAGNER« (1 Blatt Typoskript), »WAGNER, Atem« (1 Blatt Typoskript), »WAGNER 2« (1 Blatt Typoskript), verschiedene Seminarvorbereitungen wie »SS 81. 1«, »SS 81. 9« und Lektürenotizen, so etwa die Schlussfolgerung eines Typoskripts ohne Titel: »Wagners Technologie wirklich technologisch, wenn Film und Grammophon erfunden, wenn Physiologie positive und rezipierte Wissenschaft um 1900 geworden ist.«[48] Die Unterlagen und Notizen zu diesen beiden Proseminaren befinden sich ungeordnet gemeinsam mit den Unterlagen zu einem im Sommersemester 1994 an der Humboldt-Universität zu Berlin gehaltenen Hauptseminar zu »Wagner, Musikdramen« in einer »Wagner WS 90/91« bezeichneten Mappe, die darüber hinaus Unterlagen zu

---

47 Brief von Friedrich A. Kittler an Helmut Pfotenhauer vom 20. Oktober o. J. (Kasten 23, Mappe 3).

48 Alle genannten Unterlagen befinden sich in Kasten 100, Mappe 1, »Wagner WS 90/91«. Zum ausgewählten Zitat vgl. den Erstdruck »Weltatem. Über Wagners Medientechnologie«, in: Friedrich A. Kittler, Manfred Schneider und Samuel Weber (Hrsg.), *Diskursanalysen 1: Medien*, Opladen: Westdeutscher Verlag 1987, S. 94–107, hier S. 103.

einem in Bochum abgehaltenen Hauptseminar »Wagners Musikdramen« versammelt.[49]

Überdies spricht vieles dafür, dass Kittlers Auseinandersetzung mit Wagner nicht erst im Oktober 1983 einsetzte, sondern spätestens 1977.

1. Ein Beleg hierfür ist die Korrespondenz Kittlers aus den Jahren 1977 und 1978. Im April 1977 berichtete Kittler in einem Brief an Bettina Rommel von einem aktuellen Forschungsvorhaben zu Wagner:

> Richard Wagner hält Einzug in mehrerer Leute Träume. Ich werde schreiben über Isoldes Ende, die Auferstehung des Fleisches (›Wie er minnig, immer mächt'ger, Stern-umstrahlet hoch sich hebt – Seht ihr's nicht?‹), das Objekt des Begehrens des Anderen, wie es von den Medien Atem und Musik auf eine Filmfläche ohne Leinwand projiziert wird. Und die anderen haben noch buntere Träume. Sobald die [zusammen mit Horst Turk herausgegebenen] Urszenen auf den Wintersemesterauslagetischen der Buchhandlungen sind, sollten auch die Träume sich bescheidet haben und auf Entwurfspapier herniedergestiegen sein.[50]

Das Vorhaben eines Wagner-Sammelbandes, in das laut Korrespondenz auch Bolz einbezogen war,[51] bekräftigte Kittler im Oktober 1977 gegenüber Gerhard Rupp:

> Aber weil die Blicke in die Zukunft gehen, annonciere ich, dass die Träume von einem Wagnerbuch, genauer gesagt: einem Buch über, für, zu, von Isolde erste Spuren auf dem Papier hinterlassen haben. Wenn das Manuskriptkonvolut respektabel genug sein wird, würde ich gern Ihre Randbemerkungen und Fortsetzungen zu unseren Entwürfen hören oder sehen. Denn immer noch oder immer mehr nimmt mich Ihre Frage nach den neuen Medien in Beschlag. Viel-

49 Die gesammelten Unterlagen befinden sich in Kasten 100, Mappe 1.

50 Brief von Friedrich A. Kittler an Bettina Rommel vom 19. April 1977 (Kasten 11, Mappe 1).

51 Vgl. den Brief von Friedrich A. Kittler an Norbert Bolz vom 19. April 1977 (Kasten 27, Mappe 3).

leicht überdauert Musik noch eine Zeitlang, wenn Literatur, nach Valérys Diktum, eine Sache geworden ist, sofern [sic] wie Heraldik und Astrologie.[52]

In einem Brief an Rommel vom 24. Februar 1978, in dem Kittler von seiner aktuellen Beschäftigung mit »R.W.« berichtete, erwähnte er auch bereits Themen, die in seinem späteren Aufsatz »Weltatem« eine Rolle spielen sollten: den Atem, das unsichtbare Orchester im Orchestergraben, das Rauschhafte an Wagners Musik.[53]

2. Ein weiteres Indiz für Kittlers vorangegangene Beschäftigung mit Wagner ist der in der Werkliste unter der Ordnungsnummer 19 geführte Text »Have you ever been«, der im August 1978 geschrieben worden sein soll, aber in der Liste ohne Erscheinungsdatum bleibt. Obwohl ein Text mit diesem Titel heute unauffindbar ist, sind im Nachlass verschiedene Typoskripte und Notizen überliefert, die aufgrund des von Kittler praktizierten Überschriftenformats und aufgrund thematischer Übereinstimmungen eine Zuordnung zu der Arbeit an »Have you ever been« erlauben.[54] Auch wenn die Existenz des Textes nicht geklärt werden konnte, können wir vermuten, dass es sich bei den im Nachlass erhaltenen Texten um Vorstufen und Arbeitsnotizen handelt. Aus dem Material dieses Textes von fraglichem Status sind vier Beobachtungen für die Vorgeschichte von »Weltatem« interessant:

a) Eines der »HAVE YOU EVER BEEN«[55] überschriebenen Brouillons verweist auf die Diskussion mit Norbert Bolz (»auch vor Deinen Ohren, Norbert«). Es ist wahrscheinlich, dass dieses Typoskript im Zusammenhang mit dem gemeinsamen Proseminar »Richard Wagner ›Tristan und Isolde‹« (Wintersemester 1978/1979, Universität Freiburg) steht. Das mit handschriftlichen Korrekturen versehene Typoskript kommt aufgrund seines erzählerischen Einstiegs und der Gliederung in Haupttext und Fußnotenapparat einer

52 Brief von Friedrich A. Kittler an Gerhard Rupp vom 25. Oktober 1977 (Kasten 11, Mappe 1).

53 Brief von Friedrich A. Kittler an Bettina Rommel vom 24. Februar 1978 (Kasten 11, Mappe 1).

54 Vgl. Kasten 100, Mappe 1, »Wagner WS 90/91«.

55 »HAVE YOU EVER BEEN«, 1 Blatt Typoskript mit handschriftlichen Ergänzungen und Korrekturen (Kasten 100, Mappe 1, »Wagner WS 90/91«).

möglichen Vorstufe oder Fassung von »Have you ever been« am nächsten.

b) Die mutmaßlichen Vorstufen von »Have you ever been« sind nicht datiert, könnten also auch nach dem von Kittler verzeichneten Schreibdatum im August 1978 abgefasst worden sein. Nimmt man jedoch an, dass es sich um allgemeine Vorarbeiten zu einem tentativ »Have you ever been« betitelten Text handelt, unabhängig davon, ob dieser Text tatsächlich verfasst oder beendet wurde, dann lassen sich diese Texte nicht nur als chronologisch vorgelagerte Schreibarbeiten von »Have you ever been«, sondern auch als inhaltliche Vorarbeiten für den »Weltatem«-Text lesen. Das überlieferte Konvolut an »Have you ever been«-Textentwürfen zeichnet sich an verschiedenen Stellen durch große inhaltliche Nähe zum später datierten Text »Weltatem« aus. Den Beleg für die im »Weltatem« präsentierte These, dass die Musik der Atem der Sprache sei,[56] hatte Kittler auch im Brouillon »WAGNER / ATEM«[57] notiert (es handelt sich um ein Zitat aus Wagners kunsttheoretischer Schrift *Oper und Drama*). Direkte Bezüge zu der in »Weltatem« zentral behandelten Problematik des Atems und zum Teil wörtliche Übereinstimmungen gibt es auch in »HAVE YOU EVER BEEN? Atem«.[58] Die Wagnersche Technik, Akrosticha und Anagramme des Tristanromans im Musikdrama auf der Soundebene durch »zweideutige[n] Orchesterklang«[59] zu realisieren, wurde auch in »HAVE YOU EVER BEEN? Akrosticha«[60] thematisiert. Darüber hinaus gibt es zahlreiche Typoskripte aus der Vorbereitung des »HAVE YOU EVER BEEN«-Textes, die Themen des »Weltatem«-Textes bearbeiten, so etwa Rückkopplungen und akustische Halluzinationen.[61] Verschie-

56 Kittler, »Weltatem« (Anm. 48), hier S. 104, im vorliegenden Band S. 344.

57 »WAGNER / ATEM«, 1 Blatt Typoskript (Kasten 53, Mappe 1). Vgl. auch »WAGNER, Atem«, 1 Blatt Typoskript mit handschriftlichen Ergänzungen (Kasten 100, Mappe 1, »Wagner WS 90/91«).

58 »HAVE YOU EVER BEEN? Atem«, 4 Seiten Typoskript (Kasten 100, Mappe 1, »Wagner WS 90/91«).

59 Kittler, »Weltatem« (Anm. 48), hier S. 99.

60 »HAVE YOU EVER BEEN? Akrosticha«, 1 Blatt Typoskript mit handschriftlichen Ergänzungen (Kasten 100, Mappe 1, »Wagner WS 90/91«).

61 Vgl. »HAVE YOU EVER BEEN? Rückkopplung«, 1 Blatt Typoskript und »HAVE YOU EVER BEEN? Hören und Halluzinieren«, 1 Blatt Typoskript (beide Kasten 100, Mappe 1, »Wagner WS 90/91«).

dene Typoskripte scheinen also auf den »Weltatem«-Text vorauszuweisen; sie könnten aber auch späteren Datums und in die Zeit der Arbeit an »Weltatem« gefallen sein.

c) Der »Weltatem«-Text wiederum hat Spuren des früher notierten Titels »Have you ever been« bewahrt. Beispiele hierfür sind Bezugnahmen auf den Titel des Albums von Jimi Hendrix aus dem Jahr 1968: »Mit anderen Worten, den Worten von Jimi Hendrix: Wagners Elsa ist die erste Bewohnerin von Electric Ladyland.«[62] Oder auch:

> ›Freunde! Seht und fühlt ihr's nicht?‹ ist eine rhetorische Frage. Ganz wie die Jimi Hendrix-Frage ›Have you ever been to Electric Ladyland?‹ beantwortet sie sie selbst – durch Soundeffekte, die sie auslöst.[63]

Kittlers Beschäftigung mit Wagner von 1978 scheint also in den 1983 geschriebenen Text eingegangen oder mit diesem Schreibvorhaben zusammengeführt worden zu sein.

d) Die Arbeiten an »Have you ever been« sind allerdings nicht vollständig in »Weltatem« aufgegangen, sondern haben auch Eingang in andere Texte gefunden, so etwa in den im Januar 1983 abgefassten und im November 1983 veröffentlichten Text »›Ich bin nur Flamme, Durst und Schrei und Brand‹. Schreien auf Bühnen, Platten und Papieren« (vgl. den Text I.B.4.9 im vorliegenden Band) und in den Text »Der Gott der Ohren« (vgl. den Text I.B.4.2 ebenda). Kittlers Verweis im »Schreien«-Text auf die »weniger bekannte[] These von Rudolf Heinz«,[64] nach der »allen Opern ein Schrei zugrunde« liege, lässt sich auf ein Vorlesungsskript von Heinz aus dem Sommersemester 1978 rückbeziehen, das Kittler in dem Brouillon »HAVE YOU EVER BEEN? Strauß«[65] exzerpiert. Im

62 Kittler, »Weltatem« (Anm. 48), hier S. 98.

63 Ebenda, hier S. 102. Vgl. auch Komm. 26.

64 Friedrich A. Kittler, »›Ich bin nur Flamme, Durst und Schrei und Brand‹. Schreien auf Bühnen, Platten und Papieren«, in: Michael B. Buchholz et al. (Hrsg.), *Schreien. Anstöße zu einer therapeutischen Kultur* (= *trans – Magazin für therapeutische Kultur* 3), München: Kaiser 1983, S. 117–122, hier S. 118. Vgl. im vorliegenden Band S. 246.

65 »HAVE YOU EVER BEEN? Strauß«, 5 Seiten Typoskript mit handschriftlichen Ergänzungen und Korrekturen (Kasten 100, Mappe 1, »Wagner WS 90/91«), hier S. 4 f.

Brouillon »GRANTCHESTER MEADOWS«,[66] das sich gemeinsam mit den »HAVE YOU EVER BEEN«-Textentwürfen und -Notizen in einer Mappe mit Unterlagen verschiedener Entstehungsdaten befindet, hat Kittler, wie auch im Text »Der Gott der Ohren«, anhand eines Songs von Pink Floyd aus dem Jahr 1969 über verschiedene Klangebenen nachgedacht.

Kittlers Textproduktion zu Wagner endete nicht mit der Arbeit am deutschen und englischen »Weltatem«-Text. Von der späteren schriftlichen Auseinandersetzung seien hier nur jene erwähnt, die in relativer zeitlicher Nähe zu Kittlers Wagner-Forschung Anfang/Mitte der 1980er-Jahre stehen: In den Monaten Mai und Juni 1986 schrieb Kittler den Text »Wagners Untergänge« (vgl. *Werkausgabe*, Band I.B.5), der 1987 in den Programmheften der Bayreuther Festspiele veröffentlicht wurde.[67] Im Februar 1989 verfasste Kittler den Text »Wagners wildes Heer« (vgl. *Werkausgabe*, Band I.B.6), der in einer Kurzfassung 1991 in dem von Wolfgang Storch herausgegebenen Sammelband *Die Symbolisten und Richard Wagner* erschien.[68]

Für freundlich erteilte Publikationsgenehmigungen danken wir dem Deutschen Literaturarchiv Marbach, Gerhart Hoffmeister, Susanne Holl, Jochen Hörisch, Ingeborg Kaiser, Renate Lachmann, David J. Levin, Reinhart Meyer-Kalkus, Reinhard Pabst, Antje Petersen, Helmut Pfotenhauer, Laurence A. Rickels, Bettina Rommel-Vogt, Gerhard Rupp und Marc Weiner. Für Informationen aus den Briefwechseln mit Leroy R. Shaw und Gerhard Heldt, die wir nicht einsehen konnten, danken wir Susanne Holl.

---

66 »GRANTCHESTER MEADOWS«, 1 Blatt Typoskript (Kasten 100, Mappe 1, »Wagner WS 90/91«).

67 Friedrich Kittler, »Wagners Untergänge«, in: *Bayreuther Festspiele 1987. Programmheft III*, S. 1–19.

68 Friedrich Kittler, »Wagners wildes Heer«, in: Wolfgang Storch (Hrsg.), *Die Symbolisten und Richard Wagner*, Berlin: Edition Hentrich 1991, S. 37–44.

Nietzsche, der mechanisierte Philosoph I.B.4.15

»Unser Schreibzeug arbeitet mit an unseren Gedanken.«[1] So der einfache und skandalöse Gedanke, der Nietzsche, dem ersten mechanisierten Philosophen, von seiner brandneuen Schreibmaschine eingegeben wurde. Auf derselben Maschine getippt, die er kommentiert, ist der Gedanke selber nie kommentiert worden. Technischer Fortschritt wirkt manchmal zu revolutionär, um wahrgenommen zu werden. Wie Nietzsches großer Gedanke kommt er auf Taubenfüßen.

Die Schreibmaschine, wie sie in der zweiten Hälfte des 19. Jahr- 1
hunderts entwickelt wurde, hat die Praktiken von Schreiben und Literatur in einem Maße verändert, daß die meisten Zeitgenossen es nicht einmal merkten. Sie verschaltete nicht nur zum erstenmal die vordem getrennten Akte literarischer Produktion und literarischer Publikation,[2] sondern machte auch mit einem hundertjährigen Monopol Schluß. Zumindest im Deutschland von Klassik und Goethezeit war die Ehre, als Eigenname und Manuskript gedruckt zu werden, ein Vorrecht von Männern gewesen. Frauen durften zwar jene sogenannten Werke entweder inspirieren oder konsumieren; das Feld des Schreibens aber blieb ihnen verschlossen. Schon deshalb setzte eine fast allgegenwärtige Metapher die Frauen gleich mit dem weißen Blatt einer Natur oder Jungfräulichkeit, die dann ein sehr männlicher Griffel mit dem Ruhm seiner Autorschaft beschriften konnte.[3]

Diese ganze Metaphysik der Handschrift kam notwendig zum 2
Ende, als im Jahr 1881 die Vertriebsabteilung der Firma Remington & Son die Faszination ihrer vordem unverkäuflichen Schreibmaschine für ganze Heere arbeitsloser Frauen entdeckte. Ironisch genug, hatten die grundsätzlich männlichen Sekretäre des 19. Jahrhunderts

---

1 Nietzsche, Schreibmaschinenbrief an Peter Gast, Ende Februar 1882, in: F. N., Briefwechsel, hg. Elisabeth Förster-Nietzsche und Peter Gast, Berlin-Leipzig 1902–09, Bd. IV, S. 97 (= Briefe).

2 Vgl. dazu Marshall McLuhan, Die magischen Kanäle, Düsseldorf-Wien 1968, S. 283.

3 Vgl. etwa Friedrich Schlegel, Über die Philosophie. An Dorothea. Kritische Friedrich-Schlegel-Ausgabe, hg. Ernst Behler, Paderborn 1958 ff., Bd. VIII, S. 42.

viel zu viel Stolz in ihre mühsam erworbene Handschrift gesetzt, um nicht Remingtons Innovation acht Jahre lang zu übersehen.[4] Der kontinuierlich-kohärente Tintenfluß, dieses materielle Substrat bürgerlicher In-dividualität, machte sie blind gegenüber einer historischen Chance. Frauen dagegen, die das höhere Schulwesen ja weder gebildet noch in-dividualisiert hatte, bewiesen sogleich eine erstaunliche Gabe, »zur bloßen Schreibmaschine herabzusinken«.[5] Mit einemmal bekamen ihre nutzlos gelenkigen Pianofinger wirtschaftlichen Wert.[6] Seit 1881 »arbeiten mehr Frauen an der Schreibmaschine als an irgendetwas anderem«.[7] »Ihre sogenannte ›Emanzipation‹«[8] verdanken sie Remington, Underwood, IBM undsoweiter.

Die ersten, noch vorindustriellen Schritte bei der Entwicklung von Schreibmaschinen geschahen in Hinblick auf Krüppel. 1823 zum Beispiel erfand ein österreichischer Arzt ein mechanisches Gerät, das seinen Namen »Schreib-Maschine« zum trotz bloß die Schreibhände von Blinden steuerte. Es verhalf ihnen sogar zur Möglichkeit, ihr Geschriebenes durch Abtasten wiederlesen zu können. Und bezeichnend genug zielte Müllers Erfindung auf gebildete, aber leider blinde Väter, die ihre sittlich blinden Söhne mit Briefen und Briefwahrheiten wieder bessern wollten.[9] So klar brachte das Gerät

4 Für amüsante historische Einzelheiten vgl. Bruce Bliven jr., The Wonderful Writing Machine, New York 1954, S. 58–79.

5 Jenny Schwabe, Kontoristin. Forderungen, Leistungen, Aussichten in diesem Berufe, Leipzig [2]1902, S. 6 f.

6 1895 machten zwei deutsche Ökonomen diesen Punkt sehr klar: »Eine Art Typus ist heute auch bereits die *Maschinenschreiberin* geworden; sie ist im allgemeinen sehr gesucht und auf diesem Gebiet nicht nur in Amerika, sondern auch in Deutschland nahezu Alleinherrscherin. Es wird überraschen, hier einen praktischen Nutzen der zur wahren Landplage gewordenen Ausbildung junger Mädchen im Klavierspiel zu finden: die hierbei gewonnene Fingerfertigkeit ist für die Handhabung der Schreibmaschine sehr wertvoll.« (Julius Meyer / Josef Silbermann, Die Frau im Handel und Gewerbe (Der Existenzkampf der Frau im modernen Leben. – Seine Ziele und Aussichten. Zwanglos erscheinende Hefte, hg. Gustav Dahms, Heft 7), Berlin 1895, S. 264).

7 Bliven, S. 3.

8 George Tilghman Richards, The History and Development of Typewriters, London [2]1964, S. 1.

9 Vgl. C. L. Müller, Neu erfundene Schreib-Maschine, mittelst welcher Jedermann ohne Licht in jeder Sprache und Schriftmanier sicher zu schreiben, Aufsätze und Rechnungen zu verfertigen vermag, auch Blinde besser als mit allen bisher be-

zutage, daß Autorschaft und Autorität, Handschrift und Relektüre die Regeln klassischer Diskurse waren.[10]

Bevor Schreiben industrialisiert werden konnte, mußte unsere Kultur mithin ihre Regeln selber umstoßen. Physiologie, diese hard science, mußte eine psychologische Vorstellung vom Menschen ablösen, die ihm durch Handschrift und Relektüre garantiert hatte, seine Seele zu finden. Seit der Jahrhundertmitte wurden vormalige Handicaps wie Blindheit oder Taubheit zu Ansatzpunkten für technische Rekonstruktionen. Jedes Medium – laut McLuhan – erweitert und verstärkt ja physiologische Funktionen.[11] Also wurden von 1840 ab Schreibmaschinen für Blinde und in zwei Fällen (Foucauld und Pierre) sogar von Blinden konstruiert.[12] Leute und Ingenieure verloren alles Interesse an möglicher Relektüre. Keine der frühen Schreibmaschinen vor der Underwood von 1897 erlaubte die sofortige visuelle Kontrolle ihres Outputs. Aber das bedeutete eine Herausforderung und kein Handicap mehr. Blinde Maschinen zwangen die Leute, ob blind oder nicht, eine historisch neue Geschicklichkeit zu entwickeln. Im Jahr 1904 tippte die Versuchsperson eines amerikanischen Physiologen ins Testtagebuch die schönen Sätze: »Heute ertappte ich mich nicht selten dabei, Buchstaben zu tippen, bevor ich sie bewußt gesehen hatte. [...] Es ist, als hätten sie sich von selbst und gerade unterhalb der Bewußtseinsebene vervollkommnet.«[13]

Tippen, mit anderen Worten, *ist* écriture automatique und seine Psychologie das Unbewußte. Diskurse werden nicht mehr durch Verständlichkeit oder Akzeptabilität bestimmt. Seit 1881 liegt ihr Ruhm im rätselhaften und sinnlosen Buchstaben selber. Eine Umwertung aller Werte, die denn auch mit Notwendigkeit einem mechanisierten Philosophen zufiel.

---

kannten Schreibtafeln nicht nur leichter schreiben, sondern auch das von ihnen Geschriebene besser lesen können, Wien 1823, S. 11 und 16 f.

10 Dazu vgl. demnächst meine Arbeit Aufschreibesysteme 1800/1900 (erscheint München 1985).

11 Vgl. McLuhan, S. 64 f.

12 Vgl. Werner von Eye, Kurzgefaßte Geschichte der Schreibmaschine und des Maschinenschreibens, Berlin [2]1958, S. 16.

13 Edgar J. Swift, The Acquisition of Skill in Type Writing. A Contribution to the Psychology of Learning. In: The Psychological Bulletin 1 (1904), S. 302 (meine Übersetzung).

1

3 Nietzsche litt an extremer Kurzsichtigkeit. Minus 14 Dioptrien[14] machten das Lesen von Büchern oder Partituren zu Qual und Schmerz. Sogar Schreiben stellte Probleme, andernfalls hätte Nietzsche nicht den »Telegrammstil«, den er in *Der Wanderer und sein* (ersichtlich blinder) *Schatten* einführte, mit seinen schlechten Augen korreliert.[15]

4 Deshalb plante er schon 1879, im sogenannten »Erblindungsjahr«,[16] die Anschaffung einer Schreibmaschine und kaufte schon 1882 tatsächlich eine. Elisabeth Förster und Paul Rée, die Schwester und der Freund, halfen bei den heiklen Punkten: Preis und Transport.

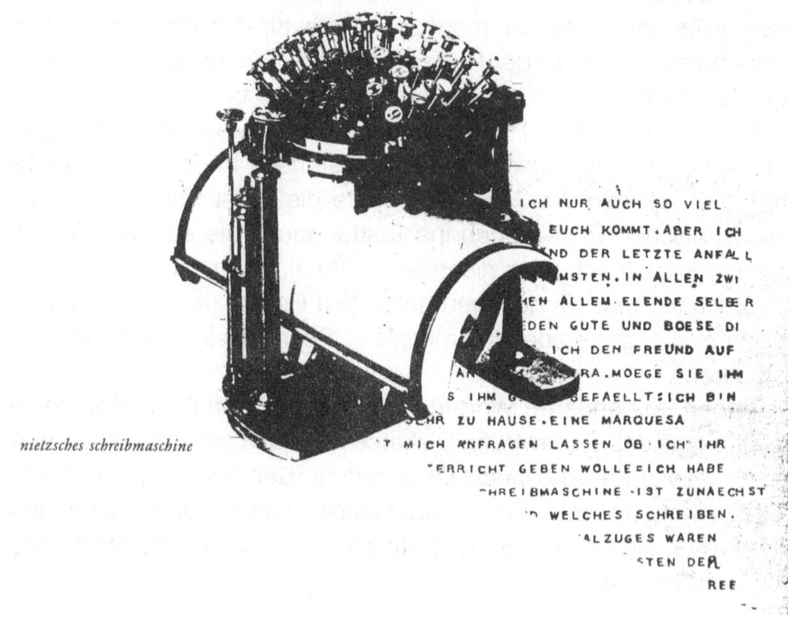

nietzsches schreibmaschine

14 Vgl. Gottfried Benn, Roman des Phänotyp. In: G. B., Gesammelte Werke, hg. Dieter Wellershoff, Wiesbaden 1959–61, Bd. II, S. 176. Anzunehmen ist, daß Benn solche Intima aus dem Mund seines vormaligen Chefarztes Theodor Ziehen hatte, der als junger Privatdozent in Jena den Patienten Nietzsche behandelte.

15 Nietzsche, Brief an Peter Gast, 5.11.1879. Briefe, Bd. IV, S. 28.

16 Vgl. Nietzsche, Brief vom 14.8.1879. In: F. N., Briefwechsel. Kritische Gesamtausgabe, hg. Giorgio Colli und Mazzino Montinari, Berlin 1975 ff., Bd. II 5, S. 435.

Die Wahl fiel nicht auf Remingtons Modell, von dem Europa 1882 auch noch kaum wissen konnte, sondern auf das eines dänischen Pfarrers. Hans Rasmus Johan Malling Hansen (1835–1890) aus Kopenhagen hatte, wie so viele zeitgenössische Erfinder, seine sogenannte Schreibkugel eben zum ausdrücklichen Gebrauch von 5
Blinden und Taubstummen entwickelt.[17]

Zwei Monate verbrachte der Philosoph in Genua damit, sein neues Lieblingsspielzeug zu testen und reparieren, zu nutzen und beschreiben. Dann machte der Rivierafrühling ein Ende mit dem Spiel. »Das verfluchte *Schreiben*! [...] die Schreibmaschine ist seit meiner letzten Karte *unbrauchbar*; das Wetter ist nämlich trüb und wolkig, also feucht: da ist jedesmal der Farbstreifen auch *feucht* und *klebrig*, so daß jeder Buchstabe hängen bleibt und die Schrift *gar nicht* zu sehn ist. Ueberhaupt!! –«[18]

A letter, a litter – ein Stück Papier, ein Stück Dreck, hieß es im Kreis um Joyce.[19] Und Saussure illustriert die Beziehung zwischen Signifikant und Signifikat mit »feinen Regenstreifen«, wie sie zwischen den »oberen und unteren Wassern« von »Genesis-Handschriften« verlaufen.[20] So hat ein Regen auf Genua modernes Schreiben begonnen. Die Schreibmaschine oder der Traum, literarische Produktion und literarische Publikation zu verschmelzen, verschmolz stattdessen wieder mit Blindheit und Random Noise, diesem unaufhebbaren Hintergrund aller modernen Medien.

Und doch war es eine Liebesgeschichte. Die Tatsache, daß das *Berliner Tageblatt* seine Schreibkugel nicht »vergessen« hatte, erfüllte Nietzsche mit Stolz und Freude. »Mit Hülfe einer *Schreibma-* 6
schine«, hieß es dort über den *Bekannten Philosophen und Schriftsteller Friedrich Nietsche* [sic], »ist er wiederum schriftstellerisch thätig, und ein neues Buch in der Weise seiner letzten Werke ist somit zu erwarten.«[21]

---

17 Über Malling Hansen vgl. man Schreibmaschinengeschichten und nicht die mehrfachen Irrtümer des Nietzschebiographen Curt Paul Janz, Friedrich Nietzsche. Biographie, München 1978–79, Bd. II, S. 95 und 81.

18 Nietzsche, Brief an E. Förster, 23.3.1882. Briefe, Bd. V 2, S. 484.

19 Vgl. Jacques Lacan, Écrits, Paris ^{2}1966, S. 25.

20 Vgl. Lacan, Écrits, S. 502 f.

21 Den Artikel hat Nietzsche auf einen Brief an Peter Gast vom 15.3.1882 geklebt. Ich zitiere (mit Dank) nach einer Fotokopie der Nationalen Forschungs- und Ge-

So genau registrierte Nietzsche diskursive Ereignisse. Nach meinen Recherchen – und es *ist* schwierig, eine Schreibmaschinenliteraturgeschichte zu schreiben – hätte kein anderer Philosoph der Zeit seine eigene Mechanisierung hingenommen und sogar gefeiert. Nur Unterhaltungsschriftsteller wie Mark Twain in USA oder Paul Lindau in Deutschland gingen Nietzsche voraus. Ihr Motiv zum Schreibmaschinenkauf war indessen Massentextproduktion und ihre Reaktion auf die Neuerung nicht, wie bei Nietzsche, eine Verwandlung. »Zuletzt, wenn die Augen mich verhindern etwas zu *lernen* – ich bin bald so weit! So kann ich immer noch Verse schmieden.«[22] Deshalb treten anstelle eines Philosophen, der auf Lesen, Vorlesen und Wiederlesen festgelegt war, ein Dichter Nietzsche und eine écriture automatique, deren einzige Sache das Schreibmaschinenschreiben selber ist.

> Schreibkugel ist ein Ding gleich mir: von Eisen
> Und doch leicht zu verdrehn zumal auf Reisen.
> Geduld und Takt muss reichlich man besitzen
> Und feine Fingerchen uns zu benuetzen.[23]

In diesen getippten und damit wahrhaft geschmiedeten Versen fallen alle drei Elemente des Schreibens – das Werkzeug, die Sache und der Agent – zusammen. Ein Autor aber tritt nicht auf, weil er am Horizont des Gedichts bleibt: als angeschriebener Leser. Nietzsche wird eins mit der rezeptiven Empfindlichkeit seiner Maschine und widerruft damit den Phallogozentrismus klassischer Schreibgriffel. Nicht Autorschaft, sondern Verweiblichung ist sein Los.

Und in der Tat kippt das Geschlecht von Schreibern mit Malling Hansen wie mit Remington, in Europa wie in Amerika. Als Dichter an der Schreibmaschine tritt Nietzsche neben die vielen Sekretärinnen, die dank Malling Hansen erstmals in Kopenhagener Druckereien einziehen.[24] Zum Mann und Philosophen wird er erst wieder nach

---

denkstätten der Klassischen deutschen Literatur in Weimar.

22 Nietzsche, Brief an Mutter und Schwester, 1.4.1882. Briefe, Bd. V 2, S. 485.

23 Nietzsche, Werke. Kritische Studienausgabe, hg. Colli / Montinari, Berlin 1967 ff., Bd. IX, S. 673.

24 Vgl. von Eye, S. 78. Die erste Schreibmaschinistin war wohl Lillian Sholes, Tochter des Erfinders der Remington-Modelle, im Jahr 1872. Vgl. Richard Nelson

dem Ruin seiner Schreibkugel. Es heißt in einem der letzten getippten Briefe an Overbeck: »Diese Maschine ist delikat wie ein kleiner Hund und macht viel Noth – und einige Unterhaltung. Nun müssen mir meine Freunde noch eine Vorlese-Maschine erfinden: sonst bleibe ich hinter mir selber zurück und kann mich nicht mehr genügend geistig ernähren. Oder vielmehr: ich brauche einen jungen Menschen in meiner Nähe, der intelligent und unterrichtet genug ist, um mit mir *arbeiten* zu können, selbst eine zweijährige Ehe würde ich zu diesem Zwecke eingehen.«[25]

Liebesgeschichten mit Schreibmaschinen machen ein Ende mit Liebe selber. Die Mechanisierung von Schrift tilgt ersichtlich alle Unterschiede zwischen dem »jungen Menschen« und Frauen. Nur solange Frauen von der Textproduktion ausgeschlossen blieben, konnten Dichter wie Goethe anderen Männern wie Eckermann, Geist, Riemer undsoweiter diktieren, daß das Ewig Weibliche alle Männer hinanzieht.[26] Ein Jahrhundert später, wenn Valérys *›Mon Faust‹* die Liebesgeschichte zwischen gebildetem Doktor und stummem Gretchen wiederaufnimmt, erscheint eine Sekretärin an der genauen Stelle von Liebe.[27] Und wenn Benn im Jahr 1936 seine beiden Freundinnen aufgibt, dann nur, um eine Stenotypistin heiraten zu können, die in der Minute 200 Silben tippt.[28] So buchstäblich geht Nietzsches Phantasie »einer zweijährigen Ehe« in Erfüllung: als moderne Literatur.

Current, The Typewriter and The Men Who Made It, Urbana 1954, S. 54.

25 Nietzsche, Brief an Overbeck, März 1882. In: F. N., Briefwechsel mit Franz Overbeck, hg. Richard Oehler / Carl Albrecht Bernoulli, Leipzig 1916, S. 169 f.

26 Vgl. etwa Friedrich Wilhelm Riemer, Mitteilungen über Goethe, hg. Arthur Pollmer, Leipzig 1921, S. 313 f.: »Merkwürdige Reflexion Goethes über sich selbst: daß er das *Ideelle* unter einer *weiblichen* Form oder unter der Form des Weibes konzipirt, wie ein Mann sei, das wisse er ja nicht.« (24.11.1809).

27 Vgl. Paul Valéry, ›Mon Faust‹ (Ébauches). In: Œuvres, hg. Jean Hytier, Paris 1960, Bd. II, S. 292.

28 Vgl. Benns Brief an Ellinor Büller-Klinkowström, 10.1.1937. In: G. B., Den Traum alleine tragen. Neue Texte, Briefe, Dokumente, hg. Max Raabe / Paul Niedermayer, München 1969, S. 181–184.

2

Was 1882 stattfand, war freilich weder Ehe noch Literatur, sondern Philosophie. Nach dem Ruin seiner Schreibmaschine hatte Nietzsches Schwester und Sprachrohr eine Bitte an Malvida von Meysenbug. »Aus dem Kreis interessanter junger Leute, die zu ihr nach Rom kämen«, sollte die alte emanzipierte Dame »einen hervorragenden jungen Mann« herausfinden, »der meinem Bruder bei seinen philosophischen Studien mit allerhand Arbeiten, Abschriften und Auszügen helfen könnte – (wie sie Heinrich von Stein für Wagner ausgefunden hatte).«[29] Auf die Suche ging, statt Malvida von Meysenbug, allerdings Paul Rée; und statt eines hervorragenden jungen Mannes präsentierte er eine eher notorische junge Dame. Der Freund, der schon die Malling Hansen von Deutschland nach Genua transportiert hatte, versorgte Nietzsche auch mit ihrem Ersatz in Menschenform – mit Lou von Salomé.

Immer wieder hat die Forschung diese berühmteste ménage à trois der Literaturgeschichte auseinandergenommen. Daß aber ihre materielle Basis Schreibmaschinentechnologie und nicht Erotik war, registrierte niemand. Die einzige Ausnahme macht Nietzsche selber im Brief an seine Schwester: »Also dein Wunsch ist erfüllt! Die verehrte Freundin (eigentlich wohl Dr. Rée) hat wirklich Jemand gefunden, der mir zu Hilfe kommen soll – aber es ist kein ›begeisterter Jüngling‹, überhaupt kein junger Mann, sondern eine junge Dame!! Aufrichtig gesagt, mir wäre ein ernster junger Mann und noch viel mehr ein Mann in meinem Alter (also kein junger Grünschnabel) bedeutend lieber – aber der Fall ist ungewöhnlich. – Fräulein von Meysenbug und Dr. Rée bombardirten mich nämlich mit Briefen und Beschwörungen: ich müsse nach Rom kommen, sie hätten ein junges Mädchen gefunden, die für meine Philosophie geboren sei.«[30]

---

29 Elisabeth Försters Fußnote in F. N., Briefe, Bd. V 2, S. 486.

30 Brief an E. Förster, Ende April 1882, Briefe, Bd. V 2, S. 486 f. Selbst wenn dieser Brief, wie schon Schlechta annahm (F. N., Werke, hg. K. Sch., München 1954–56, Bd. III, S. 1371), eine der schwesterlichen Fälschungen ist, dann nur in Mimikry an alle belegbaren Wünsche Nietzsches. Vgl. etwa den Maschinenbrief an Paul Rée, 21.3.1882, in: F. N., Paul Rée, Lou von Salomé. Die Dokumente ihrer Begegnung, hg. Ernst Pfeiffer, Frankfurt/M. 1970, S. 100.

Diese Zeilen, ob gefälscht oder nicht, sind historisch von grauenhafter Genauigkeit. Die Frage, ob Friedrich Nietzsche und Fräulein von Salomé zusammen ins Bett gegangen sind, mag Psychologen vergnügen. Die Frage nämlich, weshalb junge Damen der Zeit Nietzsches kaputte Schreibmaschine und sogar seine sprichwörtlich raren Studenten ersetzen konnten, hat Priorität. Eine Antwort gibt wiederum das Sprachrohr von Schwester. In ihrer Monographie über *Friedrich Nietzsche und die Frauen seiner Zeit* beschreibt die Förster, wie Professoren der Universität Zürich »die Emanzipierten der damaligen Zeit« – zumindest seitdem Emanzipation »allmählich liebenswürdigere Formen« annahm und nicht mehr Geschlechterkrieg hieß – »an Universitäten und Bibliotheken [...] als Sekretärinnen und Assistentinnen sehr schätzten«.[31] Mit der logischen Folge, daß junge Frauen aus Rußland oder Preußen (wo Textproduktion und höheres Schulwesen bis zum Jahr 1908 ein Männermonopol blieben) allen Grund hatten, sich in der philosophischen Fakultät der Universität Zürich einzuschreiben. Mit der logischen Folge auch, daß Exprofessoren der Universität Basel allen Grund hatten, sie als Sekretärinnen und Assistentinnen einzustellen. Die Würfel waren jedenfalls längst gefallen, bevor ein entflammter Philosoph und seine russische Freundin den Monte Sacro erstiegen ...

Nietzsches Philosophie implementiert einfach die historische Desexualisierung von Schreiben und Unterrichten. Nachdem in Basel kein Kollege und beinah kein Student dafür zu entflammen waren, ihm seinen tiefsten Wunsch, die Stiftung eines Zarathustra-Lehrstuhls, zu erfüllen,[32] reißt Nietzsche die elementare Einzäunung philosophischer Diskurse nieder. Unter emanzipierten Frauen rekrutiert er neue Studenten. Lou von Salomé ist nur eine von vielen Züricher Philosophiestudentinnen, die mit Nietzsche Kontakt aufnehmen. Neben ihr stehen die vergessenen Namen von Resa von Schirnhofer, Meta von Salis und, vor allen anderen, Helene Druskowitz. Seltsamerweise also beginnt, was Nietzsche *Die* 7
Zukunft unserer Bildungs-Anstalten nannte, ausgerechnet im stillen und einsamen Engadin. Emanzipierte und studierende Frauen reisen

31 Elisabeth Förster-Nietzsche, Friedrich Nietzsche und die Frauen seiner Zeit, München 1935, S. 137.

32 Vgl. Nietzsche, Werke (Colli / Montinari), Bd. VI 3, S. 296.

ab 1885 »nur deshalb« nach Sils-Maria, »um den Prof. Nietzsche, der ihnen doch als der gefährlichste Frauenfeind erschien, näher kennen zu lernen«.[33] Aber so läuft es eben. Ganz wie die hundertjährige Abwesenheit von Frauen aus dem philosophischen Diskurs zur Idealisierung Der Frau unter Titeln wie Mutter oder Natur geführt hatte, so verändert die neuerliche Einschließung vieler Frauen diesen Diskurs selber. Was beim jungen Hegel Liebe hieß und mit der Idee eins war, erfährt bei Nietzsche eine Umwertung. Laut *Ecce homo* ist Liebe »in ihren Mitteln der Krieg, in ihrem Grunde der Todhaß der Geschlechter«.[34] Und wenn der neue Philosoph nach diesen seinen Lehrsätzen das Weib als Wahrheit *und* Unwahrheit definiert oder Frauen, die schreiben, statt zu gebären, sarkastisch attackiert, haben nur Frauen, die schreiben, noch Antwort. Die Männerfeindschaft von Helene Druskowitz, Nietzsches einstiger Schülerin und »Freundin«,[35] überbietet sogar noch seine Frauenfeindschaft.[36] So verliert der philosophische Diskurs seine Einheit und Wahrheit. Zwei Schreiber, ein Mann und eine Frau, beweisen mit ihrer diskursiven Eskalation den neuen Begriff von Heterosexualität.

Flitterwochen zwischen Nietzsche und der Salomé wären schön und vergessen. Ihr endlos eskalierender Kampf dagegen begann Nietzsches Ruhm. Frauen (und Juden)[37] haben einen fast zum Schweigen gebrachten Exprofessor als erste entdeckt. Ob aus Haß oder nicht, jedenfalls ergriffen die meisten von Nietzsches Privatstudentinnen später Schriftstellerlaufbahnen. Und das war in der Zeit schon ein diskursives Ereignis. Auch wenn die Zarathustralehrstühle noch für ein paar Jahrzehnte Wunschtraum blieben, hatte Nietzsche getan, was er konnte. Um nur ein Beispiel anzuführen: als Resa von Schirnhofer nach dem Thema einer philosophischen Dissertation suchte, legte er ihr die Lektüre von *Morgenröte* und *Fröhlicher Wis-*

33 E. Förster-Nietzsche, S. 138.

34 Nietzsche, Werke, Bd. VI 3, S. 304.

35 Vgl. Nietzsche, Brief an E. Nietzsche, 22.10.1884, Briefwechsel III 1, S. 548.

36 Helene Druskowitz' Feminismus erstrahlt vor allem in ihrem letzten Buch Pessimistische Kardinalsätze. Ein Vademekum für die freiesten Geister, Wittenberg ca. 1900.

37 Die Einheit von Frauen und Juden bei Nietzsche zeigte bekanntlich Derrida. Vgl. seinen Aufsatz La question du style. In: Nietzsche aujourd'hui?, Paris, 1973, Bd. 1, S. 235–287.

senschaft dringend ans Herz: »Beide Bücher« seien eine »Fundgrube«, »was Themata zu schönen Dissertationen betrifft«, und »überdies Anleitungen und Commentare zu meinem Zarathustra.«[38]

Nietzsche – ich schrieb und Larry Rickels bewies es[39] – war kein 8
Diskursivitätsbegründer. Mag dieser zweifelhafte Ruhm bei Marx und Freud bleiben.[40] Was Nietzsche tat, war einfacher. In zahllosen und am Ende katastrophischen Experimenten testete er neue Felder und Technologien des Diskurses. Gymnasium und Universität hatten ihn wie jedermann nur auf Handschriftlichkeit und akademische Homoerotik getrimmt. Weshalb er den »Einfluss der Frauen« (und Schreibmaschinen) nur mit »Erstaunen« gewahr werden konnte.[41] Und doch hat Nietzsche im einen wie im anderen Fall diskursive Innovationen als solche ergriffen. Schreibende Frauen und schreibende Maschinen tragen seinen Diskurs.

3

»Unser Schreibzeug arbeitet mit an unseren Gedanken.« Die Nußschale dieses getippten Gedankens enthält bereits Nietzsches *Genealogie der Moral*, zweite Abhandlung. Statt seine gescheiterten Experimente mit der Schreibkugel fortzusetzen, schreibt er sie um zur Theorie. Zum erstenmal figuriert Schreiben nicht mehr als eine natürliche Ausweitung des Menschen, dessen Handschrift einfach Stimme und Gedächtnis externalisieren würde. Medien sind vielmehr gerade umgekehrt durch eine Blindheit in jedem Wortsinn definiert. Das Tier namens Mensch stammt her von Random Noise und Vergeßlichkeit. Weshalb dann die Einrichtung eines Gedächtnisses zum Akt schierer äußerlicher Gewalt wird. Statt vom kontinuierlichen Fluß der Handschrift seine In-dividualität abzulernen, ist der Mensch ein blindes Opfer von Maschinen, die seinen Körper höchst real zerteilen und beschriften. Leser von Stokers *Drakula* oder Kafkas

---

38 Nietzsche, Brief an Resa v. Schirnhofer, April 1884, zitiert in E. Förster-Nietzsche, S. 202.

39 Vgl. Laurence Rickels, Friedrich Nichte (Typoskript).

40 Vgl. Michel Foucault, Was ist ein Autor? In: M. F., Schriften zur Literatur, München 1974, S. 24.

41 Nietzsche, Werke und Briefe. Historisch-kritische Ausgabe, hg. Karl Schlechta / Hans Joachim Mette, München 1933–42, Bd. V., S. 254.

Strafkolonie hätten keine Not, den Ingenieur solcher Mnemotechnikmaschinen auch beim Namen zu nennen.[42] Beide Texte beschreiben ja nur Schreibmaschinen vor Underwoods Neuerung, d. h. ohne visuelle Kontrolle. Ihre Einschreibungen muß das gefolterte Fleisch selber entziffern. (Wie denn Nietzsche sich mit seiner Malling Hansen identifizierte und dem »Ding gleich mir« gleiche »Delikatheit« zusprach.)

Unter solchen Bedingungen ist die Genealogie der Moral zugleich die Genealogie der Götter. »Damit das verborgne, unentdeckte, zeugenlose Leiden aus der Welt geschafft und ehrlich negirt werden konnte, war man damals beinahe dazu genöthigt, Götter zu erfinden und Zwischenwesen aller Höhe und Tiefe, kurz Etwas, das auch im Verborgnen schweift, das auch im Dunklen sieht und das sich nicht leicht ein interessantes schmerzhaftes Schauspiel entgehen lässt.«[43]

Es ist Nietzsches wahrhaft letztes Experiment, den Platz eines solchen Gottes einzunehmen. Wenn Gott tot ist, steht der Erfindung von Göttern ja nichts im Weg. »Der arme Mensch«, wie Malvida von Meysenbug ihn nennt, »ist wirklich ein Heiliger [...] und arbeitet immerfort, obgleich er beinah blind ist, weder lesen noch schreiben (bloß mit einer Maschine) kann«,[44] dieser arme Mensch identifiziert sich mit Dionysos. Die *Genealogie der Moral* kommt in Verse und ein interessantes schmerzhaftes Schauspiel in Gang: Nietzsches Dionysos-Dithyrambus mit der Überschrift *Klage der Ariadne*.

Ariadnes Klage steigt auf aus völliger Finsternis oder Blindheit.
9 Sie spricht über und an einen »verhüllten« Gott, der ihren Körper nach allen Regeln der Mnemotechnik oder Gedächtnismachung foltert. Dionysos hat nicht Wort noch Stil noch Griffel – außer den Foltern selber. Schon deshalb bleibt seinem weiblichen Opfer nur der qualvolle Versuch, aus eigenen Körperschmerzen ein Begehren zu entziffern, das wahrlich Begehren des Anderen ist. Und erst nach einhundertfünfzehn Zeilen voller Klagen hat Ariadne Erfolg. Sie erkennt, daß sie selber das Begehren des Gottes begehrt:

---

42 Vgl. Friedrich Kittler, Draculas Vermächtnis. In: ZETA 02. Mit Lacan, Hg. Dieter Hombach, Berlin 1982, S. 108–133.

43 Nietzsche, Werke, Bd. VI 2, S. 320.

44 Brief an Olga Monod-Herzen, 26.4.1882. In: Friedrich Nietzsche, Paul Rée, Lou von Salomé, S. 420.

> [K]omm zurück! 10
> *Mit* allen deinen Martern!
> All meine Thränen laufen
> zu dir den Lauf
> und meine letzte Herzensflamme
> dir glüht sie auf.
> Oh komm zurück,
> mein unbekannter Got! mein *Schmerz*! mein letztes Glück! …

Dieser letzte Schrei ist keine Fiktion. Er zitiert nachgerade, und
zwar eine von den neuerlich erfundenen schreibenden Frauen. In 11
einem Gedicht aus der Feder von Lou von Salomé und mit Musik-
begleitung von Friedrich Nietzsche stehen die Zeilen »hast du kein
Glück mehr übrig mir zu geben, wohlan! noch hast du eine Pein!«
Der Dithyrambusdichter Nietzsche ist also, für einmal, nur Sekretär
einer Frau. Deshalb muß die Geschlechterbeziehung einmal mehr
verkehrt werden. Nach dem letzten Schrei der Ariadne oder Salomé
wird Dionysos, der solang verhüllte Gott, »in smaragdener Schön- 12
heit sichtbar«.

> Sei klug, Ariadne! …
> Du hast kleine Ohren, du hast meine Ohren:
> steck ein kluges Wort hinein! –
> Muß man sich nicht erst hassen, wenn man sich lieben soll? …
> *Ich bin dein Labyrinth* …

Ein Dionysos, der das Ohrlabyrinth seines Opfers besetzt, wird zum
Diktator in beiden Wortsinnen. Er diktiert seiner Sklavin oder Sekretärin, sein Diktat aufzunehmen. Der historisch neue Begriff von
Heterosexualität wird buchstäblich wahr, wenn ein Geschlecht qualvolle Wörter ins Ohr des anderen steckt. Die Philosophie verändert
ihre Pragmatik selber. Anstelle universitärer und das hieß männlicher Diskurse um und über eine Alma Mater beginnt ein Diskurs
der zwei Geschlechter über ihre unmögliche Beziehung: Lacans 13
rapport sexuel. Eben deshalb nennt Nietzsche, nachdem er einen
»Philosophen« namens Dionysos proklamiert hat, dessen Existenz

eine historische »Neuigkeit«.[45] Anders als Sokrates mit seinen griechischen Adligen, anders als Hegel mit seinen deutschen Beamtennachwuchsstudenten diskutiert Dionysos über Philosophie mit einer Frau. *Die Klage der Ariadne* ist nur eines von vielen »berühmten Zwiegesprächen«, die Ariadne und »ihr philosophischer Liebhaber« »auf Naxos« führen.[46]

Auch dieses Naxos ist keine Fiktion, sondern die Zukunft von Deutschlands höheren Bildungsanstalten. Nach dem doppelten Verlust seiner Malling Hansen und seiner Salomé hält der fast blinde Nietzsche immer wieder Ausschau nach möglichen Sekretärinnen. Für *Zarathustra* etwa »braucht« er »nur Jemanden, dem [er seinen] Text diktirt«, und genau »dazu« scheint »Fräulein Horner ›vom Himmel gefallen‹«.[47] Für *Jenseits von Gut und Böse* aber, dieses *Vorspiel einer Philosophie der Zukunft*, betritt eine gewisse Frau Röder-Wiederhold die Insel Naxos. Und damit ist, wie vergessen oder ephemer auch immer, ein Prototyp geschaffen. In zahllosen Fällen seitdem läuft Textproduktion auf der materiellen Basis von heterosexuellen Paaren, die miteinander schreiben, statt miteinander zu schlafen. Tolstoi und seine tippende Tochter,[48] Henry James und Miss Bosanquets Remington,[49] Valérys Faust und Demoiselle Lust, Hofmannsthal und eine Tochter, die er klüglich in eine Stenotypistinnenausbildung gesteckt hatte,[50] Kafka und Felice Bauer,[51] der Kriegsherr Hitler und die Stenotypistinnen der Wolfsschanze, die er Nacht für Nacht seinem versammelten OKW vorzog[52] – all diese seltsamen Paare werden angeführt von Nietzsche und seiner

45 Nietzsche, Werke, Bd. VI 2, S. 248.

46 Nietzsche, Werke, Bd. VI 3, S. 117 f.

47 Nietzsche, Brief an Overbeck, Briefwechsel, Bd. III 1, S. 324 (mit Dank an Roland Baumann).

48 Vgl. Bliven, S. 79.

49 Vgl. Theodora Bosanquet, Henry James at Work, London 1924.

50 Vgl. Hugo von Hofmannsthal / Ottonie Gräfin Degenfeld, Briefwechsel, Frankfurt / M. 1974, S. 385 (11.6.1919).

51 Über diesen unmöglichen rapport sexuel vgl. Kittler, Aufschreibesysteme, S. 368–372.

52 Vgl. Percy Ernst Schramm (Hg.), Kriegstagebuch des Oberkommandos der Wehrmacht (Wehrmachtführungsstab), Herrsching 1982, Bd. 1, S. 139E: »Hitler pflegte nach getaner Tagesarbeit die Nacht bis gegen 4 Uhr früh bei Teegesprächen mit engen Vertrauten, vielfach auch seinen beiden Stenotypistinnen, zu ver-

Sekretärin, dem menschlichen Ersatz einer kaputten Schreibmaschine.

Frau Röder-Wiederhold macht allerdings Probleme. Zum Unglück haben gewisse Dämonen Europas ihr die Moral von Christentum und Demokratie ins Ohr gesteckt. Mit der Folge, daß sie einem Diktator in beiden Wortsinnen gegenüber nicht umhin kann zu leiden. Ihre eigenen Schreibhände müssen ja aufschreiben, was jenseits von Gut und Böse, jenseits von Christentum und Demokratie ist. So kommt es dazu, daß *Die Klage der Ariadne* buchstäblich wahr wird. Jede Geschichte von Schreibtechnologien muß der Tatsache Rechnung tragen, daß *Jenseits von Gut und Böse* nicht leicht zu schreiben war. Nietzsche wußte und sagte es.

»Einstweilen habe ich die treffliche Frau Röder-Wiederhold im Hause; sie erträgt und duldet – engelhaft – meinen entsetzlichen ›Antidemokratismus‹ – denn ich diktiere ihr täglich ein paar Stunden meinen Gedanken über die Europäer von heute und *Morgen*; – aber zuletzt, fürchte ich, fährt sie mir noch ›aus der Haut‹ und fort von Sils-Maria, getauft wie sie ist, mit dem Blute von 1848.«[53]

»Unter uns, sie paßt mir nicht, ich wünsche keine Wiederholung. Alles was ich ihr diktiert habe, ist ohne Wert; auch weinte sie öfters als mir lieb ist.«[54]

Eine Klage der Ariadne, die ihr Diktator hätte voraussehen können: »Muß man sich nicht erst hassen, wenn man sich lieben soll?«

---

bringen, es war militärisch höchst unbequem, daß er dann bis in den Tag hinein schlief und nicht gestört werden durfte.«

53 An Resa v. Schirnhofer, Juni 1885, in Janz, Bd. II, S. 393.

54 An Peter Gast, 23.7.1885, in Janz, Bd. II, S. 393.

Editorischer Kommentar und Bericht

Der Aufsatz »Nietzsche, der mechanisierte Philosoph« erschien zuerst in: *kultuRRevolution. zeitschrift für angewandte diskurstheorie* (1985), H. 9: ♀ ♂ *frau. mann. nicht mehr als zwei Geschlechter?*, S. 25–29; nachgedruckt in: Gerda Breuer und Kerstin Plüm (Hrsg.), *Design-Sammlung Stiftung Schriefers. Produktgestaltung im 20. Jahrhundert*, Köln: Wienand 1997, S. 75–83.

Eine englische Version erschien als »The Mechanized Philosopher«, in: Laurence A. Rickels (Hrsg.), *Looking After Nietzsche*, Albany: State University of New York Press 1990, S. 195–207; eine Übersetzung ins Französische von Pierre Rusch als »Nietzsche, le philosophe mécanisé«, in: *Trafic. Revue de cinéma* (1998), H. 26, S. 86–96.

Im Deutschen Literaturarchiv Marbach, Bestand *A:Kittler, Friedrich A.*, sind folgende Typoskripte vorhanden: »NIETZSCHE, DER MECHANISIERTE PHILOSOPH«, 16 Seiten Typoskript in Kasten 1, Mappe 5 und 17 Seiten Typoskript mit handschriftlichen Ergänzungen und Korrekturen in Kasten 54, Mappe 2; »NIETZSCHE, THE MECHANIZED PHILOSOPHER«, 17 Seiten Typoskript mit handschriftlichen Ergänzungen und Korrekturen in Kasten 1, Mappe 5 und 23 Seiten Typoskript mit handschriftlichen Ergänzungen und Korrekturen in Kasten 54, Mappe 2; »NIETZSCHE AND THE PSYCHOLOGY OF THE TYPEWRITER«, 5 Seiten Typoskript mit handschriftlichen Ergänzungen und Korrekturen in Kasten 54, Mappe 2; »NIETZSCHE, LE PHILOSOPHE MÉCANISÉ«, 10 Seiten Typoskript in Kasten 1, Mappe 5.

Kittlers Werkliste führt unter der Nummer 55 »Maschinisierter Philosoph, engl.« mit der Schreibzeit 21. November bis 23. Dezember 1983, »französisch« mit der Schreibzeit 15. bis 17. Dezember 1983, »deutsch« mit der Schreibzeit 01. bis 04. März 1985 und dem Publikationsdatum Juni 1985.

Ediert wurde der Erstdruck. Die Kleinschreibung der Zeitschrift *kultuRRevolution* wurde zugunsten der besseren Lesbarkeit aufgegeben; diese Korrekturen erfolgten nach dem Typoskript in

Kasten 1, Mappe 5, das dem Druck von 1985 eindeutig zugrunde lag. Druckfehler wurden stillschweigend korrigiert. Nachweise und Zitate wurden überprüft und gegebenenfalls behutsam korrigiert. Dabei wurde nicht in Kittlers Satzbau eingegriffen, dem er in der Regel die Grammatik der zitierten Stellen anpasste. Fehlende Zitatnachweise wurden im Stellenkommentar nachgetragen. Die Abbildung von Nietzsches Schreibmaschine aus dem Erstdruck wurde übernommen.

Stellenkommentar

1 Die Schreibmaschine, wie sie [...] nicht einmal merkten.] Vgl. Kittlers Beschreibung seines Seminars »Literatur und Technik um 1900« (Herbst 1982, Stanford University), 1 Blatt Typoskript mit einer handschriftlichen Ergänzung (Kasten 35, Mappe 2): »Zwischen 1880 und 1900 sind Maschinen erfunden worden, die die Technik wie den kulturellen Status von Literatur grundlegend verändert haben. Die Schreibmaschine technisiert den Arbeitsplatz des Schriftstellers [...]«. Vgl. *Werkausgabe*, Abteilung II.C.

2 Diese ganze Metaphysik der Handschrift kam notwendig zum Ende] Vgl. die notierten Hinweise zum handschriftlichen Schreiben Nietzsches im Brouillon »1900. Nietzsche: Schreibmaschine«, 1 Blatt Typoskript (Kasten 55, Mappe 1): »Im Fragment ›Euphorion‹, das ›F W v Nietzky homme etudié en lettres‹ signiert ist, heißt es: In meiner Stube ist es totenstill – meine Feder kratzt nur auf dem Papier – denn ich liebe es schreibend zu denken, da die Maschine noch nicht erfunden ist, unsere Gedanken auf irgend einem Stoffe, unausgesprochen, ungeschrieben, abzuprägen (Podach, Ein Blick, S.194) I Die unmittelbare Fortsetzung: Vor mir ein Tintenfaß, um mein schwarzes Herz darin zu ersäufen, eine Schere, um mich an das Halsabschnieden [sic] zu gewöhnen, Manuskripte, um mich zu wischen, und ein Nachttopf. Geschrieben laut Herausgeber Mette wohl 1862.« Vgl. hierzu auch Friedrich A. Kittler, *Aufschreibesysteme 1800·1900*, München: Fink 2003 (4. Auflage), S. 219 f.

3 Nietzsche litt an extremer Kurzsichtigkeit.] Nietzsches persönliche Beziehungsgeschichte zur Schreibmaschine war auch Teil von Kittlers Lehrveranstaltungen. In den Seminarnotizen zu

»Literatur und Technik um 1900« (Herbst 1982, Stanford University) (Kasten 35, Mappe 2) hielt Kittler handschriftlich fest: »Nietzsche: ECCE HOMO – Blindheit I Pierre 1849 von Blinden für Blinde I Malling Hansen 1865 oder 1867 für Blinde, deshalb Kugel I taktil I Underwood 1890 I Tachistoskop« (ebenda). Ein weiterer handschriftlich beschriebener Zettel, an dessen rechtem Rand Kittler »Technik I Ref.« vermerkt hatte, führt als Thema »Praxis und ›Theorie‹ der SM bei Nietzsche« auf (ebenda). Zu Nietzsches veränderten philosophischen Praktiken (Auswendiglernen, Hören) aufgrund der Augenkrankheit vgl. das Brouillon »AUFSCHREIBESYSTEME 1900: Nietzsche: Lesen als Qual«, 1 Blatt Typoskript (Kasten 55, Mappe 1) sowie Kittler, *Aufschreibesysteme 1800·1900* (Komm. 2), S. 231 f.

4 Deshalb plante er schon 1879, im sogenannten »Erblindungsjahr«, die Anschaffung einer Schreibmaschine] Die Stelle ist missverständlich und die Anmerkung im Erstdruck fehlerhaft. »Erblindungsjahr« referiert nicht Nietzsche, sondern eine Debatte der Augenheilkunde und Blindenpsychologie des 19. Jahrhunderts. Im Erstdruck verweist Anm. 16 auf einen Brief vom 14. August 1881, was allein dem Datum nach nicht das Jahr belegen kann, in dem Nietzsche erblindete. Der bibliographische Nachweis (Friedrich Nietzsche, *Briefwechsel. Kritische Gesamtausgabe*, herausgegeben von Giorgio Colli und Mazzino Montinari, Abteilung II, Band 5: *Januar 1875–Dezember 1879*, Berlin und New York: De Gruyter 1980, Nr. 873, S. 435) aber bezieht sich auf eine Postkarte an Elisabeth Nietzsche vom 14. August 1879, die als Hinweis auf einen Schreibmaschinenkauf gelesen werden kann. Nietzsche erkundigt sich darin bei der Schwester: »Ist denn in Zürich die Schreibmaschine?« Auch der exakt zwei Jahre spätere Brief an Heinrich Köselitz dokumentiert Nietzsches Überlegungen: »Die Anschaffung einer Schreibmaschine geht mir im Kopf herum, ich bin in Verbindung mit ihrem Erfinder, einem Dänen aus Kopenhagen.« (Friedrich Nietzsche, *Briefwechsel. Kritische Gesamtausgabe*, herausgegeben von Giorgio Colli und Mazzino Montinari, Norbert Miller und Annemarie Pieper, Abteilung III, Band 1: *Januar 1880–Dezember 1884*, Berlin und New York: De Gruyter 1981, Nr. 136, S. 113). Wir haben in Anm. 16 das Datum auf die Postkarte

an Elisabeth Nietzsche umgestellt. Die Korrektur erfolgte in Übereinstimmung mit der bibliographischen Angabe zu »Erblindungsjahr«, die Kittler in *Grammophon Film Typewriter*, Berlin: Brinkmann und Bose 1986, S. 294 und S. 403, Anm. 65, macht. Dort wird der Brief an Köselitz unmittelbar im Anschluss zitiert.

Vgl. Kittlers Überlegungen in dem Brouillon »AUFSCHREIBESYSTEME 1900 / Nietzsche: Schreibmaschine«, 1 Blatt Typoskript (Kasten 55, Mappe 1): »Geht Nietzsches Wunsch nach einer Schreibmaschine auf die Furcht vor Erblindung zurück, wie das Voranstehende anzudeuten scheint? Dann wäre die Schreibmaschine erstlich eine Maschine, um zu schreiben, ohne sich dabei lesen (und d.h. das Geschriebene sehen) zu müssen –: eine Vorläuferin der écriture automatique. Handelt es sich bei dem Dänen um Malling Hansen (cf. Großer Meyer, s.v.Schreibmaschine [sic])?« Vgl. auch Kittler, *Aufschreibesysteme 1800·1900* (Komm. 2), S. 232.

5 ausdrücklichen Gebrauch von Blinden und Taubstummen] Vgl. Kittlers Überlegungen im Brouillon »AUFSCHREIBESYSTEME 1900 / Nietzsche: Schreibmaschine«, 1 Blatt Typoskript (Kasten 55, Mappe 1): »Der Meyer [gemeint ist *Meyers Großes Konversations-Lexikon*] betont auch, daß die Schreibmaschinen von Progrin (1833), Foucault [sic, recte: Foucauld] (1843), Thurber (1843) und Beach (1856) ›hauptsächlich für Blinde bestimmt waren, und namentlich die S. von Foucault [sic, recte: Foucauld] fand in Blindenanstalten tatsächliche Anwendung‹ (XVIII 35). Der blinde Nietzsche hätte also die Kunde von der Erfindung so erlangen können. Darüber hinaus ist es von systematischer Relevanz, die Schreibmaschine als Prothese für Leute erfunden zu sehen, die dem klassischen Bildungsideal zuwider sich nicht schreiben lesen können. Iterabilität wird eingeführt für Leute, denen die Iteration des Lesens unmöglich ist. Die technische Iterabilität tritt an die Stelle der intellektuellen, wie Hegel sie anläßlich der Buchstabenschrift feierte. In der Tat scheint Nietzsches Schreibmaschine recht große und nur majuskule Lettern gehabt zu haben (cf. RDE: Nietzsche), wie sie einem Leseblinden anstehen.« Vgl. Kittler, *Aufschreibesysteme 1800·1900* (Komm. 2), S. 237.

6 »Mit Hülfe einer *Schreibmaschine*« […] zu erwarten.«] Kittlers Kopie des Artikels aus dem *Berliner Tageblatt* befindet sich im Deutschen Literaturarchiv Marbach (Kasten 17, Mappe 2). Der *Tageblatt*-Artikel ist in der *Kritischen Gesamtausgabe* nicht abgedruckt, kann aber als Digitalisat online über das *Verzeichnis des Briefwechsels 1847–1900*, herausgegeben von der Klassik Stiftung Weimar, vom Goethe- und Schiller-Archiv, bearbeitet von Wolfgang Ritschel, eingesehen werden. Der Brief von Friedrich Nietzsche an Heinrich Köselitz in Venedig (Typoskript), Genua, 15. März 1882, ist abgedruckt in: Friedrich Nietzsche, *Briefwechsel. Kritische Gesamtausgabe* (Komm. 4), Abteilung III, Band 1, Nr. 209, S. 177–179.

7 *Die Zukunft unserer Bildungs-Anstalten*] Vgl. das Brouillon »1900. Nietzsche: Bildungsanstalten«, 1 Blatt Typoskript (Kasten 55, Mappe 1): »Nietzsches leidenschaftliche Polemik gegen die akademische und d.h., genau gelesen, die hermeneutische Freiheit, wie sie um 1800 in die Gymnasien und Universitäten eingezogen ist und der er Zucht, Mechanik, philologisches Ochsen als Notwendigkeiten konfrontiert, wurde bislang als rückwärtsgewandte Prophetie gelesen: als habe Nietzsche alteuropäische Zustände repristinieren wollen (so Rupp in etwas anderem Kontext, im Kontext von Nietzsches Stil und Form). Wie aber, wenn der Zucht-Begriff die Materialität der Zeichen im Sinn von 1900 bezeichnen würde und wie aber, wenn Nietzsches Polemik, wissentlich oder nicht, mit jener staatlichen Reform der Reform zu tun hätte, die Heydorn/Koneffke im wilhelminischen Deutschland nachweisen? Nietzsches Polemik würde eine positive Figur in der Geschichte. I Könnte das auch von der Abschaffung der Autorschaft gelten? Könnte es also der Macht (dem Staat) auf die Dauer zu teuer geworden sein, das unerfüllbare Versprechen einer Autorschaft Aller (Gymnasiasten und Akademiker) aufrechtzuerhalten, wo es doch nur auf die Produktion von Beamten und Offizieren ankam?«

8 ich schrieb und Larry Rickels bewies es] Vgl. Friedrich Kittler, »Wie man abschafft, wovon man spricht: Der Autor von ›Ecce homo‹«, in: *Literaturmagazin* 12 (Sonderband): *Nietzsche*, herausgegeben von Jürgen Manthey, Reinbek bei Hamburg: Rowohlt 1980, S. 153–178, hier S. 153 f. sowie *Werkausgabe*,

Band I.B.3. Laurence A. Rickels Aufsatz »Friedrich Nichte« erschien in: ders. (Hrsg.), *Looking After Nietzsche*, Albany: State University of New York Press 1990, S. 137–158.

9 einen »verhüllten« Gott] Bei Nietzsche steht: »Du Blitz-Verhüllter!« (Friedrich Nietzsche, »Klage der Ariadne«, in: ders., *Werke. Kritische Gesamtausgabe*, herausgegeben von Giorgio Colli und Mazzino Montinari, Abteilung VI, Band 3: *Der Fall Wagner, Götzen-Dämmerung. - Nachgelassene Schriften: (August 1888–Anfang Januar 1889): Der Antichrist, Ecce homo, Dionysos-Dithyramben - Nietzsche contra Wagner*, Berlin und New York: De Gruyter 1969, S. 396–399, hier S. 398.)

10 [K]omm zurück! [...] mein letztes Glück!] Ein Zitatnachweis fehlt im Erstdruck: Friedrich Nietzsche, *Dionysos-Dithyramben* [1891], in: ebenda, S. 373–409, hier S. 399.

11 In einem Gedicht aus der Feder [...] hast du eine Pein!«] Von Lou Andreas-Salomés Gedicht »Gebet an das Leben« kursieren verschiedene Fassungen. Vgl. die von Kittlers letzter Verszeile abweichende Fassung des Gedichts aus Nietzsches Brief an Heinrich Köselitz vom 01. September 1882, in: Friedrich Nietzsche, *Briefwechsel. Kritische Gesamtausgabe* (Komm. 4), Abteilung III, Band 1, Nr. 295, S. 249–250, hier S. 249, das wir zum besseren Sinnverständnis hier vollständig wiedergeben:

Gewiß – so liebt ein Freund den Freund,
wie ich dich liebe, räthselvolles Leben!
Ob ich in dir gejauchzt, geweint,
ob du mir Leid, ob du mir Lust gegeben,
ich liebe dich mit deinem Glück und Harme,
und wenn du mich vernichten mußt,
entreiße ich mich schmerzvoll deinem Arme,
gleich wie der Freund der Freundesbrust.

Mit ganzer Kraft umfass' ich dich,
laß deine Flamme meinen Geist entzünden
und in der Gluth des Kampfes mich
die Räthsellösung deines Wesens finden?
Jahrtausende zu denken und zu leben,
wirf deinen Inhalt voll hinein, –

Hast du kein Glück mehr übrig mir zu geben,
wohlan – so gieb mir deine Pein.

Unter dem Titel »Lebensgebet« ging das Gedicht einige Jahre später in den unter dem Pseudonym Henri Lou erschienenen Roman *Im Kampf um Gott*, Leipzig und Berlin: Friedrich 1885 ein. Vgl. Lou Andreas-Salomé, *Im Kampf um Gott*, herausgegeben von Hans-Rüdiger Schwab, München: dtv 2007, S. 160.

12 »in smaragdener Schönheit sichtbar«. [...] *Ich bin dein Labyrinth* ...] Ein Zitatnachweis fehlt im Erstdruck: Friedrich Nietzsche, *Dionysos-Dithyramben* [1891], in: ders., *Werke. Kritische Gesamtausgabe* (Komm. 9), Abteilung VI, Band 3, S. 373–409, hier S. 399.

13 Lacans *rapport sexuel*] Anspielung auf Jacques Lacans Dictum »Il n'y a pas de rapport sexuel« (»Es gibt kein Geschlechtsverhältnis«) aus Jacques Lacan, »Radiophonie«, in: *Scilicet* (1970), H. 2/3, S. 55–99, hier S. 65, deutsch als »Radiophonie«, in: ders., *Radiophonie. Television*, herausgegeben von Norbert Haas und Hans-Joachim Metzger, aus dem Französischen übersetzt von Hans-Joachim Metzger, Weinheim und Berlin: Quadriga 1988, S. 5–54, hier S. 17.

Dokumentarisches Nachwort

Kittlers Arbeit am ›mechanisierten Philosophen‹ Nietzsche durchlief in den 1980er-Jahren zahlreiche Stationen. Eine Erstfassung in englischer Sprache wurde im November und Dezember 1983 für die Modern Language Association Convention geschrieben, die vom 27. Dezember 1983 bis 05. Januar 1984 in New York stattfand.[1] Laut Konferenzprogramm sprach Kittler dort am 29. Dezember 1983 über »Friedrich Nietzsche: The Psychology of the Typewriter« innerhalb der Special Session »Friedrich Nietzsche: The Psychology of Resentment«.[2] Die Special Session wurde von Laurence A. Rickels

1 Mutmaßlich handelt es sich bei der ersten amerikanischen Vortragsfassung, die zugleich die erste Fassung des Textes ist, um das Typoskript »NIETZSCHE, THE MECHANIZED PHILOSOPHER«, 17 Seiten Typoskript mit handschriftlichen Ergänzungen und Korrekturen (Kasten 1, Mappe 5).

2 Vgl. das Konferenzprogramm (Kasten 23, Mappe 5).

geleitet. Weitere Teilnehmer waren Avital Ronell (»Queens of the Night«) und David E. Wellbery (»Systems-Theoretical Aspects of Nietzsche's Thought«).[3]

Es hatte bereits im Jahr zuvor Pläne gegeben, ein von Rickels organisiertes Symposium zu demselben Thema in Santa Barbara stattfinden zu lassen. Die Einladungen für die für Ende März 1983 geplante Veranstaltung hatte Rickels Mitte Oktober 1982 ausgeschickt.[4] Kittler musste allerdings kurzfristig absagen: »Vielleicht ist die Gelegenheit, über Nietzsche einmal zusammenzukommen, aber nur aufgeschoben, nicht aufgehoben.«[5]

Diese Gelegenheit bot sich schon kurze Zeit später. Am 02. März 1983 forderte Rickels Kittler auf, Mitglied der Modern Language Association zu werden, um an einer MLA Special Session teilnehmen zu können;[6] im Mai informierte Rickels Kittler, dass die Session vom Executive Committee der MLA angenommen worden sei.[7] Kittler wollte daraufhin seinen Referatstitel an Rickels Vortrag anpassen.[8] Allerdings hatte Rickels den Vortragstitel, den Kittler ursprünglich für Santa Barbara gewählt hatte, »Friedrich Nietzsche: The Psychology of the Typewriter«, bereits für den MLA-Antrag einreichen müssen.[9] Die Deadline von Ende November 1983 für das Manuskript des Vortrags kann nach der in der Werkliste angeführten Schreibzeit nicht eingehalten worden sein.[10]

---

3 Ebenda.

4 Vgl. den Brief von Laurence A. Rickels an Friedrich A. Kittler vom 14. Oktober 1982 (Kasten 23, Mappe 5). Weitere Einladungen waren an Ernst Behler, Werner Hamacher, Rainer Nägele, Sam Weber und Irving Wohlfahrt ergangen (vgl. den Brief von Laurence A. Rickels an Friedrich A. Kittler vom 09. Dezember 1982 (Kasten 23, Mappe 5)).

5 Brief von Friedrich A. Kittler an Laurence A. Rickels vom 03. Januar 1983 (Kasten 23, Mappe 5).

6 Vgl. den Brief von Laurence A. Rickels an Friedrich A. Kittler vom 02. März 1983 (Kasten 23, Mappe 5).

7 Vgl. den Brief von Laurence A. Rickels an Friedrich A. Kittler vom 10. Mai 1983 (Kasten 23, Mappe 5).

8 Vgl. den Brief von Friedrich A. Kittler an Laurence A. Rickels vom 15. Mai 1983 (Kasten 23, Mappe 5).

9 Vgl. den Brief von Laurence A. Rickels an Friedrich A. Kittler vom 10. Juni 1983 mitsamt »Detailed Description of Topic: ›Friedrich Nietzsche: The Psychology of Resentment‹« (Kasten 23, Mappe 5).

10 Vgl. ebenda.

Unmittelbar nach Beginn der Arbeit an der englischen Fassung und noch vor ihrem Abschluss (21. November bis 23. Dezember 1983 laut Werkliste) fertigte Kittler eine französische Fassung an (Schreibzeit laut Werkliste 15. bis 17. Dezember 1983).[11] Anlass war das Themenheft »La femme et le bureau« der Zeitschrift *Pénélope. Pour l'histoire des femmes*. Die Herausgeberinnen Cécile Dauphin und Pierrette Pézerat hatten im Herbst einen circa vierseitigen Beitrag angefragt. Kittler bot zunächst drei Themen an: »1. le cas Nietzsche (ses sécrétaires féminines, sa machine-à-écrire), 2. le cas Dracula (Bram Stoker, 1897), 3. le cas ›Mon Faust‹ (Valéry, 1940).«[12] In seinem Begleitschreiben zu »Le philosophe mécanisé« vom 09. Januar 1984 bedauerte Kittler, dass er die Vorgaben über den Seitenumfang nicht habe einhalten können, und bot den Herausgeberinnen weitgehende redaktionelle Freiheiten an, das zwölfseitige Typoskript zu kondensieren.[13] Dauphin und Pézerat lehnten das Angebot und den Text schließlich ab:

> Malheureusement, il n'a pas sa place dans nôtre petite revue, par sa taille d'abord et par son écriture relativement difficile. Or, il ne peut être ni réduit, ni reécrit dans une forme plus accessible: il y perdrait sa substance et sa subtilité.[14]

Eine deutschsprachige Textfassung entstand laut Werkliste erst zwischen dem 01. und 04. März 1985. Die Korrespondenz legt eine leicht abweichende Chronologie nahe. Nach der Fertigstellung von »Auto Bahnen« (vgl. im vorliegenden Band I.B.4.16) für die Veröffentlichung in der Zeitschrift *kultuRRevolution* hatte Kittler mit den beiden Herausgebern Jürgen Link und Ulla Link-Heer auf einem Siegener Kolloquium Ende Februar 1984 über einen weiteren Text

---

11 Dabei handelt es sich mutmaßlich um »NIETZSCHE, LE PHILOSOPHE MÉCANISÉ«, 10 Seiten Typoskript (Kasten 1, Mappe 5).

12 Brief von Friedrich A. Kittler an Cécile Dauphin und Pierrette Pézerat vom 10. Oktober 1983 (Kasten 23, Mappe 3).

13 Vgl. den Brief von Friedrich A. Kittler an Cécile Dauphin und Pierrette Pézerat vom 09. Januar 1984 (Kasten 23, Mappe 3).

14 Brief von Cécile Dauphin und Pierrette Pézerat an Friedrich A. Kittler vom 31. Januar 1984 (Kasten 23, Mappe 3).

für die Zeitschrift gesprochen.[15] Im April schrieb Kittler an die Herausgeber:

> Wie in Siegen besprochen, lege ich noch die Sache über Nietzsche, seine Schreibmaschine und seine Studentinnen/Sekretärinnen bei. Nicht daß ich Dauermitschreiber werden wollte, aber wenn in der Nummer über Frauen und Männer Verwendung sein sollte, könnt Ihr die Geschichte haben. Aus dem wirren, eiligen Französisch zurückgeholt in lesbareres Deutsch.[16]

Kittler schickte hier die französische Fassung an das Ehepaar Link. Link-Heer nahm Kittlers Angebot im Mai 1984 dankbar an:

> Der mechanisierte Philosoph gehört zu jenen höchst vergnüglichen Texten, von denen Jürgen und ich vielleicht schon geträumt haben, wenn wir uns vorstellen, daß man die ›sainte famille‹ Marks/Nitsch/Fröd doch mal entsakralisieren müßte (was man von ›den Franzosen‹ eben nicht erwarten kann, da sie das Deutsche nun mal als das Tiefe imaginieren). Aber so genau hatten wir denn wieder auch nicht geträumt, daß wir den kurzsichtigen Philosophen vor seiner Malling Hansen hätten sitzen sehen, Aphorismen schreibend, weil er die Buchstaben nicht auch lesen kann. Zweitens kommt Dein Text wie gerufen für unser Heft über ›Frauen und Männer‹ (so ist das Thema gut formuliert), einmal wegen des Diskurses, weil ich es für dringend nötig halte, die inzwischen eingefahrenen Diskurse nicht endlos weiterzuschreiben, sondern Paradoxien und Ironien jenseits von deren Qualifizierbarkeit als ›frauenfeindlich‹ undsofort [sic] zu produzieren. Die Substitution der Muse durch die Tippse, welch letztere anders als die Malling Hansen dann auch noch lesen kann und also zur Studentin qualifiziert ist – ich habe mich ungemein amüsiert, dieses Kapitel ›unserer Emanzipation‹ geschrieben zu finden![17]

---

15 Vgl. den Brief von Friedrich A. Kittler an Jürgen Link und Ulla Link-Heer vom 17. April 1984 (Kasten 25, Mappe 3).

16 Ebenda.

17 Brief von Ulla Link-Heer an Friedrich A. Kittler vom 09. Mai 1984 (Kasten 25, Mappe 3).

Das geplante Themenheft sollte im Juni 1985 erscheinen. Im Januar 1985 erinnerte Link-Heer Kittler daran, dass

> ›nietzsche, le philosophe mécanisé‹ nun darauf [wartet], in kittlersches deutsch übertragen zu werden (was wir einer bloßen übersetzung, auch durch eine so treue person wie mich, doch entschieden vorziehen würden).[18]

Bis zum 15. April sollte Kittler seine »deutsche Version«[19] einreichen. Link-Heers Bitte, noch andere Illustrationen als Nietzsches Malling Hansen-Schreibmaschine vorzuschlagen, beantwortete Kittler mit einem Problem:

> Was Bilder angeht: von der (sehr bald erscheinenden) Habil. her habe ich bessere Malling Hansen-Schreibmaschinenfotos als bei rororo, aber leider noch immer keines, wo auch ein(e) Schreiber(in) drauf wäre. Technikfotos allein sind immer so steif.[20]

Am 21. Februar, also eine Woche vor Kittlers Schreibbeginn laut eigener Liste, schickte Kittler den »verdeutschte[n] Nietzsche«[21] an die Herausgeber. Das übersandte Typoskript war »aus Gründen sündhafter Vielfachverwendung« noch in »altmodische[r] Großschreibung«; die von Kittler als »gewuchert« charakterisierten Anmerkungen »können meinetwegen auch alle fallen.«[22] Der Text erschien in Kleinschreibung, mit 54 als Endnoten angeführten Anmerkungen und einer Abbildung von Nietzsches Schreibmaschine im Juni-Heft »♀ ♂ frau. mann. nicht mehr als zwei geschlechter?« der *kultuRRevolution* 1985.[23] Die Schreibenden dieses Hefts waren

---

18 Brief von Ulla Link-Heer an Friedrich A. Kittler vom 28. Januar 1985 (Kasten 25, Mappe 3).

19 Ebenda.

20 Brief von Friedrich A. Kittler an Ulla Link-Heer vom 07. Februar 1985 (Kasten 25, Mappe 3).

21 Brief von Friedrich A. Kittler an Jürgen Link und Ulla Link-Heer vom 21. Februar 1985 (Kasten 25, Mappe 3).

22 Ebenda.

23 Textgrundlage war »NIETZSCHE, DER MECHANISIERTE PHILOSOPH«, 16 Seiten Typoskript (Kasten 1, Mappe 5).

überwiegend Frauen; neben Kittler trugen zum Themenheft bei: Brigitte Demes, Ute Gerhard, Anette Glocke, Jenny Graf-Bicher, Rose-Maria Gropp, Jutta Kolkenbrock-Netz, Ulla Link-Heer, Bettina Rommel, Annette Runte, Marianne Schuller, Waltraud Wende-Hohenberger. Ihnen ging es laut Einleitungstext von Link und Link-Heer darum, »die binäre ordnung als solche« in Frage zu stellen, »das denken seiner paradoxien« aufzuzeigen und »anregungen in richtung anderer diskurstaktiken« zu geben.[24]

Als der deutsche Erstdruck erschien, liefen die Vorbereitungen der amerikanischen Publikation schon seit einem Jahr. Im Mai 1984 schrieb Kittler begeistert an Rickels, der die englische Fassung verbessert hatte: »Der Nietzsche scheint mir erst jetzt englisch. Hab tausend Dank!«[25] Offen waren nur noch »Übersetzungskleinigkeiten«,[26] die Kittler in seinem Folgebrief im Juni 1984 erläuterte.[27] Darüber hinaus hatte Kittler vor allem Bedenken gegenüber dem von ihm vorgeschlagenen Titel »Nietzsche, the mechanized philosopher«. Der von Rickels »ersonnene Titel (Nietzsche and the Psychology of the Typewriter)« – streng genommen Kittlers nicht realisierter Vorschlag für Santa Barbara, der dann von Rickels für Kittlers Vortrag im Antrag zur MLA Special Session verwendet wur-

---

24 Jürgen Link und Ulla Link-Heer, »Zu dieser Nummer«, in: *kultuRRevolution. zeitschrift für angewandte diskurstheorie* (1985), H. 9: *♀ ♂ frau. mann. nicht mehr als zwei Geschlechter?*, S. 4.

25 Brief von Friedrich A. Kittler an Laurence A. Rickels vom 10. Mai 1984 (Kasten 23, Mappe 5).

26 Ebenda.

27 Vgl. den Brief von Friedrich A. Kittler an Laurence A. Rickels vom 08. Juni 1984 (Kasten 23, Mappe 5): »2. Nietzsches witzig-verspielte Schreibmaschinenverse sollten vielleicht *auch* deutsch zitiert werden. Also: I Schreibkugel I ist ein Ding gleich mir: von Eisen I Und doch leicht zu verdrehn zumal auf Reisen. I Geduld und Takt muss reichlich man besitzen I Und feine Fingerchen uns zu benützen. I 3. S. 245: Wird es auch englisch klar, daß ein gewisser geist [sic] (Nachname) unter Goethes Sekretären war? Natürlich habe ich den spirituellen Nebensinn, der in der Übersetzung überwiegt, auch mitgemeint. I 4. S. 247: Ich weiß einfach nicht, wann genau in Rußland Frauen zum Studium zugelassen wurden. ›Until 1908‹ ist korrekt für Preußen (als größtes damaliges Bundesland Deutschlands). Deshalb sollte es vielleicht heißen: ›from Russia or Germany, a country where…‹ I 5. S. 256, Anm. 26. Kannst Du am Ende dieser Fußnote noch einfügen: ›As for the relations between Goethe and his secretary Eckermann, cf. Avital Ronell, ›Namely Eckermann‹ (forthcoming)‹ bzw., wenn Avitals Wunderaufsatz schon im Druck sein sollte, die Erscheinungsdaten?«

de – erschien Kittler »expliziter, genauer, passender als meiner«.[28] Die zugrundeliegende Textfassung für den englischen Erstdruck blieb die von Rickels angefertigte Übersetzung.[29] Dieser Text ist 1990 unter dem Titel »The Mechanized Philosopher« in dem von Rickels herausgegebenen Sammelband *Looking After Nietzsche* erschienen. Den Beitrag kündigt das Vorwort wie folgt an:

> In Kittler's reading the stammer becomes the babble of typographical error, the rhyme of techno-shorthand. The masculinist writing alliance (spectacularly exemplified in the bond of dictation between Goethe and Eckermann) undergoes in Nietzsche its technologization and heterosexualization. This double metamorphosis is introduced by the typewriter, by Nietzsche's typewriter; in the place of his writing machine, Nietzsche found and founded the feminine other, now as taker of dictation and disciple, now as double and god. Thus the philosopher of mysogyny was also, by virtue of being the first philosopher to type, a primal feminist.[30]

Weitere Beiträger waren unter anderem Jacques Derrida (»Interpreting Signatures (Nietzsche/Heidegger)«), Avital Ronell (»Namely, Eckermann«), Jean-Luc Nancy (»Nietzsche's Thesis on Teleology« und »›Our Probity!‹ On Truth in the Moral Sense in Nietzsche«) sowie Rickels selbst (»Friedrich Nichte«).

Während einer Gastprofessur in Santa Barbara arbeitete Kittler den ›mechanisierten Philosophen‹ auf der Basis der deutschen Fassung der *kultuRRevolution* im Februar 1986 noch einmal in englischer und deutscher Sprache zum Vortrag um.[31]

---

28 Brief von Friedrich A. Kittler an Laurence A. Rickels vom 10. Mai 1984 (Kasten 23, Mappe 5).

29 Mutmaßlich handelt es sich hierbei um das Typoskript »NIETZSCHE, THE MECHANIZED PHILOSOPHER«, 18 Seiten Typoskript mit handschriftlichen Ergänzungen und Korrekturen (Kasten 54, Mappe 2).

30 Laurence A. Rickels, »Preface«, in: ders. (Hrsg.), *Looking After Nietzsche*, Albany: State University of New York Press 1990, S. vii–xv, hier S. xiii.

31 Mutmaßlich handelt es sich hierbei um »NIETZSCHE, DER MECHANISIERTE PHILOSOPH«, 17 Seiten Typoskript mit handschriftlichen Ergänzungen und Korrekturen (Kasten 54, Mappe 2). Dieser Text ist zum Teil auf Rückseiten von Briefköpfen des Department of German, Oriental and Slavic Languages and Literatures der UC Santa Barbara entstanden und hat einen neuen dreiseitigen

Im Sommer 1998 erschien, ebenfalls auf Grundlage der Textfassung der *kultuRRevolution*, in der Zeitschrift *Trafic* eine Übersetzung ins Französische durch Pierre Rusch.[32] Kittler war zuvor von Raymond Bellour, Mitbegründer von *Trafic*, kontaktiert worden, nachdem dieser die englische Fassung gelesen hatte.[33] Zuvor mussten Unklarheiten beseitigt werden, die das Verhältnis zwischen dem Aufsatz und entsprechenden Passagen in Kittlers Büchern betrafen: Bellour war zunächst davon ausgegangen, dass der Text mit dem Nietzsche-Kapitel der *Aufschreibesysteme 1800·1900*[34] beziehungsweise mit dem entsprechenden Kapitel in *Grammophon Film Typewriter* identisch sei.[35]

Kittlers Auseinandersetzung mit Nietzsches Schreiben fand vor dem Hintergrund mehrerer Lehrveranstaltungen Anfang der 1980er-Jahre statt: die Freiburger Proseminare »Schreiben und Lesen: 1800/1900«[36] (Wintersemester 1979/1980), »Über technische Voraussetzungen der Literatur um 1900« (Wintersemester 1981/1982[37]

Abspann, in dem Kittler auf Irmgard Keuns Roman *Das kunstseidene Mädchen* (1933), die »Turingmaschine« als Schreibmaschine und den »Ursprung unseres Computerzeitalters« eingeht (ebenda, hier S. 14 und 15). Die Aktualisierungen dieses Textes finden sich in der 1986 erschienenen Monographie *Grammophon Film Typewriter*, Berlin: Brinkmann und Bose 1986 wieder, vgl. *Werkausgabe*, Band I.A.4.

32 Dieser Text besitzt 55 als Fußnoten gesetzte Anmerkungen. Vgl. den Brief von Raymond Bellour an Friedrich Kittler vom 07. Juni 1997 sowie den Brief von Friedrich A. Kittler an Raymond Bellour vom 27. Oktober 1997 (beide Kasten 37, Mappe 2).

33 Vgl. den Brief von Raymond Bellour an Friedrich A. Kittler vom 13. Februar 1997 (Kasten 37, Mappe 2).

34 Friedrich A. Kittler, »Nietzsche. Incipit tragoedia«, in: ders., *Aufschreibesysteme 1800·1900*, München: Fink 2003 (4. Auflage), S. 215–248.

35 Vgl. den Brief von Raymond Bellour an Friedrich A. Kittler vom 13. Februar 1997 sowie den Ausdruck der E-Mail von Raymond Bellour an Friedrich A. Kittler vom 24. Februar 1998 (beide Kasten 37, Mappe 2). Tatsächlich ist der Text über weite Strecken identisch mit dem Nietzsche-Kapitel in *Grammophon Film Typewriter* (Anm. 31), S. 293–310.

36 Vgl. die Unterlagen in Kasten 34, Mappe 1; Kasten 34, Mappe 3 sowie den *Kommentar zu den Lehrveranstaltungen des Deutschen Seminars im Wintersemester 1979/80*, herausgegeben vom Lehrkörper an der Albert-Ludwigs-Universität Freiburg im Breisgau, S. 39.

37 Vgl. die Seminarunterlagen zu »Über technische Voraussetzungen der Literatur um 1900«, darin beispielsweise die Notiz »Zur Vorgeschichte der Medien« im Typoskript »WS 81. 1«, 4 Seiten Typoskript mit handschriftlichen Ergänzungen, (Kasten 132, Mappe 7): »Anfangsmythos: Edison halbtaub (wie Nietzsche, der

und Sommersemester 1983[38]), »Literaturwissenschaft um 1900«[39] (Sommersemester 1984) sowie das an der Stanford University abgehaltene Hauptseminar »Literature and Technology«[40] (Herbst 1982).

Kittlers Korrespondenz gibt einen Hinweis auf den Zeitpunkt der Recherchephase zum Nietzsche-Text, der vor dem notierten Schreibbeginn im November 1983 gelegen haben muss. Diese Arbeit zu Nietzsche ist gleichzeitig auch nicht mehr Teil der Schreibarbeit an der Habilitationsschrift (laut Werkliste im Dezember 1981 beendet). Sie findet vielmehr parallel zur Vorarbeit für Kittlers Text »Draculas Vermächtnis« statt (vgl. im vorliegenden Band den Text I.B.4.5). Anfang Januar 1982 beantwortete Kittler eine Anfrage Heinz Schlaffers bezüglich Material zu einer »Schriftlichkeitsrezension«[41] mit dem Verweis auf den methodischen Unterschied zwischen Schrift und Schreibgeräten:

> [E]s war schon eine böse Überraschung, daß mein alter Zettelkasten ohne das Stichwort Schrift ist. Und das bei einem, der über Aufschreibesysteme schreibt. Wohl ein klassischer Fall von Eifersucht auf die paar Leute, die mir im Kopf einfallen:
>
> 1. Coulmas, Über Schrift, Frankfurt/M. 1981 (stw) mit großer Bibliographie
>
> 2. Werner Hamacher, Pleroma (Vorwort zu Hegel, Geist des Christentums, Ullstein)
>
> 3. Deleuze/Guattari, Anti-Ödipus, Kap. III (nach Ethnologenbefunden über Kulturen, wo Schrift *nicht* als Überbau von Reden, sondern in abstraktem Graphismus funktioniert)
>
> 4. Derrida, Grammatologie (1967): gegen Saussures Phonozentris-

---

Schreibmaschinist halbblind).« (Ebenda, hier S. »WS 81. 1.3«.) Vgl. *Werkausgabe*, Abteilung II.C.

38 Vgl. die Seminarunterlagen zu »Literatur und Technik« (Kasten 132, Mappe 7).

39 Vgl. die Unterlagen in Kasten 35, Mappe 3 sowie den *Kommentar zu den Lehrveranstaltungen des Deutschen Seminars im Sommersemester 1984*, herausgegeben vom Lehrkörper an der Albert-Ludwigs-Universität Freiburg im Breisgau, S. 53.

40 Vgl. die Seminarankündigung und weitere Unterlagen in Kasten 35, Mappe 2.

41 Brief von Friedrich A. Kittler an Heinz und Hannelore Schlaffer vom 27. März 1982 (Kasten 11, Mappe 2).

> mus in der ersten Abhandlung. (Vgl. auch La pharmacie de Platon) Die Titel 3 und 4 sind natürlich bloß ein Ceterum censeo. Titel 5 (Kittler, Aufschreibesysteme, forthcoming) kann man nicht schreiben. Ich bin auch nicht der Schrift im allgemeinen hinterher, sondern, wie ersichtlich, Sachen wie der Schreibmaschine. Und dabei finde ich auf meine alten Tage immer mehr und mehr im alten McLuhan, Titel 6: Die magischen Kanäle, aber auch schon 1964. Und wenn ich zu träumen anfange, was Schrift anstellt, fällt mir, noch älter und altmodischer, Aristoteles an [sic], irgendwo in De generatione et corruptione: ›Denn Trauerspiel und Lustspiel bestünden aus den gleichen Buchstaben‹. Vielleicht kann der Satz auch Ihre Rezension inspirieren, während ich meine Koffer packe, Briefe aufgebe und unmittelbar neben das Silicon Valley der Chip-Erfinder ziehe. Von dorther, schon weil der Zettelkasten hierbleibt [sic], erreichen Sie dann andere Schriften.[42]

Im März 1982 schrieb Kittler aus Santa Barbara an Horst Turk, dass er »die hiesigen Bibliotheken eher dazu benutzt [habe], wozu sie taugen«, und seine »Interessen etwas amerikanisiert« habe:

> Geschichten wie die von der Erfindung der Schreibmaschine oder des Grammophons, alle hier gemacht, haben sich als lohnende Fährten herausgestellt. Allmählich gelingt es mir, die zwei Hälften der Jacobistrassenwohnung, Elektronik und Alphabetismus, zusammenzubringen.[43]

Ganz ähnlich schrieb Kittler wenig später an Heinrich Bosse: »Ich jedenfalls habe ziemlich gute Sachen zur Erfindung der Schreibmaschine und des Grammophons aufgestöbert.«[44]

Um Kittlers Nietzsche-Interesse Anfang der 1980er-Jahre einzuordnen, ist auch auf seine frühere Auseinandersetzung zu verweisen. Laut Werkliste verfasste Kittler im März und April 1977 den kurzen Text »Nietzsche (1844–1900)«, der 1979 in der von

42 Brief von Friedrich A. Kittler an Heinz Schlaffer vom 05. Januar 1982 (Kasten 11, Mappe 2).

43 Brief von Friedrich A. Kittler an Horst Turk vom 29. März 1982 (Kasten 23, Mappe 2).

44 Brief von Friedrich A. Kittler an Heinrich Bosse vom 01. April 1982 (Kasten 27, Mappe 3).

Turk herausgegebenen Sammlung *Klassiker der Literaturtheorie* erschien.[45] Turks Ziel war es, »repräsentative Ansätze zur Literaturtheorie in Kurzmonographien«[46] zu versammeln. Zwischen Frühling und Herbst 1979 arbeitete Kittler an dem längeren Text »Wie man abschafft, wovon man spricht: Der Autor von ›Ecce homo‹«, der 1980 in einem von Jürgen Manthey herausgegebenen Nietzsche-Sonderband des *Literaturmagazins* veröffentlicht wurde.[47] Manthey wollte mit diesem Sonderband »deutschsprachige[] Autoren der Gegenwart« zur »Wiederkehr Nietzsches« zu Wort kommen lassen.[48] In diesem Zusammenhang erwähnenswert sind auch das von Manfred Frank, Samuel Weber und Kittler organisierte Nietzsche-Gespräch am Deutschen Seminar der Universität Düsseldorf (28. Juni 1980) und das von Walter Gebhard organisierte Bayreuther Nietzsche-Kolloquium (25. bis 27. Juli 1980), bei dem Kittler kurzfristig einen Vortrag hielt.[49] Einblicke in Kittlers Überlegungen zu Nietzsche gewähren auch seine Briefe an Bettina Rommel und Norbert Bolz aus der zweiten Hälfte der 1970er-Jahre.[50]

Neben den verschiedenen Typoskripten sind im Deutschen Literaturarchiv Marbach zahlreiche Brouillons überliefert, die von Kittlers Auseinandersetzung mit Nietzsches Schreibverfahren zeugen.[51]

---

45 Friedrich A. Kittler, »Nietzsche (1844–1900)«, in: Horst Turk (Hrsg.), *Klassiker der Literaturtheorie. Von Boileau bis Nietzsche*, München: Beck 1979, S. 191–205, vgl. *Werkausgabe*, Band I.B.2.

46 Horst Turk, »Einleitung«, in: ders. (Hrsg.), *Klassiker der Literaturtheorie* (Anm. 45), S. 7–9, hier S. 8.

47 Friedrich A. Kittler, »Wie man abschafft, wovon man spricht: Der Autor von ›Ecce homo‹«, in: Jürgen Manthey (Hrsg.), *Literaturmagazin* 12 (Sonderband): *Nietzsche*, Reinbek bei Hamburg: Rowohlt 1980, S. 153–178, vgl. *Werkausgabe*, Band I.B.3.

48 Jürgen Manthey, »Nietzsche und die Wiederkehr der Ungleichheit. Eine Einleitung«, in: ders. (Hrsg.), *Literaturmagazin* 12 (Anm. 47), S. 11–23, hier S. 21.

49 Vgl. hierzu die Korrespondenz zwischen Friedrich A. Kittler und Walter Gebhard aus dem Jahr 1980 (Kasten 11, Mappe 3).

50 Vgl. die Briefe von Friedrich A. Kittler an Bettina Rommel (Kasten 11, Mappe 1) sowie den Brief von Friedrich A. Kittler an Norbert Bolz vom 19. April 1977 (Kasten 27, Mappe 3).

51 Vgl. vor allem das umfangreiche, 84 Seiten umfassende Brouillon-Konvolut in Kasten 55, Mappe 1; darin befinden sich beispielsweise »AUFSCHREIBESYSTEME 1900 / Nietzsche: Schreibmaschine«, 1 Blatt Typoskript, »AUFSCHREIBESYSTEME 1900 // Nietzsche: Schreibmaschine«, 1 Blatt Typoskript, »NIETZSCHE / Schriftlichkeit«, 1 Blatt Typoskript, »NIETZSCHE:

Für freundlich erteilte Publikationsgenehmigungen danken wir dem Deutschen Literaturarchiv Marbach, Heinrich Bosse, Cécile Dauphin, Susanne Holl, Jürgen Link, Ursula Link-Heer, Pierrette Pézerat, Laurence A. Rickels, Hannelore Schlaffer und Heinz Schlaffer.

LESEN«, 1 Blatt Typoskript, »1900. Nietzsche: Bildungsanstalten«, 1 Blatt Typoskript, »NIETZSCHE / Produktivität der Sinne!«, 3 Seiten Typoskript, »NIETZSCHE / Sinnliche und ästhetische Medien«, 1 Blatt Typoskript. Weiteres Material, das Kittlers Nietzsche-Auseinandersetzung in Brouillons dokumentiert, befindet sich in Kasten 54, Mappe 1; Kasten 50, Mappe 1; Kasten 48, Mappe 4; Kasten 52, Mappe 3; Kasten 54, Mappe 2 sowie Kasten 29, Mappe 4.

Auto Bahnen I.B.4.16

> Die Gegend ergibt als Gegend erst Wege. 1
> Sie be-wëgt. Wir hören das Wort Be-wëgung im
> Sinne von: Wege allererst ergeben und stiften.
> Heidegger

Die Tragödie, man weiß es, begann am Dreiweg von Daulis: mit 2
der Zufallsbegegnung zwischen einem Maultiergespann und einem
Fußgänger, einem Tyrannen namens Laios und seinem unerkann-
ten Sohn. Sie wäre erspart geblieben, hätten zwischen Delphi und
Korinth schon kreuzungsfreie Autobahnen mit Mittelstreifen verkehrt. Weshalb Heiner Müller nicht Sophokles ist und alle Feuilleton-
klagen, er finde keine dramatischen Begegnungen mehr, ins Leere
laufen. Wo der Zufallsgott (mit seinen Hermen an jeder griechischen
Wegekreuzung) ausgespielt hat, beginnen Rollbahnen und ihre
Kentauren. Kein Drama mehr, sondern ein Weg der Panzer: von
Verdun bis Wolokolamsk undsoweiter. »Und wenn auf der verbrann- 3
ten Erde nur noch / Die leeren Panzer aufeinander krachen.«

Am Ende von *Gravity's Rainbow* kommt noch eine Agenturmeldung durch. Sie stammt von PNS aus Los Angeles und geht an dich, den Romanleser.

Sekunden bevor die erste oder letzte V-2 über L.A. explodiert,
nimmt dich ein Kino-Direktions-VW mit auf den Santa-Monica-
Freeway. »Es ist der Freeway für Freaks, die traditionelle Arena 4
jeder Form von automotivem Irrsinn, den menschliche Gehirne je
erfunden haben.« Links auf den Gegenbahnen, hinter versteppten
Mittelstreifen, ziehen sämtliche Müllkipper der Stadt nach Norden
zum Ventura-Freeway. In Downtown L.A. werden die Lkw-Schlan-
gen neben euch immer dichter. Kurz vorm Hollywood-Freeway
schließlich überholt ihr eine mysteriöse Kolonne aus Meilerwagen
und Flüssigwasserstofftankern – genau die Art Kolonne, die Grup-
penführer Dr. Hans Kammler, Generalleutnant der Waffen-SS, von
September 44 bis März 45 als motorisierte Raketenkompanien über
die Reichsautobahnen lenkte. Und wenn der elektrische Bodenab-
standszünder, den Hitler persönlich ersonnen hat, auf das L.A. von
73 anspricht, könnt ihr's im gleißenden Licht der Raketennutzlast

noch eine Millisekunde lang sehen, was sie sind, alle Freeways und
Reichsautobahnen dieser Erde …

Offen bleibt nur die Frage, welche Gehirne den automotiven Irrsinn namens Autobahn ersonnen haben. Wie so oft bei Erfindungen,
liegen zwei Versionen vor. Die eine ist feudal und berühmt, die an-
5 dere kriegstechnisch und vergessen. Autobahnen, diese »Straßen
Adolf Hitlers«, haben eben schon seit Anbeginn ein völlig deutscher
Gegenstand zu sein. Also beseitigt eine Geschichtsschreibung, die
6 nicht umsonst der ehemalige Pressereferent der Hafraba anführt,
alle Spuren ins Ausland.

Die offizielle Version ist schnell erzählt. In jener unvorstellba-
ren Vergangenheit, als nur Generalstäbe und Großkonzerne über
Wagenparks verfügten, waren gewisse Herrenfahrer bestürzt über
Staub und Gezeter der Landstraßen. Der Staub – erinnert sich die
letzte Kronprinzessin Preußens – hatte beim Hamburger Autorennen von 1904 Rekorde sehr behindert und Zementdecken sehr
wünschenswert gemacht. Das Gezeter – erinnert sich Manfred von
Brauchitsch, der Rennfahrer – drohte einem Automobilisten, der
7 verwegen genug war, »all dem zu trotzen und die Kräfte des Motors
voll auszunutzen«. Denn in den Städten kreuzten seine Bahn lauter
Fußgänger, Radfahrer, Karren und Pferdefuhrwerke, in den Land-
bezirken lauter Heuwagen, Kinder, Vieh und Federvieh. Untrag-
bare Zustände, deren Abstellung denn auch schon 1904 zu einer
Aussprache zwischen Kaiser und Kronprinzen führte. Wilhelm II.,
dieser große Technikfreak, blieb zwar persönlich weiterhin bei Groß-
projekten und Grundlagenforschung vom Typ Tirpitzprogramm oder
8 Heerestelegraphie, die er dann »auf Spaziergängen in den herbstlichen Wäldern der Schorfheide, oder bei der Abendtafel im stillen
Hubertusstock« mit seinen Chefingenieuren erörterte. Kronprinz
Wilhelm aber erhielt Erlaubnis, seinem Hobby Autorennbahn nach-
zugehen, wie es sich in Indianapolis und Los Angeles schon aus-
gezahlt hatte.

9 Und so geschah es. 1907 erging »von Allerhöchster Seite« die
Anregung, eine zementierte und für den Parallelverkehr geeigne-
te Straße anzulegen. Schon 1909 errichteten Kreise der Berliner
Sport- und Finanzwelt das Büro der Automobil-Verkehrs- und
Übungsstraße G.m.b.H., kurz Avus genannt.

10 km zwischen Charlottenburg und Wannsee oder die Straße der Zukunft: nur für Autos, ohne Kreuzungen und Querwege, mit stark überhöhten Kurven, Zuschauertribünen für die geplanten Sportereignisse und (nicht zu vergessen) zwei mittelstreifengetrennten Fahrbahnen.

Es ist heute unbegreiflich, was Leute alles hingenommen haben. Vom Saumpfad zur Römerstraße, vom Sand über Pflaster zum Asphalt – Jahrtausende des Gehens, Reitens, Fahrens auf Wegen aller Art, aber ohne Mittelstreifen. Im Durcheinander von Zufallsbegegnungen blieb Hermes, der Straßengott, an der Macht über Boulevards, Lidos und Laan. Erst Autobahnen erlösen den Verkehr (in Wort und Sache) von seiner obszönen Zweideutigkeit, die schon lange vor Freud lauter Wortspiele feierte. Sicher, seitdem der erste Napoleon die Infanteriemarschkolonne auch als Gefechtseinheit und damit sein Nationalstraßensystem schuf, gibt es eine Regelung Rechtsverkehr. Aber Verordnungen allein garantieren noch nicht, daß auf Straßen niemand niemand trifft. Erst der Autobahnmittelstreifen trennt für immer die zwei Schlangen oder Ströme, die an entgegengesetzten Punkten des Horizonts sich und einander verlieren. Wannsee und Charlottenburg ...

Um so trauriger ist es, daß der Schöpfer des automotiven Irrsinns ihn nicht mehr austoben durfte. Nur noch in Exilphantasien ist Kronprinz Wilhelm frei von den Belästigungen Staubbrille und Gegenverkehr über seine Avus gerast. Ein Weltkrieg, der erste, unterbrach alle Bauarbeiten. Erst 1921 hat Hugo Stinnes mit neuem Kapital und neuen Straßenzementmaschinen die Avus vollendet – als Vergnügungsstrecke für Herrenfahrer. Und die waren mittlerweile demokratisiert, aber darum noch nicht zahlreicher.

Die endlose Doppelschlange jedenfalls, Stoßstange an Stoßstange bei Tag, Scheinwerfer an Scheinwerfer bei Nacht, ist keine deutsche Erfindung. Um aus Herrenfahrern Verkehrsteilnehmer (diese Charaktermaske des laufenden Jahrhunderts) zu machen, reichen Hohenzollernhobbies nicht hin. Das Massenverkehrsmittel Autobahn entstand zu genau der Zeit, als über die halbfertige Avus schon wieder Unkraut wucherte: im ersten Weltkrieg. Ein strategisches Geheimnis, von dem die Heldensagen deutscher Autobahnung nichts wissen wollen.

September 1914. Ein Anthroposoph von Generalstabschef ver-
10 steht Unglücksboten besser als Schlieffenpläne. Statt einfach Feld-
telegraphenleitungen zwischen den Frontstäben zu legen, schickt
Moltke einen automobilisierten Oberstleutnant an die Marne. Und
dieser Hentsch, ausgerechnet Nachrichtenchef der O.H.L., meldet
überall zerrissene Fronten und französische Angriffe. Sicher, nur ein
dünner Kavallerieschleier (dessen schwere Funkenstation – Ironie
der Weltgeschichte – ein Hauptmann Guderian führt) deckt die
Lücke zwischen Kluck und Bülow. Sicher, General Galliéni, Kom-
mandant von Paris, läßt sämtliche Taxis der Stadt requirieren, um
seine 62. Infanteriedivision an Maunourys Front und in die Lücke bei
Nanteuil zu werfen. Aber improvisierte Prophetien wie diese erste
Div. (mot.) der Weltgeschichte sind noch keine Schlachtentschei-
dungen. Dazu macht sie erst der blinde Herrenfahrer Hentsch. Und
das Marnewunder ist vollbracht.

Februar 1916. Die Armeen haben sich und den Schlieffenplan
längst eingegraben. Stellungskrieg von Ypern bis Belfort. Dem ge-
11 scheiterten Moltke ist Falkenhayn gefolgt. Steht vor seinen Sandkäs-
ten (übrigens einer Generalstabserfindung aus dem Freundeskreis
um Kleist) und grübelt. An Durchbruch und Bewegung, Umfassen
und Vernichten ist seit dem Marnewunder nicht mehr zu denken.
12 Abschied von Clausewitz. Aber wie, wenn man die Franzosen aus-
13 blutete, eine »Saugpumpe« in Gang setzte? Und zwar genau dort,
wo sie Materialschlachten annehmen müssen, ohne selber Material
heranbringen zu können? Falkenhayn, den Frontverlauf vor seinen
Kartenleseraugen, sieht nur eine mögliche Stelle: die Gürtelfestung
Verdun. Noch gescheiterte Schlieffenpläne haben eben ihr Gutes:
als Drehscheibe der großen Rechtsschwenkung von 1914 ist Verdun – bis auf eine Eisenbahnlinie und eine Nationalstraße – vom
französischen Hinterland schon abgeriegelt.

14 (Einen Weltkrieg später wird das OKW, Operationsabteilung (I),
zum geplanten Uralvorstoß von 8Pz.Div. und 4I.D. mot. festhalten,
daß »der Ansatz selbst im Großen durch die Bahn- und Straßenverbindungen bedingt ist«.)

Und Falkenhayn handelt. Für den 12.2.1916 erhält Kronprinz
Wilhelm mit seiner 5. Armee Angriffsbefehl. Ausgerechnet ein Freak
von Autorennen und Bewegungskriegen soll Falkenhayns langsa-
15 me »Blutmühle« in Gang setzen. Aber weil nicht nur die Franzosen

Transportprobleme haben, wird der Trommelfeuerschlag noch einmal aufgeschoben.

Und das ist ihre Rettung – ihre Gelegenheit, Weltverkehrsgeschichte zu machen. Am 19. Februar verraten deutsche Überläufer den neuen Angriffstermin des 21.: Kriegsrat im Bahnhof Bar-le-Duc. Mit einem Blick erkennen General Ragueneau und Major Doumenc, Chef des Militärautomobilwesens, die Lage. Sie ist ein reines Nachschubproblem. Wenn die Deutschen die letzte verbliebene Eisenbahnverbindung befehlsgemäß unterbrechen, hängt Verdun an einer einzigen Nabelschnur: der Route nationale nach Bar-le-Duc. 45 napoleonische Kilometer machen also Frankreichs Schicksal. Aber das ist für die Direction des services automobiles kein Verzweiflungsgrund. Noch bevor am 21.2., pünktlich 7.00 Uhr morgens, das deutsche Sperrfeuer einsetzt, hat Doumenc eine altmodische Nationalstraße schon in die erste Autobahn der Welt verzaubert. Bar-le-Duc wird Sitz einer Commission régulatrice automobile (C.R.A.), die alle Fußgänger, Fahrräder, Pferdekarren auf Bauernschlammwege abschiebt und die r.n. 109 der neuen Hegemonialmacht Lkw reserviert. So endet Alteuropas zweideutiger Verkehr.

Lacan erläuterte, was er die urinale Segregation des abend- 16
ländischen Menschen nennt, am Beispiel von zwei Kindern und Geschwistern, die vom Eisenbahnabteil aus »eine Kette von Gebäuden am Bahnsteig vorübergleiten sehen. ›Schau, wir sind in Frauen!‹, sagt der Bruder. ›Dummkopf‹, erwidert seine Schwester, ›siehst du denn nicht, daß wir in Männer sind?‹« Und weil nach Lacans Einsicht »die Bahngleise in dieser Geschichte den Balken des saussureschen Algorithmus materialisieren«, müssen sie gar nicht materiell vorhanden sein. Auch eine von deutschen Stoßtrupps gesprengte Eisenbahn, wenn sie nur zweigleisig ist, kann der automotiven Segregation Europas zum Vorbild werden.

Major Doumenc gibt Befehl, die r.n. 109 wie zweigleisige Eisenbahnen zu befahren. Was seit 1830 nur das Aneinandervorbei von Zugpassagieren war, wird 1916 Straßenalltag. Fortan trennt ein improvisierter Mittelstreifen Materialschlachtinput und Materialschlachtoutput. 350 000 Tote in 7 Monaten wollen beseitigt und ersetzt sein. Räder rollen also für den Sieg – rechts, von Bar-le-Duc nach Verdun: Kanonen und Kanonenfutter, links, von Verdun nach Bar-le-Duc: Kanonenschrott und Kanonenopfer. »Zwei Ketten 17 ohne Ende«, wie Doumenc schreibt, aber auch ohne Kontakt. Zufallsbegegnungen zwischen Lkws und Ochsenkarren wären schon kontraproduktiv genug, zwischen Kanonenfutter und Leichentransporten würden sie zu Katastrophe und Meuterei. Militärisch ist jeder Autobahnmittelstreifen ein cordon sanitaire (und demontierbar nur für den Zukunftsnotfall zerbombter Flugzeuglandebahnen).

Auch wenn Falkenhayns Saugpumpe nicht schon als solche
18 »der Bankrott aller operativen Führungskunst, die Kapitulation vor
dem Stellungskrieg« wäre – an Doumencs Doppel-Lkw-Pumpe
findet sie ihren Meister. Sieben Monate hält Verdun, bis die Kron-
prinzenarmee verblutet aufgibt. Dem Hexagon bleibt sein grausam
exponiertes Glied erhalten, weil 13 600 Lkws pro Tag (oder 1 Lkw
19 in 6 Sekunden) die Verbindung sichern. »C'est la route qui mène la
bataille«, kommentiert die C.R.A. … und gibt ihrer improvisierten
Autobahn den stolzesten Namen, den Imperien seit Römertagen zu
vergeben haben: LA VOIE SACRÉE – VIA SACRA.

Die *collection des cahiers de la victoire*, Frankreichs Kriegspro-
pagandareihe, widmet der Voie Sacrée ein Heft und einen Titel. Die
Autobahn, kaum erfunden, wird Literatur. Lange vor Tyrone Slothrop
und Thomas Pynchon dürfen Soldaten des (gerade noch neutra-
len) Amerika schon in Europa sein und aufschreiben, wie der alte
Kontinent Zukunft selber erfindet. Ein namenloser GI, Augenzeuge
in Verdun, besingt für die *Cahiers de la victoire*, was seither von
der Avus bis zum Santa-Monica-Freeway, von Charlottenburg bis
Californien Nacht heißt: Autoscheinwerfer nach Autoscheinwerfer,
20 ein Lichterband durch Hügel und Täler der Argonnen, »quelque gigantesque et lumineux serpent« …

21 »… die Verteidigung Verduns stand und fiel mit der Durchführ-
barkeit des Kraftwagenverkehrs auf der ›voie sacrée‹. […] Und so
pulste von Beginn bis Ende der Schlacht frisches Blut in das nahezu
abgeschnürte Glied der französ. Front und erhielt es am Leben.«
Poetischer schreibt auch amerikanischer Weltkriegstourismus nicht.
Es ist aber Hauptmann i.G. Heinz Guderian. Treppenwitz der Weltgeschichte: 1914 an der Marne, 1916 vor Verdun, ein Telegraphenoffizier (und d.h. Schlieffens Lieblingssohn) bleibt immer am Ball. Er bleibt es, selbst nachdem Versailles dem Reich nur noch eine 100 000-Mann-Armee und dieser Armee keinen einzigen Kampfwagen erlaubt hat.

Aber das heißt nur, die Findigkeit preußischer Generalstäbler
zu unterschätzen. Schon für den Winter 23/24 organisieren Hauptmann Guderian und der nachmalige Ob. des Heeres, Walther (nicht
Manfred!) v. Brauchitsch einen Manöverblitzkrieg, dessen Panzer-
spitzen alle hochpoetische Simulakren sind: Stabs-Pkws mit auf-
geklebtem Pappturm. Nach v. Seeckt ist eben »die Motorisierung 22
der Armeen eine der wichtigsten Entwicklungsfragen.« Was Wunder
also, daß derselbe Guderian im Januar 1925 auch den ersten *Text*
über Autobahnen vorlegt. Mittlers offiziöses *Militär-Wochenblatt*
druckt in der Beilage *Der Kampfwagen* seinen epochalen Essay
über *Die Lebensader Verduns*. Während der einsame Schreiber
von *Mein Kampf* Autobahnen bloß träumt, hat Guderian die Lektion
Doumencs schon längst auf den Begriff gebracht: Seit Februar 1916
sind Riesenschlangen aus Licht und Stahl unsere Lebensader.

So lernt man vom Feind. Taktiken eines Weltkriegs X arrivieren
zu Strategien des Weltkriegs X + 1. Die britischen Tanks, vor Cam-
brai 1917 nur als Infanteriestützen eingesetzt und in den alliierten
Armeen (mit de Gaulles rühmlicher Ausnahme) noch 1940 auf
taktische Aufträge beschränkt – Guderian macht sie kriegsentschei-
dend. »*Überraschend, massenweise, auf breiter Front, gleichzeitig,* 23
tief gegliedert« durch »[o]bere Führung« eingesetzt, tragen selbständige Pz.Div. den Blitzkrieg. Die Autobahn, hinter Verdun 1916
nur eine Defensivmaßnahme und in Friedenseuropa (mit der rühm-
lichen Ausnahme von Dr. Puricelli in Italien, der allerdings »nicht 24
nach dem Prinzip des in zwei voneinander getrennte Fahrbahnen
zu je zwei Fahrspuren aufgeteilten Richtungsverkehrs« handelte)
nirgendwo nachgebaut – Hitler macht sie zur Lebensader des Dritten Reichs. (Eine einzige von Guderians 10 Pz.Div. ist mit Stab und
Troß immerhin eine Wagenkolonne von 110 Autobahnkilometern.)

Bei Eröffnung der Berliner Automobilausstellung 1933 treffen
also zwei Schöpfer erstmals zusammen. Guderian erinnert sich,
wie »ungewöhnlich es war, daß der Reichskanzler selbst die Eröff- 25
nungsansprache hielt. Auch was er sagte, stach wesentlich von den
bisherigen Reden der Minister und Kanzler bei derartigen Anlässen
ab. Er verkündete den Fortfall der Automobilsteuer und kündigte
den Bau von Reichsautobahnen und des Volkswagens an.«

Gesagt getan. Das Reich erlebt fortan, was auch nüchterne Wirt-
schaftshistoriker der Kuczynski-Schule nur noch in Psychiaterwör-

26 tern beschreiben können: die »Motorisierungspsychose«. Für das
Verkehrsaufkommen etwa von 1932 (522 943 Pkws, 161 072 Lkws)
27 sind Autobahnen schlicht unnötig. Aber, sagt Hitler, »[s]o wie das
Pferdefuhrwerk sich einst seinen Weg schuf, die Eisenbahn die dafür notwendigen Schienenwege baute, muß der Kraftverkehr die für
ihn erforderlichen Automobilstraßen erhalten.« Die Bewegung von
33 ist immer schon Be-wëgung. Sie inspiriert die Leute zu Führer-
scheinwünschen, die der Führer ihnen dann erfüllen wird: als Pan-
zerführer auf seinen Autobahnen usw.

Eine Short Story, herausgegeben von Gen.-Kdo. VII. A.-K. macht
all diese Wünsche klar wie ein Miniaturmodell: In den letzten Tagen des Frankreichblitzkriegs 1940 gehen zwei Gefechtsvorposten
28 auf Spähtrupp gegen Dorf Sy. Was sie entdecken, sind »zwei, drei,
vier – fünfzehn Kräder, fünf davon mit Beiwagen. Eine ganze Mel-
destaffel«, deren »Fahrer wohl im Feuer unserer Ari« abgehauen
sind. »Eines steht natürlich fest: Die Kräder gehen als Beute mit
zurück.« Während Gefreiter A bei den Kradfahrern der 14. Kompa-
29 nie Verstärkung holt, besichtigt Gefreiter B »neidvoll« die Beute.
Denn »vom Motorradfahren versteht er nicht viel«, »hat nur ab und
zu die Kradfahrer beobachtet, und die ›Herrenfahrer‹ beim Stabe.«
Aber Krieg ist Wunscherfüllung – auch und gerade für Leute ohne
30 Führerschein. Gefreiter A kommt mit den Kradexperten zurück. »Da,
plötzlich dröhnt vom Dorfe her Motorengeräusche. Alles nimmt volle
Deckung …«, nur um zu erleben, wie Gefreiter B »mit Schwung ankommt, auf einen Ruck stoppt, daß die Bremse nur so quietscht,
abspringt, sich vor dem Kompaniechef aufbaut: ›Herr Oberleutnant,
Sy vom Feinde befreit!‹«

Eine Short Story, deren Motorräder nur durch Pkws und deren
Dorfstraßen nur durch Autobahnen zu ersetzen wären, um beim
Kraftwerk-Song von heute anzukommen.

31 Denn Autobahnen *sind* Ästhetik. »Für den motorisierten Verkehr«, heißt es 1937 im offiziellen Werk *Bauten der Bewegung*,
»stellen die Reichsautobahnen wirkliche Schlagadern dar; sie sind
keine Fremdkörper im Landschaftsbild, sondern ein harmonischer
Bestandteil der Landschaft.« Der Grund, etwas weniger publik: Im
Unterschied zu Autostradas oder Autoroutes vermeiden Autobahnen
32 jede »unnötig tiefe« Böschung, die sie »aus der Landschaft heraus-
schneiden« würde. Denn wie Ingenieur Todt mit seinen ständigen

Wehrmachtkontakten festhält, »darf die Autobahn keine Mausefalle werden, aus der nicht ein einziges militärisches Fahrzeug herauskann.« So gut sorgt schon Friedenszeitplanung für Kammlers Raketenkompanien, die noch im letzten alliierten Bombenhagel über die Autobahnen jagen, um V-2s nach London und in den Weltkrieg X + 1 abzuschießen.

Im Unterschied zu ihren kahlen Nachahmungen im Ausland sind
Deutschlands Autobahnen ferner umgrünt. GFM Milch vom Reichs-
luftfahrtministerium hat Todts Ingenieuren Flugzeuge gestellt, um
ihre »Autobahn einmal von oben zu sehen und dabei zu erkennen, 33
wie man wenigstens für die Sicht von der Seite durch günstige Be-
pflanzung einige Tarnungen erreichen kann.« Eichendorffs Frage, 34
wer den deutschen Wald dort oben aufgebaut habe, erlaubt also
Teilantworten. Das Oberkommando der Wehrmacht war es in seiner
nur allzu prophetischen Sorge, Feindluftwaffen könnten ungetarnte,
häßliche kahle Autobahnen als Wegweiser zur Reichshauptstadt
mißbrauchen. So wirft der Weltkrieg X + 1 seinen Schatten auf jede
gute Planung.

Und wenn schließlich der Solist aller *Führergespräche* davon träumt, mit Pkw und eingebauter Bordkamera die umgrünten Reichsautobahnen bei Kiew, Odessa usw. abzufahren, ist auch ein moderner Landschaftsfilm im Kasten und die Identität von Ästhetik und Blitzkrieg über jeden Zweifel erhoben.

Amerikaner, denen erst der Senatsbeschluß vom 9.2.1938 Autobahnen beschert hat, fahren noch heute, als seien Pkws Planwagen unterwegs nach Westen. Tempolimits und voneinander nicht getrennte Vordersitze, dieses langlebige Relikt aus Pferdekarrentagen, stören keinen Pionier. In braver breiter Front, ohne zu überholen, rollen alle zusammen zur letzten Grenze.

Deutsche Pz.Div. bei Gefechtstempo dagegen brauchten eine
Autobahnstrecke »von Berlin bis Halle für sich«. Generaloberst 35
v. Fritsch, OKH, sagte es und damit auch, wer Panzerkolonnen noch
überholen darf. Deshalb baut Deutschland keine 12- oder 14-spuri-
gen Freeways vom Santa-Monica-Typ. Es bleibt bei der einen Über-
holspur für Stäbe und Ingenieure, die Herrenfahrer der Bewegung.

Und immer wenn wieder Sommer wird wie 39, wenn die Bundesautobahnen umgrünt und ihre sanften Böschungen befahrbar sind, kommt Wunscherfüllung über die Leute: Touristendivision nach

Touristendivision setzt an. Motorisierungspsychose. Sechszylinder dröhnen, Stereoanlagen noch mehr.* Bis Europas Grenzen kapitulieren. Blitzkrieg à tous azimuts. Und jeder überholt jeden.

Friede ist die Fortsetzung des Krieges mit denselben Verkehrsmitteln.

36 In memoriam Dr.-Ing. Paul Noack,
Erster Preis Autobahnwettbewerb
LEHA (Leipzig-Halle), 1.3.1933

37 * »Der Motor ist die Seele des Panzers«, pflegte Guderian zu sagen, » ...und Funk«, ergänzte General Nehring, sein Ia.

Quellen

Bradley, Dermot, Generaloberst Guderian und die Entstehungsgeschichte des modernen Blitzkrieges. (Text zur Militärgeschichte, Militärwissenschaft und Konfliktforschung, Bd. 16), Osnabrück 1978

38 Craig, Gordon A., The politics of the Prussian Army 1640–1945, Oxford 1955

Dornberger, Walter, Gen.d.Art., V2 – Der Schuß ins Weltall. Geschichte einer großen Erfindung, Eßlingen 1952

Doumenc, Joseph Édouard Aimé, Commandant, Les transports automobiles sur le front français, 1914–1918. Avant-propos du maréchal Foch, Paris 1920

Gen.-Kdo. VII. A.-K. (Hg.), Die grüne Hölle von Inor, nach Truppenberichten zusammengestellt und bearbeitet von Sonderführer Dr. Hanns Wiedmann, München 1941

Görlitz, Walter, Gen.d.Inf., Kleine Geschichte des deutschen Generalstabes, Berlin 1967

Guderian, Heinz, Hauptmann, Die Lebensader Verduns. Der Kampfwagen, Heft 4 (Beilage zum Militär-Wochenblatt, Januar 1925)

Guderian, Heinz, Generaloberst, Panzer – Marsch! Aus dem Nachlaß des Schöpfers der deutschen Panzerwaffe, bearbeitet von Oskar Munzel, München 1956

Kaftan, Kurt, Der Kampf um die Autobahnen – Geschichte und Entwicklung des Autobahngedankens in Deutschland von 1907–1935 unter

Berücksichtigung ähnlicher Pläne und Bestrebungen im übrigen Europa, Berlin 1955

Lacan, Jacques, Schriften, Hg. Norbert Haas, Bd. II, Olten 1975

Lärmer, Karl, Autobahnbau in Deutschland 1933 bis 1945. Zu den Hintergründen. (Forschungen zur Wirtschaftsgeschichte, Hg. Jürgen Kuczynski und Hans Mottek), Berlin/DDR 1975

McLuhan, Marshall, Führungskräfte sollen Geschichte machen, nicht alte Fehler nachvollziehen. In: M. McL., Wohin steuert die Welt? Massenmedien und Gesellschaftsstruktur, Wien–Zürich–München 1978

Preußisches Finanzministerium (Hg.), Bauten der Bewegung. Bd. I der Buchreihe des Zentralblatts der Bauverwaltung, Berlin 1939. (Mit Dank an Klaus Lindemann)

Pynchon, Thomas, Die Enden der Parabel. Gravity's Rainbow, Reinbek 1981

Ruland, Bernd, Wernher von Braun, Offenburg 1969

Schramm, Percy Ernst, Major i.G. (Hg.), Kriegstagebuch des Oberkommandos der Wehrmacht (Wehrmachtführungsstab), Nachdruck Herrsching 1982

Slaby, Adolf, Prof., Entdeckungsfahrten in den elektrischen Ozean. Gemeinverständliche Vorträge, 5. Aufl. Berlin 1911

Walde, Karl J., Guderian, Berlin 1976

Apparat

zu I.B.4.16

Editorischer Kommentar und Bericht

Der Aufsatz »Auto Bahnen« erschien zuerst in: *kultuRRevolution. zeitschrift für angewandte diskurstheorie* (1984), H. 5: *rutschgefahren: ins vierte reich?*, S. 44–47; ein erweiterter Nachdruck in: Wolfgang Storch (Hrsg.), *Explosion of a Memory. Heiner Müller DDR. Ein Arbeitsbuch*, Berlin: Edition Hentrich 1988, S. 147–151; nachgedruckt in: Wolfgang Emmerich und Carl Wege (Hrsg.), *Der Technikdiskurs in der Hitler-Stalin-Ära*, Stuttgart und Weimar: Metzler 1995, S. 114–122, nachgedruckt in: Friedrich Kittler, *Short Cuts* (= *Short Cuts* 6, herausgegeben von Peter Gente und Martin Weinmann), Frankfurt am Main: Zweitausendeins 2002, S. 227–242, Anmerkungen S. 289. Ein nochmals erweiterter Nachdruck erschien in: PRINZGAU/podgorschek und Marc Ries (Hrsg.), *AutoBahn und Medien*, Wien: PVS Verleger 1995, S. 27–17, 15–12 und 8.

Folgende Übersetzungen sind erschienen: ins Englische von Jeneen Hobby und Nina Zimnick als »Expressway: A War-Technic History Of The Divided Highway« in: *1-800* (1991), H. 2, S. 28–33 und 62–63; nachgedruckt als »Expressway« in: Stan Allen und Kyong Park (Hrsg.), *Sites & Stations. Provisional Utopias. Architecture and Utopia in the Contemporary City*, New York: Lusitania Press 1995, S. 164–173; ins Koreanische von Inho Choi als »고속도로«, in: ebenda; ins Englische von Geoffrey Winthrop-Young als »Auto Bahnen / Free Ways« in: *Cultural Politics* 11 (2015), H. 3, S. 376–383, nachgedruckt als »Free Ways« in: Friedrich Kittler, *Operation Valhalla. Writings on War, Weapons, and Media*, herausgegeben von Ilinca Iurascu, Geoffrey Winthrop-Young und Michael Wutz, Durham und London: Duke University Press 2021, S. 53–61.

Im Deutschen Literaturarchiv Marbach, Bestand *A:Kittler, Friedrich A.*, ist in Kasten 54, Mappe 3 ein einblättriger Typoskriptdurchschlag »AUTOBAHNEN« vorhanden, der lediglich die Erweiterung für den Nachdruck von 1988 enthält.

Kittlers Werkliste führt »Autobahnen« unter der Nummer 56 mit der Schreibzeit 09. bis 17. Dezember 1983 und dem Publikationsdatum Februar 1984.

Ediert wurde der erweiterte Nachdruck von 1988. Grundlage für diese Entscheidung war die signifikante Erweiterung des Textes, die die Erstdruckfassung um einen Vergleich mit Begegnungsformen der (literarischen) griechischen Antike bereichert und so den für das Zeitalter der Autobahn charakteristischen Paradigmenwechsel hervorhebt. Der Text hat keine Fußnoten und weist seine Quellen nur über eine angehängte Bibliographie aus. Wir haben die Nachweise für die von Kittler verwendeten Zitate im Stellenkommentar nach Möglichkeit nachgetragen. Die Abbildungen des erweiterten Nachdrucks wurden nicht übernommen, da es sich um Illustrationen von Herausgeberseite, nicht aber um von Kittler beigesteuerte Abbildungen handelt. Die Erweiterung gegenüber dem Erstdruck wurde im Stellenkommentar dokumentiert, eine Erweiterung des Nachdrucks von 1995 wurden dort zu Dokumentationszwecken ebenfalls nachgetragen.

Stellenkommentar

1 Die Gegend ergibt als Gegend erst […] und stiften.] Martin Heidegger, »Das Wesen der Sprache«, in: ders., *Unterwegs zur Sprache*, Tübingen: Neske 1959, S. 157–216, hier S. 197 f.

2 Die Tragödie, man weiß es, […] Verdun bis Wolokolamsk undsoweiter.] Bei diesem Absatz handelt es sich um die Erweiterung gegenüber dem Erstdruck. Die Erweiterung ist fast identisch mit dem Typoskript »AUTOBAHNEN«, 1 Blatt Typoskriptdurchschlag (Kasten 54, Mappe 3). Der letzte Satz des ersten Absatzes der Druckfassung (vgl. Komm. 3) fehlt im Durchschlag der Erweiterung.

3 »Und wenn auf der verbrannten Erde nur noch I Die leeren Panzer aufeinander krachen.«] Zitat aus Heiner Müller, »Wolokolamsker Chaussee«, in: ders., *Die Schlacht. Wolokolamsker Chaussee. Zwei Stücke*, Frankfurt am Main: Verlag der Autoren 1988, S. 28–75, hier S. 49.

4 »Es ist der Freeway für Freaks, […] erfunden haben.«] Thomas Pynchon, *Gravity's Rainbow* [1973], deutsch als *Die Enden der Parabel*, aus dem Englischen übersetzt von Elfriede Jelinek und Thomas Piltz, Reinbek bei Hamburg: Rowohlt 1981, S. 1186.

5 »Straßen Adolf Hitlers«] Vgl. den Abschnitt in Gunter d'Alquen, »Die Strassen Adolf Hitlers«, in: *Das Deutschland Adolf Hitlers. Die ersten vier Jahre des Dritten Reiches* (= *Illustrierter Beobachter, Sondernummer*), Hauptschriftleiter Dietrich Loder, München: Eher 1937, S. 22–27. Die »Propaganda-Legende von den ›Straßen des Führers‹« thematisierte zum Beispiel Kurt Kaftan, *Der Kampf um die Autobahnen – Geschichte und Entwicklung des Autobahngedankens in Deutschland von 1907–1935 unter Berücksichtigung ähnlicher Pläne und Bestrebungen im übrigen Europa*, Berlin: Wigankow 1955, S. 7. Vgl. auch Karl Lärmer, *Autobahnbau in Deutschland 1933 bis 1945. Zu den Hintergründen* (= *Forschungen zur Wirtschaftsgeschichte* 6, herausgegeben von Jürgen Kuczynski und Hans Mottek), Berlin: Akademie-Verlag 1975, S. 50, der den Generalinspektor für das deutsche Straßenwesen, Fritz Todt, nach Manfred von Brauchitsch, *Ohne Kampf kein Sieg*, Berlin: Verlag der Nation 1967, S. 66 f. zitiert: »Nicht auf meinem Mist gewachsen – dieses Märchen, daß der Führer auf den Gedanken gekommen sei, die Autobahn zu bauen. Zerstören wir nicht die Legende des Reichspropagandaministers … es darf heute und in Zukunft keineswegs der Eindruck entstehen, daß ich die Autobahn gebaut habe. Sie haben einzig und allein als ›Straßen des Führers‹ zu gelten …«

6 Hafraba] HaFraBa e. V. ist das Kürzel des ›Vereins zur Vorbereitung der Autostraße Hansestädte–Frankfurt–Basel‹, des ersten deutschen Autobahnprojekts.

7 »all dem zu trotzen und die Kräfte des Motors voll auszunutzen«.] Kaftan, *Der Kampf um die Autobahnen* (Komm. 5), S. 26.

8 »auf Spaziergängen in den herbstlichen Wäldern der Schorfheide, oder bei der Abendtafel im stillen Hubertusstock«] Adolf Slaby, *Entdeckungsfahrten in den elektrischen Ozean. Gemeinverständliche Vorträge*, Berlin: Simion 1911 (5. Auflage), S. VII.

9 »von Allerhöchster Seite«] Zitiert nach Kaftan, *Der Kampf um die Autobahnen* (Komm. 5), S. 25.

10 Schlieffenpläne] Der Schlieffenplan war ein strategischer Plan Deutschlands für den Krieg gegen Frankreich, der auf eine 1905 verfasste Denkschrift des Generalfeldmarschalls Alfred von Schlieffen zurückging. Er wurde zunächst zu Beginn des

Kriegs von Deutschland auch umgesetzt, scheiterte aber mit der Marne-Schlacht.

11 Sandkästen] Gemeint ist der Sandkasten als Planungsinstrument des Heeres, entwickelt durch Kriegsdomänenrat George Leopold von Reiswitz. Vgl. George Leopold Baron von Reiswitz, *Taktisches Kriegs-Spiel oder Anleitung zu einer mechanischen Vorrichtung um taktische Manoeuvres sinnlich darzustellen*, Berlin: Gädicke 1812, S. XVI.

12 Abschied von Clausewitz.] Gemeint ist das Ende von Carl von Clausewitz' Gebot des Primats der Politik über den Krieg. Erich Ludendorff, Chef der dritten Obersten Heeresleitung, wird Clausewitz' Lehre ausdrücklich verabschieden. Vgl. Hans-Ulrich Wehler, »›Absoluter‹ und ›totaler‹ Krieg. Von Clausewitz zu Ludendorff«, in: *Politische Vierteljahresschrift* 10 (1969), H. 2/3, S. 220–248.

13 »Saugpumpe«] Walter Görlitz, *Kleine Geschichte des deutschen Generalstabes*, Berlin: Haude und Spener 1967, S. 186 f.: »Falkenhayn erblickte in England mit Recht den gefährlichsten und machtvollsten Gegner. Da mit einem überwältigenden Sieg auf See nicht zu rechnen war und die Armee über keinerlei Mittel zu einer Landung auf der Insel selbst verfügte, schien ihm die Ausschaltung des englischen ›Festlandsdegens‹ Frankreich viel wichtiger als diejenige Rußlands. Diese gedachte er dadurch zu erreichen, daß man Frankreich unter größtmöglichen eigenen Materialeinsatz an Artillerie an einer Stelle zum Kampf zwang, an der der Gegner nicht ausweichen konnte, und daher, unter stetem deutschen Druck auf engem Raum, genötigt war, die Schlacht weiter zu führen, bis er darüber verblutete. Das war die Anwendung der unselig berühmten Falkenhaynschen ›Saugpumpe‹.«

14 (Einen Weltkrieg später [...] »der Ansatz selbst im Großen durch die Bahn- und Straßenverbindungen bedingt ist«.)] Das Kürzel »OKW« steht für das Oberkommando der Wehrmacht, »8Pz.Div.« für die achte Panzer-Division und »4I.D. mot.« für die vierte Infanterie-Division (motorisiert). Der Zitatnachweis war trotz Recherche nicht eindeutig zu identifizieren. Wahrscheinliche Quelle ist: Percy Ernst Schramm (Hrsg.), *Kriegstagebuch des Oberkommandos der Wehrmacht (Wehrmachtführungs-*

stab), geführt von Helmuth Greiner und Percy Ernst Schramm, im Auftrag des Arbeitskreises für Wehrforschung, Band I: *1. August 1940–31. Dezember 1941*, zusammengestellt und erläutert von Hans-Adolf Jacobsen, Frankfurt am Main: Bernard und Graefe 1965. Dort ist immer wieder die Rede von durch Witterungsbedingungen und feindliche Angriffe beeinträchtigten Autobahnen, Straßen- und Bahnverbindungen und den damit einhergehenden Schwierigkeiten für die Bewegungen motorisierter und nicht-motorisierter Verbände.

15 »Blutmühle«] Görlitz, *Kleine Geschichte des deutschen Generalstabes* (Komm. 13), S. 187: »Verdun wurde die ›Blutmühle‹ des Ersten Weltkrieges. Falkenhayn hatte nicht bedacht, daß die ›Pumpe‹ auch in doppelter Richtung arbeiten konnte. Nach Anfangserfolgen der Angreifer, die durch die französische Führung abgefangen wurden, bei rigoroser Überwindung einer Krise in den Führungsstellen, schleppte sich die Schlacht durch Monate fort. Die Hölle von Verdun ließ zum erstenmal die schreckliche Angelegenheit des Materialkrieges für den Mann an der Front offenbar werden. Die ›Pumpe‹ kostete nicht nur Ströme von Blut, sie fraß auch an der Moral der Truppe, an deren Siegeswillen. Es gab weder Sieger noch Besiegte mehr. Das belebende Element des Krieges, der Erfolg, verschwand.«

16 urinale Segregation des abendländischen Menschen] Vgl. Jacques Lacan, »Das Drängen des Buchstabens im Unbewussten oder die Vernunft seit Freud« [1957], aus dem Französischen übersetzt von Norbert Haas, in: Jacques Lacan, *Schriften II*, ausgewählt und herausgegeben von Norbert Haas, Olten und Freiburg im Breisgau: Walter 1975, S. 15–55, hier S. 24 f.

17 »Zwei Ketten ohne Ende«] Joseph Edouard Aimé Doumenc, *Les transports automobiles sur le front français, 1914–1918. Recueillies et classées par le lieutenant Paul Heuzé*, Paris: Plon-Nourrit et Cie 1920, S. 54: »On a comparé, avec beaucoup de justesse, cette espèce d'unique convoy perpétuel à une *chaîne sin fin.*« (Hervorhebung im Original.)

18 »der Bankrott aller operativen Führungskunst, die Kapitulation vor dem Stellungskrieg«] Görlitz, *Kleine Geschichte des deutschen Generalstabes* (Komm. 13), S. 187.

19 »C'est la route qui mène la bataille«] Doumenc, *Les transports automobiles sur le front français, 1914–1918* (Komm. 17), S. 57.

20 »quelque gigantesque et lumineux serpent« …] Kittler zitiert Frank Hoyt Gailors Text »An American ambulance in the Verdun attack« (erschienen in Abram Piatt Andrew, *Friends of France. The field service of the American ambulance described by its members*, Boston und New York: Houghton Mifflin 1916 und in Paul Heuzé, *La Voie sacrée. Le service automobile à Verdun*, Paris: Renaissance du livre 1919) nach Doumenc, *Les transports automobiles sur le front français, 1914–1918* (Komm. 17), S. 57. Im Nachdruck des von PRINZGAU/podgorschek und Marc Ries herausgegebenen Bandes *AutoBahn und Medien* (1995) wurde im Anschluss an diesen Satz folgender Absatz eingefügt: »Das Licht dieses Ruhms fällt auch auf den Erfinder. Major Joseph Edouard Doumenc steigt nach Versailles zum Helden und Generalmajor auf. Im August 1939 reist er als Chef des Stabes der Armee, zusammen mit Admiral Drax, nach Moskau, um Stalin von der Notwendigkeit zu überzeugen, in Allianz mit Frankreich und England Polens Westgrenze zu garantieren. Aber die Unterzeichnung des Nichtangriffspaktes zwischen Molotow und Ribbentrop zwingt Doumenc zur überstürzten Rückreise und phantastischen Planspielen: Ein Bomberangriff auf die Ölfelder von Baku soll als Umweg schlechthin die Treibstoffversorgung der deutschen Panzerdivisionen abschneiden. Denn Frankreich selber hat der Operation Sichelschnitt keine Autobahnen entgegenzusetzen, sondern nur seine Maginotlinie. Alle Bewegungen, die Doumenc vom Großen Hauptquartier aus den Armeen befehlen kann, werden Fußmärsche sein. So hat der motorisierte Krieg, spätestens im Mai 1940, seinen Erfinder verlassen und ist zum Feind übergelaufen.«

21 »… die Verteidigung Verduns stand […] erhielt es am Leben.«] Heinz Guderian, »Die Lebensader Verduns«, in: *Der Kampfwagen, einschließlich Straßenpanzerkraftwagen, Truppentransport und Motorisierungsfragen in der Wehrmacht. Monatliche Beilage zum Militär-Wochenblatt* (1925), H. 4, Sp. 28–31, hier Sp. S. 30 f.

22 »die Motorisierung der Armeen eine der wichtigsten Entwicklungsfragen.«] Kittler zitiert Generaloberst Hans von Seeckt,

Gedanken eines Soldaten, Berlin: Verlag für Kulturpolitik 1929, S. 123 nach Dermot Bradley, *Generaloberst Heinz Guderian und die Entstehungsgeschichte des modernen Blitzkrieges* (= *Studien zur Militärgeschichte, Militärwissenschaft und Konfliktforschung* 16), Osnabrück: Biblio-Verlag 1978, S. 160 und Anm. 114.

23 »*Überraschend, massenweise, auf breiter Front, gleichzeitig, tief gegliedert*« durch »[o]bere Führung« eingesetzt] Kittler zitiert Oberstleutnant Friedrich von Cochenhausen, *Die Truppenführung. Ein Handbuch für den Truppenführer und seine Gehilfen*, Berlin: Mittler 1924, S. 228 nach Bradley, *Generaloberst Heinz Guderian und die Entstehungsgeschichte des modernen Blitzkrieges* (Komm. 22), S. 163 und Anm. 132.

24 »nicht nach dem Prinzip des in zwei voneinander getrennte Fahrbahnen zu je zwei Fahrspuren aufgeteilten Richtungsverkehrs« handelte] Kaftan, *Der Kampf um die Autobahnen* (Komm. 5), S. 14.

25 »ungewöhnlich es war, […] des Volkswagens an.«] Kittler zitiert Generaloberst Heinz Guderian, *Erinnerungen eines Soldaten*, Heidelberg: Vowinckel 1951, S. 23 nach Bradley, *Generaloberst Heinz Guderian und die Entstehungsgeschichte des modernen Blitzkrieges* (Komm. 22), S. 176 und Anm. 233.

26 die »Motorisierungspsychose«] Lärmer, *Autobahnbau in Deutschland 1933 bis 1945* (Komm. 5), S. 109: »Deshalb gehörten zu den Bedingungen der Umrüstung im faschistischen Deutschland sowohl der Ausbau der Kraftfahrzeugindustrie als auch die Schaffung einer Motorisierungspsychose in breiten Bevölkerungsschichten. | Der Autobahnbau bildete eine überaus wichtige psychologisch-propagandistische Voraussetzung für die Heeresmotorisierung.« Vgl. auch ebenda, S. 116 und 142.

27 »[s]o wie das Pferdefuhrwerk sich einst […] Automobilstraßen erhalten.«] Adolf Hitler, »Rede zur Eröffnung der ›Internationalen Automobil- und Motorrad-Ausstellung am Kaiserdamm in Berlin, 11. Februar 1933‹«, in: Max Domarus, *Hitler. Reden und Proklamationen 1932–1945. Kommentiert von einem deutschen Zeitgenossen*, Band 1: *Triumph*, Erster Halbband: *1932–1934*, München: Süddeutscher Verlag 1965, S. 208–209, hier S. 209.

28 »zwei, drei, vier – fünfzehn Kräder, […] gehen als Beute mir zurück«] Generalkommando VII. Armeekorps (Hrsg.), *Die grüne Hölle von Inor, nach Truppenberichten zusammengestellt und bearbeitet von Sonderführer Dr. Hanns Wiedmann*, verantwortlich für Inhalt und Gestaltung Egid Gehring, Zeichnungen von Anton Kolnberger, München: Eher 1941 (2. Auflage), S. 132.

29 »neidvoll« die Beute. Denn »vom Motorradfahren […] beim Stabe.«] Ebenda, S. 132 und 135.

30 »Da, plötzlich dröhnt […] Sy vom Feinde befreit!‹«] Ebenda, S. 135 f.

31 »Für den motorisierten Verkehr«, heißt es […] harmonischer Bestandteil der Landschaft.«] Zitiert ist nicht Preußisches Finanzministerium (Hrsg.), *Bauten der Bewegung* (= *Buchreihe des Zentralblatts der Bauverwaltung* 1), Berlin: Ernst und Sohn 1939 (2. Auflage), sondern ein Auszug aus der Bildunterschrift in d'Alquen, »Die Strassen Adolf Hitlers« (Komm. 5), S. 22–27, hier S. 23.

32 jede »unnötig tiefe« Böschung […] militärisches Fahrzeug herauskann.«] Kittler zitiert Willi Hof vom 18. Oktober 1935 aus dem Zentralen Staatsarchiv, Historische Abteilung I (Potsdam), Bestand: Generalinspektor für das deutsche Straßenwesen, Akte Nr. 950, Bl. 122 nach Lärmer, *Autobahnbau in Deutschland 1933 bis 1945* (Komm. 5), S. 140.

33 »Autobahn einmal von oben […] Tarnungen erreichen kann.«] Kittler zitiert das Schreiben von Fritz Todt an Generalleutnant Milch vom Oktober 1935 aus dem Zentralen Staatsarchiv, Historische Abteilung I (Potsdam), Bestand: Generalinspektor für das deutsche Straßenwesen, Akte Nr. 950, Bl. 125 nach Lärmer, *Autobahnbau in Deutschland 1933 bis 1945* (Komm. 5), S. 140.

34 Eichendorffs Frage, wer den deutschen Wald dort oben aufgebaut habe] Anspielung auf Joseph von Eichendorffs Gedicht »Der Jäger Abschied«, das mit den Zeilen beginnt: »Wer hat dich du schöner Wald I Aufgebaut so hoch da droben?« (Joseph von Eichendorff, »Der Jäger Abschied« [1810], in: ders., *Werke. Nach den Ausgaben letzter Hand unter Hinzuziehung der Erstdrucke*, herausgegeben von Ansgar Hillach, Band 1, München: Winkler 1970, S. 152–153, hier S. 152.)

35 »von Berlin bis Halle für sich«.] Kittler zitiert Generaloberst von Fritsch aus Magnus von Braun, *Von Ostpreußen bis Texas. Erlebnisse und zeitgenössische Betrachtungen eines Ostdeutschen*, Stollhamm: Rauschenbusch 1955, S. 272 nach Lärmer, *Autobahnbau in Deutschland 1933 bis 1945* (Komm. 5), S. 136.

36 In memoriam Dr.-Ing. Paul Noack, | Erster Preis Autobahnwettbewerb | LEHA (Leipzig-Halle), 1.3.1933] Das Kürzel LEHA steht für ›Gesellschaft der Freunde und Förderer einer Kraftwagenbahn Leipzig–Halle‹. Vgl. Kurt Kaftan, »Die Kraftwagenbahn Leipzig–Halle (LEHA)«, in: ders., *Der Kampf um die Autobahnen* (Komm. 5), S. 51–55.

37 »Der Motor ist die Seele des Panzers«, pflegte Guderian zu sagen, »... und Funk«, ergänzte General Nehring, sein Ia.] »Ia« ist das Kürzel für den Ersten Generalstabsoffizier. Tatsächlich steht als Motto des Kapitels »Der Funk« bei Heinz Guderian, *Panzer – Marsch! Aus dem Nachlass des Schöpfers der deutschen Panzerwaffe, bearbeitet von Oskar Munzel*, München: Schild: 1956, S. 50: »Guderian sagte: ›Der Motor des Panzers ist ebenso seine Waffe wie die Kanone.‹ Ich möchte hinzufügen: ›und der Funk!‹ | *Kempf*«.

38 Craig, Gordon A.] Im Nachdruck von 1995 wurde die Quellenliste um einen Titel erweitert: Raymond Cartier, *Der Zweite Weltkrieg*, München und Zürich: Piper 1985 (7. Auflage).

Dokumentarisches Nachwort

Die Überlegung Kittlers, einen Text über Autobahnen für die Zeitschrift *kultuRRevolution* zu verfassen, ging aus Gesprächen mit Jürgen Link, seit 1980 in Bochum Professor für deutsche Literaturwissenschaft, über methodisch-theoretische Debatten hervor.[1] Link hatte Kittler im Sommer 1983 von den aktuellen Bestrebungen und Interessen der 1982 gegründeten Zeitschrift berichtet und Kittler zu einer Mitarbeit an den »kreuz- und quer-kopplungen [...] zwischen dieser und jener diskursanalyse oder -theorie, zwischen historischer

1 Vgl. den Brief von Friedrich A. Kittler an Jürgen Link vom 17. November 1983 (Kasten 25, Mappe 3). Kittler und Link sollten sich im Dezember 1983 auf dem Interdisziplinären Kolloquium »Macht, Literatur, Sprache« in Mannheim dann auch persönlich kennenlernen. Vgl. das Programmheft (Kasten 107, Mappe 5).

literaturanalyse […] und aktueller medien-diskurskritik«[2] zu gewinnen gesucht. In seinem Antwortbrief hatte Kittler Link zugestimmt, dass »Alleingänge[]« im Hinblick auf Kulturrevolutionen idealiter »zu vermeiden« seien, und angemerkt, dass die »Linien meines gegenwärtigen Schreibens […] alle in Richtung Militärpolitik [laufen], so dass Typoskripte in Richtung Bochum sicher gut adressiert sind.«[3]

Im November 1983 schlug Kittler vor, »fünf oder sechs Seiten über Genealogie der Autobahn (Verdun, Guderian, Blitzkrieg)«[4] für die Zeitschrift *kultuRRevolution* zu schreiben, was Link gerne annahm:

> wir sind von der idee allgemein und besonders deshalb begeistert, weil ja unser nächster schwerpunkt ›diskursiven wegen ins 4. reich?‹ gewidmet sein soll und wir selbst sowieso etwas über ›blitz‹-diskurse (in heutiger version: ›zügige abschiebung von scheinanalysanten‹/›zügige ver-abschiebdung [sic] von antiterrorgesetzen‹, mogadischu-mythos – rettung unseres flugzeugs als pragmasymbol unserer industriegesellschaft aus der *wüste/* von karl may zu rommel/ – also das, was in stalingrad nicht gelang: es kam keine gsg 9, um den ›kessel‹ in der ›eiswüste‹ freizuhauen – usw. …) also: über blitz-diskurse machen wollen. Ihre 5 oder 6 seiten würden also großartig in das rhizom passen![5]

Obwohl Kittler durch andere Schreibarbeiten am Ende des Jahres ausgelastet war, versuchte er, die Abgabefrist Weihnachten 1983 einzuhalten; auch gegen die »radikale kleinschreibung«,[6] um die Link ihn gebeten hatte, hatte er nichts einzuwenden.[7] Versprechen wollte Kittler Anfang Dezember dennoch nichts:

---

2 Brief von Jürgen Link an Friedrich A. Kittler vom 17. Juni 1983 (Kasten 25, Mappe 3).

3 Brief von Friedrich A. Kittler an Jürgen Link vom 21. Juni 1983 (Kasten 25, Mappe 3).

4 Brief von Friedrich A. Kittler an Jürgen Link vom 17. November 1983 (Kasten 25, Mappe 3).

5 Brief von Jürgen Link an Friedrich A. Kittler vom 20. November 1983 (Kasten 25, Mappe 3).

6 Ebenda.

7 Vgl. den Brief von Friedrich A. Kittler an Jürgen Link vom 01. Dezember 1983 (Kasten 25, Mappe 3).

> Bis ich nicht durchs [seit 1958 in Freiburg ansässige] militärgeschichtliche Forschungsamt durch bin, kann es immer noch sein, daß ich mich nachträglich auf falscher Fährte wiederfinde. Empirien sind nun einmal so.[8]

Den fertigen Text schickte Kittler rechtzeitig vor Weihnachten an Link mit dem Hinweis, dass »für das Schreibtempo beiliegender Autobahnung […] Blitzkrieg gar kein Euphemismus mehr [ist].«[9] Mitte Januar 1984 war der Text gesetzt und korrekturgelesen.[10] Mitte April bedankte sich Kittler bei Link und Ulla Link-Heer für die Übersendung des fertigen Hefts:

> So liebevoll in Szene und Typographie gesetzt wie die Autobahnen habe ich noch nichts gelesen – ganz abgesehen von der Kopplung mit dem folgenden Text, dem hoffentlich viele Fortsetzungen folgen. Die ganze Nummer ist spannend und demonstriert, wo die nötigen Informationen zu bekommen sind (von rechts nach links, von Forsthoff zu Euch).[11]

Anlass für den erweiterten Nachdruck im Jahr 1988 war eine Heiner Müller-Werkschau, zu der Wolfgang Storch im Februar 1988 eingeladen hatte.[12] Zwischen dem 20. Juni und 10. Juli sollten sich in Düsseldorf Ensembles unter anderem aus Athen, Florenz, Lissabon, Paris, Brüssel und Warschau treffen, um Stücke Heiner Müllers aufzuführen. Daneben war auch ein Symposion – »ein Gespräch zwischen Philosophen und Regisseuren« – geplant, an dem Kittler teilnehmen sollte, sowie »ein Buch, […] eine Art Biographie […]: Texte, die die Begegnung mit ihm [Müller] und die Konfrontation mit

---

8 Ebenda.

9 Brief von Friedrich A. Kittler an Jürgen Link vom 17. Dezember 1983 (Kasten 25, Mappe 3).

10 Vgl. den Brief von Jürgen Link an Friedrich A. Kittler vom 16. Januar 1983 (Kasten 25, Mappe 3). Die Datierung auf das Jahr 1983 ist sehr wahrscheinlich ein Tippfehler. Korrekt ist 1984.

11 Brief von Friedrich A. Kittler an Jürgen Link und Ulla Link-Heer vom 17. April 1984 (Kasten 25, Mappe 3).

12 Vgl. den Brief von Wolfgang Storch an Friedrich A. Kittler vom 10. Februar 1988 (Kasten 9, Mappe 4).

seinen Texten erinnern.«[13] Storch hatte Kittler und Müller bereits im Februar 1987 im Vorfeld der Ausstellung »Die Nibelungen – Bilder von Liebe, Verrat und Untergang« (05. Dezember 1987 bis 14. Februar 1988, Haus der Kunst München) persönlich miteinander bekannt gemacht.[14] Kittler und Müller waren einander als Gesprächspartner über Krieg empfohlen worden. In einem Brief an Katja Binder vom 07. Juni 1988 erwähnte Kittler, dass es »[h]eute in Düsseldorf [...] den ganzen Tag lang, mit Historikern und Heiner-Müller-Freunden, nicht um Verse, sondern um Schlieffenplan, Blitzkrieg und strategische Eisenbahnen«[15] ging. Im September sandte Kittler seinen Text, das heißt die erweiterte Fassung des 1985 veröffentlichten Textes, an Storch.[16] Der aus der Werkschau und dem Symposion hervorgegangene Sammelband *Explosion of a Memory. Heiner Müller DDR. Ein Arbeitsbuch* hielt an der ursprünglichen Intention fest, ein Forum für die Begegnung mit Texten Müllers schaffen, und versammelte Texte, Bilder, Plastiken und Fotos von Regisseuren, Komponisten, Malern, Schriftstellern, Philosophen und Schauspielern.[17]

Der erweiterte Nachdruck von 1988 war Textgrundlage für den Nachdruck in dem von Wolfgang Emmerich und Carl Wege herausgegebenen Sammelband *Der Technikdiskurs in der Hitler-Stalin-Ära*, der 1995 erschien. Zuvor hatten die Herausgeber am Institut für kulturwissenschaftliche Deutschlandstudien an der Universität Bremen ein gleichnamiges Kolloquium organisiert, das vom 10. bis 12. Juni 1993 stattfand. Kittler war dort am 11. Juni mit dem Vortrag »Vermutungen über das Kriegswirtschaftswunder und die Nachkriegs-DDR« eingeplant.[18] Im Anschluss an das Bremer Kol-

13 Ebenda.

14 Vgl. die E-Mail von Wolfgang Storch an Luisa Drews vom 14. August 2021. Anlässlich der Ausstellung ist auch ein Sammelband erschienen: Wolfgang Storch (Hrsg.), *Die Nibelungen. Bilder von Liebe, Verrat und Untergang*, München: Prestel 1987.

15 Brief von Friedrich A. Kittler an Katja Binder vom 07. Juni 1988 (Kasten 27, Mappe 2).

16 Vgl. den Brief von Friedrich A. Kittler an Wolfgang Storch vom 08. September 1988 (Kasten 9, Mappe 4).

17 Vgl. Wolfgang Storch, »Vorwort«, in: ders. (Hrsg.), *Explosion of a Memory. Heiner Müller DDR. Ein Arbeitsbuch*, Berlin: Edition Hentrich 1988, S. 7.

18 Vgl. den Brief von Wolfgang Emmerich und Carl Wege an Friedrich A. Kittler vom 07. April 1993 sowie den Brief von Wolfgang Emmerich und Carl Wege an

loquium und in Vorbereitung des Tagungsbandes war er im April 1994 um eine Druckfassung seines »Referat[s]«[19] gebeten worden. Die im August 1994 verschickte voraussichtliche Gliederung des Sammelbandes führt Kittlers Beitrag unter dem leicht geänderten Titel »Vermutungen über das Nachkriegswirtschaftswunder und die Nachkriegs-DDR« in der Sektion »Gegensätze und fließende Übergänge im sozialistisch-nationalsozialistischen Technikdiskurs«.[20] Kittler wünschte allerdings keine Veröffentlichung dieses Vortrags.[21] Im Hinblick auf die zu überarbeitende Fassung wurde Kittler im Dezember 1994 dann um Übersendung des »vorgesehen[en] Text[es] ›AUTO BAHNEN‹«[22] via Diskette gebeten. Wenige Tage nach Verstreichen der Abgabefrist Mitte Januar 1995 reichte Kittler postalisch Ergänzungen zum Typoskript nach, in der Hoffnung, dass diese noch berücksichtigt werden könnten. Zugleich fragte er, ob die Ergänzung

> in einem so verschlungenen Text auch eine Verschlimmbesserung sein könnte. Sollte dies so sein, greifen Sie bitte zum Rotstift. Mir lag nur daran, die Dinge auch auf französischer Seite bis 1940 fortzuschreiben.[23]

Die Erweiterung wurde nicht berücksichtigt, der Text wurde nach der Fassung des erweiterten Nachdrucks im Sommer 1995 publiziert.[24] Der Sammelband weist keine Unterteilung der Beiträge in Sektionen mehr auf. Mit der Reichsautobahn befasste sich in diesem Sam-

---

Friedrich A. Kittler vom 30. April 1993, dem ein Programm beigefügt war (beide Kasten 38, Mappe 1).

19 Brief von Carl Wege an Friedrich A. Kittler vom 19. April 1994 (Kasten 38, Mappe 1).

20 Brief von Wolfgang Emmerich und Carl Wege an Friedrich A. Kittler vom 11. August 1994 (Kasten 38, Mappe 1).

21 Zu seiner Edition im Rahmen der *Werkausgabe* vgl. Abteilung II.B.

22 Brief von Gelia Eisert an Friedrich A. Kittler vom 22. Dezember 1994 (Kasten 38, Mappe 1).

23 Brief von Friedrich A. Kittler an Wolfgang Emmerich vom 18. Januar 1995 (Kasten 38, Mappe 1).

24 Vgl. den Brief von Wolfgang Emmerich und Carl Wege an alle Autoren vom 19. Juli 1995 (Kasten 38, Mappe 1).

melband neben Kittler auch Erhard Schütz (»Faszination der blaßgrauen Bänder. Zur ›organischen‹ Technik der Reichsautobahn«).

Die erweiterte Textfassung ist im selben Jahr in dem von PRINZGAU/podgorschek und Marc Ries herausgegebenen Sammelband *AutoBahn und Medien* abgedruckt worden. Die Erweiterung wird hier im Stellenkommentar nachvollziehbar gemacht. Sie fehlt wiederum in dem 2002 erschienenen Nachdruck in *Short Cuts* und auch in den Übersetzungen.

Neben dem Typoskriptdurchschlag der Erweiterung für den Nachdruck von 1988 befinden sich im Deutschen Literaturarchiv Marbach zahlreiche Kopien aus literarischen, vor allem aber Forschungstexten zum Thema.[25]

Für freundlich erteilte Publikationsgenehmigungen danken wir dem Deutschen Literaturarchiv Marbach, Gelia Eisert, Wolfgang Emmerich, Susanne Holl, Jürgen Link, Ursula Link-Heer und Carl Wege.

25 Vgl. den Unterordner »Auto«´ (Kasten 83, Mappe 6 »Krieg 2«), vereinzelte Kopien zu Autobahnplänen und Autobahnbau (Kasten 88, Mappe 1, »Krieg 3«), die Mappe »Hauptstadt« (Kasten 103, Mappe 1) und das ab 1988 geführte Notizbuch zu Vorarbeiten über Autobahnen (Kasten 108, Mappe 1).

Luisa Drews und Eva Horn

Aufbruch aus der Germanistik. Ein Nachwort

Für Annette Bitsch und Cornelia Vismann

Die hier edierten Schriften Friedrich Kittlers aus den Jahren 1981 bis 1983 entstanden in einer Zeit großer theoretischer wie persönlicher Turbulenzen: Im Frühsommer 1982 hatte er das Manuskript seiner großen Studie *Aufschreibesysteme 1800/1900* beim Gemeinsamen Ausschuss der Philosophischen Fakultäten der Albert-Ludwigs-Universität Freiburg zur Habilitation eingereicht. Bekanntlich dauerte das Verfahren fast zwei Jahre und forderte neun Gutachten, die zwischen August 1982 und Dezember 1983 bei der Fakultät eingingen.[1] Damit stehen die hier abgedruckten Texte im Gravitationsfeld des großen Buchs, dessen erster Teil (Aufschreibesystem 1800) im Februar 1981, zweiter Teil (Aufschreibesystem 1900 und damit das gesamte Buch) im Dezember 1981 fertig wurden.[2] Ihre Entstehung fällt auch in eine Zeit großer persönlicher Unsicherheiten. Zum schwebenden Habilitationsverfahren kam das Auslaufen seiner Assistentenstelle bei Gerhard Kaiser im selben Jahr. Zugleich intensiviert sich der Kontakt in die USA, wo Kittler schon von Januar bis April 1982 in Berkeley eine Gastprofessur innehatte. Kaum zurück in Freiburg, taucht er wieder tief in die deutsche Germanistik ein und vertritt seinen Chef Kaiser im Sommersemester, um im Spätsommer wieder eine Gastprofessur über zwei Quartale in Stanford anzutreten. Die Lehrveranstaltungen der Jahre spiegeln die Themen des vorliegenden Bandes, aber zeigen auch den Aufbruch zu neuen, ziemlich ungermanistischen Ufern: einerseits klassische Themen mit phantastischer Literatur, Benn, Goethezeit, Wagner, Literatur und Psychoanalyse, »German Geistesgeschichte«; ande-

1 Das Habilitationskolloquium am 06. Juni 1984 fällt schon außerhalb des hier abgebildeten Schreibzeitraums.

2 Friedrich A. Kittler, *Aufschreibesysteme 1800/1900*, 581 Seiten Typoskript mit Überklebungen und handschriftlichen Ergänzungen (Kasten 30, Mappen 1, 2, 3 und 4); im Druck: ders., *Aufschreibesysteme 1800·1900*, München: Fink 2003 (4. Auflage); vgl. *Werkausgabe*, Band I.A.3. Wird vom Typoskript der Habilitationsschrift gesprochen, ist von den *Aufschreibesystemen 1800/1900* die Rede. Ist die Buchfassung gemeint, verwenden wir die Schreibweise mit Mittelpunkt.

rerseits »Über technische Voraussetzungen der Literatur um 1900« und »Discourse Analysis«. Ende 1983 erscheint zum ersten Mal ein Thema, das Kittlers Werk in den kommenden Dekaden entscheidend prägen wird: »Literatur und Krieg«.

Drei der hier abgedruckten Texte arbeiten Themen aus, die von Kittler als Habilitationsvortrag vorgeschlagen wurden.[3] Gehalten wurde dann aber ein Vortrag über Lohensteins Trauerspiel *Agrippina.*[4] Neben dem schwierigen Habilitationsverfahren prägen vor allem die Gastaufenthalte in den USA die Schreibzeit dieser Texte. Und dort geschieht ihm das exakte Gegenteil des komplizierten, teilweise sogar feindseligen Habilitationsverfahrens: Dank früher amerikanischer Weggefährten wie David E. Wellbery, Samuel Weber, Rainer Nägele, Winfried G. Kudszus, Avital Ronell und Laurence A. Rickels wurden die Gastprofessuren und Vorträge in den USA für Kittler zum Triumph. Hier wurde er als hipper Vertreter eines Poststrukturalismus gefeiert, der französische Theorie (vor allem Lacan und Foucault[5]) auf höchst eigensinnige Weise mit dem ehrwürdigen, aber auch schmalen Kanon von ›German Geistesgeschichte‹ verband.

Vor dem Hintergrund der gerade erst fertiggestellten *Aufschreibesysteme 1800/1900* sind einige der vorliegenden Texte – wenig überraschend – Zweitverwertungen oder mit größerem theoretischen Rahmen versehene Materialien (so »Nietzsche, der mechanisierte Philosoph«, »Draculas Vermächtnis«, »Flechsig / Schreber / Freud. Ein Nachrichtennetzwerk der Jahrhundertwende«). Andere rekapitulieren – diesmal an neuem Material – die Logik der beiden Aufschreibesysteme: einerseits im Aufschreibesystem 1800 die

3 Vgl. »THEMENVORSCHLÄGE ZUM COLLOQUIUM«, 1 Blatt Typoskript (Kasten 107, Mappe 5).

4 Abgedruckt als »Rhetorik der Macht und Macht der Rhetorik – Lohensteins ›Agrippina‹«, in: Hans-Georg Pott (Hrsg.), *Johann Christian Günther*, Paderborn et al.: Schöningh 1988, S. 39–52, vgl. *Werkausgabe*, Band I.B.5.

5 Zur Frage, in welchem Verhältnis Lacan und Foucault bei Kittler stehen, also etwa zur Debatte, inwiefern Kittler Foucault lacanisiert und/oder Lacan foucauldianisiert, vgl. David E. Wellbery, »Foreword«, in: Friedrich A. Kittler, *Discourse Networks 1800/1900*, übersetzt von Michael Metteer mit Hilfe von Chris Cullens, Stanford: Stanford University Press 1990, S. vii–xxxiii, hier S. xxi ff.; Geoffrey Winthrop-Young, *Kittler and the Media*, Cambridge: Polity Press 2011, S. 24–39; Christian Köhler, *Mediengeschichte schreiben. Verfahren medialer Historiographie bei Dolf Sternberger und Friedrich Kittler*, München: Fink 2018, S. 200–205.

Literatur als Zentralmedium der Subjektgenese und Quelle bunter Halluzinationen (»Carlos als Carlsschüler. Ein Familiengemälde in einem fürstlichen Hause«, »Romantik – Psychoanalyse – Film: eine Doppelgängergeschichte«), andererseits im Aufschreibesystem 1900 Literatur als »bilderloser Letternkult« (S. 301 im vorliegenden Band) im Rückzugsgefecht gegen neue konkurrierende Medien wie Wagners Musiktheater, Schallplatte oder Kino (»Das Alibi eines Schriftstellers. Peter Handkes ›Die Angst des Tormanns beim Elfmeter‹«, »Weltatem. Über Wagners Medientechnologie«, »Romantik – Psychoanalyse – Film«). Nicht wenige Texte stehen dabei noch ganz im Bann des Fachs, aus dem Kittler stammt (so etwa die Texte zu Schiller, Kleist, Handke und die Fachrezensionen). Aber zugleich dokumentieren sie auch das halsbrecherische Projekt einer antihermeneutischen Umkrempelung literaturwissenschaftlicher Lektüreverfahren – ausgerechnet aus der prekären Position des angehenden Privatdozenten.[6] Mal erbringt Kittler den Nachweis, dass auch die vermeintliche Avantgarde-Literatur von 1970 noch brav dem Letternkult des Aufschreibesystems 1900 anhängt (»Das Alibi eines Schriftstellers«), mal geht es ihm um die Geschichte der Institutionen, die sich in literarische Texte einschreibt (»Carlos als Carlsschüler«). Mal erteilt er eine Theorie- und Methoden-Lektion (»Ein Erdbeben in Chili und Preußen«) oder geißelt die »Grobraster« psycho- oder soziologischer Literaturforschung. Dabei verfolgt er unerbittlich die Ablösung der traditionellen Germanistik zuguns-

6 Hans Ulrich Gumbrecht führt diesen antihermeneutischen »Grund-Affekt von Friedrich Kittlers Werk« auf die »Konvergenz von Nietzsche, Lacan und Foucault« zurück (Hans Ulrich Gumbrecht, »Mediengeschichte als Wahrheitsereignis. Ein Nachwort«, in: Friedrich A. Kittler, *Die Wahrheit der technischen Welt. Essays zur Genealogie der Gegenwart*, herausgegeben und mit einem Nachwort von Hans Ulrich Gumbrecht, Berlin: Suhrkamp 2013, S. 396–422, hier S. 401), David E. Wellbery spricht von einem genealogisch-historisch und theoretisch gestützten »dismantling of hermeneutics«, bei dem die Theorien von Derrida, Foucault und Lacan »had shed here the contentiousness of their individual articulations and entered into the anonymity of an episteme« (Wellbery, »Foreword« (Anm. 5), S. vii–xxxiii, hier S. ix und xi). Eine explizite Kritik des hermeneutischen Zirkels als Verfahren methodischer und institutioneller »Ausschließung« hatte Kittler bereits Ende der 1970er-Jahre formuliert (Friedrich A. Kittler, »Vergessen«, in: Ulrich Nassen (Hrsg.), *Texthermeneutik. Aktualität, Geschichte, Kritik*, Paderborn et al.: Schöningh 1979, S. 195–221, hier S. 205). Als Ausweg aus der Sackgasse der Hermeneutik schlug Kittler Diskurs- und Psychoanalyse vor.

ten einer Diskurs- und Institutionengeschichte des »Sprechen[s] und Hören[s], Schreiben[s] und Lesen[s]«.[7]

Damit lässt sich anhand der hier versammelten Texte auch konturieren, worin Kittlers literaturwissenschaftliche Programmatik ›um 1982‹ eigentlich bestanden hat. Diese Programmatik ist weniger systematisch als produktiv-eklektisch, aperçuhaft und polemisch.[8] In einem lebenslangen, Nietzscheanischen Gestus der Zertrümmerung von innen geschieht hier Germanistik mit dem Hammer. Die Habilitationsschrift verzichtet bewusst auf jede methodische Auskunft,[9] was im Verfahren zum gravierenden Problem wurde. Dagegen findet sich eine explizite, als solche angeforderte methodisch-theoretische Selbstauskunft im Beitrag zum von Wellbery herausgegebenen Band *Positionen der Literaturwissenschaft* (»Ein Erdbeben in Chili und Preußen«). Auf Wunsch des Herausgebers skizziert Kittler hier Diskursanalyse als Frage nach den Möglichkeitsbedingungen von Aussagen – und damit auch ihres Sonderfalls Literatur. Aber auch hier erfolgt die Auskunft eher unwillig. In einer bemerkenswert bockigen Geste gegen das Konzept des Bandes, das »Modellanalysen« eines einzigen Texts vergleichend nebeneinanderstellt, konstatiert er gleich zu Anfang, dass die Diskursanalyse »kein Verfahren zur Beschreibung einzelner literarischer Texte« (S. 155) sei. Stattdessen gehe es erstens darum, »die historischen Ereignisse zu beschreiben, die bestimmte Reden und in unserer Kultur die literarischen mit dem Vorrecht endloser Kommentierung ausgestattet haben« (ebenda). Und zweitens, den Ort und die

---

7 Friedrich A. Kittler, »Vorwort«, 26 Blätter, 24/25 Seiten Typoskript mit handschriftlichen Korrekturen (Kasten 1, Mappe 1), hier S. I. Wir zitieren hier und im Folgenden aus dem überlieferten Typoskript und nicht aus dem 2012 in der *Zeitschrift für Medienwissenschaft* veröffentlichten Text, da Kittler nach Eingabe des Vorworts ins Habilitationsverfahren am Typoskript noch weitergearbeitet hat, diese Änderungen jedoch nicht im veröffentlichten Text dokumentiert sind.

8 Gumbrecht, »Mediengeschichte als Wahrheitsereignis. Ein Nachwort« (Anm. 6), hier S. 400.

9 Das Nachwort, das in der vierten und derzeit aktuellen Auflage von 2003 abgedruckt ist, war ab der zweiten Auflage von 1987 im Buch enthalten. In der dritten Auflage (1995) kam noch ein weiteres Nachwort hinzu, das allerdings nicht in die vierte Auflage übernommen wurde. Vgl. Friedrich A. Kittler, »Nachwort«, in: ders., *Aufschreibesysteme 1800·1900* (Anm. 2), S. 501–504, sowie Friedrich A. Kittler, »Nachwort zur dritten Auflage«, in: ders., *Aufschreibesysteme 1800·1900*, München: Fink 1995 (3. Auflage), S. 523–524.

Funktion solcher Reden in den »interdiskursive[n] Netzwerke[n], in denen Schreiber und Archivare, Adressaten und Interpreten verschiedener Diskursformationen verschaltet sind« (ebenda), zu bestimmen. »Randdaten« (S. 156) wie Titel, Publikationsformate und historische Autorschaftsmodelle spielen hier ebenso eine Rolle wie Prä- und Intertexte oder eine historische Referentialität, die im Text zu entziffern ist, ohne je explizit ausgeschrieben zu werden. Kittlers Insistieren auf diskursiven Netzwerken hindert ihn gleichwohl nicht, Kleists Erzählung einem ebenso detailversessenen wie biographistischen *close reading* zu unterziehen, das nicht einmal davor zurückschreckt, Kleists Beziehung zu Wilhelmine von Zenge in die von Jeronimo und Josephe hineinzulesen.

Die Pointe dieser Perspektive, das zeigt sich auch in den Texten zu Schiller oder Stoker (»Draculas Vermächtnis«), ist natürlich nicht, weiterhin endlos zu kommentieren oder zu psychologisieren. Kittler geht es darum, in der Fiktion eine historische Faktizität geschichtlicher Umbrüche herauszuarbeiten. Das bedeutet zum Beispiel, das pädagogische Programm der Karlsschule als semiotechnische Grundierung von *Don Carlos* freizulegen, die Preußischen Heeresreformen in der Kirchenszene des *Erdbebens in Chili* antizipiert zu finden oder den historischen Vlad III. Drăculea sowie den Aufstieg der Schreibmaschine in Stokers Vampirroman auszubuchstabieren. In dieser Hinsicht ist vielleicht sogar der Schiller-Aufsatz noch instruktiver als der Text zu Kleist. Denn die Faktizität, um die es Kittler geht, ist natürlich keine der Jahreszahlen oder Biographien. Der Foucauldianische Blick auf die Regulierungs- und Implementierungsinstanzen von Diskursen soll ein Reales[10] der Literatur freilegen, das sich in Institutionen der Individuierung und Subjektwerdung – wie etwa der Karlsschule – verkörpert findet. Deren pä-

10 Wir bleiben hier, in unserem Text, bei der Übersetzung von Lacans »le réel« als »das Reale«, wie sie von Norbert Haas mit der Herausgabe der ersten deutschen Übersetzung der *Schriften* Lacans Anfang der 1970er-Jahre etabliert wurde. Kittler hingegen wechselte, wie der von uns herausgegebene Band zeigt, im Laufe der 1980er-Jahre die Schreibweise vom »Realen« hin zum »Reellen« und änderte dementsprechend auch die Nachdrucke von bereits erschienenen Texten ab (zu den Hintergründen vgl. Komm. 10 im Stellenkommentar zu »Der Gott der Ohren« und das Dokumentarische Nachwort zu »Draculas Vermächtnis«, S. 149). Wir haben die Änderungen in den Stellenkommentaren der drei betreffenden Texte (»Der Gott der Ohren«, »Draculas Vermächtnis«, »Romantik – Psychoanalyse – Film: eine Doppelgängergeschichte«) aufgeführt.

dagogisches Programm der Ausbildung von Beamten, die das Gesetz staatlicher Autorität nicht nur in Fleisch und Blut, sondern auch in ihre Seele aufgenommen haben, entschlüsselt Kittler im Personal des *Don Carlos*: im Ethos des Marquis ebenso wie den libidinösen Irrwegen des Infanten. Damit zeigt er, dass Literatur weniger ein Medium der hochschwebenden Reflexion auf Macht- und Zeichentechniken ist als vielmehr deren Ausdruck oder gar Instrument: eine Einschreibung von Begehren (in Autoren, Leserinnen und Theaterpublikum), das erst der Landesmutter, dann der guten Verwaltung des Landes selbst zu gelten hat.

Dabei hat die Emphase auf einer »aktenmäßig[en]« (S. 163) Historisierung den Charme, das »Vorrecht endloser Kommentierung« (S. 155) durch Einführung eines höchst ungeisteswissenschaftlichen Kriteriums einzuschränken: Falsifizierbarkeit. Germanistische Forschungsaussagen sollten auch falsch sein können, gerade weil sie historische Tatsachenbehauptungen aufstellen. Kittler selbst geht dabei gelegentlich im Gestus der Zuspitzung mit gutem Beispiel voran – etwa wenn er (wider besseres Wissen) im Nietzsche-Text (»Nietzsche, der mechanisierte Philosoph«) behauptet, den Frauen der Goethezeit sei das Feld des Schreibens unter eigenem Namen verschlossen gewesen.[11] Umgekehrt weisen die – nicht selten bissigen – Fachrezensionen nach, wie die hermeneutischen, psychoanalytischen oder soziologischen »Grobraster« der Kolleginnen und Kollegen ihnen den Blick auf diese historischen Fakten gerade verstellen.

Die andere explizite methodische Auskunft, die Kittler in dieser Zeit gibt, ist das erst posthum veröffentlichte Vorwort zu den *Aufschreibesystemen*, das im Zuge des Habilitationsverfahrens von der Kommission angefordert, aber nie Teil des Buches wurde.[12] Eine erste, noch nicht als Vorwort bezeichnete Fassung davon entsteht vermutlich noch im Winter 1982/1983 in Stanford, physisch

---

11 Das Gegenteil beweist etwa Friedrich A. Kittler, »In den Wind schreibend, Bettina«, in: ders., *Dichter · Mutter · Kind*, München: Fink 1991, S. 219–255, vgl. *Werkausgabe*, Band I.B.3.

12 Zur Geschichte dieses Paratextes vgl. Moritz Hiller, »›nicht unbedingt eine Einleitung‹. Zum Vorwort der ›Aufschreibesysteme 1800/1900‹«, in: Jens Schröter und Till A. Heilmann (Hrsg.), *Friedrich Kittler. Neue Lektüren*, Wiesbaden: Springer 2022, S. 33–49.

und intellektuell in einer anderen Welt.[13] Der spätere, explizit als »Vorwort« bezeichnete Text wird im Juli 1983 der Kommission übersandt.[14] Zwischen den Schreibzeiten des Kleist-Aufsatzes (März bis Mai 1982) und des Vorworts liegt kaum ein dreiviertel Jahr, aber der Ton ändert sich zur Gänze. Kittler hat in Stanford offenbar Shannon und Weavers Informationstheorie gelesen. Und so reformuliert er nun das gesamte Projekt der *Aufschreibesysteme* nachträglich noch einmal völlig neu als Analyse von »Datenverarbeitung« und »Nachrichtenübertragung«.[15]

> [...] [U]nter Bedingungen einer Gegenwart, die ganz andere Datenverarbeitungstechniken als Bücher kennt, lautet die dringliche Frage, was Wörter leisten und was sie nicht leisten, nach welchen Regeln sie aufgeschrieben und gespeichert werden, nach welchen Regeln gelesen und ausgelegt. Ziel ist der Entwurf eines Organisationsplans für den Nachrichtenfluß, den wir Literatur nennen, die Angabe der einzelnen Instanzen und Positionen, die nach Shannons Schema Quelle/Sender/Kanal/Empfänger zusammengeschaltet sind: Wer firmiert als die Quelle, die von Texten zur Sprache gebracht wird, wer als Textverwalter oder -interpret, der sie selber zur Sprache bringt? Wer darf an den Platz eines Schreibers treten und wer an den der Leserschaft? Nicht weniger und nicht mehr soll der Titel Aufschreibesysteme besagen.[16]

---

13 Friedrich A. Kittler, Ohne Titel, 5 Seiten Typoskript mit handschriftlichen Ergänzungen und Korrekturen, fragmentarisch (Kasten 1, Mappe 1).

14 Kittler, »Vorwort« (Anm. 7).

15 Vgl. Moritz Hiller, »Unter Aufschreibesystemen: ›eine Adresse im ~~Adreßbuch~~ IC der Kultur‹«, in: *Metaphora. Journal for Literary Theory and Media. EV 1: Was waren Aufschreibesysteme?*, herausgegeben von Arndt Niebisch und Martina Süess, 2015, S. 13. Online unter: https://metaphora.univie.ac.at/volume1-hiller.pdf (letzter Zugriff: 10. August 2021). Ob diese nachträgliche und, wie bemerkt wurde, selektive Zuschreibung von Shannons Kategorien (die Senke lässt Kittler zu diesem Zeitpunkt noch außen vor) der methodisch-theoretischen Architektur der beiden Aufschreibesysteme angemessen ist, ist eine andere Frage. Begründete Zweifel am »epistemologischen Mehrwert des nachrichtentechnischen Vokabulars« formuliert Köhler, *Mediengeschichte schreiben* (Anm. 5), S. 248. Ungeachtet dessen, und dies räumt auch Köhler ein, steht die Neuperspektivierung für den programmatischen Anspruch Kittlers, einer veralteten Wissenschaftssprache ein neues, gegenwärtiges Paradigma entgegenzusetzen.

16 Kittler, »Vorwort« (Anm. 7), hier S. II f.

Die nachrichtentechnische Reformulierung des Projekts *Aufschreibesysteme* führt damit einen anderen Begriff von ›Regel‹ ein als Foucaults Analyse der »Regeln, nach denen die faktisch ergangenen Diskurse einer Epoche organisiert sein mußten, um nicht Ausschlüssen wie dem Wahnsinn zu verfallen.«[17] Diese Regeln sind kommunikationstechnischer Natur. Sie betreffen nicht nur Zugänge (wer schreibt? wer liest?), Adressierungen (an wen richtet sich ein Text? wer wird für zuständig erklärt? wie werden die Empfänger literarischer Nachrichten konstruiert?) und Auswahlverfahren von Sag- und Schreibbarem (warum wird dies gesagt und nicht jenes?). Sie betreffen die ›Protokolle‹ oder Grenzziehungen, die über Anschlussfähigkeit von Aussagen, aber auch die In- und Exklusionen von Sendern und Empfängern entscheiden.

Was im Modell von Literatur als ›Datenverarbeitung‹ nun besonders deutlich in den Blick tritt, sind damit nicht mehr nur die Regeln und Kulturtechniken, in denen Aussagen erscheinen und ihre Empfänger finden. Was in der Perspektive der Kommunikationstheorie augenfällig wird, ist das, was bei Shannon der ›Kanal‹ ist: die technische, mediale und materielle Voraussetzung von Kommunikation. Bei Foucault bleibt, so Kittlers Einspruch, die enge Verkopplung von Protokollen (also Diskursregeln) und Kanälen (also Medien) unterbelichtet.[18] Nach dem Nachrichtenübertragungs- oder Datenverarbeitungsmodell der Literatur zu fragen, heißt somit nicht nur, nach den institutionellen und medialen Voraussetzungen und Effekten von Diskursen (seien es eben literarische oder wissenschaftliche) zu fragen, sondern auch nach ihren medialen Rändern oder ihrem Anderen, also dem, was Texte eben nicht mehr konstruieren, übertragen und speichern können. Berührt wird diese Problematik schon im Aufschreibesystem 1900 mit einer Literatur, die sich im Rückzugsgefecht gegen andere Medien auf ihre ureigene Literalität besinnt, ausbuchstabiert wird sie aber erst mit der explizit me-

---

17 Kittler, *Aufschreibesysteme 1800·1900* (Anm. 2), S. 501.

18 Vgl. auch Friedrich A. Kittler und Thomas Mießgang, »›Irgendwann griff ich zum Lötkolben.‹ Friedrich Kittler über den Übergang vom Diskurs zu den technischen Medien und die Hierarchien des Computerzeitalters«, in: Thomas Mießgang (Hrsg.), *X-Sample. Gespräche am Rande der Zeit*, Wien: Passagen 1993, S. 103–122, hier S. 104.

dientechnischen Neuerzählung des Aufschreibesystems 1900 in *Grammophon Film Typewriter*.[19]

So taucht die Frage nach den Kanälen jenseits der Schrift oder dem Übergang von Schrift in andere Medien wie Sound, die das spätere Werk dominieren wird, bereits im hier dokumentierten Zeitraum auf. Neben den Spin-offs der *Aufschreibesysteme* und anderen im engen Sinne germanistischen Arbeiten gibt es nämlich eine dritte, heterogene Gruppe von Texten und Denkmotiven, die sich gänzlich aus dem Gravitationsfeld der Habilitationsschrift lösen, inklusive der literarischen und wissenschaftshistorischen Theoriegeschichte der Psychoanalyse, die ebenfalls wiederkehrendes Thema der hier versammelten Texte ist. Das sind einerseits Texte zum Sound wie »Der Gott der Ohren«, »›Ich bin nur Flamme, Durst und Schrei und Brand‹« und »Weltatem«, andererseits der erratische Text »Auto Bahnen«, der Kittlers wachsende Obsession mit der kulturschaffenden Kraft des Krieges dokumentiert. Sound und Infrastruktur wären so gesehen Kanäle, die nicht mehr semantisch strukturierte ›Nachrichten‹ transportieren, sondern Klang, Affekt, Wahnsinn, Waffen, Körper, Material. Mit Klang und Krieg, so könnte man es zuspitzen, löst sich Kittler von der Germanistik und dem Projekt ihrer antihermeneutischen Zertrümmerung – und wird Medienwissenschaftler.

Dieser Umbruch verdankte sich Lektüren, die einen Bogen von der alphabetischen Schrift hin zu analogen Medien wie Phonograph, Grammophon und Schreibmaschine schlugen: etwa von Stokers *Dracula*, der, so Kittler, »in meinem Kopf alles weitere ausgelöst hat«.[20] Hinzu kamen die Gastprofessuren in Kalifornien, die Kittler zu einer ›Amerikanisierung‹ seiner Interessen nutzte. »Geschichten wie die von der Erfindung der Schreibmaschine oder des Grammophons, alle hier gemacht«, schrieb er im März 1982 aus Santa Barbara.[21] Solche Geschichten ließen sich in den amerikanischen Bibliotheken nicht nur exzellent erforschen, sie trugen auch dazu bei, Kittlers zwei große Passionen zusammenzubringen: »die zwei

---

19 Friedrich A. Kittler, *Grammophon Film Typewriter*, Berlin: Brinkmann und Bose 1986, vgl. *Werkausgabe*, Band I.A.4.

20 Brief von Friedrich A. Kittler an Birgit Peter vom 10. Dezember 1992 (Kasten 41, Mappe 7).

21 Brief von Friedrich A. Kittler an Horst Turk vom 29. März 1982 (Kasten 23, Mappe 2).

Hälften der Jacobistrassenwohnung, Elektronik und Alphabetismus«.[22] Insofern waren die kalifornischen Universitäten ein Ort, an dem »andere Schriften«[23] als in Freiburg entstehen konnten. Auch der Zeitpunkt war genau richtig. In einem Brief an Reinhart Meyer-Kalkus schrieb Kittler im Herbst 1982:

> Und wie ich Wagnerjahre oder Goethejahre kenne, schreibt natürlich jeder über gewisse Einflüsse eines gewissen Philosophen (ob Feuerbach oder Schopenhauer) auf den alten Histrionen, keiner aber über histrionische Technologien selber. Statt also zum hundertstenmal Kleist zu interpretieren (wie ich es denn doch noch brav gemacht habe), kämen wir auf die schöne grüne Wiese der Medien, z.B. auf jene Wiese am Rhein, wo Wagner ursprünglich den Ring aufführen wollte.[24]

Das Hin und Her Kittlers in Bezug auf einen Beitrag für Dietmar Kamper und Christoph Wulfs Band *Das Schwinden der Sinne* im Spätsommer und Herbst 1982[25] und die Schwierigkeit, sich »gleichzeitig in Stanford ein[zu]leben *und* neue akustische Artikel zu schreiben«,[26] zeigen, dass er Sound um 1982 schon als zentrale Forschungsaufgabe sah, die er aber nur begrenzt verfolgen konnte. Erst nach der Habilitation treten diese Themen in den Vordergrund. 1984 dachte Kittler mit Charles Grivel über ein »Phonographenkolloquium«[27] nach. Im Mai 1986 sprach er auf dem Mannheimer Kollo-

---

22 Ebenda. Vgl. auch den Brief von Friedrich A. Kittler an Heinrich Bosse vom 01. April 1982 (Kasten 27, Mappe 3), in dem Kittler anlässlich Bosses Studie *Autorschaft ist Werkherrschaft. Über die Entstehung des Urheberrechts aus dem Geist der Goethezeit*, Paderborn et al.: Schöningh 1981, aus Berkeley schrieb: »Deinen UTB-Ruhm habe ich verkündet, und das um so inständiger, als bei den Geistern hier, wenn auch unter moderneren und teilweise französischen Tarnungen, der New Criticism weiter das Schreiben beherrscht, obwohl die Archive gar nicht so schlecht sind.«

23 Ebenda.

24 Brief von Friedrich A. Kittler an Reinhart Meyer-Kalkus vom 26. Oktober 1982 (Kasten 25, Mappe 4).

25 Vgl. die Korrespondenz zwischen Friedrich A. Kittler und Dietmar Kamper aus dem Jahr 1982 (Kasten 26, Mappe 2).

26 Brief von Friedrich A. Kittler an Raimar Zons vom 21. Oktober 1982 (Kasten 24, Mappe 2).

27 Brief von Friedrich A. Kittler an Charles Grivel vom 02. Juli 1984

quium »Recherches en recherches littéraires« über »Texas Radio«, nachdem er 1985 vor allem »über Radio (mehr in Beziehung auf Krieg als auf Literatur) gelesen«[28] hatte. Zwischen Wintersemester 1985/1986 und Sommersemester 1986 gab er in Freiburg und Basel drei Lehrveranstaltungen zum Verhältnis von Radio und Literatur.

Kittlers Zugang zu Sound in den hier behandelten Texten ist durch zwei Perspektiven geprägt: Zum einen führt Kittler die Geschichte des Hörens mit einer Geschichte des Wahnsinns eng, wobei er im Zeitalter moderner Speicher- und Wiedergabemedien einen »Fortschritt des Wahnsinns« (S. 26) konstatiert.[29] Im Unterschied zum alten Speichermedium Literatur, das darauf beschränkt ist, Symbolisches zu fixieren, sind Medien wie Grammophon und Tonband nicht nur in der Lage, auch Reales, also zum Beispiel wahnsinnige Reden, Verlautbarungen, Schreie oder einfach Rauschen zu speichern und auditiv wie körperlich wahrnehmbar zu machen. Die Soundmanipulationsverfahren (mechanischer und digitaler Schnitt, Soundlayering, Looping, Sampling und so weiter) und -geräte (Synthesizer) des 20. Jahrhunderts vermögen auch, so Kittlers Pointe, ein neues Imaginäres zu schaffen und zu kommunizieren.[30] Der Wahnsinn, der dabei freigesetzt wird, ist nicht mehr eingehegt in Europas klassischen Tonsatz und seine Binärstrukturen (Dur/Moll, Konsonanz/Dissonanz und so weiter). Der Wahnsinn der Gegenwart ist vielmehr ein elektr(on)ischer und mathematischer: Es geht fortan um

---

(Kasten 11, Mappe 3).

28 Brief von Friedrich A. Kittler an Charles Grivel vom 31. Dezember 1985 (Kasten 11, Mappe 3).

29 Solche Kopplungen verschiedener Themen in Kittlers frühem Theorie-Stil wurden von Gumbrecht als »Teil-Affinitäten im Sinn einer Familienverwandtschaft« beschrieben (Gumbrecht, »Mediengeschichte als Wahrheitsereignis. Ein Nachwort« (Anm. 6), hier S. 402).

30 Vgl. auch Kittler, *Aufschreibesysteme 1800·1900* (Anm. 2), S. 277 f. sowie Kittler, *Grammophon Film Typewriter* (Anm. 19), S. 134. Die Lust am Realen und Imaginären von Sounds schließt freilich nicht aus, dass das Wahrgenommene auch einer Deutung, das heißt dem Symbolischen der Sprache zugänglich gemacht werden kann. Rolf J. Goebel glaubt hierin einen blinden Fleck in Kittlers akustischer Medientheorie entdeckt zu haben (Rolf J. Goebel, *Klang im Zeitalter technischer Medien. Eine Einführung*, Wien: Passagen 2017, S. 37–40, hier S. 39). Dabei zeigen die schriftlichen Auseinandersetzungen Kittlers mit Wagner und Pink Floyd genau das Gegenteil: Akustische Daten können mit symbolischen Bezügen korreliert werden.

die Verschaltung von Apparaten, um Frequenzen, Datenflüsse, Verstärker, Resonanzfilter, Ringmodulation – und vor allem Rauschen. Gilles Deleuze und Félix Guattari, deren Wahnsinnstheorien unter anderem Kittler in die deutschsprachige Diskussion importierte, hatten das »Umherschweifen des Schizophrenen« im Kapitalismus als »[u]nunterbrochene[n] Maschinenlärm« charakterisiert.[31]

Damit zeigt sich schon Anfang der 1980er-Jahre die prominente Verbindung von mathematischer und göttlicher Ordnung, die Kittler in seinem Spätwerk vertiefen sollte.[32] »Der Wahnsinn ist also technologisch und Gott, sehr anders als bei den Christen, ein Gott von Nachrichtenkanälen, wie erst Marconi oder Siemens sie gebaut haben.« (S. 80) Dieser technologische Gott wird immer wieder im Akustischen verortet, etwa in Pan, dem griechischen »Gott, der im Akustischen hauste« (S. 23), oder in der »allesdurchdringende[n] Macht von Sound«, die er in »Weltatem« beschwört (S. 332). Kittler spielt auch mit den Polysemien des ›Äthers‹ – einerseits metaphysischer Begriff der griechischen Naturphilosophie, andererseits ein physikalischer Begriff, der in den frühen Rundfunkjahren wiederbelebt wurde: »Die Musik unseres Jahrhunderts aber verlässt auch noch Erde oder Lebenswelt. Kosmische Strahlenquellen und neurologische Energien – Mächte also jenseits und diesseits des Menschen – sind ihre zwei Pole.« (S. 35) Auffällig ist dabei die Wechselbeziehung zwischen Göttern und Musik: Die technologische Musik des 20. Jahrhunderts verlässt die Erde und strebt in andere Sphären, und so kehren die »Götter der Ohren [...] unter der Maske unserer Kraftverstärker und Beschallungsanlagen«, das heißt »als Rocksong«, wieder (S. 23). Eine späte Pointe fand dies in

---

31 Gilles Deleuze und Félix Guattari, *Kapitalismus und Schizophrenie I: Anti-Ödipus* [1972], aus dem Französischen übersetzt von Bernd Schwibs, Frankfurt am Main: Suhrkamp 1974, S. 7.

32 Vgl. Friedrich Kittler, *Musik und Mathematik I. Hellas 1: Aphrodite*, München: Fink 2006, vgl. *Werkausgabe*, Band I.A.5 und Friedrich Kittler, *Musik und Mathematik I. Hellas 2: Eros*, München: Fink 2009, vgl. *Werkausgabe*, Band I.A.6. Wir grenzen uns hierbei ab von der These Reinhard Mehrings, wonach klar »zwischen Kittler I und Kittler II [...]: dem FAK der Aufschreibesysteme 1800/1900/2000 und dem FK der wahren Liebe, Mathematik und Musik« unterschieden werden könne (Reinhard Mehring, »Mathematikvergessenheit. Friedrich Kittlers Revision von Heideggers Seinsgeschichte«, in: *Neue Rundschau* 127 (2016), H. 3: *»Dunkle Physis, lichter Kosmos«. Friedrich Kittler zum 5. Todestag*, S. 102–121, hier S. 102).

der Umschlagabbildung des Bandes *Das Nahen der Götter vorbereiten* (2012), die eine Szene aus Wagners *Götterdämmerung* von den Bayreuther Festspielen 1981 zeigt. Im Bildnachweis heißt es: »Wer immer 1981 dabei war, als Patrice Chéreau und Pierre Boulez zum letzten Mal Wagners *Götterdämmerung* ins Bayreuther Festspielhaus brachten, wird den Brand von Walhall nicht vergessen. So kehren im Entzug die Götter wieder.«[33]

An Referenzen wie Foucault, Lacan und Deleuze/Guattari, aber auch Derrida (mit dem Kittler seit 1979 in intensivem Austausch stand) wird deutlich, dass Medienwissenschaft im deutschsprachigen Raum auf einer Auseinandersetzung mit französischer Theorie begründet wurde.[34] In den Texten unseres Bandes sticht – neben der oben erwähnten historischen Diskursanalyse – immer wieder die Bedeutung der Psychoanalyse Lacans heraus. Kittler gehörte zu den ersten deutschsprachigen Lacan-Lesern. Neben dem Vermittler Samuel Weber verdankte sich das auch dem Universitätsort Freiburg: Die Freiburger Germanistik war in den 1970er-Jahren offen für psychoanalytische Theorie, und die Nähe zu Straßburg erlaubte es Kittler, Seminare zu Lacan zu besuchen. Dabei ist die Beziehung zwischen Medientechniken und Psychoanalyse nicht einfach eine »Jugendsünde der Medientheorie«, sondern muss als »Diskursanalyse von Medien«[35] und »Medientheorie ›avant la lettre‹« rekonstruiert werden.[36] So wie »eine Geschichte der Psychoanalyse also immer wieder auf die Bedeutung medientechnischer Aprioris stoßen

---

33 Friedrich Kittler, »Nachweise«, in: ders., *Das Nahen der Götter vorbereiten*, mit einem Vorwort von Hans Ulrich Gumbrecht, München: Fink 2012, S. 86–87, hier S. 86.

34 Vgl. insbesondere Friedrich A. Kittler und Horst Turk (Hrsg.), *Urszenen. Literaturwissenschaft als Diskursanalyse und Diskurskritik*, Frankfurt am Main: Suhrkamp 1977 sowie Friedrich A. Kittler (Hrsg.), *Austreibung des Geistes aus den Geisteswissenschaften. Programme des Poststrukturalismus*, Paderborn et al.: Schöningh 1980. Zum Theorieimport vgl. Köhler, *Mediengeschichte schreiben* (Anm. 5), S. 195–214; Anna Tuschling, »Psychoanalyse als Medientheorie ›avant la lettre‹«, in: *Psychoanalyse. Texte zur Sozialforschung* 11 (2007), H. 2, S. 198–222 und Winthrop-Young, *Kittler and the Media* (Anm. 5), S. 14–39.

35 Joseph Vogl, »Zur Einführung. Technologien des Unbewußten«, in: Claus Pias et al. (Hrsg.), *Kursbuch Medienkultur. Die maßgeblichen Theorien von Brecht bis Baudrillard*, Stuttgart: DVA 1999, S. 373–376, hier S. 375.

36 Tuschling, »Psychoanalyse als Medientheorie ›avant la lettre‹« (Anm. 34), hier S. 204 f.

[wird], so wird umgekehrt […] eine Geschichte von Medien stets auch eine Geschichte unbewußter Medien-Effekte sein.«[37]

Was Kittler an der Lacanschen Theoriebildung interessiert, ist die Prämisse, dass paranoische Wahrnehmung – wie Erkenntnis überhaupt – produktiv und offen ist.[38] Die Begriffstrias des Symbolischen, Imaginären und Realen erlaubte es Kittler, den psychoanalytischen Diskurs seit Lacan als ein mediales Arrangement zweier Rückkopplungsschleifen (Frau/Tonband/Hören/Signifikant – Schwiegersohn/Schreibmaschine/Lektüre/Signifikat) zu beschreiben (»Draculas Vermächtnis«).[39] Zugleich konnte Kittler so das Aufschreibesystem der Freudschen Psychoanalyse um 1900 als ein zugleich mit Schrift (Symbolischem) und Stimme (Realem) operierendes System analysieren. Kittler, der die *Aufschreibesysteme* rückblickend als sein »schwarzes [Buch], das ja wirklich diese ganze Melancholie meiner Seele beinhaltet«,[40] bezeichnet hat, honoriert in »Flechsig / Schreber / Freud« »das Heroische an der Psychoanalyse, daß sie am Wort festhält – zu einer Zeit, wo die Biotechniken eines Flechsig oder auch die Medientechniken eines Edison alle Macht des Wortes aushöhlen.« (S. 81 f.) Dennoch war die Psychoanalyse (wie der Film) der klassisch-romantischen Dichtung des alten Aufschreibesystems 1800 klar überlegen. Deren Besonderheit besteht darin, »die Schrift zur Sache und ihr ganzes

---

37 Vogl, »Zur Einführung. Technologien des Unbewußten« (Anm. 35), hier S. 374.

38 Vgl. Henning Schmidgen, »Eine originale Syntax. Psychoanalyse, Diskursanalyse und Wissenschaftsgeschichte«, in: Friedrich Balke, Bernhard Siegert und Joseph Vogl (Hrsg.), *Mediengeschichte ›nach‹ Friedrich Kittler* (= *Archiv für Mediengeschichte* 13), München: Fink 2013, S. 27–43, hier S. 30 ff., sowie ausführlicher zu psychologischen Maschinentheorien ders., *Das Unbewußte der Maschinen. Konzeptionen des Psychischen bei Guattari, Deleuze und Lacan*, München: Fink 1997.

39 Ausbuchstabiert wird dies in Friedrich A. Kittler, »Die Welt des Symbolischen – eine Welt der Maschine«, in: ders., *Draculas Vermächtnis. Technische Schriften*, Leipzig: Reclam 1993, S. 58–79, vgl. *Werkausgabe*, Band I.B.5. Vgl. dazu Wellbery, »Foreword« (Anm. 5), hier S. xxxi.

40 Friedrich Kittler und Christoph Weinberger, »Das kalte Modell von Struktur«, in: *Zeitschrift für Medienwissenschaft* 1 (2009), H. 1: *Motive*, S. 93–102, hier S. 100. Im Gespräch unterscheidet Kittler die *Aufschreibesysteme* von seinem »fröhlichen Buch« *Grammophon Film Typewriter*, den »Aufschreibesysteme[n] für Kinder. Mit Bildern und nicht gekürzten Originaltexten. Also so ein richtiges Buch zum Blättern, zum Auslesen« (ebenda).

Gegenteil zur Methode« zu haben.[41] Wie der Receiver eines Telefons musste der Psychoanalytiker, so Freud 1912, die verwirrten, mäandrierenden Reden seiner Analysanden registrieren und in der nachträglichen Verschriftlichung des Gehörten das Unbewusste wiederherstellen.[42] Anders als ein Phonograph ist die Psycholanalytikerin nicht in der Lage, den unartikulierten Schrei oder Geräusche zu speichern – aber immerhin zu registrieren. Damit vermochte die Psychoanalyse mehr als die Lyrik des Expressionismus, die an den »Abenteuern des Redens«, dem Realen, versagte (S. 249).

Wagners Musikdrama nimmt in Kittlers Aufschreibesystematik dabei eine Sonderrolle ein, denn es hinkt nicht, wie die Literatur, den medientechnologischen Innovationen hinterher, sondern geht diesen voraus. So nimmt es die massenmedialen Schaltkreisverkopplungen und Verstärkersysteme von Rockbands wie Pink Floyd vorweg. Mit Wagner wird es möglich, den Wahnsinn der Zukunft (gesehen aus der Gegenwart der 1970er- und 1980er-Jahre) zu hören. Die zahlreichen Regieanweisungen in Wagners Opernlibretti werden für Kittler zur Programmvorschrift von Musik in Zeiten des Wahnsinns:

> Das Musikdrama, um die materialgerechte Faktur moderner Massenmedien zu erlangen, mußte in die Materialität von Datenflüssen selber eingreifen. Im Gegensatz zum Drama brauchten die Interaktionen zwischen den Figuren eine Motivierung aus akustischen Ereignissen. Im Gegensatz zur Oper brauchten die akustischen Ereignisse, ob stimmlich oder instrumental, eine Motivierung aus dramatischer Interaktion.[43]

An der Kontaktfigur des Atems, den Singende und Orchester teilen, zeigt Kittler, dass Wagners Musikdramen von der »Macht von

---

41 Kittler, *Aufschreibesysteme 1800·1900* (Anm. 2), S. 341.

42 Ein ähnliches Vorhaben zur Differenz und Vernetzung zweier Zeichenordnungen verfolgte Wolfgang Scherer in seinem Buch über die Sound- und Schriftproduktionen von Patti Smith, auf das Kittler sich in Anm. 7 des Textes »Der Gott der Ohren« bezieht und in dessen Vorbemerkung Scherer sich bei Kittler bedankt. Vgl. Wolfgang Scherer, *BA$\frac{B}{B}$ELOGIK. Sound und die Auslöschung der buchstäblichen Ordnung*, Basel: Stroemfeld und Frankfurt am Main: Roter Stern 1983, S. 8.

43 S. 328 im vorliegenden Band.

Sound« (S. 332) selber handeln, also selbstreflexiv sind, und diese Macht auf der Bühne körperlich inszenieren.[44] Sie unterhalten nicht nur »symbolische Beziehungen zu den Sinnesfeldern, die sie voraussetzen« (wie die alteuropäischen Künste), sondern weisen als »das erste Massenmedium im modernen Wortsinn [...] im Realen selber einen Bezug zur Materialität, mit der sie arbeiten«, auf (S. 325). Diese Lesart verdankte Kittler nach eigenen Aussagen dem Musikwissenschaftler und Psychoanalytiker Rudolf Heinz, demzufolge »allen Opern ein Schrei zugrunde« (S. 246) liegt. Im Unterschied zu den meisten literarischen Texten (Kittler nimmt dadaistische Literatur explizit aus) verwirft das Wagnersche Musiktheater diesen Schrei gerade nicht, sondern verarbeitet ihn als Diskurs und Ereignis (S. 247).[45] Es gehört zu den Eigenheiten von Kittlers medienmaterialistischem, die Grenze zwischen Hoch- und Popkultur verwischenden Zugang, dass Pink Floyd-Songs genauso interessiert und minutiös untersucht werden wie Wagners *Tristan und Isolde*: Beides sind akustische Ereignisse mit hohem Rauschpotential.[46]

In den Texten, die medientechnologische Innovationen in der Musik auf moderne Kriegstechnik zurückführen (»Der Gott der Ohren«), taucht ein neues Thema auf, das Kittler in den folgenden Jahrzehnten geradezu obsessiv verfolgen wird: der Krieg als Vater aller

44 Die Betonung der Körperlichkeit, die Kittler aus seinen Nietzschelektüren ableitete, versteht Gumbrecht als »explizite[] Zurückweisung des McLuhan-Dogmas von einer Selbstreflexivität, in der das Medium die Botschaft sein soll – zugunsten einer Prägung der Existenz durch Töne und ihre Medien« (Gumbrecht, »Mediengeschichte als Wahrheitsereignis. Ein Nachwort« (Anm. 6), hier S. 402).

45 Vgl. das zweiseitige Exzerpt am Ende des Brouillons »HAVE YOU EVER BEEN? Strauß«, 5 Seiten Typoskript mit handschriftlichen Ergänzungen und Korrekturen (Kasten 100, Mappe 3), in dem Kittler »ein neues Wort: Akustophilie oder Akuophilie« notierte (ebenda, hier S. »HAVE YOU EVER BEEN? Strauß 5«). Heinz hat seine Thesen zu Wagner erst später publiziert. Zum Schrei als Erwachen vgl. Rudolf Heinz, *Wagner Ludwig Nacht Musik*, Wien: Passagen 1998, S. 53.

46 Vgl. Geoffrey Winthrop-Young, »Implosion and Intoxication. Kittler, a German Classic, and Pink Floyd«, in: *Theory, Culture & Society* 23 (2006), H. 7/8, S. 75–91, hier S. 83. Die Aufnahme von Rockmusikplatten in den Anmerkungsapparat wissenschaftlicher Arbeiten war Ausdruck eines methodischen Umdenkens, das in den späten 1970er- und frühen 1980er-Jahren einen Bruch mit der geltenden Etikette darstellte: Man habe dieses Verfahren als »example of the poststructuralist erosion of the boundary between scholarly and literary discourse« (Winthrop-Young, *Kittler and the Media* (Anm. 5), S. 53) gesehen. Vgl. auch Axel Spree, *Kritik der Interpretation. Analytische Untersuchungen zu interpretationskritischen Literaturtheorien*, Paderborn et al.: Schöningh 1995, S. 167.

Dinge.[47] Neben den knappen Verweisen auf die Preußische Heeresreform im Text zu Kleist wird dieses Thema im letzten Text dieses Bandes zum ersten Mal entfaltet. In »Auto Bahnen« geht es weniger um Strategie und Taktik, sondern um die entscheidende Rolle von Infrastruktur und Logistik. Im Krieg ist diese Rolle evident – und so braucht es das »Licht des Krieges«,[48] um das Wesen so scheinbar friedlicher Infrastrukturen wie der Autobahn zu beleuchten.[49] In der Aufmerksamkeit auf Institutionen und Infrastrukturen geht es Kittler nur nebenbei um den Nachweis der (semiotechnischen oder militärischen) Gewalt, die derlei kulturellen Errungenschaften innewohnt. Vorrangig ist eine andere Denkfigur, die sich in Kittlers medientechnischen Überlegungen noch deutlicher herauskristallisieren wird: das Primat der Hardware über die Software, der Infrastrukturen über ihre Anwendungen, der Maschinen über den Geist. Auch in dieser Hinsicht ist der Text »Auto Bahnen« der Moment eines Absprungs oder neuen Aufbruchs. Wo es vorher um Programmierungen und ihre Transformationen ging, um Verfahren des Speicherns, Kommunizierens und Lesens, wird es von nun an vor allem um deren mate-

---

47 Vgl. etwa die Texte »Medien und Drogen in Pynchons zweitem Weltkrieg« (laut Kittlers Werkliste im Oktober 1984 verfasst, vgl. *Werkausgabe*, Band I.B.3), »Rockmusik – Ein Mißbrauch von Heeresgerät« (laut Werkliste im April 1986 verfasst, vgl. *Werkausgabe*, Band I.B.5), »NSA – No Such Agency« (laut Werkliste im September 1986 verfasst, vgl. ebenda), »Die künstliche Intelligenz des Weltkriegs: Alan Turing« (laut Werkliste im November 1986 verfasst, vgl. ebenda) und den Vortrag »Playback. Weltkriegsgeschichte des Hörspiels« (laut Werkliste im Herbst und Winter 1988 verfasst, vgl. *Werkausgabe*, Band II.B.1). Vgl. hierzu Geoffrey Winthrop-Young, »Introduction«, in: Friedrich Kittler, *Operation Valhalla. Writings on War, Weapons, and Media*, herausgegeben und übersetzt von Ilinca Iurascu, Geoffrey Winthrop-Young und Michael Wutz, Durham und London: Duke University Press 2021, S. 1–48, Anmerkungen S. 235–240. Winthrop-Young, dem Kittlers Kriegsbegriff fast genauso verwirrend wie Kittlers Medienbegriff erscheint, hat das Problem von Motor und Modell als Paradigmenwechsel von einem »Medial a Priori of War« hin zu einem »Martial a Priori of Media« zu fassen versucht (ebenda, hier S. 3).

48 So die glückliche Titelwahl des Herausgebers Walter Seitter für zwei Vorlesungen Foucaults vom Januar 1976 am Collège de France in Paris. Vgl. Michel Foucault, *Vom Licht des Krieges zur Geburt der Geschichte*, Berlin: Merve 1986.

49 Kittlers Argument beruht, wie Winthrop-Young herausgestellt hat, auf einer systematischen Verwischung der Grenzen zwischen Krieg und Mobilisierung, die den Krieg auch in den Bereich des Friedens ausweitet. Vgl. Winthrop-Young, »Introduction« (Anm. 47), hier S. 18.

rielle und maschinelle Grundlagen gehen, die im Aufschreibesystem 1900 zaghaft beginnen, in den Vordergrund zu treten.

Was sich in den Texten dieses Bandes also zeigt, ist nicht zuletzt auch ein Weg weg von der Literatur als primärem Gegenstand des Germanisten Friedrich A. Kittler. Es hat eine gewisse Ironie, dass Kittler nach dem Abschluss des Habilitationsverfahrens und dem Ruf auf eine Professur für das Fach ›Neugermanistik (mit besonderer Berücksichtigung der Gattungstheorie und der Literaturgeschichte)‹ in Bochum die Germanistik und ihre philologischen Verfahren zunehmend hinter sich lässt. Denn so luzide und eigensinnig Kittlers Literatur-Lektüren sind, so wenig folgt er dem, was man als ›philologische Tugenden‹ bezeichnen würde. In einigen der hier abgedruckten Texte (»Draculas Vermächtnis«, »›Ich bin nur Flamme, Durst und Schrei und Brand‹«, »Das Alibi eines Schriftstellers«, »Auto Bahnen«) fehlen die Seitenverweise, nicht selten sogar die Literaturangaben. Häufig zitiert er abweichend vom Wortlaut der Texte, verändert nicht selten die Syntax, gelegentlich auch mal die Semantik seiner Primärquellen. In seltenen Fällen ließ sich ein Zitat auch nach gründlicher Prüfung der Quelle nicht auffinden. Übersetzt wurde häufig selbst, oder bestehende Übersetzungen wurden auch dann stark verändert, wenn eine Übersetzung zitiert wird. Ein besonderer Fall ist »Auto Bahnen«, in dem konsequent kein Zitat nachgewiesen, sondern nur am Ende eine Liste der für den Text benutzten Quellen angegeben wird. Auch in dieser Hinsicht ist »Auto Bahnen« ein Absprung. Es drängt sich dabei ein Verdacht auf, den wir nur anekdotisch belegen können. Bei Begegnungen mit Kittler und Diskussionen, die ich (Eva Horn) mit ihm über Kleist, Borges oder Pynchon hatte, fiel mir seine hochgradig detaillierte Textkenntnis auf. Aus dem Stegreif konnte Kittler Stellen oder Details einer Borges-Erzählung oder eines historischen Sachverhalts abrufen, als hätte er diesen gerade erst auf dem Schreibtisch gehabt. Dieses Zitieren aus dem Kopf, so scheint uns, ist ein Verfahren, das Kittler offenbar anstelle philologischer Exaktheit nutzt. Es mag das Geheimnis seiner immer wieder überraschenden Beobachtungen im Umgang mit Literatur sein. Aber auf dem Weg zur Germanistik-Professor ist es eine riskante Strategie.

Andere Gründe für das Abweichen vom Wortlaut der Zitate sind auch in Kittlers eigenen Medien zu suchen. Die hier versammelten

Texte gehören in das Zeitalter der Schreibmaschine und des Zettelkastens. Diese Schreibzeuge und Ordnungssysteme sind für Kittler zu diesem Zeitpunkt nicht neu, allerdings hat er bereits verschiedene Textverarbeitungssysteme durchlaufen, sodass unterschiedlich verfasste Texte vorliegen. Zu den zahlreichen handschriftlichen Studienpapieren, Exzerpten und Notizen kamen zwischen Mitte der 1960er- und Mitte der 1970er-Jahre auf diversen Schreibmaschinen verfasste, unterschiedlich lange Miniaturen, die – wie eine erste Bestandsaufnahme von Sebastian Döring, Susanne Holl, Tania Hron und Jan-Peter E.R. Sonntag gezeigt hat – den universitären Rahmen sprengten.[50] 1974 endete mit der Niederschrift seiner Dissertation *Der Traum und die Rede* für Kittler die Zeit der mechanischen Schreibmaschine. Es begann das Zeitalter der neueren elektrischen IBM-Kugelkopfschreibmaschine und mit ihr die »Technik des Verzettelns«,[51] die die Arbeit an den *Aufschreibesystemen* prägen sollte. Spürbar ist diese Schreibpraxis auch durch die wachsende Menge an Brouillons, Exzerpten, Karteikarten, einzelnen Zitatnotizen und Querverweisen zwischen den Aufsätzen und dem Habilitationsprojekt. Der Kittler unseres Zeitraums ist eine ungeheure Textverarbeitungsmaschine, sein Output geradezu herkulisch: In den drei hier dokumentierten Jahren beendet er den ersten Teil der *Aufschreibesysteme*, verfasst den zweiten, quält sich mit seiner akademischen Zukunft herum, ist wiederholt Gastprofessor in den USA und schreibt nebenbei noch elf Aufsätze, ein Herausgebervorwort, vier Rezensionen – und das erzwungene Vorwort zur Habilitationsschrift. Den eigenen medienhistorischen Zeitindex zeigt das Ende von »Draculas Vermächtnis«, das die Schreibszene in Berkeley aufruft: »Ich schalte das Surren der Büroschreibmaschine ab, hebe die Augen und sehe im Nebel über der Bucht die Golden Gate Bridge, unsere hyperreale Zukunft« (S. 135). Interessanterweise datiert Kittler diesen Text, an dessen Ende das schreibende Ich auf das »Silicon Valley der Chip-Erfinder«[52] schaut, auf Goethes

50 Vgl. Sebastian Döring et al., »›Schreibzeug, Informationstechnologie‹. Der Bestand A: Kittler, Deutsches Literaturarchiv Marbach«, in: *Neue Rundschau* 127 (2016), H. 3: *»Dunkle Physis, lichter Kosmos«. Friedrich Kittler zum 5. Todestag*, S. 80–101, hier S. 83–86.

51 Ebenda, hier S. 85.

52 Brief von Friedrich A. Kittler an Heinz Schlaffer vom 05. Januar 1982

150. Todestag: »Berkeley, 22. März 1982« (S. 135). Tatsächlich wird es noch sieben Jahre bis zum ersten PC Kittlers dauern – und fünf bis zur Berufung auf die Germanistik-Professur.

Und natürlich antwortet Kittlers Zitierpraxis auch auf die Publikationskontexte. Dabei werden verschiedene Schreibverfahren und -stile ausprobiert. Der Erstdruck von »Auto Bahnen« etwa, veröffentlicht in der Zeitschrift *kultuRRevolution* in dort obligatorischer Kleinschreibung, passt sich mit dem Verzicht auf Fußnoten dem Stil der Zeitschrift an. Ebenso der Text zum Schreien, veröffentlicht in der Reihe *trans – Anstöße zu einer therapeutischen Kultur*: Fußnoten gibt es hier nur in einem Text, Quellennachweise sind Kurzangaben oder eine kurze Bibliographie. Weniger klar ist, warum Kittler auch in seinem Handke-Text für einen germanistischen Sammelband auf Nachweise verzichtet; wir wissen nur, dass er sich hier in einer für diese Karrierephase üblichen »Schreib-Urgence«[53] befand. Dass in der Rezension »Hoffmanns schüchterne Erzählungen« die meisten Nachweise aus dem rezensierten Buch von McGlathery fehlen und einige von uns auch nicht aufgefunden werden konnten, ist vermutlich eher Schlampigkeit angesichts eines Genres, das zu den öderen Pflichtübungen auf dem Weg zur Professur gehört. Aber auch in der Königsgattung akademischen Publizierens, den Fachaufsätzen, verfährt Kittler unkonventionell. »Ein Erdbeben in Chili und Preußen« überrascht nicht nur durch seinen sehr knappen Anmerkungsapparat, sondern auch dadurch, dass zwar Forschung belegt wird, aber literarische Texte und Briefe Kleists nicht ausgewiesen werden. Zwar machen die Informationen, die Kittler zu diesen Quellen gibt, diese auffindbar. Aber für die methodische Ausbildung von Studierenden, der der Band ja dienen soll, ist das Verfahren eher ungeeignet. In der Trennung von Forschungs- und literarischem Diskurs lässt sich daher eine methodische Entscheidung Kittlers vermuten, die die Primärtexte gleichsam ›auswendig‹ voraussetzt. Lediglich »Carlos als Carlsschüler«, publiziert in einem Tagungsband zu *Goethes und Schillers Literaturpolitik*, fällt durch einen vergleichsweise dichten Fußnotenapparat auf. Dieser von

---

(Kasten 11, Mappe 2).

53 Brief von Friedrich A. Kittler an Jochen Hörisch vom 03. Oktober 1983 (Kasten 26, Mappe 2a).

Kittler als »harmlose Spätfassung« bezeichnete Text zeichnet sich gegenüber der »wilde[n] Frühfassung«[54] von 1976 ohne Literaturangaben durch einen philologischen Ernst aus, der sich der hehren Institution des Goethe-Schiller-Symposions verdankt haben mag – aber auch der Tatsache, dass Kittler diesen Text wohl als bestes Beispiel des eigenen Verfahrens verstanden hat.[55]

In einer Zeit sehr viel strengerer Standards des Zitierens und Belegens haben wir in unserer Ausgabe die Referenzen, soweit möglich, nachgetragen. Was wir auch gern nachgetragen hätten, wären etliche Informationen zur Auflösung der Anspielungen Kittlers, um die »Lücken, die sich durch den zeitlichen oder auch kulturellen Abstand zwischen Entstehung und Rezeption ergeben haben, zu schließen.«[56] Die Kommentierungsbedürftigkeit der Kittler'schen Texte ist uns als Herausgeberinnen immer wieder deutlich geworden. Dabei hatten wir als Herausgeberinnenteam das Glück zweier unterschiedlicher Rezeptionspositionen: auf der einen Seite Eva Horn als Gesprächspartnerin Kittlers, für deren Denkweg – von der Dissertation zur Goethezeit bis hin zu wissenschafts-, militär- und medienhistorischen Arbeiten zum 20. Jahrhundert – Kittler eine zentrale Inspiration war; auf der anderen Seite Luisa Drews, die Kittler im Studium an der Humboldt-Universität lesend entdeckte (unterrichtet hat er zu diesem Zeitpunkt bereits nicht mehr) und nun zur Medien- und Gattungsästhetik des Hörspiels forscht. Kittlers Texte sind nicht nur für ein gegenwärtiges Publikum voraussetzungsreich, sie waren es auch für seine Zeitgenossen. Denn sie setzen ein detailliertes, vor allem psychiatrie-, institutionen- und mediengeschichtliches Wissen und Kenntnisse in Macht- und Kriegstechnologien voraus, die gerade in literaturwissenschaftlichen Kreisen eher nicht zu erwarten sind. Diese Exklusivität (oder willentliche Erschwerung) der Rezeption ist der Preis seiner innovativen und idiosynkratischen Schreibstrategie. Sie erzeugt einen engen Kreis

54 Brief von Friedrich A. Kittler an Hans H. Hiebel vom 24. März 1988 (Kasten 38, Mappe 6).

55 Vgl. Friedrich A. Kittler und Stefan Banz, *Platz der Luftbrücke. Ein Gespräch*, herausgegeben von Iwan Wirth, Köln: Oktagon 1996, S. 11 f.

56 Gunter Martens, »Kommentar – Hilfestellung oder Bevormundung des Lesers?«, in: *editio* 7 (1993), S. 36–50, hier S. 36.

von Cognoscenti und Stilimitatoren.[57] Kittlers Strategie der Verallgemeinerung und Überpointierung setzt voraus, dass man bereits ein recht gründliches und eigenes Bild von der Sachlage hat – sei es die Marne-Schlacht oder die Psychiatriegeschichte. Heinrich Bosse hat das schön auf den Punkt gebracht: »seine Texte eignen sich nicht zur Sekundärliteratur. Sie sind ein Stolperstein für alle, die sich an den Modernisierungsschwellen abarbeiten.«[58]

Versuche, den dunklen Charakter von Texten durch Einzelstellenkommentare aufzuhellen, sind in der Editionsphilologie bekanntlich umstritten.[59] Immer wieder stellt sich die Frage: Wo beginnen, wo aufhören? Im Unterschied zu literarischen Texten, bei denen der Sachkommentar schnell an die Grenzen poetischer Sprache stößt, haben wir es bei den Schriften Kittlers mit einer Mischung aus wissenschaftlicher und essayistisch-freier Prosa zu tun. Einerseits scheint es geboten, Wissen an Stellen nachzutragen, die dieses voraussetzen, andererseits sollen Lesende nicht gegängelt oder beschulmeistert werden. Eine vollständige Rekonstruktion des Kultur- und Bildungshorizonts via Einzelstellenkommentar ist dabei niemals zu leisten. So ist jede Form des Stellenkommentars immer ein Kompromiss. Mit Sachkommentaren, biographischen Informationen und kulturhistorischen Referenzen haben wir uns daher im Stellenkommentar zurückgehalten. Stattdessen haben wir ausgewähltes Material aus den Brouillons, Skizzen und Seminarunterlagen bereitgestellt und Texte, auf die Kittler nur anspielt, nachgetragen. Die

57 Zum sogenannten »Kittlerdeutsch« vgl. Geoffrey Winthrop-Young, *Friedrich Kittler zur Einführung*, Hamburg: Junius 2005, S. 62–72.

58 Heinrich Bosse, »Friedrich Kittler, Geschichten erzählend«, in: *Neue Rundschau* 127 (2016), H. 3: *»Dunkle Physis, lichter Kosmos«. Friedrich Kittler zum 5. Todestag*, S. 56–66, hier S. 60.

59 Vgl. Gunter Martens (Hrsg.), *Kommentierungsverfahren und Kommentarformen. Hamburger Kolloquium der Arbeitsgemeinschaft für germanistische Edition 4. bis 7. März 1992. Autor- und problembezogene Referate*, Tübingen: Niemeyer 1992; Christian von Zimmermann, »Vom Kommentieren«, in: Michael Stolz (Hrsg.), *Internationalität und Interdisziplinarität der Editionswissenschaft. Beiträge der 14. internationalen Tagung der Arbeitsgemeinschaft für Germanistische Edition zum Thema InterNationalität und InterDisziplinarität der Editionswissenschaft*, Berlin: De Gruyter 2014, S. 219–237; Wolfgang Wiesmüller (Hrsg.), *Probleme des Kommentierens. Beiträge eines Innsbrucker Workshops*, Innsbruck: Innsbruck University Press 2014; Wolfgang Lukas und Elke Richter (Hrsg.), *Annotieren, Kommentieren, Erläutern. Aspekte des Medienwandels*, Berlin und Boston: De Gruyter 2020.

zahlreichen Verweise auf unveröffentlichtes Material oder auch Varianten im Einzelstellenkommentar und den Dokumentarischen Nachworten sollen dazu dienen, den Weg ins Archiv zu weisen und weitergehende Forschung zu erleichtern.

Die editorischen Kommentare zeigen, dass einige Texte mehrfach in umgearbeiteter Form abgedruckt wurden. Darum haben wir alle veröffentlichten Fassungen (und auch alle im Deutschen Literaturarchiv Marbach überlieferten Texte) miteinander abgeglichen. In einigen Fällen sind wir dabei von der Erstdruckregel abgewichen, wenn eine andere Textgestalt sich für die Rezeption als wichtiger erwiesen hat oder aufgrund von Erweiterungen, Überarbeitungen und Fehlerkorrekturen des Autors als autorisierte gelten kann (»Vorwort des Herausgebers«, »Der Gott der Ohren«, »Romantik – Psychoanalyse – Film«, »Auto Bahnen«). Dies wird in den Editorischen Berichten erläutert. In die Stellenkommentare aufgenommen wurden Variationen nur dann, wenn es sich um Kürzungen beziehungsweise Ergänzungen, sachliche Veränderungen oder stilistisch stark abweichende Stellen handelt. Die Dokumentarischen Nachworte, denen wir viel Raum geben, stellen die Text-, Vortrags- und Publikationsgeschichte sowie die Arbeitsweise des Verfassers dar. Wir verweisen hier nicht nur auf das Material im Nachlass (Manuskripte, Typoskripte, Korrespondenz, Akten, Karteikarten und so weiter), sondern auch auf die Lehr-, Vortrags- und sogar Rundfunktätigkeiten Kittlers. Die gelegentliche Ausführlichkeit der Berichte verdankt sich nicht einem hagiographischen Eifer, sondern dem Wunsch, der Forschung eine präzise Chronologie von Kittlers Denkprozessen anzubieten.

Diese zugleich synchrone wie diachrone Betrachtungsweise durch Stellenkommentare und Dokumentarische Nachworte soll nicht zuletzt einen Einblick in den Wissenschaftsbetrieb der frühen 1980er-Jahre ermöglichen. Kittlers Vorbereitungen zum Habilitationskolloquium geben Aufschluss über strategische Überlegungen zu germanistischen Karrieren dieser Jahre. Damit liefert dieser Band auch einen Beitrag zu einer »Geschichte […] der Institutionen, der Wissenspolitiken und der sich ausdifferenzierenden Medienwissenschaft«.[60] Nicht zuletzt werfen die Texte aber auch ein Licht auf

60 Ute Holl und Claus Pias, »Aufschreibesysteme 1980/2010. In memoriam Friedrich

die Person Friedrich A. Kittler. Immer wieder bringt sich der Verfasser selbst ins Spiel, etwa durch selbstbewusst-augenzwinkernde Eigenzitate. Über die Widmungen sind manche seiner Texte an ein konkretes ›Du‹ gerichtet.[61] In anderen zitieren die vorangestellten Motti wichtige Wegweiser wie Bram Stoker, Max Kommerell, Martin Heidegger. Die Zitate aus Rocksongs oder Opern verraten Kittlers privaten Musikgeschmack.[62] So ist der Band schließlich auch Dokument der Herausbildung eines singulären Erkenntnisinteresses und Denkstils. Niemand wusste besser als Friedrich Kittler, dass Forschung, wenn sie gut ist, etwas sehr Persönliches ist.

Für freundlich erteilte Publikationsgenehmigungen danken wir dem Deutschen Literaturarchiv Marbach, Heinrich Bosse, Hans H. Hiebel, Susanne Holl, Jochen Hörisch, Dietmar Kamper, Reinhart Meyer-Kalkus, Heinz Schlaffer und Raimar Zons. Für Rat und Unterstützung danken wir Orson Baecker, Veronika Becker, Sebastian Breu, Sebastian Döring, Julia Enzinger, Claude Haas, Moritz Hiller, Susanne Holl, Tom Lamberty, Michael Rohrwasser, Florian Ronc, Katharina Sahakian, Armin Schäfer, Niklas Schlottmann, Eva Spiegelhofer und Mai Wegener. Unser besonderer Dank geht an die Mitarbeiterinnen und Mitarbeiter in Bibliothek und Archiv des Deutschen Literaturarchivs Marbach.

Kittler«, in: *Zeitschrift für Medienwissenschaft* 6 (2012), H. 1: *Sozialtheorie und Medienwissenschaft*, S. 114–192, hier S. 115. Dass es auf diesem Gebiet, insbesondere am Freiburger Deutschen Seminar, noch viel Material zu heben gibt, hat die Veröffentlichung der Habilitationsgutachten (vgl. ebenda, hier S. 127–192) gezeigt.

61 Vgl. auch Mai Wegener, »›Radikalisch entkoppelt‹. Die Vertäuung des Wissens«, in: Walter Seitter und Michaela Ott (Hrsg.), *Friedrich Kittler. Technik oder Kunst?*, Wetzlar: Büchse der Pandora 2012, S. 79–82, hier S. 80.

62 Vgl. auch Lothar Müller, »Das Rauschen der Ohrmuschel«, in: *Neue Rundschau* 127 (2016), H. 3: *»Dunkle Physis, lichter Kosmos«. Friedrich Kittler zum 5. Todestag*, S. 223–230, hier S. 230.

Bibliographie

der in diesem Band von Friedrich Kittler zitierten Quellen

Abel, Jakob Friedrich,

- »Werden grosse Geister gebohren oder erzogen, und welches sind die Merkmale derselbigen?«, in: *Beschreibung des Sechsten Jahrs-Tags der Herzoglichen Militair-Akademie zu Stuttgart, den 14ten December 1776*, Stuttgart: Cotta o. J., S. 33–67.
- *Einleitung in die Seelenlehre*, Stuttgart: Metzler 1786.
- »Aufzeichnungen über Schiller. Einiges über seine moralische Bildung während des Aufenthalts in der Akademie«, in: Max Hecker (Hrsg.), *Schillers Persönlichkeit. Urtheile der Zeitgenossen und Documente. Erster Theil*, Weimar: Gesellschaft der Bibliophilen 1904, S. 104–107.

Aders, Fritz, *Jacob Friedrich Abel als Philosoph*, Berlin: Sittenfeld 1893.

Adorno, Theodor W., *Versuch über Wagner* [1952], in: ders., *Gesammelte Schriften*, herausgegeben von Gretel Adorno und Rolf Tiedemann, Band 13: *Die musikalischen Monographien*, Frankfurt am Main: Suhrkamp 1971, S. 7–148.

Anonymus, »Schreiben mit der Maschine«, in: *Vom Fels zum Meer. Spemann's Illustrirte Zeitschrift für das Deutsche Haus*, Band 2 (April 1885 bis September 1889), Kol. 863–864.

Anonymus, »An der Klagemauer«, in: *Der Spiegel* 33 (1979), H. 51, S. 176.

Arnheim, Rudolf, *Kritiken und Aufsätze zum Film*, herausgegeben von Helmut H. Dieterichs, München und Wien: Hanser 1977.

Auerbach, Nina, »Magi and Maidens: The Romance of the Victorian Freud«, in: *Critical Inquiry* 8 (1981), H. 2: *Writing and Sexual Difference*, S. 281–300.

Azam, Eugène, *Hypnotisme et double conscience. Origine de leur étude et divers travaux sur des sujets analogues*, Paris: Alcan 1893.

Ball, Hugo, »Entwurf zu Eröffnungs-Manifest. 1. Dada-Abend (Zürich, 14. Juli 1916)«, in: *Du Atlantis. Kulturelle Monatsschrift* 26 (September 1966): *Zürich 1914–1918. Bilder, Dokumente, Texte*, S. 738.

Barrett, Syd, »Astronomy Domine«, in: *The Piper at the Gates of Dawn*, London: EMI Columbia 1967.

Baudelaire, Charles, *Les fleurs du Mal*, in: ders., *Œuvres complètes*, texte établi, présenté et annoté par Y.-G. Le Dantec, édition révisée, complétée et présentée par Claude Pichois, Paris: Gallimard 1961, S. 5–226.

Baudrillard, Jean, *Der symbolische Tausch und der Tod* [1976], aus dem Französischen übersetzt von Gerd Bergfleth, München: Matthes und Seitz 1982.

Baumeyer, Franz, »Der Fall Schreber«, in: *Psyche. Zeitschrift für Psychoanalyse und ihre Anwendungen* 9 (1955), H. 9, S. 513–536.

Beckett, Samuel, *Waiting for Godot. A Tragicomedy in Two Acts*, London: Faber and Faber 1956.

Bekker, Paul, *The Story of the Orchestra*, New York: Norton 1936.

Benn, Gottfried,

– »Querschnitt« [1918], in: ders., *Gesammelte Werke in vier Bänden*, herausgegeben von Dieter Wellershoff, Band 2: *Prosa und Szenen*, Wiesbaden: Limes 1958, S. 72–83.

– »Lebensweg eines Intellektualisten« [1934], in: *Gesammelte Werke in vier Bänden*, herausgegeben von Dieter Wellershoff, Band 4: *Autobiographische und vermischte Schriften*, Wiesbaden: Limes 1961, S. 19–68.

– »Roman des Phänotyp« [1949], in: ders., *Gesammelte Werke in vier Bänden*, herausgegeben von Dieter Wellershoff, Band 2: *Prosa und Szenen*, Wiesbaden: Limes 1958, S. 152–204.

– *Probleme der Lyrik* [1951], in: ders., *Gesammelte Werke in vier Bänden*, herausgegeben von Dieter Wellershoff, Band 1: *Essays, Reden, Vorträge*, Wiesbaden: Limes 1959, S. 494–532.

– »Was schlimm ist« [1953], in: ders., *Gesammelte Werke in vier Bänden*, herausgegeben von Dieter Wellershoff, Band 3: *Gedichte*, Wiesbaden: Limes 1960, S. 280.

– *Den Traum alleine tragen. Neue Texte, Briefe, Dokumente*, herausgegeben von Max Raabe und Paul Niedermayer, München: dtv 1969.

Bentley, Christopher F., »The Monster in the Bedroom: Sexual Symbolism in Bram Stoker's ›Dracula‹«, in: *Literature and Psychology* 22 (1972), H. 1, S. 27–34.

Bergson, Henri, *L'évolution créatrice* [1907], Paris: Alcan 1923 (26. Auflage).

Bernhardi, August Ferdinand, *Sprachlehre. Erster Theil. Reine Sprachlehre*, Berlin: Frölich 1801 (2. Auflage).

Bethge, Hans [nach Lǐ-Bái], »Das Trinklied vom Jammer der Erde«, in: ders., *Die chinesische Flöte*, Leipzig: Insel 1918 (9. Auflage), S. 21–22.

Bleuler, Eugen, *Lehrbuch der Psychiatrie* [1916], umgearbeitet von Manfred Bleuler unter Mitarbeit von Rudolf Hess et al., Berlin, Heidelberg und New York: Springer 1969 (11. Auflage).

Bliven Jr., Bruce, *The Wonderful Writing Machine*, New York: Random House 1954.

Böckmann, Paul,

— *Schillers Don Karlos. Edition der ursprünglichen Fassung und entstehungsgeschichtlicher Kommentar* (= *Veröffentlichungen der deutschen Schillergesellschaft* 30), Stuttgart: Klett 1974.

— »Schillers ›Don Karlos‹. Die politische Idee unter dem Vorzeichen des Inzestmotivs«, in: Wolfgang Wittkowski (Hrsg.), *Friedrich Schiller. Kunst, Humanität und Politik in der späten Aufklärung. Ein Symposium*, Tübingen: Niemeyer 1982, S. 33–47.

Bodamer, Joachim, »Über eine psychiatrische Beobachtung des jungen Friedrich Schiller«, in: *Deutsche medizinische Wochenschrift* 77 (1952), H. 23, S. 754–756.

Bök, August Friedrich, »Rede von der Ordnung als der Seele der Erziehung«, in: *Der Fünfte Jahrs-Tag der Herzoglich-Würtembergischen Militair-Akademie zu Stuttgart, begangen den 14. December 1775*, Stuttgart: Cotta o. J., S. 43–56.

Bolz, Norbert W.,

— »›Tristan und Isolde‹ – Richard Wagner als Leser Gottfrieds«, in: Jürgen Kühnel, Hans-Dieter Mück und Ulrich Müller (Hrsg.), *Mittelalter-Rezeption. Gesammelte Vorträge des Salzburger Symposions ›Die Rezeption mittelalterlicher Dichter und ihrer Werke in Literatur, Bildender Kunst und Musik des 19. und 20. Jahrhunderts‹*, Göppingen: Kümmerle 1979, S. 279–284.

— »Vorschule der profanen Erleuchtung«, in: ders. und Richard Faber (Hrsg.), *Walter Benjamin. Profane Erleuchtung und rettende Kritik*, Würzburg: Königshausen und Neumann 1985 (2. Auflage), S. 190–222.

Bosanquet, Theodora, *Henry James at Work*, London: Hogarth 1924.

Bosse, Heinrich, »Autorisieren. Ein Essay über Entwicklungen heute und seit dem 18. Jahrhundert«, in: *Zeitschrift für Literaturwissenschaft und Linguistik* 11 (1981), H. 42: *Der Autor*, herausgegeben von Helmut Kreuzer, S. 120–134.

Bradley, Dermot, *Generaloberst Guderian und die Entstehungsgeschichte des modernen Blitzkrieges* (= *Studien zur Militärgeschichte, Militärwissenschaft und Konfliktforschung* 16), Osnabrück: Biblio-Verlag 1978.

Brandes, Ernst, *Betrachtungen über das weibliche Geschlecht und dessen Ausbildung in dem geselligen Leben*, 3 Bände, Hannover: Hahn 1802.

Brentano, Bettina, *Goethes Briefwechsel mit einem Kinde* [1835], in: Bettina von Arnim, *Werke und Briefe*, herausgegeben von Gustav Konrad, Band 2, Frechen und Köln: Bartmann 1959, S. 5–407.

Bruch, Walter, *Von der Tonwalze zur Bildplatte. 100 Jahre Ton- und Bildspeicherung* (= *Funkschau Sonderheft*), München: Franzis 1979.

Buchwald, Reinhard, *Schiller*, 2 Bände, Leipzig: Insel 1937.

Büchner, Georg, *Leonce und Lena. Ein Lustspiel* [1838], in: ders., *Sämtliche Werke und Briefe. Historisch-kritische Ausgabe mit Kommentar. Hamburger Ausgabe*, herausgegeben von Werner R. Lehmann, Band 1: *Dichtungen und Übersetzungen mit Dokumentationen zur Stoffgeschichte*, Hamburg: Wegner 1967, S. 103–134.

Birkenhauer, Klaus, *Kleist*, Tübingen: Wunderlich 1977.

Calasso, Roberto, *Die geheime Geschichte des Senatspräsidenten Dr. Daniel Paul Schreber* [1974], aus dem Italienischen übersetzt von Reimar Klein, Frankfurt am Main: Suhrkamp 1980.

Carl Eugen,

— »Rede seiner Herzoglichen Durchlaucht, bey Beschluß der öffentlichen Prüfungen«, in: *Beschreibung des Neunten Jahrs-Tags der Herzoglichen Militair-Akademie. Stuttgard, den 14ten December 1779*, Stuttgart: Cotta o. J., Beilagen, S. 3–12.

— »Rede seiner Herzoglichen Durchlaucht, bei dem Beschluß der öffentlichen Prüfungen«, in: *Beschreibung des Zehenden Jahrs-Tags der Herzoglich Wirtembergischen Militär-Akademie. Stuttgard, den 14ten December 1780*, Stuttgart: Cotta o. J., S. 49–68.

Cartier, Raymond, *Der Zweite Weltkrieg*, München und Zürich: Piper 1985 (7. Auflage).

Castaneda, Carlos, *Journey to Ixtlan. The Lessons of Don Juan*, London, Sydney und Toronto: The Bodley Head 1973.

Chamisso, Adelbert von, »Erscheinung« [1828], in: *Chamissos gesammelte Werke*, herausgegeben von Max Koch, Band 2: *Gedichte, Zweiter Teil. Übersetzungen. Adelberts Fabel. Peter Schlemihl. Vermischtes in Prosa*, Stuttgart: Cotta o. J., S. 13–15.

Chapple, Steve und Reebee Garofalo, *Wem gehört die Rock Musik? Geschichte und Politik der Musikindustrie* [1977], aus dem Amerikanischen übersetzt von Teja Schwaner, Reinbek bei Hamburg: Rowohlt 1980.

Charcot, Jean-Martin, *Œuvres complètes*, Band 1: *Leçons sur les maladies du système nerveux*, Paris: Delahaye et Lecrosnier 1886.

Chew, Victor Kenneth, *Talking Machines 1877–1914. Some Aspects of the Early History of the Gramophone*, London: Her Majesty's Stationery Office 1967.

McClelland, Charles E., *State, Society, and University in Germany 1700–1914*, Cambridge: Cambridge University Press 1980.

Consbruch, Johann Friedrich, »Von dem Einfluß der physicalischen Erziehung der Jugend auf die Seelen-Kräfte«, in: *Beschreibung des Neunten Jahrs-Tags der Herzoglichen Militair-Akademie, Stuttgard, den 14ten December 1779*, Stuttgart: Cotta o. J., Beilagen, S. 27–44.

Cooper, Gary, »An Interview with David Gilmour«, in: *Wish You Were Here*, London: Pink Floyd Music 1975, S. 73–81.

Cosima Wagner und Houston Stewart Chamberlain im Briefwechsel 1888–1908, herausgegeben von Paul Pretzsch, Leipzig: Reclam 1914.

Craig, Gordon A., *The Politics of the Prussian Army 1640–1945*, London, Oxford und New York: Oxford University Press 1955.

Current, Richard Nelson, *The Typewriter and the Men Who Made It*, Urbana: University of Illinois Press 1954.

Dadoun, Roger, »Der Fetischismus im Horrorfilm« [1970], in: Jean-Bertrand Pontalis (Hrsg.), *Objekte des Fetischismus*, aus dem Französischen übersetzt von Eva Moldenhauer, Frankfurt am Main: Suhrkamp 1972, S. 337–370.

Das Deutschland Adolf Hitlers. Die ersten vier Jahre des Dritten Reiches (= *Illustrierter Beobachter, Sondernummer*), Hauptschriftleiter Dietrich Loder, München: Eher 1937.

Deleuze, Gilles, *Kino 1: Das Bewegungs-Bild* [1983], aus dem Französischen übersetzt von Ulrich Christians und Ulrike Bokelmann, Frankfurt am Main: Suhrkamp 1989.

Deleuze, Gilles und Félix Guattari,

— *Kapitalismus und Schizophrenie I: Anti-Ödipus* [1972], aus dem Französischen übersetzt von Bernd Schwibs, Frankfurt am Main: Suhrkamp 1974.

— *Capitalisme et schizophrénie 2: Mille plateaux*, Paris: Minuit 1980.

— *Kapitalismus und Schizophrenie II: Tausend Plateaus* [1980], aus dem Französischen übersetzt von Gabriele Ricke und Roland Voullié, Berlin: Merve 1992.

deMause, Lloyd, »Evolution der Kindheit«, in: ders. (Hrsg.), *Hört ihr die Kinder weinen. Eine psychogenetische Geschichte der Kindheit* [1974], aus dem Englischen übersetzt von Renate und Wolf Wiggershaus, Frankfurt am Main: Suhrkamp 1977, S. 12–111.

Derrida, Jacques, *Grammatologie* [1967], aus dem Französischen übersetzt von Hans-Jörg Rheinberger und Hanns Zischler, Frankfurt am Main: Suhrkamp 1974.

— »La question du style«, in: *Nietzsche aujourd'hui?*, Band 1: *Intensités*, Paris: Union générale d'éditions 1973, S. 235–287.

Dewhurst, Kenneth und Nigel Reeves, *Friedrich Schiller. Medicine, Psychology and Literature with the first English edition of his complete medical and psychological writings*, Oxford: Sandford 1978.

Diener, Gottfried, *Goethes ›Lila‹. Heilung eines ›Wahnsinns‹ durch ›psychische Kur‹*, Frankfurt am Main: Athenäum 1971.

Dister, Alain, Udo Woehrle und Jacques Leblanc, *Pink Floyd*, Bergisch-Gladbach: Böhler 1978.

Doors, The, »The End«, in: dies., *The Doors*, Los Angeles: Elektra Records 1967.

Dornberger, Walter, *V 2 – Der Schuß ins Weltall. Geschichte einer großen Erfindung*, Eßlingen: Bechtle 1952.

Doumenc, Joseph Edouard Aimé, *Les transports automobiles sur le front français, 1914–1918. Recueillies et classées par le lieutenant Paul Heuzé*, Paris: Plon-Nourrit et Cie 1920.

Doyle, Arthur Conan, *The Complete Sherlock Holmes*, New York: Doubleday, Doran Company 1930.

Erna [Helene Druskowitz], *Pessimistische Kardinalsätze. Ein Vademekum für die freiesten Geister*, Wittenberg: Herrosé und Ziemsen o. J. [1905].

Eye, Werner von, *Kurzgefaßte Geschichte der Schreibmaschine und des Maschinenschreibens*, Berlin: Achterberg 1958 (2. Auflage).

Farges, Joël, »L'image d'un corps«, in: *Communications* (1975), H. 23: *Psychanalyse et cinéma*, S. 88–95.

Farson, Daniel, *The Man Who Wrote Dracula. A Biography of Bram Stoker*, London: Joseph 1975.

Ferrier, Daniel, *Die Functionen des Gehirnes. Autorisirte deutsche Ausgabe* [1876], übersetzt von Heinrich Obersteiner, Braunschweig: Vieweg 1879.

Flechsig, Paul Emil,

— *Die körperlichen Grundlagen der Geistesstörungen. Vortrag gehalten beim Antritt des Lehramtes an der Universität Leipzig am 4. März 1882*, Leipzig: Veit 1882.

– *Die Grenzen geistiger Gesundheit und Krankheit. Rede, gehalten zur Feier des Geburtstages Sr. Majestät des Königs Albert von Sachsen am 23. April 1896*, Leipzig: Veit 1896.
– *Gehirn und Seele. Rede, gehalten am 31. October 1894 in der Universitätskirche zu Leipzig*, Leipzig: Edelmann 1896.
– »Ueber die Associationscentren des menschlichen Gehirns. Mit anatomischen Demonstrationen«, in: *Dritter Internationaler Congress für Psychologie in München vom 4. bis 7. August 1896*, München: Lehmann 1897, S. 49–73.
– *Meine myelogenetische Hirnlehre mit biographischer Einleitung*, Berlin: Springer 1927.

Foucault, Michel,
– »Der Wahnsinn, das abwesende Werk« [1964], aus dem Französischen übersetzt von Karin von Hofer, in: *Schriften zur Literatur* (= *Sammlung Dialog* 6), München: Nymphenburger Verlagshandlung 1974, S. 119–129.
– *Les mots et les choses. Une archéologie des sciences humaines*, Paris: Gallimard 1966.
– »Was ist ein Autor?« [1969], aus dem Französischen übersetzt von Karin von Hofer, in: *Schriften zur Literatur* (= *Sammlung Dialog* 6), München: Nymphenburger Verlagshandlung 1974, S. 7–31.
– *Überwachen und Strafen. Die Geburt des Gefängnisses* [1975], aus dem Französischen übersetzt von Walter Seitter, Frankfurt am Main: Suhrkamp 1976.
– *Sexualität und Wahrheit 1: Der Wille zum Wissen* [1976], aus dem Französischen übersetzt von Ulrich Raulff und Walter Seitter, Frankfurt am Main: Suhrkamp 1977.

Förster-Nietzsche, Elisabeth, *Friedrich Nietzsche und die Frauen seiner Zeit*, München: Beck 1935.

Freud, Anna, *Das Ich und die Abwehrmechanismen*, München: Kindler o. J. [1973] (7. Auflage).

Freud, Sigmund,
– »Charcot« [1893], in: ders., *Gesammelte Werke. Chronologisch geordnet*, herausgegeben von Anna Freud et al., Band 1: *Werke aus den Jahren 1892–1899*, London: Imago 1952, S. 19–35.
– »Bruchstück einer Hysterie-Analyse« [1905], in: ders., *Gesammelte Werke. Chronologisch geordnet*, unter Mitwirkung von Marie Bonaparte

herausgegeben von Anna Freud et al., Band 5: *Werke aus den Jahren 1904–1905*, London: Imago 1942, S. 161–286.

– *Der Wahn und die Träume in W. Jensens »Gradiva«* [1907], in: ders., *Gesammelte Werke. Chronologisch geordnet*, unter Mitwirkung von Marie Bonaparte herausgegeben von Anna Freud et al., Band 7: *Werke aus den Jahren 1906–1909*, London: Imago 1941, S. 31–125.

– »Psychoanalytische Bemerkungen über einen autobiographisch beschriebenen Fall von Paranoia (Dementia paranoides)« [1911], in: ders., *Gesammelte Werke. Chronologisch geordnet*, unter Mitwirkung von Marie Bonaparte herausgegeben von Anna Freud et al., Band 8: *Werke aus den Jahren 1909–1913*, London: Imago 1943, S. 239–320.

– *Gesammelte Werke. Chronologisch geordnet*, unter Mitwirkung von Marie Bonaparte herausgegeben von Anna Freud et al., Band 11: *Vorlesungen zur Einführung in die Psychoanalyse* [1917], London: Imago 1940.

– »Das Unheimliche« [1919], in: ders., *Gesammelte Werke. Chronologisch geordnet*, unter Mitwirkung von Marie Bonaparte herausgegeben von Anna Freud et al., Band 12: *Werke aus den Jahren 1917–1920*, London: Imago 1940, S. 229–268.

– »Abriß der Psychoanalyse« [1938], in: ders., *Gesammelte Werke. Chronologisch geordnet*, unter Mitwirkung von Marie Bonaparte herausgegeben von Anna Freud et al., Band 17: *Schriften aus dem Nachlass*, London: Imago 1941, S. 63–138.

– *Aus den Anfängen der Psychoanalyse. Briefe an Wilhelm Fliess, Abhandlungen und Notizen aus den Jahren 1887–1902*, London: Imago 1950.

Friedrich Nietzsche, Paul Rée, Lou von Salomé. Die Dokumente ihrer Begegnung, auf der Grundlage der einstigen Zusammenarbeit mit Karl Schlechta und Erhart Thierbach herausgegeben von Ernst Pfeiffer, Frankfurt am Main: Insel 1970.

Furet, François, *Penser la Révolution française*, Paris: Gallimard 1979.

Gehrmann, Carl, *Körper, Gehirn, Seele, Gott. Vier Theile in drei Bänden*, Berlin: Dames 1893.

Gelatt, Robert, *The Fabulous Phonograph. 1877–1977* [1965], New York: MacMillan 1977 (2. Auflage).

Generalkommando VII. Armeekorps (Hrsg.), *Die grüne Hölle von Inor, nach Truppenberichten zusammengestellt und bearbeitet von Sonderführer Dr. Hanns Wiedmann*, verantwortlich für Inhalt und Gestaltung Egid

Gehring, Zeichnungen von Anton Kolnberger, München: Eher 1941 (2. Auflage).

Georg Büchner. Leben, Werk, Zeit. Ausstellung zum 150. Jahrestag des »Hessischen Landboten«, Katalog bearbeitet von Thomas Michael Mayer unter Mitwirkung von Bettina Bischoff et al., Marburg: Jonas 1985.

Georgiades, Thrasybulos, »Sprache als Rhythmus« [1959], in: *Sprache und Wirklichkeit. Essays*, ausgewählt aus den Jahrbüchern der Bayerischen Akademie der Schönen Künste, München: dtv 1967, S. 224–244.

Ginzburg, Carlo, »Indizien: Morelli, Freud und Sherlock Holmes« [1979], in: Umberto Eco und Thomas A. Sebeok (Hrsg.), *Der Zirkel oder Im Zeichen der Drei. Dupin, Holmes, Pierce*, München: Fink 1985, S. 125–179.

Gleim, Betty, *Erziehung und Unterricht des weiblichen Geschlechts. Ein Buch für Eltern und Erzieher*, Leipzig: Göschen 1810.

Glucksmann, André, *Les maîtres penseurs*, Paris: Grasset 1977.

Glossy, Karl, »Kleine Mitteilungen«, in: *Jahrbuch der Grillparzer-Gesellschaft* 33 (1935), S. 144–158.

Goethe, Johann Wolfgang von,

— *Goethes Sämtliche Werke (Jubiläums-Ausgabe in 40 Bänden)*, herausgegeben von Eduard von der Hellen, Band 29: *Aus einer Reise in die Schweiz, über Frankfurt, Heidelberg, Stuttgart und Tübingen im Jahre 1797. Am Rhein, Main und Neckar 1814 und 1815*, mit Einleitung und Anmerkungen von Otto Heuer, Stuttgart und Berlin: Cotta 1906.

— *Goethes Sämtliche Werke (Jubiläums-Ausgabe in 40 Bänden)*, herausgegeben von Eduard von der Hellen, Band 17–18: *Wilhelm Meisters Lehrjahre (1795–96)*, Stuttgart und Berlin: Cotta 1912.

Görlitz, Walter, *Kleine Geschichte des deutschen Generalstabes*, Berlin: Haude und Spener 1967.

Greve, Ludwig, Margot Fehle und Heidi Westhoff (Hrsg.), *Hätte ich das Kino! Die Schriftsteller und der Stummfilm: eine Ausstellung des Deutschen Literaturarchivs im Schiller-Nationalmuseum, Marbach am Neckar am 24. April bis 31. Oktober 1976*, München: Kösel 1976.

Groos, Karl, Marie Groos und Ilse Netto, »Die Sinnesdaten im ›Ring des Nibelungen‹. Optisches und akustisches Material«, in: *Archiv für die gesamte Psychologie* 22 (1912), H. 4, S. 401–422.

Guderian, Heinz,

— »Die Lebensader Verduns«, in: *Der Kampfwagen, einschließlich Straßenpanzerkraftwagen, Truppentransport und Motorisierungsfragen in*

der Wehrmacht. Monatliche Beilage zum Militär-Wochenblatt (1925), H. 4, Sp. 28–31.
— *Panzer – Marsch! Aus dem Nachlaß des Schöpfers der deutschen Panzerwaffe, bearbeitet von Oskar Munzel*, München: Schild 1956.

Haas, Norbert, *Spätaufklärung. Johann Heinrich Merck zwischen Sturm und Drang und Französischer Revolution*, Kronberg im Taunus: Scriptor 1975.

Haas, Willy, »November-Filme«, in: *Das blaue Heft/Freie deutsche Bühne* 4 (1922), H. 3, S. 129–134.

Handke, Peter,
— *Der Hausierer*, Frankfurt am Main: Suhrkamp 1967.
— *Die Angst des Tormanns beim Elfmeter*, Frankfurt am Main: Suhrkamp 1970.

Haug, Balthasar, *Von der Wichtigkeit eines Erziehungs-Hauses vor junge Untertanen. Beschreibung der Feyerlichen Handlung, welche den 26ten April 1772 auf der Solitude bey Legung des Grundsteins zu dem Erziehungs-Hause vor die daselbst errichtete Herzoglich-Würtembergische militairische Pflanzschule vorgegangen ist*, Ludwigsburg: Cotta, o. J.

Heidegger, Martin,
— *Sein und Zeit. Erste Hälfte* [1927], Halle an der Saale: Niemeyer 1931 (3. Auflage).
— *Holzwege*, Frankfurt am Main: Klostermann 1950.
— »Das Wesen der Sprache«, in: ders., *Unterwegs zur Sprache*, Tübingen: Neske 1959, S. 157–216.
— *Nietzsche*, Band 1, Pfullingen: Neske 1961.

Hendrix, Jimi, *Electric Ladyland*, London und Berlin: Polydor Records 1968.

Herr, Michael, *An die Hölle verraten. Dispatches* [1977], aus dem Amerikanischen übersetzt von Benjamin Schwarz, München: Rogner und Bernhard 1979.

Hinrichs, Hermann Friedrich Wilhelm, *Aesthetische Vorlesungen über Goethe's Faust als Beitrag zur Anerkennung wissenschaftlicher Kunstbeurtheilung*, Halle an der Saale: Bathe 1825.

Hirth, Georg,
— *Aufgaben der Kunstphysiologie*, München und Leipzig: Hirth's Kunstverlag 1897 (2. Auflage).
— *Die Localisationstheorie angewandt auf psychologische Probleme. Localisations-Psychologie. Beispiel: Warum sind wir ›zerstreut‹?*, München: Hirth's Verlag 1895 (2. Auflage).

Hitler, Adolf, »Rede zur Eröffnung der Internationalen Automobil- und Motorrad-Ausstellung am Kaiserdamm in Berlin, 11. Februar 1933«, in: Max Domarus, *Hitler. Reden und Proklamationen 1932–1945. Kommentiert von einem deutschen Zeitgenossen*, Band 1: *Triumph*, Erster Halbband: *1932–1934*, München: Süddeutscher Verlag 1965, S. 208–209.

Hochstetter, Johann Heinrich, »Von dem unmittelbaren Recht der Jugend eines Staats an den Regenten desselben in Absicht auf die Erziehung«, in: *Beschreibung des Achten Jahrs-Tags der Herzoglichen Militair-Akademie. Stuttgard, den 14ten December 1778*, Stuttgart: Cotta o. J., Beilagen, S. 24–41.

Hörisch, Jochen, »Wagner mit Homer. Zur Dialektik von Wunsch und Wissen in Wagners Musikdramen«, in: *Der Wunderblock. Zeitschrift für Psychoanalyse* (1979), H. 3, S. 20–32.

Hugo von Hofmannsthal – Ottonie Gräfin Degenfeld. Briefwechsel, herausgegeben von Marie Therese Miller-Degenfeld unter Mitwirkung von Eugene Weber, Frankfurt am Main: Fischer 1974.

Ingold, Felix Philipp, *Literatur und Aviatik. Europäische Flugdichtung 1909–1927. Mit einem Exkurs über die Flugidee in der modernen Malerei und Architektur* [1978], Frankfurt am Main: Suhrkamp 1980.

Israël, Lucien, *Die unerhörte Botschaft der Hysterie*, aus dem Französischen übersetzt von Peter Müller und Peter Posch, München und Basel: Reinhardt 1983.

Janz, Curt Paul, *Friedrich Nietzsche. Biographie in drei Bänden*, Band 2, München: Hanser 1978.

Jenisch, Daniel, *Ueber die hervorstechendsten Eigenthümlichkeiten von Meisters Lehrjahren; oder, über das, wodurch dieser Roman ein Werk von Göthen's Hand ist. Ein ästhetisch-moralischer Versuch*, Berlin: Langhoff 1797.

Jentsch, Ernst, »Zur Psychologie des Unheimlichen«, in: *Psychiatrisch-neurologische Wochenschrift* 8 (1906), H. 22, S. 195–198, und H. 23, S. 203–205.

Jones, Ernest, *Sigmund Freud. Leben und Werk* [1961], herausgegeben und gekürzt von Lionel Trilling und Steven Marcus, Frankfurt am Main: Fischer 1969.

Jünger, Ernst, *Strahlungen* [1949], Band 2, Stuttgart: Klett o. J.

Kafka, Franz,

— *Gesammelte Werke. Taschenbuchausgabe in sieben Bänden*, herausgegeben von Max Brod, Band 2: *Der Prozeß* [1925], Frankfurt am Main: Fischer 1976.

— *Gesammelte Werke. Taschenbuchausgabe in sieben Bänden*, herausgegeben von Max Brod, Band 3: *Das Schloß* [1926], Frankfurt am Main: Fischer 1976.

Kaftan, Kurt, *Der Kampf um die Autobahnen – Geschichte und Entwicklung des Autobahngedankens in Deutschland von 1907–1935 unter Berücksichtigung ähnlicher Pläne und Bestrebungen im übrigen Europa*, Berlin: Wigankow 1955.

Kahane, Claire (Hrsg.), *Psychoanalyse und das Unheimliche. Essays aus der amerikanischen Literaturkritik*, aus dem Englischen übersetzt von Roland Hauser, Bonn: Bouvier 1981.

Kaiser, Georg, »Vision und Figur«, in: *Das junge Deutschland. Monatsschrift für Literatur und Theater* (1918), H. 1, S. 314–315.

Kaiser, Gerhard,

— *Von Arkadien nach Elysium. Schiller-Studien*, Göttingen: Vandenhoeck und Ruprecht 1978.

— »Mutter Nacht – Mutter Natur. Anläßlich einer Bildkomposition von Asmus Jacob Carstens«, in: Friedrich A. Kittler (Hrsg.), *Austreibung des Geistes aus den Geisteswissenschaften. Programme des Poststrukturalismus*, Paderborn et al.: Schöningh 1980, S. 87–141.

Kandinsky, Wassily, »Der gelbe Klang«, in: ders. und Franz Marc (Hrsg.), *Der blaue Reiter*, München: Piper 1912, S. 115–131.

Kittler, Friedrich A.,

— »›Das Phantom unseres Ichs‹ und die Literaturpsychologie: E. T. A. Hoffmann – Freud – Lacan«, in: ders. und Horst Turk (Hrsg.), *Urszenen. Literaturwissenschaft als Diskursanalyse und Diskurskritik*, Frankfurt am Main: Suhrkamp 1977, S. 139–166.

— »Über die Sozialisation Wilhelm Meisters«, in: Gerhard Kaiser und ders., *Dichtung als Sozialisationsspiel. Studien zu Goethe und Gottfried Keller*, Göttingen: Vandenhoeck und Ruprecht 1978, S. 99–114.

— »Nietzsche (1844–1900)«, in: Horst Turk (Hrsg.), *Klassiker der Literaturtheorie*, München: Beck 1979, S. 191–205, Anmerkungen S. 338–340.

— »Vergessen«, in: Ulrich Nassen (Hrsg.), *Texthermeneutik. Aktualität, Geschichte, Kritik*, Paderborn et al.: Schöningh 1979, S. 195–221.

— »Draculas Vermächtnis«, in: Dieter Hombach (Hrsg.), *ZETA 02. Mit Lacan*, Berlin: Rotation 1982, S. 103–133.

— »Der Gott der Ohren«, in: Dietmar Kamper und Christoph Wulff (Hrsg.), *Das Schwinden der Sinne*, Frankfurt am Main: Suhrkamp 1984, S. 140–155.

— *Aufschreibesysteme 1800·1900*, München: Fink 1985.

— »Weltatem. Über Wagners Medientechnologie«, in: ders., Manfred Schneider und Samuel Weber (Hrsg.), *Diskursanalysen I: Medien*, Opladen: Westdeutscher Verlag 1987, S. 94–107.

Kleist, Heinrich von,

— *Das Erdbeben in Chili* [1807], in: ders., *Sämtliche Werke und Briefe*, herausgegeben von Helmut Sembdner, Band 2, München und Wien: Hanser 1984 (7. Auflage), S. 144–159.

— »Katechismus der Deutschen. Abgefasst nach dem Spanischen, zum Gebrauch für Kinder und Alte« [1809], in: ders., *Sämtliche Werke und Briefe*, herausgegeben von Helmut Sembdner, Band 2, München und Wien: Hanser 1984 (7. Auflage), S. 350–360.

— »Über die Rettung von Österreich« [1809], in: ders., *Sämtliche Werke und Briefe*, herausgegeben von Helmut Sembdner, Band 2, München und Wien: Hanser 1984 (7. Auflage), S. 380–382.

— »Unwahrscheinliche Wahrhaftigkeiten« [1811], in: ders., *Sämtliche Werke und Briefe*, herausgegeben von Helmut Sembdner, Band 2, München und Wien: Hanser 1984 (7. Auflage), S. 277–281.

— »Germania an ihre Kinder / Eine Ode« [1813], in: ders., *Sämtliche Werke und Briefe*, herausgegeben von Helmut Sembdner, Band 1, München und Wien: Hanser 1984 (7. Auflage), S. 25–27.

— *Briefe*, in: ders., *Sämtliche Werke und Briefe*, herausgegeben von Helmut Sembdner, Band 2, München und Wien: Hanser 1984 (7. Auflage), S. 461–894.

Klemm, Wilhelm, »Die Sprache« [1915], in: *Lyrik des expressionistischen Jahrzehnts. Von den Wegbereitern bis zum Dada*, eingeleitet von Gottfried Benn, Wiesbaden: Limes 1955, S. 176.

Klossowski, Pierre, *Das Bad der Diana* [1956], aus dem Französischen übersetzt von Sigrid von Massenbach, Berlin: Brinkmann und Bose 1982.

Kommerell, Max,

— »Schiller als Gestalter des handelnden Menschen« [1934], in: ders., *Geist und Buchstabe der Dichtung. Goethe – Schiller – Kleist – Hölderlin*, Frankfurt am Main: Klostermann 1956 (4. Auflage), S. 132–174.

– »Schiller als Psychologe« [1934/35], in: ders., *Geist und Buchstabe der Dichtung. Goethe – Schiller – Kleist – Hölderlin*, Frankfurt am Main: Klostermann 1956 (4. Auflage), S. 175–242.

Koselleck, Reinhart, *Kritik und Krise. Ein Beitrag zur Pathogenese der bürgerlichen Welt*, Freiburg und München: Alber 1969 (2. Auflage).

Krolop, Bernd, *Versuch einer Theorie des phantastischen Realismus. E.T.A. Hoffmann und Franz Kafka* (= *Europäische Hochschulschriften* 1 *Deutsche Sprache und Literatur* 404), Frankfurt am Main und Bern: Lang 1981.

Lacan, Jacques,

– »Die Familie« [1938], aus dem Französischen übersetzt von Friedrich A. Kittler, in: Jacques Lacan, *Schriften III*, Olten und Freiburg im Breisgau: Walter 1980, S. 39–100.

– »Das Spiegelstadium als Bildner der Ichfunktion, wie sie uns in der psychoanalytischen Erfahrung erscheint« [1949], aus dem Französischen übersetzt von Peter Stehlin, in: Jacques Lacan, *Schriften I*, ausgewählt und herausgegeben von Norbert Haas, Olten und Freiburg im Breisgau: Walter 1973, S. 61–100.

– »Funktion und Feld des Sprechens und der Sprache in der Psychoanalyse« [1956], aus dem Französischen übersetzt von Rodolphe Gasché, in: Jacques Lacan, *Schriften I*, ausgewählt und herausgegeben von Norbert Haas, Olten und Freiburg im Breisgau: Walter 1973, S. 71–169.

– »La chose freudienne ou Sens du retour à Freud en psychanalyse« [1956], in: ders., *Écrits I*, Paris: Seuil 1966, S. 206–248.

– »Das Drängen des Buchstabens im Unbewussten oder die Vernunft seit Freud« [1957], aus dem Französischen übersetzt von Norbert Haas, in: Jacques Lacan, *Schriften II*, ausgewählt und herausgegeben von Norbert Haas, Olten und Freiburg im Breisgau: Walter 1975, S. 15–55.

– »Über eine Frage, die jeder möglichen Behandlung der Psychose vorausgeht« [1959], aus dem Französischen übersetzt von Chantal Creusot und Norbert Haas, in: Jacques Lacan, *Schriften II*, ausgewählt und herausgegeben von Norbert Haas, Olten und Freiburg im Breisgau: Walter 1975, S. 61–117.

– »Subversion des Subjekts und Dialektik des Begehrens im Freudschen Unbewussten« [1966], übersetzt von Chantal Creusot und Norbert Haas, in: Jacques Lacan, *Schriften II*, ausgewählt und herausgegeben von Norbert Haas, Olten und Freiburg im Breisgau: Walter 1975, S. 165–204.

– *Écrits I*, Paris: Seuil 1966.

– »Radiophonie«, in: *Scilicet* (1970), H. 2/3, S. 55–99.

– *Télévision*, Paris: Seuil 1973.
– »L'étourdit«, in: *Scilicet* (1973), H. 4, S. 5–52.
– *Le séminaire, livre XI. Les quatre concepts fondamentaux de la psychanalyse*, texte établi par Jacques-Alain Miller, Paris: Seuil 1973.
– *Le séminaire, livre XX. Encore*, texte établi par Jacques-Alain Miller, Paris: Seuil 1975.
– »Der Individualmythos des Neurotikers« [1978], aus dem Französischen übersetzt von Lucienne Demoisy und Christiane Schrübbers, in: *Der Wunderblock. Zeitschrift für Psychoanalyse* (1980), H. 5/6, S. 50–68.
– *Le séminaire, livre III. Les psychoses*, texte établi par Jacques-Alain Miller, Paris: Seuil 1981.

Lärmer, Karl, *Autobahnen in Deutschland 1933 bis 1945. Zu den Hintergründen* (= *Forschungen zur Wirtschaftsgeschichte* 6, herausgegeben von Jürgen Kuczynski und Hans Mottek), Berlin: Akademie-Verlag 1975.

Laube, Heinrich, *Heinrich Laube's Dramatische Werke*, Band 6: *Die Karlsschüler. Schauspiel in fünf Akten*, Leipzig: Weber 1847.

Leduc, Jean-Marie, *Pink Floyd*, Paris: Michel 1973.

Lescure, Jean, »La Radio et la littérature«, in: *Encyclopédie de la Pléiade. Histoire des littératures*, Band 3: *Littératures françaises, connexes et marginales*, herausgegeben von Raymond Queneau, Paris: Gallimard 1958, S. 1690–1714.

Lindau, Paul, *Der Andere. Schauspiel in vier Aufzügen* [1893], Leipzig: Reclam o. J. [1907].

Link, Jürgen, *Elementare Literatur und generative Diskursanalyse*, mit einem Beitrag von Jochen Hörisch und Hans-Georg Pott, München: Fink 1983.

Lothar, Rudolph, »Die Sprechmaschine. Ein technisch aesthetischer Versuch«, in: *Das blaue Heft/Freie deutsche Bühne* 5 (1924), H. 2, S. 49–60.

Lou, Henri, *Im Kampf um Gott*, Leipzig und Berlin: Friedrich 1885.

Mahlendorf, Ursula, »E.T.A. Hoffmanns ›Sandmann‹: Die fiktive Psycho-Biographie eines romantischen Dichters« [1975], in: Claire Kahane (Hrsg.), *Psychoanalyse und das Unheimliche. Essays aus der amerikanischen Literaturkritik*, aus dem Englischen übersetzt von Roland Hauser, Bonn: Bouvier 1981, S. 200–227.

Mallarmé, Stéphane,
– »Le nénuphar blanc« [1887], in: ders., *Œuvres complètes*, herausgegeben von Georges Jean-Aubry und Henri Mondor (= *Bibliothèque de la Pléiade* 65), Paris: Gallimard 1945, S. 283–286.
– »Sur le beau et l'utile« [1896], in: ders., *Œuvres complètes*, herausge-

geben von Georges Jean-Aubry und Henri Mondor (= *Bibliothèque de la Pléiade* 65), Paris: Gallimard 1945, S. 880–881.

– »Sur le livre illustré« [1898], in: ders., *Œuvres complètes*, herausgegeben von Georges Jean-Aubry und Henri Mondor (= *Bibliothèque de la Pléiade* 65), Paris: Gallimard 1945, S. 878.

Mann, Thomas: »Heinrich von Kleist und seine Erzählungen«, in: ders., *Gesammelte Werke in Einzelbänden. Frankfurter Ausgabe*, herausgegeben von Peter de Mendelssohn, Band 8: *Leiden und Größe der Meister*, Frankfurt am Main: Fischer 1982, S. 495–515.

Mannoni, Octave, »Schreber als Schreiber (Schreber comme écrivain)«, in: ders., *Clefs pour l'imaginaire ou l'Autre Scène*, Paris: Seuil 1969, S. 75–99.

McGlathery, James M., *Mysticism and Sexuality: E. T. A. Hoffmann. Part One: Hoffmann and His Sources* (= *American University Studies* I/3), Bern, Las Vegas und Frankfurt am Main: Lang 1981.

McLuhan, Marshall,

– *Die magischen Kanäle* [1964], aus dem Englischen übersetzt von Meinrad Amann, Düsseldorf und Wien: Econ 1968.

– »Führungskräfte sollen Geschichte machen, nicht alte Fehler nachvollziehen«, in: ders., *Wohin steuert die Welt? Massenmedien und Gesellschaftsstruktur*, aus dem Amerikanischen übersetzt von Heinrich Jelinek, Wien, Zürich und München: Europaverlag 1978, S. 175–179.

Meyer, Julius und Josef Silbermann, *Die Frau im Handel und Gewerbe* (= *Der Existenzkampf der Frau im modernen Leben. Seine Ziele und Aussichten* 7, zwanglos erscheinende Hefte, herausgegeben von Gustav Dahms), Berlin: Taendler 1895.

Meyrink, Gustav, *Der Golem. Ein Roman*, Leipzig: Wolff 1915.

Morin, Edgar, *Le cinéma ou l'homme imaginaire. Essai d'Anthropologie Sociologique*, Paris: Minuit 1956.

Müller, Christian (Hrsg.), *Lexikon der Psychiatrie. Gesammelte Abhandlungen der gebräuchlichsten psychopathologischen Begriffe*, Berlin, Heidelberg und New York: Springer 1973.

Müller, C. L., *Neu erfundene Schreib-Maschine, mittelst welcher Jedermann ohne Licht in jeder Sprache und Schriftmanier sicher zu schreiben, Aufsätze und Rechnungen zu verfertigen vermag, auch Blinde besser als mit allen bisher bekannten Schreibtafeln nicht nur leichter schreiben, sondern auch das von ihnen Geschriebene besser lesen können*, Wien: Strauß 1823.

Müller, Ernst,
- *Der junge Schiller*, Tübingen und Stuttgart: Wunderlich 1947.
- *Der Herzog und das Genie. Friedrich Schillers Jugendjahre*, Stuttgart: Kohlhammer 1955.

Müller, Heiner, *Wolokolamsker Chaussee*, in: ders., *Die Schlacht. Wolokolamsker Chaussee. Zwei Stücke*, Frankfurt am Main: Verlag der Autoren 1988, S. 28–75.

Münsterberg, Hugo,
- *Grundzüge der Psychotechnik*, Leipzig: Barth 1914.
- *The Film. A Psychological Study. The Silent Photoplay in 1916*, herausgegeben von Richard Griffith, New York: Dover 1970.

Musset, Alfred de, »La nuit de décembre« [1835], in: ders., *Œuvres complètes*, herausgegeben von Philippe van Tieghem, Paris: Seuil 1963, S. 153–155.

McNally, Raymont T. und Radu Florescu, *In Search of Dracula. A True History of Dracula and Vampyre Legends*, Greenwich: The New York Graphic Society 1972.

Niedermayer, Max (Hrsg.), *Lyrik des expressionistischen Jahrzehnts. Von den Wegbereitern bis zum Dada*, eingeleitet von Gottfried Benn, Wiesbaden: Limes 1955.

Nietzsche, Friedrich,
- *Die Geburt der Tragödie oder Griechentum und Pessimismus* [1871], in: ders., *Werke in drei Bänden*, herausgegeben von Karl Schlechta, Band 1, München: Hanser 1954, S. 7–134.
- »Autobiographische Skizzen«, in: ders., *Werke und Briefe. Historisch-Kritische Gesamtausgabe*, herausgegeben von Carl Koch und Karl Schlechta, Band 5: *Schriften der letzten Leipziger und ersten Basler Zeit 1868–1869*, München: Beck 1940, S. 250–254.
- *Unzeitgemäße Betrachtungen. Viertes Stück: Richard Wagner in Bayreuth* [1875], in: ders., *Werke in drei Bänden*, herausgegeben von Karl Schlechta, Band 1, München: Hanser 1954, S. 367–434.
- »18[2]« [Schreibkugel ist ein Ding gleich mir: von Eisen], in: »18 = Mp XVIII 3. Februar–März 1882«, in: ders., *Sämtliche Werke. Kritische Studienausgabe in 15 Einzelbänden*, herausgegeben von Giorgio Colli und Mazzino Montinari, Band 9: *Nachgelassene Fragmente 1880–1882*, München, Berlin und New York: dtv und De Gruyter 1980, S. 673–674, hier S. 673.
- »Brief von Friedrich Nietzsche an Heinrich Köselitz vom 01. September 1882«, in: ders., *Briefwechsel. Kritische Gesamtausgabe*, heraus-

gegeben von Giorgio Colli, Mazzino Montinari, Norbert Miller und Annemarie Pieper, Abteilung III, Band 1: *Briefe von Friedrich Nietzsche Januar 1880–Dezember 1884*, München und New York: De Gruyter 1981, Nr. 295, S. 249–250.

— *Die fröhliche Wissenschaft* [1882], in: ders., *Werke. Kritische Gesamtausgabe*, herausgegeben von Giorgio Colli und Mazzino Montinari, Abteilung V, Band 2: *Idyllen aus Messina. Die fröhliche Wissenschaft. Nachgelassene Fragmente Frühjahr 1881–Sommer 1882*, Berlin und New York: De Gruyter 1973, S. 11–335.

— *Jenseits von Gut und Böse. Vorspiel einer Philosophie der Zukunft* [1886], in: ders., *Werke. Kritische Gesamtausgabe*, herausgegeben von Giorgio Colli und Mazzino Montinari, Abteilung VI, Band 2: *Jenseits von Gut und Böse. Zur Genealogie der Moral (1886–1887)*, Berlin: De Gruyter 1968, S. 1–255.

— *Zur Genealogie der Moral. Eine Streitschrift* [1887], in: ders., *Werke. Kritische Gesamtausgabe*, herausgegeben von Giorgio Colli und Mazzino Montinari, Abteilung VI, Band 2: *Jenseits von Gut und Böse. Zur Genealogie der Moral (1886–1887)*, Berlin: De Gruyter 1968, S. 257–430.

— *Götzen-Dämmerung oder Wie man mit dem Hammer philosophirt* [1889], in: ders., *Werke. Kritische Gesamtausgabe*, herausgegeben von Giorgio Colli und Mazzino Montinari, Abteilung VI, Band 3: *Der Fall Wagner. Götzen-Dämmerung. - Nachgelassene Schriften (August 1888–Anfang Januar 1889): Der Antichrist, Ecce homo, Dionysos-Dithyramben. - Nietzsche contra Wagner*, Berlin und New York: De Gruyter 1969, S. 49–157.

— *Ecce homo. Wie man wird, was man ist* [1908], in: ders., *Werke. Kritische Gesamtausgabe*, herausgegeben von Giorgio Colli und Mazzino Montinari, Abteilung VI, Band 3: *Der Fall Wagner. Götzen-Dämmerung. - Nachgelassene Schriften (August 1888–Anfang Januar 1889): Der Antichrist, Ecce homo, Dionysos-Dithyramben. - Nietzsche contra Wagner*, Berlin und New York: De Gruyter 1969, S. 253–372.

— *Dionysos-Dithyramben* [1891], in: ders., *Werke. Kritische Gesamtausgabe*, herausgegeben von Giorgio Colli und Mazzino Montinari, Abteilung VI, Band 3: *Der Fall Wagner. Götzen-Dämmerung. - Nachgelassene Schriften (August 1888–Anfang Januar 1889): Der Antichrist, Ecce homo, Dionysos-Dithyramben. - Nietzsche contra Wagner*, Berlin und New York: De Gruyter 1969, S. 373–409.

— *Friedrich Nietzsches gesammelte Briefe*, herausgegeben von Elisabeth Förster-Nietzsche, Peter Gast und Curt Wachsmuth, Band 4: *Friedrich*

Nietzsches Briefe an Peter Gast, herausgegeben von Peter Gast, Leipzig: Insel und Berlin: Schuster und Loeffler 1908.

— *Friedrich Nietzsches gesammelte Briefe*, herausgegeben von Elisabeth Förster-Nietzsche, Peter Gast und Curt Wachsmuth, Band 5/2: *Friedrich Nietzsches Briefe an Mutter und Schwester*, herausgegeben von Elisabeth Förster-Nietzsche, Leipzig: Insel und Berlin: Schuster und Loeffler 1909.

— *Friedrich Nietzsches Briefwechsel mit Franz Overbeck*, herausgegeben von Richard Oehler und Carl Albrecht Bernoulli, Leipzig: Insel 1916.

— *Briefwechsel. Kritische Gesamtausgabe*, herausgegeben von Giorgio Colli und Mazzino Montinari, weitergeführt von Norbert Miller, unter Mitarbeit von Helga Anania-Hess, Abteilung II, Band 5: *Briefe. Januar 1875–Dezember 1879*, Berlin und New York: De Gruyter 1980.

— *Briefwechsel. Kritische Gesamtausgabe*, herausgegeben von Giorgio Colli und Mazzino Montinari, weitergeführt von Norbert Miller, unter Mitarbeit von Helga Anania-Hess, Abteilung III, Band 1: *Briefe. Januar 1880–Dezember 1884*, Berlin und New York: De Gruyter 1981.

Novalis,

— *Das Allgemeine Brouillon. Materialien zur Enzyklopädistik 1798/99*, in: *Novalis. Schriften. Die Werke Friedrich von Hardenbergs*, herausgegeben von Paul Kluckhohn und Richard Samuel, Band 3: *Das philosophische Werk II*, Stuttgart: Kohlhammer 1960, S. 207–478.

— *Heinrich von Ofterdingen* [1802], in: *Novalis. Schriften. Die Werke Friedrich von Hardenbergs*, herausgegeben von Paul Kluckhohn und Richard Samuel unter Mitarbeit von Heinz Ritter und Gerhard Schulz, revidiert von Richard Samuel, Band 1: *Das dichterische Werk*, Stuttgart: Kohlhammer 1977 (3. Auflage), S. 183–370.

Ong, Walter J., *Oralität und Literalität. Die Technologisierung des Wortes* [1982], aus dem Amerikanischen übersetzt von Wolfgang Schömel, Opladen: Westdeutscher Verlag 1987.

Osterberg, A[dolf] (Hrsg.), *Tagbuch der Gräfin Franziska von Hohenheim, späteren Herzogin von Württemberg*, Stuttgart: Bonz 1913.

Penzenkuffer, Christian Wilhelm Friedrich, *Vertheidigung der in dem obersten Staatszwecke begründeten Rechte und Ansprüche der gelehrten Schullehrer meines Vaterlandes*, Nürnberg: Lechner 1805.

Pfandl, Ludwig, *Philipp II. Gemälde eines Lebens und einer Zeit*, München: Callwey 1938.

Pink Floyd,

— *Ummagumma*, London: Harvest Records 1969.

— *The Dark Side of the Moon*, London: Harvest Records 1973.

— *Wish You Were Here*, London: Harvest Records 1975.

— *The Wall*, London: Harvest Records 1979.

Preußisches Finanzministerium (Hrsg.), *Bauten der Bewegung* (= *Buchreihe des Zentralblatts der Bauverwaltung* 1), Berlin: Ernst und Sohn 1939 (2. Auflage).

Proelß, Johannes, »Schiller in Hohenheim«, in: Otto Güntter (Hrsg.), *Marbacher Schillerbuch II* (= *Veröffentlichungen des Schwäbischen Schillervereins* 2), Berlin und Stuttgart: Cotta 1907, S. 126–178.

Proust, Marcel, *À la recherche du temps perdu*, herausgegeben von Pierre Clarac und André Ferré, Band 3: *La prisonnière. La Fugitive. Le Temps retrouvé*, Paris: Gallimard 1954.

Pynchon, Thomas, *Die Enden der Parabel* [1973], aus dem Englischen übersetzt von Elfriede Jelinek und Thomas Piltz, Reinbek bei Hamburg: Rowohlt 1981.

Rank, Otto,

— *Das Inzest-Motiv in Dichtung und Sage. Grundzüge einer Psychologie des dichterischen Schaffens*, Leipzig und Wien: Deuticke 1912.

— *Der Doppelgänger. Eine psychoanalytische Studie*, Wien: Internationaler Psychoanalytischer Verlag 1925 (2. Auflage).

Read, Oliver und Walter L. Welsh, *From Tin Foil to Stereo. Evolution of the Phonograph*, Indianapolis und New York: Sams 1959.

Richards, George Tilghman, *The History and Development of Typewriters* [1938], London: Her Majesty's Stationery Office 1964 (2. Auflage).

Rickels, Laurence A., »Friedrich Nichte«, in: ders. (Hrsg.), *Looking After Nietzsche*, Albany: State University of New York Press 1990, S. 137–158.

Riemer, Friedrich Wilhelm, *Mitteilungen über Goethe* [1841], auf Grund der Ausgabe von 1841 und des handschriftlichen Nachlasses herausgegeben von Arthur Pollmer, Leipzig: Insel 1921.

Rilke, Rainer Maria, *Die Aufzeichnungen des Malte Laurids Brigge* [1904–1910], in: ders., *Sämtliche Werke*, herausgegeben vom Rilke-Archiv, in Verbindung mit Ruth Sieber-Rilke besorgt durch Ernst Zinn, Band 6: *Malte Laurids Brigge. Prosa 1906–1926*, Frankfurt am Main: Insel 1966, S. 707–978.

Robbe-Grillet, Alain,

– *Les Gommes*, Paris: Minuit 1953.
– *Le voyeur*, Paris: Minuit 1955.
– *Dans le labyrinthe*, Paris: Minuit 1959.

Roth, Phyllis A., »Sexualität der Frau in Bram Stokers ›Dracula‹« [1977], in: Claire Kahane (Hrsg.), *Psychoanalyse und das Unheimliche. Essays aus der amerikanischen Literaturkritik*, aus dem Englischen übersetzt von Roland Hauser, Bonn: Bouvier 1981, S. 248–264.

Ruland, Bernd, *Wernher von Braun. Mein Leben für die Raumfahrt*, Offenburg: Burda 1969.

Sahner, Paul und Thomas Veszelits, *Pink Floyd. Elektronischer Rock in Vollendung*, München: Heyne 1980.

Samuel, Richard, »Heinrich von Kleists Reise in die Hochalpen im Sommer 1803«, in: Jürgen Brummack et al. (Hrsg.), *Literaturwissenschaft und Geistesgeschichte. Festschrift für Richard Brinkmann*, Tübingen: Niemeyer 1981, S. 314–334.

Schatzman, Morton, *Die Angst vor dem Vater. Langzeitwirkung einer Erziehungsmethode. Eine Analyse am Fall Schreber*, aus dem Englischen übersetzt von Nils Thomas Lindquist, Reinbek bei Hamburg: Rowohlt 1974.

Scherer, Wolfgang,

– *BA$^{B}_{B}$ELOGIK. Sound und die Auslöschung der buchstäblichen Ordnung*, Basel: Stroemfeld und Frankfurt am Main: Roter Stern 1983.
– »Klaviaturen. Visible Speech und Phonographie«, in: Friedrich A. Kittler, Manfred Schneider und Samuel Weber (Hrsg.), *Diskursanalysen 1: Medien*, Wiesbaden: Westdeutscher Verlag 1987, S. 37–54.

Schelling, Friedrich Wilhelm Joseph von, *Bruno oder über das göttliche und natürliche Princip der Dinge. Ein Gespräch*, Berlin: Unger 1802.

Schiller, Friedrich,

– »Inschriften für ein Hoffest«, in: E. Vely [Emma Simon], *Herzog Karl von Württemberg und Franziska von Hohenheim. Unter Benutzung vieler bisher nicht veröffentlichter Archivalien biographisch dargestellt*, Stuttgart: Simon 1876 (2. Auflage), Anlage II, S. 406.
– »Empfindungen der Dankbarkeit beim Namensfeste Ihro Excellenz der Frau Reichsgräfin von Hohenheim«, in: E. Vely [Emma Simon], *Herzog Karl von Württemberg und Franziska von Hohenheim. Unter Benutzung vieler bisher nicht veröffentlichter Archivalien biographisch dargestellt*, Stuttgart: Simon 1876 (2. Auflage), Anlage IV, S. 407–410.

– »Die Tugend in ihren Folgen betrachtet. Rede zur Feier des Geburtstagsfestes der Frau Reichsgräfin von Hohenheim auf gnädigsten Befehl Seiner Herzoglichen Durchlaucht verfertigt vom Eleve Schiller«, in: E. Vely [Emma Simon], *Herzog Karl von Württemberg und Franziska von Hohenheim. Unter Benutzung vieler bisher nicht veröffentlichter Archivalien biographisch dargestellt*, Stuttgart: Simon 1876 (2. Auflage), Anlage III, S. 411–421.
– »Bericht an Herzog Karl Eugen über Mitschüler und sich selbst«, in: *Schillers Werke. Nationalausgabe*, herausgegeben von Julius Petersen und Hermann Schneider, Band 22: *Vermischte Schriften*, herausgegeben von Herbert Meyer, Weimar: Böhlau 1958, S. 3–16.
– »Über die Krankheits-Umstände des Eleven Grammonts so, wie solche den 26.ten Junii beobachtet wurden« [1780], in: *Schillers Werke. Nationalausgabe*, herausgegeben von Julius Petersen und Hermann Schneider, Band 22: *Vermischte Schriften*, herausgegeben von Herbert Meyer, Weimar: Böhlau 1958, S. 19–21.
– »Schreiben an den Intendanten der Akademie, Oberst von Seeger« [1780], in: *Schillers Werke. Nationalausgabe*, herausgegeben von Julius Petersen und Hermann Schneider, Band 22: *Vermischte Schriften*, herausgegeben von Herbert Meyer, Weimar: Böhlau 1958, S. 26–30.
– *Schillers Werke. Nationalausgabe*, herausgegeben von Julius Petersen und Hermann Schneider, Band 3: *Die Räuber* [1782], herausgegeben von Herbert Stubenrauch, Weimar: Böhlau 1953.
– *Kabale und Liebe* [1784], in: *Schillers* Werke. *Nationalausgabe*, herausgegeben von Julius Petersen und Hermann Schneider, Band 5: *Kabale und Liebe. Kleine Dramen*, herausgegeben von Heinz Otto Burger und Walter Höllerer, Weimar: Böhlau 1957, S. 1–107.
– *Don Karlos (Thalia-Fragmente)* [1785–1787], in: *Schillers Werke. Nationalausgabe*, begründet von Julius Petersen, herausgegeben von Lieselotte Blumenthal und Benno von Wiese, Band 6: *Don Karlos. Erstausgabe 1787. Thalia-Fragmente 1785–1787*, herausgegeben von Paul Böckmann und Gerhard Kluge, Weimar: Böhlau 1973, S. 341–543.
– *Don Karlos. Infant von Spanien* [1787], in: *Schillers Werke. Nationalausgabe*, begründet von Julius Petersen, herausgegeben von Lieselotte Blumenthal und Benno von Wiese, Band 6: *Don Karlos. Erstausgabe 1787. Thalia-Fragmente 1785–1787*, herausgegeben von Paul Böckmann und Gerhard Kluge, Weimar: Böhlau 1973, S. 5–339.
– *Schillers Werke. Nationalausgabe*, herausgegeben von Julius Pe-

tersen und Hermann Schneider, Band 23: *Briefwechsel. Schillers Briefe 1772–1785*, herausgegeben von Walter Müller-Seidel, Weimar: Böhlau 1956.

Schlechta, Karl, »Zeit- und Lebenstafel«, in: Friedrich Nietzsche, *Werke in drei Bänden*, Band 3, herausgegeben von Karl Schlechta, München: Hanser 1956, S. 1359–1382.

Schlegel, Friedrich,

— »Über die Philosophie, an Dorothea« [1798], in: *Kritische Friedrich-Schlegel-Ausgabe*, herausgegeben von Ernst Behler, Abteilung 1: *Kritische Neuausgabe*, Band 5: *Dichtungen*, herausgegeben von Ernst Behler, München, Paderborn und Wien: Schöningh und Zürich: Thomas 1962, S. 42–62.

— »Über Goethe's Meister« [1798], in: *Kritische Friedrich-Schlegel-Ausgabe*, herausgegeben von Ernst Behler, Abteilung 1: *Kritische Neuausgabe*, Band 2: *Charakteristiken und Kritiken I. 1796–1801*, herausgegeben von Hans Eichner, München, Paderborn und Wien: Schöningh und Zürich: Thomas 1967, S. 126–146.

Schmitt, Carl,

— *Gespräch über die Macht und den Zugang zum Machthaber*, Pfullingen: Neske o. J. [1954].

— *Theorie des Partisanen. Zwischenbemerkung zum Begriff des Politischen*, Berlin: Duncker und Humblot 1963.

Scholl, Margaret, *The Bildungsdrama of the Age of Goethe* (= *German Studies in America* 21), Bern und Frankfurt am Main: Lang 1976.

Schramm, Percy Ernst (Hrsg.), *Kriegstagebuch des Oberkommandos der Wehrmacht (Wehrmachtführungsstab) 1940–1945* [1961], geführt von Helmuth Greiner und Percy Ernst Schramm, im Auftrag des Arbeitskreises für Wehrforschung, 8 Bände, Herrsching: Pawlak 1982.

Schreber, Daniel Paul, *Denkwürdigkeiten eines Nervenkranken* [1903], herausgegeben und eingeleitet von Samuel M. Weber, Frankfurt am Main, Berlin und Wien: Ullstein 1973.

Schreiber, Jens, »Strahlenverkehr«, in: Dieter Hombach (Hrsg.), *ZETA 02. Mit Lacan*, Berlin: Rotation 1982, S. 155–171.

Schwabe, Jenny, *Kontoristin. Forderungen, Leistungen, Aussichten in diesem Berufe*, Leipzig: Kempe 1902 (2. Auflage).

Seeger, Christoph Dionysius von, »Entwurf Reglements zum militairischen Waisenhaus auf der Solitude«, in: Heinrich Wagner, *Geschichte der Hohen*

Carls-Schule, Band 2 (Beilage VII), mit Illustrationen von Carl Alexander von Heideloff, Würzburg: Etlinger 1857, S. 253–262.

Seeßlen, Georg und Claudius Weil, *Kino des Phantastischen. Geschichte und Mythologie des Horror-Films* (= *Grundlagen des populären Films* 2), Programm Roloff und Seeßlen, mit einer Filmografie von Peter Horn und einer Bibliografie von Jürgen Berger, Reinbek bei Hamburg: Rowohlt 1980.

Sedgewick, Nick, »A Rambling Conversation with Roger Waters Concerning All This and That«, in: *Wish You Were Here*, London: Pink Floyd Music 1975, S. 9–23.

Slaby, Adolf, *Entdeckungsfahrten in den elektrischen Ozean. Gemeinverständliche Vorträge*, Berlin: Simion 1911 (5. Auflage).

Sollier, Paul Auguste, *Les phénomènes d'autoscopie*, Paris: Alcan 1903.

Stadler, Ernst, »Anrede« [1914], in: Max Niedermayer (Hrsg.), *Lyrik des expressionistischen Jahrzehnts. Von den Wegbereitern bis zum Dada*, eingeleitet von Gottfried Benn, Wiesbaden: Limes 1955, S. 40.

Starobinski, Jean,

— *L'œil vivant. Essai*, Paris: Gallimard 1961.

— *L'invention de la liberté, 1700–1789*, Genf: Skira 1964.

Stegemann, Hermann, *Der Krieg. Sein Wesen und seine Wandlung*, Band 2, Stuttgart und Berlin: DVA 1940.

Stenzel, Karl, *Herzog Karl Eugen und Schillers Flucht. Neue Zeugnisse aus den Papieren des Generals von Augé* (= *Veröffentlichungen des Archivs der Stadt Stuttgart* 1), Stuttgart: Krais 1936.

Stevenson, William, *A Man Called Intrepid. The Secret War*, New York: Ballantine 1977.

Stoker, Bram, *Dracula. Ein Vampirroman*, aus dem Englischen übersetzt von Stasi Kull, München: Hanser 1967.

Strauss, Richard, *Salomé. Drama in einem Aufzug*, nach Oskar Wilde's gleichnamiger Dichtung, in deutscher Übersetzung von Hedwig Lachmann, Berlin: Fürstner 1905.

Swift, Edgar J., »The Acquisition of Skill in Type Writing. A Contribution to the Psychology of Learning«, in: *The Psychological Bulletin* 1 (1904), H. 9, S. 295–305.

Terzian, Hrayr, »La fotografía psichiatrica«, in: Franco Cagnetta und Jacqueline Sonolet (Hrsg.), *Nascita della fotografía psichiatrica: Ca'Corner della Regina 31 gennaio–8 marzo 1981*, Venedig: La Biennale 1981.

Theopold, Wilhelm, *Der Herzog und die Heilkunst. Die Medizin an der Hohen Carlsschule zu Stuttgart*, unter Mitarbeit von Robert Uhland, Köln und Berlin: Deutscher Ärzte-Verlag 1967.

Todorov, Tzvetan, *Einführung in die fantastische Literatur*, aus dem Französischen übersetzt von Karin Kersten, München: Hanser 1972.

Trakl, Georg, »De profundis«, in: ders., *Das dichterische Werk*, München: dtv 1972, S. 27–28.

Twitchell, James Buell, *The Living Dead. A Study of the Vampire in Romantic Literature*, Durham: Duke University Press 1981.

Tzara, Tristan et al., »Was wollte der Expressionismus?«, in: Richard Huelsenbeck (Hrsg.), *Dada Almanach*, Berlin: Reiss 1920, S. 35–41.

Uhland, Robert, *Geschichte der Hohen Karlsschule in Stuttgart* (= *Darstellungen aus der württembergischen Geschichte* 37), Stuttgart: Kohlhammer 1953.

Usczeck, Hansjürgen, *Scharnhorst. Theoretiker, Reformer, Patriot. Sein Werk und seine Wirkung in seiner und für unsere Zeit*, Berlin: Militärverlag der DDR 1974 (2. Auflage).

Valéry, Paul, *›Mon Faust‹ (Ébauches)*, in: ders., *Œuvres*, herausgegeben von Jean Hytier, Band 2 (= *Bibliothèque de la Pléiade* 148), Paris: Gallimard 1960, S. 274–403.

Vámbéry, Ármin, *The Story of my Struggles. The Memoirs of Arminius Vambéry*, Band 2, London: Unwin 1904.

Vely, E. [Emma Simon], *Herzog Karl von Württemberg und Franziska von Hohenheim. Unter Benutzung vieler bisher nicht veröffentlichter Archivalien biographisch dargestellt*, Stuttgart: Simon 1876 (2. Auflage).

Vietta, Silvio, »Expressionistische Literatur und Film. Einige Thesen zum wechselseitigen Einfluß ihrer Darstellung und Wirkung«, in: *Mannheimer Berichte. Aus Forschung und Lehre an der Universität Mannheim* (1975), H. 10, S. 294–299.

Villiers de l'Isle-Adam, Philippe Auguste Mathias, Comte de, *L'Ève future* [1886], Paris: Corti 1977.

Virilio, Paul, *Essai sur l'insécurité du territoire*, Paris: Stock 1976.

Wagner, Richard,

- *Das Kunstwerk der Zukunft* [1850], in: ders., *Gesammelte Schriften und Dichtungen*, Band 3, Leipzig: Siegel 1907 (4. Auflage), S. 42–177.
- *Oper und Drama. Zweiter und dritter Theil* [1851], in: ders., *Gesammelte Schriften und Dichtungen*, Band 4, Leipzig: Siegel 1907 (4. Auflage), S. 1–229.

– *Tristan und Isolde* [1857], in: ders., *Gesammelte Schriften und Dichtungen*, Band 7, Leipzig: Siegel 1907 (4. Auflage), S. 1–81.

– *Bericht an Seine Majestät den König Ludwig II. von Bayern über eine in München zu errichtende deutsche Musikschule* [1865], in: ders., *Gesammelte Schriften und Dichtungen*, Band 8, Leipzig: Siegel 1907 (4. Auflage), S. 125–176.

– *Tristan und Isolde. Handlung in 3 Aufzügen* [1865], ins Englische übersetzt von H. and F. Corder, französische Übersetzung begonnen von Alfred Ernst und fertiggestellt von L. de Fourcaud und P. Brück, London et al.: Edition Eulenburg, o. J.

– *Über die Bestimmung der Oper. Ein akademischer Vortrag* [1871], in: ders., *Gesammelte Schriften und Dichtungen*, Band 9, Leipzig: Siegel 1907 (4. Auflage), S. 127–156.

– *Mein Leben* [1911], herausgegeben von Martin Gregor-Dellin, München: List 1976 (2. Auflage).

– *Richard Wagner an Mathilde und Otto Wesendonck. Tagebuchblätter und Briefe*, mit 6 Bildnissen und 3 Handschriften, herausgegeben von Julius Kapp, Leipzig: Hesse und Becker 1915.

– *Die Musikdramen*, München: dtv 1978.

Wahle, Werner, *Richard Wagners szenische Visionen und ihre Ausführung im Bühnenbild. Ein Beitrag zur Problematik des Wagnerstils*, Zeulenroda: Sporn 1937.

Walde, Karl J., *Guderian*, Frankfurt am Main, Berlin und Wien: Ullstein 1976.

Wasson, Richard, »The Politics of Dracula«, in: *English Literature in Transition* 9 (1966), H. 1, S. 24–27.

Waters, Roger, »Brain Damage«, in: Pink Floyd, *The Dark Side of the Moon*, London: Harvest Records 1973.

Weber, Samuel M., »Das Unheimliche als Struktur: Freud, Hoffmann, Villiers de l'Isle-Adam« [1973], in: Claire Kahane (Hrsg.), *Psychoanalyse und das Unheimliche. Essays aus der amerikanischen Literaturkritik*, aus dem Englischen übersetzt von Roland Hauser, Bonn: Bouvier 1981, S. 122–147.

Wegener, Paul, »Die künstlerischen Möglichkeiten des Films«, in: Kai Moeller (Hrsg.), *Paul Wegener. Sein Leben und seine Rollen. Ein Buch von ihm und über ihn*, mit 66 Bildern und 4 Faksimiles, Hamburg: Rowohlt 1954, S. 102–113.

Wieszner, Georg Gustav, *Richard Wagner, der Theater-Reformer. Vom Werden des deutschen Nationaltheaters im Geiste des Jahres 1848*, Emstetten: Lechte 1951.

Wolf, Leonard (Hrsg.), *The Annotated Dracula. Dracula by Bram Stoker*, with an Introduction, Notes and Bibliography by Leonard Wolf, Art by Sätty, New York: Potter 1975.

Wunder, Bernd, *Privilegierung und Disziplinierung. Die Entstehung des Berufsbeamtentums in Bayern und Württemberg (1780–1825)* (= *Studien zur modernen Geschichte* 21), München und Wien: Oldenbourg 1978.

Personenregister

T

U

A a b c d e f g h i j k l m n o p q r s t u v w x y z O

Omnes Quaterniones

 Druck-und Bindearbeiten: Gutenberg Beuys, Langenhagen. Umschlagentwurf: Jochen Stankowski, Dresden. Layout: Kathrin Kur. ISBN 978-3-96273-571-5.

www.merve.de